NTOA 38

Sabine Bieberstein

Verschwiegene Jüngerinnen –
vergessene Zeuginnen

NOVUM TESTAMENTUM ET ORBIS ANTIQUUS (NTOA)

Im Auftrag des Biblischen Instituts
der Universität Freiburg Schweiz
herausgegeben von Max Küchler
in Zusammenarbeit mit Gerd Theissen

Zur Autorin:

Sabine Bieberstein, geb. 1962, Studium der katholischen Theologie, Musikwissenschaft und Neueren Deutschen Literatur in Tübingen und Wien. Seit 1989 freie Referentin bei den Bibelwerken Stuttgart und Zürich. 1991–1997 Assistentin am Lehrstuhl für Neues Testament an der Universität Freiburg Schweiz. 1997 Promotion an der Theologischen Fakultät der Universität Freiburg Schweiz. Seit 1997 Pastoralassistentin in Bern.

Buchpublikationen: Gemeinsam mit Hermann-Josef Venetz: Im Bannkreis des Paulus. Hannah und Rufus berichten aus seinen Gemeinden, Würzburg 1995. – Gemeinsam mit Daniel Kosch (Hg.), Auferstehung hat einen Namen. Anstöße zum Christsein heute (FS Hermann-Josef Venetz), Luzern 1998.

NOVUM TESTAMENTUM ET ORBIS ANTIQUUS 38

Sabine Bieberstein

Verschwiegene Jüngerinnen – vergessene Zeuginnen

Gebrochene Konzepte
im Lukasevangelium

UNIVERSITÄTSVERLAG FREIBURG SCHWEIZ
VANDENHOECK & RUPRECHT GÖTTINGEN
1998

Die Deutsche Bibliothek – CIP-Einheitsaufnahme

Bieberstein, Sabine:
Verschwiegene Jüngerinnen – vergessene Zeuginnen: gebrochene Konzepte im Lukasevangelium/Sabine Bieberstein. – Freiburg, Schweiz: Univ.-Verl.; Göttingen: Vandenhoeck und Ruprecht, 1998
(Novum testamentum et orbis antiquus; 38)
ISBN 3-7278-1180-3 (Univ.-Verl.)
ISBN 3-525-53938-X (Vandenhoeck & Ruprecht)

Veröffentlicht mit Unterstützung des Hochschulrates
der Universität Freiburg Schweiz,
des Rektorates der Universität Freiburg Schweiz
und der Kirchgemeinde Dreifaltigkeit, Bern

Die Druckvorlagen wurden von der Verfasserin
als reprofertige Dokumente zur Verfügung gestellt

© 1998 by Universitätsverlag Freiburg Schweiz
Paulusdruckerei Freiburg Schweiz
ISBN 3-7278-1180-3 (Universitätsverlag)
ISBN 3-525-53938-X (Vandenhoeck und Ruprecht)

MEINEN ELTERN

VORWORT

Die vorliegende Arbeit wurde im Wintersemester 1997/98 von der Katho-
lisch-theologischen Fakultät der Universität Freiburg Schweiz unter dem Titel
»Gebrochene Konzepte. Der Weg der galiläischen Frauen und die Vorstellungen von Nachfolge und Besitzverzicht im Lukasevangelium« als Dissertation
zur Erlangung der Doktorwürde angenommen. Für den Druck habe ich sie
auf Fehler durchgesehen und leicht überarbeitet. Literatur, die nach Abgabe
der Dissertation erschienen ist, habe ich zwar in Auswahl eingearbeitet. Ich
bitte aber um Verständnis, wenn ich mich mit diesen Untersuchungen, insbesondere den Studien von *Helga Melzer-Keller, Jesus und die Frauen (1997)*
und *Claudia Janssen, Elisabet und Hanna (1998),* nur noch in begrenztem
Maße auseinandersetzen konnte.

Vielen habe ich zu danken, ohne deren Unterstützung die Arbeit nicht
hätte geschrieben werden können. An erster Stelle nenne ich Herrn Prof. Dr.
Hermann-Josef Venetz, der die Arbeit mit kritischer Sympathie begleitet und
das Erstgutachten verfaßt hat. Sein exegetisches Fachwissen und seine anre-
gende Art, mit neutestamentlichen Texten umzugehen, haben meine eigene
Arbeit stets beflügelt, ohne sie in ihrer Eigenständigkeit einzuengen. Seine
menschliche Offenheit und stete Gesprächsbereitschaft, seine weiterführenden
Fragen und konstruktive Kritik haben wesentlich zum Gelingen dieser Arbeit
beigetragen. Und schließlich hat er mir als seiner Assistentin immer genügend
Freiraum für meine eigene Arbeit gelassen.

Danken möchte ich an dieser Stelle auch Herrn Prof. Dr. Benedict
Viviano OP, der die Mühe des Korreferates auf sich genommen hat, sowie
dem damaligen Dekan, Herrn Prof. Dr. Leo Karrer, Herrn Prof. Dr. Johannes
Brantschen OP und Herrn Prof. Dr. Max Küchler, die gemeinsam mit den
beiden Gutachtern die Prüfungskommission anläßlich der Defensio bildeten.
Letzterem sowie Herrn Prof. Dr. Gerd Theißen sei zudem für die Aufnahme
dieser Studie in die Reihe »Novum testamentum et orbis antiquus« gedankt.

Unzählige Denkanstöße erhielt ich in inspirierenden Gesprächen mit Ulrike Beelte-Henkenmeier, Regula Grünenfelder, Ursula Rapp und Regula Strobel in unserem Doktorandinnenkolloquium. Dr. Daniel Kosch hat die Arbeit
in kürzester Zeit gegengelesen und außerordentlich hilfreiche weiterführende
Hinweise gegeben. Die Mitglieder des Biblischen Instituts der Universität
Freiburg Schweiz und des Kreises katholischer Exegetinnen und Exegeten
der Schweiz gaben mir die Gelegenheit, einige meiner Thesen in ihren Run-
den zur Diskussion zu stellen. Regula Grünenfelder, Johannes Kügerl und
Christoph Riedo waren mir in meiner Freiburger Assistenzzeit äußerst ange-
nehme BürokollegInnen und haben sehr zu einer produktiven Arbeitsatmos-

phäre beigetragen. Die Kolleginnen und Kollegen im Seelsorgeteam der Pfarrei Dreifaltigkeit Bern brachten während des vergangenen Jahres immer wieder Verständnis für meine außerpfarreilichen wissenschaftlichen »Abwege« auf. Herr lic. iur. Walter Schäppi hat einen Teil der Arbeit mit wohltuend nichttheologischem Blick korrekturgelesen. Ihnen allen danke ich sehr.

Von all dem, was ich meinem Mann, Dr. Klaus Bieberstein, verdanke, sei hier nur so viel ins Wort gebracht: Er stand mir nicht nur zu allen Zeiten mit Rat und Tat zur Seite und war selbst auf den entlegendsten Wanderungen noch bereit, mit mir über »gebrochene Konzepte im Lukasevangelium« zu diskutieren, sondern hat zum Schluß trotz hoher eigener Arbeitsbelastung auch noch das Register erstellt.

Ein großer Dank gilt schließlich der Kirchgemeinde Dreifaltigkeit Bern, die durch einen außerordentlich großzügigen Druckkostenzuschuß wesentlich zur Drucklegung dieser Arbeit beigetragen hat.

Ich widme diese Arbeit meinen Eltern, die meinen Weg auf vielfältige Weise unterstützt haben.

Bern, im Oktober 1998   Sabine Bieberstein

ANSTÖSSE

...ἔδοξε κἀμοὶ παρηκολουθηκότι ἄνωθεν πᾶσιν ἀκριβῶς
καθεξῆς σοι γράψαι, κράτιστε Θεόφιλε,
ἵνα ἐπιγνῷς περὶ ὧν κατηχήθης λόγων τὴν ἀσφάλειαν.
(Lk 1,3-4)

... καὶ αὐτὸς διώδευεν κατὰ πόλιν καὶ κώμην ...
καὶ οἱ δώδεκα σὺν αὐτῷ,
καὶ γυναῖκές τινες,
αἳ ἦσαν τεθεραπευμέναι ἀπὸ πνευμάτων πονηρῶν καὶ ἀσθενειῶν,
Μαρία ἡ καλουμένη Μαγδαληνή, ἀφ᾽ ἧς δαιμόνια ἑπτὰ ἐξεληλύθει,
καὶ Ἰωάννα γυνὴ Χουζᾶ ἐπιτρόπου Ἡρῴδου καὶ Σουσάννα
καὶ ἕτεραι πολλαί,
αἵτινες διηκόνουν αὐτοῖς ἐκ τῶν ὑπαρχόντων αὐταῖς.
(aus Lk 8,1-3)

Εἴ τις ἔρχεται πρός με
καὶ οὐ μισεῖ ... τὴν γυναῖκα καὶ τὰ τέκνα ...
οὐ δύναται εἶναί μου μαθητής.
(aus Lk 14,26)

Εἱστήκεισαν δὲ πάντες οἱ γνωστοὶ αὐτῷ ἀπὸ μακρόθεν
καὶ γυναῖκες αἱ συνακολουθοῦσαι αὐτῷ ἀπὸ τῆς Γαλιλαίας,
ὁρῶσαι ταῦτα.
(Lk 23,49)

Μνήσθητε ὡς ἐλάλησεν ὑμῖν ἔτι ὢν ἐν τῇ Γαλιλαίᾳ ...
καὶ ἐμνήσθησαν τῶν ῥημάτων αὐτοῦ.
(aus Lk 24,6.8)

ὑμεῖς μάρτυρες τούτων.
(Lk 24,48)

EINLEITUNG

Ein Werk, das an einen Mann von Rang und Namen gerichtet ist. Ein hoher Anspruch an die Genauigkeit und Zuverlässigkeit dieses Werkes. Ein Weg von Frauen, der von Galiläa nach Jerusalem führt. Frauen, die auf diesem Weg weitgehend unsichtbar sind. Vorstellungen über Nachfolge, die Frauen definitiv ausschließen.

Der Anstöße gibt es genug. Es kann nicht verwundern, daß die Diskussion um die »Frauen im Lukasevangelium« äußerst kontrovers geführt wird. Ein erneuter Anlauf, die Diskussion weiterzuführen, bedarf daher sorgfältiger Klärungen: der Fragestellungen und der daraus folgenden und angemessenen Methoden, der Forschungssituation zum Thema sowie des eigenen Programmes.

Dies soll in den folgenden drei Kapiteln der Einleitung geschehen.

1 DIE RELEVANZ DER DIACHRONIE UND DER SYNCHRONIE

Der Verfasser des dritten Evangeliums, den ich mit der Tradition Lukas (Lk) nennen will[1], hat seinem Werk in 1,1-4 ein Prooemium vorangestellt, in dem

---

1   Wenn ich also in dieser Arbeit den Verfasser des dritten Evangeliums und der Apostelgeschichte als »Lukas« bezeichne, beabsichtige ich nicht, ihn als bestimmte historische Person namens Lukas zu identifizieren, sondern greife zwar den Namen, den die christliche Tradition diesem Autor gegeben hat (vgl. dazu zusammenfassend *Rese: ANRW 25.3 [1985], 2260-2264.2280-2284; Radl, Lukas-Evangelium [1988], 21-24; Schnelle, Einleitung [1994], 280-284*, jeweils mit der angegebenen Literatur), auf, verwende ihn aber lediglich im differenzierten Sinne der heutigen Exegese und zur einfacheren Verständigung. Gleichzeitig bin ich mir bewußt, daß ntl. Texte niemals nur das Produkt eines einzelnen Autors sind, sondern innerhalb von Gemeinschaften entstanden und auf deren Erfahrungen hin transparent sind. Zur grundsätzlichen Kritik an der unhinterfragten Vorstellung eines einzelnen (männlichen) Autors vgl. *Schottroff: Exegese (1995), 206-209* sowie die Übertragung aufs Lukasevangelium durch *Janssen / Lamb: KFB (1998), 516-517.*

nicht nur Grundlagen und Methoden dieses Werkes dargelegt, sondern auch
Adressat, Programm und Ziel des Buches benannt werden. Damit bewegt
sich der Autor innerhalb der Gepflogenheiten antiker Geschichtsschreibung,
bietet aber gleichzeitig Handhabe, seinen Entwurf anhand dieser Aspekte zu
überprüfen.

　　1. Das Werk steht nicht allein, sondern ist einzuordnen in eine Reihe von
literarischen Vorläufern, die als διήγησις (1,1), d. h. mit Hilfe eines Begriffs
aus der antiken Historiographie[2], qualifiziert werden. Das Buch, das der Verfasser im Lukasevangelium (Lk-Ev) vorlegt, wird zwar nicht explizit so genannt; doch da an diese Vorgänger angeknüpft wird und sich das vorliegende
Werk, das sich zudem den gleichen Stoff zur erneuten Darstellung vorgenommen hat, in deren Reihe eingliedert, scheint es zumindest *auch* im Horizont
von Geschichtswerken zu betrachten zu sein.[3] Daß Geschichte nicht objektiv
und wertneutral dargestellt wird, ja, nicht dargestellt werden *kann*, ist nicht nur
ein Ergebnis moderner Erkenntnis- und Wissenschaftstheorie, sondern wird
bereits im lk Prooemium zumindest in zweierlei Hinsicht deutlich: Zum einen
sind die Geschehnisse, über die berichtet werden soll, solche, die sich »unter
uns erfüllt« haben (1,1); ihnen wird also von vornherein eine gewisse Sinn-
haftigkeit unterstellt. Zum zweiten dient der Bericht einem bestimmten
Zweck: die Zuverlässigkeit (ἀσφάλεια) des Wortes, in der der angesprochene
Adressat unterwiesen worden ist, aufzuzeigen (1,4). Erlangung von Sicherheit
also durch die Darstellung von Geschichte. Hier ist sogleich zu fragen: Wie ist
das Verhältnis der erzählten Geschichte zu jener abzusichernden Unterweisung zu bestimmen? Inwieweit wird Geschichte erzählt, um jene Unterweisung zu stützen? Und einen Schritt weiter gefragt: Inwieweit wird Geschichte
geschrieben, um die in jener Unterweisung zum Ausdruck kommenden bestehenden Verhältnisse zu stützen? Oder andersherum: Inwieweit bestimmt
jene Unterweisung die Darstellung der Geschichte? Haben wir hier die klassi-
sche Frage nach den erkenntnisleitenden Interessen[4] vor uns, so ist in diesen
Horizont nochmals speziell die Kategorie »Geschlecht« einzuführen und auf

---

2　　Vgl. dazu bes. *Klein: Braumann (Hg.), Lukas-Evangelium (1974 [1964]), 170* (mit
　　Verweis auf ältere Literatur); *Plümacher: PRE.S XIV (1974), 242f; Ders.: EWNT 1
　　(²1992), 779f; Alexander: NT 28 (1986), 48-74; Ders., Preface (1993).*

3　　Damit soll nicht leichthin die Frage der Gattung des Lk-Evs und der Apg beant-
　　wortet werden. Vgl. dazu die Forschungsüberblicke bei *Radl, Lukas-Evangelium
　　(1988), 49-52* oder in den Kommentaren. Als angemessene Bestimmungen wären
　　»historische Darlegung« (*Plümacher: EWNT 1 [²1992], 779*) oder »historische Mo-
　　nographie« (*Plümacher: PRE.S XIV [1974], 262f; Schnelle, Einleitung [1994], 292*)
　　zu nennen, wiewohl diese nicht allen Aspekten des Werkes gerecht werden dürf-
　　ten, vgl. *Bovon, Lk I (1989), 19,* oder auch »theologische Erzählung« (*Löning, Ge-
　　schichtswerk I [1997], 11*).

4　　Vgl. bes. *Habermas, Erkenntnis (1968).* Die Fragestellung wurde längst für die fe-
　　ministische Forschung fruchtbar gemacht, vgl. z. B. die Überblicke bei *Neusel /
　　List: WbFTh (1991), 98-102; Wacker: Exegese (1995), 51f.*

diesem Hintergrund die Frage nach den Frauen im Lukasevangelium und - nochmals zugespitzt - nach den galiläischen Frauen zu stellen: Wie wird Geschichte im Blick auf diese Frauen erzählt? Welches Geschichtsbild wird konstruiert? Mit welchen Mitteln? Und welchen Einfluß hat hier jene Unterweisung auf die Art und Weise der Darstellung? Welche Botschaften sollen also vermittelt werden?

2. Botschaften haben gewöhnlich einen Adressaten oder eine Adressatin. Im lk Vorwort spricht ein Ich-Erzähler einen solchen Adressaten als »hochverehrten Theophilus« an. In der so geschaffenen (fiktiven) Kommunikationssituation wird ein Gegenüber von Autor und Adressat konstruiert, von denen beide nicht nur als wohlunterrichtet und gebildet und zumindest letzterer als von einigem Stand und Einfluß[5] charakterisiert werden, sondern die darüberhinaus als männlich zu bestimmen sind. Hier ist zu fragen: Welche Auswirkungen hat dieses Konstrukt auf die Darstellung? Welche auf eventuell vermittelte Botschaften? Wem gelten diese Botschaften? Und schließlich: Wie ist demgegenüber der gemeinsame Horizont des »wir« (1,2) zu situieren?

3. Wenn Lukas im Rahmen des Prooemiums auf literarische Vorläufer seiner Arbeit verweist, d. h. auf Werke, von denen er Kenntnis hatte und die er zur Abfassung seines eigenen Werkes herangezogen hat, dann stellt sich auch hier wiederum die Frage: Konnten diese Vorläufer diese Sicherheit nicht bewirken? Was an der Darstellung des Lukas ist anders, wodurch die Sicherheit besser erlangt werden kann? Schon dies läßt ein diachrones Herangehen an das Werk geboten erscheinen. Es entbindet aber nicht von der Frage nach der synchronen Realisierung des spezifisch lk Programms; denn darauf, daß ein solches besteht, deuten wiederum Hinweise im Prooemium: Das Werk ist ein Produkt gründlicher historischer Forschung (παρηκολουθηκότι κτλ. 1,3), seine Prinzipien sind die Erforschung von den Anfängen an (ἄνωθεν), Vollständigkeit (πᾶσιν) und Gründlichkeit (ἀκριβῶς), und die Darstellung folgt einer sinnvollen Ordnung (καθεξῆς)[6]. Diese Prinzipien der Darstellung, die dem Werk zugrunde liegen, müßten also in einer synchronen Analyse des Werkes wiederum sichtbar gemacht werden können.

Was hier noch als Sammlung von Fragen zusammengestellt ist, soll in den beiden folgenden Abschnitten entfaltet werden. Dies kann nur skizzenhaft geschehen, jedoch in einer Weise, daß zum einen die theoretischen Voraussetzungen, in deren Horizont diese Arbeit zu verorten ist, und zum anderen die Methode(n), die der Untersuchung zugrunde liegen, ersichtlich werden.

---

5   Vgl. *Bovon, Lk I (1989), 32f.*
6   Vgl. dazu - in jeweiliger Weiterentwicklung - *Völkel: NTS 20 (1973/74), 289-299* (»continua serie«); *Mußner: FS Kümmel (1975), 253-255* (»lückenlos«); *Schneider: Lukas (1985), 31-34* (mit starkem Bezug zum Konzept der »Vergewisserung« bei Lk).

1.1 Diachrone und synchrone Fragestellungen

Wenn Lukas selbst sein Werk in eine Reihe von Vorgängerwerken einordnet, jedoch einen dezidiert neuen und unter eigenen Gesichtspunkten komponierten Entwurf vorlegt, läßt dies ein ergänzendes Miteinander von diachronen und synchronen Fragestellungen und Methoden als angemessen erscheinen:

Die Frage der Quellen, auf die der Verfasser des Lk-Evs für die Abfassung seines Werkes zurückgegriffen hat, ist immer noch am besten im Rahmen der modifizierten Zweiquellentheorie[7] als derjenigen Hypothese, die die Übereinstimmungen und Unterschiede zwischen den drei synoptischen Evangelien am besten erklärt, zu beantworten. Demnach ist davon auszugehen, daß Lukas mindestens auf das Mk-Ev - bzw. eine Textfassung, die dem uns heute vorliegenden Mk-Ev sehr nahe stand -, auf eine Fassung der sogenannten Logienquelle Q, die - vorläufig gesprochen - die Stoffe enthielt, die dem Lk-Ev und dem Mt-Ev über den Mk-Stoff hinaus gemeinsam sind[8], sowie verschiedene Stoffe wahrscheinlich unterschiedlicher Herkunft, die gewöhnlich als Sondergut (S[Lk]) bezeichnet werden[9], zurückgegriffen hat. Dabei ist nicht nur hinsichtlich des zuletzt genannten Sondergutes die Traditions- und Quellenfrage in den verschiedenen Textbereichen unterschiedlich zu stellen.[10] Auch im Blick auf Q ist zu differenzieren: So ist »mit einem komplexen und nicht mehr in allen Einzelheiten rekonstruierbaren Traditions- und Redaktionsprozeß«[11] zu rechnen, der letztlich zu verschiedenen Rezensionen dieser Quelle führte, so daß davon auszugehen ist, daß die Textform, auf die der Verfasser des Mt-Evs zurückgreifen konnte (Q[Mt]), nicht identisch ist mit der Q-Rezen-

---

7   Vgl. die zusammenfassende Darstellung des Diskussionsstandes in den neueren Einleitungen z. B. *Kümmel, Einleitung* (²¹*1983*), *13-53; Schnelle, Einleitung (1994)*, *200-206; Broer, Einleitung (1998), 43-59* oder auch das Schema bei *Kosch: FZPhTh 36 (1989), 414.* Die »minor agreements« als die offene Frage der Zweiquellentheorie erklärt *Ennulat, Minor Agreements (1994)* zu größten Teilen aus einer vormtlk Mk-Bearbeitung.

8   Skeptisch gegenüber der Existenz von Q jüngst z. B. wieder *Goulder, Luke (1989); Tuckett: Piper (Ed.), Gospel (1995), 19-47.* Vgl. auch die grundsätzliche Auseinandersetzung mit dieser Frage bei *Catchpole, Quest (1993), 1-59.*

9   An neueren Studien vgl. *Klein, Barmherzigkeit (1987); Petzke, Sondergut (1990); Heininger, Metaphorik (1991); Pittner, Studien (1991).*

10   Vgl. dazu sowie zu den Forschungshypothesen einer lk »Sonderquelle« oder eines aus Q und L geschaffenen »Proto-Lukas« zusammenfassend *Kümmel, Einleitung (²¹1983), 100-110; Radl, Lukas-Evangelium (1988), 28-35; Bovon, Lk I (1989), 20-22; Schnelle, Einleitung (1994), 292f.*

11   *Kosch: FZPhTh 36 (1989), 410.* Zu den unterschiedlichen forschungsgeschichtlichen Entwürfen über dieses Werden von Q vgl. *Sato, Q (1988), 28-33; Kosch, Tora (1989), 33-38; Sevenich-Bax, Konfrontation (1993), 25f; Schnelle, Einleitung (1994), 223-226.* Ein dreiphasiges Entstehungsmodell entwickelt *Mack, Gospel (1993), 103-188.* Vgl. auch die Forschungsüberblicke zu Q bei *Kloppenborg, Formation (1987), 8-40; Bergemann, Q (1993), 14-47; Piper: Ders. (Ed.), Gospel (1995), 1-18.*

sion, die Lukas vorliegen hatte (Q^{Lk}).[12] Besonders bei Q^{Lk} ist dabei - stärker als bei Q^{Mt} - mit einem eigenständigen und elaborierten Profil zu rechnen.[13]

Um sowohl der literarischen Abhängigkeit des Lk-Evs von diesen Quellen, als auch dem eigenständigen Umgang und der Auseinandersetzung des Verfassers mit denselben gerecht zu werden, erweist sich ein Vergleich des lk Textes mit den jeweiligen Vorlagen als sinnvoll. Im Blick auf jene Texte, für die eine Mk-Vorlage existiert, kann dies in Form eines synoptischen Vergleiches geschehen, der allerdings - da mit einer Textvorlage zu rechnen ist, die nicht völlig mit dem uns bekannten Mk-Ev identisch ist, - wiederum differenziert zu handhaben ist. Im Blick auf Sondergut-Stoffe sind mit Hilfe literarkritischer Methoden eine mutmaßliche vorlk Traditionsstufe zu rekonstruieren und ihr gegenüber lk Akzente herauszuarbeiten. Für die vorliegende Untersuchung ist diese Fragestellung jedoch lediglich im Rahmen der Ausführungen zur Maria-Marta-Perikope Lk 10,38-42 von einiger, wenn auch recht begrenzter, Relevanz, so daß an dieser Stelle auf weitere grundlegende Vorbemerkungen verzichtet werden kann.[14] Im Blick auf Q kann es in dieser Arbeit angesichts der Existenz verschiedener Q-Rezensionen nicht darum gehen, einen möglichst weit zurückgehenden »Ur-Text« von Q oder auch eine Mt und Lk *gemeinsam* vorausliegende Q-Fassung zu rekonstruieren; sondern es ist der *Lk* zugrundeliegende Text von Q^{Lk} zu rekonstruieren, um die spezifisch lk Akzentsetzungen gegenüber dieser Vorlage herausarbeiten zu können. Und auch dabei wird der Akzent nicht auf der Kommentierung des Q$^{(Lk)}$-Textes, sondern auf dem lk Umgang mit seiner Vorlage liegen. Damit gerät der Verfasser des Lk-Evs als *Rezipient* verschiedener Überlieferungen in den Blick, und, insofern er sich diese Überlieferungen aktiv aneignet und weiter verarbeitet, als »produktiver Rezipient«[15].

Diese »produktive Aneignung« der Traditionen ist der Ausgangspunkt für eine weitere Überlegung; denn es ist *auch* - und vor allem - davon auszugehen, daß der Verfasser nicht primär in der Auseinandersetzung mit seinen Quellen, sondern in fruchtbarem Dialog mit seinen (intendierten) LeserInnen stand. Dieser Dimension des Textes trägt ein Kommunikationsmodell aus dem Bereich der literaturwissenschaftlichen Textbetrachtung Rechnung, nämlich das Modell des impliziten Lesers bzw. des impliziten Autors. Die Kon-

---

12 Vgl. z. B. *Luz: EvTh 33 (1973)*, 530; *Ders.: SBL Seminar Papers (1983)*, 473; *Sato, Q (1988)*, bes. 47-65; *Kosch, Tora (1989)*, 32 et passim; *Kosch: FZPhTh 36 (1989)*, bes. 412-420; *Luz, Mt I (³1992)*, 28f; *Schnelle, Einleitung (1994)*, 222. Die Existenz verschiedener Q-Rezensionen wird dagegen mit Nachdruck abgelehnt von *Bergemann, Q (1993)*, besonders dezidiert formuliert 60.

13 Vgl. *Sato, Q (1988)*, bes. 54-62; *Kosch: FZPhTh 36 (1989)*, 416-420; *Luz, Mt I (³1992)*, 29.

14 Zur Methodik vgl. grundsätzlich *Richter, Exegese (1971)*, 49-72; *Bieberstein, Schilfmeer (³1992)*, 34-42.

15 Vgl. *Grimm, Rezeptionsgeschichte (1977)*, 147-153; *Link, Rezeptionsforschung (1980)*, 86-89. Im Blick auf ntl. Texte: *Egger, Methodenlehre (²1990)*, 41-45.

zepte von implizitem Leser und implizitem Autor entstammen ursprünglich getrennten Entwürfen, die aber beide davon ausgehen, daß ein Text stets in einer Kommunikationssituation zu verorten ist[16], daß aber dabei niemals ein realer Autor oder eine reale Autorin mit realen LeserInnen in eine direkte Verbindung treten, sondern daß es jede der beiden Seiten stets nur mit dem Text zu tun hat.[17]

Das Konzept des impliziten Lesers, das vor allem mit dem Namen *Wolfgang Iser*[18] in Verbindung zu bringen ist, fragt nun nach den Signalen und Vororientierungen, die ein Text möglichen LeserInnen zu seinem Verständnis gibt, d. h. nach in den Text eingezeichneten »intersubjektiv verifizierbare[n] Anweisungen zur Hervorbringung von Sinn«[19]. Dieses Konzept hat damit die Wirkungsstrukturen eines Textes im Blick, »durch die der Empfänger zum Text situiert und mit diesem durch die von ihm ausgelösten Erfassungsakte verbunden wird.«[20] Denn jeder Text stellt eine vom Autor oder der Autorin konstituierte perspektivische Sicht auf die Welt dar, ja, *ist* selbst »ein perspektivisches Gebilde, durch das sowohl die Bestimmtheit dieser Hinsicht als auch die Möglichkeit, sie zu gewärtigen, entsteht.«[21] Leserinnen und Leser eines Textes werden dazu gebracht, einen bestimmten Blickpunkt einzunehmen; hinsichtlich der Wahl dieses Blickpunktes sind sie jedoch nicht frei, sondern dieser ergibt sich aus der perspektivischen Anlage des Textes, eben aus dem vom (realen) Autor oder der Autorin konstruierten »Entwurf eines Lesers, von dem der Text immer schon verstanden ist«[22], dem »impliziten Leser«. »Impliziter Leser« meint damit die »Textstruktur, durch die der Empfänger immer schon vorgedacht ist«[23], als »in der Textstruktur angelegte Leserrolle«[24].

Dem entspricht auf der anderen Seite das Gegenüber von realen LeserInnen und »implizitem Autor«, ein Modell, das auf *Wayne C. Booth*[25] zurückgeht. Auch hier ist es ja so, daß den LeserInnen niemals der reale Autor oder die reale Autorin als KommunikationspartnerIn gegenübersteht, sondern wie-

---

16   Vgl. dazu zusammenfassend *Egger, Methodenlehre* (²*1990*), *34-40*.
17   Im folgenden werde ich die abstrakten und textinternen Größen impliziter Autor und impliziter Leser mit den grammatikalisch maskulinen Formen (Autor / Leser) benennen, bei den entsprechenden textexternen Größen von realen AutorInnen und LeserInnen jedoch eine inklusive Sprache verwenden.
18   Vgl. besonders *Iser, Leser* (³*1979*); *Iser, Akt* (³*1990*), bes. *50-67*. Vgl. aber auch *Ecos* »Modell-Leser« (z. B. *Ders., Lector [1987]*, bes. *61-82* und *ebd. 283 A. 10* mit weiterer Literatur und weiteren vergleichbaren Modellen).
19   *Neugebauer, Aussagen (1995), 40*, hierin *Iser, Akt* (³*1990*), *47f* und *Eco, Lector (1990), 74-76* rezipierend.
20   *Iser, Akt* (³*1990*), *61*.
21   *Iser, Akt* (³*1990*), *61*.
22   *Neugebauer, Aussagen (1995), 41*.
23   *Iser, Akt* (³*1990*), *61*.
24   *Iser, Akt* (³*1990*), *63*.
25   Vgl. *Booth, Rhetorik I und II (1974)*, hier allerdings implizierter Autor genannt.

derum nur der Text, in dem sich bis zu einem gewissen Grad der Autor oder die Autorin manifestieren[26]. Das Konzept des impliziten Autors trägt der Tatsache der LeserInnenlenkung eines Textes Rechnung. »Impliziter Autor« ist also wiederum eine Bezeichnung für den Text, in diesem Fall als Gegenüber der LeserInnen, »insofern der Text als fremder eine Verstehens*aufgabe* darstellt«[27].

Während also ein realer Autor oder eine reale Autorin jeweils mit dem impliziten Leser kommunizieren, ist das Gegenüber der realen LeserInnen stets der implizite Autor. Den textinternen Größen impliziter Autor/impliziter Leser - die vielleicht besser und eindeutiger als Textstrukturen oder -strategien zu bezeichnen wären[28] - stehen also jeweils textexterne PartnerInnen gegenüber. Davon ist nochmals die textinterne *fiktive* Ebene von Erzähler und Narratee - verstanden als Leser- bzw. Hörer*fiktion* - zu unterscheiden. Dieses Paar bildet eine rein textinterne Kommunikationsebene. Auf dieser Ebene ist das in Lk 1,1-4 konstruierte Gegenüber eines Ich-Erzählers mit einem namentlich genannten Adressaten, Theophilus, anzusiedeln[29], wiewohl beide Größen Assoziationen von realem Autor und realem Leser wecken. So wird als Kommunikationssituation ein Gegenüber »von Mann zu Mann« konstruiert, eine Weichenstellung, die für die Interpretation der im weiteren Verlauf des Textes gesendeten Botschaften von einiger Bedeutung sein dürfte.

Die Interpretation eines Textes hat nun diesen verschiedenen Dimensionen der Kommunikation Rechnung zu tragen. Wenn in einem Text einerseits die Textstruktur des impliziten Lesers angelegt ist, von dem der Text idealerweise verstanden werden will, und wenn andererseits mir als analysierender Leserin aus einem Text niemals ein realer Autor oder eine Autorin entgegentritt, sondern nur eine Textstruktur oder -strategie, in der der Autor manifest wird, dann bedeutet dies gleichzeitig, daß es meiner aktualisierenden Mitarbeit bedarf, um einen Text zu vervollständigen, also ihm »das zu entnehmen, was dieser nicht sagt (aber voraussetzt, anspricht, beinhaltet und miteinbezieht), und dabei Leerräume aufzufüllen und das, was sich im Text befindet, mit dem intertextuellen Gewebe zu verknüpfen, aus dem der Text entstanden ist und mit dem er sich wieder verbinden wird.«[30]

---

26   Vgl. *Booth, Rhetorik I (1974), 77f.* Vgl. wiederum *Eco, Lector (1987), 75,* der den Autor eines Textes in der »*Aktanten*rolle des Ausgesagten« lokalisiert.

27   *Neugebauer, Aussagen (1995), 41.* Einen Versuch, die Konzepte von implizitem Autor und implizitem Leser auf das Lk-Ev anzuwenden, hat *Kurz, Reading Luke-Acts (1993)* vorgelegt. Weitere - sehr unterschiedliche - explizit LeserInnen-orientierte Studien sind z. B. *Kany: NT 28 (1986), 75-90* (zu den lk Passions- und Ostererzählungen); *Portefaix, Sisters (1988), 155-173* (zu Apg 16); *Darr: Semeia 63 (1993), 43-60* (58-60 Bibliographie).

28   Vgl. *Eco, Lector (1987), 74-76; Ders., Grenzen (1992), 169f.*

29   So auch *Dillmann: BZ 38 (1994), 89f.*

30   *Eco, Lector (1987), 5.*

1.2 Diachrone und synchrone Methoden

Um nun sowohl der Dimension der produktiven Rezeption bestimmter Traditionen durch den Verfasser, als auch der Dimension der komplexen Kommunikationssituation des Textes, als auch der Tatsache des großen zeitlichen Abstands zwischen Textproduktion und meinem *heutigen* Verstehensversuch[31] gerecht zu werden, bedarf es einer differenzierten Methodik:

Hinsichtlich des ersten Punktes wurde bereits auf den differenzierenden Gebrauch des historisch-kritischen Methodenrepertoires hingewiesen, wobei hier das Ziel der diachronen Analyse - wie gesagt - nicht die Rekonstruktion möglichst alter, »ursprünglicher« Textentwicklungsstufen ist, sondern die Herausarbeitung des lk Umgangs mit seinen Vorlagen und Traditionen.

Hinsichtlich des kommunikativen Horizonts, in dem der Text steht, bedarf es einer kontrollierenden Rückbindung der Interpretation an Textoberflächenphänomene, d. h. einer reflektierten Anwendung einer Palette von formkritischen Methodenschritten, die die spezifische Gestaltung der heute vorliegenden Endform des Textes sichtbar machen kann.

Da wir es im Lk-Ev mit einem größeren literarischen Werk zu tun haben, konkreter Untersuchungsgegenstand jedoch sowohl aufgrund der Fragestellung als auch aufgrund der komplexen Forschungssituation jeweils nur ein Teil daraus sein kann, dürften bereits erste Hinweise auf die Funktion eines solchen Teiltextes - im Fall des Lk-Evs einer Perikope - von seiner Einbettung in einen literarischen Zusammenhang zu erwarten sein. In der Tat hat es sich im Verlauf der Ausarbeitungen als äußerst bedeutsam erwiesen, die Einzeltexte präzise in ihrem literarischen Kontext zu situieren. Um diesen exakt bestimmen zu können, braucht es ein Instrumentarium zur Makrogliederung von Texten. Als ein solches äußerst brauchbares Instrumentarium haben sich die von *Elisabeth Gülich* und *Wolfgang Raible*[32] aufgestellten Kriterien für die Gliederung von Texten erwiesen. Auch sie gehen davon aus, »daß die sprachliche Einheit ›Text‹ bezüglich ihrer Funktion nur im Prozeß der Kommunikation, d. h. als ›Text-in-Funktion‹ (…) adäquat erfaßt werden kann.«[33]

---

31 Vgl. dazu z. B. *Egger, Methodenlehre* (²1990), 37-40.
32 Vgl. *Gülich / Raible: Textanalyse (1974), 74-99; Gülich: Haubrichs (Hg.), Erzählforschung 1 (1976), 241-255*. Ihre Arbeiten wurden mittlerweile von einigen ntl. Methodenlehren aufgenommen, z. B. von *Berger, Exegese* (²1984), 74-78 im Hinblick auf eine textinterne Fundierung von Textsorten, sowie *Egger, Methodenlehre* (²1990), 83 und *Stenger, Methodenlehre (1987), 47f* im Hinblick auf die Gliederung von Texten. Als eine exegetische Untersuchung neueren Datums, die ihre formkritische Analyse streng nach *Gülich / Raible* durchführt, ist die bei *Karl Löning* in Münster geschriebene Dissertation zu den weisheitlichen Elementen in Q von *Sevenich-Bax, Konfrontation (1993)* zu nennen. Auch *Löning* selbst greift in seiner im Erscheinen begriffenen Gesamtanalyse des lk Werkes von *Gülich* und *Raible* entwickelte methodische Aspekte auf, vgl. bislang bes. *Ders., Geschichtswerk 1 (1997), 13-18* sowie die Durchführung.
33 *Gülich / Raible, Textmodelle (1977), 22*. Vgl. auch schon *Gülich / Raible: Textanaly-*

Dieses Miteinander von textinternen und -externen Faktoren, daß ein Text nämlich als komplexes sprachliches Gebilde nach den Regeln des Sprachsystems (Langue) gebaut ist und funktioniert (textintern) und gleichzeitig in einem Kommunikationsprozeß steht (textextern), führt zu einem weiteren Ausgangspunkt der Überlegungen: »... daß der Leser oder Hörer einer sprachlichen Mitteilung in der Lage sein muß, die Makrostruktur des Mitgeteilten an der Text›oberfläche‹, d. h. an dem Text, wie er in seiner linearen Abfolge tatsächlich vorliegt, zu erkennen.«[34]

Als solche Erkennungszeichen der linearen Textabfolge haben *Gülich* und *Raible* nun eine Hierarchie von Gliederungsmerkmalen herausgearbeitet, nach denen ein Text unter formalen Gesichtspunkten in Teiltexte zu segmentieren ist. Ihre erste und grundlegende Einteilung, nämlich die in verschiedene Ebenen der Kommunikation[35], ist für die vorliegende Untersuchung insofern relevant, als mit ihrer Hilfe die in Lk 1,1-4 konstituierte Kommunikationssituation vom Corpus des Evangeliums abgetrennt werden kann, und im Corpus wiederum unterschieden werden kann zwischen dem Erzählgerüst und in dieses eingebetteten direkten Reden, und in diese wiederum eingebettete kleine Erzählungen (wie Gleichnisse) mit weiteren direkten Reden etc. Die Hierarchie der Gliederungsmerkmale ist nun auf jeder Ebene der Kommunikation jeweils getrennt und von vorne anzuwenden.

Konkret müssen als solche Gliederungsmerkmale nach den metakommunikativen Sätzen (bzw. Hypersätzen), die die einzelnen Ebenen der Kommunikation voneinander trennen[36], die Substitution auf Meta- bzw. Abstraktionsebene, Episoden- und Iterationsmerkmale, Veränderungen in der Konstellation der HandlungsträgerInnen, Renominalisierungen sowie (adversative) Satzkonjunktionen und Satzadverbien gelten. Diese Merkmale bedürfen einer Erläuterung:

Substitution bezeichnet das Phänomen, daß Aktanten, Sätze oder Teiltexte in nachfolgenden Sätzen aufgenommen werden können. Von Substitution auf Metaebene spricht man, wenn »ein (in der Regel vorhergehender) Text als Ganzes oder ... Teile des Texts als Bestandteil eines Kommunikationsprozesses bezeichnet«[37] wird. Von der Substitution auf Metaebene ist die Substitution auf Abstraktionsebene zu unterscheiden, »bei welcher das Substituens einen größeren Bedeutungsumfang hat als das Substituendum.«[38]

---

34 *Gülich / Raible: Textanalyse (1974), 74.* Vgl. auch *Gülich: Haubrichs (Hg.), Erzählforschung 1 (1976), 242.*

35 Vgl. *Gülich / Raible: Textanalyse (1974), 81-84; Gülich: Haubrichs (Hg.), Erzählforschung 1 (1976), 229.234-241.*

36 Vgl. *Gülich / Raible: Textanalyse (1974), 82-84.87 et passim.*

37 *Gülich / Raible: Textanalyse (1974), 88.* Vgl. auch *Gülich: Haubrichs (Hg.), Erzählforschung 1 (1976), 242.*

38 *Gülich / Raible: Textanalyse (1974), 90.*

Gliederungsmerkmale auf der Ebene von Episoden- und Iterationsmerk-
malen sind Veränderungen in der Zeit- oder Ortsbefindlichkeit, wobei diese
durch unterschiedliche Signale markiert sein und in unterschiedlichen Kombi-
nationen auftreten können. Der zeitliche Ablauf spielt dabei meist eine größere
Rolle, wohingegen Ortsveränderungen gewöhnlich nur in Verbindung mit
dem zeitlichen Ablauf von Bedeutung sind. Im Blick auf den zeitlichen Ablauf ist zu unterscheiden zwischen Merkmalen, die eine zeitliche Einmaligkeit
bezeichnen (Episodenmerkmale) und solchen, die eine Wiederholung von
Handlungsabläufen ausdrücken (Iterationsmerkmale). Des weiteren muß zwischen absoluten und relativen Merkmalen unterschieden werden, die je unterschiedliche gliedernde Wirkungen haben.[39]

Bei Veränderungen in der Konstellation der HandlungsträgerInnen ist
zwischen einzelnen Handelnden und mehreren Personen, die zu einer Gruppe
oder »Partei«[40] zusammengefaßt werden, zu unterscheiden und bei letzteren
auf eventuelle Wechsel innerhalb der Gruppe zu achten.

Das Kriterium der Renominalisierung trägt der Tatsache Rechnung, daß
in einem Text Personen - aber auch Dinge, Gegenstände usw. - gewöhnlich
zunächst nominal eingeführt und im weiteren Verlauf des Textes substituiert
werden. Diese Substitution - bei der selbstverständlich einzelsprachliche Besonderheiten zu berücksichtigen sind - kann ebenfalls nominal, oder aber pronominal geschehen. Springt ein Text aber von einer pronominalen Substitution zu einer nominalen Wiederaufnahme zurück, spricht man von Renominalisierung. Diese ist für die Erstellung einer Gliederung relevant, weil mit ihr
meist eine Änderung der Handlungsrolle bestimmter Personen einhergeht, die
nun an den entsprechenden Oberflächenpositionen erscheint.[41] Im Blick auf
die Anwendung dieses Kriteriums auf das Lk-Ev ist jedoch bereits an dieser
Stelle darauf hinzuweisen, daß z. B. Jesus selbst zu Beginn einer Perikope
häufig nicht nominal genannt, sondern über weite Strecken des Werkes ausschließlich pronominal wiederaufgenommen wird, so daß dieses Kriterium
unter Vorbehalt anzuwenden sein wird.

(Adversative) Satzkonjunktionen und Satzadverbien schließlich bringen
Sätze oder Teiltexte in ein bestimmtes logisches Verhältnis zueinander und
treten häufig zusammen mit einem der beiden zuletzt genannten Gliederungssignale auf.[42]

Während meiner Arbeit am Lk-Ev habe ich den Eindruck gewonnen,
daß diese Kriterien weder mechanisch anwendbar sind noch automatisch

---

39   Vgl. *Gülich / Raible: Textanalyse (1974)*, 90-92; *Gülich: Haubrichs (Hg.), Erzählfor-
      schung 1 (1976)*, 242f, hier nicht absolute und relative Merkmale, sondern Aus-
      gangs- und Nachfolgemerkmale genannt.
40   Vgl. dazu schon *Olrik: ZDA 51 (1909)*, 1-12, bes. 6-7.
41   Vgl. *Gülich / Raible: Textanalyse (1974)*, 94-97; *Gülich: Haubrichs (Hg.), Erzählfor-
      schung 1 (1976)*, 243; *Bieberstein, Schilfmeer (^{3}1992)*, 53.
42   Vgl. *Gülich / Raible: Textanalyse (1974)*, 97-98.

»funktionieren«. Sondern es ist jeweils auf die Besonderheiten des vorliegenden Textes zu achten. Auch ist die Liste der Kriterien im Hinblick auf das Lk-Ev m. E. um das häufig als Gliederungssignal fungierende καὶ ἐγένετο bzw. ἐγένετο δὲ zu ergänzen.[43] Dennoch geben diese Gliederungsmerkmale Hinweise, welche Einheiten unter welchen Gesichtspunkten als Zusammenhang komponiert sind und daher zur gegenseitigen Interpretation berücksichtigt werden müssen. Zwar habe ich keine Gesamtgliederung des Lk-Evs unter diesen Kriterien erstellt - dies wäre eine eigene Untersuchung[44] -, doch kann die Auswahl des jeweiligen literarischen Kontextes, in dem ich eine Perikope situiere, mit Hilfe dieser Kriterien begründet und an (für LeserInnen und HörerInnen wahrnehmbare) Textoberflächenphänomene zurückgebunden werden.

Selbstverständlich ist die Entwicklung einer makrostrukturellen Gliederung nur der erste von zahlreichen weiteren Schritten der formkritischen Analyse, mittels derer ein Text hinsichtlich seiner Kohäsion und Struktur, Kohärenz, Semantik und Pragmatik zu untersuchen ist. Hierin lehne ich mich aber an die von den gängigen Methodenlehren vorgeschlagenen Analyseschritte an.[45] Da diese im Unterschied zu dem von *Gülich* und *Raible* entwickelten Modell in der ntl. Exegese als Allgemeingut vorausgesetzt werden können, verzichte ich an dieser Stelle auf eine ausführliche Darstellung und Begründung und verweise auf die möglichst transparent gestaltete Durchführung der Schritte im Laufe der Untersuchung.

Hinsichtlich des zu Beginn dieses Kapitels genannten dritten Punktes, dem des großen zeitlichen Abstands zwischen dem Text und den heutigen Auslegungszusammenhängen, habe ich mich bemüht, nicht mehr vorhandene gemeinsame Codes[46] zwischen mir und dem Text durch die kontrollierte und nachprüfbare Anwendung der eben beschriebenen Methodik, durch weitere intertextuelle Fragestellungen sowie durch sozialgeschichtliche Informationen auszugleichen.

---

43 Vgl. z. B. *Sellin: NT 20 (1978), 101-104.* Zur gliedernden Funktion der beiden Wendungen in Lk 5,1-6,19 vgl. *Theobald: NTS 30 (1984), 91-108.* Vgl. auch u. S. 25-29.
44 Versuche aus jüngerer Zeit, eine Gesamtgliederung des Lk-Evs zu entwickeln, stellen *Diefenbach, Komposition (1993)* sowie *Bergholz, Aufbau (1995)* dar. Anders gelagerte narrative Analysen des lk Werkes bieten *Tannehill, Unity (1986; 1990); Aletti, L'art (1989); Meynet, Saint Luc (1990); Sheeley, Asides (1992); Morgenthaler, Lukas (1993), 191-412.*
45 Vgl. z. B. *Richter, Exegese (1971), 72-152; Stenger, Methodenlehre (1987), 43-64; Egger, Methodenlehre (²1990), 74-158; Bieberstein, Schilfmeer (³1992), 51-62.*
46 Vgl. das Kommunikationsmodell bei *Egger, Methodenlehre (²1990), 36.*

2 »LUKAS - EVANGELIST DER FRAUEN« ?
STATUS QUAESTIONIS

Daß das Lukasevangelium und speziell das lk Sondergut eine Fülle von Traditionen enthält, in denen Frauen eine besondere Rolle spielen, ist ein in der Exegese seit langem beobachtetes Phänomen. So stellt schon *Martin Dibelius* in seiner *Formgeschichte* fest, daß Lk »Gefühle schildert und Frauen gern erwähnt.«[47] Während aber eine Reihe von Studien zu Jesus und den Frauen[48] einerseits und der Stellung von Frauen in den Evangelien[49] andererseits erschienen sind, war *Monika Augsten* m. W. die erste, die speziell die Frauen im Lukasevangelium zum Gegenstand einer eigenen Untersuchung gemacht hat. Ihre 1967 beendete und 1970 in stark gekürzter Form publizierte Dissertation mit dem Titel »Die Stellung des lukanischen Christus zur Frau und zur Ehe«[50] sei im folgenden exemplarisch vorgestellt, weil an ihr die verschiedenen Aspekte der Fragestellungen zum Thema deutlich gemacht werden können:

Obwohl *Augsten* ihr Ziel an keiner Stelle klar formuliert, wird aus der Anlage der Untersuchung deutlich, daß es ihr in der Einleitung und im ersten Teil darum geht, das »Ja« Gottes (in Lk 1-2) bzw. des »lukanischen Christus« zur Frau herauszuarbeiten. Auf diesem Hintergrund sind ihre Studien zu verschiedenen Frauengeschichten des Lk-Evs zu lesen, die den ersten Teil ihrer Untersuchung bilden.[51] In ihrem zweiten Teil stellt sie dann den »Vorbehalt des lukanischen Christus gegen Ehe und Familie« dar, der sich von der ursprünglich positiven Haltung Jesu gegenüber der Ehe abhebt. Das »Ja« des lukanischen Christus zur *Frau* auf der einen, und die asketischen Tendenzen, die sich in der Ehe- und Familienfeindlichkeit des lukanischen Christus niederschlagen, auf der anderen Seite, beurteilt sie als »widerspruchsvolle Befunde« (*S. 50*). Diese werden in einem dritten Teil in den Horizont jüdischer und christlicher Frauenideale gestellt, ein Durchgang, der sich von Qumran (*S. 50-53*) über die Essener (*S. 53-56*) und die Therapeuten (*S. 56-58*) auf der einen bis zu Paulus (*S. 59-69*), den Deuteropaulinen (*S. 69-72*), der Apokalypse des Johannes (*S. 73f*) sowie verschiedenen frühchristlichen Schriften (*S. 74-81*) und apokryphen Evangelien (*S. 81-93*) auf der anderen Seite erstreckt, bevor

---

47 *Dibelius, Formgeschichte* ([6]1971 [1959]), 71. Vgl. auch *Bultmann, Geschichte* ([10]1995 [1931]), 392: »ein sentimentaler Zug«.
48 Z. B. *Leipoldt, Jesus und die Frauen (1921)*. Weiterführend *Ders., Frau (1954), 115-145*.
49 Vgl. z. B. die Wiener Dissertation von *Katharina Neulinger* zu den *Frauengestalten des Neuen Testaments (1952)* (Hinweis bei *Wacker: Exegese [1995], 21*).
50 *Augsten, Stellung (1970)*.
51 Lk 4,38-39 (*S. 2f*); 7,11-16 (*S. 3-6*); 7,36-50 (*S. 6-8*); 8,1-3 (*S. 8-13*); 8,40-56 (*S. 13-16*); 10,38-42 (*S. 16-21*); 13,10-17 (*S. 21-24*); 23,49 (*S. 24f*); 23,55f (*S. 25f*); 24,1ff (*S. 26-30*).

in einem abschließenden Teil die geographische Verbreitung des Virginitäts-
ideals untersucht wird (*S. 93-96*). Den Schluß bildet eine Zusammenschau lukanischer Frauenideale, wobei sie bezüglich der Apg einerseits enkratitische
Ideale feststellt, dabei aber eine »wachsende Bedeutung der Frau in der kirchlichen Diakonie« (*S. 101*) konstatiert, die sich in materieller und finanzieller
Unterstützung (Tabitha, Lydia), in der Lehrtätigkeit (Priscilla) und durch die
Prophetie (Töchter des Philippus) zeigt. Hinsichtlich des Lk-Evs konstatiert
sie ein besonderes lk Interesse an Frauen, die erstens in der Heilsgeschichte
eine besondere Rolle spielen (Elisabeth, Maria), zweitens in irgendeiner Weise angefochten (die Schwiegermutter des Petrus, die Witwe von Nain, die
verkrümmte Frau) bzw. Sünderinnen (die stadtbekannte Sünderin, die Frauen
aus 8,2-3) und drittens alleinstehend sind. »Hier ragt als Ideal unseres Evangelisten vor allem die Prophetin Hanna heraus. Dazu zählen aber auch Maria
und Martha (Lk 10,38ff), ebenso wie die Jüngerinnen von 8,1ff.« (*S. 103*).
Neben diesem Interesse stehe aber auch eine starke ehe- und familienfeindli-
che Haltung des Lukas, die zum einen aus persönlichen Sympathien und An-
tipathien des Lukas, zum zweiten durch eine gewisse Nähe zu zeitgenössischen Gruppierungen, besonders den Therapeuten, und zum dritten als Ge-
genreaktion gegen libertinistische Strömungen zu erklären seien (*S. 103f*). So
kommt sie zu folgendem Schlußvotum: »Nach alledem wäre das *lukanische
Christusbild* etwa so zu zeichnen: Jesus nimmt sich der Zöllner, Sünder und
der Armen an. Da die Frauen im allgemeinen wenig geachtet sind, kümmert
er sich auch um sie, vor allem aber um die ›Sünderinnen‹ unter ihnen. Sie alle
haben den gleichen Zugang zum Reich Gottes wie die Männer. Jesus bevor-
zugt aber Frauen, die alleinstehen und sich deshalb, ebenso wie die unverhei-
rateten Männer, intensiver der Sache Christi widmen können. Aus diesem
Grunde befürwortet er absolute geschlechtliche Askese, warnt vor ehelicher
Bindung, läßt die Scheidung zu und lehnt Kindersegen ab.« (*S. 104*)
   Diese Dissertation hat - wahrscheinlich vor allem, weil sie schlecht zugänglich ist - im allgemeinen eher wenig Beachtung gefunden. Ich habe sie an
dieser Stelle jedoch exemplarisch vorgestellt, weil an ihr verschiedene Aspekte der Fragestellungen zum Thema deutlich zu machen sind:

2.1 Frauen im Lukasevangelium. Aspekte und Fragestellungen

Monika Augsten stellt, das ist als erstes hervorzuheben, ein »Frauenthema« in
den Mittelpunkt des wissenschaftlichen Interesses, noch bevor im Zuge der
zweiten Frauenbewegung auch das Interesse an feministisch-theologischen
Fragestellungen und speziell an biblischen Frauengestalten erwacht und das
Neue Testament unter feministischen Fragestellungen analysiert wird[52]. Ihr

---

52   Dabei ist allerdings zu beachten, daß die feministische Diskussion im deutsch-
     sprachigen Bereich erst im Gefolge der US-amerikanischen Diskussion entstand,

Ziel ist dabei primär ein affirmatives: Gegenüber der gesellschaftlichen und kirchlichen Abwertung von Frauen soll ihre Wertschätzung in der Bibel aufgezeigt und gleichzeitig verankert werden, diese Wertschätzung soll auch historisch auf Jesus selbst zurückgeführt werden[53], und die so erarbeitete Wertschätzung der Frauen soll Auswirkungen auf die Stellung »der Frau« in Gesellschaft und Kirche haben. Die bei *Augsten*, aber auch bereits zuvor zu beobachtende *positive* Wertung der lk Frauentraditionen ist in vielen weiteren Studien bis in die Gegenwart zu beobachten[54], wobei die Zielrichtungen dieser Studien nochmals differenzierter zu betrachten wären. Die positive Sicht der lk Frauenstoffe ging so weit, daß Lukas nicht nur »Evangelist der Frauen« genannt[55], sondern auch erwogen wurde, ob das Werk oder zumindest Vorformen (»proto-Gospel«) von einer Frau verfaßt wurde oder auf einen Kreis von Jesusanhängerinnen als hauptsächliche Tradentinnen zurückgehe[56].

Ein zweites: Wie *Augsten* bringt ein Teil der Forschungspositionen die lk Frauentraditionen in einen Zusammenhang mit der Zuwendung Jesu zu den Randgruppen - unter die eben auch die Frauen zu zählen seien. Jesus wurde als derjenige angesehen, der den Frauen »erst die ihnen gebührende volle Menschenwürde gegeben«[57] habe, so »daß die Zuwendung Jesu zu den Frauen, wovon Lukas berichtet, ganz stark *im Zeichen der Heils-Begegnung und Heils-Zuwendung steht*«[58]. Teil dieser Interpretation ist die Abgrenzung Jesu vom zeitgenössischen Judentum, in dem Sinne, daß Jesus mit seiner Zuwendung zu den Frauen die frauenfeindliche Haltung des Judentums überwinde.[59]

---

so daß hier zeitliche Verschiebungen festzustellen sind. Beispielsweise ist *Mary Daly's 'The Church and the Second Sex'* bereits 1969 erschienen.

53   Z. B. wendet sich *Augsten* gegen Einschätzungen wie bei *Hirsch, Frühgeschichte* (²*1951*), 205: »Der geschichtliche Wert dessen, was Lu II über Frauen sagt, ist nicht sehr hoch einzuschätzen.«

54   Hier sind besonders die Arbeiten von *Parvey: Radford Ruether (Ed.), Religion (1974), 138-147; Swidler, Affirmations (1979); Maly: BTB 10 (1980), 99-104; Schottroff: Traditionen 2 (1980), 121-124; Blank: QD 95 (1983), 39-68; Quesnell: Cassidy / Scharper (Eds.), Issues (1983), 59-79; Witherington, Ministry (1984); Ryan: BTB 15 (1985), 56-59; Via: SLJT 29 (1985), 37-60; Via: King (Ed.), Women (1987), 38-55; Witherington, Churches (1988); Demel: BN 57 (1991), 41-95; Ricci, Maria di Magdala (1991); van Cangh: RTL 24 (1993), 297-324; Schnackenburg, Person (1993), 224-236; Luter: TrinJ 16 (1995), 171-185; Kirchschläger: Ruckstuhl, Jesus (1996), 125-136* zu nennen. Weitere s. bei *Karris: CBQ 56 (1994), 2 A. 4.*

55   So z. B. *Schmithals, Lk (1980), 240* (Themenregister); *Demel: BN 57 (1991), 73 u. ö.; Schnackenburg, Person (1993), 225.*

56   Vgl. *Swidler, Affirmations (1979), 262.271 u. ö.*

57   *Schmid, Lk (1960), 21.*

58   *Blank: QD 95 (1983), 40.* Hervorhebung im Original.

59   Dies wird häufig im Rahmen der Auslegung von Lk 8,1-3 hervorgehoben. In diesem Zusammenhang wird Jesu Verhalten als ungewöhnlich (*Diefenbach, Komposition [1993], 90*), als unvereinbar mit den jüdischen Sitten und als Zurückweisung der frauenfeindlichen Aspekte des Judentums (*Schmid, Lk [1960], 156; Rengstorf, Lk [¹⁴1969], 105; Schürmann, Lk [1969], 446-447; Schneider, Lk [1977], 181; Witherington: ZNW 70 [1979], 244-245; Fitzmyer, Lk [1981], 696; Schweizer, Lk*

Lukas als derjenige der Evangelisten, der am stärksten Jesu Zuwendung zu den Verachteten und Zurückgesetzten betone, arbeite folgerichtig auch Jesu Zuwendung zu den Frauen am stärksten heraus.[60]

Ein dritter Aspekt betrifft die »widerspruchsvollen Befunde«, die *Augsten* konstatiert. Während sie auf der einen Seite ein grundsätzliches »Ja« des lukanischen Christus zur Frau herausarbeitet, muß sie auf der anderen Seite asketische Tendenzen und eine massive Ehe- und Kinderfeindlichkeit des Lukas feststellen, die negative Auswirkungen auf die Stellung von Frauen haben und obendrein in einem Widerspruch zum göttlichen und jesuanischen »Ja« zur Frau stünden. Und während dies für sie eben »widerspruchsvolle Befunde« sind, fordert *Friedrich Wilhelm Horn*, über »die Stellung der Frau und die Wertung der Ehe ... differenzierend zu handeln«[61]. Auch *Hans-Josef Klauck* arbeitet die lk Favorisierung der Ehelosigkeit heraus[62], sieht dies aber nicht in einem Gegensatz dazu, »[d]aß Lukas in seinem Doppelwerk ein sehr positives Bild der Frau und ihrer Stellung im Gemeindeleben entwirft«[63] und bezieht Frauen in die Ehelosigkeitsfrage ein[64], wenn er feststellt: »Ehelosigkeit kann für die Frau in einer patriarchalischen Gesellschaft ein Faktor der Emanzipation sein.«[65] Dennoch: Was bei *Augsten* nur in der Konstatierung einer »Widersprüchlichkeit« angedeutet ist, wird in der späteren feministischen Diskussion als androzentrisches und frauen-ausschließendes Konstrukt von Nachfolge und Jüngerschaft erkannt.[66]

Diese Sicht ist Teil einer Beurteilung des Lukas, die sich in der feministischen Diskussion spätestens seit dem Ende der 70er Jahre feststellen läßt und die im lk Doppelwerk massive Tendenzen zur Verdrängung und Abwertung von Frauen beobachtet hat. Diese negative Bewertung des Lk stützt sich vor allem auf folgende Punkte[67]:

[1982], 93; Blank: QD 95 [1983], 53-54; Wiefel, Lk [1987], 157-158; Bovon, Lk I [1989], 398; Weiser: Studien [1990], 289-293 [generell im Blick auf das Verhalten Jesu gegenüber Frauen]; Demel: BN 57 [1991], 72f; Ernst, Lk [⁶1993], 202) beurteilt, oder der Gedanke an Frauen, die das unstete Leben von Wanderpredigerinnen führten, wurde als hellenistisch eingeschätzt (Schmithals, Lk [1980], 101).

60   Vgl. *Bultmann, Geschichte* (¹⁰1995 [1931]), 392; *Schmid, Lk* (1960), 21.
61   *Horn, Glaube* (1983), 202.
62   *Klauck: Gemeinde* (1989), 187-190.
63   *Klauck: Gemeinde* (1989), 189.
64   Das tut im übrigen auch *Augsten*, wenn sie eine lk Bevorzugung ehelos lebender Frauen herausarbeitet.
65   *Klauck: Gemeinde* (1989), 189.
66   Vgl. bes. *Schüssler Fiorenza, Gedächtnis* (1988), 195f u. ö.
67   Vgl. dazu insgesamt *Moltmann-Wendel, Mensch* (⁷1991 [1980]), 145f; *Tetlow, Women* (1980), 101-109; *Jervell: MS Gyllenberg* (1983), 77-93; *Fander: Handbuch* (³1989 [1986]), 309f; *Schüssler Fiorenza, Gedächtnis* (1988), 195 u. ö.; *D'Angelo: JBL 109* (1990), 441-461; *Davies: Levine* (Ed.), *Women* (1991), 185-197; *Schaberg: Commentary* (1992), 275-292; *Corley, Women* (1993), 108-146; *Fander: SSc I* (1994), 214-216; *Ringe, Lk* (1995), 10-12. Die einzelnen Positionen und Argumentationsfiguren werden später bei der Besprechung der einzelnen Texte noch eingehendere

• Die galiläischen Frauen würden in einer inferioren Position dargestellt, indem sie Jesus *und den Zwölfen* dienten,

• mit Hilfe der Maria-Marta-Perikope (10,38-42) würden führende Frauen aus urchristlichen Leitungsämtern verdrängt und auf das konservative Frauenideal der Pastoralbriefe zurückgebunden (vgl. 1 Tim 2,11-15; Tit 2,5),

• die Erzählung über die Salbung Jesu durch eine unbekannte Frau in Betanien (Mk 14,3-9) sei von ihrem prominenten Platz vom Beginn der Passionsgeschichte verdrängt, an eine unbedeutende Stelle im Buch verschoben und auf eine die Frau abwertende Weise umakzentuiert worden,

• durch die Rehabilitierung der Jünger sowie die Einführung von männlichen Zeugen verlören die Frauen in den Passions- und Auferstehungstraditionen an Bedeutung,

• dies werde dadurch unterstützt, daß die Namen der Frauen im Unterschied zu Mk erst an einer sehr späten Stelle genannt werden (24,10),

• die Frauen erhielten auch keinen Verkündigungsauftrag, und was sie dennoch den übrigen berichteten, werde als leeres Geschwätz abqualifiziert,

• Lk unterdrücke Traditionen von Erscheinungen des Auferstandenen vor Frauen,

• in der Apg mache Lk nur die Männer zu Zeugen und schließe Frauen von allen Leitungs- und Verkündigungsaufgaben aus,

• Lukas benutze insgesamt eine androzentrische Sprache, die besonders in Lk 4,22 und 8,19-21 Frauen unsichtbar mache und in Lk 14,26 und 18,29 Frauen als Adressatinnen ausschließe.

Damit waren für längere Zeit die Alternativen in der Beurteilung des Lk festgelegt[68]: Können die vielfältigen Frauen-Stoffe, die das lk Doppelwerk bietet, als frauen*freundlich* angesehen werden, oder machen nicht die oben aufgezählten Indizien unmißverständlich deutlich, daß Frauen im lk Doppelwerk abgewertet und verdrängt werden? Es entsteht der Eindruck, als könnte sowohl die eine als auch die andere Position jeweils valable Argumente für sich ins Feld führen, so daß mit den Beurteilungsalternativen eine Pattsituation erreicht scheint.

2.2 Wege aus der Sackgasse

Um in der Frage einen Schritt weiter zu kommen, sind nun mehrere Aspekte zu berücksichtigen:

Wenn zum ersten vorauszusetzen ist, daß Lukas zur Abfassung seines Werkes auf verschiedene Quellen zurückgreifen konnte und also mit einem

---

Beachtung und Diskussion finden.

68 Vgl. auch die Darstellungen bei *Karris: CBQ 56 (1994)*, 2-5; *Seim, Message (1994), 1f; Melzer-Keller, Jesus (1997), 187; Janssen, Elisabet (1998), 221-225; Janssen / Lamb: KFB (1998), 514-516.*

komplexen Traditions- und Redaktionsprozeß zu rechnen ist, dann ist selbstverständlich auch zwischen verschiedenen Vorstellungen, die in diesen unterschiedlichen Traditionen zum Ausdruck kommen, zu unterscheiden[69] und Lk
als produktiver Rezipient dieser Traditionen wahrzunehmen. Hierbei ist allerdings vor dem vereinfachenden Vorurteil von »frauenfreundlicher Tradition«
versus »frauenfeindlicher Redaktion« zu warnen.[70]

Ein zweiter Punkt ist damit verbunden: Obwohl das Lk-Ev und die Apg
als die beiden Teile eines Doppelwerkes zu verstehen sind, sind doch beide
Teile in dieser Frage zunächst für sich zu betrachten, so daß zwischen Vorstellungen des Evs und möglicherweise weiterentwickelten Vorstellungen, die in
der Apg zum Ausdruck kommen, zu unterscheiden ist.[71]

Zum dritten ist es an der Zeit, die globale Frage nach »den Frauen« im
Lk-Ev aufzulösen und das Problem differenzierter anzugehen. Weder kann es
darum gehen, neben allen verschiedenen Gruppierungen noch *eine* weitere
Gruppe von Frauen zu konstituieren, die dann als die »anderen« gegenüber
dem »Eigentlichen« fungieren.[72] Noch kann es angemessen sein, alle Textgat-
tungen über einen Kamm zu scheren. So kann es nicht das gleiche sein, ob in
Gleichnissen Bilder von Frauen oder Beispiele aus der Arbeitswelt von Frau-
en verwendet werden, um etwas von der Wirklichkeit Gottes oder der βασιλεία τοῦ θεοῦ auszusagen, oder ob auf der Ebene des Erzählgerüsts etwas
über Frauen gesagt wird. In letzterem Fall ist wiederum zu unterscheiden zwischen verschiedenen Frauen(gruppen), über die erzählt wird. Denn es sind gewiß verschiedene Auskünfte zu erwarten, je nachdem, ob von Jüngerinnen Jesu, von kranken und geheilten Frauen oder nochmals anders zu bestimmen-
den Frauen(gruppen) die Rede ist.

---

69 Vgl. die Forderung, die *Fander: Handbuch* (³1989 [1986]), 311 aufstellte: »Hier wä-
    re es einmal an der Zeit, Tradition und Redaktion des Lk getrennt zu untersu-
    chen.«
70 Solche Vorurteile waren vor allem in den Anfängen der feministischen Forschung
    zu Lk sehr verbreitet, vgl. z. B. *Fander: Handbuch* (³1989), 309: »... dennoch ist
    dieses Evangelium, zumindest was seine redaktionelle Bearbeitung angeht, sehr
    frauenfeindlich.« Auch *Seim, Message (1994),* 259f gerät, obwohl sie explizit nicht
    diachron arbeitet, in die Nähe dessen, wenn sie nach ihrer Studie zu dem fast dia-
    chron anmutenden Schluß kommt: Lk habe einerseits starke Frauentraditionen be-
    wahrt, andererseits sei vor allem in der Apg eine durchgehende »masculinisation«
    (259) zu beobachten.
71 Auch *Seim, Message (1994),* 3 stellt fest, daß unterschiedliche Ergebnisse zu er-
    warten sind, je nachdem, ob die Apg auf der Basis des Lk-Evs oder das Lk-Ev mit
    der Brille der Apg gelesen wird. Hingegen betrachtet *Portefaix, Sisters (1988), 156*
    die Lektüre des Lk-Evs als Basis für das Verständnis der Apg.
72 Vgl. schon *Beauvoir, Geschlecht, (1968 [1949]), 10f:* »Die Menschheit ist männ-
    lich, und der Mann definiert die Frau nicht an sich, sondern in Beziehung auf sich
    ... Sie wird bestimmt und unterschieden mit Bezug auf den Mann, dieser aber
    nicht mit Bezug auf sie; sie ist das Unwesentliche angesichts des Wesentlichen.
    Er ist das Subjekt, er ist das Absolute: sie ist das andere.«

Ein viertes: Wird die Frage auf diese Weise differenzierter gestellt, ist es auch möglich, sich von der ausschließlichen Analyse der Texte, in denen explizit von Frauen die Rede ist, zu lösen und diese in einen größeren Zusammenhang zu stellen.[73] Denn es sind zwar die ersten und direktesten Auskünfte von diesen sogenannten »Frauentexten« zu erwarten, doch sind diese in den Horizont von Texten gleicher Gattung oder vergleichbarer Thematik zu stellen und hier die Analysekategorie ›Geschlecht‹ einzuführen, so daß etwa zu fragen wäre: Inwiefern sind in diesen Texten Frauen ein- oder ausgeschlossen? Was bedeuten diese Texte für Frauen? Gibt es Text- oder Themenbereiche, die über Frauen nur schweigen? Welche textuellen Bezüge sind zwischen den »Frauentexten« und anderen Texten vergleichbarer Thematik oder Gattung festzustellen? Oder, einen Schritt weiter gegangen: Können und müssen solche textuellen Bezüge hergestellt werden?

Mit diesen Fragen deuten sich die beiden letzten und m. E. entscheidenden Aspekte an. Zunächst (und damit fünftens) kann mit dieser differenzierteren Fragestellung auch die (ausschließliche) Frage nach den im Text vermittelten Frauenbildern und nach der lk Sicht von Frauen verlassen werden, so daß auch die allzu vereinfachende Gegenüberstellung, ob das Werk des Lk nun frauenfreundlich oder frauenfeindlich sei, aufgebrochen werden kann. Stattdessen ist differenzierender die Frage nach der Konstruktion von Geschichte, Welt und Wirklichkeit[74] im lk Werk zu stellen und hier wiederum mit der Analysekategorie ›Geschlecht‹ zu operieren.[75]

---

73 Vgl. dazu *Schüssler Fiorenza, Gedächtnis (1988), 72f.*

74 Dies sollen keine negativen Wertungen sein, sondern diese Fragestellung beruht auf den Erkenntnissen der Wissenssoziologie, Sozialpsychologie und Kulturanthropologie, daß nämlich Vergangenheit und Geschichte (*Assmann* mit Verweis auf *Halbwachs*) ebenso wie die Wirklichkeit insgesamt (*Berger / Luckmann, Konstruktion [⁵1977] passim*) soziale Konstruktionen sind, »deren Beschaffenheit sich aus den Sinnbedürfnissen und Bezugsrahmen der jeweiligen Gegenwarten her ergibt. Vergangenheit steht nicht naturwüchsig an, sie ist eine kulturelle Schöpfung.« (*Assmann, Gedächtnis [1992], 48*).

75 Vgl. auch das von *Seim, Message (1994), 10* aufgestellte Programm: » ...my project is not to describe Luke's view of women or to see ›women‹ as one theme among other themes in the Lukan texture, but rather to trace some of the warping threads through which the shuttle is pulled. The original question about making women visible has thus had the further effect of mobilising *gender as an analytic category* which itself questions gender systems.« *Seim* hat in ihrer Untersuchung in der Tat eine Reihe hilfreicher Einsichten in das lk Doppelwerk vermittelt, vor allem, was die Lektüre des Werkes vor dem Hintergrund der Rolle von Frauen in den frühchristlichen Gemeinden anbelangt, vgl. auch die anerkennende Rezension von *Corley: JBL 115 (1996), 746-748*. Dennoch bleiben für mich einige Punkte an *Seims* Arbeit zu kritisieren: Diachrone Fragestellungen akzeptiert sie nur in einem äußerst begrenzten Umfang (*6*). Darüber hinaus gelingt es ihr nicht, sich von den »Frauentexten« zu lösen, und da sie sehr viele (alle?) dieser Texte des Doppelwerks an irgendeiner Stelle ihrer Untersuchung bespricht, bleiben ihre Ausführungen häufig ohne Begründung. Obwohl sie eine Analyse der Konstruktion des lk Textes beabsichtigt (*7*), bleiben sowohl Kriterien als auch Methoden ihrer Unter-

Ist mit diesem letzten Punkt die Frage des »für wen und wozu?« erreicht, so kommt damit, wie bereits mit der oben gestellten Frage nach den *herzustellenden* textuellen Bezügen, als sechster Aspekt die Lektüre ins Spiel. Wenn der Text als offener stets der aktiven textuellen Mitarbeit der LeserInnen bedarf[76], dann sind auch diese Prozesse der jeweiligen Aktualisierungen zu reflektieren.[77] So sind in einer kritischen Lektüre einerseits beispielsweise die Leerstellen eines Textes aufzuzeigen, durch die die textuelle Mitarbeit der LeserInnen in die eine oder andere Richtung aktiviert wird. Andererseits ist zu analysieren, durch welche Faktoren diese Mitarbeit, konkret also das Füllen der Leerstellen, aktuell oder möglicherweise bestimmt wird. Als solche Faktoren sind zunächst Signale und Hinweise im Ko- und Kontext zu nennen. *Wie* diese jedoch wahrgenommen und verstanden werden, und wie damit die Leerstellen des Textes gefüllt werden, das hängt von den jeweiligen Optionen und Vorentscheidungen der LeserInnen, aber auch und ganz grundlegend von ihrem jeweiligen »Allerweltswissen«[78] ab. Damit geraten wir in den Horizont der Frage nach den erkenntnisleitenden Interessen[79], die spätestens seit der kritischen Gesellschaftstheorie Eingang in die Wissenschaftstheorie gefunden hat und auch längst für die feministische Diskussion fruchtbar gemacht worden ist, indem sie einerseits die herrschende Vorstellung einer »objektiven« Wissenschaft (oder Lektüre) in Frage gestellt und deren Androzentrismen und Sexismen und die darin enthaltenen Unterdrückungs- und Ausgrenzungsstrategien gegenüber Frauen sichtbar gemacht[80] und andererseits den eigenen Standpunkt klar benannt und ihre zugrunde liegenden Optionen transparent

---

suchung für mich über weite Strecken unklar. Detaillierter werde ich mich mit ihren Untersuchungen an den betreffenden Stellen meiner eigenen Arbeit auseinandersetzen.

Auch das Verhältnis meiner Studie zur jüngst erschienenen Dissertation von *Helga Melzer-Keller, Jesus (1997)* bedarf noch einer Erläuterung: In den meisten Punkten meines oben aufgestellten Programms unterscheidet sich meine Arbeit von der *Melzer-Kellers*. So verläßt *Melzer-Keller* den Rahmen der reinen »Frauentexte« nicht (3), verbleibt weitgehend bei der Frage nach *den* Frauen und löst sich auch kaum von der Frage nach *dem* Frauenbild, das die Texte jeweils vermitteln. Schließlich verortet *Melzer-Keller* ihre Arbeit (leider) nicht innerhalb des feministischen Diskurses, und entsprechend findet die Auseinandersetzung mit den Fragestellungen und Forschungserträgen feministischer Exegese nur an einem sehr kleinen Ort statt. Das soll aber die Bedeutung dieser sehr umfangreichen Untersuchung nicht schmälern, vgl. die differenzierende Rezension von *Sonja Strube: Schlangenbrut 62 (1998), 45f.*

76 Vgl. *Eco, Lector (1987)*, bes. *81-106*.

77 Einen Versuch, das Lk-Ev und die Apg konsequent mit den Augen einer Frau aus dem Philippi des 1. Jh zu lesen, hat *Portefaix, Sisters (1988), 155-173* im Rahmen ihrer ebenso ausgerichteten Studie zum Phil vorgelegt.

78 Zu diesem Begriff und seiner Bedeutung für die »gesellschaftliche Konstruktion der Wirklichkeit« vgl. *Berger / Luckmann, Konstruktion (^{5}1977), 1-48*.

79 Vgl. bes. *Habermas, Erkenntnis (1968)*.

80 Vgl. statt vielen *Schüssler Fiorenza, Brot (1988); Neusel / List: WbFTh (1991), 98-102; Wacker: Exegese (1995), 51f.*

gemacht hat. Die in der feministischen Theorie entwickelte Hermeneutik des Verdachts[81] ermöglicht es, solche Androzentrismen im Blick auf die biblischen Texte, deren Kanonisierung, die Auslegungsgeschichte bis hin zu heutigen wissenschaftlichen und nichtwissenschaftlichen Auslegungszusammenhängen aufzudecken und zu kritisieren.[82]

Zurückkommend auf die Frage der Lektüre bedeutet dies im Blick auf die Wahrnehmung »der Frauen«[83] im Lk-Ev, daß die im Text gemachten Präsuppositionen, aber auch das Schweigen und die Erzähllücken über die Frauen aufgezeigt, die Textsignale für die Interpretation dieser Leerräume ausfindig gemacht und die textuellen Bezüge, über die die Leerräume gefüllt werden (können), kritisch beleuchtet werden müssen. Das heißt auch, die Vorentscheidungen offenzulegen, mittels derer die Bezüge in die eine oder die andere Richtung hergestellt werden (können).

War oben bereits die Frage nach der Konstruktion von Wirklichkeit gestellt worden, so schließt sich daran ein weiterer Aspekt der Lektüre an, für den ich Anregungen aus der feministischen poststrukturalistischen Theorie[84] bezogen habe - ohne jedoch diese Theorie(n) im gesamten zu übernehmen, die ohnehin zu den von mir vorgetragenen Überlegungen kaum kompatibel sein dürfte(n)[85]. Dennoch sei dieser Gedanke hier vorgestellt, der für eine fe-

---

81 *Simone de Beauvoir* stellt ihrem Buch *Das andere Geschlecht* folgendes Zitat von *Poulain de la Barre* voran: »Alles, was Männer über die Frauen geschrieben haben, muß verdächtig sein, denn sie sind zugleich Richter und Partei.« Vgl. aber vor allem das Programm einer kritisch-feministischen Hermeneutik, grundgelegt - wiewohl inzwischen auch von ihr selbst weiterentwickelt - bei *Schüssler Fiorenza, Brot (1988); Dies., Gedächtnis (1988).*

82 Dies ist deshalb von grundlegender Bedeutung, weil Androzentrismus als eine der Stützen des Patriarchats begriffen werden muß, letzteres - im Sinne eines heuristischen und analytischen Konzepts - nicht einfach verstanden als Herrschaft von Männern über Frauen, sondern, ausgehend vom klassisch-aristotelischen Sinne der Väterherrschaft, »als eine männlich bestimmte Pyramide von Unterordnung und Ausbeutung« (*Schüssler Fiorenza, Brot [1988]*, 15). Es ist nicht nur eine Ideologie, »sondern auch ein gesellschaftspolitisches System und eine Gesellschaftsstruktur von abgestuften Unterwerfungsweisen und Unterdrückungsformen« (*Schüssler Fiorenza, Brot [1988]*, 36), als deren strukturelle Komponenten »Sexismus, Rassismus, Klassenherrschaft, Militarismus, Imperialismus und Naturbeherrschung« (*Schaumberger: WbFTh (1991)*, 322) angesehen werden müssen. Dies eröffnet ein Verständnis von Patriarchat, in dem auch Frauen der Elite(n) als an der Herrschaftsausübung Beteiligte und Männer als zu den Unterworfenen gehörend wahrgenommen werden können. Vgl. ausführlich *Schüssler Fiorenza, Brot (1988)*, 32-40; *Schaumberger: WbFTh (1991)*, 321-323 (Literatur!); *Schottroff, Schwestern (1994)*, 39f; *Wacker: Exegese (1995)*, 49.

83 Dies bedeutet keine Rücknahme der oben gemachten Differenzierungen, sondern diene als vorläufige Formulierung, bis die konkrete Fragestellung dieser Untersuchung formuliert ist.

84 Vgl. dazu die zusammenfassend *Weedon, Wissen (1990)* und in Bezug auf biblische Texte *Camp: Semeia 61 (1993)*, 3-36.

85 Das macht gleichzeitig die Verschiedenheit der feministischen Diskurse deutlich, die mittlerweile zu konstatieren ist.

ministische Lektüre des Lk-Evs fruchtbar zu machen ist: Grundlegend ist zunächst die Erkenntnis, daß Sprache nicht (nur) Bedeutung widerspiegelt, sondern diese *konstituiert* und analog auch Texte Wirklichkeit konstituieren. Entsprechend ist also zu fragen, »wie Geschlecht in Texten konstituiert wird und wie Geschlechterdarstellungen Macht über Leserinnen ausüben.«[86] Das Interesse der Analyse wendet sich damit der Art und Weise zu, »wie Texte Bedeutungen und Subjektpositionen für die Leserin konstituieren«, sie untersucht »die diesem Prozeß innewohnenden Widersprüche und seine politischen Implikationen, sowohl im historischen Kontext als auch in der Gegenwart.«[87]

Aus diesen Überlegungen können nun Programm und Vorgehen dieser Untersuchung entwickelt werden:

3 ZUM AUFBAU DIESER ARBEIT

Bekanntlich ist das Lk-Ev das einzige der vier kanonischen Evangelien, das Frauen (als Nachfolgerinnen und Jüngerinnen[88]) in der unmittelbaren Umgebung Jesu bereits während der öffentlichen Wirksamkeit Jesu erwähnt. Daher habe ich als Ausgangspunkt meiner Untersuchung den Text, der diese Frauen erwähnt, das Summarium Lk 8,1-3, gewählt. Im Blick auf den Text selbst ist einerseits präzise zu untersuchen, auf welche Art und Weise die erwähnten Frauen gezeichnet werden und wie sie im Rahmen der Jesusbewegung situiert werden. Andererseits sind wichtige Impulse für die Interpretation aus der genauen Erhebung der Funktion des Textes im Kontext sowie aus der Bedeutung des Textes als Summarium zu erwarten. Anschließend an diesen zuletzt genannten Punkt werden bereits erste Überlegungen hinsichtlich der interpretierenden Mitarbeit der LeserInnen angestellt und entsprechende Postulate formuliert werden.

Der weitere Verlauf der Untersuchung ergibt sich dann aus den folgenden Aspekten: Zum ersten ist der Abschnitt des Lk-Evs, für den das Summarium eröffnende Funktion hat, von solcher Bedeutung, daß die thematischen Bezüge zwischen diesem Abschnitt und dem Summarium noch einer genaueren Betrachtung bedürfen (Interpretationsrahmen I). Der zweite Aspekt ergibt sich aus dem Ko-text: Die Begriffe, die mit den γυναῖκες ko-okkurrieren,

---

86 *Weedon, Wissen (1990), 187.*
87 Beide Zitate *Weedon, Wissen (1990), 211.*
88 Diese Bezeichnungen für die Frauen können an dieser Stelle erst als heuristische Begriffe gebraucht werden. Ob diese Bezeichnungen tatsächlich aufrechtzuerhalten sind, wird sich erst im Verlauf der Untersuchung zeigen. An dieser Stelle sind sie jedoch für eine vorläufige Bestimmung der Frauen - auch im Sinne einer Themeneingrenzung - von Nöten.

lassen die Themenkreise ›Nachfolge und Jüngerschaft‹ auf der einen und
›Umgang mit dem Besitz‹ auf der anderen Seite anklingen. Beide Themenkreise sollen im Rahmen des gesamten Werkes betrachtet und mit Hilfe der
Kategorie ›Geschlecht‹ analysiert werden, so daß mögliche textuelle Bezüge
aufgezeigt und die Wege ihrer jeweiligen Aktualisierung kritisch beleuchtet
werden können. In diesem Zusammenhang wird die textuelle Mitarbeit der
LeserInnen erneut reflektiert werden müssen (Interpretationsrahmen II und
III). Der dritte Aspekt ergibt sich aus der Beobachtung, daß der Weg der galiläischen Frauen am Schluß des Lk-Evs, im Rahmen der Passions- und Ostererzählungen, wieder sichtbar wird. Im Hauptteil B soll dieser Weg der Frauen
weiter verfolgt, ihre Charakterisierung aufgezeigt und ihre Funktion im Rahmen dieser Erzählungen untersucht werden. Ein Ausblick auf die Erschei-
nungstraditionen am Schluß des Lk-Evs sowie auf die Apg wird diesen zweiten Hauptteil abschließen; denn auch an dieser Stelle ist zu überprüfen, inwieweit sich die während der Passions- und Ostererzählungen zutage tretende Bedeutung der galiläischen Frauen auf die weitere lk (Re)konstruktion der christlichen Anfänge und speziell auf seine Apostel- und Zeugenkonzeption aus-
wirkt. Sind auch hier, wie schon im Anschluß an den Hauptteil A, auf Seiten
des Autors »gebrochene Konzepte« zu konstatieren, so ist abschließend auch
an dieser Stelle die Seite der LeserInnen kritisch zu beleuchten, indem die Wege der »Vervollständigung« dieser gebrochenen Konzepte reflektiert werden.
Folgerungen für eine feministische Lektüre des Lukasevangeliums werden
den Abschluß bilden.

HAUPTTEIL A:
DIE GALILÄISCHEN FRAUEN UND DIE LUKANISCHEN KONZEPTIONEN VON NACHFOLGE UND BESITZVERZICHT

1 WANDERNDE JESUSBOTINNEN ODER WOHLTÄTIGE PATRONINNEN? DIE GALILÄISCHEN FRAUEN (LK 8,1-3)

1.1 Ein Summarium zum Abschluß des »Frauenthemas« oder Auftakt zu einem neuen Thema? Einordnung in den Kontext

8,1-3 wird häufig als Abschluß der sogenannten »kleinen Einschaltung«[1] (6,20-8,3) angesehen, d. h. des kleineren der beiden großen Blöcke, in denen Lk den Mk-Faden verläßt und eine eigene Komposition, für die er auf Q- und Sondergut-Stoffe zurückgreift, einfügt. Dies trifft hinsichtlich des Kompositionsverfahrens des Lk sicherlich zu; denn ab 8,4 wird der Mk-Stoff wieder aufgegriffen, so daß 8,1-3 den letzten Teil des nicht-mk Blockes darstellt. Dennoch lassen sich Textsignale beobachten, die darauf schließen lassen, daß in 8,1-3 nicht nur Vorangegangenes zusammengefaßt und abgeschlossen, sondern auch Neues eröffnet wird. Für die Interpretation von 8,1-3 ist es von Bedeutung, diese Beziehungen zum vorausgegangenen und zum folgenden Kontext präzise zu erfassen. Deshalb soll im folgenden eine Gliederung des Kontextes vom Beginn der »kleinen Einschaltung« an versucht werden, indem zunächst Gliederungssignale auf der Textoberfläche beobachtet werden, die Hinweise geben, welche Textblöcke als zusammengehörige Einheiten komponiert sind und an welchen Stellen es abgrenzende Einschnitte gibt. Die

---

[1] Zu dieser Bezeichnung vgl. z.B. *Klostermann, Lk (1929), 95; Hengel: FS Michel (1963), 245; Schürmann, Lk I (1969), 448-449; Schneider, Lk (1977), 179-180; Wiefel, Lk (1987), 157; Bovon, Lk I (1989), 397; Ernst, Lk (⁶1993), 28.165-166.*

se Beobachtungen müssen sich dann aufgrund inhaltlicher Kriterien erhärten lassen.

Den ersten Teil der »kleinen Einschaltung« stellt die Feldrede (6,20-49) dar, der als Scharnier das Summarium 6,17-19 vorangestellt ist. Dieses Summarium greift Elemente aus dem mk Summarium Mk 3,7-12 auf - das dort allerdings *vor* der Berufung der Zwölf steht -, und ist deshalb noch nicht eigentlich zur Einschaltung zu zählen. Es leitet die Feldrede ein, indem es über die Einführung der detailliert beschriebenen Volksmenge eine neue Personenkonstellation schafft und einen gegenüber 6,12 veränderten Ort nennt (ἐπὶ τόπου πεδινοῦ). Gleichzeitig schließt das Summarium die vorausgegangene Einheit (5,1-6,16) ab, indem es zum einen über einen pronominalen Rückbezug die Gruppe der Zwölf, deren Auswahl im unmittelbar vorausgehenden Abschnitt erzählt worden war (6,12-16), mit in das Geschehen bringt, und zum anderen über die Erwähnung der Heilungen eines der Themen der vorangegangenen Einheit aufgreift und weiterführt.[2]

Nach der Feldrede bildet 7,1 einen gliedernden Einschnitt, der über die Konjunktion ἐπειδή eine zeitliche Abfolge herstellt, über eine Substitution auf Metaebene[3] (ἐπλήρωσεν πάντα τὰ ῥήματα αὐτοῦ) die Feldrede zusammenfaßt und gleichzeitig hinter sich läßt[4] und auch mit der Ortsangabe εἰσῆλθεν εἰς Καφαρναούμ einen neuen Raum betritt.

An diese Heilungsgeschichte schließt sich die Totenerweckung in Nain an (7,11-17). Der Einschnitt zwischen beiden Perikopen ist auf der Ebene der Episoden- und Iterationsmerkmale durch eine Zeit- und eine Ortsangabe sowie durch das Gliederungssignal καὶ ἐγένετο markiert.

Die Verbindung zwischen dieser Totenerweckung und der folgenden Perikope bildet die summarische Notiz 7,17, die die vorausgegangene Totenerweckung resümiert und, indem sie über die Ausbreitung des Wortes über Jesus in ganz Judäa und der ganzen Umgebung berichtet, gleichzeitig die Voraussetzung dafür schafft, daß Johannes von Jesus hören kann (7,18). Dabei ist ὁ λόγος οὗτος, da es das Vorausgehende zusammenfaßt, als Substitution zu bezeichnen. Zwar deutet ὁ λόγος auf die Substitution eines Kommunikationsprozesses und daher auf Substitution auf Metaebene. Vor allem, wenn περὶ αὐτοῦ eng auf ὁ λόγος οὗτος bezogen wird, dann bezeichnet ὁ λόγος

---

2   *Theobald: NTS 30 (1984), 92* sieht diese Scharnierfunktion in der Perikope 6,12-19 gegeben. Mir scheint aber, daß nochmals zwischen 6,12-16 und 6,17-19 zu unterscheiden ist; dafür sprechen die neue Ortsangabe und die Einführung einer neuen Personengruppe in 6,17. 6,12-16 schließt mit seiner Berufungsthematik den in 5,1 beginnenden Abschnitt ab, während 6,17-19 Motive aus diesem Abschnitt aufgreift und zusammenfaßt (Heilungen) und gleichzeitig die Konstellation für das folgende schafft.

3   Zu diesem Begriff vgl. *Gülich / Raible: Textanalyse (1974), 87-90* sowie die methodische Einführung o. 11.

4   Die Feldrede selber hatte durch die Reflexion über das Hören und Tun der Worte Jesu in 6,46.47-49 zu einem Abschluß gefunden.

οὗτος die vorangegangene Aussage über Jesus (7,16). Doch zeigen vergleichbare Stellen wie Lk 5,15 und Apg 11,22, daß ὁ λόγος οὗτος auch vorangehende Ereignisse substituieren kann[5], so daß eher von Substitution auf Abstraktionsebene zu sprechen ist. Diese Interpretation wird dadurch unterstützt, daß sich die Substitution in Lk 7,18, die im Grunde das gleiche nochmals zusammenfaßt (περὶ πάντων τούτων), ebenfalls als Substitution auf Abstraktionsebene einzustufen ist. Diese beiden Substitutionen bewirken eine Verschränkung der beiden Perikopen der Totenerweckung und der folgenden Täuferfrage.

Die Täuferfrage mit der Antwort Jesu (7,18-23) und auch die Aussage Jesu über den Täufer (7,24-35) sind kaum durch weitere äußere Gliederungsmerkmale voneinander und vom Kontext abgegrenzt. Lediglich die Veränderung der Handlungsträger - die Boten des Johannes haben das Blickfeld verlassen, und es stehen sich nun Jesus und die Volksmenge gegenüber - markiert den Wechsel der Szenerie. Durch die Vielzahl der aufgegriffenen Themen und Stichworte aus dem umliegenden Kontext tragen beide Episoden den Charakter einer Zwischenreflexion.

7,36 zeichnet sich demgegenüber wieder durch eine Ortsveränderung und einen Wechsel der HandlungsträgerInnen aus: Jesus begibt sich ins Haus eines Pharisäers, der im Laufe der Erzählung den Namen Simon erhält und neben der in 7,37 eingeführten Frau die zweite Hauptperson der Salbungsperikope 7,36-50 ist.

8,1 bildet danach wieder einen größeren erzählerischen Einschnitt, der durch das Gliederungsmerkmal καὶ ἐγένετο einen eigenen Akzent setzt[6], mit der Adverbialangabe ἐν τῷ καθεξῆς einen zeitlichen Progreß herstellt, neue, wenngleich nur allgemeine Ortsangaben bietet ([διώδευεν] κατὰ πόλιν καὶ κώμην), eine neue Personenkonstellation schafft[7] und mittels zusammenfassender Formulierungen auf Metaebene (κηρύσσων καὶ εὐαγγελιζόμενος τὴν βασιλείαν τοῦ θεοῦ) den Charakter eines Summariums erhält. Dieses Summarium faßt - wie zuvor schon 6,17-19 - zum einen bereits Erzähltes zusammen, bringt aber auch neue und noch nicht erzählte Elemente ins Spiel. Auf dieses Phänomen wird aber noch zurückzukommen sein.[8]

8,4 ist auf der Textoberfläche eng an das vorausgehende Summarium 8,1-3 angebunden. Es steht keine neue Zeitangabe, auch fehlen sprachliche Gliederungssignale wie καὶ ἐγένετο. So scheint die in 8,1 beschriebene Si-

---

5   Vgl. *Bovon, Lk I (1989)*, 365.
6   Καὶ ἐγένετο bzw. ἐγένετο δέ sind als wiederkehrendes Gliederungsmittel vor allem in 5,1-6,16 zu beobachten, vgl. *Theobald: NTS 30 (1984)*, 91-108. Zur gliedernden Funktion und Klassifizierung der verschiedenen ἐγένετο-Wendungen vgl. *Sellin: NT 20 (1978)*, 101-104.
7   *Diefenbach, Komposition (1993)*, 83 macht den Neubeginn am »Szenenwechsel mit dem Wegmotiv ... und der Nennung neuer Aktanten [!]« fest.
8   S. u. S. 69-73.

tuation des Wanderns und Verkündigens weiterhin - quasi als Grundkonstan-
te - vorausgesetzt zu sein. Dafür spricht auch, daß keine erneute Ortsveränderung Jesu beschrieben wird, sondern daß umgekehrt die Menschen aus den
Städten zu ihm kommen. Die Einführung dieser Menschenscharen ist an dieser Stelle eines der gliedernden Elemente; denn dadurch wird die Personenkonstellation gegenüber 8,1-3 verändert. Gliedernd wirkt auch die Substitution
auf Metaebene εἶπεν διὰ παραβολῆς.[9]

In 8,9 ändert sich erneut das szenische Gegenüber. Nun sind es die
μαθηταί, die Jesus gegenüberstehen. In diese Gruppe sind nach 8,1-3 auch
die Zwölf und die galiläischen Frauen einzuschließen. Mit der Veränderung
der Personenkonstellation gehen jedoch keine weiteren Gliederungssignale
einher[10], so daß 8,9 als untergeordneter Einschnitt anzusehen ist. Dem entspricht die inhaltliche Beobachtung, daß es sich in 8,10-15 um die Erklärung
des in 8,5-8 erzählten Gleichnisses handelt. An diese Erklärung schließen sich
in 8,16-18 die Sprüche über das Licht und das Verborgene sowie eine resü-
mierende Bemerkung über das Hören an.

8,19 zeichnet sich durch eine erneute Veränderung in der Konstellation
der HandlungsträgerInnen aus und ist auf der sprachlichen Oberfläche durch
keine weiteren Gliederungssignale markiert. Wie in 8,4 ist es so, daß die nun
neu eingeführte Personengruppe zu Jesus kommt. Die selbstverständliche Art
und Weise, wie die Volksmenge (ὄχλος) bei dieser Szene als anwesend vorausgesetzt wird - sie dient nur in einer kleinen Nebenbemerkung als Begründung dafür, daß die Angehörigen Jesu nicht zu ihm gelangen konnten -, deutet
darauf hin, daß trotz der Veränderung der Personenkonstellation die Situation
von 8,4 beibehalten ist.[11]

8,22 ist gegenüber dem Vorausgegangenen durch stärker gliedernde Signale abgesetzt: Hier finden sich eine Zeitangabe, die nicht relativ, sondern absolut ist und einen neuen Beginn setzt. Mit dieser ist eine Ortsangabe verbunden, sodann verändert sich die Personenkonstellation dahingehend, daß nur
noch Jesus und die μαθηταί im Blick sind, und schließlich weist das einleitende ἐγένετο δὲ auf die Eröffnung eines neuen Abschnittes hin.

Somit weisen die textgliedernden Signale auf der Textoberfläche darauf
hin, daß 8,1-21 als Zusammenhang komponiert sind. Dies wird sich durch
inhaltliche Beobachtungen erhärten lassen.[12]

Tabellarisch lassen sich die eben dargestellten Beobachtungen folgendermaßen darstellen:

---

9 Es ist dies der Fall einer Substitution, die sich auf etwas Nachfolgendes bezieht,
   also kataphorisch »funktioniert«. Vgl. dazu *Gülich / Raible: Textanalyse (1974),* 88.
10 Das αὕτη ... ἡ παραβολή ist zwar eine Substitution auf Metaebene, doch bezieht
   es sich so eng auf das Vorhergehende, daß es an dieser Stelle die beiden Abschnitte miteinander verbindet und nicht trennend wirkt.
11 Beidemale ist die Volksmenge im Singular konstruiert.
12 S. u. S. 76-78.

		Substitution auf Meta- (•) bzw. Abstraktionsebene (○)	καὶ ἐγένετο / ἐγένετο δὲ	Zeitangabe	Ortsangabe	Personen
7,1	Heilung	•		•	•	•
7,11	Totenerweckung		•	•	•	•
7,17	Summarium	○			(•)	
7,18	Täuferfrage	○				•
7,24	Rede					•
7,36	Salbung				•	•
8,1	Summarium	•	•	•	•	•
8,4	Gleichnis	•			(•)	•
8,9	Erklärung	○				•
8,19	Familie				(•)	•
8,22	Sturmstillung		•	•	•	•

Die Tabelle zeigt deutlich die Häufung der Gliederungsmerkmale in 8,1, die auf einen ausgeprägten Gliederungseinschnitt deutet. Demnach ist 8,1-3 zwar kompositionstechnisch als Abschluß der »kleinen Einschaltung« anzusehen. Gleichzeitig aber weisen textgliedernde Signale darauf hin, daß mit 8,1 ein neuer Abschnitt eröffnet wird.[13] Dieser Befund hat insofern Auswirkungen auf die Interpretation von 8,1-3, als dieses Summarium damit nicht, wie dies des öfteren in der Literatur zu finden ist, als Abschluß einer Reihe von »Frauenperikopen« oder als Abschluß des »Frauenthemas«[14] gewertet werden kann, sondern im Zusammenhang des folgenden Abschnitts (8,1-21) zu betrachten ist.

13　Dieser Bezug von 8,1-3 zum Folgenden wurde bereits von einer Reihe von Autoren erkannt, vgl. z. B. *Weiss, Lk (1901), 397; Klostermann, Lk (1929), 95; Schmid, Lk (⁴1960), 155; Conzelmann, Mitte (⁵1964), 40f; Schürmann, Lk I (1969), 443-445 u. ö.; Busse, Wunder (1977), 186; Schneider, Lk (1977), 179-180*, der aber 8,1-3 explizit *nicht* als Abschluß der kleinen Einschaltung gelten lassen will und die Situationsangabe bis 9,50 wirksam sieht; *Kirchschläger, Wirken (1981), 237; Talbert, Reading Luke (1982), 90; Wiefel, Lk (1987), 157; Nolland, Lk (1989), 367 et passim; Diefenbach, Komposition (1993), 83 u. ö; Löning, Geschichtswerk I (1997), 226* (Beginn des »zweiten Galiläa-Zyklus«). Die Verbindungen nach vorne *und* hinten betonen *Witherington: ZNW 70 (1979), 243; Blank: QD 95 (1983), 49* (Überleitung); *Bovon, Lk I (1989), 397; Ernst, Lk (⁶1993), 201; Kirchschläger: Ruckstuhl, Jesus (1996), 126*.

14　Vgl. die unten S. 43 A. 67 zusammengestellten Positionen.

1.2 In einer sinnvollen Ordnung. Eine lukanische Komposition

In der Einheit läßt sich in mehrerlei Hinsicht die gestaltende Hand des Lk beobachten:

Hier ist als erstes die Neukomposition des Zusammenhangs zu nennen. Der vorangegangene Kontext, die »kleine Einschaltung«, ist ein unabhängig von Mk aus Q- und Sonderguttraditionen gestalteter Block. Beim nachfolgenden Kontext folgt Lk, auch wenn er im Prinzip wieder zum Mk-Stoff zurückkehrt, noch nicht sogleich der Mk-Akoluthie, sondern nimmt das mk Gleichniskapitel 4 auseinander und fügt nach dem Sämannsgleichnis, seiner Erklärung und den folgenden Sprüchen zum Sinn der Gleichnisse (Mk 4,1-25 par Lk 8,4-18) die Episode über die Mutter und die Brüder Jesu, die zu Jesus zu gelangen versuchen, ein, die bei Mk ihren Platz unmittelbar vor dem Gleichniskapitel hatte (Mk 3,31-35). Kompositionsprinzip ist bei Lk also nicht wie bei Mk die Zusammenstellung von Gleichnissen, sondern ein bestimmtes Thema, das nun durchgeführt wird. Dieses Thema wird mit Hilfe der Begriffe »Wort« und »hören«, die in diesem Abschnitt eine Schlüsselfunktion innehaben (vgl. bes. 8,5-8 mit der Interpretation 8,11-15 sowie 8,21), noch näher zu bestimmen sein.[15]

Aber auch in 8,1-3 selbst sind lk Eigenheiten zu beobachten. Vor allem 8,1 trägt die Züge lk Sprache, wie in der Forschung nahezu einhellig festgestellt wird[16]:

Die Konstruktion καὶ ἐγένετο, gefolgt von ἐν τῷ bzw. ἐν τῇ begegnet außer in Mk 4,4 ausschließlich - und dazu sehr häufig - bei Lk. Lukanisch ist auch die Weiterführung dieser Wendung durch einen Anschlußsatz, der mit καὶ αὐτός / καὶ αὐτοί beginnt.[17] Das Phänomen, daß καὶ ἐγένετο von einem Verb im Imperfekt fortgesetzt wird, muß ebenfalls als lk angesehen werden.[18] Das Adverb καθεξῆς sowie das Verb διοδεύειν kommen nur im Lk-Ev und der Apg vor. Die Wendung κατὰ πόλιν καὶ κώμην begegnet außer an unserer Stelle nur noch in Lk 13,22, dort im Plural.[19] Das Verb

---

15 S. u. S. 76-78. Vgl. auch *Busse, Wunder (1977), 187:* »das Wort Gottes hören und tun«.

16 Vgl. *Hengel: FS Michel (1963), 245.247; Busse, Wunder (1977), 186 mit A. 1,* der 8,1-3 insgesamt für lk hält; *Witherington: ZNW 70 (1979), 245* (ebf. bzgl. 8,1-3); *Jeremias, Sprache (1980), 174-178,* der in 8,1-3 alles bis auf die Namen für lk hält; *Fitzmyer, Lk (1981), 695,* der ebenfalls 8,1-3 alles bis auf die Namen als lk einstuft; *Wiefel, Lk (1987), 157; Bovon, Lk I (1989), 397; Fander: JBTh 7 (1992), 167; Seim, Message (1994), 28; Melzer-Keller, Jesus (1997), 194f.* Dagegen will *Schürmann, Lk I (1969), 447f* hier Einfluß aus Q nachweisen. Ihm folgen *Schmithals, Lk (1980), 100* (»vermutlich«) und *Petzke, Sondergut (1990), 101* (»möglicherweise«).

17 Vgl. *Sellin: NT 20 (1978), 104 A. 11* mit Verweis auf frühere Literatur sowie *Jeremias, Sprache (1980), 174f,* der auf Lk 8,1.22 (lk Mk-Bearbeitung); 9,51; 24,15 hinweist.

18 Vgl. Lk 5,17 diff Mk; 9,18 diff Mk; 14,1; 17,11; 24,15.30.51.

19 *Jeremias, Sprache (1980), 175* verweist auf ein vergleichbares Schema in Lk 9,6. Vgl. seine ausführliche Diskussion der Stelle, die u. a. auf die lk Vorliebe für Verbkomposita mit διa- sowie die lk Vorliebe für räumliches κατά mit Akkusativ hinweist.

εὐαγγελίζεσθαι wird in den Evangelien außer in Mt 11,5 nur im Lk-Ev verwendet und hat außerdem 15 Belege in der Apg.[20]

8,2-3 finden ihre nächste Parallele in Mk 15,40-41, das deshalb gelegentlich als Vorlage angesehen wurde[21]. Lk hätte dann, entsprechend seinem in 1,1-4 aufgestellten Programm, allem *von Anfang an* (ἄνωθεν) nachzugehen und es *der Reihe nach* (καθεξῆς) aufzuschreiben, die in chronologischer Hinsicht verspätete mk Notiz über die galiläischen Frauen quasi an der richtigen Stelle seines eigenen Werkes eingebracht. Zur besseren Übersicht seien beide Stellen synoptisch nebeneinandergestellt:

Mk 15,40-41	Lk 8,2-3
40 Ἦσαν δὲ καὶ γυναῖκες ἀπὸ μακρόθεν θεωροῦσαι,	2 καὶ γυναῖκές τινες αἳ ἦσαν τεθεραπευμέναι ἀπὸ πνευμάτων πονηρῶν καὶ ἀσθενειῶν,
ἐν αἷς καὶ Μαρία ἡ Μαγδαληνὴ	Μαρία ἡ καλουμένη Μαγδαληνή, ἀφ᾽ ἧς δαιμόνια ἑπτὰ ἐξεληλύθει, 3
καὶ Μαρία ἡ Ἰακώβου τοῦ μικροῦ καὶ Ἰωσῆτος μήτηρ καὶ Σαλώμη, 41 αἳ ὅτε ἦν ἐν τῇ Γαλιλαίᾳ ἠκολούθουν αὐτῷ καὶ διηκόνουν αὐτῷ, καὶ ἄλλαι πολλαὶ αἱ συναναβᾶσαι αὐτῷ εἰς Ἰεροσόλυμα.	καὶ Ἰωάννα γυνὴ Χουζᾶ ἐπιτρόπου Ἡρῴδου καὶ Σουσάννα καὶ ἕτεραι πολλαί, αἵτινες διηκόνουν αὐτοῖς ἐκ τῶν ὑπαρχόντων αὐταῖς.

In der Tat lassen sich eine Reihe von Gemeinsamkeiten zwischen beiden Stellen feststellen: Die Nennung der Maria Magdalena, die Dreizahl der Frauen, der Gedanke der Nachfolge von Galiläa an, das Verb διακονεῖν sowie die Vorstellung von vielen Frauen (πολλαί Mk 15,41/Lk 8,3).

Doch daneben gibt es bedeutende Unterschiede: Die Namenslisten stimmen eben nicht überein, selbst Maria von Magdala wird in zwei verschiedenen Namensformen aufgeführt, das Verb ἀκολουθεῖν ist bei Lk nicht verwendet, der Adressat des Dienens ist nicht wie bei Mk Jesus selbst (διηκόνουν αὐτῷ Mk 15,41), sondern eine pluralische Größe (διηκόνουν αὐτοῖς Lk 8,3)[22], und von Heilungen ist in der Mk-Stelle keine Rede.

Auch lassen sich in Lk 8,2-3 einige lk Spracheigentümlichkeiten beobachten:

Die Kombination des Verbs θεραπεύειν mit der Präposition ἀπο mit anschließen-

---

20   Als spezifisch lk muß nach *Jeremias, Sprache (1980), 176* außerdem der mediale Gebrauch dieses Verbs sowie die Verbindung mit einem Verbum dicendi zu einem Doppelausdruck und schließlich »die Zufügung von ἡ βασιλεία τοῦ θεοῦ zu Verben der Verkündigung« gelten.

21   So z. B. *Fander: JBTh 7 (1992), 167; Ernst, Lk (⁶1993), 201* (erwägend); *Seim, Message (1994), 28.*

22   Zur Textkritik dieser Stelle vgl. u. S. 33-35.

der Nennung der Krankheit ist im NT nur bei Lk zu finden.[23] Ebenso ist das Wort ἀσθέ-
νεια in der Bedeutung »Krankheit« eine lk Eigentümlichkeit.[24] Als solche müssen
ferner ἐξέρχεσθαι ἀπό in exorzistischen Zusammenhängen, die Verwendung des
Wortes δαιμόνιον sowie τὰ ὑπάρχοντα mit dem Dativ gelten.[25]

Demnach ergibt sich folgendes Bild: Lk könnte die Vorstellung von vielen nachfolgenden Frauen aus Galiläa der Notiz Mk 15,40-41 entnommen haben. Auch die Verbindung des Tuns der Frauen mit dem Verb διακονεῖν ist
aus Mk 15,41 zu erklären. Wahrscheinlich konnte Lk außerdem auf eine traditionelle Namensliste zurückgreifen, die aber nicht mit der Liste aus Mk 15,40
identisch gewesen sein muß.[26] Die Art und Weise der literarischen Ausgestaltung aber muß vollständig der lk Redaktion zugeschrieben werden. Dazu
gehört im besonderen die Verbindung der Frauen mit Heilungsgeschichten,
die nähere Charakterisierung der Frauen und ihres Tuns sowie die Einbindung
in den Kontext Lk 8,1-22 und damit die Zuordnung zu dem Thema »Wort
Gottes hören und tun«. Dieser Befund wird Gegenstand weiterer und vertie-
fender Untersuchungen sein.[27]

1.3 Wem dienen die Frauen? Textkritik

Der Text bietet an zwei Stellen variante Lesarten, die für die Interpretation des
Abschnittes auch inhaltlich relevant sind. Sie finden sich beide in 8,3, genauer
in dem Relativsatz, der das Tun der Frauen näher beschreibt:

Die erste Variante wird vom Hauptzeugen des sogenannten »westlichen«
Textes, D, einigen wenigen altlateinischen Handschriften sowie von Marcion,
wie er aus der Überlieferung bei Tertullian erschlossen werden kann, belegt.
Sie lesen zwischen dem Relativum αἵτινες und dem Prädikat διηκόνουν ein
καί. Dadurch wird das Dienen der Frauen in den Rahmen weiterer, nicht genannter Tätigkeiten gestellt, ihr Dienen mithin zu *einer* unter mehreren Tätigkeiten. Dies hätte einige Auswirkungen auf die Deutung des Bildes, das hier

---

23 Vgl. Lk 5,15; 7,21. Mt 17,18 schließt mittels der Präposition ἀπό nicht die Krank-
    heit an, sondern die Präposition steht in temporaler Funktion. Vgl. *Jeremias, Spra-
    che (1980), 176.*

24 Vgl. *Jeremias, Sprache (1980), 176-177. Busse, Wunder (1977), 186* und *Bovon, Lk I
    (1989), 397 A. 3* halten die Verwendung dieses Wortes überhaupt für lk.

25 Vgl. *Jeremias, Sprache (1980), 177-178,* der noch weitere lk Eigenheiten feststellt.
    Busse, Wunder (1977), 186 sowie *Bovon, Lk I (1989), 397 A. 3 u. ö.* halten wiederum
    τὰ ὑπάρχοντα überhaupt für ein lk Vorzugswort.

26 Vgl. *Hengel: FS Michel (1963), 247; Conzelmann, Mitte ([5]1964), 41; Lohfink, Samm-
    lung (1975), 67; Schneider, Lk (1977), 180; Jeremias, Sprache (1980), 178; Fitzmyer,
    Lk (1981), 695; Blank: QD 95 (1983), 51; Bovon, Lk I (1989), 397; Nolland, Lk (1989),
    364; Petzke, Sondergut (1990), 101f; Fander: JBTh 7 (1992), 167f; Ernst, Lk ([6]1993),
    201* (erwägt, ob Lk neben Mk 15,40-41 eigene Informationen hatte); *Seim,
    Message (1994), 28; Melzer-Keller, Jesus (1997), 197.* Zu beachten ist, daß bereits
    Mk in 15,40.47; 16,1 verschiedene Frauenlisten bietet.

27 S. u. Interpretationsrahmen I.

von den Frauen gezeichnet wird. Jedoch spricht gegen die Ursprünglichkeit dieser Lesart schon ihre gegenüber dem Nestle-Aland[27]-Text ungleich schlechtere äußere Bezeugung. Als Angleichung an den Text von Mk 15,41 kann sie hingegen kaum erklärt werden; denn gerade D ist einer der Zeugen, die dort den Satzteil καὶ διηκόνουν αὐτῷ weglassen.[28] Allerdings bietet D in Mk 15,41 zu Beginn des Relativatzes eine Einfügung, die der unseren sehr ähnlich ist: Statt αἳ ὅτε ἦν ἐν τῇ Γαλιλαίᾳ ἠκολούθουν αὐτῷ liest D αἳ <u>καὶ</u> ὅτε ἦν ἐν τῇ Γαλιλαίᾳ etc.

Die zweite Variante in 8,3 hätte, sollte sie sich als die vorzuziehende Lesart erweisen, weiterreichende Konsequenzen für die Interpretation des Abschnitts. Eine Reihe von prominenten Zeugen, so der Sinaiticus, der Alexandrinus, aus den ständigen Zeugen die Majuskeln L und Ψ, die Minuskelfamilie *f* [1] und die »Königin der Minuskeln«[29] 33 sowie einige weitere Handschriften[30] lesen statt des Plurals αὐτοῖς den Singular αὐτῷ. Damit wird der Dienst der Frauen nicht auf die gesamte Gruppe, d. h. alle bislang Genannten, bezogen, sondern allein auf Jesus.

Die Qualität der äußeren Bezeugung der beiden Lesarten hält sich ungefähr die Waage: Auf beiden Seiten stehen jeweils ein äußerst zuverlässiger Zeuge (א bzw. B), drei bzw. eine vorzügliche Handschrift(en), die von *Aland*[31] der II. Kategorie zugeordnet werden (L. 33. 579 bzw. 892) sowie einige Handschriften aus *Alands*[32] Kategorie III (A. Ψ. 565. 1241. 2542 bzw. W. Δ. Θ. 700).

Bei der Beurteilung ist aber einerseits zu berücksichtigen, daß sich im D-Text, der an dieser Stelle die pluralische Lesart bietet, in der *Apostelgeschichte* an einigen Stellen Lesarten finden, die in verschiedenster Weise Frauen abwerten und ihre Bedeutung schmälern.[33] Ähnliches kann auch über den D-

---

28   In Mk 15,41 kann die kürzere Lesart von C D Δ 579 *pc* n allerdings als Auslassung aufgrund eines Homoioteleuton erklärt werden und muß nichts mit tendenziösen Textkorrekturen zu tun haben.

29   *Aland, Text* (²*1989*), *143.*

30   Die Minuskeln 565. 579. 1241. 2542, viele altlateinische Manuskripte, vg[cl] sy[h] co und schließlich Marcion nach der Wiedergabe bei Tertullian.

31   *Aland, Text* (²*1989*), *122.141.143.145.152.*

32   *Aland, Text* (²*1989*), *118.122.123.145.152.164.*

33   Vgl. nur Apg 1,14 D; 17,4.12.34 D; 18,2 D[(c)]; 18,7 D[*vid]; 18,22 als Variante der von D abhängigen Minuskel 614; 18,26 D. Dieses Phänomen im D-Text wurde schon beschrieben von *Ramsay, Church (1893), 161-162; Harnack: Ders., Studien (1931 [1900]), 48-61; Menoud: Bulletin (1951), 30f,* der die »anti-feminist tendency« in eine solche generell im 1. Jh auszumachende Tendenz einordnet und diese als »not one of the major trends in the thought of the Western recension« (*31*) einstuft; *Thiele: ZNW 53 (1962), 110f; Haenchen, Apg (1965), 121 A. 2; Epp, Tendency (1966), 75 n. 3; 167f n. 7; Klijn, Survey (1969), 61-63* (indirekt, indem er weitgehend den von Menoud zusammengestellten Tendenzen zustimmt); *Witherington: JBL 103 (1984), 82-84; Schüssler Fiorenza, Gedächtnis (1988), 86; Richter Reimer, Frauen (1992), 204-206.236.252-253; Ehrman: Parker / Amphoux (Eds.), Codex Bezae (1996), 116.* Differenzierend *Metzger, Commentary (1971),* der in 17,34 D keine

Text des Lk-Evs gesagt werden, wie z. B. Lk 23,55 zeigt. Dort ist der ausdrückliche Bezug der nachfolgenden Frauen auf Jesus (αὐτῷ) in D, 063 und einigen wenigen anderen Textzeugen getilgt.[34] D befindet sich aber in unserem Fall auf der Seite der Zeugen, die die pluralische Lesart bieten. So könnte der Plural auch hier als ein Versuch angesehen werden, die Bedeutung von Frauen einzuschränken, indem ihr Dienst nicht auf Jesus selbst, sondern auf die ganze Gruppe und vor allem die Zwölf[35] bezogen wird.

Auf der anderen Seite aber könnte die singularische Lesart als Angleichung an Mk 15,41 erklärt werden, wo der Dienst der Frauen auf Jesus allein bezogen wird: ... καὶ διηκόνουν αὐτῷ[36]. Auch ist möglich, daß das zweimalige Vorkommen des singularischen Personalpronomens unmittelbar zuvor (8,1 αὐτός; σὺν αὐτῷ) die singularische Lesart in 8,3 evoziert hat.[37] Demgegenüber erscheint der Plural αὐτοῖς als die schwierigere Lesart.[38] Schließlich läßt sich der Singular αὐτῷ in Lk 8,3 als spätere christozentrische Korrektur erklären[39], so daß auch in dieser Hinsicht der Plural als schwierigere Lesart erscheint.

So ist eine Entscheidung zwischen den beiden Lesarten schwierig zu treffen. Nach Abwägung der Argumente scheinen vor allem innere Kriterien für den Plural αὐτοῖς zu sprechen und gegen den Singular αὐτῷ, so daß diese

---

»anti-feminist tendencies« erkennen kann (459), im Fall von 17,12; 18,26 jedoch zuzustimmen scheint.

34   Vgl. auch eine zweite Variante in 23,55: Hier schränkt D die Zahl der Frauen auf zwei ein. In 23,56 läßt D den Hinweis auf das Gesetz (κατὰ τὴν ἐντολήν) weg, der die Frauen als gesetzestreue Jüdinnen qualifiziert. In 24,6 ist die Auferstehungsbotschaft weggelassen, so daß die Frauen in D nicht mehr die ersten Empfängerinnen dieser Botschaft sind. Jedoch muß korrekterweise hinzugefügt werden, daß dies Stellen sind, an denen D allein gegen die (alte) Überlieferung steht, während es in unserem Fall mit einem guten Teil der Überlieferung läuft.

35   Daß die Frauen Jesus und v.a. den Zwölfen dienen, ist eine verbreitete Vorstellung in der Literatur, vgl. u. S. 37-38 A. 49. *Ricci, Maria di Magdala (1991), 168* sieht diese Sichtweise schon in frühchristlichen Gemeinden gegeben. Bereits diese hätten die einzigartige Stellung der Frauen in der jesuanischen Gemeinschaft nicht mehr adäquat verstanden, ihren Dienst in Funktion zur gesamten Gemeinde gesehen und deshalb die Singular in einen Plural verwandelt.

36   Mt 27,55 geht zwar mit Mk in der Lesart αὐτῷ parallel, formuliert das Dienen aber als Partizip: διακονοῦσαι, so daß in diesem Fall sicher nicht von einer »automatischen« Angleichung aus dem Gedächtnis ausgegangen werden kann.

37   Hingegen greifen die Bezüge zu 7,16.49, die *Ricci, Maria di Magdala (1991), 168* aufweisen will, m. E. zu weit zurück und sind auch in der Formulierung zu weit von 8,3 entfernt, um die singularische Lesart zu verursachen. Auch müßte ihr daraus gezogener Schluß, die singularische Lesart müsse die ursprüngliche sein, umgekehrt werden; denn hier erwiese sich die pluralische Lesart als schwierigere und daher vorzuziehende.

38   Als schwierigere Lesart wird αὐτοῖς auch von *Klostermann, Lk (1929), 97* angesehen.

39   So *Metzger, Commentary (1971), 144* unter Hinweis auf Marcion; *Witherington: ZNW 70 (1979), 246; Bovon, Lk I (1989), 400 A. 30,* der allerdings in seiner Übersetzung (397) die singularische Lesart bietet; *Nolland, Lk (1989), 363.*

Lesart mit aller Vorsicht als die ursprüngliche zu betrachten ist.[40] Doch ist daneben auch zu sehen, daß eine Reihe von prominenten Textzeugen den Dienst der Frauen auf Jesus und nicht auf die gesamte Gruppe bezieht und die Frauen auf diese Weise direkter als Jüngerinnen Jesu zeichnet.[41] So zeigt schon dieser kurze Blick auf die Textgeschichte, daß um das Verständnis des Tuns der Frauen und ihres Platzes innerhalb der Jesusbewegung offenbar von allem Anfang an gerungen wurde.

1.4 Frauen, Frauengruppen und ihre Situierung in der Jesusbewegung. Syntaktische Analyse

Die Interpretation des Abschnittes 8,1-3 wird in weiten Teilen von einer präzisen syntaktischen Analyse abhängen. Um die genaue Stellung der Frauen im Beziehungsgefüge, das der Text um Jesus herum konstruiert, bestimmen zu können, müssen vor allem zwei Punkte näher beleuchtet werden: Zum ersten ist es die Art der Satzkonstruktion, mit der die Zwölf und die Frauen mit Jesus und der von ihm berichteten Tätigkeit verbunden sind. Zum zweiten sind die Beziehungen und Zuordnungen der verschiedenen Frauen und Frauengruppen herauszuarbeiten. Der besseren Übersichtlichkeit halber sei der Text im folgenden strukturiert wiedergegeben[42]:

1a   Καὶ ἐγένετο ἐν τῷ καθεξῆς
1b   καὶ αὐτὸς διώδευεν κατὰ πόλιν καὶ κώμην
     κηρύσσων καὶ εὐαγγελιζόμενος τὴν βασιλείαν τοῦ θεοῦ
1c   καὶ οἱ δώδεκα σὺν αὐτῷ,
2a   καὶ γυναῖκές τινες
     αἳ ἦσαν τεθεραπευμέναι ἀπὸ πνευμάτων πονηρῶν καὶ ἀσθενειῶν,
2b   Μαρία ἡ καλουμένη Μαγδαληνή,
     ἀφ᾽ ἧς δαιμόνια ἑπτὰ ἐξεληλύθει,
3a   καὶ Ἰωάννα
     γυνὴ Χουζᾶ ἐπιτρόπου Ἡρῴδου
3b   καὶ Σουσάννα
3c   καὶ ἕτεραι πολλαί,
     αἵτινες διηκόνουν αὐτοῖς ἐκ τῶν ὑπαρχόντων αὐταῖς.

---

40   Die Mehrzahl der ExegetInnen favorisiert den Plural; mit textkritischer Argumentation *Metzger, Commentary (1971), 144; Witherington: ZNW 70 (1979), 246; Bovon, Lk I (1989), 400 A. 30.*

41   Die singularische Lesart wird stillschweigend vorausgesetzt bei *Schürmann, Lk I (1969), 444-448; Schweizer, Lk (1982), 92; Kirchschläger: Ruckstuhl, Jesus (1996), 126.128-129.* Nach textkritischer Diskussion votieren *Ricci, Maria di Magdala (1991), 167-169; Karris: CBQ 56 (1994), 6* für den Singular als ursprüngliche Lesart.

42   Die Benennung der Sinneinheiten mit Kleinbuchstaben dient zunächst der besseren Verständigung und beinhaltet noch kein syntaktisches Urteil.

8,1a eröffnet den Abschnitt mit dem Gliederungssignal καὶ ἐγένετο und der Adverbialangabe ἐν τῷ καθεξῆς, die die Geschehnisse in eine zeitliche Abfolge bringt, und bildet den »Auftakt« für das folgende. Der Aorist ἐγένετο, verbunden mit einer Zeitangabe, läßt eigentlich einen ganz bestimmten Zeitpunkt, einen einmaligen Akt, erwarten. Dies wird aber im folgenden durch die Imperfekte, besonders διώδευεν, anders, nämlich als dauerhaftes Geschehen, fortgeführt. Ein Blick in die Konkordanz zeigt aber, daß die Fortsetzung eines καὶ ἐγένετο durch ein Verb im Imperfekt ein bei Lk häufig begegnendes Phänomen ist.[43]

8,1b wird von dem Verb διώδευεν regiert, das zunächst das Tun Jesu beschreibt. Imperfekt sowie die Tatsache, daß bis 8,22 keine weitere Ortsveränderung Jesu erwähnt wird, drücken die Dauer dieser Aktivität aus. Dieses Tun, das Umherziehen Jesu, wird im folgenden mittels zweier modaler Participia coniuncta, die vom Subjekt αὐτός (Jesus) abhängen und auf das διώδευεν hingeordnet sind, inhaltlich gefüllt und näher bestimmt: κηρύσσων καὶ εὐαγγελιζόμενος τὴν βασιλείαν τοῦ θεοῦ.

Der Anschluß von 8,1c an 8,1b ist nicht eindeutig und bedarf der Diskussion. Vorgeschlagen wurde die Interpretation als Nominalsatz, der ein Scharnier zwischen der Tätigkeit Jesu und den im folgenden aufgeführten Personengruppen bildet.[44] Der Anschluß des folgenden und aller weiteren genannten Subjekte wäre dann in der Art von diskontinuierlichen Syntagmen zu verstehen, auf die die Ergänzung σὺν αὐτῷ in gleicher Weise wie auf die Zwölf zu beziehen ist.

Wahrscheinlicher aber ist, daß bereits das καὶ οἱ δώδεκα als diskontinuierliches Subjekt zu interpretieren ist, d. h. daß das Subjekt des Satzes 1b (αὐτός) durch die Nennung weiterer Subjekte (καὶ οἱ δώδεκα ... καὶ γυναῖκές τινες ... καὶ ἕτεραι πολλαί) erweitert wird, wie dies z. B. auch in Lk 22,14 zu beobachten ist. Auf das Verb bezogen bedeutet das, daß in elliptischer Redeweise das Prädikat des vorausgehenden Satzes (διώδευεν 1b) in 1c nicht wiederholt wird, sondern als bereits ausgesprochen nun vorausgesetzt wird. Dieses Prädikat würde dann die gesamte Satzperiode bis einschließlich 8,3c regieren.[45]

---

43 S. o. S. 30.
44 *Kirchschläger, Wirken (1981)*, 237; *Kirchschläger: Ruckstuhl, Jesus (1996)*, 129. Zum Phänomen, daß die Kopula ausgelassen wird, vgl. *Blass / Debrunner, Grammatik (¹⁷1990)*, § 127-128. Dort wird allerdings ebensowenig ein Fall einer Auslassung von ἦσαν behandelt wie in *Steyer, Satzlehre (²1975)*, 11 oder *Hoffmann / Siebenthal, Grammatik (²1990)*, 461.497, die explizit von Nominalsätzen sprechen.
45 So interpretieren *Quesnell: Political Issues (1983)*, 68; *Schottroff: Schäfer / Strohm (Hgg.), Diakonie (1990)*, 238; *Karris: CBQ 56 (1994)*, 6, allerdings ohne syntaktische Diskussion. Hier ist auch *Ruf, Maria (1995)*, 23 mit ihrer Interpretation als »Anakoluth« einzuordnen. Zu einem vergleichbaren Phänomen im Hebräischen, hier gespaltene Koordination genannt, vgl. *Michel: Wagner (Hg.), Studien (1997)*, 45-71; *Ders., Theologie (1997)*.

Der Unterschied zwischen beiden Interpretationen besteht darin, daß im ersten Fall eine Gemeinschaft mit Jesus ausgedrückt ist[46], die nicht näher spezifiziert wird, es aber offen läßt, ob sie auf alle in 8,1c genannten Tätigkeiten Jesu bezogen werden kann. Dabei ist aber zu beachten, daß die eigentliche Aussendung der Zwölf zum Verkündigen erst in 9,1-6 geschieht, so daß zu vermuten ist, daß die Zwölf an dieser Stelle noch nicht in die Verkündigung einbezogen sind.[47] Im zweiten Fall wäre explizit das Umherziehen aller genannten Gruppen mit Jesus ausgedrückt. Gemeinsam haben die beiden Interpretationen, daß alle genannten Gruppierungen in gleicher Weise auf Jesus bezogen sind.

Im weiteren sind die genannten Frauen und Frauengruppen einer genaueren Betrachtung zu unterziehen. Nach den Zwölfen werden zunächst »einige Frauen«, γυναῖκές τινες, genannt, die im folgenden durch einen Relativsatz näher bestimmt werden: αἳ ἦσαν τεθεραπευμέναι ἀπὸ πνευμάτων πονηρῶν καὶ ἀσθενειῶν. Das gemeinsame (und erwähnenswerte) an diesen Frauen ist die Heilung von Dämonen und Krankheiten. Daran schließt sich appositionell eine Liste von drei namentlich genannten Frauen - von denen wiederum zwei noch näher bestimmt werden - an, die als Aufzählung der geheilten Frauen zu verstehen ist.

Der syntaktische Anschluß läßt es zu, daß die in 8,3c genannten Frauen wiederum auf zwei verschiedene Arten verstanden und zugeordnet werden können. Zum ersten kann diese Gruppe der ἕτεραι πολλαί als Fortsetzung der Namensliste und damit als Untergruppe der geheilten Frauen verstanden werden. Dann muß der folgende relativisch anschließende Satz auf alle bislang genannten Frauen bezogen, αἵτινες mithin als unbestimmtes, generelles Relativum verstanden werden. Damit würden sämtliche bislang genannten Frauen nicht in eine Beziehung zu Jesus, sondern in eine Beziehung zur gesamten Gruppe (αὐτοῖς)[48] gestellt. Dies beinhaltete eine Zweiteilung zwischen Jesus und den Zwölfen, die direkt auf Jesus bezogen wären, auf der einen, und den Frauen, die Aufgaben im Blick auf die gesamte Gruppe wahrnehmen, auf der anderen Seite.[49]

---

46   So *Kirchschläger: Ruckstuhl, Jesus (1996)*, 129.
47   Darauf weisen auch *Seim, Message (1994)*, 30 und *Melzer-Keller, Jesus (1997)*, 203 hin. Gegenteilig *Schottroff: Schäfer / Strohm (Hgg.), Diakonie (1990)*, 238 und *Dies., Exegese (1995)*, 182, die die Frauen (und damit wohl auch die Zwölf) in alle genannten Tätigkeiten einbeziehen.
48   Zur textkritischen Diskussion des αὐτοῖς vgl. o. S. 33-35.
49   Diese Konsequenz macht *Venetz, Jüngerinnen (1993)*, 25-26 deutlich. Die Zweiteilung zwischen den Zwölfen und einer größeren Gruppe von Frauen, die für den Unterhalt Jesu und der Zwölf sorgen, wird in der Literatur verbreitet vorausgesetzt, vgl. z. B. *Plummer, Lk (⁴1901)*, 215-217; *Zahn, Lk (⁴1920)*, 37 et passim; *Hengel: FS Michel (1963)*, 246; *Rengstorf, Lk (¹⁴1969)*, 104; *Schürmann, Lk I (1969)*, 444; *Schneider, Lk (1977)*, 179 (Übersetzung!) 180-181; *Witherington: ZNW 70 (1979)*, 246; *Fitzmyer, Lk (1981)*, 696-698; *Blank: QD 95 (1983)*, 53; *Witherington, Ministry*

Dagegen deutet aber die Bezeichnung ἕτεραι πολλαί darauf hin, daß diese Gruppe nicht als eine weitere Untergruppe der γυναῖκές τινες zu verstehen ist, sondern als eine weitere, gegenüber den geheilten Frauen zahlenmäßig größere Gruppe von Frauen.[50] Dann kann das αἵτινες als einfaches Relativpronomen gelesen werden[51], das einen Satz einleitet, in dem (nur) diese letztgenannte Gruppe nochmals näher charakterisiert wird. Obwohl diese Gruppe auf syntaktisch analoge Weise wie die Zwölf und die Gruppe der geheilten Frauen angeschlossen ist, wird sie doch durch das Objekt ihres ›Dienens‹ nicht auf Jesus selbst bezogen, sondern auf eine pluralische Größe (αὐτοῖς), unter der alle bislang Genannten zu verstehen sind.

Der Textabschnitt zeigt Jesus in der ihn charakterisierenden Tätigkeit des Umherziehens und Verkündigens, bei der er von verschiedenen Gruppen umgeben ist, wobei es von der syntaktischen Interpretation abhängt, ob - was ich für plausibler halte - von diesen Gruppen das Umherziehen explizit ausgedrückt oder über den Ausdruck σὺν αὐτῷ (nur) implizit vorausgesetzt wird. Diese Gruppierungen werden allesamt auf Jesus bezogen, wobei die letztgenannte Gruppe von Frauen durch ihre Tätigkeit zusätzlich in Funktion zur gesamten Gruppe tritt.

1.5 Wandernde Jesusbotinnen oder wohltätige Patroninnen? Die Charakterisierung der Frauen

(a) σὺν αὐτῷ

Der syntaktische Anschluß von 8,2a und 8,3c an 8,1c fordert es, die beiden Frauengruppen in gleicher Weise auf Jesus zu beziehen wie die Zwölf. Die Frauen sind in gleicher Weise »mit Jesus« (σὺν αὐτῷ) wie die Zwölf. Sie sind »mit Jesus« bei seinem Umherziehen durch Städte und Dörfer, sie sind auch »mit Jesus« beim Verkündigen und Frohbotschaften. Das heißt, die Frauen werden wie die Zwölf als mit Jesus unterwegs vorgestellt und damit mittels eines Elements aus dem Vorstellungsbereich der wandernden Jesus-

---

(1984), 117; Bovon, Lk I (1989), 398; Sim: HeyJ 30 (1989), 52; Schaberg: Commentary (1992), 287, die Lk deswegen scharf kritisiert; Seim, Message (1994), 57. Von den gängigen Bibelübersetzungen schreibt v. a. die Einheitsübersetzung diese Zweiteilung fest, wenn es hier heißt: »Sie alle unterstützten Jesus und die Jünger mit dem, was sie besaßen.«

50 Diese Interpretation setzen Portefaix, Sisters (1988), 156 A. 8; Kirchschläger: FS Knoch (1991), 278; Ders.: Ruckstuhl, Jesus (1996), 126-129 voraus, jedoch ohne die syntaktisch mögliche Interpretation als eine Frauengruppe zu diskutieren oder auch nur zu erwähnen. Auch Schürmann, Lk I (1969), 445 setzt die »vielen« Frauen nicht mit den »einigen« in eins. Dies wird von Melzer-Keller, Jesus (1997), 197 A. 34 abgelehnt.

51 Vgl. Blass / Debrunner, Grammatik (¹⁷1990), §293.

botInnen[52] gekennzeichnet.

Das Vorkommen der Wendung σὺν αὐτῷ in Bezug auf Jesus muß aber noch einer genaueren Betrachtung unterzogen werden. Die Wendung begegnet im Lk-Ev auf Jesus bezogen an sieben Stellen. Davon ist sie an zwei Stellen mit einem (Voll)verb verbunden und wird inhaltlich durch dieses gefüllt: In Lk 8,51 bezeichnet sie das Mit-hineingehen des Petrus, Johannes und Jakobus zur Tochter des Jaïrus und in 23,32 das Mit-hingerichtetwerden der beiden Übeltäter. Interessanter sind die anderen Stellen. An drei von diesen ist die Wendung mit der Kopula εἶναι verbunden und bezeichnet in 8,38 den Wunsch des geheilten Geraseners, bei Jesus - oder eben genauer: »mit Jesus« - bleiben zu dürfen[53], in 9,18 in der leicht abweichenden Formulierung συνῆσαν αὐτῷ das Mit-sein der JüngerInnen beim Gebet Jesu in der Einsamkeit[54], und in 22,56 in der Aussage der Magd das Mit-sein des Petrus mit Jesus und damit seine Zugehörigkeit zu Jesus[55]. An allen drei Stellen ist also eine enge Gemeinschaft mit Jesus ausgedrückt, wobei zumindest in 8,38 und 22,56 der Aspekt der Nachfolge konnotiert ist. Daß diese Nachfolge nicht expressis verbis ausgesagt wird, kann dabei daran liegen, daß beide Stellen aus der Perspektive von Außenstehenden formuliert sind, d. h. von Menschen, die nicht zum JüngerInnenkreis Jesu gehören. Ob daher die Wendung εἶναι σὺν αὐτῷ als *terminus technicus* für Jüngerschaft bezeichnet werden kann[56], ist m. E. eher fraglich. Zweifellos aber drückt sie eine enge Gemeinschaft mit und Zugehörigkeit zu Jesus aus, ein »Dabeisein«, das später, in Apg 1,21f, die Zwölf (Elf) zu Aposteln und Zeugen qualifizieren wird[57], für die Frauen jedoch, das sei bereits jetzt vorweggenommen, keine derartigen Konsequenzen beinhaltet. Daß alle drei Stellen abweichend von Mk formuliert sind, wobei drei *verschiedene* mk Wendungen bei Lk durch die Wendung εἶναι σὺν

---

52 Ich gehe damit zwar in Grundzügen von dem auf *Weber* beruhenden und von *Theißen u. a.* weiterentwickelten soziologischen Erklärungsmodell der Jesusbewegung aus (vgl. bes. *Theißen: ZThK 70 [1973], 245-271; Theißen: NT 19 [1977], 161-196; Theißen, Soziologie [1977]; Stegemann / Stegemann, Sozialgeschichte [1995], 171-174*), halte aber *Schottroffs* Kritik an diesem Modell für berechtigt, die sich vor allem gegen die Legitimierung des Patriarchats, die Androzentrik und die Konstruktion eines elitären Ethos richtet, vgl. *Schottroff, Schwestern (1994), bes. 15-27; Dies.: Exegese (1995), 199-201* und auch *Schüssler Fiorenza, Gedächtnis (1988), 144-204; Dies., Jesus (1995), 88-96*.

53 Diff Mk 5,18: ἵνα μετ' αὐτοῦ ᾖ.

54 Diff Mk 8,27: ἐξῆλθεν ὁ Ἰησοῦς καὶ οἱ μαθηταὶ αὐτοῦ.

55 Diff Mk 14,67: καὶ σὺ μετὰ τοῦ Ναζαρηνοῦ ἦσθα τοῦ Ἰησοῦ.

56 So *Brown, Apostasy (1969), 83* und *Ryan: BTB 15 (1985), 57*. Andererseits ist es zu wenig, wenn *Seim, Message (1994), 30* den Ausdruck nur als Minimalformulierung bezeichnet. *Seim* ist der Meinung, die Zwölf seien in diesem Stadium des Erzählgangs nur »mit Jesus«, nur Zuschauer (vgl. schon *Jervell, Luke (1972), 78*); Jesus allein predige, während die Aussendung der Zwölf erst in 9,1f geschehe; diese spielten während der irdischen Wirksamkeit ohnehin eine sehr passive Rolle und träten nur bei der Brotvermehrung hervor.

57 Vgl. *Fander: Meurer (Hg.), Schwestern (1993), 89*.

αὐτῷ bzw. συνεῖναι αὐτῷ ersetzt werden, deutet auf eine bewußt eingesetzte
Formulierung bei Lk. Die verbleibenden beiden Stellen (8,1; 22,14) sind untereinander vergleichbar in der syntaktischen Konstruktion: In beiden Fällen
ist es möglich, die Wendung als Nominalsatz oder im Sinne von diskontinuierlichen Syntagmen zu verstehen, so daß in 8,1, wie gezeigt, entweder ein
umfassenderes Mit-sein mit Jesus gemeint ist, das damit in die Nähe der
Wendung εἶναι σὺν αὐτῷ rückt, oder ein explizit ausgedrücktes Umherziehen mit Jesus, indem dieses Verb (διώδευεν) auch das zweite und alle weiteren Subjekte regiert. Ähnlich 22,14: Auch hier ist die Wendung καὶ οἱ
ἀπόστολοι σὺν αὐτῷ[58] entweder als Nominalsatz zu verstehen, der wie die
Wendung εἶναι σὺν αὐτῷ die enge Gemeinschaft mit Jesus ausdrückt, oder
das Verb ἀνέπεσεν regiert auch das Subjekt οἱ ἀπόστολοι, so daß hier (nur)
das Sich-zu-Tische-legen mit Jesus ausgesagt ist.

Wenn in 8,1-3 die Frauen also mittels der Wendung σὺν αὐτῷ auf Jesus
hingeordnet werden, werden sie damit zwar in einem engen und umfassenden
Bezug zu Jesus dargestellt; doch bleibt als Irritation bestehen, daß der Text das
von ihm gezeichnete Bild nicht expressis verbis und auf eindeutige Weise in
eine bestimmte Richtung interpretiert: Das Tun der Frauen wird nicht explizit
als »Nachfolge« bezeichnet. Dies ist auch deshalb festzuhalten, weil Mk 15,41
der Weg der Frauen von Galiläa an als ἀκολουθεῖν bezeichnet wird, Lk gerade diesen Ausdruck also nicht von seiner Vorlage übernommen und ihn auch
nicht durch einen synonymen Ausdruck ersetzt hat. Dagegen werden die Berufungsgeschichten der männlichen Jünger in Lk 5,11 und 5,28 jeweils mit
Nachfolgenotizen abgeschlossen, und entsprechend sagt Petrus Lk 18,28 über
seinen Weg mit Jesus: ἠκολουθήσαμέν σοι. Von diesen Stellen hat Lk in
5,28 und 18,28 jeweils die mk Vorlage (Mk 2,14 bzw. Mk 10,28) in der
Wahl des Verbs ἀκολουθεῖν übernommen und lediglich das Tempus verändert. Auch Lk 5,11 bezeichnet die Nachfolge des Simon Petrus, Jakobus und
Johannes als ἀκολουθεῖν. Dies stellt jedoch eine gegenüber Mk 1,20
(ἀπῆλθον ὀπίσω αὐτοῦ) abweichende Formulierung dar, wobei wiederum zu
berücksichtigen ist, daß Lk 5,1-11 ohnehin neben Mk 1,16-20 und weiterer
mk Elemente wahrscheinlich eine unabhängige Tradition verarbeitet hat, die
auch Joh 21,1-11 zugrundeliegt.[59]

---

58   Auch dies ist bei Mk anders formuliert: μετὰ τῶν δώδεκα.
59   Nach *Pesch, Fischfang (1969)* und im Anschluß an ihn *Schneider, Lk (1977), 122*
     hat Lk zwar Mk 1,16-21 nicht übernommen, es jedoch in eine vorgegebene Son-
     derüberlieferung über den reichen Fischfang eingearbeitet und so den Wunder-
     bericht zu einer Berufungsgeschichte gestaltet. Nach *Fitzmyer, Lk (1981), 560f* ist Lk
     5,1-11 komponiert aus mk Material und Sondergutraditionen (»L«), konkret einer
     Variante der Fischfangerzählung, die sowohl in Joh 21,1-11, als auch Lk 5,1-11
     eingegangen sei, jedoch unabhängig zu den beiden Evangelisten kam. Nach *Bo-
     von, Lk I (1989), 228* enthält Lk 5,1-11 außer mk Elementen »die Geschichte eines
     wunderbaren Fischfangs, die das Nachtragskapitel 21 des Johannesevangeliums
     ebenso kennt (Joh 21,1-11).« Daß die Erzählung als ganzes aus dem Sondergut

Des weiteren ist irritierend, daß der direkte Bezug auf Jesus im Verlauf von 8,2-3 nur durch diesen syntaktischen Anschluß, nicht aber durch einen expliziten Hinweis auf der Textoberfläche hergestellt wird. Nicht einmal die Heilungen in 8,2 werden explizit mit Jesus in Verbindung gebracht, wenngleich Jesus zweifellos durch die passivische Wendung αἳ ἦσαν τεθεραπευ-μέναι als derjenige im Blick ist, dem diese Heilungen zu verdanken sind[60].

Trotz dieser Irritationen können wir doch aufgrund der Art der syntaktischen Verbindung davon ausgehen, daß der Text ein Bild von wandernden Jesusbotinnen entstehen läßt, die ihre familiären Kontexte verlassen haben und sich nun in der Nachfolge Jesu befinden.

(b) Heilungen

Die Tatsache, daß die Frauen mit Jesus unterwegs sind, wird im Verlauf von 8,2-3 nicht explizit begründet. So wird weder auf eine Berufung noch auf einen eigenen Entschluß der Frauen zur Nachfolge rekurriert. Lediglich die Art und Weise, wie die Frauen des weiteren charakterisiert werden, deutet einen Begründungs- oder Erklärungszusammenhang an. Dieser sieht für die beiden Frauengruppen je verschieden aus. Die nähere Kennzeichnung der zweiten Frauengruppe (8,3c) wird später[61] noch genauer analysiert werden. Die Charakterisierung der ersten Frauengruppe läßt sich mit dem Stichwort »Heilungen« zusammenfassen; denn das erste und gemeinsame, was über diese Frauen gesagt wird, sind die Heilungen, und zwar näher ausgeführt als Heilungen von Dämonen und von Krankheiten[62]. Eine Befreiung von Dämonen, in einer Steigerung sogar als Heilung von *sieben* Dämonen ausgedrückt, wird bei der erstgenannten Maria von Magdala nochmals eigens vermerkt. So wird die Tatsache, daß die Frauen »mit Jesus« (σὺν αὐτῷ) sind, mit den erfolgten Heilungen zumindest in Verbindung gebracht. Darüber hinaus wird aber auch ein Begründungszusammenhang angedeutet.

Etwas Vergleichbares wird über die Zwölf anläßlich ihrer Auswahl in 6,12-16 nicht gesagt, ebensowenig über diejenigen Männer, über die zusätzlich noch eigene Berufungsgeschichten erzählt werden (5,1-11.27-32).

---

stammt, hält er aufgrund der enthaltenen Zäsuren für unwahrscheinlich (229). Nach *Ernst, Lk* (⁶1993), 143 ist eine Sondervorlage »unter dem Einfluß von Mk 1,16-20; 3,7; 4,1-2 überarbeitet und lk-red zu einer Missionsgeschichte umfunktioniert worden.«

60 Dies kann als Konsens der Forschungsliteratur angesehen werden, wobei der direkte Bezug der Heilungen zu Jesus zum Teil selbstverständlich vorausgesetzt wird (vgl. z. B. *Ernst, Lk* [⁶1993], 201; *Seim, Message* [1994], 33.57 u. ö.; *Melzer-Keller, Jesus* [1997], 197-199) oder eigens begründet oder zumindest thematisiert wird (vgl. z. B. *Bovon, Lk I* [1989], 399; *Kirchschläger: Ruckstuhl, Jesus* [1996], 128).

61 Vgl. u. Hauptteil A, 1.5 (e).

62 Nach *Kirchschläger, Wirken* (1981), 238 entspricht es lk Redeweise, »das Wirken Jesu gegenüber Krankheiten und Geistern mit dem Verb θεραπεύω zusammen[zu-fassen]«.

Lediglich in zwei Fällen wird bei männlichen *Geheilten* ein Zusammenhang zwischen einer erfolgten Heilung und anschließender Nachfolge bzw. dem Wunsch zur Nachfolge angedeutet: Über den geheilten Gerasener (8,26-39) wird gesagt, er wolle »mit Jesus« (σὺν αὐτῷ) sein. In der Tat erinnert diese Formulierung an diejenige aus 8,1, wo sie auf die Zwölf und die Frauen angewendet wird. Doch im Unterschied zu 8,2-3 schickt Jesus den geheilten Gerasener mit dem Auftrag nach Hause zurück, von dem Geschehenen zu erzählen (8,38-39), so daß der Geheilte nicht »mit Jesus« bleibt, aber zu einem Verkündiger der Taten Jesu wird. Das zweite Beispiel ist der blinde Mann von Jericho (18,35-43), von dem nach erfolgter Heilung gesagt wird, er sei Jesus (nach)gefolgt und habe Gott gepriesen: καὶ παραχρῆμα ἀνέβλεψεν καὶ ἠκολούθει αὐτῷ δοξάζων τὸν θεόν (18,43). Zwar ist bei Lk der Terminus ἀκολουθεῖν nicht mehr unbedingt ein *terminus technicus* für Nachfolge im engeren Sinn[63], doch kann durch die Verwendung dieses Verbs an dieser Stelle die Jüngernachfolge durchaus konnotiert werden. Anders als die Frauen aus 8,2-3 findet sich der geheilte Blinde später aber nicht - zumindest nicht explizit - in der engeren Gruppe um Jesus. Aufschlußreich ist hier auch ein Blick auf die mk Parallele, die eventuell noch von einer konkreteren Vorstellung über diesen blinden Mann aus Jericho zeugt: Mk 10,46 nennt den Namen des Blinden und leitet diesen von seinem Vater ab, und im mk Schluß ist das Nachfolgemotiv noch stärker und, wie die mk Peripetie (8,27-10,52) nahelegt, speziell als Kreuzesnachfolge ausgeführt, wenn es dort heißt: ἠκολούθει αὐτῷ ἐν τῇ ὁδῷ (10,52). Hier könnte noch ein konkreter Jesusnachfolger namens Bartimäus im Blick sein, der aufgrund einer Heilung zur Nachfolge gekommen war.[64] In der lk Fassung ist demgegenüber dieser Aspekt stark abgeschwächt.

Die erste Identifizierung der Frauen geschieht also über Kranksein und Heilung, und die Gemeinschaft der Frauen mit Jesus wird zumindest andeutungsweise mit diesen Heilungen begründet und nicht wie bei den männlichen Nachfolgern über Berufungsgeschichten (5,1-11.27-32) oder über die Zugehörigkeit zur Gruppe der μαθηταί (6,13-16). Dies birgt mehrere Aspekte in sich:

Auf der einen Seite sind die Frauen dadurch gegenüber der Gruppe der Zwölf sicher mit einem »Defizit« behaftet.[65] Können die Zwölf später von

---

63   So wird es auch dafür verwandt, einer anderen Person als Jesus nachzugehen: Lk 22,10 (einem Wasserträger, par Mk); Apg 12,8-9 (einem Engel); Apg 21,36 (dem Paulus, in feindlichem Sinn); für das »neutrale« Folgen der Volksmenge steht es Lk 7,9 (Q); 9,11 (diff Mk); 23,27 (lk); nicht unbedingt Nachfolge im engen Sinn zu konnotieren ist beim Folgen der μαθηταί in Lk 22,39 (diff Mk) bzw. des Petrus Lk 22,54 (par Mk).

64   Vgl. *Stegemann / Stegemann, Sozialgeschichte (1995)*, 179.

65   Für *Tetlow, Women (1980)*, 103 ist die Darstellung der Frauen als Geheilte eines der Mittel des Lk, Frauen stets mit einem negativen Aspekt zu charakterisieren, um sie als schwach und sündig darzustellen. M. E. übersieht sie dabei aber, daß

sich sagen, sie hätten Familie, Besitz und Beruf verlassen, um Jesus nachzufolgen (vgl. 18,28 mit 5,1-11.27-32), ist dies bei den Frauen nicht so ohne weiteres möglich: Sie wurden nicht aus einem funktionierenden Leben herausgerufen, sondern von beschädigtem Leben befreit. Zumindest der Auslegung bietet diese Kennzeichnung der Frauen einen Ansatzpunkt dafür, eine Abstufung zwischen den Zwölfen und den Frauen vorzunehmen und entsprechende Bewertungen anzubringen.[66] Die Qualifizierung der Frauen lieferte auch einen der Faktoren, die dazu führten, einen Zusammenhang zu 7,36-50 herzustellen[67] - bis hin zu der seit Papst Gregor d. Großen zu beobachtenden Identifizierung der Maria von Magdala mit der Sünderin aus 7,36-50[68] und

---

Lk an keiner Stelle Krankheit mit Sünde oder Schuld in Zusammenhang bringt. Eine solche Sicht von Krankheit kommt im NT nur in Joh 9,2 zum Ausdruck, wird aber zurückgewiesen. Vergleichbar ist evtl. Lk 13,2 (so *Gerstenberger: NBL II [1995], 543*); doch wird auch hier die Vorstellung von Schuld abgelehnt. Auf jeden Fall aber ist Krankheit eine »vielgestaltige Lebensminderung« (*Gerstenberger ebd.*), sie betrifft den ganzen Menschen und nicht nur einzelne seiner Funktionen und Fähigkeiten (vgl. *Pilch: Neyrey [Ed.], World [1991], 181-209; Pilch: BTB 22 [1992], 31*). Auch die Tatsache, daß sie im christlich-jüdischen Kontext - im Unterschied zum hellenistischen - häufig oder sogar »fast uneingeschränkt als Resultat dämonischer Besessenheit betrachtet« wird (so *Kollmann, Jesus [1996], 378*), läßt auf ein entsprechendes Empfinden von Krankheit und eine entsprechende Bewertung schließen.

66   Vgl. z. B. *Schneider, Lk (1977), 180*, der eine Abstufung zwischen den Zwölfen, die Jesus »als erwählte Jünger und künftige Zeugen« begleiten, und den Frauen, die »Jesus aus Dankbarkeit für die durch Jesus erfahrene Heilung« begleiten. Ähnlich *Bovon, Lk I (1989), 398*: »Die Diakonie der Frauen wurzelt in Wunderheilungen, während die Predigt der Männer ihre Legitimation in einer Berufung findet.« Zustimmend *Melzer-Keller, Jesus (1997), 199*. Vgl. auch *Wiefel, Lk (1987), 157*: Die Frauen »bleiben aus Dankbarkeit, vielleicht wohl auch, weil sie sich in der Nähe des Meisters vor Rückfall sicher wissen«, ein Satz, der so niemals über die Zwölf gesagt würde; ähnlich aber bereits z. B. *Augsten, Stellung (1970), 9.11*.

67   So z. B. *Schürmann, Lk I (1969), 446*, der die geheilte »Exorzierte« »sehr passend« neben die liebende Sünderin gestellt sieht, oder *447*, wo er die dienenden Frauen in Parallele zur »begnadeten Sünderin« sieht, »die ebenfalls aus der empfangenen Gnade heraus zu einer Liebenden geworden war.« *Plummer, Lk (⁴1901), 216* und *Schmithals, Lk (1980), 100-101* zählen die »dankbare Sünderin« aus 7,36-50 unter die »vielen anderen« aus 8,3, »die Jesus mit ihrem Vermögen dienten«. Einen bewußt unter dem Aspekt der Zusammenstellung von Frauenerzählungen hergestellten Zusammenhang zu 7,11-17.36-50 sehen *Schürmann, Lk I (1969), 448; Marshall, Lk (1978), 315; Witherington: ZNW 70 (1979), 243; Schweizer, Lk (1982), 93* (erwägend); *Wiefel, Lk (1987), 157*, der hier »eine Art Sammelnotiz zu den beiden ›Frauenperikopen‹ (Witwe von Nain, Sünderin)« sieht; *Demel: BN 57 (1991), 68f; Ricci, Maria di Magdala (1991), 129f; Schnackenburg, Person (1993), 228f. Blank: QD 95 (1983), 50* vermutet einen bewußt hergestellten Zusammenhang zwischen 7,36-50 und 8,2-3, »um die positive Einstellung Jesu gegenüber Frauen noch einmal zu belegen und daß er [=Lk] wohl die Vorstellung hatte, die von Jesus geheilten Frauen und die von ihm bekehrte Sünderin hätten sich Jesus sofort angeschlossen.« *Seim, Message (1994), 92-93* sieht die Verbindung darin, daß sowohl die Sünderin, als auch die Frauen aus 8,2-3 alles, was sie besaßen, an Jesus hingaben.

68   Die Wege dieser Identifikation zeichnet *Ricci, Maria di Magdala (1991), 31-55*,

der symbolischen Interpretation der sieben ausgetriebenen Dämonen als sexuell ausschweifendes Leben der Maria von Magdala[69] mit der damit verbundenen moralischen Disqualifizierung der Maria von Magdala und aller Prostituierten[70].

Auf der anderen Seite ist die doppelte Beschreibung des Wirkens Jesu im Lk-Ev als Verkündigen *und* Heilen zu beachten, wie besonders Jesu programmatische Rede in 4,18-19, die Summarien 4,40-44 und 6,17-19 sowie Jesu Antwort an den Täufer 7,22 zeigen. Vor allem aber stellt 10,9 einen Zusammenhang zwischen den Heilungen und dem Anbrechen des Reiches Gottes her: καὶ θεραπεύετε τοὺς ἐν αὐτῇ ἀσθενεῖς καὶ λέγετε αὐτοῖς, Ἤγγικεν ἐφ' ὑμᾶς ἡ βασιλεία τοῦ θεοῦ, ähnlich auch Jesu Bewertung seiner Dämonenaustreibungen in 11,20 oder auch der literarische Zusammenhang von 13,10-21[71]. In diesem Sinne also können die Frauen mit ihrer Erfahrung des Geheiltwerdens verstanden werden als »Zeichen« und anfangshafte Verwirklichung der βασιλεία τοῦ θεοῦ: In ihrem Leben haben sie das Anbrechen der βασιλεία erfahren, und mit ihrer Existenz sind sie nach außen sichtbares Zeichen für diese βασιλεία[72] - die Jesus nach 8,1 verkündigte.

---

eingebettet in eine Forschungsgeschichte, nach. Vgl. auch *Plummer, Lk (⁴1901),* 216; *Zahn, Lk (⁴1920), 329-332; Lagrange, Lk (⁴1927), 235f; Augsten, Stellung (1970), 12f; Blank: QD 95 (1983), 52; Jensen: Bader (Hg.), Maria Magdalena (1990),* 33-50; *Gössmann: Bader (Hg.), Maria Magdalena (1990), 51-71; Moltmann-Wendel, Mensch (⁷1991), 69-73; Moltmann-Wendel: WbFTh (1991), 277-279; Maisch, Maria Magdalena (1996), 37-190.* Daß die beiden Frauen nicht zu identifizieren sind, hat sich in der Exegese längst durchgesetzt, vgl. z. B. *Lagrange, Lk (⁴1927), 235f; Klostermann, Lk (1929), 96; Schmid, Lk (⁴1960), 156; Rengstorf, Lk (¹⁴1969), 105; Schweizer, Lk (1982), 93; Wiefel, Lk (1987), 158; Seim, Message (1994), 33* sowie die oben genannten AutorInnen. Dagegen sieht *Witherington: ZNW 70 (1979), 243* immerhin eine schwache Wahrscheinlichkeit, daß Maria Magdalena und die Sünderin identisch sein könnten.

69 Schon *Schmid, Lk (⁴1960), 156-157* weist diese Auslegungstradition als unhaltbar zurück. Als ein Vertreter der neueren Exegese wäre allerdings noch *Wiefel, Lk (1987), 158* zu nennen, der eine Entsprechung zwischen der Austreibung der sieben Dämonen aus Maria von Magdala und der Lossprechung der Sünderin 7,36-50 konstatiert.

70 Vgl. *Schottroff: WbFTh (1991), 276.*

71 Vgl. dazu *Bieberstein: FS Venetz (1998), 37-46* mit weiterer Literatur, aber auch den kritischen Zwischenruf von *Wilhelm: Schlangenbrut 62 (1998), 10-12* gegenüber den gängigen »normalistischen« Auslegungen von Heilungsgeschichten, in denen Lebensweisen und Körpererfahrungen von Behinderten keinen Platz haben.

72 Vgl. dazu schon *Busse, Wunder (1977),* der nach seiner umfassenden Untersuchung zum Ergebnis kommt, daß die lk Wunder-Interpretationen insgesamt stärker theozentrisch ausgerichtet sind als die Mk-Vorlagen. Sie seien »Hinweis auf Gottes in Jesu Wirken gegenwärtigen Heilswillen« (*ebd.* 475), sie verfolgten in ihrer Mehrzahl »eine theologische Aussageabsicht« (*ebd.* 477) und machten mit der engen Verbindung der βασιλεία-Botschaft mit den Exorzismen deutlich, »daß mit dem Auftreten seines geistgerüsteten Gesandten das eschatologische Heil Gottes selbst gegenwärtig war.« (*ebd.* 480) Damit vertrete Lk eine »aktuelle Eschatologie«: In seinem Doppelwerk würden »vergangene, aber einstmals ebenfalls als eschatolo-

Insgesamt zeigt dies, daß die Frauen durch einen kleinen Hinweis, nämlich durch die syntaktische Verbindung mit σὺν αὐτῷ, als Wandercharismati-
kerinnen gezeichnet werden, daß dieses Motiv im folgenden aber nicht weiter
ausgestaltet wird. Stattdessen werden die Frauen mit Elementen aus dem Motivkreis der Heilungsgeschichten näher gekennzeichnet. Die Frauen machen
durch ihr Leben »mit Jesus« die (menschliche) Erfahrung des Heilwerdens in
der Begegnung mit Jesus sichtbar und greifbar. So ist zu fragen, ob die geheilten und nun nachfolgenden Frauen als Zeichen für die anfangshafte Verwirklichung der βασιλεία verstanden werden können, wie die Zwölf als Zeichen für die Sammlung Israels zu verstehen sind.[73]

(c) Namensnennungen

Neben die Gruppe der Zwölf, die in 6,12-16 konstituiert und namentlich auf-
gezählt worden war, kommt in 8,2-3 eine Gruppe von drei Frauen zu stehen,
deren Namen nun ebenfalls genannt werden. Durch diese Namensliste wird
zum einen die Erwähnung »einiger Frauen« in 8,2a konkretisiert. Im Blick
auf das gesamte Buch aber wird zudem mit dieser Namensnennung - die ja in
einem Summarium erfolgt - eine weitere namentlich bekannte Gruppe neben
den Zwölfen etabliert und als ständige Begleitung Jesu eingeführt.[74]

Daß diese Frauengruppe mit der Gruppe der Zwölf zu vergleichen ist, ergibt sich daraus, daß die Frauen nicht neben eine (unbestimmte) Gruppe von
μαθηταί gestellt wird, sondern eben neben die Zwölf, und daß diese Nennung
nicht an irgendeinem Ort erfolgt, sondern in einem Summarium, in dem Charakteristika des Wirkens Jesu konzentriert sind.

Die namentliche Nennung der Frauen ist auch deshalb bemerkenswert,
weil es neben 6,14-16 keine weitere Namensliste von AnhängerInnen Jesu
gibt.[75] Die Liste der drei Frauen rückt damit gattungs- und bedeutungsmäßig

---

      gisch signifikante Heilsakte ausgewiesene Ereignisse zu Bestandteilen der Heils-
      geschichte« (*ebd. 484*).

73   Diese Sichtweise unterscheidet sich grundlegend von der Interpretation von *Kirch-
      schläger: FS Knoch (1991), 282-283,* der als Parallele zur Schaffung der Zwölf als
      Zeichenhandlung für die Sammlung Israels »die (ungewöhnliche!) Berufung der
      Frauen in eine feste Gruppierung der Nachfolge als Zeichenhandlung für die Jesu
      Zuwendung gegenüber den Frauen« erwägt. Dies ist zu kritisieren; denn dann kä-
      me neben die Größe »Israel« eine zweite Größe, die »Frauen«, zu stehen, und »Is-
      rael« würde zu einer rein männlichen Gruppe, die um die »Frauen« ergänzt wer-
      den muß. Außerdem wird in einem identifikatorischen Kurzschluß fraglos voraus-
      gesetzt, daß zwölf Männer ein Volk, Frauen aber nur wieder Frauen repräsentieren
      können.

74   *Kirchschläger: FS Knoch (1991), 282-283* will die (lk) Bedeutung dieser Frauen-
      gruppe - u.a. aufgrund der zweimaligen parallelen Nennung (8,1-3; Apg 1,12-14) -
      in Analogie zur Bedeutung des Zwölferkreises bestimmen.

75   *Kirchschläger: FS Knoch (1991), 279* weist darauf hin, daß in den vier Evangelien
      die Auflistung der Zwölf und die Auflistung des Kerns der Frauengruppe die einzi-
      gen derartigen »Aufzählungen von Menschen in der Nachfolge vor der Passions-

in die Nähe der Jüngerkataloge Lk 6,14-16 und Apg 1,13-14.[76] Überhaupt
werden im Laufe des Buches außerhalb dieser Listen nur wenige AnhängerInnen Jesu namentlich genannt[77]: Es sind dies Simon, Jakobus und Johannes,
die aber dem Zwölferkreis angehören und teils allein, teils zu zweit und teils
als Dreiergruppe erwähnt werden, Levi (5,27-32), Maria und Marta (10,38-
42), Zachäus (19,1-10), Judas, der ebenfalls zu den Zwölfen gehört
(22,3-6.47-48), Maria von Magdala, Johanna und Maria, die Mutter des Jakobus (24,10) sowie Kleopas (24,18). Bei dieser Auflistung fällt auf, daß aus
dem Zwölferkreis neben Judas, der eine begrenzte Rolle als Verräter spielt,
nur Simon, Jakobus und Johannes als individuelle Figuren auftreten und
mehrmals eine erzählerische Funktion haben. Für die anderen Mitglieder des
Zwölferkreises bleibt es bei der einmaligen Nennung in der Liste 6,14-16.

Daß es sich bei denjenigen Angehörigen des Zwölferkreises, die auch als
eigenständige Erzählfiguren begegnen, ausgerechnet um *drei* Männer handelt,
hat verschiedentlich dazu geführt, die drei namentlich genannten Frauen aus
8,2-3 mit jenem männlichen Dreiergremium zu vergleichen.[78] Hier ist jedoch
zu beachten, daß Simon, Jakobus und Johannes in wechselnden Konstellationen und auch individuell auftreten, während die Frauen niemals als einzelne
Figuren in Erscheinung treten und neben unserer Stelle überhaupt nur in
24,10 erwähnt werden. Dort aber stimmen die Namen nicht vollständig mit
8,2-3 überein: Susanna ist durch Maria, die Mutter des Jakobus, ersetzt.[79] Insgesamt zeigt dies, daß die Frauen nicht als feststehendes Dreiergremium kon-
zipiert sind und überhaupt eine weit geringere Rolle spielen als der Dreierkreis

---

      erzählung« sind. *Schaberg: Commentary (1992), 287* kritisiert die getrennte Aufli-
      stung von Männern und Frauen im Lk-Ev, die zwei getrennte Gruppierungen etab-
      liere, im Gegensatz etwa zur integrierten Liste von »church leaders« in Röm 16.
      Gegenteilig *Talbert, Reading Luke (1982), 90-91* der die konsequente Parallelisie-
      rung von Männern und Frauen bzw. Männer- und Frauengruppen bei Lk (im Evan-
      gelium und in der Apg) lobt.
76   Vergleichbar sind damit auch Mk 3,13-19; Mt 10,1-4. Vgl. *Hengel: FS Michel
      (1963), 248; Ritt: QD 95 (1983), 120f; Bovon, Lk I (1989), 397; Fander: JBTh 7 (1992),
      168; Seim, Message (1994), 31.*
77   Andere namentliche Nennungen sind Zacharias und Elisabeth, Joseph und Maria,
      Simeon und Hanna, Johannes der Täufer, Herodes und Herodias (3,19-20; 9,7-9;
      23), Simon (7,36-50), Jaïrus (8,40-56), Lazarus (16,19-31), Pilatus (23 passim),
      Barabbas (23,18-25), Simon von Kyrene (23,26), Josef von Arimathäa (23,50-54),
      wobei die beiden letzteren in der Literatur zuweilen als Anhänger Jesu angesehen
      werden. Nicht aufgeführt sind Personen, die nur zur Identifizierung einer anderen
      Person genannt werden.
78   So *Hengel: FS Michel (1963), 248*, der zudem auf die drei Säulen der Jerusalemer
      Urgemeinde verweist; *Bovon, Lk I (1989), 398; Melzer-Keller, Jesus (1997), 204f.*
79   Nach *Seim, Message (1994), 35* war Susanna in 24,10 leicht durch eine Frau aus
      der mk Liste zu ersetzen, weil von ihr in 8,2 nichts weiter als ihr Name genannt
      worden war. *Wiefel, Lk (1987), 158* hält zudem die Identität der beiden Johannas
      aus 8,3 und 24,10 für ungesichert. Damit kehrt er aber m. E. die Beweislast um.
      Nicht die Identität ist zu beweisen, sondern eine behauptete Nicht-Identität.

der männlichen Nachfolger.

Ähnliches ist zum Vergleich der Stellung der Maria von Magdala und der des Petrus zu sagen. Zwar trifft zu, was gelegentlich beobachtet wurde, daß Maria von Magdala in allen synoptischen Frauenlisten jeweils an erster Stelle steht, so wie Petrus sowohl in den Jüngerkatalogen, als auch in der Dreiergruppe stets den ersten Platz innehat.[80] Daraus wurde auf eine vergleichbare Stellung und Autorität dieser beiden Figuren in den frühen Christengemeinden geschlossen. Dem ist grundsätzlich zuzustimmen. Auch die in verschiedenen apokryphen Schriften des zweiten bis dritten Jahrhunderts dokumentierte Konkurrenz gerade zwischen Maria Magdalena und Petrus unterstützt diese Annahme.[81] Dennoch ist auch hier auf die im Vergleich zu Petrus ungleich kleinere erzählerische Rolle der Maria Magdalena hinzuweisen, und zwar sowohl im Lk-Ev, als auch in den anderen kanonischen Evangelien.

So läßt die namentliche Aufzählung der Frauen in diesem Summarium, die, wie gezeigt, höchstwahrscheinlich auf einer traditionellen Frauenliste beruht, auf die große Bedeutung bestimmter Frauen schließen, und zwar zurückgehend bis zur Jesusbewegung selbst. Auf der Ebene des Lk-Evs spielen die Namen der Frauen keine Rolle mehr bis zur Ostererzählung, wo sie mit einer Änderung zum zweiten und letzten Mal genannt werden.

(d) Identifizierungen

Die namentliche Nennung der Frauen lenkt den Blick auf die Art und Weise, wie die Frauen des weiteren identifiziert werden:

Die zuerst genannte Maria trägt einen Namen, der mit Salome zu den mit Abstand häufigsten palästinischen Frauennamen in griechisch-römischer Zeit gehört.[82] Schon diese Häufigkeit des Namens verlangt nach einer näheren Bestimmung einer Frau, die diesen Namen trägt. In der Regel geschieht die

---

80 Vgl. *Hengel: FS Michel (1963)*, 249-251; *Schüssler Fiorenza, Gedächtnis (1988)*, 188; *Fander, Stellung (²1990)*, 302; *Kirchschläger: FS Knoch (1991)*, 283; *Schottroff: WbFTh (1991)*, 275-276; *Diefenbach, Komposition (1993)*, 90-91; *Seim, Message (1994)*, 32-33; *Maisch, Maria Magdalena (1996)*, 19-21.

81 Vgl. generell den zweiten Teil des Evangeliums der Maria *(Schneemelcher [Hg.], Apokryphen [⁶1990]*, 314f); Pistis Sophia 36.72 *(Schmidt, Koptisch-gnostische Schriften I [³1959]*, 36.104); EvThom 114. Weiterführend vgl. *Schüssler Fiorenza: Traditionen 2 (1980)*, 71f; *Bovon: NTS 30 (1984)*, 52-62 (mit weiteren, auch späteren Belegen); *Schüssler Fiorenza, Gedächtnis (1988)*, 85.369-373; *Fander, Stellung (²1990)*, 302-305; *Schmid, Maria Magdalena (1990)*; *Schüngel-Straumann: Bader (Hg.), Maria Magdalena (1990)*, 28f; *Good: SSc II (1994)*, 678-707; *King: SSc II (1994)*, 601-634; *Perkins: SSc II (1994)*, 557f; *Maisch, Maria Magdalena (1996)*, 34f; *Marjanen, Woman (1996)*, 32-55 (EvThom; zum Konflikt Maria - Petrus bes. 52-55), 94-121 (Evangelium der Maria; zum Konflikt Maria - Petrus bes. 119-121), 170-188 (Pistis Sophia; zum Konflikt Maria - Petrus bes. 179-184); *Hartenstein / Petersen: KFB (1998)*, 753f.777.

82 Vgl. die Statistiken bei *Ilan: JJS 40 (1989)*, 193-200; *Dies., Women (1995)*, 54-55 oder auch *Mayer, Frau (1987)*, 39-42 und *Rahmani, Catalogue (1994)*, 14.

Identifizierung einer Frau über ihren Vater, wie die Auswertung von Inschriften, Ehe- und Scheidungsverträgen, Kaufurkunden und ähnlichen Dokumenten zeigt.[83] Daneben ist die nähere Bestimmung einer Frau über ihren Ehemann häufig belegt.[84] Maria wird jedoch weder über ihren Vater noch über ein anderes männliches Familienmitglied identifiziert, sondern über ihren Herkunftsort Magdala, einen nicht ganz unbedeutenden Ort[85] am Westufer des Sees Gennesaret. Dabei gibt das Lk-Ev bei den beiden Erwähnungen der Maria zwei verschiedene Namensformen an, die aber beide von diesem Heimatort abgeleitet sind: Wird sie in 8,2 Μαρία ἡ καλουμένη Μαγδαληνή genannt, so in 24,10 ἡ Μαγδαληνὴ Μαρία. Beide Namensformen unterscheiden sich nochmals von der in der wahrscheinlichen Vorlage Mk 15,40 gebotenen Form Μαρία ἡ Μαγδαληνὴ.

Daß Maria über ihren Herkunftsort identifiziert wird, muß - gemessen an der üblichen Identifizierungsweise - zunächst als bemerkenswert gelten. Es weist darauf hin, daß Maria als so wenig in einen Familienverband eingegliedert wahrgenommen wurde, daß ihr als Beiname nicht der Name ihres Vaters oder eines anderen männlichen Verwandten gegeben wurde, sondern ihr Herkunftsort.[86] Und was sie des weiteren charakterisiert, sind ebenfalls keine familiären Bande, Söhne oder Töchter, sondern ihre Geschichte. Dies alles zeichnet sie als unverheiratete, wahrscheinlich kinderlose, allein lebende Frau.

Eine Identifizierung über den Herkunftsort aber wird, soll sie die Funktion eines Unterscheidungsmerkmals tatsächlich erfüllen, in der Regel nicht in

---

83   Vgl. die Argumentation bei *Ilan, Women (1995), 55* gegen *Archer, Price (1990), 267-270*. Diese ist der Meinung, daß Frauen, die in Begräbnisinschriften über ihren Vater und nicht über ihren Ehemann identifiziert werden, entweder verwitwet oder geschieden sein müssen. Dagegen argumentiert *Ilan*, die große Zahl der Frauen, die über Patronyme identifiziert werden, machten *Archers* Schluß unwahrscheinlich. Allerdings ist die unterschiedliche Quellenbasis, die ihren Aussagen zugrunde liegen, zu berücksichtigen. In den von *Ilan* hauptsächlich konsultierten Heirats- oder Scheidungsurkunden macht es Sinn, daß die Frauen nicht über den Noch-Nicht- oder Nicht-Mehr-Ehemann definiert werden, sondern über eine andere Person. Dagegen stützt sich *Archer* vor allem auf Ossuarinschriften. *Rahmani, Catalogue (1994), 15* kommt nach seiner Auswertung aller Ossuarinschriften, die sich im Besitz des Staates Israel befinden, zum Ergebnis, daß der Großteil *aller* Personen über den Vater identifiziert werden; bei Frauen würden teilweise der Ehemann, teilweise Ehemann und Vater genannt, wobei bisweilen sogar der Namen der Frau fehle und nur die männlichen Bezugspersonen genannt würden. Vgl. im übrigen schon die statistische Auswertung aller Namens- und Identifizierungsformen im Oktateuch bei *Köhler: ZAW 40 (1922), 20-36*.

84   Vgl. *Hachlili: BASOR 235 (1979), 55* und *Archer, Price (1990), 267-269*, die zu ihrem Ergebnis nach der Auswertung von Ossuarinschriften aus Jerusalem und Jericho kommen. Vgl. auch wieder *Rahmani, Catalogue (1994), 15*.

85   *Josephus, Bell II 21,4 § 608* nennt (wohl übertreibend) 40 000 EinwohnerInnen.

86   *Theißen, Lokalkolorit (1989), 190-192* macht auf ähnliche Phänomene im Blick auf die in der mk Passionsgeschichte erwähnten Namen aufmerksam: Die dort genannten Männer werden nicht über den Vater, sondern über den Herkunftsort definiert.

diesem Ort selber, sondern außerhalb desselben geschehen.[87] Das wiederum läßt historische Rückschlüsse auf die Trägerin dieses Namens zu, die ihren Beinamen wohl außerhalb ihres Heimatortes erhalten hat. Dies ist einer der Hinweise auf eine historische Person namens Maria, die aus Magdala stammte, diesen Heimatort aber verlassen hatte. Dabei ist nicht mehr zu sagen, ob sie bereits außerhalb von Magdala lebte und sich *dann* der Jesusbewegung anschloß, oder ob sie Magdala verließ, *um* sich Jesus und seiner Bewegung anzuschließen und das heimatlose Wanderleben dieser Gruppe zu teilen.

Auch die zweite Frau, Johanna, trägt einen recht verbreiteten hebräischen Namen.[88] Sie wird über ihren Ehemann näher definiert, was - wie eben gezeigt wurde - neben der Identifizierung über den Vater die am häufigsten geübte Praxis ist.[89] Dieser Ehemann muß aber im folgenden selber noch genauer charakterisiert werden. Dies geschieht nicht über eine weitere familiäre Ableitung, sondern über seine berufliche Stellung: Er wird als ἐπίτροπος des Herodes bezeichnet, was eine nicht mehr genau zu eruierende Position in der Verwaltung des Herodes meint.[90] Diese Berufsbezeichnung weist ihn wahrscheinlich als Angehörigen einer Schicht aus, die in das Herrschaftssystem des Herodes eingebunden ist und von diesem profitiert[91]. Über seine Position soll auch Johanna eine bestimmte soziale Stellung zugewiesen werden. Diese wird in der Literatur zumeist als vornehm, zur Oberschicht gehörend, wohlhabend o. ä. umschrieben.[92]

---

87 Vgl. *Köhler: ZAW 40 (1922), 35; Fander, Stellung (²1990), 320; Fander: JBTh 7 (1992), 173.*

88 Vgl. *Ilan: JJS 40 (1989), 191.195; Dies., Women (1995), 55 A. 33* oder wieder *Mayer, Frau (1987), 39.41.*

89 Bei ihrer zweiten Erwähnung Lk 24,10 kann diese Identifizierung entfallen, wohl, weil Johanna bereits eingeführt ist.

90 *Bauer, Wörterbuch (1988), 615* läßt es offen, ob ein Verwalter im wirtschaftlichen Sinne oder ein politisches Amt gemeint ist. Auch *Bovon, Lk I (1989), 399-400* sieht dieses Bedeutungsspektrum, tendiert aber zur Interpretation im wirtschaftlichen Sinne, gegen *Lagrange, Lk (⁴1927), 235,* der an eine politische Funktion denkt; letzteres kann sich auf den Gebrauch des Wortes bei *Josephus,* wo es meist den römischen Statthalter bezeichnet, stützen. In der Literatur finden sich zumeist die Bezeichnungen Verwalter bzw. Verwaltungsbeamter (*Klostermann, Lk [1929], 96; Schmid, Lk [⁴1960], 157; Schürmann, Lk I [1969], 444; Augsten, Stellung [1970], 10; Schweizer, Lk [1982], 92; Ernst, Lk [⁶1993], 202; Löning, Geschichtswerk I [1997], 229; Melzer-Keller, Jesus [1997], 199*) oder Beamter (*Schürmann, Lk I [1969], 446; Schneider, Lk [1977], 180; Schmithals, Lk [1980], 100*). *Weiss, Lk (1901), 198* und *Rengstorf, Lk (¹⁴1969), 105* bezeichnen ihn als königlichen Rentmeister, *Fitzmyer, Lk (1981), 698* und *Karris, Lk (1990), 697* als »manager«.

91 Darauf könnte auch die nabatäische Herkunft des Namens deuten.

92 Vgl. *Klostermann, Lk (1929), 96; Schmid, Lk (⁴1960), 157; Hengel: FS Michel (1963), 246; Schürmann, Lk I (1969), 447; Schneider, Lk (1977), 180-181; Witherington: ZNW 70 (1979), 246; Schmithals, Lk (1980), 100-101; Fitzmyer, Lk (1981), 698; Schweizer, Lk (1982), 93; Blank: QD 95 (1983), 52; Horn, Glaube (1983), 117; Ryan: BTB 15 (1985), 57; Heine, Frauen (1986), 69; Schüssler Fiorenza, Gedächtnis (1988), 188; Bovon, Lk I (1989), 398; Klauck: Gemeinde (1989), 162; Nolland, Lk (1989),*

Im Blick auf eine historische Rekonstruktion wurde aufgrund der Verbindung zur Verwaltung des Herodes Tiberias als Herkunfts- oder zumindest
Wohnort von Johanna (und Chuzas) postuliert[93], was jedoch so aus dem Text
nicht zu erschließen ist.

Im Unterschied zu Maria von Magdala wird Johanna als verheiratete
Frau gezeichnet, wobei der Text nicht thematisiert, ob Johanna als Witwe[94]
vorzustellen sei oder als Frau, die ihren Mann und ihre Familie zurückgelas-
sen hat, um sich der Jesusbewegung anzuschließen[95]. Da aber Witwen ansonsten als solche gekennzeichnet werden[96], dies bei Johanna jedoch nicht der
Fall ist, kann davon ausgegangen werden, daß sie nicht als Witwe intendiert
ist, sondern als Frau, die ihren Ehemann, ihre Familie und ihren Besitz verlassen hat, um Jesus nachzufolgen (vgl. Lk 14,26; 18,28)[97]. Daß sie als geschie-
dene Frau vorgestellt werden soll, muß dagegen als unwahrscheinlich gelten,
weil sie noch über ihren Ehemann identifiziert wird.

Von Susanna, die einen etwas seltener gebrauchten hebräischen Namen
trägt[98], wird nichts zur näheren Identifizierung gesagt, sieht man von der Tatsache der Heilung durch Jesus ab, die nach 8,2a für alle drei Frauen zutrifft

---

366-368; Sim: HeyJ 30 (1989), 52f; Karris, Lk (1990), 697; Schüngel-Straumann: Bader (Hg.), Maria Magdalena (1990), 25; Moltmann-Wendel, Mensch (⁷1991), 138-
148; Fander: JBTh 7 (1992), 168; Schaberg: Commentary (1992), 287; Löning, Geschichtswerk (1997), 229; Melzer-Keller, Jesus (1997), 199f; Seim, Message (1994),
35, die aber gleichzeitig darauf hinweist, daß die Zugehörigkeit zur Verwaltung
des Herodes durchaus dazu angetan war, Mißtrauen bei der jüdischen Bevölkerung
zu erregen, vergleichbar etwa den Zöllnern. Daher passe Johanna gut in die Reihe
der marginalisierten Personen, die Jesus unterstützten. Jedoch scheint mir hier weniger die Kategorie der »Marginalisierten«, als vielmehr der Aspekt der Status-
inkonsistenz (Meeks, Urchristentum [1993], 155-157 u. ö.) angemessen.

93   Rengstorf, Lk (¹⁴1969), 105.

94   Dies wird von Klostermann, Lk (1929), 96 erwogen, aber für unsicher befunden.
Moltmann-Wendel, Mensch (⁷1991), 138 spricht von der Tendenz christlicher Theo-
logen, Johanna zur Witwe zu erklären, um den Skandal, daß eine Frau ihre Familie verläßt, abzumildern. Leider gibt sie nur einen einzigen Beleg für ihre Behauptung an: Gerhard Eis, der in einem Werk über Namenspatrone die Witwenschaft
Johannas allerdings nur als eine von zwei Möglichkeiten ansieht. Heine, Frauen
(1986), 69 mit A. 196 findet o. g. Tendenz vor allem in Predigten verwirklicht. In
wissenschaftlichen Kommentierungen der Stelle sind weder ihr noch mir weitere
Belege begegnet.

95   Rengstorf, Lk (¹⁴1969), 105 wendet sich gegen Spekulationen, Johanna sei aus dem
Harem des Chuzas entflohen. Augsten, Stellung (1970), 9 rechnet damit, daß sich
Johanna mit dem Einverständnis ihres Mannes bei Jesus befunden habe.

96   Vgl. Lk 2,36; 7,12; 21,2; Apg 9,39.

97   Davon gehen z. B. Fitzmyer, Lk (1981), 696 und Nolland, Lk (1989), 366 aus. Für
Moltmann-Wendel, Mensch (⁷1991), 143 ist Johanna eine Frau, »die radikal ernst
macht mit der Jesusnachfolge.« 145 dagegen behauptet sie, daß für Lk keine
Frauen zu den Jesusjüngern gehören.

98   Vgl. Mayer, Frau (1987), 39. In seiner Liste der häufigsten Namen 41-42 ist Susanna nicht aufgeführt. Ilan: JJS 40 (1989), 199 nennt einen Beleg außer Lk 8,3.

und im Fall der Maria in 8,2b durch eine weitere Bemerkung nochmals hervorgehoben wird.

Insgesamt läßt sich sagen, daß die Frauen auf drei verschiedene Weisen identifiziert werden: Einfach mit ihrem Namen (Susanna), über ihren Herkunftsort (Maria) sowie über ihren Ehemann (Johanna). Dies entspricht der Art und Weise, wie im Lk-Ev und der Apg Frauen auch an anderen Stellen näher gekennzeichnet werden. Hier lassen sich folgende Identifikationsweisen beobachten:

• Einfache Namensnennung: *Marta* (10,38); *Damaris* (Apg 17,34); *Berenike* (Apg 25,13).

• Definition über ein männliches Familienmitglied: *Elisabet*, die Frau des Zacharias (1,5), von der zusätzlich die Abkunft aus dem Geschlecht Aarons angegeben wird; *Maria*, die Verlobte des Josef bzw. Mutter Jesu (1,27; 8,19-20 und Apg 1,14); *Hanna*, die Tochter Penuëls (2,36), die aber zuerst über ihren Status als Prophetin definiert wird und von der zusätzlich ihre Abkunft aus dem Stamm Ascher angegeben wird; *Herodias*, die Frau des Bruders des Herodes (3,19); die *Schwiegermutter* des Petrus (4,38); die *Witwe* von Nain (7,12); die *Tochter* des Jaïrus (8,42); die arme *Witwe* (21,2); *Maria*, die Mutter des Jakobus (24,10); *Saphira*, die Frau des Hananias (Apg 5,1); *Maria*, die Mutter des Johannes Markus (Apg 12,12); *Priszilla*, die Frau des Aquila (Apg 18,2); die prophetischen *Töchter* des Philippus (Apg 21,9), die zusätzlich noch über ihren Status als Prophetinnen gekennzeichnet werden; die *Schwester* des Paulus (Apg 23,16); die Jüdin *Drusilla*, die Frau des Felix (Apg 24,24).

• Definition über ein weibliches Familienmitglied: die *Mutter* der Tochter des Jaïrus (8,51); *Maria*, die Schwester der Marta (10,39).

• Definition über die Abkunft: *Elisabet* aus dem Geschlecht Aarons (1,5), die zusätzlich als Frau des Zacharias bezeichnet wird; *Hanna* aus dem Stamm Ascher (2,36), die zusätzlich als Prophetin, Tochter Penuëls und als Witwe gekennzeichnet wird.

• Definition über Beruf oder Status: die Prophetin *Hanna* (2,36), die zusätzlich über ihren Vater und ihren Stamm definiert wird; die *Sünderin*[99] (7,37); eine *Sklavin*[100] (22,56); die Jüngerin *Tabita* (Apg 9,36); die Sklavin *Rhode* (Apg 12,13); die Purpurhändlerin[101] *Lydia* (Apg 16,14), die außerdem als Gottesfürchtige bezeichnet und von der auch noch der Herkunftsort Thyatira angegeben wird; eine wahrsagende *Sklavin* (Apg 16,16); angesehene *Frauen* von Thessalonich (Apg 17,4); vornehme griechische *Frauen* in Beröa (Apg 17,12); die Zeltmacherin *Priszilla* (Apg 18,3), die zuerst als Frau des Aquila eingeführt wird; vier *Prophetinnen* (Apg 21,9), die aber zuerst als Töchter des Philippus gekennzeichnet werden.

• Definition über den Herkunftsort: *Lydia* aus Thyatira (Apg 16,14), die zusätzlich über ihren Beruf und als Gottesfürchtige charakterisiert wird.

• Definition über die Krankengeschichte: die *blutflüssige Frau* (8,43); die *gekrümmte Frau* (13,11).

---

99   Hinter dieser Bezeichnung verbirgt sich der Beruf einer Prostituierten, vgl. z. B. *Schottroff: Befreiungserfahrungen (1990), 319-323; Schottroff: Bail / Jost (Hgg.), Gott an den Rändern (1996), 100-101;* gegen *Melzer-Keller, Jesus (1997), 219-220.*

100   Hierbei wird die Bezeichnung Sklavin als ökonomische, nicht als familienrechtliche Kategorie verstanden.

101   Das ist die Berufsbezeichnung in den gängigen Übersetzungen und Kommentierungen. Zu einer präziseren sozialgeschichtlichen Einordnung vgl. *Schottroff: Befreiungserfahrungen (1990), 305-309; Richter Reimer, Frauen (1992), 123-137; Dies.: KFB (1998), 551f.*

• Ohne nähere Spezifizierung bleiben die *Frau aus dem Volk* (11,27) und die *klagenden Frauen* (23,27).

Zwar ist es zutreffend, daß der Großteil der Identifikationen über ein männliches Familienmitglied funktioniert. Doch muß dabei berücksichtigt werden, daß auch Männer auf diese Weise gekennzeichnet werden[102], wenn auch viel seltener:

> Beispielsweise werden *Jakobus* und *Johannes* in Lk 5,10 über ihren Vater Zebedäus identifiziert, und in der Zwölferliste 6,14-16 werden *Jakobus* und *Judas* über ihre Väter und *Andreas* über seinen Bruder definiert. Meist aber erfolgt die Identifizierung der Männer durch Namensnennung allein (*Simeon* 2,25; *Simon* 5,1, der außerdem noch als Fischer in Erscheinung tritt; *Kleopas* 24,18; *Hananias* Apg 5,1), über die Abkunft (*Josef* aus dem Hause Davids 1,26), über die Herkunft (*Joseph* von Arimathäa Lk 23,51; der Jude *Aquila* aus Pontus Apg 18,2), oder aber über den Beruf oder den Status (der Priester *Zacharias* 1,5; der Zöllner *Levi* 5,27; der Pharisäer *Simon* 7,36; der Synagogenvorsteher *Jaïrus* 8,40; der Zauberer *Simon* Apg 8,9; der Hauptmann *Kornelius* Apg 10,1).

Auch wenn hier nicht alle Erwähnungen von Männern aufgeführt werden können, zeigt sich doch, daß die Ableitung von einem männlichen Familienmitglied viel seltener als bei Frauen, diejenige über den Status oder den Beruf hingegen viel häufiger als bei Frauen ist. Die Identifizierung über ein weibliches Familienmitglied kommt nur beim Sohn der Schwester des Paulus vor, wobei hier zuerst der Bezug zu Paulus maßgeblich sein dürfte. Eine gewisse Rolle spielt die Definition über die Mutter auch bei Timotheus (Apg 16,1; vgl. auch 2 Tim 1,5), für dessen weitere Geschichte es wichtig zu wissen ist, daß er der Sohn einer gläubig gewordenen Jüdin und eines Griechen ist.[103]

Das lk Doppelwerk bewegt sich mit dieser Kennzeichnung seiner Figuren im Rahmen der antiken Gepflogenheiten, die sich so nicht nur im jüdischen, sondern auch im griechisch-römischen Bereich nachweisen lassen.[104] In 8,1-3 werden Frauen aus verschiedenen Kontexten und von unterschiedli-

---

102 Nach *Theißen, Lokalkolorit (1989), 187.191f* geschieht die Identifizierung in der Antike sowohl im jüdischen, als auch im hellenistisch-römischen Bereich in der Regel über den Vater; dies zeigen z. B. die Namensgebungen im *Bellum Iudaicum* des *Flavius Josephus*. Vgl. schon *Köhler: ZAW 40 (1922), 22-25* für Namensformen der hebräischen Bibel, sowie *Rahmani, Catalogue (1994), 15*, der Ossuarinschriften ausgewertet hat.

103 Zum Phänomen, daß Männer über ihre Mütter gekennzeichnet werden, vgl. *Köhler: ZAW 40 (1922), 24*, der für den gesamten Oktateuch aber nur drei Belege aufführt, sowie *Ilan: NT 34 (1992), 23-45; Dies., Women (1995), 55-56. Hachlili: BASOR 235 (1979), 35.53-55* weist auf den seltenen Fall einer Ossuarinschrift hin, auf der eine Frau über ihren Vater identifiziert wird, daß aber darüber hinaus noch auf dessen Mutter, also die Großmutter der Familie, Bezug genommen wird. *Bagatti / Milik, Scavi (1958), 99 n. 41* publizieren eine Ossuarinschrift aus dem Gebiet von Dominus Flevit auf dem Ölberg, die einen Vater über seine Tochter identifiziert. Die bei *Rahmani, Catalogue (1994)* angegebenen Beispiele von Söhnen, die über ihre Mütter definiert werden, beziehen sich auf Kinder, die zusammen mit ihren Müttern bestattet wurden.

104 Vgl. wieder *Theißen, Lokalkolorit (1989), 187-192*.

cher Herkunft genannt, die sie aber hinter sich gelassen haben und sich nun gemeinsam in der Nachfolge Jesu befinden. Auch dies ist ein Beschreibungselement, das in die Kategorie der Wanderradikalen paßt.

(e) ...αἵτινες διηκόνουν αὐτοῖς ἐκ τῶν ὑπαρχόντων αὐταῖς

Das Tun der zuletzt genannten *vielen* Frauen (ἕτεραι πολλαί) wird mit Hilfe der beiden Termini διακονεῖν und τὰ ὑπάρχοντα umschrieben, deren genaue semantische Füllung umstritten ist und daher einigen Interpretationsspielraum läßt. Ein Überblick über Kommentierungen dieser Stelle in diesem Jahrhundert zeigt aber, daß dieser Spielraum meist aufgrund gesellschaftlich vorgeprägter Rollenerwartungen an Frauen gefüllt wurde. Dabei soll es nicht darum gehen, einzelne Positionen oder Personen zu »demontieren«. Sondern durch den Überblick sollen gewisse Mechanismen und Automatismen von Auslegungstypen aufgezeigt werden, wobei natürlich die Zeitbedingtheit der Aussagen in Rechnung zu stellen ist.

Frauenbilder und Exegese. Ein Blick in die Literatur

Ein weit verbreitetes Interpretationsmodell ist das der täglichen Versorgung und insbesondere der Versorgung mit Nahrung. So übersetzt *Rengstorf*: »... die aus ihrem Vermögen für ihre Nahrung sorgten.«[105] Auch im folgenden geht er davon aus, daß die Frauen aus Dankbarkeit für die erfahrene Heilung Jesus und die Zwölf versorgen. Dabei räumt er ein, daß sich kaum sagen läßt, wie man sich dies vorzustellen habe; denn Wandernde hätten ohnehin unter dem Armenrecht gestanden und hätten mit einer bescheidenen Versorgung rechnen dürfen. Auch nach *Blank* ist es so, daß die Frauen »gegenüber Jesus und seinen Jüngern wohl auch die Aufgabe der täglichen Versorgung übernommen hatten«[106], und ähnlich *Wiefel*, der das διακονεῖν als »mit Speise versorgen«[107] übersetzt. *Bovon* konkretisiert das διακονεῖν im Blick auf Frauen als »Gastfreundschaft und Führung des Haushalts«[108]; es meine mehr als die finanzielle Unterstützung. »Der lukanische Gebrauch ist so konsequent, daß man sich das ›Dienen‹ bildlich vor Augen führen muß: Diese Frauen sind für die Versorgung der Gemeinschaft Jesu verantwortlich und schöpfen für die Einkäufe aus ihrem eigenen Vermögen. Dienstbereitschaft und Großzügigkeit sind also vorhanden.«[109]

---

105   *Rengstorf, Lk (¹⁴1969), 104.* Vgl. schon *Weiss, Lk (1901),* 398: »Versorgung mit Lebensmitteln und anderen Bedürfnissen«, oder *Lagrange, Lk (⁴1927),* 235: »peut-être en fournissant des habits, en préparant des aliments«.

106   *Blank: QD 95 (1983),* 53. Seine Vorstellung der täglichen Versorgung wird von *Heine, Frauen (1986),* 69 kommentiert. Allerdings hätte *Heine* neben und vor *Blank* noch viele weitere Beispiele heranziehen können, wie diese Übersicht hier zeigt.

107   *Wiefel, Lk (1987), 158.*

108   *Bovon, Lk I (1989), 400.*

109   *Bovon, Lk I (1989), 400.*

Daß diese Vorstellung nicht auf männliche Exegeten beschränkt ist, zeigt das Votum von *Jane E. Via*, die von der Grundbedeutung des Verbs διακο-νεῖν ausgeht: »As in the story of the healing of Peter's mother-in-law, the implied meaning of the verb is the ordinary meaning of the greek verb: the women who travelled with Jesus bought food with their own resources which they prepared for Jesus, themselves and probably anyone else who was along to eat.«[110]

Unterschiedlich ist dabei jedoch die Art und Weise, wie diese tägliche Versorgung mit Nahrung beurteilt wird. Ist sie für *Via* Ausdruck der wichtigen »discipular role«[111], die die Frauen ausübten, so sieht *Bovon* in der Festlegung der Frauen auf die Diakonie eine Beschränkung, die späterer kirchlicher Tendenz, nicht jedoch der Absicht Jesu entspreche.[112]

Eine umfassendere Versorgung hat *Horn* im Blick: διηκόνουν αὐτοῖς ἐκ τῶν ὑπαρχόντων meine mehr als Tischdienst, sondern »bezeichnet umfassend Fürsorge aus dem persönlichen Besitz (vgl. Röm 15,25)«.[113] Dieser Aspekt der finanziellen Unterstützung, der hier zum Ausdruck kommt, steht auch für eine weitere Gruppe von ExegetInnen im Vordergrund. So übersetzt *Klostermann* den Satz » ... die für ihren Unterhalt sorgten aus ihrem Vermögen«[114], geht aber in seinen Erläuterungen nicht mehr darauf ein. Auch *Zahn*[115], *Plummer*[116], *Hengel*[117], *Augsten*[118], *Tetlow*[119], *Fitzmyer*[120], *Sim*[121], *Petzke*[122], *Weiser*[123], *Schaberg*[124], *Corley*[125], *Ernst*[126] und *Melzer-Keller*[127] interpretieren das Tun der Frauen als materielle Unterstützung, wobei die Beurteilung, die diese lk Konzeption erfährt, wiederum sehr verschieden ausfällt. Sieht *Horn* hier die redaktionelle Absicht gegeben, »wohltätiges Verhalten nach Berufung / Heilung als Frucht der Umkehr darzustellen«[128], so wird Lk vor allem von feministisch arbeitenden Exegetinnen scharf kritisiert. Nach

---

110   *Via: SLJT 29 (1985), 38.*
111   *Via: SLJT 29 (1985), 38.*
112   *Bovon, Lk I (1989), 398.*
113   *Horn, Glaube (1983), 117.*
114   *Klostermann, Lk (1929), 96.*
115   *Zahn, Lk (⁴1920), 337-339.*
116   *Plummer, Lk (⁴1901), 215f.*
117   *Hengel: FS Michel (1963), 244.246.*
118   *Augsten, Stellung (1970), 9.*
119   *Tetlow, Women (1980), 103.*
120   *Fitzmyer, Lk (1981), 698.*
121   *Sim: HeyJ 30 (1989), 52.*
122   *Petzke, Sondergut (1990), 101f.*
123   *Weiser: Studien (1990), 300.*
124   *Schaberg: Commentary (1992), 287.*
125   *Corley, Women (1993), 111.*
126   *Ernst, Lk (⁶1993), 202.*
127   *Melzer-Keller, Jesus (1997), 201.*
128   *Horn, Glaube (1983), 117.*

Tetlow manifestiert sich hier die Tendenz des Lk, den Dienst der Frauen auf finanzielle Unterstützung zu *beschränken* und keine Frauen darzustellen, die einen Dienst der Verkündigung ausübten.[129] *Schüssler Fiorenza*[130], *Moltmann-Wendel*[131], *Schüngel-Straumann*[132] und *Schaberg*[133] kritisieren an Lk, daß er mit dieser Charakterisierung die Frauen gerade *nicht* als Jüngerinnen kennzeichne. Denn diese müßten nach 18,22; 14,33 alles verkaufen, wohingegen die Frauen noch im Besitz ihres Vermögens seien. Die Frauen würden gezeigt als den Armen (= Jesus und den Jüngern) helfend, aber als Patroninnen von außen.[134] So unterstützten die Frauen ein non-egalitäres System, das sie unterwerfe und ausbeute; denn Lk zeichne ein Bild von Kirche, die von Frauen unterstützt und von Männern geleitet werde.[135]

Was die Frauen tun, wird zum Teil in einen wesensmäßigen Bezug zu ihrem Frausein gebracht. So schreibt *Schneider* in seinem Kommentar: »Sie haben den der Frau entsprechenden Dienst gegenüber Jesus und den Aposteln geübt.«[136] Häufig werden Verbindungslinien zu wohlhabenden Frauen in den lk Gemeinden gezogen, denen über das Summarium 8,2-3 ein vorbildliches Verhalten vor Augen geführt werden sollte. So weist *Schürmann* auf die Frauen in den Synagogengemeinschaften des hellenistischen Judentums hin. Ebenso hätten vornehme gottesfürchtige Frauen in den entstehenden Christengemeinden eine nicht geringe Rolle gespielt.[137] »Alle in der ›Gemeindehilfe‹ stehenden Frauen bekommen hier nun ihre Einweisung: Sie sollen sich angenommen, aber auch in ihrem Dienst ermutigt wissen vom Herrn.«[138] *Schneider* unterstreicht ebenfalls die Vorbildfunktion der Frauen für die eigene Zeit, wobei er sich nur auf die drei namentlich genannten Frauen bezieht und die große Gruppe von anonymen Frauen in seiner Auslegung unerwähnt läßt.[139] Auch *Schweizer* denkt an spezielle »Frauendienste in den ihm [= Lk, S. B.] bekannten Gemeinden«[140]. Inhaltlich füllt *Schweizer* diese Dienste nicht: »Es ließe sich an die Bereitstellung von Essen und Nachtquartier denken; nur ist das auf der Wanderschaft schwer vorstellbar, da sie offenbar mitziehen. Geld und Vorräte konnten Frauen damals wohl kaum mit sich nehmen.«[141] Auch *Horn* sieht hier einen Appell an die lk Gemeindefrauen gegeben: »Das Bei-

129 Vgl. *Tetlow, Women (1980), 103.*
130 *Schüssler Fiorenza: Traditionen 2 (1980), 70-72.*
131 *Moltmann-Wendel, Mensch (1991), 145.*
132 *Schüngel-Straumann: Bader (Hg.), Maria Magdalena (1990), 25.*
133 *Schaberg: Commentary (1982), 287.*
134 Vgl. *Schaberg: Commentary (1992), 287.*
135 Vgl. *Schaberg: Commentary (1992), 287-288.*
136 *Schneider, Lk (1977), 181.*
137 Hierin folgt ihm *Blank: QD 95 (1983), 53.*
138 *Schürmann, Lk I (1969), 447.*
139 Vgl. *Schneider, Lk 81977), 180f.*
140 *Schweizer, Lk (1982), 93.*
141 *Schweizer, Lk (1982), 93.*

spiel der Begleiterinnen Jesu mahnt vermögende Frauen der lk Gemeinde,
den Besitz ihrerseits entsprechend für den innergemeindlichen Dienst zu verwenden, darin die vergangene Zeit Anspruch und Anfrage an die Gegenwart
sein zu lassen«[142]. *Bovon* sieht hier ein doppeltes Wirken dokumentiert:
»Durch die Männer verbreitete sie [= die Urkirche, S. B.] die Botschaft nach
außen, durch das ›Dienen‹ der Frauen wurde die Gemeinde nach innen gefe-
stigt.«[143] Auch *Demel* sieht die Vorbildfunktion für die Frauen in der Gemeinde des Lk, doch bezieht sie dies nicht auf wohltätiges Verhalten, sondern
darauf, »daß Nachfolge nicht nur Männersache ist«[144]. *Ernst* schließlich sieht
in dem Satz einen »Hinweis auf bestimmte Formen und Ordnungen des Ge-
meindelebens«[145], in dem das beispielhafte diakonische Wirken gottesfürchti-
ger Frauen von frühester Zeit an deutlich werde.

Eine gewisse Sonderstellung nimmt in dieser Gruppe *Schmithals* ein, der
die Zeit des Lk als Verfolgungssituation charakterisiert. Entsprechend interpretiert er den Appell, der in dem Text zum Ausdruck komme. Denn von der
Verfolgung seien insbesondere die wohlhabenden Griechinnen ausgenommen
gewesen, denen deshalb die Aufgabe zugefallen sei, »mit ihrem Vermögen
für den Unterhalt der Gemeinde und der mit Konfiskation ihres Vermögens
bestraften Bekenner«[146] zu sorgen.

Einen eigenen Teil der Diskussion um den Bezug zur lk Gemeinde bildet
die Frage, ob sich in der Beschreibung der Frauen ein urchristliches Diakonin-
nenamt spiegle. Während sich *Rengstorf* dagegen verwahrt, hier »ein urchristliches Diakonissen-Institut (vgl. Röm. 16,1) schon in Jesu Umgebung vorge-
bildet sein zu lassen«[147], sehen *Hengel*[148] und *Horn* hingegen sehr wohl »im
Dienst der Frauen das spätere Diakonenamt (Apg 6,1ff) vorgezeichnet«[149].
Hier ist auch *Talbert* einzuordnen. Nach seiner Interpretation dienen die Frau-
en auf die gleiche Weise wie die Männer in Apg 6,2. Dies sei in den Rahmen
frühchristlicher Traditionen einzuordnen, denen zufolge Männer und Frauen
an leitenden Funktionen in den Gemeinden beteiligt waren. Diese (neuen)
Frauenrollen negierten aber nicht die traditionelle gesellschaftliche Frauenrolle
insgesamt. Dennoch sei festzuhalten, daß Lk eine große Bandbreite von Frauenrollen anbiete.[150]

---

142 *Horn, Glaube (1983), 117.* Ihm schließt sich *Melzer-Keller, Jesus (1997), 211* an.
143 *Bovon, Lk I (1989), 397-398.*
144 *Demel: BN 57 (1991), 69.*
145 *Ernst, Lk ([6]1993), 202.*
146 *Schmithals, Lk (1980), 101.* Ein Blick in ApostelInnenakten oder MärtyrInnenbe-
      richte hätte *Schmithals* allerdings schnell eines besseren belehren können. Es folgt
      dann ein Ausfall gegen »Emanzipationspsychose«, dessen Heftigkeit die Leserin
      mit einiger Verwunderung zurückläßt.
147 *Rengstorf, Lk ([14]1969), 105.*
148 *Hengel: FS Michel (1963), 248* (»vielleicht«).
149 *Horn, Glaube (1983), 117.*
150 *Talbert, Reading Luke (1992), 91-92.*

Eine große Offenheit in der Interpretation, die zu einer sehr positiven inhaltlichen Füllung einlädt, zeigt *Schmid*. Er zieht eine Verbindung zum Evangelium und zum Willen Jesu, wenn er schreibt, die Frauen »verwenden ihr Vermögen im Dienste des Evangeliums in der von Jesus gewollten Weise (vgl. 16,9).«[151] Vielleicht ist eine solche positive inhaltliche Füllung bei *Bovon* gegeben, wenn er die Verbindung zur Gütergemeinschaft zur Apg aufzeigt: »Wie in der Apostelgeschichte ist keine juristische Gütergemeinschaft vorausgesetzt, wohl aber die charismatische Verfügbarkeit des Besitzes.«[152]

. Ob die Frauen in alledem als Jüngerinnen anzusehen sind und ihr Tun als Nachfolge, wird dabei kontrovers beurteilt. Auf das negative Urteil der feministischen Autorinnen wurde bereits hingewiesen, und auch *Rengstorf* betonte, daß die Bezeichnung »Jüngerin« gewiß mit Absicht vermieden sei[153]. Dagegen spricht *Kirchschläger* andeutend von einer »Grundhaltung« des Dienens, die eher eine Grunddimension des Lebens sei als ganz bestimmte Dienste meine. Diese Grundhaltung trete in eine gewisse Nähe zu Nachfolgenotizen. Sie könne sich dann aber jeweils unterschiedlich konkretisiert haben, wobei daraus keine Wertung abgeleitet werden dürfe.[154] Ein wenig deutlicher ist *Blank*, wenn er schreibt, »daß Frauen zur festen Begleitung Jesu gehört hatten«, und resümiert: »Daß sie [= die Frauen, S. B.] an der ›Nachfolge‹ beteiligt waren - weniger an der Predigt -, ist anzunehmen«.[155] *Wiefel* schließlich bezeichnet in seiner Auslegung das Tun der Frauen insgesamt als Nachfolge und die Frauen selbst als Jüngerinnen. Er interpretiert sie dann allerdings in Analogie zu den jüdischen Frauen, die sich Festpilgerzügen anschlossen. Mit seiner Interpretation des Tuns der Frauen als »Nachfolge« steht *Wiefel* hingegen in der Linie einer ganzen Reihe von ExegetInnen wie z. B. *Hengel*[156], *Lohfink*[157] und *Horn*[158] oder nach ihm *Demel*[159], und auch die Bezeichnung »Jüngerinnen« findet sich bei einigen AutorInnen, z. B. *Schmid*[160], *Withering-*

---

151 *Schmid, Lk (⁴1960), 157.*
152 *Bovon, Lk I (1989), 400.*
153 Vgl. *Rengstorf, Lk (1969), 105.*
154 Vgl. *Kirchschläger: Ruckstuhl, Jesus (1996), 128.*
155 Beide Zitate *Blank: QD 95 (1983), 53.*
156 *Hengel: FS Michel (1963), 247*: »Frauen in der Nachfolge Jesu«.
157 *Lohfink, Sammlung (1975), 67.*
158 Vgl. die Überschrift bei *Horn, Glaube (1983), 117*: »Die nachfolgenden Frauen«.
159 *Demel: BN 57 (1991), 69.*
160 *Schmid, Lk (⁴1960), 156.*

ton[161], *Karris*[162], *Ricci*[163], *Diefenbach*[164] und *Melzer-Keller*[165], wobei bisweilen die Abwandlungen dieser Bezeichnungen wie »Frauen im Gefolge Jesu«[166] oder auch die Verwendung des Wortes »Nachfolge«[167] in Anführungs- und Schlußzeichen verräterisch sein mag. Ob diese »Nachfolge« in der Sicht des Lk auch Verkündigungsdienste umfaßt hat, wird - neben den bereits genannten *Tetlow* und *Schaberg* - negativ beantwortet z. B. von *Zahn*[168], *Rengstorf*[169] und *Blank*[170], positiv hingegen beispielsweise von *Schottroff*[171], *Demel*[172] und *Karris*[173].

Neben gewissen wiederkehrenden Auslegungsmustern sind in diesem Überblick auch die »springenden Punkte« der kontroversen Diskussion um die Beurteilung der lk Darstellung der galiläischen Frauen deutlich geworden: Ist ihr Tun ein »typischer Frauendienst«, mit dem Lk die Frauen in enge vorgegebene Rollenmuster verweist? Oder kommt in dem Tun noch etwas anderes zum Ausdruck, was auch im Sinne des Lk als Nachfolge zu verstehen ist? Sind die Frauen reiche Patroninnen, die aber bewußt nicht als Jüngerinnen gezeichnet sind? Oder sind sie auch in der Sicht des Lk Jüngerinnen Jesu? Oder sind die Alternativen ganz anders zu formulieren? Zur Beantwortung dieser Fragen soll zunächst das Verb διακονεῖν in seinem Bedeutungsspektrum erfaßt und in der lk Verwendung genauer situiert werden, bevor die Konsequenzen der Kombination mit dem Ausdruck ὑπάρχοντα aufgezeigt werden sollen.

διακονεῖν - *Dienen, Arbeiten, Nachfolgen?*

Διακονεῖν bezeichnet im Profangriechischen das Dienen im Sinne von Tischdienst, bei Tisch aufwarten. In diesem Sinne ist es mindestens seit Herodot belegt, begegnet insgesamt aber eher selten. In einem etwas weiteren Sinne

---

161   *Witherington: ZNW 70 (1979), 243-248 passim; Ders., Ministry (1984), 116* (Überschrift; im Text wird hingegen der Begriff »disciples« für die Frauen aus 8,2-3 erst in der Zusammenfassung *124* verwendet); in der Analyse der Rolle der Frauen im Lk-Ev in *Ders., Churches (1988), 128-143* spielen die Frauen aus 8,2-3 hingegen keine Rolle.
162   *Karris, Lk (1990), 697.*
163   *Ricci, Maria di Magdala (1991) passim.*
164   *Diefenbach, Komposition (1993), 83.*
165   *Melzer-Keller, Jesus (1997), 202 u.ö.:* »perfekte Jüngerinnen Jesu«.
166   *Horn, Glaube (1983), 117.*
167   *Schweizer, Lk (1982), 242.*
168   *Zahn, Lk (⁴1920), 337.*
169   *Rengstorf, Lk (1969), 105.*
170   *Blank: QD 95 (1983), 53.*
171   *Schottroff: Traditionen 2 (1980), 102; Dies.: Schäfer / Strohm (Hgg.), Diakonie (1990), 238; Dies.: Exegese (1995), 182 u. ö.,* die allerdings weniger auf der Ebene des Lk, als auf der Ebene der Jesusbewegung argumentiert.
172   *Demel: BN 57 (1991), 72,* allerdings mit einem bleibenden Fragezeichen.
173   *Karris: CBQ 56 (1994), 9* mit seiner Übersetzung: »women who used their resources in going on mission for him.«

heißt es: für den Lebensunterhalt sorgen[174], und schließlich meint es den Dienst im allgemeinen und umfassenden Sinn. Gegenüber anderen, bedeutungsverwandten Wörtern bezeichnet es am ehesten »die ganz persönlich einem anderen erwiesene Dienstleistung«[175]. Jedes Dienen gilt als verachtete Tätigkeit und eines freien Mannes nicht würdig und markiert daher eine gesellschaftliche Grenze[176] - wenn es nicht im übertragenen Sinne als Dienst für den Staat gesehen wird[177].

Dieses Bedeutungsspektrum findet sich auch bei Philo (VitCont 70.75) und Flavius Josephus. Letzterer verwendet das Verb für den Tischdienst Nehemias vor dem König Xerxes (Ant XI 5,6 § 163)[178], für die nächtlichen sexuellen »Dienste« einer Frau am vermeintlichen Gott Anubis im Tempel (Ant XVIII 3,4 § 74), für das Befolgen eines Befehls des Königs (Ant IX 2,1 § 25) oder auch für Priesterdienste (Ant VII 14,7 § 365). Dagegen kommt das Verb in der LXX überhaupt nicht vor.[179]

Im NT lassen sich Belege für die gesamte Bedeutungspalette finden. Im engeren Sinne des Tischdienstes steht es sicher Lk 12,37 und 17,8. Die Bedeutung der Versorgungsarbeit trägt es in Mk 1,13 par Mt 4,11 oder auch Phlm 13[180]. Meist wird das Dienen der Schwiegermutter des Petrus nach ihrer Heilung ebenfalls in diesem Sinne interpretiert (Mk 1,31 parr).[181] In

---

174 Vgl. *Beyer: ThWNT II (1935), 81,* der es in dieser Bedeutung als Tätigkeit der Frauen einordnet.

175 *Beyer: ThWNT II (1935), 81.*

176 Vgl. *Schottroff: Schäfer / Strohm (Hgg.), Diakonie (1990), 232; Hoffmann: Studien (1994), 149-150 [= QD 66 (³1979), 196-197].*

177 Vgl. *Beyer: ThWNT II (1935), 82.*

178 In diesem Sinne auch XI 5,7 § 188; etwas umfassender wohl XI 6,1 § 166.

179 Darauf macht schon *Beyer: ThWNT II (1935), 82-83* aufmerksam. In der LXX gibt es auch äußerst wenige Belege für die Termini διακονία und διάκονος. Διακονία steht überhaupt nur 1 Makk 11,58 und ist dort ohne hebr. Vorlage. (Est 6,3.5 nur A) Διάκονος hat vier Belege in Est und ist dort die Entsprechung für hebr. המשרתים (1,10) und נער (2,2; 6,3.5). In Prov 10,4 ist es die Übersetzung für חרוצים. Ohne hebr. Vorlage ist es 4 Makk 9,17. Daß es sich bei den Belegen ausnahmslos um Spätschriften des AT handelt, läßt fragen, ob diese Bücher, sofern es überhaupt hebräische Vorlagen gibt, auch später als die übrigen Teile des AT übersetzt wurden und die Wortgruppe erst in dieser späteren Zeit in Gebrauch kam.

180 Phlm 13 ist im Licht jüdischer und frühchristlicher Liebeswerke zu deuten, zu denen auch die Versorgung von Gefangenen im Gefängnis gehörte, vgl. *Schottroff: Schäfer / Strohm (Hgg.), Diakonie (1990), 231.*

181 *Kertelge, Wunder (1970), 62; Schenke, Wundererzählungen (1974), 111f* und, diese weiterführend, *Fander, Stellung (²1990), 32-34* interpretieren dieses Dienen dagegen als Nachfolgebegriff, ebenso bereits *Schottroff: EvTh 42 (1982), 10-12* und *Schüssler Fiorenza, Gedächtnis (1988), 390,* die von *Fander* zu diesem Punkt nicht erwähnt werden, sowie *Schottroff: Schäfer / Strohm (Hgg.), Diakonie (1990), 237f* und jetzt auch *Melzer-Keller, Jesus (1997), 18-21.* Zu *Kertelge* ist allerdings differenzierend hinzuzufügen, daß er *Schweizer, Mk (1967), 28* aufgreift, der das Dienen »als die spezifische Form der Nachfolge der Frau (15,41; Lk 8,3 [...])« bezeichnet. Letzteres wird z. B. von *Schenke* abgelehnt.

einem umfassenden Sinn ist es in Mk 10,45 par zu verstehen. Hier wird gleichzeitig deutlich, daß dieses Dienen »ein vorbildliches Verhalten für die Jesusjünger - in Nachahmung des Verhaltens Jesu - kennzeichnet, also durchaus positiv im Zusammenhang der Nachfolge konnotiert ist.«[182] Es ist als »ein programmatischer Begriff für die Lebensgestaltung von christlichen Frauen und Männern«[183] zu verstehen. Ein interessantes Licht auf die inhaltliche Füllung des Dienens wirft Mt 25,44: Hier werden alle Tätigkeiten, die den Hungrigen, Durstigen, Fremden, Nackten, Kranken und Gefangenen zugute kommen, als διακονεῖν bezeichnet. Röm 15,25 benennt Paulus seinen Einsatz für die ›Heiligen‹ von Jerusalem im Zusammenhang der Kollekte mit diesem Verb. In diesem Sinne sind auch 2 Kor 3,3; 8,19-20 und Hebr 6,10 zu verstehen. In den ntl. Spätschriften (1 Tim 3,10.13; 2 Tim 1,18; 1 Petr 1,12; 4,10.11) ist bereits mit einer beginnenden Prägung des Begriffs im Sinne des späteren christlichen Diakonen*amtes* zu rechnen.

Dieses Bedeutungsspektrum zeigt aber gleichzeitig die Schwierigkeiten im Umgang mit diesem Begriff. Um die jeweilige inhaltliche Füllung präzise bestimmen zu können, muß genau auf Ko- und Kontext und die Art und Weise der Verwendung des Begriffs geachtet werden. Ebenso dürfen nicht vorschnell Bedeutungsnuancen aus anderen Schriften ins lk Doppelwerk übertragen werden; denn es ist mit spezifischen Prägungen des Begriffs, abhängig von Entstehungszeit und -situation der Schrift, zu rechnen.

Daher ist der Blick zunächst auf das Lk-Ev und die Apg zu beschränken, wobei auch hier gilt, daß die Art und Weise der Verwendung in der Apg nicht unbedingt der des (zeitlich früheren und anders konzipierten) Lk-Evs entspricht. Darüberhinaus ist jede Stelle in ihrem Kontext zu untersuchen und auch die Art und Weise der Näherbestimmung im Satz zu prüfen.

Bei einer ersten Durchsicht der acht Stellen im Lk-Ev fällt auf, daß drei der Belege aufgrund der Näherbestimmungen im Kontext bzw. im Satz sicher als Tischdienst zu verstehen sind[184]. Gemeinsam ist diesen Belegen ferner, daß sie nicht auf der Ebene des Erzählgerüstes anzusiedeln sind, sondern sich in Redepartien befinden: Zwei der Belege finden sich innerhalb von Gleichnissen (12,37; 17,8), einer in der Abschiedsrede Jesu während des Abendmahles (22,27). Aufgeschlüsselt nach ›Subjekt‹ und ›Objekt‹ des Dienens sowie unter Berücksichtigung der im Kontext geleisteten ›Näherbestimmungen‹ ergibt sich folgendes Bild:

---

182   *Stegemann / Stegemann, Sozialgeschichte (1995), 324.*
183   *Schottroff: BiKi 50 (1995), 153.*
184   Hier wäre - aufgrund der Näherbestimmung διακονεῖν τραπέζαις - wohl auch Apg 6,3 anzusiedeln. Zur kontrovers geführten Diskussion über die Bedeutung des »Dienens« an dieser Stelle s. u. S. 134.135 A. 448.

	Subjekt	Objekt / EmpfängerInnen	Näherbestimmungen
12,37	Herr (οἰκοδεσπότης)	den Sklaven	περιζώσεται καὶ ἀνακλινεῖ αὐτοὺς καὶ παρελθὼν διακονήσει αὐτοῖς
17,8	Sklave (δοῦλος)	[dem Herrn / der Herrin]	Ἐτοίμασον τί δειπνήσω καὶ περιζωσάμενος διακόνει μοι ἕως φάγω καὶ πίω
22,27	ὁ διακονῶν	τῷ ἀνακειμένῳ	(τίς γὰρ μείζων ... ;)

In allen drei Beispielen sind die herkömmlichen Herrschaftsverhältnisse vorausgesetzt. Im Gleichnis 17,7-10 geht es um das Bedienen bei Tisch, das als SklavInnenarbeit angesehen wird und dem Herrn oder der Herrin[185] zusteht, und für das die SklavInnen weder Dank noch Rücksicht erwarten können.[186] Empfängerin des Dienens ist eine höhergestellte Einzelperson, zu der die dienende Person in einem Abhängigkeitsverhältnis steht. Die gleichen Strukturen spricht das Bildwort 12,37 an, wenn es - im Rahmen einer eschatologischen Rede - die gesellschaftlich praktizierten Herrschaftsverhältnisse umkehrt, und ähnlich auch 22,27, wenn Jesus in einer Mahlsituation fragt, ob denn als höhergestellt anzusehen ist, wer zu Tische liege, oder wer dort bediene, und dabei als Gegensatzpaar ὁ ἀνακείμενος und ὁ διακονῶν einander gegenüberstellt. Διακονεῖν bedeutet in diesen Beispielen das Bedienen eines nach dem gesellschaftlichen Macht- und Wertesystem Höhergestellten und damit die *abhängige* und niedrige Versorgungsarbeit.[187]

Dieses Dienen wird im letztgenannten Beispiel noch einmal von einer anderen Perspektive aus betrachtet, wenn es in 22,26 als Gegenbegriff zum Tun der Könige, die über Völker herrschen (κυριεύουσιν), und der Machthabenden, die sich Wohltäter nennen lassen (22,25), eingesetzt wird. Die Angesprochenen, nach 22,14 die Apostel, werden aufgefordert, eben *nicht* zu sein wie diese Mächtigen, sondern wie die Jüngsten (ὁ νεώτερος) und die Dienenden (ὁ διακονῶν) zu werden. Das muß in der Opposition zu 22,25 als Aufgeben von Privilegien, als Umkehrung von bestehenden Herrschaftsverhältnissen, ja, als »Überwindung der Herrschaft von Menschen über Menschen«[188] interpretiert werden, und es erhält umso größeres Gewicht, als es Jesus im Kontext seiner Abschiedsrede in den Mund gelegt wird und es sich an die poten-

---

185 Der Herr oder die Herrin sind nicht explizit genannt, sondern die ZuhörerInnen sind als solche angesprochen: Τίς δὲ ἐξ ὑμῶν δοῦλον ἔχων ... (17,7).
186 Vgl. *Hoffmann: BiKi 50 (1995),* 147.
187 Vgl. *Schottroff, Schwestern (1994),* 299 u. ö.
188 *Hoffmann: BiKi 50 (1995),* 146. Zu wenig weit geht m. E. *Seim, Message (1994),* 85, wenn sie betont, daß nicht Rollenumkehrungen propagiert würden, sondern es nur um neue Ideale für die Führenden gehe.

tiell prominenteste Gruppe, die Apostel, richtet. Daß es dabei um einen tatsächlichen Machtverzicht geht, macht ein Vergleich mit Mk 10,43-44 und Mt
20,26-27 deutlich. Während dort diejenigen im Blick sind, die groß *werden*
wollen, setzt die lk Variante ›Große‹ und ›Führende‹[189] voraus: ὁ μείζων ἐν
ὑμῖν γινέσθω ὡς κτλ. 22,26.

Weitergeführt, vertieft und letztlich begründet wird dies, indem sich im
folgenden Jesus selbst mit einem Dienenden vergleicht (ἐγὼ δὲ ἐν μέσῳ
ὑμῶν εἰμι ὡς ὁ διακονῶν 22,27). Nachdem Jesus zunächst die konkrete
Mahlsituation aufgegriffen und nach den hier bestehenden Herrschaftsverhältnissen gefragt hatte (τίς γὰρ μείζων, ὁ ἀνακείμενος ἢ ὁ διακονῶν; οὐχὶ ὁ
ἀνακείμενος; 22,27), stellt er sich selbst inmitten der Apostel auf die Stufe
derjenigen, die beim Mahl den Tischdienst versehen, also auf die Stufe der
SklavInnen und Frauen.

Dadurch erhält das Dienen eine neue inhaltliche Füllung. Zum einen
schwingt etwas von einer grundsätzlichen Verbundenheit mit denen, die tatsächlich am unteren Ende der Machtskala stehen, mit. Zum anderen wird das
Dienen zu einem programmatischen Begriff für die Gemeinschaft derer, die
sich zu Jesus bekennen. Dies wird dadurch unterstützt, daß in der Frage Jesu
22,27 zwar zunächst das *de facto* bestehende persönliche Abhängigkeitsverhältnis zwischen SklavInnen und HerrInnen in Erinnerung gerufen wird, das
Dienen Jesu demgegenüber aber keine neuen Herrschaftsverhältnisse etabliert,
sondern ἐν μέσῳ ὑμῶν stattfindet. Dies bedeutet einen grundsätzlichen Herrschaftsverzicht Jesu, der aber nicht neuen HerrInnen zur Macht verhilft, sondern eine neue Gemeinschaft von Gleichgestellten ermöglicht und alle in einen
»neuen und gerechten Umgang mit der Macht einbezieht.«[190]

Positiv füllen läßt sich dies, wenn wir uns die oben festgestellte besondere Konnotation des διακονεῖν in Erinnerung rufen: der *persönlich* einem anderen geleistete Dienst. Dies läßt sich nun umgekehrt formulieren und dahingehend verstehen, daß die Bedürfnisse dieser anderen in den Mittelpunkt gestellt werden und das eigene Handeln von diesen geleitet wird.[191] Werden nun
noch die Aspekte des Tischdienstes, also die Versorgung mit den Lebensgü-
tern, und die Neubewertung des Dienstes ἐν μέσῳ ὑμῶν einbezogen, läßt sich
dieses Dienen in dem Sinn verstehen, daß die Kräfte eingesetzt werden, ein
gutes Leben *aller* zu ermöglichen.

Hier stellt sich nun die Frage, ob diese umfassende Umwertung des Dienens als Verstehenshintergrund für die verbleibenden Texte herangezogen
werden kann. Schlüsselt man die bislang nicht besprochenen drei Belege für

---

189 Vgl. die Bezeichnung von GemeindevorsteherInnen als ἡγούμενοι Hebr 13,7.17.
     24; 1 Klem 1,3.
190 *Schottroff: Schäfer / Strohm (Hgg.), Diakonie (1990),* 224. In diesem Sinne auch
     Hoffmann: Studien (1994), 153 [= QD 66 (³1979), 200].
191 Vgl. *Hoffmann: Studien (1994),* 152 [= QD 66 (³1979), 199].

das Verb διακονεῖν nach den oben genannten Kriterien auf, ergibt sich folgendes Bild:

	Subjekt	Objekt / EmpfängerInnen	Näherbestimmungen
4,39	Schwiegermutter des Petrus	αὐτοῖς	(ohne Näherbestimmung)
8,3	viele Frauen	αὐτοῖς	ἐκ τῶν ὑπαρχόντων αὐταῖς
10,40	Ich (Marta)	[Jesus und Maria]	μόνην με κατέλιπεν διακονεῖν

Subjekt des Dienens ist in allen drei Fällen eine Frau bzw. mehrere Frauen: Die Schwiegermutter des Petrus steht nach ihrer Heilung auf und ›dient‹ den Anwesenden (4,39). Die galiläischen Frauen ›dienen‹ der Gruppe ἐκ τῶν ὑπαρχόντων αὐταῖς (8,3), und Marta bezeichnet ihre Arbeit für die beiden anderen als διακονεῖν (10,40). Begünstigte des Dienens ist aber an keiner der drei Stellen eine höhergestellte Einzelperson, sondern jeweils eine Gruppe, wobei diese in 10,40 nach der Spielanlage der Erzählung nur aus Maria und Jesus besteht. Auch steht keine der Frauen in einem persönlichen Abhängigkeitsverhältnis zu den Bedienten. Diese Faktoren würden also eine Verbindung zur Neudefinition des Dienens Lk 22,26-27 gestatten.

Von diesen Stellen sind Lk 4,39 und 8,3 auf der Ebene des Erzählgerüsts des Buches anzusiedeln. Dies gilt insofern auch für 10,40, als sich das Verb διακονεῖν zur Beschreibung des Tuns der Marta zwar in einer wörtlichen Rede befindet, daß dieses Tun jedoch im selben Vers auf der Erzählebene mit Hilfe des Nomens διακονία zusammengefaßt wird: ἡ δὲ Μάρθα περιεσπᾶτο περὶ πολλὴν διακονίαν. Das heißt, daß das tatsächliche Dienen im Lk-Ev ausschließlich über Frauen ausgesagt wird, was zunächst als bemerkenswerte Beobachtung festzuhalten ist.[192]

Im Unterschied zu den oben besprochenen Stellen aber ist die genaue inhaltliche Füllung dieses Dienens gerade in diesen drei Beispielen schwierig. Denn sie sind weder durch den Kontext noch durch Ergänzungen im Satz auf eindeutige Weise näher bestimmt:

Am ehesten ist noch das Dienen der Marta Lk 10,40 aufgrund der vorausgesetzten Situation genauer zu fassen als die Arbeit, die zur Versorgung eines Gastes nötig ist[193]. Diese Arbeit, schon durch den Zusatz πολλή proble-

---

192 Das ist allerdings auch im Mk-Ev so, vgl. *Fander, Stellung* (²1990), 33. Ebenfalls festzuhalten ist an dieser Stelle die Frage, ob darin die »Vorbildlichkeit« von Frauen zum Ausdruck kommt, oder die Hoffnung, daß die Frauen die bestehenden Verhältnisse tatsächlich umkehren - oder einfach die Festschreibung von inferioren Frauenrollen.

193 Vgl. *Schottroff: Traditionen 2 (1980), 121 u. ö.; Schottroff: Schäfer / Strohm (Hgg.), Diakonie (1990), 227.* Aufgrund der negativen Bewertung, die das Dienen hier

matisiert, die Marta *alleine* leisten muß und von der sie völlig in Beschlag genommen ist[194], steht zur Diskussion und wird zum Gegenstand eines Kon-
fliktes.

Das διηκόνει αὐτοῖς, das in Lk 4,39 von der Schwiegermutter des Petrus ausgesagt wird, ist als wörtliche Übernahme der Mk-Vorlage anzusehen
(vgl. Mk 1,31). Für die mk Vorlage mag es sich von Mk 9,35; 10,43-45 sowie 15,41 her begründen lassen, das ›Dienen‹ der Frau als Nachfolgenotiz zu
verstehen.[195] Demgegenüber hat Lk allerdings stärker als Mk durch das παραχρῆμα δὲ ἀναστᾶσα (Lk 4,39) den Bezug zur konkreten Situation hergestellt,
so daß das ›Dienen‹ der Schwiegermutter des Petrus trotz des wie bei Mk
verwendeten (durativen) Imperfekts als eine direkte Bestätigung der Heilung
durch die sofort wieder aufgenommene Versorgungsarbeit zu verstehen sein
wird.[196]

Bevor wir nun zu 8,3 zurückkehren, muß noch ein weiteres in diesem
Zusammenhang interessantes Beispiel angeführt werden: Apg 19,22. Neben
der bereits genannten Stelle Apg 6,2 ist dies der einzige Beleg für das Verb
διακονεῖν in der Apg. Als Dienende werden zwei Männer, Timotheus und
Erastus, genannt, Empfänger des Dienstes ist Paulus. Aufgrund der sonstigen
Beschreibung v. a. der Arbeit des Timotheus in der Apg[197] kann es sich nicht

---

durch Marta selbst erfährt, und auch wegen des Zusatzes πολλή zum Dienst teile
ich nicht die Meinung von *Schüssler Fiorenza: RIL 3;2 (1986), 21-36 [= Dies.:
Kassel (Hg.), Theologie (1988), 27-44]* u. ö., daß es sich hier um ein von Frauen
ausgeübtes urchristliches Leitungsamt handelt, aus dem die Frauen nun wieder
verdrängt werden sollen. Genauer s. u. S. 132-137.

194 Vgl. das περιεσπᾶτο 10,40 sowie das μεριμνᾷς καὶ θορυβάζῃ περὶ πολλά 10,41.
195 S. o. A. 181.
196 Meist wird die Stelle so verstanden, wobei die Wertung des Befundes unterschied-
     lich ausfällt: *Schürmann, Lk I (1969), 252* sieht darin einen »Hinweis auf die neuen
     Aufgaben der Frau im christlichen Gemeindeleben« und wertet dies als »urchristli-
     che Freiheit im Umgang mit der Frau« - im Gegensatz zum rabbinischen Juden-
     tum, das den Tischdienst von Frauen verbiete. Für *Via: SLJT 29 (1985), 45* ist die
     Frau ein Modell für alle, die von Jesus aufgerichtet wurden. Das Mahl und seine
     Vorbereitung könnten als Ritual für die Feier der Auferstehung zu verstehen sein.
     Bovon, Lk I (1989), 224 sieht hierin (auch) ein »Zeichen dafür, daß die Befreiung
     sich in einem neuen Dienst niederschlägt. Für Lukas äußert sich Nachfolge Jesu
     bei einer Frau in erster Linie im diakonischen Handeln.« Für *Ernst, Lk (⁶1993), 139*
     spiegeln sich darin hintergründig »die Lebensformen der christlichen Hausgemein-
     schaft wider. Die Frau hat ganz selbstverständlich ihren Platz und die ihr gemäße
     Aufgabe erhalten.« Nach *Seim: SSc II (1994), 739* zeigt die Stelle, daß der Wohl-
     täter Jesus andere dazu bringt, WohltäterInnen für eine größere Gruppe zu werden,
     ebenso *Dies., Message (1994), 57-58*. Für *Melzer-Keller, Jesus (1997), 192-194* ist
     die Frau hingegen eine »Jüngerin der ersten Stunde« (*192*), wobei sie bei Lk eine
     spezifische Nachfolgeform von Frauen konstatiert, die sich im Dienen realisiere.
197 Apg 16,1; 17,14.15; 18,5; 19,22; 20,4. Vgl. aber die Kritik von *Seim, Message
     (1994), 87 A. 189*, die vor dem androzentrischen Kurzschluß warnt, nur weil es sich
     in Apg 19,22 um Männer handelt, müßte es um Mitarbeiter des Paulus in der Mis-
     sion gehen.

(ausschließlich) um Versorgungsaufgaben handeln, die die beiden für Paulus übernommen haben, sondern es muß um eine Mitarbeit bei der Verbreitung des Evangeliums gehen. Daß diese umfassend zu verstehen ist, zeigt m. E. Apg 18,5: Hier wird Paulus durch die Ankunft von Silas und Timotheus in einer Weise entlastet, daß er nicht mehr mit Priszilla und Aquila als Zeltmacher arbeiten muß, sondern sich ganz der Verkündigung widmen kann. Das heißt, daß Silas und Timotheus durch ihre Arbeit von da an den Lebensunterhalt für alle drei bestreiten konnten. Eine ähnlich umfassende Arbeit könnte auch Apg 19,22 im Blick sein.[198] So zeigt dieses Beispiel zumindest so viel, daß bei Lk durchaus mit einer Verwendung des Verbs διακονεῖν gerechnet werden muß, die nicht ausschließlich Tischdienst oder Versorgungsarbeit im engeren Sinne meint, sondern eine umfassende Arbeit für das Evangelium. Jedoch ist wieder zu berücksichtigen, daß nur mit Vorsicht von einem Beleg der Apg auf das Lk-Ev zurückgeschlossen werden darf.

In Lk 8,2-3 schließlich spielen zwar auf den ersten Blick wie in 4,39 Heilungen und anschließendes ›Dienen‹ eine Rolle; doch können - wie aufgewiesen - aufgrund der syntaktischen Konstruktion die geheilten Frauen und die ›dienenden‹ Frauen zwei verschiedenen Gruppen zugewiesen werden, so daß im Unterschied zu Lk 4,39 das ›Dienen‹ der Frauen nicht als Reaktion auf erfolgte Heilungen zu verstehen ist.

Die Vorstellung von ›dienenden‹ Frauen kann in Lk 8,3 aus Mk 15,41 übernommen sein. Dort steht es in Parallele zu ἀκολουθεῖν und mag als Nachfolgebegriff zu verstehen sein.[199] Lk 8,3 setzt demgegenüber einen eigenen Akzent, wenn es das ›Dienen‹ der Frauen durch den Ausdruck ἐκ τῶν ὑπαρχόντων αὐταῖς näher bestimmt. Diese Kombination verbietet es nun aber, das διακονεῖν als Tischdienst oder Versorgungsarbeit zu verstehen. Wie es präziser gefaßt werden kann, soll die folgende Begriffsbestimmung klären:

τὰ ὑπάρχοντα - Vermögen, Möglichkeiten, Fähigkeiten?

Das Verb ὑπάρχειν meint zunächst vorliegen, vorhanden sein, zur Verfügung stehen. Davon ausgehend bedeutet das Partizip τὰ ὑπάρχοντα das, was jemandem zur Verfügung steht und von daher: das jemandem Gehörige, der Besitz.[200]

Aufgrund dieses Befundes wurde denn auch die genauere Beschreibung des ›Dienens‹ der Frauen, ἐκ τῶν ὑπαρχόντων αὐταῖς, undiskutiert als fi-

---

198 *Schottroff: Schäfer / Strohm (Hgg.), Diakonie (1990), 233-235; Dies., Schwestern (1994), 297-325; Dies.: Exegese (1995), 192-195* entwickelt eine Sicht der Arbeit in den christlichen Gemeinden, die zumindest programmatisch die geschlechtshierarchische und rassistische Arbeitsteilung zwischen Gemeinde- bzw. Leitungsarbeit und Versorgungsarbeit aufgehoben sehen will.

199 Vgl. *Schüssler Fiorenza, Gedächtnis (1988), 389-390.*

200 Vgl. *Bauer, Wörterbuch (1988), 1669-1670.*

nanzielle Unterstützung interpretiert. Teil dieser Sichtweise ist die Interpretation Johannas als vermögende Oberschichtfrau. Diese Deutung Johannas bestimmt auch die Deutung aller anderen Frauen, auf die dann insgesamt der abschließende Relativsatz αἵτινες διηκόνουν αὐτοῖς ἐκ τῶν ὑπαρχόντων αὐταῖς bezogen wird.[201]

Demgegenüber hat *Schottroff* zur Interpretation dieser Stelle wieder auf die umfassendere Grundbedeutung zurückgegriffen und schlägt unter Hinweis auf *Liddell Scott*[202] folgende Übersetzung vor: Sie dienten ihnen »im Rahmen der Möglichkeiten, die ihnen zur Verfügung standen«[203]. Was die Frauen tun, kann damit ganzheitlicher verstanden werden: als Arbeit für das Reich Gottes, in Gemeinschaft mit Jesus und den Zwölfen und den anderen Frauen. Diese Arbeit geschieht unter Einsatz des Besitzes *und* der ganzen Person mit all ihren Fähigkeiten. Die Arbeit wird in Gemeinschaft verrichtet und erlaubt kein Auseinanderdividieren in Männer- und Frauenarbeit.[204]

Mit Hilfe von *Schottroffs* Einwand kann die unreflektierte Übernahme der tiefsitzenden Auslegungstradition von τὰ ὑπάρχοντα als materieller Besitz und von daher die undiskutierte Interpretation der Frauen als reiche Gönnerinnen kritisiert werden. Gegen *Schottroffs* Übersetzungsvorschlag spricht allerdings die Tatsache, daß τὰ ὑπάρχοντα im lk Doppelwerk - die große Mehrheit der Belege findet sich im Reisebericht - ansonsten stets im Sinne von materiellem Besitz oder Vermögen gebraucht wird. Dies trifft sowohl für den redaktionellen, lk Gebrauch des Wortes[205], als auch für die vorlukanische Tradition[206] zu. Selbst in der Minimaldefinition von *Jeremias*, nach der neben

---

201 Vgl. die entsprechenden, oben S. 53-58 aufgeführten Positionen.

202 Vgl. *Liddell / Scott, Lexicon (1961), 1854:* »under the circumstances, according to one's means«.

203 *Schottroff: Schäfer / Strohm (Hgg.), Diakonie (1990), 232; Schottroff, Schwestern (1994), 307; Schottroff: Exegese (1995), 182-183* und im Anschluß an *Schottroff* auch *Janssen / Lamb: KFB (1998), 521.* Vergleichbar sind die Übersetzungen von *Karris: CBQ 56 (1994), 9* und *Kirchschläger: Ruckstuhl, Jesus (1996), 129.*

204 Vgl. *Schottroff: Schäfer / Strohm (Hgg.), Diakonie (1990), 222-242.* Auch *Via: SLJT 29 (1985), 45* reflektiert die hier angelegte Umverteilung von Macht, jedoch geht sie v. a. vom Verb διακονεῖν aus: Indem das Dienen als Modell für Jüngerschaft im Lk-Ev durch das tatsächlich ausgesagte Dienen der Frauen inhaltlich gefüllt werde, beinhalte Jüngerschaft für Männer die Übernahme solch weiblicher Rollen. Sie sollen dienen wie die Frauen.

205 Die strengste Definitition für den lk Gebrauch von τὰ ὑπάρχοντα bietet *Jeremias, Sprache (1980).* Demnach ist die Kombination des Wortes mit dem Dativ der Person als lk, die Kombination mit dem Genitiv hingegen als vorlk anzusehen, vgl. *Jeremias, Sprache (1980), 201* (zu 11,21); *215* (zu 12,15); *218* (zu 12,33); *221-222* (zu 12,44); *243* (zu 14,33); *255* (zu 16,1); *277* (zu 19,8). Nach seiner Minimaldefinition, die an dieser Stelle der Untersuchung genügen kann, wären neben Lk 8,3 nur Lk 12,15 und Apg 4,32 als lk anzusehen (vgl. aber auch Apg 3,6; 4,34.37).

206 Sicher aus Q sind 11,21 (vgl. *Polag, Fragmenta [1979], 52; Bovon, Lk II [1996], 167*) sowie 12,44 (vgl. *Polag, Fragmenta [1979], 64; Bovon, Lk II [1996], 324*). In 12,33 und 14,33 ist mit massiver lk Gestaltung zu rechnen (s. u. S. 152f und S. 96). Während 16,1 mit Ausnahme des einleitenden Satzes traditionell sein dürfte, sind

8,3, dessen Interpretation ja zur Diskussion steht, nur Lk 12,15 und Apg 4,32 als lk anzusehen sind, muß man in diesen beiden Fällen τὰ ὑπάρχοντα mit »Besitz« übersetzen.

Es ist also damit zu rechnen, daß auch an unserer Stelle diese Bedeutung zumindest konnotiert ist. In der Kombination mit dem διακονεῖν und der neuen inhaltlichen Füllung aus 22,26-27[207] entsteht damit ein Bild von wirtschaftlich unabhängigen Frauen[208], die ihre ὑπάρχοντα, d. h. ihre wirtschaftlichen Mittel und auch ihre persönlichen Fähigkeiten in einer Weise einsetzten und zur Verfügung stellten, daß es eine Lebensgrundlage für die gesamte Gemeinschaft bildete[209]. Damit ist aber nicht gesagt, daß man sich unter diesen wirtschaftlichen Mitteln unbedingt sehr große Reichtümer vorzustellen hat.

---

in 19,8 wieder Spuren lk Redaktion auszumachen, vgl. *Fitzmyer, Lk (1985), 1096.1219; Nolland, Lk (1993), 796f.905f.*

[207] Nach *Seim, Message (1994),* 87-88 sind die Frauen damit diejenigen, die das von Jesus geforderte Dienen tatsächlich verwirklichen. In diesem Sinne will sie die Frauen als »models of service« verstanden wissen. Gleichzeitig weist sie aber darauf hin, daß dies in der Praxis dazu geführt habe, daß Frauen von realen Führungspositionen ausgeschlossen wurden. Vor allem letzteres ist zu unterstreichen; denn die Verwendung des Verbs διακονεῖν macht es möglich, bei dem Tun der Frauen gesellschaftlich geprägte Rollenerwartungen an Frauen zu konnotieren. Wenn die über weite Teile der Geschichte bestehende geschlechtshierarchische Arbeitsteilung zwischen Männern und Frauen, auch zwischen Freien und SklavInnen, unreflektiert in ntl. Texte eingetragen werden, kann über das Bild, das Lk zeichnet, die Rolle der gesellschaftlich angepaßten Frauen bestätigt werden. Denn auch wenn das Dienen dieser Frauen inhaltlich gefüllt wird als ein persönliches Sich-Einsetzen für das Leben und Überleben der Gemeinschaft, muß gefragt werden, ob nicht herrschende Rollenvorstellungen festgeschrieben werden, wenn ausgerechnet diejenigen, die in der Gesellschaft ohnehin nicht die Machtpositionen innehaben, nun auch literarisch als Dienende gezeigt werden. So besteht die Gefahr, daß über das literarische Bild die bestehende geschlechtshierarchische Arbeits- und Machtaufteilung zwischen Männern und Frauen aufgenommen und fixiert wird. Damit ergibt sich der Eindruck, daß der Text über die Darstellung von reisenden, unabhängigen Frauen zwar die traditionellen Frauenrollen aufbricht, daß in der konkreten Realisierung aber zugleich die Ansatzpunkte gelegt werden, in alte Muster zurückzufallen. Die Wirkungsgeschichte zeigt, daß an diese Punkte extensiv angeknüpft wurde und Frauen über weite Strecken auf dienende Funktionen festgelegt wurden.

[208] Eine zeitgeschichtliche Einordnung, allerdings nur auf wohlhabende Frauen bezogen, bietet *Melzer-Keller, Jesus (1997),* 206-210 (mit weiterer Literatur).

[209] Bedenkenswert ist der Vorschlag von *Schottroff: Schäfer / Strohm (Hgg.), Diakonie (1990),* 231-132, das Tun der Frauen im Lichte der jüdischen ›guten Werke‹ zu interpretieren, die den Einsatz der ganzen Person, von materiellen Resourcen und persönlichen Fähigkeiten, umfassen. Auf jeden Fall aber ist es ein lebensförderndes Tun, das in den Kontext von Frauenarbeit einzuordnen sein dürfte, wie es sie durch die gesamte Geschichte hindurch gab und immer noch gibt. Und schließlich tun die Frauen das, was nach der Darstellung der Apg (4,32) Voraussetzung für das Leben und Überleben der Gemeinden ist. ·

(f) Zwischenbilanz: Ein gebrochenes Konzept

Mit dieser Charakterisierung werden die Frauen einem Vorstellungsbereich zugeordnet, der nicht mehr dem der wandernden JesusbotInnen entspricht. Sondern hier sind Frauen im Blick, die das, was sie haben, noch zu ihrer Verfügung haben.

In 8,2-3 werden damit die beiden Frauengruppen mit zwei Elementen näher beschrieben, die aus zwei unterschiedlichen Vorstellungsbereichen stammen und weder zusammengehören noch zusammenpassen. Diese beiden Vorstellungsbereiche lassen sich jedoch nicht auf die beiden Frauengruppen aufteilen, sondern werden jeweils auf beide Gruppen übertragen. So entsteht ein widersprüchliches Bild.

Diachron gesprochen heißt dies, daß eine traditionelle Vorstellung von wandernden Jesusbotinnen überlagert wird durch die lk Charakterisierung der Frauen, die sie dem Bereich der Seßhaften zuordnet. Dabei kommt die Vorstellung von wandernden Jesusbotinnen, die aus der mk Notiz Mk 15,40-41 stammen dürfte, an unserer Stelle noch in der syntaktischen Konstruktion (σὺν αὐτῷ) sowie in der Namensliste mit der Identifizierung der Frauen zum Ausdruck. Die syntaktische Konstruktion, in die beide Frauengruppen einbezogen sind, charakterisiert die Frauen wie Jesus und die Zwölf als »Umherziehende« (διώδευεν). Die Namensliste, in der die Frauen genauer identifiziert werden, zeigt die genannten Frauen als außerhalb familiärer Kontexte stehend, wobei dies im Fall der Johanna bereits unterschiedlich interpretiert werden kann: Soll sie als Frau dargestellt werden, die eine bestehende Ehe verlassen hat, um Jesus zu folgen, oder soll die Charakterisierung noch bestehende Familienbande signalisieren? Vollends dem Bereich derer, die bestehende gesellschaftliche Strukturen nicht verlassen haben, ist die Charakterisierung der größeren Frauengruppe zuzuordnen, die ein Bild von wirtschaftlich unabhängigen Frauen zeichnet, die das, was sie besitzen, noch zu ihrer Verfügung haben, dieses aber so einsetzen, daß es eine Lebensgrundlage für die Gemeinschaft ist.

Darin zeigt sich ein widersprüchliches Konzept, das sich auch in den bereits aufgezeigten Irritationen im Blick auf das Bild, das der Text von den Frauen zeichnet, niedergeschlagen hatte.[210]

Zur Deutung dieses Befundes bietet nun das Lk-Ev selbst einen mehrfachen Interpretationsrahmen an:

Der erste ist der Kontext, in den das Summarium gestellt ist. Es eröffnet den Abschnitt 8,1-21. Hier waren bereits die thematischen Bezüge angedeutet worden, die als »Wort Gottes hören und tun« gefaßt werden können.

Ein zweiter Strang zur Interpretation unserer Stelle sind die Nachfolge-

---

210 S. o. 40f. Als weitere Irritation wäre vielleicht noch zu nennen, daß die Wendung σὺν αὐτῷ umfassende Gemeinschaft signalisiert hatte, das διακονεῖν, unreflektiert gelesen, demgegenüber jedoch wieder neue Hierarchien einzuführen droht.

texte des Lk-Evs. Denn die Frauen werden als Mitglieder der Jesusbewegung mit wandernder Existenz eingeführt, sie werden nicht neben eine (unbestimmte) Gruppe von μαθηταί gestellt, und die Namensliste rückt die Aufzählung der drei bedeutenden Frauen in die Nähe der Jüngerkataloge. Die Vorstellungen, die in den Texten über Jüngerschaft und Nachfolge entwickelt werden, müßten also mit dem Bild, das Lk 8,2-3 von den Frauen zeichnet, zu vergleichen sein.

Sodann sind die lk Vorstellungen über den Umgang mit dem Besitz zu untersuchen. Denn die Frauen aus 8,3c setzen das, was sie haben, ein, damit die Gemeinschaft leben kann. Damit legt sich die Verbindung zu anderen Texten im Lk-Ev und auch in der Apg nahe, in denen Lk Visionen für einen gerechten Umgang mit dem Besitz entwickelt.

Und schließlich ist der Weg zu berücksichtigen, den die Frauen nach der Vorstellung des Lk-Evs zurücklegen, und es ist zu fragen, wie das Lk-Ev diesen Weg und die Funktion der Frauen während der Passions- und Osterereignisse interpretiert und wertet.

Bevor aber dieser weitere Interpretationsrahmen untersucht werden soll, soll noch die Bedeutung dieses Textes als Summarium aufgezeigt werden; denn dies ist zur Beurteilung des weiteren Weges der Frauen, der sie nach Jerusalem führen wird, unabdingbare Voraussetzung.

1.6 Erzähllücken im Gefüge
Zur narrativen Funktion des Summariums

8,1-3 steht in der Reihe der Summarien[211] im Lk-Ev, in denen die Wirksamkeit Jesu zusammengefaßt, verdichtet und reflektiert wird. Werden die Summarien direkt hintereinander gelesen, entsteht der Eindruck, daß jeder dieser Texte einen neuen Aspekt des Wirkens Jesu hinzufügt, so daß nach und nach ein »Mosaikbild« des erzählten Jesus entsteht:

4,14-15 nimmt mit der Formulierung ἐν τῇ δυνάμει τοῦ πνεύματος ein wichtiges Stichwort der vorangegangenen Episoden auf (vgl. 3,16; 3,22; 4,1) und setzt mit den Stichworten ›Galiläa‹ und ›Lehre in den Synagogen‹ die Vorzeichen für das folgende: Das Stichwort ›Galiläa‹ wird in 4,16 in der Ortsangabe ›Nazaret‹ und in 4,31 in der Ortsangabe ›Kafarnaum‹ implizit wiederaufgenommen, wobei letztere durch das Attribut πόλιν τῆς Γαλιλαίας (4,31) sogar explizit an 4,16 anknüpft. Die ›Lehre in den Synagogen‹ aus 4,15 wird im folgenden durch mehrere Ortsangaben (4,16.20.28.33.38) explizit und durch die Zeitangaben ἐν τῇ ἡμέρᾳ τῶν σαββάτων (4,16) sowie ἐν τοῖς σάββασιν (4,31) implizit wiederaufgenommen. Eine partielle Rekurrenz stellt

---

211 Zu den Summarien vgl. jüngst *Onuki, Sammelbericht (1997)* mit einem Forschungsbericht *(1-22)* und weiteren Literaturhinweisen.

die Erwähnung der ›Lehre‹ in 4,32 dar.

Die Verbindung des kurzen Sammelberichts[212] 4,31-32 zum Vorangehenden wurde soeben aufgewiesen. Er führt das Thema der ›Lehre in den Synagogen‹ fort, ohne sie jedoch im folgenden weiter zu konkretisieren. Neu ist die Qualifizierung der Lehre als ›Lehre *in Vollmacht*‹ (ἐξουσία). Dies wird im folgenden durch die Heilungen bzw. Exorzismen eingelöst (vgl. 4,36).

4,40-44, das zumindest in Teilen (4,40b-41.44) den Charakter eines Sammelberichts trägt, kann mit dem Aspekt der Krankenheilungen und Exorzismen zusammenfassen, was in 4,33-39 erzählt worden war. Gleichzeitig wird die Besonderheit Jesu angedeutet, indem der Titel υἱὸς τοῦ θεοῦ genannt wird, wenn auch zunächst nur im Munde der Dämonen, die von Jesus sofort zum Schweigen gebracht werden. Wiederaufgenommen wird das Thema der Lehre, die nun aber mit Hilfe der beiden Stichwörter εὐαγγελίζεσθαι und κηρύσσειν aus 4,18.19 inhaltlich gefüllt und hier zum ersten Mal mit der βασιλεία τοῦ θεοῦ in Verbindung gebracht wird. So sind auf engstem Raum wesentliche Aspekte der Sendung Jesu (vgl. 4,43) verdichtet. Das Stichwort der ›anderen Städte‹ und das Thema der ›Lehre in den Synagogen‹ setzen die Impulse für das folgende, wobei beides auf verschiedene Weise aufgegriffen und variiert wird.[213]

5,15-16 beleuchten die Lehre Jesu von einer anderen Seite, indem sie das Hören der Scharen betonen. Dieses Hören-Wollen der Menschen wird mit ihrem Wunsch nach Heilung verbunden, so daß hier beide Themen nicht nur weitergeführt werden, sondern auch weiterhin verknüpft bleiben. Neu ist das Thema des Betens Jesu.

6,17-19 greift aus 6,12-16 die Zwölf auf und fügt sie neu in das »Jesus-Mosaik« ein. Weitergeführt werden die Themen ›Heilungen‹ und ›Lehre‹, wobei die ausführliche und differenzierte Auflistung der AnhängerInnen und ZuhörerInnen Jesu einen bislang nicht ausgeführten Aspekt darstellt. Mit diesem Summarium wird die Situation für die folgende Feldrede geschaffen.[214]

Eine kleine summarische Notiz ist in 7,17 gegeben. Hier wird die vorangegangene Totenerweckung reflektiert und die Ausbreitung des Wortes über Jesus thematisiert. Beides ist Voraussetzung und Anlaß für das folgende: Daß Johannes der Täufer von Jesus hören und ihn nach seiner Bedeutung fragen kann.

8,1-3 verallgemeinert mit der im Imperfekt getroffenen Aussage διώδευεν κατὰ πόλιν καὶ κώμην das, was bislang über die Aktivitäten Jesu, die ja an ganz verschiedenen Orten stattgefunden hatten, gesagt worden war.

---

212   4,31-32 weist sich durch die Imperfekte als Sammelbericht aus, vgl. *Bovon, Lk I (1989), 218; Ernst, Lk (⁶1993), 136.*
213   *Bovon, Lk I (1989), 218* sieht nur 4,44 als Sammelbericht an und betont dessen »Übergangscharakter«. *Ernst, Lk (⁶1993), 140* bezeichnet nur 4,40-41 als Sammelbericht.
214   Vgl. *Ernst, Lk (⁶1993), 164.*

Mit der Charakterisierung der Tätigkeit Jesu als κηρύσσων καὶ εὐαγγελιζόμενος τὴν βασιλείαν τοῦ θεοῦ greift es wichtige bereits genannte Stichworte auf, verdichtet sie aber auf engstem Raum. Die Stichworte εὐαγγελίζεσθαι und κηρύσσειν begegnen zwar beide in 4,18-19, also einem Textabschnitt, in dem auf einzigartige Weise mit Hilfe einer Zitatkombination aus der LXX die Bedeutung der Sendung Jesu - aus der Sicht des Lk - zusammengefaßt ist. Doch stehen die beiden Verben hier nicht unmittelbar nebeneinander, ebensowenig wie im Summarium 4,43-44, wo sie zum ersten Mal mit der βασιλεία τοῦ θεοῦ in Verbindung gebracht werden. Das Verb εὐαγγελίζεσθαι, das in den Evangelien mit Ausnahme von Mt 11,5 (= Q bzw. Jes 61,1 LXX) ausschließlich von Lk verwendet wird, begegnet auch in der Antwort Jesu an den Täufer 7,22, einer Stelle, die ebenfalls das, was in Jesu Auftreten geschieht, interpretiert. Κηρύσσειν und εὐαγγελίζεσθαι gehört auch zum Auftrag, den die Zwölf in 9,1-6 erhalten. In 20,1 schließlich gehört εὐαγγελίζεσθαι zu den Tätigkeiten Jesu, die in solcher Weise Anstoß erregten, daß sie letztlich seinen Tod zur Folge hatten.

8,1b faßt also zentrale Aspekte des Wirkens Jesu zusammen.[215] Beides, das Umherziehen und das Verkündigen, wird in den folgenden Situationsangaben implizit vorausgesetzt, indem in 8,4 und 8,19 das Kommen der Menge bzw. seiner Familie *zu Jesus*, nicht aber neue Ortsveränderungen Jesu erzählt werden. Das Verkündigen Jesu wird in 8,4 durch den Ausdruck εἶπεν διὰ παραβολῆς konkretisiert und im folgenden erzählerisch ausgestaltet.

8,1c führt mit der Erwähnung der Zwölf ein in 6,12-19 begonnenes Thema fort. Die Zwölf werden nach 6,12-16 als bekannt vorausgesetzt und nicht nochmals namentlich aufgeführt.

Das Thema der Heilungen und Dämonenaustreibungen, der zweite wichtige Aspekt des Wirkens Jesu, wird in 8,2 anhand der Frauen weitergeführt. Dies bedeutet eine Konkretisierung. Denn nun ist nicht mehr wie in anderen Summarien generell von heilungssuchenden Menschen die Rede, die zu Jesus gelangen, sondern es werden in der Umgebung Jesu Frauen mit einer individuellen Heilungsgeschichte beim Namen genannt. So wird eine Brücke von der Heilungstätigkeit Jesu zu konkreten Menschen in der Umgebung Jesu geschlagen, so daß die Themen Heilung und Nachfolge miteinander in Berührung kommen.

Die Erwähnung der geheilten Frauen setzt aber gleichzeitig Heilungsgeschichten voraus, die bislang nicht erzählt wurden. Dies macht auf »Lücken« im erzählten Text aufmerksam und füllt sie gleichzeitig auf, indem quasi von hinten her die Frauen in Situationen sichtbar gemacht werden, in denen sie nicht explizit erwähnt worden waren. Als solche Situationen sind vor allem

---

215 Vgl. *Kirchschläger: Ruckstuhl, Jesus (1996), 127*: »Der Evangelist hat in dem Summarium die unverkennbare Absicht, Jesus im Kernbereich seiner Sendung und seines Wirkens darzustellen.« Ähnlich schon *Kirchschläger: FS Knoch (1991), 278*.

die Summarien 4,40-44; 5,15-16; 6,17-19 zu nennen[216], in denen in zum Teil
identischem Vokabular wie in 8,2-3, jedoch auf allgemeine Weise, die Heilungen Jesu thematisiert werden. So müssen von 8,2-3 her die Frauen in diese
bislang erzählten summarischen Heilungsberichte eingetragen[217] und dort jeweils mitgelesen werden. Das ist ein Phänomen der lk Darstellungsweise, auf
das wir auch in 24,6 wieder stoßen werden: Dort werden die Frauen von den
Männern im leeren Grab aufgefordert, sich an die Worte Jesu in Galiläa zu
erinnern. Bei den entsprechenden Bezugsstellen aber waren im Text jeweils
lediglich die μαθηταί genannt, so daß nun ebenfalls die galiläischen Frauen
»von hinten her« in diesen Situationen sichtbar gemacht werden.[218]

Daß sich diese Darstellungsweise nicht nur auf die galiläischen Frauen
bezieht, zeigt auch die Art und Weise der Einführung der μαθηταί. In 5,30
wenden sich die unzufriedenen Pharisäer und ihre Schriftgelehrten πρὸς τοὺς
μαθητὰς αὐτοῦ. Zuvor aber war nur die Berufung des Simon, Jakobus und
Johannes (5,1-11) erzählt[219] und ansonsten das Bild eines alleine lehrenden
und heilenden Jesus, der von Volksscharen umgeben ist, gezeichnet worden.
Von einer Gefolgschaft oder von JüngerInnen Jesu war bis zu dieser Erwähnung in 5,30 nie die Rede gewesen. LeserInnen müssen sich das Anwachsen
einer Schar von AnhängerInnen stillschweigend dazudenken. *Nach* 5,30 aber
gehören die μαθηταί selbstverständlich dazu (vgl. 6,1), und in 6,13 sind es
schon so viele, daß Jesus aus ihnen zwölf auswählen kann und daß sie in 6,17
als ὄχλος πολὺς μαθητῶν αὐτοῦ bezeichnet werden müssen.

Wenn nun oben aufgewiesen werden konnte, daß sich über die Summarien sukzessive ein »Bild« oder »Mosaik« des erzählten Jesus aufbaut, dann
muß jetzt ebenfalls gefordert werden, daß von nun an die Frauen - wie die
Zwölf - zu diesem »Bild« von Jesus gehören und von nun an wie die Zwölf
als ständige Umgebung Jesu mitgelesen werden müssen. Wie das Lehren und
Frohbotschaften, das Heilen und Dämonenaustreiben und das Gebet gehört

---

216 Vgl. aber auch Lk 7,21.

217 Vgl. *Fitzmyer, Lk (1981), 697.*

218 S. u. S. 247-248. *Karris, Lk (1990), 697; Ders.: CBQ 56 (1994), 10* spricht von
     »completing analepsis«. Auf dieses Phänomen der literarischen Arbeitstechnik des
     Lk wurde in der Literatur vor allem im Blick auf die Reden der Apg schon länger
     aufmerksam gemacht, vgl. z. B. *Schürmann: Untersuchungen (1968), 310 A. 3* sowie
     die bei *Dauer, Beobachtungen (1990) 11 A. 18* zusammengestellten Positionen. Für
     das Lk-Ev vgl. *Wanke, Emmauserzählung (1973),* 82f (»nachtragende Erzähl-
     weise«); *Dauer, Beobachtungen (1990),* 15-66 (v. a. im Blick auf Jesuslogien, die
     noch nicht Erzähltes voraussetzen), wobei beide in diesem Zusammenhang 8,2-3
     nicht erwähnen. *Dauer* stellt zudem abschließend fest, daß sich dieses Phänomen
     sowohl im Traditionsmaterial, als auch in den redaktionellen Partien des lk Wer-
     kes fände (*148*).

219 Unmittelbar vor 5,30 wird zwar auch die Berufung des Levi erzählt. Doch ist es ja
     gerade die Gemeinschaft mit ihm (und anderen Personen seines »Schlages«), die
     bei den Pharisäern Anstoß erregt, so daß nicht Levi, sondern andere AdressatInnen
     für das Deponieren ihres Ärgers intendiert sein dürften.

auch die Begleitung durch die Zwölf und durch eine in sich wiederum differenzierte Gruppe von Frauen zu dem, was nach dem lk Bild als »typisch« und charakteristisch für Jesus zu gelten hat.[220]

Gleichzeitig konnte an den Summarien gezeigt werden, daß sie alle nicht nur bislang Erzähltes zusammenfassen, sondern auch neue Impulse setzen. Sie haben demnach eine Bedeutung für das im folgenden Erzählte. So ist nun auch für 8,1-3 zu vermuten, daß die hier erwähnten Personengruppen eine Bedeutung für das im folgenden durchgeführte Thema »Wort Gottes hören und tun« bis hin zur in 8,19-21 vorgestellten neuen *familia Dei* haben, in dem Sinne, daß hier diese neue Familie exemplarisch vorweggenommen wäre.[221]

So fordert es also der Text, die Frauen zum einen quasi rückwirkend in vorangegangene Episoden einzutragen und zum anderen im weiteren Verlauf ebenso mitzulesen. Im Unterschied aber beispielsweise zu den Zwölfen, die vorher und nachher immer wieder explizit Erwähnung finden, auch wenn ihre erzählerische Funktion recht gering ist[222], werden die in 8,2-3 eingeführten Frauen bis zur Passion überhaupt nicht mehr genannt, bleiben also auf der Textoberfläche unsichtbar. Es entsteht der Eindruck eines Spiels zwischen Sichtbarkeit und Unsichtbarkeit, ja, zwischen Sichtbar- und Unsichtbar-*machen* der galiläischen Frauen. Ähnlich wie schon bei der Charakterisierung der Frauen entsteht der Verdacht eines Konzepts, das angedeutet, aber nicht in allen Konsequenzen durchgeführt ist: eines Konzepts von Jüngerinnen, die Jesus nachfolgten wie die Zwölf und andere μαθηταί, auf die aber - im Unterschied zu diesen anderen Gruppen - erst gegen Schluß des Werkes wieder Bezug genommen wird. Mit dieser Darstellungsweise befindet sich Lk zwar in Übereinstimmung mit dem mk Entwurf, der die Frauen überhaupt erst am Ende seines Werkes sichtbar macht. Doch geschieht auch bei Lk das Sichtbarmachen der Frauen nur andeutungsweise. Die Jesusbewegung wird bis zu Passion und Ostern auf androzentrische Weise beschrieben. Doch läßt sich aus den wenigen Andeutungen in 8,2-3 ein Schlüssel gewinnen, die androzentrische Sichtweise aufzubrechen und das Bild, das Lk von der Jesusbewegung zeichnet, als Bild von Männern *und* Frauen, die sich Jesus anschlossen, wahrzunehmen.

---

220 Vgl. die Definition des Begriffs Summarium bei *Co: EThL 68 (1992), 56f.* »A summary may be defined as a relatively independent and concise narrative statement that describes a prolonged situation or portrays an event as happening repeatedly within an indefinite period of time. Also an important feature is the impression of an open-ended duration. It has an expansive outlook which distinguishes it from a simple resumé of events.«

221 Genauer s. u. S. 84f.

222 Sie werden explizit nur in 6,13 (vgl. Mk), 9,1 (= Mk); 9,12 (red.); 18,31 (= Mk); 22,3 (= Mk); 22,30 (Q); 22,47 (= Mk) erwähnt, und es läßt sich nicht genau ausmachen, inwiefern sich ihre Funktion etwa von der der übrigen μαθηταί oder der (Zweiund)siebzig Ausgesandten unterscheidet.

1.7 Zusammenfassung

Gemäß seiner in Lk 1,3 aufgestellten Prinzipien, alles genau und der Reihe nach aufzuschreiben, fügt Lk die verspätete mk Notiz über Frauen, die Jesus von Galiläa an nachgefolgt waren, an der chronologisch richtigen Stelle seines Werkes ein und macht so diese Nachfolgerinnen schon während der Wirksamkeit Jesu in Galiläa sichtbar.

Diese Sichtbarmachung geschieht in einem Summarium, das im Aufbau des Lk-Evs einen neuen Abschnitt eröffnet. Dieser ist als 8,1-21 zu bestimmen. Sowohl hinsichtlich dieser Stellung im Kontext, als auch im Blick auf die konkrete literarische Ausgestaltung trägt das Summarium Züge redaktioneller Arbeit.

In diesem Summarium werden in Parallele zu den Zwölfen Frauen in unmittelbarer Umgebung Jesu genannt. Diese Frauen wiederum sind als zwei Gruppen näher zu bestimmen, deren erste drei Frauen, die von Jesus geheilt worden waren, namentlich nennt, und deren zweite nochmals in Funktion zur gesamten Gruppe tritt. Die Gemeinschaft mit Jesus ist - je nach syntaktischer Interpretation - entweder in einem Nominalsatz offen formuliert, oder, was wahrscheinlicher ist, als Umherziehen mit Jesus konkretisiert. Damit werden die Frauen dem Bereich der wandernden Jesusbotinnen zugeordnet.

Des weiteren werden die Frauen folgendermaßen charakterisiert: Über die Wendung σὺν αὐτῷ werden beide Frauengruppen in einen engen und umfassenden Bezug zu Jesus gebracht. Jedoch bleibt als Irritation, daß dieser Bezug niemals direkt ausgedrückt wird und daß das Tun der Frauen - im Unterschied etwa zu Mk 15,41 - nicht explizit als »Nachfolge« bezeichnet wird. Die parallele Nennung neben den Zwölfen sowie die namentliche Auflistung dreier der Frauen rücken zumindest die erste Frauengruppe in die Nähe des Zwölferkreises. Jedoch kommen die Frauen nicht wie die Zwölf über eine Berufung oder eine Auswahl zu dieser Stellung, sondern die Erwähnungen von Heilungen konnotieren eher Dankbarkeit oder eine Befreiungserfahrung als Motiv für ihr Leben in der Nachfolge Jesu. Hier ist zu fragen, ob dies in der stilisierten summarischen Notiz 8,1-3 nicht als Zeichen für die anfangshaft verwirklichte βασιλεία verstanden werden kann. Dazu paßt auch die Beschreibung des Tuns der zweiten Frauengruppe: Diese Frauen setzen das, was sie haben, für das Leben der Gemeinschaft ein. Damit wird aber das Bild der wandernden Jesusbotinnen überlagert von einem Bild von Frauen, die ihre Mittel noch zu ihrer Verfügung haben, also noch innerhalb der gesellschaftlichen Strukturen verblieben sind. Auf diese Widersprüchlichkeiten in der Darstellung der Frauen wurde bereits in der Zwischenbilanz (1.5 f) aufmerksam gemacht.

Der Summariumscharakter von 8,1-3 fordert es, das hier gezeichnete Bild von einem umherziehenden und evangelisierenden Jesus, der von der

Gruppe der Zwölf und von verschiedenen Frauengruppen umgeben ist, als generelle Beschreibung Jesu, seines Wirkens und seiner NachfolgerInnen zu lesen. Die Art der Darstellung der Frauen, die Ereignisse voraussetzt, die nicht erzählt wurden, erlaubt, ja, verlangt es, diese Frauen auch in vorangegangenen Episoden nachzutragen und auf diese Weise mitzulesen. Das heißt also, daß die Art und Weise des Erzählens, die Leerstellen läßt, aber gleichzeitig Hinweise gibt, wie diese zu füllen sind, der textuellen Mitarbeit von LeserInnen bedarf, um den Text zu »vervollständigen«. Dies wird auch durch den nächsten Aspekt bestätigt. Denn der abschnittseröffnende Charakter, das durative Imperfekt sowie die Tatsache, daß an dieser Stelle das über die Summarien sukzessive aufgebaute Bild von Jesus und seinem Wirken eine wichtige Dimension hinzugewonnen hat, fordern es in analoger Weise, dieses Bild auch im folgenden vorauszusetzen und also auch die Frauen im weiteren Verlauf der Erzählung stets mitzulesen. Von daher ist ferner zu postulieren, daß der μαθηταί-Begriff inklusiv zu verstehen sein muß. Dies wird anhand des zweiten Textkomplexes, in dem die Frauen explizit Erwähnung finden, nämlich den Passions- und Ostererzählungen, einzufordern und zu überprüfen sein.

Da aber die Art und Weise der Beschreibung der Frauen widersprüchlich ist, ist ein dreifacher Interpretationsrahmen nötig, in den diese Beschreibung eingeordnet werden muß und durch den mögliche Aktualisierungen durch LeserInnen aufgezeigt und gleichzeitig überprüft werden können. Der erste ist der Rahmen, der durch den Abschnitt des Werkes gegeben ist, für den 8,1-3 eröffnende Funktion hat, nämlich der literarische und thematische Zusammenhang von 8,1-21. Der zweite Rahmen ist, da die Frauen mit Motiven ausgestattet werden, die sie als Jüngerinnen und Nachfolgerinnen Jesu kennzeichnen, das Thema der Jesusnachfolge im Lk-Ev. Als dritter Rahmen schließlich sind die lk Vorstellungen von einem gerechten Umgang mit Besitz zu untersuchen; denn über die Frauen wird gesagt, daß sie das, was sie besaßen, so einsetzten, daß die Gemeinschaft leben konnte.

Damit sind die weiteren Schritte der Untersuchung abgesteckt.

2 INTERPRETATIONSRAHMEN I:
DER LITERARISCHE ZUSAMMENHANG LK 8,1-21

2.1 »... die das Wort Gottes hören und tun« (Lk 8,1-21)

Die Beobachtung textgliedernder sprachlicher Signale hatte unter 1.1 gezeigt, daß 8,1-21 als Zusammenhang komponiert ist.[223] Dies läßt sich durch Beobachtungen inhaltlicher Art bestätigen:

In 8,1 war zusammenfassend von Jesu Tätigkeit als κηρύσσων καὶ εὐαγγελιζόμενος τὴν βασιλείαν τοῦ θεοῦ gesprochen worden. Aufgrund des Imperfekts des Hauptverbs διώδευεν muß dies als Beschreibung einer dauerhaften oder wiederkehrenden Tätigkeit oder als generelle Aussage aufgefaßt werden; diese wird - dieser Dauerhaftigkeit entsprechend und diese bestätigend - bis 8,21 vorausgesetzt und erst 8,22 durch eine neue Situationsangabe ersetzt. Gegenüber der zusammenfassenden Beschreibung der Tätigkeit Jesu wirkt 8,4 wie eine Konkretisierung, wenn es heißt: εἶπεν διὰ παραβολῆς, und wenn dieses Gleichnis im folgenden erzählt wird. Die Antwort auf die Frage der JüngerInnen nach der Bedeutung dieser παραβολή in 8,9 greift in 8,10 das Stichwort βασιλεία τοῦ θεοῦ aus 8,1 auf: Die JüngerInnen werden als diejenigen angesprochen, die die Geheimnisse des Reiches Gottes verstehen. Die generelle Verkündigung Jesu und das Gleichnis im speziellen haben also die βασιλεία zum Inhalt[224], und die JüngerInnen sind in diese Reich Gottes-Verkündigung - in 8,1-3 als »mit Jesus« Seiende, an dieser Stelle als Hörende und Verstehende - involviert. Zur Frage, wer diese JüngerInnen sind, kann dabei ebenfalls auf 8,1-3 zurückgegriffen werden: Die dort genannten Zwölf und die Frauen sind in 8,9, das die erste Erwähnung der JüngerInnengruppe nach dem Summarium darstellt, mitzuverstehen. Wenn Jesus zu diesen in 8,10 sagt: ὑμῖν δέδοται γνῶναι τὰ μυστήρια τῆς βασιλείας τοῦ θεοῦ, dann kann dies in dem gegebenen literarischen Zusammenhang in eine Beziehung zu der in 8,1-3 ausgedrückten Gemeinschaft mit Jesus (σὺν αὐτῷ) gesetzt werden.

---

223 Häufig wird hingegen 8,4-21 als zusammengehörig angesehen, vgl. z. B. *Schürmann, Lk I (1969), 470*; *Bovon, Lk I (1989) 403-404*; *Seim, Message (1994), 68*.

224 Zum (ursprünglichen) Sämannsgleichnis als Reich Gottes-Gleichnis vgl. z. B. *Jeremias, Gleichnisse ([10]1984), 149f*; *Lohfink: BZ 30 (1986), 63-66*. In der lk Einbettung mag der Akzent zwar stärker auf dem Erfolg der Reich Gottes-Verkündigung liegen, vgl. *Fitzmyer, Lk (1981), 701*, bzw. auf der Antwort auf diese Verkündigung, vgl. *Nolland, Lk (1989), 370*, doch erscheint in der lk Komposition dennoch die »Gleichnisrede als Form der Basileia-Verkündigung Jesu« (*Wolter: NTS 41 [1995], 553*).

In der Antwort, die Jesus auf die Frage der JüngerInnen gibt, werden aber noch weitere für diesen Abschnitt wichtige Stichworte genannt: Das Jesajazitat βλέποντες μὴ βλέπωσιν καὶ ἀκούοντες μὴ συνιῶσιν (8,10) greift in seinem zweiten Teil den Ruf Jesu am Schluß des Gleichnisses (ὁ ἔχων ὦτα ἀκούειν ἀκουέτω 8,8) auf und signalisiert damit bereits die Bedeutung des Themas »hören« für diesen Abschnitt. Dieses ist das zentrale Stichwort in der folgenden Erklärung des Gleichnisses (8,11-15): Der ausgestreute Same wird mit dem Wort Gottes, die verschiedenen Böden, auf die dieser Same fällt, mit den Hörenden, die das Wort auf verschiedene Weise aufnehmen, gleichgesetzt.[225] Dieses ausgestreute Wort Gottes stellt wiederum eine Verbindung zu der in 8,1 beschriebenen Verkündigungstätigkeit Jesu her, so daß Jesus selbst nun als der Säende erscheint. Nochmals und zusammenfassend wird das Thema des Hörens in 8,18 aufgenommen und als Appell zum richtigen Hören an die Zuhörenden gerichtet.

Die Gleichniserklärung gipfelt in V. 15 in der Beschreibung derer, die das Wort hören, es festhalten und Frucht bringen (οὗτοί εἰσιν οἵτινες ἐν καρδίᾳ καλῇ καὶ ἀγαθῇ ἀκούσαντες τὸν λόγον κατέχουσιν καὶ καρπο-φοροῦσιν ἐν ὑπομονῇ), und zwar im Unterschied zu denjenigen, die zwar hören (ἀκούσαντες V. 14), jedoch aufgrund der Sorgen, des Reichtums und der Freuden des Lebens weggehen, ohne Frucht zu bringen. Das Thema des (rechten) Hörens aus V. 15 wird im folgenden in einem ersten Schritt weitergeführt, indem V. 18 das »Wie« des Hörens (vgl. das πῶς diff. Mk 4,24 τί) betont wird. Zum zweiten aber sind jene beiden in V. 15 genannten Elemente, das Hören *und* Fruchtbringen, das zentrale Thema in 8,19-21, das ja, wie gezeigt wurde, eng an das Vorausgehende anknüpft. In der Antwort Jesu 8,21, auf die die kurze Szene ausgerichtet ist, geht es darum, daß diejenigen, die die Familie Jesu darstellen (μήτηρ μου καὶ ἀδελφοί μου οὗτοί εἰσιν ...), das Wort Gottes hören und es tun (... οἱ τὸν λόγον τοῦ θεοῦ ἀκούοντες καὶ ποιοῦντες). Außerdem wird das Thema des Sehens, das 8,10 bereits angeklungen war, weitergesponnen, wenn auch in anderer Formulierung: Die Mutter und die Brüder Jesu wollen Jesus *sehen* (ἰδεῖν 8,20). Damit ist die Frage aufgeworfen, ob sie zu denjenigen gehören, von denen in 8,10 gesagt worden war: βλέποντες μὴ βλέπωσιν καὶ ἀκούοντες μὴ συνιῶσιν.

Damit ist ein Abschnitt konstituiert, der mit der Verkündigung Jesu beginnt (8,1) und mit der angemessenen Reaktion auf das Wort Gottes (8,21) endet. Dazwischen steht eine Reflexion über dieses Wort Gottes und sein Schicksal bei denen, die es hören (8,4-18), was wie eine Voraussetzung für

---

225 Dabei ist die Gleichsetzung des Samens mit dem Wort Gottes direkter und betonter als bei Mk 4,14, und der Akzent liegt stärker auf dem Samen als bei Mk, der eher den Sämann focussiert, vgl. *Schneider, Lk (1977), 183; Bovon, Lk I (1989), 407.*

das abschließende Apophthegma gelesen werden kann.[226] Daß es sich dabei um intendierte Themenbezüge handelt, ist auch daraus ersichtlich, daß dieser Abschnitt einen gegenüber Mk neu komponierten Zusammenhang darstellt. Im ersten Schritt des synoptischen Vergleichs soll dieser näher betrachtet werden[227]:

2.2 Synoptischer Vergleich Mk 3,20-21.31-35 // Lk 8,19-21

(a) Der Kontext

Bei Mk läßt sich der literarische Zusammenhang folgendermaßen beschreiben: Auf die Berufung der Zwölf Mk 3,13-19 folgt in 3,20-21, abgesetzt durch einen Ortswechsel *ins Haus*, der erste Teil der Suche der Familie nach Jesus. Daran schließt sich in 3,22-27 das Beelzebulgespräch an, an dieses wiederum ein Spruch über die nicht zu vergebenden Sünden wider den Heiligen Geist (3,28-30). Auf diesen folgt der zweite Teil der versuchten Familienbegegnung, die mit dem Gegensatz *im Haus - draußen* spielt (3,31-35). Abgegrenzt durch eine Ortsveränderung schließt sich daran das mk Gleichniskapitel an. Durch die Szenenanlage in einem Haus sind die Perikopen Mk 3,20-35 zusammengebunden, eine Komposition, die von den beiden Teilen der versuchten Familienbegegnung gerahmt wird und die insgesamt, auch in seiner Verbindung zur vorangehenden Berufung der Zwölf, die quasi die Voraussetzung für das folgende sind (vgl. auch das ἵνα ὦσιν μετ' αὐτοῦ Mk 3,14), als Proklamation der neuen Familie Jesu gefaßt werden kann.

Bei Lk folgt dagegen auf die Wahl der Zwölf ein längerer Abschnitt, die sogenannte »kleine Einschaltung«. Nachdem in 8,1-3 die Wiederaufnahme des Mk-Fadens erreicht worden war, folgt das weitere noch nicht sogleich der Mk-Akoluthie, sondern zunächst wird das Sämannsgleichnis mit seiner Erklärung vorgezogen, und erst daran schließt sich der mk zweite Teil der Familienbegegnung an. So wird diese Perikope in den Zusammenhang des Themas »Wort Gottes hören« eingefügt. Dies wird dadurch unterstrichen, daß die zwei Teile der abschließenden Antwort Jesu (8,21) gegenüber der mk Vorlage (Mk 3,35) umgekehrt sind. Während bei Mk die Perikope mit der Aufzählung der Familienmitglieder schließt und dadurch den Bogen zum Vorhergehenden, besonders 3,20-21 und 3,25, spannt, endet die lk Perikope mit dem

---

226 Vgl. *Bovon, Lk I (1989), 404.* Daß es sich bei dem in diesem Abschnitt durchgeführten Thema um das »Wort Gottes« handelt bzw. darum, das Wort zu hören und zu tun, wurde in der Literatur schon des öfteren festgestellt, vgl. *Zahn, Lk (⁴1920), 339; Schürmann, Lk I (1969), 470; Busse, Wunder (1977), 187; Schneider, Lk (1977), 188; Fitzmyer, Lk (1981), 699; Talbert, Reading Luke (1982), 90; Horn, Glaube (1983), 236f; Bovon, Lk I (1989) 403f; Nolland, Lk (1989), 370; Seim, Message (1994), 68; Melzer-Keller, Jesus (1997), 251f.*

227 Vgl. auch schon oben S. 30.

Hören und Tun des Wortes Gottes, wodurch die Perikope genau in das Thema des lk Kontextes eingebunden wird, das, wie gezeigt, besonders klar in
8,15 zum Ausdruck kommt[228]. Durch die Verbindung zum Gleichnis und
seiner Erklärung ist auch die Änderung des mk *Willens* Gottes, den es zu *tun*
gilt, zum *Wort* Gottes, das zu *hören* und zu *tun* ist, motiviert.

Daneben lassen sich in der Perikope weitere Veränderungen gegenüber
der mk Vorlage feststellen:

(b) Die Szenerie

Insgesamt betrachtet ist die lk Fassung der Perikope gegenüber Mk gekürzt.
Besonders aber fallen die Straffungen auf, die die Szenenanlage betreffen. So
fehlt zunächst der erste Teil der Familienbegegnung (Mk 3,20-21) völlig. Damit fällt die Situierung in einem Haus, die bei Mk einige Perikopen zusammengebunden hatte, weg, und stattdessen ist die in Lk 8,1-4.9 beschriebene
Situation vorausgesetzt. In der Folge ist das mk Spiel zwischen drinnen und
draußen, das sowohl örtlich wie auch im übertragenen Sinn verstanden werden kann, in der lk Version kaum noch ausgeführt. Lediglich in Lk 8,20 wird
über die Angehörigen Jesu gesagt, daß sie *draußen*, ἔξω, stünden. Dies kann
nun nicht mehr auf ein Haus bezogen werden. Das ἔξω muß daher entweder
als unreflektierte Übernahme aus Mk 3,32 erklärt werden[229]; dagegen spricht
allerdings die bewußte Neukomposition Lk 8,1-21. Oder es könnte umgekehrt mit Absicht gesetzt sein, um nun jedoch nicht mehr ein räumliches
Draußen, sondern ein »außerhalb der wahren Familie Jesu« zu bezeichnen,
vielleicht im Sinne der λοιποί aus 8,10, die zwar sehen und hören, aber nichts
verstehen.[230] Dagegen spricht allerdings mit Nachdruck die ansonsten in der
Perikope zu beobachtende und im folgenden noch genauer aufzuweisende positive Darstellung der Familie Jesu. Vielleicht bedeutet es auch einfach nur ein
»außerhalb der Menge«[231] oder einen entfernteren Standpunkt[232], wogegen allerdings die sonstige Bedeutung des Wortes ἔξω spricht.

---

228 So auch *Schmid, Lk (⁴1960), 160; Schürmann, Lk I (1969), 471; Schneider, Lk (1977),
      189; Schweizer, Lk (1982), 96.*
229 So *Schmid, Lk (⁴1960), 160.* Auch nach *Schweizer, Lk (1982), 96* suggeriert der Aus-
      druck »draußen« ein Haus; Lk streiche oder verändere aber Mk 2,1.15; 3,20; 7,17
      (24); 9,28.33; 10,10, wonach Jesus ein Haus »in Kafarnaum« zur Verfügung hat.
      Jesus sei bei Lk der Wandernde, der sein Haus aufgegeben hat (18,29) und sich
      nicht dorthin zurückziehen kann. Auch *Fitzmyer, Lk (1981), 742; Nolland, Lk
      (1989), 394; Ernst, Lk (⁶1993), 210* können hier noch in Andeutungen die mk Orts-
      angabe erkennen.
230 So *Schürmann, Lk I (1969), 470,* der das ἔξω in 8,20 nicht nur als unbedachte Über-
      nahme aus der Hausszene Mk 3,32 interpretiert, sondern es auf den »Außenraum«
      im Gegensatz zum »Innenraum« des Jüngerkreises bezieht; aus dem Außenraum
      kann man in den Innenraum eintreten. Vgl. auch *Ernst, Lk (⁶1993), 210:* »[D]ie
      Blutsverwandten stehen nicht nur äußerlich ›im Abseits‹«.
231 So *Schneider, Lk (1977), 188-189.*
232 So *Ernst, Lk (⁶1993), 210.*

Daneben sind weitere Veränderungen in der Szenenanlage zu beobachten:
So ist die Notiz aus Mk 3,32, daß die Volksmenge rings um Jesus *gesessen*
habe, bei Lk nicht übernommen. Sodann fehlt in der Reaktion Jesu auf die
Nachricht, daß seine Familie ihn sehen wolle, in der lk Version neben der Ge-
genfrage, wer denn seine Mutter und seine Brüder (bzw. Geschwister, s. u.)
seien (Mk 3,33), auch der Blick, den Jesus in die Runde schweifen läßt und
der mit der Bekräftigung, daß *diese* Anwesenden ihm Mutter und Brüder
seien (Mk 3,34), unterstrichen wird. Bei Lk folgt auf die Nachricht von der
Ankunft seiner Familie sogleich das Jesuswort, das Mutter und Brüder als
diejenigen definiert, die das Wort Gottes hören und tun.

Durch diese Veränderungen wird bei Lk die Szene weniger plastisch und
anschaulich. Die Personen kommen weniger als in der mk Version als Personen zum Ausdruck, und auch die Jesus umgehende Menge tritt nicht als angesprochene Einzelpersonen in Erscheinung. Bei Mk war dies dadurch erreicht
worden, daß Jesus herumschaut auf die, die um ihn herum sitzen und dazu
verbal auf sie hinweist: ἴδε. Bei Lk ist die ganze Perikope viel stärker auf das
Jesuswort zugespitzt[233]. Dieses lenkt stärker als bei Mk von der konkreten
Szenerie weg und erhält dadurch einen im Vergleich zu Mk allgemeineren
Charakter, indem nicht die Anwesenden in erster Linie die Angesprochenen
und als neue Familie Bezeichneten sind, sondern alle, die das Wort hören und
tun.[234] Wer genau dies ist, ist offen gelassen.

Darin zeigt sich eine gegenüber Mk insgesamt veränderte Stoßrichtung
der Perikope. Bei Mk geht es gewissermaßen um die Proklamation einer
neuen Familie; diese neue Familie sind diejenigen *um Jesus*, die den Willen
Gottes tun. Diese neue Familie wird der alten (leiblichen) Familie gegenübergestellt und ersetzt diese. Bei Lk hingegen geht es weniger um die Etablierung
einer neuen Familie; sondern es geht darum, daß diejenigen, die zu ihm gehören - oder eben seine Familie -, das Wort Gottes hören und tun.

(c) Eine positive Darstellung der Familie Jesu

Mit dieser veränderten Gesamtrichtung der Perikope hängen auch weitere Än-
derungen gegenüber Mk zusammen:

Der in Mk 3,20 beschriebene Andrang des Volkes, der Jesus und seine
Begleitung sogar am Essen hinderte und in der Folge die Suche der Familie
auslöste, ist in Lk 8,19 zwar aufgenommen, doch liefert er hier den Grund dafür, warum die Mutter und die Brüder Jesu nicht zu ihm gelangen können.

---

233   Nach *Schmid, Lk (⁴1960), 160* ist das Auftreten der Verwandten nur noch der äuße-
      re Anlaß für das Jesuswort. *Bultmann, Geschichte (¹⁰1995 [1931]), 28f.58f* (zu Mk
      3,20f.30-35); *Blinzler, Brüder (1967), 88; Schneider, Lk (1977), 188; Fitzmyer, Lk
      (1981), 723; Schneider: NTS 29 (1983), 325* und *Bovon, Lk I (1989), 418 u. ö.* bezeich-
      nen die Perikope (dementsprechend) als (biographisches) Apophthegma.
234   Vgl. *Schmid, Lk (⁴1960), 160; Schweizer, Lk (1982), 96. Schneider, Lk (1977), 189*
      dagegen sieht mit diesem Wort die Jünger angesprochen.

Darin kommt eine wohlwollendere Sicht der Familie Jesu zum Ausdruck. Denn Mk 3,31 bleibt die Familie Jesu vor dem Haus stehen und läßt ihn herausrufen, ohne daß die Volksmenge als Begründung für dieses Verhalten angeführt würde. Das Verhalten der Angehörigen kann so, vor allem auf dem Hintergrund von Mk 3,21, als bewußte Distanz zu Jesus und dem, was er tut, gedeutet werden. Diese Distanzierung, die bei Mk Teil der kontrastierenden Gegenüberstellung der alten und der neuen Familie ist, ist bei Lk abgemildert, indem die Entfernung zwischen Jesus und seiner Familie mit dem Gedränge des Volkes begründet wird. Bei Lk wird deutlich: Die Angehörigen *konnten* gar nicht zu Jesus gelangen. Entsprechend fehlt bei Lk neben dem distanzierten Stehenbleiben vor dem Haus aus Mk 3,31 auch das fordernde καλοῦντες αὐτόν. Im Unterschied zu Mk, wo die Angehörigen beschließen, Jesus zurückzuholen (κρατῆσαι 3,21) und in dieser Haltung nun auch zum Ort seines Wirkens kommen, indem sie draußen stehenbleiben und ihn herausrufen lassen, versuchen sie bei Lk, zu ihm zu gelangen, wie dies in dem Satz οὐκ ἠδύναντο συντυχεῖν αὐτῷ Lk 8,19 zum Ausdruck kommt.

Die positivere Darstellung der Familie Jesu kommt auch durch das Wegfallen der negativen Beurteilung Jesu durch seine Angehörigen (Mk 3,21 ἐξέστη) zum Ausdruck. Daß sich die Mutter und die Brüder Jesu aufmachen, ihn zu suchen, wird bei Lk überhaupt nicht begründet.[235]

Mk 3,32 heißt es in der Meldung, die Jesus zugetragen wird, über seine Familie: ζητοῦσίν σε. Bei Lk heißt es hier ἰδεῖν θέλοντές σε. Dies könnte als semantischer, wenn auch nicht wörtlicher Anklang an 8,10 (βλέποντες μὴ βλέπωσιν) interpretiert werden; dies würde die Familie Jesu als solche charakterisieren, die wenigstens sehen *wollen*, auch wenn offen bleibt, ob ihnen dies gelingt.[236]

Diese insgesamt positivere Darstellung der leiblichen Familie Jesu ist - neben den zweifellos zutreffenden Verweisen auf die Kindheitsgeschichte[237] - letztlich ebenfalls daraus zu begründen, daß in der lk Konzeption keine negative Kontrastierung der leiblichen Familie gegenüber der neuen Familie not-

---

235 Mehrere AutorInnen beschreiben die lk Charakterisierung der Familie Jesu als im Vergleich zu Mk wohlwollender, z. B. *Schmid, Lk (⁴1960), 160; Blinzler, Brüder (1967), 88; Schürmann, Lk I (1969), 470; Schneider, Lk (1977), 188-189; Brown, Mary (1978), 167-170; Fitzmyer, Lk (1981), 723; Schweizer, Lk (1982), 272; Bovon, Lk I (1989), 418; Nolland, Lk (1989), 395; Ernst, Lk (⁶1993), 210; Melzer-Keller, Jesus (1997), 251,* die darüber hinaus sogar eine »totale Umkehrung der markinischen Aussage« konstatiert.

236 *Bovon, Lk I (1989), 419* weist auf den Gegensatz zwischen »sehen« und »hören« hin, den Lk hier konstruiere, und hinter denen zwei mögliche Haltungen Jesus gegenüber stünden: »Die erste begnügt sich mit der sichtbaren Gestalt des Menschen Jesu auf der Ebene menschlicher Blutsverwandtschaft, die zweite erkennt in der Gestalt Jesu den dem Menschen gnädig zugewandten Gott (bzw. das Wort Gottes).« Damit entstehe eine neue Definition von Familie.

237 Vgl. *Brown, Mary (1978), 170.*

wendig ist und daß damit auch für die Angehörigen Jesu der Weg offen bleiben kann, zu denen zu gehören, »die das Wort Gottes hören und tun.«[238]

(d) Frauen zwischen Sichtbarkeit und Unsichtbarkeit

Nur zum Teil hängt jedoch eine weitere gegenüber Mk zu beobachtende Veränderung mit der Straffung der Szenerie und der Konzentration auf das Jesuswort zusammen: Die Aufzählung und explizite Nennung der Familienmitglieder und - damit zusammenhängend - der Zuhörenden am Schluß der Perikope.

Vorausgeschickt sei, daß in der mk Perikope die Familie - bezogen so-
wohl auf die leibliche, als auch auf die neu konstituierte - ein erstes Mal zu
Beginn der Perikope (3,31) genannt wird, sodann in der Nachricht über ihre
Ankunft (3,32), ein drittes Mal in der Frage Jesu (3,33), ein viertes Mal im
Hinweis Jesu auf die Anwesenden (3,34) und ein fünftes Mal im abschließenden Jesuswort (3,35). Demgegenüber gibt es bei Lk aufgrund der gestrafften
Szenenanlage nur noch drei Nennungen: eine erste zu Beginn (8,19), eine
zweite in der Nachricht über ihre Ankunft (8,20), und eine dritte im abschließenden Jesuswort (8,21). Doch nicht nur in der Quantität unterscheiden sich
die Aufzählungen, sondern auch darin, wer explizit genannt wird:

Mk 3,31 nennt zu Beginn der Perikope als Angehörige Jesu ἡ μήτηρ
αὐτοῦ καὶ οἱ ἀδελφοὶ αὐτοῦ. Dies wird von Lk mit Ausnahme des Personalpronomens nach ἡ μήτηρ übernommen (8,19). In beiden Fassungen wird im
übrigen der Name der Mutter Jesu nicht genannt. Dies muß vor allem bei Lk
erstaunen, der Maria in den Kindheitsgeschichten so viel Raum gewidmet hatte. Maria scheint hier vor allem in ihrer Rolle bzw. Funktion als Mutter zu in-
teressieren.[239]

In der zweiten Aufzählung derer, die gekommen sind, d. h. in der Meldung, die Jesus gebracht wird, ist diese Liste bei Mk ergänzt um die Schwestern (αἱ ἀδελφαί 3,32). Diese Ergänzung ist aber textkritisch unsicher. In
einer Reihe von prominenten Textzeugen[240] fehlt die Nennung der Schwestern, so daß die äußere Bezeugung eher für die kürzere Lesart spricht[241].
Auch könnte die Nennung der Schwestern an dieser Stelle durch die Aufzählung am Schluß evoziert sein. Andererseits aber läßt sich die kürzere Lesart
als Auslassung aufgrund von Homoioteleuton erklären (ἀδελφοί σου -
ἀδελφαί σου), und insgesamt ist eine nachträgliche Streichung der Schwe-

---

238 Vgl. auch den Weg, den Maria nach dem lk Doppelwerk von Lk 1-2 über 8,19-21;
     11,27f bis zu Apg 1,14 (hier wieder zusammen mit den »Brüdern« erwähnt) zu-
     rücklegt.
239 Vgl. *Seim, Message (1994), 66.*
240 ℵ B C K L W Δ Θ *f*[1.13] 28. 33. 565. 892. 1241. 1424. 2542 sowie einige lateinische
     und syrische Mss.
241 Die längere Lesart bieten A D Γ 700 sowie die Itala, einige Mss der Vulgata so-
     wie ein Teil der syrischen Überlieferung.

stern wahrscheinlicher als eine nachträgliche Zufügung. So dürfte die längere Lesart - mit aller Vorsicht - als ursprünglicher angesehen werden.[242] Demgegenüber bietet die lk Version bei dieser zweiten Nennung (Lk 8,20) die gleiche zweigliedrige Liste wie schon zu Beginn der Perikope, erwähnt also anders als Mk die Schwestern nicht.[243]

Mk bietet in 3,33 und 3,34 zwei weitere Aufzählungen der Angehörigen, die jeweils nur zweigliedrig sind, also die Schwestern nicht erwähnen. Dies ist ein Abschnitt, der in der lk Fassung völlig der szenischen Straffung zum Opfer gefallen ist.

Der Schluß der mk Perikope lenkt den Blick auf die ZuhörerInnen Jesu. Dieser bezeichnet diejenigen, die den Willen Gottes tun, in direkter Rede als ἀδελφός μου καὶ ἀδελφὴ καὶ μήτηρ (3,35), nennt also in dreigliedriger Aufzählung Bruder, Schwester und Mutter. Die lk Fassung bietet demgegenüber wie schon bei der ersten und zweiten Nennung nur die zweiteilige Liste μήτηρ μου καὶ ἀδελφοί μου (8,21). Damit fällt die bei Mk explizit genannte Schwester weg, und die bei Mk jeweils im Singular aufgeführten Bruder und Schwester werden bei Lk zum Plural ἀδελφοί. Dies muß zwar nicht unbedingt nur *Brüder* meinen, sondern kann in androzentrischer Sprache und Vorstellungsweise auch *Geschwister* bedeuten.[244] Dennoch wird es gegenüber Mk erschwert, wenn auch nicht verunmöglicht, in die Neudefinition der Familie Frauen einzubeziehen. Daß Frauen durchaus einzubeziehen sind, zeigt nicht zuletzt die immer noch genannte Mutter. Diese wird bei Lk sogar - im Unterschied zu Mk 3,35 und in Übereinstimmung mit den vorangegangenen Nennungen sowohl bei Mk als auch bei Lk - als erste in der Aufzählung genannt.[245]

Bei Mk hatte aufgrund des direkten Bezugs zur vorausgesetzten Szenerie diese explizite Nennung von Bruder, Schwester und Mutter am Schluß der Perikope Männer und Frauen in der anwesend gedachten Menge sichtbar gemacht. Dieser direkte Bezug auf die vorausgesetzte Szenenanlage fehlt bei Lk. Bei ihm macht das Jesuswort zum Schluß nicht Männer und Frauen in der Je-

---

242 Nestle-Aland[27] bieten den längeren Text in Klammern.

243 Vgl. dazu auch die Nazaret-Perikope Lk 4,16-30. Jesus wird dabei in der lk Fassung in 4,22 allein über Josef identifiziert: Οὐχὶ υἱός ἐστιν Ἰωσὴφ οὗτος; Demgegenüber bezeichnet ihn Mk 6,3 als Sohn der *Maria*, und im folgenden werden seine Brüder mit Namen und seine Schwestern ohne Namen, aber ebenfalls explizit, erwähnt.

244 So z. B. auch *Nolland, Lk (1989), 394; Seim, Message (1994), 68.* Das Problem einer gerechten Übersetzung der androzentrischen Sprache der biblischen Schriften ist vielfältig und wird seit Jahren kontrovers diskutiert, vgl. *Castelli: JFSR 6.2 (1990), 25-39; Wegener: WbFTh (1991), 378-380; Meurer (Hg.), Schwestern (1993).* S. auch u. S. 112 A. 358.

245 Zwar ist die Mutterrolle mit anderen Konnotationen verbunden als die Rolle einer Schwester - nach *Seim, Message (1994), 68* kommt der Mutter die größere Würde zu -, doch verhindert dies nicht eine inklusive Lektüre.

susbewegung sichtbar, sondern der Blick ist weg von der konkreten Situation gelenkt, die Sentenz ist allgemeiner formuliert.

Damit ist bei Lk zwar eine explizite Nennung von Frauen weggefallen. Diese ist, da ein androzentrischer Kontext vorauszusetzen ist, natürlich von einigem Gewicht; denn sie öffnet einer frauen-ausschließenden Interpretation Tür und Tor. Vom Text her ist ein inklusives Verständnis des abschließenden Jesuswortes aber dennoch möglich, ebenso wie ein frauen-einschließendes Bild der Jesusbewegung. Die lk Formulierung kann im Zusammenhang der generellen Straffung und konzentrierteren sprachlichen Durchgestaltung erklärt werden, aufgrund derer Lk nochmals die Anfangsformulierung aufgreift und zum Schluß der Perikope mit neuen Inhalten füllt.[246]

2.3 Wer sind die, die das Wort hören und tun?

Ziel der mk Perikope ist es, eine neue Familie zu proklamieren. Zugehörigkeitskriterium ist es, den Willen Gottes zu tun. Diese neue Familie steht damit in einem bewußt gezeichneten Kontrast zu traditionellen (leiblichen) Familienvorstellungen und -ansprüchen, diese nicht im Sinne privater Kleinfamilien verstanden, sondern im Sinne der Antike als patriarchales Haus, das gleichzeitig die »Keimzelle« der Gesellschaft und des Staates ist. Etwas anderes, Neues, tritt an die Stelle der Familienbindungen und stellt diese von Grund auf in Frage. Kennzeichen der »neuen Familie« ist es, daß nur noch von Brüdern, Schwestern und Müttern die Rede ist, nicht jedoch von einem Vater. Das signalisiert, daß in dieser »neuen Familie« patriarchale Herrschaftsverhältnisse außer Kraft gesetzt sind, und daß - nach der Vorstellung dieses Textes - die Jesusbewegung entsprechend zu verstehen ist als »Nachfolgegemeinschaft von Gleichgestellten« (Elisabeth Schüssler Fiorenza).[247]

---

246 Gegen die Interpretation, Lk mache hier Frauen unsichtbar, wendet sich auch *Seim, Message (1994)*, 68, mit folgenden Gründen: • ἀδελφοί könne auch als »Geschwister« verstanden werden, • die Mutter sei ja erwähnt, und vielleicht habe Lk Pleonasmen vermeiden wollen, • vielleicht ging es darum, ein der biologischen Familie Jesu entsprechendes Paar zu konstituieren (8,19-20 ist von Brüdern und der Mutter die Rede, dann auch in 8,21), • der Begriff »Mutter« trage die größere Würde als »Schwester«. Nicht einsichtig ist mir hingegen die Argumentation von *Melzer-Keller, Jesus (1997), 251 A. 276*, nach der Lk die Schwestern streiche, weil er Mutter und Brüder [!] als idealtypische JüngerInnen präsentiere.

247 Zum ganzen vgl. *Schüssler Fiorenza, Gedächtnis (1988)*, bes. 195-197; *Fander, Stellung (²1990)*, 323-332. Vgl. aber auch *Seim, Message (1994)*, 70f, die darauf aufmerksam macht, daß das Fehlen des Vaters allein noch keine Gleichheit unter den restlichen Familienmitgliedern bedeute. In patriarchalen Strukturen habe jedes Familienmitglied eine bestimmte Stellung in einer Hierarchie: Brüder seien mehr als Schwestern, Frauen würden nach ihrer Fähigkeit, Söhne zu gebären, beurteilt (Lk 1,27) etc. Weiter führt sie aus, daß die gewählten Bezeichnungen zwar desexualisierte Beziehungen ausdrückten, aber nicht gleich an Würde seien. Der fiktive Gebrauch dieser Bezeichnungen könne auch eine Konsolidierung patri-

Auch bei Lk ist keine Rede von Vätern. Doch ist die Stoßrichtung seiner
Szene anders als bei Mk. Hier wird nicht die neue, nicht-patriarchale Familie
proklamiert und konstituiert, sondern eine solche wird gewissermaßen schon
vorausgesetzt[248], wenn für die Mitglieder dieser Familie gefordert wird, daß
sie das Wort Gottes hören und tun. Wenn die Existenz einer solchen »Familie« aber schon vorausgesetzt ist, dann fragt es sich, wann und wie sie konstituiert wurde. Der von Lk komponierte Zusammenhang legt es nun nahe, daß
die zu Beginn des Abschnitts im Summarium 8,1-3 porträtierte Gemeinschaft
etwas mit der »neuen Familie« zu tun hat. Nicht in dem Sinne, daß diese Gemeinschaft einfach mit dieser neuen Familie gleichzusetzen wäre. Sondern -
entsprechend dem Summariumscharakter - eher modell- oder beispielhaft: Sie
haben etwas mit denen zu tun, die nach 8,21 das Wort Gottes hören und tun.
Und mehr: Was sie tun, muß etwas mit dem zu tun haben, was 8,21 als
»Wort Gottes hören und tun« bezeichnet wird, oder auch 8,15 mit »das Wort
hören und Frucht bringen«. Umgekehrt kann bei denen, die nach 8,21 das
Wort Gottes hören und tun, an die in 8,1-3 beschriebene Gemeinschaft gedacht werden, und bei dem, was Jesus in 8,21 über die »neue Familie« sagt,
schwingt etwas von dem mit, was die Mitglieder der in 8,1-3 etablierten Gemeinschaft tun. Auch dies wiederum nicht umfassend und ausschließend verstanden, sondern eher auf der Ebene von Konnotationen und Interpretations-
hilfen.

Im Blick auf die in 8,2-3 genannten Frauen heißt das, daß ihr Tun durch
diesen Kontext mit Hilfe des Themas »das Wort Gottes hören und tun« interpretiert werden muß. Umgekehrt erhält 8,21 durch das Tun der Frauen eine
inhaltliche Füllung, und ebenso können die in 8,21 genannten Geschwister
und die Mutter mit Hilfe der galiläischen Frauen konkretisiert werden.

---

archaler Strukturen zur Folge haben. Deshalb seien Distribution der Aufgaben und
Funktionen in der neuen fiktiven Familie zu untersuchen. Auch das Kriterium für
die Zugehörigkeit zu dieser Familie in »gender-related contexts« müßten untersucht werden. Hier zeige es sich, daß z.B. die dienende Rolle festgeschrieben werde, nur daß sich der Adressatenkreis ändere: Statt Ehemann, leiblichem Vater etc.
seien es nun die Brüder der neuen Gemeinschaft, die bedient würden.

248 Insofern ist *Seim, Message (1994), 68* zu korrigieren, die ausführt, daß die neue Familie, für die in 8,4-18 die Zugehörigkeitskriterien genannt würden, in 8,1-3 und
8,21 etabliert würde.

3 INTERPRETATIONSRAHMEN II:
LUKANISCHE KONZEPTIONEN VON NACHFOLGE

In der Art und Weise, wie die galiläischen Frauen in 8,1-3 beschrieben sind, klingen zwei Motivkreise an, die, wie gezeigt, in ihrer Verbindung ein widersprüchliches Bild von den Frauen zeichnen und daher im folgenden getrennt untersucht werden sollen.

Der erste Motivkreis ist der der Nachfolge, und zwar konkretisiert als wandernde Existenz: Die Frauen befinden sich »mit Jesus«, und sie werden wie die Zwölf als mit Jesus unterwegs beschrieben. Auf diesem Hintergrund ist zu fragen: Sind die Frauen als (wandernde) Jüngerinnen beschrieben? Ist das Konzept von Jüngerinnen Jesu auch ansonsten im Lk-Ev oder gar im lk Doppelwerk durchgehalten? Wie sehen lk Konzeptionen von Jüngerschaft aus? Sind in diesen Entwürfen Frauen im Blick? Und wie ist dies wiederum mit 8,1-3 in Verbindung zu bringen?

Der zweite Motivkreis ist der des Umgangs mit Besitz. Die Frauen setzen das, was sie haben, so ein, daß die Gemeinschaft leben kann. Daß das Thema des Besitzes und eines gerechten Umgangs damit im Lk-Ev und in der Apg eine bedeutende Rolle einnimmt, ist in der Forschung längst erkannt worden.[249] Die Frage ist aber, wie das, was über den Umgang der Frauen mit ihrem Besitz gesagt wird, in Verbindung gebracht werden kann mit dem, was im Lk-Ev ansonsten über einen gerechten Umgang mit Besitz zum Ausdruck gebracht wird.

Für die Untersuchung wirkt nun komplizierend, daß die Trennung dieser beiden Motivkreise im Grunde künstlich ist. Nachfolge und Jüngerschaft sind nicht ohne einen gerechten Umgang mit Besitz vorstellbar, ja, Nachfolge konkretisiert sich (auch) in einem entsprechenden Umgang mit dem Besitz. Umgekehrt wird ein gerechter Umgang mit Besitz durch den Ruf in die Nachfolge motiviert. Besonders 14,25-35 und 18,18-30 illustrieren, daß beide Themen zusammengehören.

Sodann muß zu Beginn dieses Kapitels festgehalten werden, daß das Thema der Nachfolge nicht in allen seinen Dimensionen und mit allen relevanten Textstellen des Lk-Evs behandelt werden kann. Beispielsweise werden die Berufungsgeschichten, die nach Lk 5,1-11 die Nachfolge von drei späteren Mitgliedern des Zwölferkreises und nach 5,27-32 die Nachfolge des Zöllners Levi begründen, nicht mit eigenen Untersuchungen bedacht. Beide Berufungsgeschichten enden mit vergleichbaren Notizen, die den Schritt in die

---

249   Genauer s. u. Interpretationsrahmen III.

Nachfolge zusammenfassen: ἀφέντες πάντα ἠκολούθησαν αὐτῷ (5,11) bzw. καὶ καταλιπὼν πάντα ἀναστὰς ἠκολούθει αὐτῷ (5,28). Hier wird anhand konkreter Beispiele erzählt, was 14,25-35 von Nachfolgewilligen gefordert wird und was auch bei der gescheiterten Berufung des reichen Vorstehers 18,18-23 mit der anschließenden Reflexion 18,24-27.28-30 im Hintergrund steht. Wie ein realisiertes Beispiel können jene Berufungsgeschichten aus Lk 5 auch im Hinblick auf die kleinen Nachfolgeszenen 9,57-62 gelesen werden. Solche konkreten Berufungsgeschichten werden im Lk-Ev - wie schon in der Mk-Vorlage - nur über männliche Jünger erzählt, wobei sie nicht auf spätere Mitglieder des Zwölferkreises beschränkt sind, sondern in Levi auch einen anderen Nachfolger im Blick haben. Dieser Zöllner Levi wird im weiteren Verlauf des Lk-Evs keine Rolle mehr spielen. Hingegen ist in 8,2-3 von Frauen in der unmittelbaren Umgebung Jesu die Rede, über die keine solchen Berufungsgeschichten erzählt wurden.

Weitere Texte, die zum Themenkreis »Jüngerschaft« im Lk-Ev gehören, jedoch nicht in einem eigenen Kapitel analysiert werden, sind die beiden Aussendungsreden 9,1-6 und 10,1-16. Erstere ist auf den Kreis der Zwölf bezogen, die zweite auf einen größeren Kreis von (Zweiund)siebzig. Diese wird jedoch sowohl im Kontext der Nachfolgeszenen 9,57-62, als auch im Zusammenhang der Maria-Marta-Perikope 10,38-42 in die Überlegungen einbezogen werden.

Ausgewählt wurden Texte, die Implikationen und Bedingungen von »Nachfolge« und »Jüngerschaft« aufzeigen. Sie finden sich allesamt im Reisebericht und damit im Verlauf des Lk-Evs *nach* dem in 8,1-3 gezeichneten Bild vom umherziehenden und verkündigenden Jesus und den ihn umgebenden JüngerInnen. 9,57-62 verdeutlicht zu Beginn des Weges nach Jerusalem in drei exemplarischen Szenen die lebensgeschichtlichen, sozialen und ökonomischen Brüche, die dieser Weg mit Jesus mit sich bringt. Da sich nach 8,1-3 Männer *und* Frauen mit Jesus auf diesem Weg befinden, müssen die drei Nachfolgeszenen *auch* aus der Perspektive nachfolgender Frauen gelesen werden. 14,25-35 formuliert die Bedingungen für die Jüngerschaft. Hier ist genau zu fragen, wer in diesen Bedingungen angesprochen ist und welche Wirklichkeiten ausgeblendet werden. Der dritte Text, Lk 18,28-30, reflektiert, was Menschen »um des Reiches Gottes willen« auf sich genommen haben, konkret: wen und was sie dafür verlassen haben. Auch hier ist unter geschlechtsspezifischer Fragestellung genau herauszuarbeiten, wer in diesem Text im Blick ist.

Zwei Texte schließlich machen Frauen als in die Fragen von Nachfolge und Jüngerschaft Involvierte sichtbar: zum ersten die 12,51-53 thematisierten Konflikte, die um Jesu willen in den Häusern aufbrechen, und zum zweiten die Maria-Marta-Perikope 10,38-42. Sie sind nochmals besonders geeignet, das in 8,2-3 gezeichnete Bild von nachfolgenden Frauen mit den Nachfolgetexten in Verbindung zu bringen.

Sollte es zutreffen, daß im lk Reisebericht »der dahingehende Jesus seinen Jüngern ein *Testament für die Zeit der Kirche*«[250] gibt, dann zeigt das nochmals zusätzlich die Bedeutung einer Überprüfung der hier zum Ausdruck gebrachten Vorstellungen von Nachfolge und Jüngerschaft in geschlechtsspezifischer Hinsicht.

3.1 ... die taugt nicht für das Reich Gottes? (Lk 9,57-62)

Nach dem großen Einschnitt Lk 9,51, der den Beginn des ›Reiseberichts‹ markiert, stellt 9,57 insofern eine kleinere Zäsur dar, als 9,56 die Episode der mißglückten Aufnahme in einem samaritanischen Dorf mit der Notiz beendet hatte, daß sich die Gruppe nun auf den Weg in ein anderes Dorf mache, und 9,57 die neue Szene nun auf der Wanderschaft (πορευομένων αὐτῶν) und unterwegs (ἐν τῇ ὁδῷ) situiert und auch eine neue Personenkonstellation schafft. Nach hinten wird die kleine Szene durch den Gliederungseinschnitt 10,1 abgegrenzt. Dieser zeichnet sich durch eine das Vorhergehende abschließende Zeitangabe (μετὰ δὲ ταῦτα), neue Ortsangaben, die eine neue Situierung schaffen, eine veränderte Konstellation der HandlungsträgerInnen sowie durch eine Renominalisierung (ὁ κύριος) aus und bildet die Einleitung zur Aussendungsrede 10,2-16. Lk 9,57-62 kann damit als zusammenhängende und in sich abgeschlossene Perikope untersucht werden.

Die Perikope kann gemäß dem Auftreten von drei verschiedenen Dialogpartnern Jesu in drei Dialogszenen gegliedert werden: 9,57-58.59-60.61-62.

Die ersten beiden Szenen haben eine Parallele in Mt 8,19-20.21-22 und stammen nach so gut wie einhelligem Forschungskonsens[251] aus Q. Dabei weisen die *Redeteile* einen hohen Grad von Übereinstimmung auf, so daß die Q-Vorlage in der Substanz einigermaßen zu greifen ist und eine Rekonstruktion zumindest keine für unsere Fragestellung relevanten Probleme bereitet.[252] Lediglich der letzte Satz der Antwort Jesu in 9,60 (σὺ δὲ ἀπελθὼν διάγγελλε τὴν βασιλείαν τοῦ θεοῦ), der ohne·mt Parallele ist, dürfte der Hand des Lk zuzuweisen sein.[253] Indizien dafür sind sowohl einige Lukanismen im betref-

---

250 *Sellin: NT 20 (1978)*, 134f. Hervorhebungen im Original.

251 Vgl. z. B. *Schmid, Matthäus (1930)*, 256-257; *Miyoshi, Anfang (1974)*, 34; *Schneider, Lk (1977)*, 231-232; *Polag, Fragmenta (1979)*, 42; *Schmithals, Lk (1980)*, 119; *Schweizer, Lk (1982)*, 112; *Zimmermann, Methodenlehre ([7]1982)*, 119; *Horn, Glaube (1983)*, 193; *Gnilka, Mt I (1986)*, 310; *Löning: FS Gnilka (1989)*, 83; *Luz, Mt II (1990)*, 21; *Schürmann, Lk II (1993)*, 47; *Bovon, Lk II (1996)*, 31-32.

252 Hier wird lediglich fast übereinstimmend die Anrede Jesu mit διδάσκαλε Mt 8,19 als mt Ergänzung, sowie die partizipiale Konstruktion Lk 9,59 als lk Verbesserung des Q-Griechisch angesehen.

253 Vgl. *Bultmann, Geschichte ([10]1995 [1931])*, 94; *Schmid, Lk ([4]1960)*, 178; *Schulz, Nachfolgen (1962)*, 71; *Hengel, Nachfolge (1968)*, 4; *Schulz, Q (1972)*, 435; *Miyoshi, Anfang (1974)*, 40; *Schneider, Lk (1977)*, 231; *Polag, Fragmenta (1979)*, 42.43; *Jere-*

fenden Satz[254], als auch die lk Redaktionsabsicht, die sich anhand des vorausgehenden (= lk / Sondergut) und nachfolgenden (= Q) Kontextes der JüngerInnenaussendung festmachen läßt[255].

Bei der genauen Rekonstruktion des Wortlautes der *szenischen Einbettungen* dieser beiden ersten Apophthegmata bleiben dagegen einige Unsicherheiten: Die beiden voneinander abweichenden Situierungen zu Beginn der Perikope (Lk 9,57 πορευομένων αὐτῶν ἐν τῇ ὁδῷ sowie Mt 8,18) stammen mit einiger Wahrscheinlichkeit aus der Hand des jeweiligen Evangelisten.[256] Im Fall des Lk spricht dafür die Situierung auf dem Weg[257] sowie die Kombination eines Verbs des Sagens, hier speziell εἰπεῖν, mit der Präposition πρός. Zu Beginn der zweiten Szene scheint Lk die Aufforderung zur Nachfolge vorverlegt zu haben, so daß bei ihm Jesus und nicht der Nachfolgewillige die Initiative ergreift. Als Grund für diese Umstellung ließe sich zum einen vermuten, daß die Szene in einer Weise umgestaltet werden sollte, daß sie eher der Gattung ›Nachfolge-‹ bzw. ›Berufungsgeschichte‹ entspricht. Zum zweiten ist die Bitte des zweiten Nachfolgekandidaten ohne vorhergehende Aufforderung Jesu unmotiviert, so daß sich die vorangehende Frage bei Lk als Glättung dieser Schwierigkeit erklären läßt. Damit ist wahrscheinlich Mt als »lectio difficilior«[258] näher an der Q-Vorlage geblieben.[259] Daß Lk zumindest gestaltend eingegriffen hat, verrät auch hier die Kombination des Verbs εἰπεῖν mit der Präposition πρός. Bei der Wahl der Benennungen für die

---

mias, Sprache (1980), 181; Schmithals, Lk (1980), 120; Steinhauser, Doppelbildworte (1981), 100.106-107; Zimmermann, Methodenlehre (⁷1982), 119; Horn, Glaube (1983), 194; Zeller, Kommentar (1984), 45; Gnilka, Mt I (1986), 310; Schürmann, Lk II (1993), 42; Bovon, Lk II (1996), 35. Gegenteilig *Luz, Mt II (1990),* 21: Er weist darauf hin, daß in der mt Variante die Aussendung zur Verkündigung vor dem Einsteigen ins Boot fehlplaziert gewesen wäre und Mt sie deshalb weggelassen habe. Vgl. so schon *Schmid, Matthäus (1930),* 257 u. ö.; *Schürmann, Lk II (1993),* 42 (erwägend, wieder verwerfend und *46* doch wieder aufgreifend).

254 Vgl. besonders *Jeremias, Sprache (1980), 181-182.*
255 Vgl. *Löning: FS Gnilka (1989),* 84 A. 3. Dabei ist allerdings zu beachten, daß auch schon in Q die Aussendungsrede folgte.
256 Vgl. *Schulz, Q (1972), 434; Miyoshi, Anfang (1974), 34-36; Schneider, Lk (1977), 231; Schmithals, Lk (1980), 119; Steinhauser, Doppelbildworte (1981), 97.106; Zimmermann, Methodenlehre (⁷1982), 118; Gnilka, Mt I (1986), 310; Luz, Mt II (1990), 21; Schürmann, Lk II (1993), 35; Bovon, Lk II (1996), 32.*
257 Vgl. aber *Jeremias, Sprache (1980), 181,* der die Wendung πορεύομαι ἐν τῷ ὁδῷ sowie ὅπου für unlukanisch hält. Nach *Polag, Fragmenta (1979),* 42 stand ἐν τῷ ὁδῷ bereits in Q.
258 *Luz, Mt II (1990), 21.*
259 Vgl. *Schmid, Matthäus (1930), 256f; Hengel, Nachfolge (1968), 4; Schulz, Q (1972), 434-435; Schneider, Lk (1977), 232; Polag, Fragmenta (1979), 42.43; Kuhn: FS Bornkamm (1980), 113; Schmithals, Lk (1980), 120; Gnilka, Mt I (1986), 310; Luz, Mt II (1990), 21; Bovon, Lk II (1996), 32 A. 4 sowie 33.* Gegenteilig *Schulz, Nachfolgen (1962), 107; Miyoshi, Anfang (1974), 39; Merklein, Gottesherrschaft (1978), 56; Steinhauser, Doppelbildworte (1981), 98-99; Zimmermann, Methodenlehre (⁷1982), 119; Schürmann, Lk II (1993), 39-40.*

Nachfolgekandidaten hingegen dürften die allgemeinen Bezeichnungen τις -
ἕτερος [- ἕτερος] in der lk Fassung treuer die Q-Vorlage bewahrt haben als
die mt Bezeichnungen γραμματεύς und μαθητής.[260] Als feiner Hinweis darauf ist die Benennung ἕτερος für den zweiten Kandidaten sowohl bei Mt, als
auch bei Lk zu werten. Doch ist andererseits auch zuzugestehen, daß es für Mt
recht ungewöhnlich scheint, daß ein jüdischer Schriftgelehrter Jesus nachfolgen will. Dies spräche wiederum dafür, daß Mt die Bezeichnung
γραμματεύς in seiner Q-Vorlage bereits vorgefunden hat, so daß sie Q^Mt zuzuweisen sein dürfte.[261]

Über die Herkunft der dritten Szene (Lk 9,61-62), die ohne Parallele bei
Mt ist, gehen die Meinungen auseinander: Hier wird diskutiert, ob die Szene
von Lk selbst den ersten beiden nachgebildet wurde[262], ob sie aus dem lk
Sondergut stammt[263], oder ob mit einer Q-Vorlage zu rechnen ist, die lediglich bei Mt weggelassen ist[264]. Nun ist dieses dritte Beispiel in seinem Duktus
viel weniger radikal und dramatisch als die ersten beiden[265], und das Jesuswort hat in dem Bild von der Hand, die bereits an den Pflug gelegt ist[266],
Menschen vor Augen, die sich bereits auf den Weg der Nachfolge begeben
haben und schon für die βασιλεία arbeiten, so daß hier nicht mehr genau die
Entscheidungssituation der ersten beiden Szenen getroffen ist. Das deutet auf
unterschiedliche Entstehungszusammenhänge der ersten beiden Beispiele auf

---

260 Vgl. *Schmid, Matthäus (1930),* 256; *Schulz, Nachfolgen (1962),* 105; *Hengel, Nach-*
   folge (1968), 3-5; *Schulz, Q (1972),* 434; *Miyoshi, Anfang (1974),* 34; *Polag, Frag-*
   menta (1979), 42.43; *Kuhn: FS Bornkamm (1980),* 114 A. 52; *Steinhauser, Doppelbild-*
   worte (1981), 98; *Zimmermann, Methodenlehre (⁷1982),* 118; *Gnilka, Mt I (1986),*
   310; Viviano, Mt (1990), 648; *Schürmann, Lk II (1993),* 36.39. Anders *Jeremias, Spra-*
   che (1980), 180 der gerade diese Reihung für redaktionell hält: ἕτερος sei lk Vorzugswort, V. 59 werde es allerdings durch Mt 8,21 als vorlk ausgewiesen.
261 Vgl. *Luz, Mt II (1990),* 21.
262 So *Bovon, Lk II (1996),* 32, der allerdings als Kern von 9,61 ein auch Phil 3,13
   greifbares Jesuswort annimmt. Vgl. schon *Schulz, Q (1972),* 435 A. 239; *Miyoshi, An-*
   fang (1974), 42-43; *Kuhn: FS Bornkamm (1980),* 115; *Fitzmyer, Lk (1981),* 833 (erwägend); *Horn, Glaube (1983),* 194; *Busse: FS Gnilka (1989),* 74. Ausführliche Gegenargumentation *Schürmann, Lk II (1993),* 44-45 oder auch *Löning: FS Gnilka (1989),*
   84 A. 3, mit der Begründung, »daß der Skopus der dritten Szene nicht ganz der lukanischen Intention entspricht, die im redaktionellen Zusatz ›du aber gehe hin und
   verkündige die Gottesherrschaft‹ in Lk 9,60 zum Ausdruck kommt. Der Verkündigungsaspekt ist in Lk 9,62 gerade nicht explizit.«
263 So *Gnilka, Mt I (1986),* 310; *Fitzmyer, Lk (1981),* 833 (»probably«); *Petzke, Sonder-*
   gut (1990), 104.106-107.
264 So *Schulz, Nachfolgen (1962),* 105; *Hengel, Nachfolge (1968),* 4 mit A. 10; *Franke-*
   mölle, Jahwebund (1974), 88; *Polag, Fragmenta (1979),* 42-43; *Steinhauser, Doppel-*
   bildworte (1981), 101; *Zimmermann, Methodenlehre (⁷1982),* 119; *Löning: FS Gnilka*
   (1989), 84; *Schürmann, Lk II (1993),* 45-48, der genauerhin davon ausgeht, daß bereits in der Tradition vor Q die ursprüngliche Doppelanekdote 9,59f.61f. (!) mit
   dem Vor-Wort 9,57f kombiniert worden ist.
265 Vgl. z. B. *Bovon, Lk II (1996),* 32.
266 Vgl. das Part. Aor. ἐπιβαλών.

der einen und des dritten Beispiels auf der anderen Seite. Jedoch ist es unwahrscheinlich, daß diese Szene, die so genau den ersten beiden entspricht, völlig unabhängig von diesen entstanden ist.[267] Die Beobachtung, daß in der mt Fassung in den ersten beiden Szenen zwei »Typen« von Nachfolgern, nämlich ein nachfolgewilliger γραμματεύς und ein noch zögernder μαθητής, einander kontrastierend gegenübergestellt sind, könnte darauf hindeuten, daß Mt eine möglicherweise vorhandene dritte Q-Szene gestrichen hat, um diese Kontrastierung zu erzielen.[268] Des weiteren ist auf lk Spracheigentümlichkeiten in 9,61 auf der einen und unlukanische Wendungen in 9,62 auf der anderen Seite hingewiesen worden[269]; dies deutet darauf hin, daß es ein traditionell vorliegendes Jesuswort gab, das eventuell von Lk zu dieser dritten Szene gestaltet worden sein könnte. Es ist aber auch möglich, daß dieses Wort nicht in der Q-Vorlage des Mt gestanden hat, sondern Q[Lk] zuzuweisen ist[270], zumal die behaupteten Lukanismen in 9,61 durchaus diskutabel sind.[271] Für unsere Fragestellung aber genügt die Feststellung, daß die Indizien für eine vorlk Entstehung der Szene oder zumindest ihres Kerns sprechen, so daß sie nicht gänzlich der Hand des Lk zuzuweisen ist.[272]

Unmittelbar vor der Aussendungsrede werden also in Q[(Lk)] in drei Paradigmen[273] die Implikationen von Nachfolge und Jüngerschaft auf drastische und aufrüttelnde Weise vor Augen geführt: Ein eindrückliches Doppelbildwort macht einem ersten Nachfolgewilligen das Unbehaustsein Jesu und damit gleichzeitig die heimatlose Existenz der Nachfolgenden[274] deutlich. Schroffe Zurückweisung erfährt ein zweiter, der zwar ebenfalls den Willen zur Nachfolge hat, zunächst aber seinen Vater begraben, d. h. einen Akt höchster Pietät und dringendster Familienpflicht[275] ausführen will: In provokanter Weise wird dieser Nachfolgekandidat zur Verletzung traditioneller religiöser und ethischer Verpflichtungen herausgefordert. Dies kann als Aufforderung zu einer prophetischen Zeichenhandlung interpretiert werden[276], durch die in

---

267 Vgl. *Kosch: FZThPh 36 (1989), 418; Löning: FS Gnilka (1989), 83 A. 2.*
268 So *Löning: FS Gnilka (1989), 84 A. 4.*
269 Im einzelnen vgl. *Jeremias, Sprache (1980), 182-183.*
270 So *Kosch: FZThPh 36 (1989), 418.*
271 Vgl. *Schürmann, Lk II (1993), 44 A. 88.*
272 Offen bleibt die Frage z. B. bei *Schmid, Matthäus (1930), 257; Schneider, Lk (1977), 231.*
273 Zu dieser Gattungsbestimmung vgl. u. a. *Dibelius, Formgeschichte (⁶1971 [= ³1959]), 34-66; Hengel, Nachfolge (1968), 6; Merklein, Gottesherrschaft (1978), 57f; Kosch, Tora (1989), 347.*
274 Zur Interpretation dieser Heimat- und Besitzlosigkeit Jesu und seiner AnhängerInnen als freiwillige Übernahme von in der Umwelt negativ besetzten asketischen Elementen vgl. *Mödritzer, Stigma (1994), 100-110.*
275 Vgl. bes. *Schulz, Nachfolgen (1962), 106-107 mit A. 94; Hengel, Nachfolge (1968), 9-13; Jacobsen: Piper (Ed.), Gospel (1995), 361-363.*
276 Vgl. *Hengel, Nachfolge (1968), 13 (Hinweis auf Ez 24,15-24; Jer 16,1-4.5-7 u. a.); Kosch, Tora (1989), 349-351; Theißen / Merz, Jesus (1996), 330.* Zur Auslegungsge-

aller Schärfe vor Augen geführt werden soll, daß der Anruf der βασιλεία ausschließlich ist und keinen Aufschub erlaubt, vor allem aber Distanz zu allem
Bisherigen fordert und »der Tora, aber auch menschlichen Wertvorstellungen
einen neuen ›Ort‹ zuweist.«[277] Daß die βασιλεία den ungeteilten Einsatz der
ganzen Person fordert, und zwar wie beim zweiten Beispiel ohne jeden Aufschub, zeigt das dritte Beispiel, in welcher Form auch immer es bereits in der
Q-Vorlage zu finden war: Dieser Nachfolgewillige will sich »zuvor« von seinen Angehörigen verabschieden, d. h. ebenfalls noch einen letzten Akt im
Rahmen der familiären Strukturen ausführen, ein Wunsch, der Elischa von
Elija immerhin noch gewährt worden war (vgl. 1 Kön 19,19-21). Jesus jedoch konfrontiert diesen Nachfolgeanwärter in dem Spruch von der Hand, die
an den Pflug gelegt ist, mit dem Ziel der Arbeit: Dieses Ziel, das es zu erreichen gilt, erlaubt keinen Blick zurück.

Was in diesen drei Szenen geschieht, ist eine provokative Infragestellung
der Gesetzmäßigkeiten und Ansprüche der die gesellschaftliche Ordnung ga-
rantierenden Strukturen von Haus und Familie. Das bedeutet für das Umfeld
des Lukasevangeliums ebenso wie für das Umfeld der Jesusbewegung auch:
Eine Infragestellung der Ansprüche der *patriarchalen* Familie. Insofern ist
Luise Schottroff zuzustimmen, wenn sie Lk 9,60 (Q) als Untergraben »eines
der Grundpfeiler des patriarchalen Generationenvertrages, der sich auf das El-
terngebot des Dekalogs bezieht« beurteilt.[278] Dies ist m. E. jedoch nicht als
generelle Handlungsanweisung zu verstehen, sondern als Außerkraft- und
Hintansetzung einer fraglos geltenden Werteordnung angesichts des Anrufes
der βασιλεία.

Die Ansprüche der patriarchalen Familie werden aber, wie dies in Q
durchweg der Fall ist[279], aus androzentrischer Sicht in Frage gestellt: Es sind
drei Männer, die zu Jesus kommen und ihm nachfolgen wollen bzw. von ihm
gerufen werden. Das kann mit der Situierung auf dem Weg, unterwegs, zusammenhängen: Wer sich außerhalb des Hauses bewegt, ist nach der hier
zum Ausdruck kommenden Vorstellung ein Mann. Und weiter: Wer Jesus
von sich aus anspricht, muß ebenfalls ein Mann sein. Die lk Fassung geht
noch einen Schritt weiter: Hier sind nicht nur die, die Jesus von sich aus ansprechen, sondern auch der, den Jesus in der zweiten Szene anspricht, als
Mann vorgestellt. Überhaupt erzählt die zweite Szene von einer Welt von Vätern und Söhnen. Das dritte Bild spricht mit der Vorstellung vom Pflügen
ebenfalls eine männlich konnotierte Arbeitswelt an.[280] Schließlich werden mit
der Aufnahme von Motiven aus 1 Kön 19,19-21 Assoziationen der Berufung

---

schichte vgl. bes. *Klemm: NTS 16 (1969-70), 60-75; Fitzmyer, Lk (1981), 836.*
277   *Kosch, Tora (1989), 350.* Vgl. auch *Merklein, Gottesherrschaft (1978), 60-64.*
278   *Schottroff: EvTh 51 (1991), 339.* So auch *Dies.: SSc II (1994), 513.*
279   Vgl. *Schottroff: EvTh 51 (1991), 332-344; Dies.: SSc II (1994), 510-534; Dies.: Piper*
      (Ed.), Gospel (1995), 347-360.
280   Vgl. Ri 14,18; 3 Bas 19,19; Sir 6,19; 38,25; Jes 28,24; Lk 17,7.

Elischas durch Elija, der Berufung eines Prophetenschülers durch einen Propheten, geweckt, was trotz der (historischen) Existenz von Prophetinnen als männlich besetztes Feld zu gelten hat. Das zeigt: Bei der Überlegung, wer das unbehauste Leben Jesu auf sich nehmen kann, sind Männer im Blick, und auch diejenigen, die den Ansprüchen der patriarchalen Familie etwas anderes entgegensetzen, sind Männer.

Lukas hat die drei Szenen an den Beginn seines Reiseberichts gestellt. Nachdem 9,51 eindrücklich der Aufbruch Jesu nach Jerusalem markiert worden war, werden sogleich im Anschluß daran die Konflikte und Schwierigkeiten dieses Weges deutlich gemacht (9,52-56): Der Weg nach Jerusalem provoziert Ablehnung, Nicht-Aufnahme und Obdachlosigkeit, und zwar nicht nur für Jesus selbst, sondern auch für die, die mit Jesus auf diesem Weg bzw. von ihm gesandt sind. Dieser »Auftakt« des Reiseberichts wird so zu einer Art vorausgehender Illustration für die folgenden drei Nachfolgeszenen (9,57-62), die ja auf diesem »Weg« angesiedelt sind, aber auch zu einem Vorzeichen für die folgende Aussendungsrede (10,1-16). Diese wird - beispielsweise - Verhaltensregeln für solche Fälle der Ablehnung zur Verfügung stellen, wie sie in 9,52-53 geschildert werden und auf die Jakobus und Johannes in 9,54 noch völlig unangemessen reagiert hatten, wie die harsche Reaktion Jesu 9,55 zeigt.

Zu Beginn des Weges nach Jerusalem werden also von verschiedenen Seiten die Bedingungen und Implikationen des Aufbruchs Jesu und derer, die sich mit ihm auf diesen Weg machen wollen, beleuchtet. Mit der Übernahme der drei provokativen Q-Szenen werden in exemplarischer Weise die ökonomischen, sozialen, familiären und lebensgeschichtlichen Brüche illustriert, die dieser Weg - und das heißt in der lk Fassung *auch*: die Arbeit für die βασιλεία[281] - mit sich bringt.

Übernommen ist damit aber auch die androzentrische Perspektive der Q-Szenen. Mit der Situierung zu Beginn des Reiseberichts wird somit an einer Schlüsselstelle eine androzentrische Perspektive auf das Nachfolgethema aufgebaut, die auch in der folgenden Aussendungsrede weitergeführt wird: Als Nachfolgewillige oder Nachfolgekandidaten, als diejenigen, die der Ruf Jesu trifft, als Verkündiger der βασιλεία, oder auch als Haus»herren«, die die von Jesus Gesandten aufnehmen (vgl. 10,6), kommen ausschließlich Männer in den Blick. Das heißt nun nicht, daß diese Männer in diesen Szenen idealisiert würden. Es wird ja nicht gesagt, daß sie all das, was da von ihnen gefordert wird, hätten leisten können. Sondern sie werden mit diesen harten Bedingungen konfrontiert, sie erhalten Gelegenheit, sich zu prüfen, und ihre letztliche Reaktion bleibt offen. Die Perspektive des Textes aber ist so, daß Frauen in diesen Prozeß von vorn herein nicht einbezogen werden.

---

281 Dies zeigen der lk Verkündigungsauftrag 9,60b und evtl. auch das von Lk zu einer Nachfolgeszene umgearbeitete Bild vom Pflügen 9,61-62.

Das heißt nun wiederum nicht, daß Frauen in diesem Prozeß grundsätzlich nicht denkbar sind. Sondern androzentrische Sprache bewirkt es, Frauen unsichtbar zu machen. Androzentrische Bilder tun ein übriges, eine entsprechende Wirklichkeit zu konstruieren. Frauen haben in dieser Konstruktion, wenn überhaupt, ihren Platz im Haus, bei denen, von denen Abschied genommen werden muß. Selbst da aber sind sie nicht explizit erwähnt, was in 9,57-62 zugegebenermaßen an der Kürze und Stilisierung der Szenen liegen mag. Die Art und Weise hingegen, wie im Rahmen der Aussendungsrede 10,7-8 über die Bewirtung der Gesandten gesprochen wird, macht Frauenhausarbeit und damit die Frauen selbst konsequent unsichtbar, »enteignet« die Arbeit der Frauen und macht sie zur Tat des Hausherrn (vgl. υἱὸς εἰρήνης 10,6).[282] Inwieweit Frauen in das emanzipatorische Potential der Forderungen Jesu gegenüber den Ansprüchen der patriarchalen Familie mit hineingenommen sind, und inwiefern sie an den Konflikten, die diese Forderungen Jesu in den Familien auslösen, beteiligt sind, bleibt durch diese Art der Darstellung offen.

Jedoch bietet das Lk-Ev selbst Handhabe, diese androzentrisch verengte Sicht aufzubrechen: Zum ersten liefert die Konzeption der nachfolgenden Frauen aus 8,2-3 einen Schlüssel dazu, Frauen wie Männer in der Nachfolge Jesu sichtbar zu machen und damit die Nachfolge-Texte inklusiv zu lesen; denn hier wird konkret von Frauen erzählt, die das unbehauste Leben Jesu tatsächlich auf sich genommen und sich ohne Vorbehalte auf den Weg gemacht haben. Ein zweites: Die Szenen stehen zu Beginn des Weges nach Jerusalem. *In* Jerusalem aber wird deutlich werden, daß es auch und besonders die Frauen aus Galiläa sind, die diesen Weg mitgegangen sind, die also all das auf sich genommen haben. Und ein drittes: Marta, die Jesus nach Lk 10,38 bei sich aufnimmt, ist eine erste Realisierung des υἱὸς εἰρήνης aus 10,6 - und sie ist dies als Frau. Konkrete Beispiele auf der Ebene des Erzählgerüsts des Lk-Evs machen damit die stilisierten Szenen 9,57-62 und die Aussendungsrede transparent auf Männer und Frauen hin. Dennoch wird deutlich: Weder die Frauen, von denen in 8,2-3 die Rede gewesen war, noch Marta, von der als Hausherrin im unmittelbaren Kontext die Rede sein wird, hinterlassen offensichtlich einen Eindruck, der - umgekehrt - stark genug wäre, in den Nachfolgeszenen und in der Aussendungsrede die androzentrische Konstruktion aufzubrechen.

---

282 Dies weist *Schottroff: EvTh 51 (1991), 335-336* am Beispiel des Vaters in Lk 11,11-12 auf, der dem Sohn Brot und Fisch gibt. Vgl. auch *Dies., Schwestern (1994), 129-130*. Zu den sozialgeschichtlichen Aspekten der Mt-Parallele (Mt 7,9-10) vgl. *Eltrop, Kinder (1996), 53-59. Schottroffs* Zuspitzung auf die Enteignung der Frauenarbeit ist allerdings differenzierend entgegenzuhalten, daß es in Lk 11,11-13 ja um den Gegensatz zwischen dem »bösen« Vater und dem himmlischen Vater geht.

3.2 ... die kann nicht meine Jüngerin sein? (Lk 14,25-35)

Nach den Gastmahlgesprächen Lk 14,1-24 wechselt in 14,25 die Szenerie: es ist wieder eine Volksmenge vorausgesetzt, die Jesus begleitet.[283] Damit wird der in 14,1 betretene Raum des Gastmahls, das Haus eines der Oberen der Pharisäer, verlassen, und die Szene ist wieder »unterwegs«, auf dem Weg nach Jerusalem, situiert. Ab 14,26 schließt sich eine kleinere Redekomposition an, die an die Volksmenge gerichtet ist und durch das Thema ›Jüngerschaft‹ - vgl. den dreimal wiederkehrenden Satz οὐ δύναται εἶναί μου μαθη-τής 14,26.27.33 - zusammengehalten wird. Nach hinten wird diese Komposition in 15,1-2 durch einen Wechsel der Figurenkonstellation abgegrenzt: nun werden ZöllnerInnen und SünderInnen erwähnt, die sich bei Jesus befinden, um ihn zu hören (15,1). Darüber empören sich Pharisäer und Schriftgelehrte (15,2), worauf Jesus wiederum mit einer Reihe von Gleichnissen antwortet (15,3-32). Dies läßt es gerechtfertigt erscheinen, 14,25-35 als zusammenhängende Einheit zu untersuchen.[284]

Die Perikope läßt sich folgendermaßen gliedern[285]:

14,25	Situationsschilderung und Redeeinleitung
14,26-27	Bedingungen für die Jüngerschaft
	14,26 erste Bedingung: Hassen der Familie
	14,27 zweite Bedingung: Kreuztragen
14,28-32	Begründung in zwei Gleichnissen
	14,28-30 erste Begründung: Gleichnis vom Turmbau
	14,31-32 zweite Begründung: Gleichnis vom kriegführenden König
14,33	Folgerung und dritte Bedingung für Jüngerschaft: Besitz verlassen
14,34-35b	Illustration: Bildwort vom Salz
14,35c	Abschließender Aufruf zum Hören

Die Quellenlage dieser Komposition ist unterschiedlich: Die in 14,26-27 formulierten Bedingungen für die Jüngerschaft haben eine Parallele in Mt 10,37-38 und stammen nahezu unbestrittenermaßen[286] aus Q, auch wenn es

---

283 *Bovon, Lk II (1996), 526 A. 3* sowie *532 mit A. 38* rechnet 14,25 zu den Sammelberichten.

284 Vgl. auch die Perikopeneinteilung bei *Sellin: NT 20 (1978), 108,* der 14,25 und 15,1 zu den »situationsverändernden« Einleitungen zählt und daher 14,25-35 als einen der Hauptteile im Reisebericht abgrenzt.

285 Ähnlicher Gliederungsvorschlag bei *Bovon, Lk II (1996), 526,* vgl. aber z. B. auch schon *Schmid, Lk (⁴1960), 247.* Die Aufteilung der Bestandteile der Perikope ist bei den meisten AutorInnen vergleichbar. Auf die im Reisebericht öfters zu beobachtende Kombination von Logien und Gleichnissen weist *Sellin: NT 20 (1978), 110-111* hin.

286 Vgl. *Bultmann, Geschichte (¹⁰1995 [1931]), 172f; Schulz, Q (1972), 446-448; Schneider, Lk (1977), 320; Polag, Fragmenta (1979), 70f; Schmithals, Lk (1980), 161 (Q¹); Horn, Glaube (1983), 194f; Gnilka, Mt I (1986), 393; Kloppenborg, Formation (1987), 230-232; Kosch, Tora (1989), 351-356; Ernst, Lk (⁶1993), 333; Bovon, Lk II (1996),*

sich hier um eine kleine, vereinzelte Einheit handelt und nicht, wie dies anson-
sten bei Lk der Fall ist, ein größerer Q-Block wiedergegeben wird[287]. Das
Gleichnis vom Salz ist zwar auch in Mk 9,49-50 überliefert; doch lassen die
Gemeinsamkeiten zwischen Lk 14,34-35b und Mt 5,13 über die mk Fassung
hinaus vermuten, daß es neben der mk Vorlage noch eine Q-Fassung des
Bildwortes gab.[288] Der sich anschließende Aufruf zum Hören 35c ist so allgemein, daß er schwer zuzuordnen ist: Ein solcher Aufruf hatte Lk 8,8 bereits in
Parallele zu Mk 4,9 das Gleichnis vom Sämann abgeschlossen[289]. Ansonsten
sind die beiden Gleichnisse 14,28-34 dem lk Sondergut zuzurechnen, während die Situierung V. 25 sowie der Aufruf zum Verlassen des gesamten Besitzes V. 33 der lk Redaktion zuzuschreiben sind[290]. Verschiedene Hinweise
lassen nun darauf schließen, daß auch die Komposition dieser verschiedenen
traditionell vorgegebenen Stoffe zu einer literarischen Einheit erst durch die lk
Redaktion geschehen ist: Die lk Einleitung sowie der interpretierende und zusammenfassende V. 33, die verschiedene und unabhängige Überlieferung der
beiden ersten Nachfolgelogien und des Bildwortes vom Salz in der synoptischen Tradition und im Thomasevangelium[291] sowie die Kombination mit
Traditionen aus dem lk Sondergut.[292]

Für unsere Fragestellung sind nun vor allem die drei in 14,26-27.33 formulierten Bedingungen für die Jüngerschaft von Interesse. Um die lk Akzentsetzungen bei dieser Thematik zu erkennen, soll zuerst die Q-Fassung der beiden ersten Bedingungen rekonstruiert und mit dieser die vorliegende lk Fassung verglichen werden. Weitere Untersuchungsschritte müssen dann 14,33
sowie dem Gesamtzusammenhang der Komposition gelten.

527.

287 Vor allem *Sato, Q (1988), 52f.60f* ist aus diesem Grunde skeptisch, ob es sich bei
     den »vereinzelte(n) Sprüchen zwischen Lk 14,6 und Lk 17,6« (*23f*) um Q-Stoffe
     handelt. Zur Auseinandersetzung mit *Sato* und detailliertem Nachweis der Q-Zuge-
     hörigkeit des Logions vgl. *Kosch, Tora (1989), 351-352*, sowie *Ders.: FZThPh 36
     (1989), 415*, der zwischen Lk 14 und Lk 17 aufgrund des zu beobachtenden Redak-
     tionsverfahrens »mit einer schon vor-lk Verschmelzung von Q- und sogenannten
     S$_{Lk}$-Stoffen« rechnet.
288 Vgl. *Schulz, Q (1972), 470-471; Schmithals, Lk (1980), 161* (Q¹); *Ernst, Lk (⁶1993),
     333; Bovon, Lk II (1996), 531*. Nach *Schweizer, Lk (1982), 159* sind V. 34-35 von Mt
     5,13 bzw. Q beeinflußt, V. 34 daneben auch von Mk 9,50.
289 Nach *Schneider, Lk (1977), 320* ist 14,35c aus 8,8 übernommen. Dagegen ist der
     Satz nach *Bovon, Lk II (1996), 531* von Mk suggeriert, was mir allerdings nicht
     ganz einleuchten will.
290 Vgl. *Schmid, Lk (⁴1960), 247* (bzgl. V. 25); *Schulz, Nachfolgen (1962), 90* (bzgl. V.
     33); *Degenhardt, Lukas (1965), 105.110 mit A. 34; Schneider, Lk (1977), 320; Schmit-
     hals, Lk (1980), 161; Horn, Glaube (1983), 195* (bzgl. V. 33); *Fitzmyer, Lk (1985),
     1060f; Heininger, Metaphorik (1991), 132-133; Ernst, Lk (⁶1993), 333; Nolland, Lk
     (1993), 762.764; Bovon, Lk II (1996), 526.530*
291 Vgl. z. B. die Zusammenstellung bei *Bovon, Lk II (1996), 527-528.530-532*.
292 Vgl. ausführlich *Heininger, Metaphorik (1991), 132-133*.

(a) Die erste Bedingung für Jüngerschaft (14,26)

Zwischen den beiden bei Mt und Lk überlieferten Fassungen des Logions bestehen erhebliche Unterschiede. Sie betreffen die Einleitung des Spruchs, das Verb: ob ›gehaßt‹ oder ›(nicht) mehr geliebt‹ werden soll, die Personen, die ›gehaßt‹ bzw. nicht ›mehr als Jesus geliebt‹ werden sollen, anderes, das ebenso gehaßt werden soll, die Formulierung der Folgerung sowie die Gesamtform des Spruches:

	Mt 10,37	Lk 14,26
Einleitung	-	Εἴ τις ἔρχεται πρός με
Verb	Ὁ φιλῶν ... ὑπὲρ ἐμὲ	καὶ οὐ μισεῖ
Personen	πατέρα ἢ μητέρα ...	τὸν πατέρα ἑαυτοῦ καὶ τὴν
	υἱὸν ἢ θυγατέρα ...	μητέρα καὶ τὴν γυναῖκα καὶ
		τὰ τέκνα καὶ τοὺς ἀδελφοὺς
		καὶ τὰς ἀδελφάς
anderes	-	ἔτι τε καὶ τὴν ψυχὴν
		ἑαυτοῦ
Folgerung	οὐκ ἔστιν μου ἄξιος	οὐ δύναται εἶναί μου
		μαθητής

Zur Rekonstruktion des Q-Textes sind nun bereits bedeutende Untersuchungen angestellt worden. Nach fast unbestrittenem Konsens ist das mt φιλεῖν ὑπέρ eine sekundäre Abschwächung gegenüber dem härteren lk μισεῖν.[293] Dies wiegt umso schwerer, als im mt Kontext unmittelbar zuvor in äußerst harten Ausdrücken von der Entzweiung um Jesu willen die Rede gewesen war (Mt 10,34-36). Auch den Schluß des Logions hat Lk authentischer bewahrt als Mt, der hier die Bewährung der Jüngerschaft gegenüber dem Jünger-Werden betont[294], damit bereits spätere christliche Terminologie wiedergibt und wie schon mit seiner Formulierung φιλεῖν ὑπέρ die persönliche Bindung an Jesus unterstreicht.[295] Hinsichtlich der Aufzählung der Verwandten hingegen könnte die lk Fassung in der Ergänzung von weiteren Familienangehörigen von Mk 10,29 her beeinflußt sein, während der strenger durchgehaltene und kürzere Parallelismus bei Mt der Q-Fassung näher zu stehen

---

293 Vgl. *Bultmann, Geschichte* (^{10}*1995 [1931]*), *172; Schulz, Nachfolgen (1962), 80; Augsten, Stellung (1970), 35; Schulz, Q (1972), 446; Schneider, Lk (1977), 321; Polag, Fragmenta (1979), 71; Kuhn: FS Bornkamm (1980), 126; Horn, Glaube (1983), 195; Gnilka, Mt I (1986), 393; Kosch, Tora (1989), 352; Viviano, Mt (1990), 652; Melzer-Keller, Jesus (1997), 347f.*

294 Vgl. *Luz, Mt II (1990), 134.*

295 Vgl. *Schulz, Nachfolgen (1962), 81; Bultmann, Geschichte (^{10}1995 [1931]), 173; Schulz, Q (1972), 447; Schneider, Lk (1977), 321; Polag, Fragmenta (1979), 71; Kuhn: FS Bornkamm (1980), 117; Gnilka, Mt I (1986), 393; Kosch, Tora (1989), 353; Theobald: ThQ 173 (1993), 223; Bovon, Lk II (1996), 535.*

scheint.[296] Außerdem weist die entsprechende Einfügung in Lk 18,29 (diff Mk 10,29) darauf hin, daß die Eintragung der Ehefrau in die Liste auch in 14,26 auf das Konto des Lukas geht.[297] Lukanische Erweiterungen dürften auch das ἔτι τε καὶ τὴν ψυχὴν ἑαυτοῦ (vgl. Lk 9,23-24; 17,33)[298] sowie eventuell die Einleitung des Logions (εἴ τις ἔρχεται πρός με)[299] sein, die eine Anpassung an die von Lk in 14,25 konstruierte Situation der zusammenströmenden Volksscharen darstellen könnte.

In ähnlich aufrüttelnder Weise wie in 9,59-60(.61-62) (Q) wird in diesem Logion die völlige Loslösung aus familiären Bindungen als Bedingung für die Jüngerschaft formuliert. Zwar umfaßt das Bedeutungsspektrum des Verbs μισεῖν »die Bandbreite von *weniger lieben / hintansetzen* bis hin zu *hassen*«[300]. Doch darf diese anstößige Formulierung nicht vorschnell abgeschwächt werden, sondern es ist davon auszugehen, daß eine »bewußte Absage, Abkehr und Ablehnung«[301] gemeint ist, also ein aktives Sich-Distanzieren und mehr als ein Hintansetzen oder Hinnehmen von Ablehnung und Trennung.[302] Wieder wird auf provokante Weise zur Verletzung von Familienpflichten herausgefordert, und wieder wird eine Deutung in Analogie zu symbolischen Handlungen am angemessensten sein.[303] Die Kehrseite ist wiederum eine emanzipatorische Kraft gegenüber fraglos geltenden Gesetzmäßigkeiten und Ansprüchen der patriarchalen Familie, die diesem Logion eignet; doch darf dies auch hier nicht als generelle Handlungsanweisung oder als Infrage-

---

296 Vgl. *Schmid, Lk* (⁴1960), 247; *Schulz, Nachfolgen* (1962), 80; *Bultmann, Geschichte* (⁸1970), 173; *Schulz, Q* (1972), 447; *Polag, Fragmenta* (1979), 71; *Kuhn: FS Bornkamm* (1980), 126; *Horn, Glaube* (1983), 195; *Gnilka, Mt I* (1986), 393; *Kosch, Tora* (1989), 352; *Luz, Mt II* (1990), 134 (»vielleicht«); *Nolland, Lk* (1993), 762; *Bovon, Lk II* (1996), 535; *Melzer-Keller, Jesus* (1997), 348. Gegenteilig *Quesnell: CBQ 30* (1968), 344; *Balch: NTS 18* (1971/72), 353.

297 Vgl. *Stegemann: Schottroff / Stegemann* (Hgg.), *Gott* (1979), 115; *Horn, Glaube* (1983), 195; *Kosch, Tora* (1989), 352.

298 Vgl. *Schmid, Lk* (⁴1960), 247; *Degenhardt, Lukas* (1965), 106; *Schulz, Q* (1972), 447; *Schneider, Lk* (1977), 321; *Polag, Fragmenta* (1979), 71; *Schweizer, Lk* (1982), 159; *Horn, Glaube* (1983), 195; *Kosch, Tora* (1989), 352; *Luz, Mt II* (1990), 134; *Bovon, Lk II* (1996), 535, *Melzer-Keller, Jesus* (1997), 348.

299 So *Schulz, Q* (1972), 447, der diesen Ausdruck überladen findet und auf eine vergleichbare lk Einleitung in Lk 6,47 verweist. Vgl. auch *Luz, Mt II* (1990), 134. Dagegen ist dieser Satz bei *Polag, Fragmenta* (1979), 70 im Kleindruck in den Q-Text übernommen worden. Ihm folgt *Theobald: ThQ 173* (1993), 222.

300 *Giesen: EWNT II* (1981), 1060. Hervorhebungen im Original.

301 *Michel: ThWNT IV* (1942), 694-695.

302 Vgl. *Kosch, Tora* (1989), 353-354; *Ernst, Lk* (⁶1993), 333; *Bovon, Lk II* (1996), 532-534. Häufig ist (in Analogie zu Mt 10,37) die Interpretation als Nachordnung, Zurückstellung o. ä. anzutreffen, vgl. *Schmid, Lk* (⁴1960), 247; *Degenhardt, Lukas* (1965), 106; *Schneider, Lk* (1977), 321; *Schmithals, Lk* (1980), 161; *Schweizer, Lk* (1982), 159, der aber auch die Deutung als »verlassen« erwägt. So auch *Marshall, Lk* (1978), 592; *Klauck: Gemeinde* (1989), 188; *Bovon, Lk II* (1996), 534.

303 Vgl. *Kosch, Tora* (1989), 355-356 mit einer Situierung des Logions in seinem Verhältnis zum vierten Gebot.

stellung der Familie *an sich* verstanden, sondern muß in seinem engen Bezug zur Nachfolge-Situation belassen werden.[304]

Die für unsere Fragestellung gewichtigste Veränderung, die der Hand des Lk zuzuschreiben ist, ist die Erweiterung der Liste der Familienangehörigen. Hatte Q aller Wahrscheinlichkeit nach den zweigliedrigen Parallelismus

$$\text{τὸν πατέρα καὶ τὴν μητέρα}$$
$$\text{καὶ τὸν υἱὸν καὶ τὴν θυγατέρα,}$$

so ergänzt Lk diese Liste um ein drittes Glied, die Brüder und Schwestern (τοὺς ἀδελφοὺς καὶ τὰς ἀδελφάς), faßt im zweiten Glied Sohn und Tochter zu τὰ τέκνα zusammen und stellt diesen die Ehefrau voran, so daß nun ein dreigliedriger Parallelismus entsteht:

$$\text{τὸν πατέρα ἑαυτοῦ καὶ τὴν μητέρα}$$
$$\text{καὶ τὴν γυναῖκα καὶ τὰ τέκνα}$$
$$\text{καὶ τοὺς ἀδελφοὺς καὶ τὰς ἀδελφάς.}$$

Diese Veränderung der Verwandtenliste birgt mehrere Aspekte in sich: Zum einen ist der Familienverband in der lk Fassung umfassender dargestellt als in Q; die sehr weitreichenden Verbindungen einer Großfamilie werden deutlicher vor Augen geführt. Des weiteren repräsentiert die Zusammenstellung von »Frau und Kindern« zu einem Glied des Parallelismus eine androzentrische Perspektive auf die engere, die »eigene« Familie. Und schließlich hat eine Formulierung, die fordert, die *Ehefrau* zu »hassen«, verheiratete Männer als Adressaten vor Augen. Das heißt: Während es in der Q-Fassung rein sprachlich möglich gewesen wäre, daß auch (verheiratete oder ledige) Frauen angesprochen sind, so ist der Adressatenkreis bei Lk auf Männer eingeschränkt.[305]

Jetzt ist hierin gewiß kein Indiz für das oft beschworene besondere Interesse des Lk an Frauen zu finden.[306] Es ist darin auch noch anderes zu sehen als eine »pedantische«[307] Ergänzung der Verwandtenliste oder eine generelle, quasi »neutrale« Radikalisierung der Nachfolgeforderung, die die totale und ausschließliche Bindung an Jesus verlange - und bei Erfüllung der Forderung

---

304 Vgl. *Kosch, Tora (1989), 355.*

305 Vgl. *Schüssler Fiorenza, Gedächtnis (1988), 195; Fander, Stellung (^{2}1990), 306; Dies.: SSc I (1993), 215; Theobald: ThQ 173 (1993), 224; Seim, Message (1994), 225; Ringe, Lk (1995), 201. Luz, Mt II (1990), 134 A. 7* stellt unter Verweis auf *Schüssler Fiorenza* die Frage, ob Lk hier eine »männliche« Perspektive vertrete, beantwortet sie aber nicht.

306 So *Witherington, Ministry (1984), 150 A. 150* (zu Lk 18,29): »... perhaps reflecting Luke's interest in and concern for women.«

307 *Bultmann, Geschichte (^{10}1995 [1931]), 173.*

gleichzeitig ermögliche.[308] Es ist auch mehr als der Ausdruck dessen, daß die Frauen, die sich der Jesusbewegung angeschlossen haben, generell weniger in Familienstrukturen eingebunden waren als Männer und deshalb nicht so radikal wie männliche Jünger herausgerufen werden mußten.[309] Sondern die Ergänzung der Familienliste ist zunächst - wie dies bereits zu Lk 9,57-10,16 beobachtet wurde - Ausdruck einer androzentrischen Konzeption von Nachfolge und Jüngerschaft. Dabei mag es durchaus sein, daß Lk mit seiner Erweiterung der Verwandtenliste die Jesusnachfolger dem Ideal der kynischen Wanderphilosophen anzupassen sucht.[310] Das Phänomen bleibt dabei das gleiche: Es sind keine Frauen im Blick, die als Jüngerinnen und Nachfolgerinnen sich so weit auf Jesus und seinen Lebensstil einlassen, daß sie sich völlig von ihren Familien abwenden oder sich von Familienstrukturen und ihren Forderungen lösen (müssen).

Dabei muß aber berücksichtigt werden, daß schon in der Q-Fassung nachfolgende Frauen auf der Textoberfläche unsichtbar sind. Androzentrische Sprache formuliert bereits hier so, daß es zwar *möglich* ist, in dem Logion Frauen mitzuverstehen, daß es dazu aber bereits einen Übertragungsschritt braucht. Damit steht auch dieses Logion im Rahmen der generell in Q festzustellenden androzentrischen Sprache, Wirklichkeitswahrnehmung und -interpretation.[311] Man kann sich nun fragen, ob das Logion in der Q-Fassung entweder noch nicht realisiert hat, daß von einer Änderung des Lebensstils des Mannes in erster Linie die Ehefrau betroffen ist. Oder ob das Logion, ähnlich wie 1 Kor 9,5, Ehefrauen voraussetzt, die *mit* ihren Ehemännern die Konse-

---

308 So *Augsten, Stellung (1970), 35f; Ryan: BTB 15 (1985), 57.* Vgl. auch *Schottroff / Stegemann, Jesus (³1990), 110:* »...formuliert insgesamt radikaler und umfassender« oder *Bovon, Lk II (1996), 535:* »Zeichen seines Radikalismus«.

309 So *Seim, Message (1994), 37-38,* die allerdings auch einschränkend auf die Familienkonflikte Lk 12,53 hinweist, in die ja auch Frauen verwickelt sind. *228* spricht sie dann aber wieder davon, daß die Bedingungen der Nachfolge wohl ein besonderes Problem für »comfortably-established men« seien. Im Blick auf 14,26 kann sich diese Situierung der Männer als »comfortably-established« auf 14,33 sowie das Gleichnis vom Turmbauer stützen - wenn sie nicht als Vermischung der lk Version der gescheiterten Nachfolge des reichen Vorstehers 18,18-30 mit 14,26 anzusehen ist.

310 So *Stegemann / Stegemann, Sozialgeschichte (1995), 176 mit A. 45.* Zum Vergleich der lk Darstellung der Jüngerexistenz mit der Lebensweise der kynischen Wanderphilosophen vgl. schon *Stegemann: Schottroff / Stegemann (Hgg.), Gott (1979), 104.115-117; Schottroff / Stegemann, Jesus (³1990), 110-113; Mödritzer, Stigma (1994), 109-110;* an Quellen vgl. v. a. *Epiktet, Diss III 22,45-48.*

311 Vgl. *Schottroff: EvTh 51 (1991), 332-333 u. ö.; Dies.: SSc II (1994), 510-534; Levine: Biblical Interpretation 2 (1994), 21-33; Schottroff: Piper (Ed.), Gospel (1995), 347-360.* Vgl. auch den schrittweisen Prozeß des Aus- und Einschlusses von Frauen in den verschiedenen Q-Stufen, den *Levine: Semeia 50 (1990), 145-161* herausarbeitet, sowie den Forschungsüberblick zu »gender in Q« bei *Arnal: JBL 116 (1997), 77-81.*

quenzen der Jüngerschaft und Nachfolge trugen[312], wobei damit noch nicht gesagt ist, daß Frauen auf diese Weise als eigenständige und eigenverantwortliche Nachfolgerinnen wahrgenommen werden. Oder ob, und das wäre die weitreichendste Lesart, selbstverständlich Männer *und* Frauen als derart konsequente JüngerInnen im Blick sind[313]. Dafür spricht, daß in Lk 12,53 (Q) Familienkonflikte um des Evangeliums willen vorausgesetzt werden, von denen in gleicher Weise Frauen wie Männer betroffen sind.[314]

Demgegenüber sind Frauen als Jüngerinnen in der lk Version nicht nur unsichtbar, sondern ausgeschlossen.[315] Frauen werden lediglich als diejenigen, mit denen zu brechen ist, stärker als in Q sichtbar gemacht. Dazu paßt, daß im unmittelbar vorangehenden Gastmahlgleichnis (14,16-24) in der lk Version als dritter Entschuldigungsgrund, nicht zum Mahl kommen zu können, die Heirat mit einer Frau genannt wird.[316] Damit erscheint die Ehe als Hinderungsgrund, der Einladung zur βασιλεία Folge zu leisten[317], wobei es wieder der Mann ist, der angesprochen ist, und die Frau nur als diejenige in den Blick kommt, die geheiratet *wird*.

Wie also nach dem Gastmahlgleichnis die Einladung zur βασιλεία Vorrang vor allem anderen hat und alle anderen Ansprüche und Verpflichtungen, auch die der Ehe, hintan setzt, so erscheint das »Jünger sein« in 14,26 als von solcher Priorität und Ausschließlichkeit, daß demgegenüber der Verpflichtungs- und Anspruchscharakter aller Familienbindungen außer Kraft gesetzt wird[318], und mehr: daß das »Jünger sein« ein aktives Sich-Distanzieren von diesen Bindungen erfordert. Auf dem Hintergrund dieses Kontextes aber ist

---

312 So *Fander, Stellung* (²*1990), 329* zu Mk 10,29. Irrtümlich argumentiert sie mit Lk 14,26 als synoptischer Parallele dazu (anstelle von Lk 18,29-30).

313 So z. B. *Jacobsen: Piper (Ed.), Gospel (1995), 363.*

314 *Schottroff: EvTh 51 (1991), 338-339.344* schließt aus dieser Stelle auf die Existenz von Wanderpredigerinnen, vgl. auch *Dies.: Piper (Ed.), Gospel (1995), 355.360 u. ö.*

315 Wenn die Zuhörenden nun auf diese Weise als Männer konstruiert sind, ist zu fragen, was es bedeutet, daß die Worte an ὄχλοι πολλοί gerichtet sind. Sind damit auch diese als männlich zu denken? Vgl. ähnlich Lk 11,5.11-12: Nach 11,1 sind die μαθηταί anwesend. 11,5.11-12 aber konstruiert die Angesprochenen männlich. Sind damit die μαθηταί ausschließlich männlich zu denken?

316 *Schottroff: EvTh 47 (1987), 206 mit A. 37* hebt den rechtlichen Hintergrund der vorausgesetzten Situation (Ket I, 1) hervor, nach der die Inbesitznahme der Frau ein Rechtsakt und Bestandteil der Eheschließung sei - mit dem Ziel, daß »der Mann … am Morgen nach der Hochzeitsnacht wegen der Jungfrauschaft Klage führen« kann. So sei hier kein Vorwand, sondern ein notwendiger Akt im Blick, vgl. auch *Dies., Schwestern (1994), 233.*

317 Vgl. *Augsten, Stellung (1970), 36 u. ö.; Klauck: Gemeinde (1989), 187* ohne Thematisierung der Situation der Frauen in diesem Konstrukt. Schon *Horn, Glaube (1983), 201f*, der sich allerdings ausdrücklich mit der Haltung dieses Textes gegenüber Frauen beschäftigt, durchschaut die androzentrische Perspektive dieses Entschuldigungsgrundes nicht. Eine feministische Analyse bietet *Seim, Message (1994), 225-226.*

318 Zu diesem Zusammenhang vgl. auch *Bovon, Lk II (1996), 510.*

zu fragen, ob auf der Ebene des Lk-Evs nicht die emanzipatorische Kraft des Logions, der (patriarchalen) Familie den Rücken zu kehren, gegenüber seiner Vorlage verstärkt ist, und ob es darüberhinaus sogar als Kritik an den Ansprüchen patriarchaler Familienstrukturen auf die einzelnen verstanden werden darf. Jedoch wird diese in androzentrischer Perspektive formuliert, so daß Frauen überhaupt nicht als solche in den Blick kommen, die in diesen emanzipatorischen Prozeß involviert sind, und auch nicht als diejenigen wahrgenommen werden, für die sich die Frage nach den Lebensprioritäten angesichts des Anrufes Jesu (oder der βασιλεία) überhaupt stellen könnte.

Doch wieder ist es das Lk-Ev selbst, das den Schlüssel dafür bietet, diese verengte Sichtweise aufzubrechen: Lk 8,3 identifiziert Johanna als Ehefrau des Chuzas, ohne sie als Witwe zu bezeichnen. Johanna kann also als Frau verstanden werden, die nicht nur ihren familiären Kontext im allgemeinen sondern konkret (auch) ihren Ehemann verlassen hat, um als Jüngerin zu leben. So kann sie - immer noch auf der Ebene des Lk-Evs - als eine derer angesehen werden, die die in 14,26 formulierten Bedingungen bereits realisiert haben - und zwar als Frau. Umgekehrt aber hat ihr Beispiel innerhalb des Lk-Evs keine Kraft entwickelt, die stark genug gewesen wäre, in 14,26 diese Frauen ausschließende Formulierung zu verhindern. Und im Unterschied zu 9,57-10,24, das aufgrund von konkreten Beispielen aus der Erzählebene auf Männer *und* Frauen hin transparent gemacht werden konnte, kann das Beispiel der Johanna die Forderung aus 14,26 in der gegebenen Formulierung nur in Frage stellen. Die androzentrische und Frauen ausschließende Formulierung kann mit Hilfe des Beispiels der Johanna *kritisiert* und *falsifiziert* werden.

(b) Die zweite Bedingung für Jüngerschaft (14,27)

Für die Rekonstruktion der Q-Fassung des Logions 14,27 ist auch hier, wie schon bei der Formulierung der ersten Bedingung, der Schluß des Verses bei Lk (οὐ δύναται εἶναί μου μαθητής) gegenüber der mt Formulierung οὐκ ἔστιν μου ἄξιος vorzuziehen.[319] Hingegen scheint der erste Teil bei Mt der Q-Fassung näherzustehen als die lk Version: Das einleitende ὅστις entspricht zum einen lk Sprachgebrauch und begegnet zum anderen auch häufig bei Mt, so daß nicht anzunehmen ist, daß dieser ein ursprüngliches ὅστις in ein ὅς abgeändert hätte.[320] Das lk βαστάζει τὸν σταυρὸν entspricht außerbiblischem Sprachgebrauch und ist gegenüber dem allgemeineren λαμβάνει τὸν σταυρὸν sekundär.[321] Daß Lk auch an anderen Stellen αὐτοῦ durch ἑαυτοῦ

---

319 Vgl. *Schulz, Q (1972), 430; Luz, Mt II (1990), 135; Bovon, Lk II (1996), 536.*
320 Vgl. *Schulz, Q (1972), 430-431.*
321 Vgl. *Dinkler: FS Bultmann (²1957), 111f* (mit Verweis auf ältere Literatur); *Degenhardt, Lukas (1965), 107; Schulz, Q (1972), 431-432; Gnilka, Mt I (1986), 393; Luz, Mt II (1990), 135.* Als Beispiel vgl. *Artemidoros, Oneirokritika 2,56* mit der mehrmaligen Kombination von σταυρός und βαστάζειν.

ersetzt, zeigen Lk 13,34 und Lk 19,36.[322] Und schließlich könnte die Wendung ἔρχεται ὀπίσω μου Lk zuzuschreiben sein; denn bereits Lk 9,23 ersetzt die Mk-Vorlage ὀπίσω μου ἀκολουθεῖν (Mk 8,34) durch ὀπίσω μου ἔρχεσθαι.[323] Insgesamt scheint in der lk Version das Griechische von Q präzisiert[324], doch sind die Unterschiede zwischen den beiden Fassungen nicht allzu groß: Die lk Fassung unterstreicht durch die Verwendung des Verbs βαστάζειν das (tatsächliche) Tragen des Kreuzes[325] gegenüber dem Aufnehmen (λαμβάνειν) des Kreuzes in Q, und auch das ἑαυτοῦ muß als Verstärkung des αὐτοῦ in Q angesehen werden, die das persönliche Gefordertsein des Einzelnen betont.

Ursprünglich[326] forderte dieses Logion die Bereitschaft zum Martyrium, zum eigenen Tod, als Bedingung für die Jüngerschaft.[327] Dies war nach der Erfahrung von Karfreitag natürlich nicht mehr zu trennen von Jesu konkretem Leiden und seinem Tod am Kreuz, so daß der Weg der JüngerInnen als Nach-Gehen des Weges Jesu interpretiert werden konnte (und mußte).[328] Zwar war dieses Logion - wie viele andere Logien auch - nach den Gesetzmäßigkeiten androzentrischer Sprache formuliert. Doch fordern diese Gesetzmäßigkeiten gerade eine inklusive Übersetzung.

Eine solche inklusive Übersetzung aber wird vom lk Kontext her fraglich. Waren in 14,26 dezidiert *keine* Frauen im Blick, so ist zu fragen, ob in der Folge nicht auch hier in V. 27 nur männliche Jünger vor Augen sind. Wenn das Logion nun aber »auf konkrete Weise das Martyrium aus Treue zu Christus im Blick«[329] hat, werden bei Lk Frauen als (potentielle) Martyrinnen

---

322 Vgl. *Schulz, Q (1972), 431; Luz, Mt II (1990), 135.*

323 So auch *Schulz, Q (1972), 430 A. 202.* Anders *Luz, Mt II (1990), 134,* der das ἀκολουθεῖν für mt hält.

324 Vgl. *Bovon, Lk II (1996), 535.*

325 *Bovon, Lk II (1996), 536* verweist in diesem Zusammenhang auf Apg 9,15: Dort werde das Verb βαστάζειν »auf Paulus und sein Leiden um des Namens Christi willen« angewendet. Das ist m. E. nicht ganz überzeugend; denn das βαστάζειν wird hier dafür verwendet, daß Paulus den Namen Christi vor die Völker trage. Für das Leiden, von dem V. 16 die Rede ist, steht das Verb πάσχειν.

326 Eher für die Authentizität des Wortes plädieren *Schulz, Nachfolgen (1962), 84; Bultmann, Geschichte (⁸1970), 173-174; Hoffmann, Studien (1972), 72 A. 73; Schulz, Q (1972), 432; Luz, Mt II (1990), 144.*

327 Vgl. die Diskussion der verschiedenen Interpretationsvorschläge bei *Luz, Mt II (1990), 142-144.*

328 Vgl. *Schmid, Lk (⁴1960), 248; Schulz, Nachfolgen (1962), 86-90; Schulz, Q (1972), 433; Schneider, Lk (1977), 321.* Vgl. auch *Seeley: Semeia 55 (1991), 134 et passim* und *Ders.: NTS 38 (1992), 226* mit seiner Interpretation auf dem Hintergrund des Todes eines Philosophen. Anders z. B. *Degenhardt, Lukas (1965), 108,* der die Bereitschaft zur Lebenshingabe hier gerade *nicht* im Vordergrund sieht, sondern eher die Bereitschaft, »auf die eigene Ehre zu verzichten« sowie »Schmach und Anfeindung auf sich zu nehmen«. Die Verbindung zum Märtyrertod sieht er erst später, bei Ignatius von Antiochien, Röm 4,2; 5,3, gegeben (*ebd. 109*).

329 *Bovon, Lk II (1996), 536.* Vgl. auch *Schottroff / Stegemann, Jesus (³1990), 108.*

nicht wahrgenommen. Das blendet eine Wirklichkeit aus, die die frühchristliche Tradition mit der *protomartys* Thekla ihren Anfang nehmen ließ und die
sich später, im 2. und 3. Jahrhundert, in zahlreichen Martyriumsakten und anderen Dokumenten niedergeschlagen hat: die Wirklichkeit von christlichen
Frauen, die als mutige Bekennerinnen das Martyrium erlitten.[330]

(c) Zur Begründung: Zwei Gleichnisse (14,28-32)

Die beiden radikalen Bedingungen für die Jüngerschaft werden 14,28-30.31-
32 in zwei Gleichnissen veranschaulicht und, wie das γὰρ 14,28 zeigt, begründet. Die Einbettung in diesen Kontext macht die Aussage dieser beiden
etwas rätselhaften Geschichten klar: »Ein großes Vorhaben verlangt, daß man
die Kosten überschlägt, sich prüft, ob man den langen Atem hat, es durchzu-
halten. Erwäge die Folgen, bedenke, welch große Sache du dir vornehmen
willst! so mahnen diese Gleichnisse.«[331] Diese Aussage ist auf die Nachfolge
bezogen: Wer Jesus nachfolgen will, nimmt eine große und das Leben von
Grund auf verändernde Sache auf sich - und muß seine Bereitschaft und seine
Kräfte zuvor gründlich prüfen.[332] Machte diese Mahnung schon gegenüber
denjenigen Männern und Frauen Sinn, die Jesus selbst nachfolgen wollten
und sich mit sozialer Entwurzelung und einer in materieller Hinsicht sehr un-
sicheren Zukunft konfrontiert sahen[333], so erhält sie durch den lk V. 30 noch
einen weiteren Akzent: Indem der Spott der Zuschauenden so klar formuliert
wird, wird deutlich, daß es auch um die Glaubwürdigkeit der ChristInnen
nach außen, gegenüber denjenigen, die den Weg der christlichen Sonderlinge
kritisch beobachten, geht[334].

Für unsere Fragestellung ist nun aber von Interesse, welche Bilder die
beiden Gleichnisse verwenden. Das erste wird eingeleitet durch die Frage τίς
γὰρ ἐξ ὑμῶν (V. 28), spricht also die Zuhörenden direkt an und zieht ein Bei-

---

330 Vgl. z. B. die Aufarbeitung der Martyriumsakten und anderer Quellen bei *Jensen,*
     Töchter (1992), 178-253, mit weiterer Literatur. Daß Frauen wie Männer von An-
     fang an gefordert waren, für ihren Glauben auch persönlich einzustehen, zeigt
     schon die kleine Notiz des Paulus in Röm 16,4 über Priska und Aquila: οἵτινες
     ὑπὲρ τῆς ψυχῆς μου τὸν ἑαυτῶν τράχηλον ὑπέθηκαν. Vgl. dazu *Eisen, Amtsträge-*
     rinnen (1996), 54f.

331 *Schottroff / Stegemann, Jesus (³1990), 108.*

332 In diesem Sinne vgl. schon *Schmid, Lk (⁴1960), 248; Schulz, Nachfolgen (1962), 94-*
     95; Degenhardt, Lukas (1965), 109f; Jeremias, Gleichnisse (⁷1965), 195; Eichholz,
     Gleichnisse (1971), 195 u. ö. (mit der zeitbedingten Betonung der Entscheidung)*;*
     Fitzmyer, Lk (1985), 1062; Klauck: Gemeinde (1989), 177; Ernst, Lk (⁶1993), 334;
     Nolland, Lk (1993), 766; Bovon, Lk II (1996), 540-541. Zur Abwehr der Interpreta-
     tion, daß die beiden Protagonisten der Gleichnisse auf Gott zu beziehen, die
     Gleichnisse also Reich-Gottes-Gleichnisse seien, vgl. *Heininger, Metaphorik*
     (1991), 137 mit A. 23; Bovon, Lk II (1996), 541.

333 Vgl. *Heininger, Metaphorik (1991), 138-139,* der entsprechend einen ursprünglich
     enger als 14,25 gefaßten Adressatenkreis für wahrscheinlich hält.

334 Vgl. *Heininger, Metaphorik (1991), 139; Ernst, Lk (⁶1993), 335.*

spiel heran, das aus ihrem Leben gegriffen sein könnte: Wer von euch, der einen Turm bauen will ... Unter einem solchen Turm ist wohl, wie dies Mk 12,1 par Mt 21,33[335] oder auch Jes 5,2 beschrieben wird, ein Wachturm in einem Weinberg zu verstehen, vielleicht auch ein Wirtschaftsgebäude, oder aber ein Gebäude, das beide Funktionen verband.[336] Daß man sich unter demjenigen, der sich in dieser Arbeitswelt bewegt und also einen solchen Turm baut, einen Mann vorzustellen hat, zeigt ein Blick auf Weinbergbesitzer und Türmebauer in der LXX und im NT.[337] Dementsprechend werden die direkt angesprochenen Zuhörenden männlich konstruiert.

Der zweite Vergleich führt diese Konstruktion fort. Zwar spricht er nicht nochmals die Zuhörenden direkt an, sondern stellt - immer noch in eine rhetorische Frage gekleidet[338] - ein ferneres Beispiel vor Augen: ἢ τίς βασιλεὺς .... Doch wieder ist es ein männlicher Protagonist, und wieder ist mit dem Kriegführen ein Beispiel aus dem Bereich der männlich konnotierten Tätigkeiten genommen.

Gewiß sind die beiden Protagonisten der Gleichnisse einander kontrastierend gegenübergestellt: Einem Weinbauern wird ein König gegenübergestellt, einem Beispiel aus der privaten Lebenswelt ein Beispiel aus der großen Machtpolitik.[339] Durch die Konzeption als Doppelgleichnis, das mittels zweier verschiedener Bilder eine einzige Aussage macht[340], wird der Eindruck von etwas Umfassendem erweckt: Die Erfahrung, die sich in den beiden Gleichnissen ausdrückt, ist, so wird durch die beiden unterschiedlichen Beispiele

---

335 Allerdings läßt die lk Parallele Lk 20,9 Einzelheiten über das Anlegen des Weinbergs und damit auch den Turmbau weg.

336 Vgl. *Heininger, Metaphorik (1991), 135-136; Ernst, Lk (⁶1993), 334; Bovon, Lk II (1996), 538. Jeremias, Gleichnisse (¹⁰1984), 195* plädiert für ein (größeres) Wirtschaftsgebäude. Dahin tendiert auch *Eichholz, Gleichnisse (1971), 194*, wobei er einen Wachturm letztendlich auch nicht ausschließt. *Fitzmyer, Lk (1985), 1065* denkt an eine »fortification« und rückt - zusätzlich durch den Verweis auf den Turmbau durch Herodes nach Bell V 4,3 § 156-171 - die Bildfelder der beiden Gleichnisse eng zusammen.

337 Wo in der LXX Besitzer von Weinbergen als Individuen bestimmbar sind - und nicht einfach die Weinberge eines Volkes oder einer Region, oder aber der Weinberg Gottes gemeint sind -, sind es Männer: Gen 9,20 (Noah), Dtn 22,9 (ein männlicher Krieger), 1 Kön 21 (Nabot); 1 Makk 3,56 (Männer), Koh 2,4 (»ich«); Hld 8,11 (Salomo); Jes 5,1 (mein Freund). Als einzige Ausnahme ist Hld 1,6 (und Hld 8,12) anzusehen, wo es sowohl nach dem hebräischen als auch nach dem griechischen Text eindeutig die Frau ist, die von *ihrem* Weinberg spricht. Auch im NT werden unter Weinbergbesitzern Männer verstanden, auch wenn teilweise zuerst scheinbar geschlechtsneutral von ἄνθρωπος die Rede ist. Auch Türmebauer sind in der LXX und im NT stets Männer, vgl. 2 Chr 26,9.10 (Usija), 2 Chr 27,4 (Jotam), 2 Chr 32,5 (Hiskija), Neh 3,1 (Hohepriester und Priester), 1 Makk 13,33 (Simeon), Jes 5,2 (mein Freund).

338 Vgl. dazu *Harnisch, Gleichniserzählungen (1985), 106f.*

339 Vgl. *Jeremias, Gleichnisse (¹⁰1984), 195; Eichholz, Gleichnisse (1971), 194; Heininger, Metaphorik (1991), 136.*

340 Vgl. *Jeremias, Gleichnisse (¹⁰1984), 89.*

vermittelt, in »allen« Lebensbereichen zu machen. Die so suggerierte Allgemeingültigkeit aber ist für weibliche Lebenszusammenhänge blind, ja, schließt sie nach 14,26 sogar aus.

Im Vergleich mit dem übrigen Lukasevangelium muß dies erstaunen; denn gerade das Lukasevangelium gilt als dasjenige, das häufig zwei Erzählungen nebeneinanderstellt, von denen die eine mit Männer- und die andere mit Frauenrollen besetzt ist.[341] Entsprechend finden sich auch einige Doppelgleichnisse bzw. Doppelbildworte, in denen je eines der Bilder aus weiblich konnotierten, das andere der Bilder aus männlich konnotierten Lebenszusammenhängen entnommen ist, wobei diese mit Ausnahme von Lk 15,8-10 aus Q stammen[342]:

7,32 (Q)	Jungen: flöten, tanzen / Mädchen: klagen[343]
11,32-33 (Q)	Königin des Südens / Männer von Ninive
12,24-28 (Q)	Raben: säen, ernten / Lilien: spinnen, weben
13,19-21 (Q)	Bauer: Senfkorn / Frau: Sauerteig
15,4-10 (Q/S)	Hirt: verlorenes Schaf / Frau: verlorene Drachme
17,34-35 (Q)	Männer auf dem Bett / Frauen beim Mahlen

Auch wenn nicht im eigentlichen Sinne Gleichnisse, könnten die beiden Beispiele, die Jesus nach Lk 4,25-27 (S) gebraucht, die Reihe ergänzen: Die Witwe von Sarepta und der aussätzige Syrer Naaman. Und schließlich wäre zu prüfen, ob nicht auch hinter dem Doppelbildwort vom Flicken, der auf ein Kleid genäht, und vom Wein, der in Schläuche gefüllt wird (Lk 5,36-37 par Mk 2,21-22), in vergleichbarer Weise ein weiblich und ein männlich besetzter Lebensbereich nebeneinandergestellt werden.

---

341 Dies ist in der Literatur bereits des öfteren beobachtet worden; vgl. die (untereinander sehr verschiedenen) Auflistungen bei *Schlatter, Lk (1920), 346f; Cadbury, Making (1958), 233f; Flender, Heil (1965), 15f; Parvey: Radford Ruether (Ed.), Religion (1974), 139-142; Jervell: MS Gyllenberg (1983), 79; Witherington, Churches (1988), 129; D'Angelo: JBL 109 (1990), 444-445; Venetz: Orientierung 54 (1990), 187; Schnackenburg, Person (1993), 227-228; Martin: SSc II (1994), 769-770; Seim, Message (1994), 15; Seim: SSc II (1994), 730; Green, Theology (1995), 92f; Melzer-Keller, Jesus (1997), 325.*

342 Zu den gender pairs speziell in Q vgl. *Batten: BTB 24 (1994), 44-51; Arnal: JBL 116 (1997), 75-94.*

343 Zu dieser Rollenaufteilung zwischen Jungen und Mädchen vgl. *Jeremias, Gleichnisse ([10]1984), 161; Steinhauser, Doppelbildworte (1981), 158; Venetz, Gleichnisse (1991), 96.* Eher ablehnend *Bovon, Lk I (1989), 381 A. 72.* Zwar geht auch *Eltrop, Kinder (1996), 90* in ihrer feministisch-sozialgeschichtlichen Untersuchung davon aus, daß hier im Spiel der Kinder Lebensvollzüge der Erwachsenen (Hochzeit, Totenklage) nachgeahmt werden, doch geht sie nicht auf eine eventuelle geschlechtsspezifische Rollenteilung ein. Auch für die sehr ausführlichen Analysen bei *Sevenich-Bax, Konfrontation (1993), 215-221.335-352* ist dies offenbar keine Frage.

Wenn nun aber die beiden Gleichnisse vom Turmbauer und vom krieg-führenden König nur männliche Lebenswelten berücksichtigen, stehen sie damit keineswegs allein. Auch andere Doppelgleichnisse wechseln nicht zwischen den beiden Lebensbereichen ab, z. B. Lk 11,11-12 (Q), die beiden Gleichnisse vom Vater, der dem Sohn auf seine Bitten um Nahrungsmittel einmal keinen Stein und das andere Mal keinen Skorpion gibt. Auch die Gleichnis- bzw. Bildwortkomposition Lk 12,36-46 (S / Q) variiert als Hauptfigur dreimal die Person eines Hausherrn. Daneben gibt es Doppelgleichnisse, die nicht aus einem eindeutig »männlichen« oder eindeutig »weiblichen« Lebensbereich entnommen sind, wie die Folge von Doppelsprüchen Lk 6,43-45 (Q)[344].

Dennoch ist das zweimalige Zurückgreifen auf männliche Rollen in 14,28-32 nicht ohne Bedeutung. Denn zum ersten wird damit die in 14,26 aufgebaute androzentrische Perspektive beibehalten. Hatte dort die Formulierung, daß die Ehefrauen zu verlassen seien, Frauen als potentielle Jüngerinnen nicht wahrgenommen, so wird auch in diesen beiden Gleichnissen diese einseitige Wahrnehmungsweise nicht beendet, indem z. B. Lebenswelten von Frauen einbezogen würden.[345]

Zum zweiten werden die Angesprochenen endgültig männlich konstruiert. Dies war nach dem Aufbau der Szenerie 14,25 - Jesus umgeben von großen Volksscharen - und der offenen Anrede εἴ τις ἔρχεται πρός με 14,26 noch nicht festgelegt gewesen, wiewohl durch die Fortsetzung schnell deutlich geworden war, daß Frauen bei den Angesprochenen nicht mitverstanden werden können. 14,28 werden nun aber die Zuhörenden über die direkte Anrede τίς γὰρ ἐξ ὑμῶν, die im folgenden durch die beiden mit männlichen Rollen besetzten Gleichnisse fortgesetzt wird, endgültig männlich festgelegt.

Noch eine Reihe von weiteren Gleichnissen, vor allem aus dem lk Sondergut, spricht die Zuhörenden direkt an:

11,5-8	τίς ἐξ ὑμῶν ἔξει φίλον
11,11-12	τίνα δὲ ἐξ ὑμῶν τὸν πατέρα αἰτήσει ὁ υἱὸς ἰχθύν
12,24-28	(die Zuhörenden werden im Kontext angesprochen)
14,28-30	τίς γὰρ ἐξ ὑμῶν θέλων πύργον οἰκοδομῆσαι
15,4-7	τίς ἄνθρωπος ἐξ ὑμῶν ἔχων ἑκατὸν πρόβατα
17,7-10	τίς δὲ ἐξ ὑμῶν δοῦλον ἔχων

Abgesehen von 12,24-28, das auch schon durch seine abweichende Form eine Ausnahme darstellt, sind alle diese Gleichnisse in androzentrischer Spra-

---

344 *Jeremias, Gleichnisse* (¹⁰*1984*), *89* rechnet diese zu den Doppelgleichnissen.
345 Auch im Bildwort vom Salz 14,34-35 kann ich - anders als *Parvey: Radford Ruether (Ed.), Religion (1974), 139* - nicht das aus dem weiblichen Lebensbereich des Kochens stammende Gegenstück zum kriegführenden König erkennen.

che und Perspektive formuliert. Es geht um männlich besetzte Rollen und Lebenszusammenhänge. Insofern bildet 14,28-30 bzw. 14,28-32 keinen Einzel-
fall.

Interessant sind aber die Unterschiede zur wohl nächsten Strukturparalle-
le, nämlich dem Gleichnispaar 15,4-7.8-10. Auch hier ist es so, daß im ersten
Gleichnis die Zuhörenden direkt angesprochen werden: τίς ἄνθρωπος ἐξ
ὑμῶν (15,4, vgl. 14,28). Obwohl zunächst scheinbar geschlechtsneutral von
einem ἄνθρωπος die Rede ist, wird im folgenden klar, daß ein Mann gemeint
ist. Im zweiten Gleichnis wird analog zu 14,31 *über* ein anscheinend weiter
entferntes Beispiel geredet: ἢ τίς γυνὴ (15,8). Das Beispiel ist in diesem Fall
eine Frau. Damit wird zwar neben ein Gleichnis mit einer männlichen Hauptfigur eines mit einer weiblichen Hauptfigur gestellt; doch unterscheiden sich
die beiden Gleichnisse durch die Art und Weise, wie die Hörenden angesprochen werden: Auf die direkte Anrede folgt ein männlich besetztes Gleichnis,
auf die distanziertere Frageform ein weiblich besetztes. Die scheinbare Parität
entpuppt sich als entscheidender Unterschied. Das zeigt für unsere Fragestellung zumindest soviel: Selbst wenn ein Gleichnis, das eine weiblich besetzte
Bildwelt verwendet, neben ein männlich besetztes Gleichnis gestellt wird,
heißt das noch nicht, daß Männer und Frauen als Hörende gleichermaßen angesprochen sind.[346]

(d) Die dritte Bedingung für Jüngerschaft (14,33)

Wie als Folgerung aus den beiden Gleichnissen (οὕτως οὖν) und als deren
Anwendung folgt nun V. 33. Wie in V. 28 werden die Zuhörenden direkt angesprochen: πᾶς ἐξ ὑμῶν. Im folgenden wird eine dritte Bedingung für die
Jüngerschaft formuliert: völliger Besitzverzicht. Im Unterschied aber zu Kon-
kretisierungen des Besitzverzichts an anderer Stelle (z. B. 12,33; 18,22) ist
diese Forderung hier, entsprechend den zuvor formulierten grundsätzlichen
Bedingungen für die Jüngerschaft, als grundsätzlicher »Abschied«[347] ausgedrückt. Der Schlußsatz οὐ δύναται εἶναί μου μαθητής nimmt die beiden

---

346   *Durber: JSNT 45 (1992), 59-78* folgert aus diesem Unterschied, daß nicht nur die
      direkt Angesprochenen männlich konstruiert werden, sondern jeder Leser und jede
      Leserin, und daß jeder Akt des Lesens diese Konstruktion wiederhole und festige.
      Die Annahme von Frauen als Leserinnen sei deshalb problematisch. Sie würden
      durch das Lesen »immasculated« (*74 u. ö.*). Mit Hilfe von poststrukturalistischen
      Film-, Kunst- und Literaturtheorien zeigt sie, daß Frauen im gesamten Gleichnis-
      kapitel Lk 15 entweder abwesend sind oder durch einen männlichen Blick gese-
      hen werden: als Objekte, »to be looked at« (*72 u. ö.*), wie die Huren in 15,30. M.
      E. geht sie aber mit ihren Schlüssen hinsichtlich des Gleichnisses über die
      verlorene Drachme einen Schritt zu weit und überfrachtet das einfache Phänomen
      androzentrischer Sprache in einer Weise, die es Frauen nicht mehr erlaubt, dieses
      Gleichnis überhaupt zu lesen. *Schottroff, Schwestern (1994), 139* interpretiert die
      unterschiedlichen Frageformen m. E. angemessener als einen weiteren »Ausdruck
      androzentrischer Sprache«.
347   So die Grundbedeutung des Verbs ἀποτάσσεσθαι.

vorhergehenden identischen Formulierungen aus 14,26.27 refrainartig auf. Wenn nun aber, wie gezeigt wurde, seit 14,26 eine konsequent androzentrische Perspektive aufgebaut und diese durch die beiden Gleichnisse 14,28-32 verstärkt wurde, muß an dieser Stelle gefolgert werden: Als diejenigen, die den Besitzverzicht als radikale Nachfolgeform praktizieren, sind Männer im Blick.

Wie die Frauen aus 8,3 ihren Besitz einsetzen - immerhin wird hier wie dort das Wort τὰ ὑπάρχοντα gebraucht, und immerhin entstammen beide Stellen der Hand des Lk -, hat offenbar keinen so starken Eindruck hinterlassen, daß hier die Androzentrik aufgebrochen würde. Wieder aber liefert genau diese Konzeption von 8,2-3 einen Ansatzpunkt, »Lukas gegen Lukas«[348] zu lesen, d. h. mit Hilfe von 8,2-3 den androzentrischen Text 14,25-35 zu kritisieren und eine inklusive Lektüre zu entwickeln.

(e) Zur Illustration: das Salz (14,34f)

Im gegebenen Kontext bei Lk erscheint das abschließende Bildwort vom Salz als Illustration dessen, was bisher über Jüngerschaft gesagt wurde: Wer auf diese Art die Bedingungen zur Nachfolge erfüllt und entsprechend lebt, wer seine Kräfte redlich geprüft hat und das Leben in Distanz zu Familie und Besitz, unter Bereitschaft zum Martyrium, auf sich genommen hat, und zwar auf Dauer, kann mit dem Salz und seiner Kraft zum Würzen verglichen werden.[349] Die Kehrseite, daß nämlich das Salz, das diese Kraft nicht mehr aufweist, zu nichts mehr taugt und *verworfen* wird, macht den Ernst der Nachfolge deutlich.[350]

Der Schlußappell, zu hören, spricht einerseits die HörerInnen auf der Ebene des Lk-Evs an, »tritt« aber auch »aus dem Buch heraus« und nimmt die LeserInnen in die Dynamik des Textes hinein. Dies zeigt noch einmal von einer anderen Seite die Bedeutung einer inklusiven Lektüre des Textes und die Notwendigkeit, »Lukas gegen Lukas« zu lesen.

3.3 Jede, die um des Reiches Gottes willen …?
(Lk 18,28-30 im Kontext von 18,18-30)

Die in Frage stehende Perikope Lk 18,18-30 befindet sich innerhalb eines der größeren Hauptteile des Reiseberichts, der in diesem Fall durch die beiden »situationsverändernden Einleitungen«[351] 17,11 am Anfang und 18,35 am Ende abgegrenzt ist: 17,11 zeichnet sich durch das Gliederungssignal καὶ

---

348 Vgl. *Kahl: SSc I (1993), 236-239; Kahl: BiKi 50 (1995), 222-229.*
349 Vgl. *Bovon, Lk II (1996), 545.*
350 Vgl. *Degenhardt, Lukas (1965), 113; Horn, Glaube (1983), 201; Ernst, Lk (⁶1993), 335.*
351 *Sellin: NT 20 (1978), 107 u. ö.*

ἐγένετο sowie mehrere Ortsangaben, die die Reisesituation in Erinnerung rufen, aus. Auch 18,35 ist durch diese beiden Gliederungsmittel hervorgehoben: Es finden sich hier das Gliederungssignal ἐγένετο δὲ sowie die Ortsangabe Jericho, die bereits die Nähe zu Jerusalem anzeigt. Zwischen diesen beiden Eckpunkten sind die Perikopengrenzen jeweils nur noch durch eine Veränderung der Figurenkonstellation bzw. durch einen Wechsel der AdressatInnen Jesu markiert. So auch 18,18: Hier tritt als neuer Gesprächspartner einer der »Vorsteher« (τις ἄρχων) auf Jesus zu und eröffnet mit seiner Frage an Jesus einen Gesprächsgang über die Erlangung des ewigen Lebens, der in 18,23 mit dem Traurigwerden des Archonten zu einem vorläufigen Ende kommt. Das Gespräch wird in 18,24 jedoch nach dem Neueinsatz der Rede Jesu weitergeführt: der Vorsteher bleibt weiterhin einbezogen (ἰδὼν δὲ αὐτόν), thematisch wird an das vorausgegangene Gespräch anknüpft, und erst 18,26 wird deutlich, daß der Kreis der GesprächspartnerInnen erweitert ist (οἱ ἀκούσαντες). 18,28 ändert sich die Gesprächssituation noch einmal, insofern nun Petrus sich an Jesus wendet und von diesem eine Antwort erhält (18,29-30). Von diesem thematisch zusammenhängenden Gesprächsgang 18,18-30 grenzt sich die folgende dritte Leidensankündigung (18,31-34) durch einen erneuten Wechsel der Adressaten ab: Es sind die Zwölf, an die diese Leidensansage gerichtet ist.

Im Zentrum der folgenden Überlegungen soll der kurze Dialog zwischen Petrus und Jesus (18,28-30) stehen, doch ist dieser im Kontext von 18,18-30 zu interpretieren.

(a) 18,28-30 im synoptischen Vergleich

Ebenso wie bei Lk ist schon in der Mk-Vorlage der kurze Dialog zwischen Petrus und Jesus (Mk 10,28-31 par Lk 18,28-30) im Anschluß an die gescheiterte Berufung eines reichen Mannes (Mk 10,17-22 par Lk 18,18-23) und das darauf folgende Gespräch über den Reichtum (Mk 10,23-27 par Lk 18,24-27) überliefert, und auch bei Mk schließt sich die dritte Leidensankündigung an (Mk 10,32-34 par Lk 18,31-34). Beim Dialog selber lassen sich folgende Unterschiede gegenüber der Mk-Vorlage beobachten[352]:

Bei der Einleitung des Hinweises des Petrus ersetzt Lk das mk ἤρξατο λέγειν durch das kürzere εἶπεν δὲ (18,28), gestaltet den Hinweis des Petrus also nicht mehr als einen Neueinsatz, sondern schließt so den Dialog zwischen Jesus und Petrus enger an das Vorhergehende an[353]. Sodann läßt er den

---

[352] *Horn, Glaube (1983), 191* weist darauf hin, daß sich in dieser Perikope einige gemeinsame Abweichungen mit Mt von der Mk-Vorlage beobachten lassen und vermutet, »daß Mt und Lk einen älteren als den jetzt vorliegenden Mk-Text voraussetzen.« Abweichungen von der Mk-Vorlage dürften dementsprechend nur mit Bedacht für die Bestimmung der lk Redaktionsabsicht ausgewertet werden.

[353] Vgl. *Horn, Glaube (1983), 191.*

direkten Bezug auf Jesus als Adressaten, der bei Mk durch das Personalpronomen αὐτῷ hergestellt war, weg.

In der Rede des Petrus ersetzt Lk, wie dies öfters festzustellen ist, die mk Parataxe der beiden Verben durch eine elegantere partizipiale Wendung. Außerdem wird das, was verlassen worden ist, nicht wie bei Mk 10,28 als πάντα bezeichnet, sondern Lk 18,28 nennt dies τὰ ἴδια und stellt dadurch deutlicher die Verbindung zum Besitz her (vgl. Apg 4,32)[354].

Bei der Einleitung der Antwort Jesu ist die geringfügige Veränderung des mk ἔφη ὁ Ἰησοῦς zu ὁ δὲ εἶπεν (Lk 18,29) zu beobachten, die allerdings auch ähnlich in Mt 19,28 zu finden ist. Zudem macht Lk expliziter als Mk deutlich, daß die Antwort Jesu nicht nur an Petrus gerichtet ist, indem er sie »ihnen«, αὐτοῖς, gesagt sein läßt, ein Bezug, der so auch bei Mt hergestellt ist.

In der Antwort Jesu selber sind zunächst Veränderungen in der Aufzählung der Menschen und Dinge, die verlassen werden, festzuhalten:

Mk 10,29b	Lk 18,29b
οὐδείς ἐστιν ὃς ἀφῆκεν	οὐδείς ἐστιν ὃς ἀφῆκεν
οἰκίαν	οἰκίαν
	ἢ γυναῖκα
ἢ ἀδελφοὺς ἢ ἀδελφὰς	ἢ ἀδελφοὺς
ἢ μητέρα ἢ πατέρα	ἢ γονεῖς
ἢ τέκνα	ἢ τέκνα
ἢ ἀγροὺς	

Während das Haus und die Kinder in der lk Version ohne Veränderung beibehalten sind, sind die Äcker weggefallen[355], und die Brüder und Schwestern sind zu ἀδελφοὺς und Mutter und Vater zu γονεῖς zusammengefaßt[356]. Neu eingefügt und an die Spitze derer gestellt, die verlassen werden, ist die Ehefrau.[357] Die Zusammenfassung der Brüder und Schwestern zu ἀδελφοὺς be-

---

354 Vgl. *Brown, Apostasy (1969), 101f; Schneider, Lk (1977), 371; Horn, Glaube (1983), 192; Ernst, Lk (⁶1993), 383; Gérard: EThL 71 (1995), 90.* Dagegen denkt *Degenhardt, Lukas (1965), 153 A. 2* eher an solche, die *nicht alles* verlassen haben, also z. B. *mit* ihrer Familie geflüchtet sind.

355 Nach *Horn, Glaube (1983), 192; Ernst, Lk (⁶1993), 380* könnte ein Grund für das Wegfallen darin vermutet werden, daß Äcker für die Stadtgemeinden des Lk keine große Rolle mehr spielten.

356 *Gérard: EThL 71 (1995), 90* erklärt dies als Anpassung des semitischen »Mutter und Vater« an das griechisch gebräuchlichere »Eltern«.

357 Nach *Klauck: Gemeinde (1989), 188* sind die Schwestern durch die Ehefrau ersetzt, vgl. 1 Kor 9,5 (vgl. ähnlich auch *Fitzmyer, Lk (1985), 1205; Gérard: EThL 71 (1995), 90).* Bei diesem Hinweis auf 1 Kor 9,5 ist allerdings zu beachten, daß die Schwestern bei Mk a) in Parallele zu ἀδελφοὺς und b) im Plural stehen und daher wahrscheinlich nicht Schwestern im Sinne von 1 Kor 9,5 meinen. Abzulehnen ist die These von *Quesnell: CBQ 30 (1968), 344,* nach der Lk die Ehefrauen aus Q

deutet nun nicht, daß hier nur noch Brüder im Blick sind, sondern die
ἀδελφοί sind nach den Gesetzmäßigkeiten androzentrischer Sprache als »Geschwister« zu interpretieren.[358] Dennoch fällt durch diese Zusammenfassung
eine explizite Nennung von Frauen weg, die in der bei Mk wiedergegebenen
Formulierung als Familienmitglieder sichtbarer waren. Ähnlich ist dies bei
der zweiten Zusammenfassung von Mutter und Vater zu γονεῖς. Auch hier
sind beide Elternteile selbstverständlich mitverstanden; doch ist eine explizite
Nennung einer Frau entfallen.

Weitergehende Konsequenzen aber zieht die Einfügung der Ehefrau als
eine, die verlassen wird, nach sich. Zwar wird dadurch die Ehefrau als erste
derer, die vom veränderten Lebensstil eines Jesusjüngers betroffen sind, sichtbar.[359] Doch wird gleichzeitig, ähnlich wie dies bereits in 14,26 zu beobachten
war, der Kreis der Angesprochenen auf Männer eingeschränkt. Dies ist an
dieser Stelle insofern noch besser als in 14,26 nachzuvollziehen, als der Hinweis darauf, daß sie alles verlassen hätten, 18,28 von Petrus, also einem Mitglied des Zwölferkreises, stammt, und auch in der folgenden Leidensankündigung die Zwölf angesprochen sind (18,31). Doch ist andererseits gerade letzteres ausdrücklich als Adressaten*wechsel* gekennzeichnet, der eine gegenüber
der vorausgehenden Perikope abgrenzende Funktion hat: Παραλαβὼν δὲ τοὺς
δώδεκα εἶπεν πρὸς αὐτούς. Auch nach 18,26 ist eine größere Gruppe von
Angesprochenen intendiert, wenn diese recht allgemein als οἱ ἀκούσαντες
bezeichnet werden. Die Beschränkung der Antwort auf die Zwölf ist also
nicht zwingend. So muß daraus geschlossen werden: Frauen kommen nach
der lk Konstruktion als diejenigen, die eine solch konsequente Lebensweise in
der Nachfolge auf sich nehmen, überhaupt nicht in den Blick.[360]

übernahm, während Mt sie wegließ.

358 Vgl. *Fander: Meurer (Hg.), Schwestern (1993), 74-83* mit weiterer Literatur. *Fander*
plädiert allerdings für eine differenzierte Untersuchung jedes Einzelfalles von
ἀδελφοί, auf der dann gegebenenfalls eine inklusive Übersetzung beruhen kann. S.
auch schon o. S. 83 A. 244.

359 Wenn in der älteren Auslegung die Einfügung der Ehefrauen überhaupt Beachtung
(und Erklärung) findet, dann wird dieser Aspekt betont, vgl. *Schmid, Lk* (⁴1960),
284: »… ergänzt Lukas die Frauen, die man bei Markus mit Recht vermißt«. Oder
es wird auf die Radikalität oder die Schwere der Forderungen bei Lk abgehoben,
vgl. *Degenhardt, Lukas (1965), 157; Augsten, Stellung (1970), 39f; Horn, Glaube
(1983), 192.*

360 Vgl. *Schüssler Fiorenza, Gedächtnis (1988), 195*: »Somit bietet Lukas die einzige
Textbasis für die Annahme, daß die Jesusbewegung eine charismatische Bewegung wandernder Männer, Söhne und Ehemänner gewesen sei, die sich in der
Nachfolge Jesu um ihre Verantwortung für die Familie gedrückt hätten.« Auch der
Hinweis bei *Klauck: Gemeinde (1989), 189 A. 56* auf die veränderte Rechtslage im
hellenistischen Raum, nach der eine Frau die Konversion ihres Mannes zum Christentum nicht mitmachen muß und daher nur noch die Trennung bleibt (als Ver-
schärfung gegenüber 1 Kor 7) ändert nichts an der androzentrischen Perspektive
des Textes, sondern schreibt diese sogar noch fort. Auch *Seim, Message (1994),
228f* verwischt zu schnell den Androzentrismus des Textes, wenn sie unter Hin-

Als Grund für das Verlassen nennt Mk 10,29 ἕνεκεν ἐμοῦ καὶ ἕνεκεν τοῦ εὐαγγελίου, Lk 18,29 hingegen ἕνεκεν τῆς βασιλείας τοῦ θεοῦ. Dies dürfte als Hinweis darauf zu verstehen sein, daß Lk diejenigen vor Augen hat, die nach Lk 9,58.60.62 die βασιλεία verkündigen und dafür ihre Familien verlassen.[361]

Mk 10,30 formuliert aus, was wieder - hundertfältig - empfangen wird. In dieser Liste werden alle Glieder der ersten Aufzählung wieder aufgeführt, mit einer Ausnahme: den Vätern. Sie sind unter dem, was neu gewonnen wird, nicht mehr zu finden. Konnte dies bei Mk als ein feiner Hinweis auf die nichtpatriarchale Struktur der neuen Nachfolgegemeinschaft gelesen werden[362], so geht diese Nuance bei Lk verloren, wenn er die Liste wegläßt und nur noch pauschal formuliert, daß Vielfältiges (πολλαπλασίονα 18,30) zurückempfangen werden soll[363]. An dieser Stelle ist aber auch darauf hinzuweisen, daß Mt 19,29 diese Liste ebenfalls nicht wiedergibt.[364]

Am Schluß des Logions ist der mk Hinweis auf die Verfolgungen (μετὰ διωγμῶν 10,30) bei Lk weggefallen, was als Hinweis darauf gewertet werden kann, daß Verfolgungen nicht (mehr) das dringendste Problem der lk LeserInnen waren.[365] Schließlich ist Mk 10,31 nach Lk 13,30 - dort in der Q-Fassung - vorgezogen.

---

weis auf die Jüngerschaft und den exemplarischen Dienst der galiläischen Frauen gegen *Schüssler Fiorenza* argumentiert. Auch ihre Vermutung, die Frauen der Jesusbewegung seien eben weniger in familiäre Strukturen eingebunden gewesen als Männer (vgl. S. *37-38*), ist nur bedingt nachzuvollziehen (s. o. S. 100 mit A. 309).

361 Vgl. *Schneider, Lk (1977), 371.*
362 Vgl. *Schüssler Fiorenza, Gedächtnis (1988), 195-202 u. ö.; Fander, Stellung (²1990), 331-332; Merz: Theißen / Merz, Jesus (1996), 207.* Auf das Ersetzen der irdischen Väter durch Gott als Vater »des Jüngers« machte schon *Degenhardt, Lukas (1965), 155* (mit älterer Literatur!) aufmerksam, stellte aber noch weitere Vermutungen über die Auslassung der Väter an. S. auch schon o. S. 84 mit A. 247.
363 Nach *Schmid, Lk (⁴1960), 284* ermöglicht das Weglassen der Liste eine »rein geistige[n] Auffassung des irdischen Lohnes.« Ähnlich *Degenhardt, Lukas (1965), 155; Schneider, Lk (1977), 372.* Nach *Klauck: Gemeinde (1989), 188* ist ein Grund dafür, daß Lk die zweite Verwandtenliste wegläßt, in der Erwähnung der Ehefrau in der Aufzählung der zu Verlassenden zu sehen: »Von der Rückerstattung vieler Frauen konnte er nicht gut sprechen.« Vgl. ähnlich schon *Horn, Glaube (1983), 192*, der zudem auf die lk Ehebewertung Lk 20,34f hinweist. Vgl. auch *Seim, Message (1994), 227.* In der Tat ist ein übertragenes Verständnis bei Müttern, Geschwistern und Kindern eher möglich als bei Ehefrauen. Doch hätte Lk diese z. B. auch durch Schwestern ersetzen können.
364 Vgl. *Horn, Glaube (1983), 191.*
365 Nach *Schmid, Lk (⁴1960), 284* übergeht Lk die Verfolgungen, »weil sie in ein Verheißungswort nicht recht zu passen scheinen.« Ihm folgt *Degenhardt, Lukas (1965), 155. Schmithals, Lk (1980), 182* muß diesen Unterschied zur mk Fassung verwischen, um nicht in Widerspruch zu seiner Verfolgungsthese zu kommen: »Dieser Anhang hatte schon bei Markus ausdrücklich die Verfolgungssituation im Auge. Lukas folgt Markus wiederum mit sachlich unerheblichen Kürzungen«. Zur spezifischen Verwendung von διώκειν und διωγμός bei Lukas vgl. *Stegemann, Synagoge (1991), 114-118.*

(b) 18,28-30 im Kontext von 18,18-30

Der kleine Dialog schließt sich an die Episode des reichen Vorstehers und an das dadurch ausgelöste Gespräch über den Reichtum und das Hineinkommen in die βασιλεία an. Gegenüber der mk Fassung sind bei Lk diese drei Abschnitte der Perikope enger zusammengebunden: Zum einen, indem der Vorsteher Lk 18,23 nicht wie Mk 10,22 weggeht, sondern wie dort zwar traurig wird, ansonsten aber im Blick bleibt (ἰδὼν δὲ αὐτὸν ... 18,24), und zum anderen, indem die Redeeinleitung 18,28 nicht wie Mk 10,28 ein Neubeginn ist (ἤρξατο λέγειν ὁ Πέτρος Mk 10,28), sondern sich unmittelbarer anschließt: εἶπεν δὲ ὁ Πέτρος Lk 18,28.[366] Dadurch kommt der Zusammenhang der in der gesamten Perikope begegnenden Aspekte und Themen klarer zum Ausdruck. Es wird deutlich: Das Thema »Nachfolge« ist von dem Thema »Umgang mit dem Besitz« nicht zu trennen[367], und dies alles steht im Horizont des »ewigen Lebens«. War das Thema Nachfolge bereits in 9,57-62 mit sozialen und ökonomischen Brüchen in Zusammenhang gebracht worden, so hatte 14,25-35 dann explizit die Nachfolge mit dem Besitzverzicht verbunden (bes. 14,33). Den Bezug zwischen einem gerechten Umgang mit Besitz und dem ewigen Leben wiederum stellt Lk 16 her.

Nachfolge ist, das haben die Texte gezeigt, wesentlich mit der Abkehr von der Familie verbunden. Wird die Familie aber in der Art und Weise des Lk definiert[368], kommen als diejenigen, die sich vor die große Frage der Nachfolge (und damit des Besitzverzichtes und damit des ewigen Lebens) gestellt sehen, ausschließlich Männer in den Blick. Das Beispiel des reichen Vorstehers tut ein übriges, von Beginn der Diskussion an eine androzentrische Perspektive aufzubauen. Diese geht zwar nicht auf das Konto des Lk, sondern war genauso schon bei Mk gegeben; doch wurde sie bei Lk durch die engere Zusammenbindung der Abschnitte verstärkt. So muß auch dies als einer der Faktoren angesehen werden, warum bis zum Schluß der Perikope Frauen nicht als diejenigen in den Blick kommen, für die solche Fragen ein Thema der Auseinandersetzung sein könnten.

---

366 Vgl. *Horn, Glaube (1983), 191.*
367 Vgl. die lk Verstärkungen dieses Aspekts in der gesamten Perikope: Der nicht näher benannte Frager aus Mk 10,17 wird bei Lk zu einem ἄρχων; dieser wird nach Lk 18,23 diff Mk 10,22 als πλούσιος σφόδρα beschrieben. Im Unterschied zur mk Fassung bleibt er bei dem Gespräch über den Reichtum anwesend, hört also das hier Gesagte. Und schließlich ist im Hinweis des Petrus in Lk 18,28, wie bereits festgestellt, die Assoziation zum Besitz (τὰ ἴδια, vgl. Apg 4,32) verstärkt.
368 Vgl. auch die lk Sicht der Ehescheidung 16,16, die völlig aus männlicher Sicht formuliert ist, im Unterschied etwa zu Mk 10,11-12, das reziprok formuliert. Lk 17,27; 20,34.35 sind jeweils die aktivischen Formulierungen, die die Sicht des Mannes repräsentieren, neben die passivischen Formulierungen für die Frau gestellt. Vgl. die Untersuchung des Zusammenhangs von Ehelosigkeit und Armut bei Lk durch *Klauck: Gemeinde (1989), 187-192.*

Wie schon im Zusammenhang von 9,57-62 und 14,26(25-35) ist auch an dieser Stelle wieder festzuhalten, daß die androzentrische und frauen-ausschließende Vorstellungswelt des Dialogs mit Hilfe dessen, was in 8,2-3 über die galiläischen Frauen erzählt wird, zu korrigieren ist, so daß eine inklusive Lektüre entwickelt werden kann.

3.4 Familienkonflikte von Frauen (Lk 12,51-53)
Eine Korrektur des androzentrischen lk Nachfolgemodells?

Ein Text scheint geeignet, die androzentrische Konstruktion der lk Nachfolgekonzeptionen aufzubrechen: Das Wort von den durch das Evangelium verursachten Familienkonflikten Lk 12,51-53. Dieses Wort steht bei Lk im Anschluß an den nur von ihm überlieferten Spruch vom Feuer und von der Taufe (Lk 12,49-50). Der Abschnitt bildet den Abschluß einer Redekomposition, deren Anfang man wohl, will man ihn nicht mechanisch an einer der Redeeinleitungen (12,22 oder 12,41f) festmachen, in 12,35 mit dem Aufruf zur Wachsamkeit sehen muß. Dieser wiederum wird zunächst durch die Bildworte von den wachenden Knechten und dem auf den Dieb wartenden Hausherrn und sodann, nach einer Unterbrechung durch eine Frage des Petrus (12,41), durch die beiden Gleichnisse von den treuen und untreuen Verwaltern illustriert. Ohne äußere Zäsur, lediglich dadurch markiert, daß Jesus nun in der ersten Person über sich spricht, schließen sich daran die uns interessierenden Worte an. Abgegrenzt durch eine Redeeinleitung folgen ab 12,54 die Sprüche über die Zeichen der Zeit (12,54-57) und eine »kleine Geschichte mit weisheitlichem Charakter«[369] über den Umgang mit einem Widersacher vor Gericht (12,58-59).[370]

(a) Die Spaltung der Familien als Zeichen der Endzeit. Das Logion in Q

Während Lk 12,51.53 eine Parallele in Mt 10,34-36 haben, fehlt eine solche Parallele für V. 52. Doch auch zwischen 12,51.53 und ihrer mt Parallele bestehen erhebliche Unterschiede, so daß die Rekonstruktion einer Q-Vorlage mit einigen Schwierigkeiten verbunden ist, wiewohl die Herkunft der Verse aus Q als gesichert gelten kann[371].

---

369 *Bovon, Lk II (1996)*, 345.
370 *Bovon, Lk II (1996)*, 342-369 faßt die VV 49-59 unter dem Thema »christliche Weisheit« zu einer Perikope zusammen, gesteht aber zu, daß man sie auch in zwei Perikopen aufteilen könnte (*345 A. 1*), wie dies denn auch die meisten Kommentierungen tun.
371 Vgl. *Hoffmann, Studien (1972)*, 5 u. ö.; *Schulz, Q (1972)*, 258-260; *Schneider, Lk (1977)*, 292; *Sellin: NT 20 (1978)*, 126; *Polag, Fragmenta (1979)*, 64-65; *Schmithals, Lk (1980)*, 149; *Zeller, Kommentar (1984)*, 74; *Gnilka, Mt I (1986)*, 393; *Wiefel, Lk (1987)*, 247; *Sato, Q (1988)*, 19 u. ö.; *Luz, Mt II (1990)*, 134; *Schottroff: EvTh 51 (1991)*, 333 u. ö.; *Schottroff: SSc II (1994)*, 512; *Bovon, Lk II (1996)*, 346-347.

1. Lk 12,51 par Mt 10,34: Hier tragen beide Versionen die Spuren redaktioneller Bearbeitung. Auf der einen Seite dürfte Lk die Härte der Vorlage geglättet haben[372], indem er das ›Schwert‹ durch die ›Entzweiung‹ sowie das semitischer Ausdrucksweise entstammende[373] βαλεῖν durch das glattere δοῦναι ersetzt hat. Das Verb παραγίνεσθαι erregt aufgrund seines Vorkommens[374] ebenfalls den Verdacht, aus der Feder des Lukas zu stammen. Und schließlich scheint Lk im folgenden mit Hilfe der dreimaligen Verwendung von διαμερισμός und διαμερίζειν den Abschnitt redaktionell gestaltet zu haben.[375] Auf der anderen Seite erinnert in Mt 10,34 das μὴ νομίσητε ὅτι ἦλθον an Mt 5,17, und überhaupt dürfte das dreimalige ἦλθον redaktioneller Gestaltung entspringen.[376] Dabei ist allerdings zu beachten, daß Lk 12,49 ebenfalls ἦλθον βαλεῖν steht. Dies könnte darauf hinweisen, daß Lk diese Formulierung in der Q-Vorlage für 12,51 gelesen hat[377], so daß die mt redaktionelle Arbeit vom (einmaligen) Vorkommen dieser Formulierung in Q inspiriert sein könnte. Insgesamt scheint Mt mit den konkreteren, aber anstößigen Formulierungen εἰρήνην (ἦλθον?) βαλεῖν ... ἀλλὰ μάχαιραν[378], Lk dagegen eher in der Konstruktion als Frage und mit dem Verb δοκεῖν die Q-Vorlage bewahrt zu haben[379].

2. Lk 12,52 ist ohne mt Parallele. Ob dieser Vers eine Vorlage in der Logienquelle hatte, ist schwer zu entscheiden. Lukanismen wie ἀπὸ τοῦ νῦν und die Verwendung des Verbs διαμερίζειν sprechen zumindest für lk Überarbeitung, wenn nicht gar für die redaktionelle Bildung[380] des Verses. Unterstützend ist anzuführen, daß eine mt Streichung des Satzes kaum plausibel zu machen ist.[381] Die Tatsache, daß der Spruch auch im Thomasevangelium (16) überliefert ist, läßt sich in traditionsgeschichtlicher Hinsicht schwer auswerten,

---

372 Vgl. *Schweizer, Mt (1973), 162; Bovon, Lk II (1996), 347.* Auch *Schulz, Q (1972), 258* hält διαμερισμός gegenüber μάχαιρα für sekundär, mit der Begründung, daß der bildhafte Ausdruck vor dem bildlosen den Vorzug verdiene; ebenso *Gnilka, Mt I (1986), 393.*

373 Vgl. *Bill I 586; Schulz, Q (1972), 258; Gnilka, Mt I (1986), 393; Luz, Mt II (1990), 137* in Bezug auf »Frieden werfen«. Hingegen sei »die Verbindung von βάλλω mit μάχαιρα sprachlich ganz ungewöhnlich.« (*Luz ebd.*)

374 Das Verb hat acht Belege im Lk-Ev und zwanzig in der Apg. Dem stehen drei Belege bei Mt, einer bei Mk und zwei bei Joh gegenüber. Vgl. dazu auch *Schulz, Q (1972), 258; Jeremias, Sprache (1980), 223.*

375 Vgl. z. B. *Petzke: EWNT I (1980), 742f. Jeremias, Sprache (1980), 224* hält dagegen lediglich die Konstruktion εἰμί + Part. Perf. für lk, das Verb διαμερίζειν hingegen für traditionell.

376 Vgl. *Luz, Mt II (1990), 134.*

377 Vgl. *Schulz, Q (1972), 258-259,* der allerdings alle drei ἦλθον für ursprünglich hält.

378 Vgl. *Gnilka, Mt I (1986), 393; Bovon, Lk II (1996), 347.*

379 Vgl. *Schulz, Q (1972), 258;* so auch die Rekonstruktionen bei *Polag, Fragmenta (1979), 64; Zeller, Kommentar (1984), 74; Sato, Q (1988), 294.*

380 So *Schulz, Q (1972), 258-259; Schmithals, Lk (1980), 149; Bovon, Lk II (1996), 347.*

381 Anders *Polag, Fragmenta (1979), 65,* der von einer Auslassung des Mt ausgeht. Auch in der Rekonstruktion von *Zeller, Kommentar (1984), 74* ist 12,52 enthalten.

da die Frage der literarischen Abhängigkeit des Thomasevangeliums von den kanonischen Evangelien nicht befriedigend geklärt ist und auch im Thomasevangelium selber mit einer mehrschichtigen Entstehung zu rechnen sein wird.[382] Wenn es allerdings zutrifft, daß das Thomasevangelium zumindest nicht *direkt* von den kanonischen Evangelien oder von Q abhängig ist[383], spricht die Existenz des Logions im Thomasevangelium dafür, daß Lk 12,52 in irgendeiner Form eine traditionelle Grundlage hat und vielleicht in der Substanz bereits in Q^{Lk} hinzugekommen sein könnte. Da jedoch Spuren der redaktionellen Arbeit des Lk sowohl unmittelbar zuvor in 12,51, als auch im Anschluß, in 12,53 (s. u.), zu beobachten sind, wird auch an dieser Stelle zumindest mit lk Überarbeitung - eines möglicherweise in der Tradition gegebenen Satzes - zu rechnen sein.

3. Lk 12,53 par Mt 10,35(-36): Im Hintergrund dieser Stelle steht Mi 7,6. Da in diesem Fall die Rekonstruktion des Q-Textes im Spannungsfeld von LXX-Vorlage[384] auf der einen und Mt und Lk auf der anderen Seite erfolgen muß, seien die drei Texte zur besseren Übersicht synoptisch nebeneinandergestellt. Um die Wege der literarischen Abhängigkeit adäquat nachvollziehen zu können, ist dabei einerseits zu beachten, daß ja weder Mt noch Lk direkt, sondern vermittels ihrer jeweiligen Q-Vorlage[385] auf den Prophetentext zurückgegriffen haben. Andererseits muß damit gerechnet werden, daß die beiden Referenten die Q-Vorlage an den Wortlaut der LXX rück-angeglichen haben könnten.

Mt 10,35-36	Mi 7,6	Lk 12,53
ἦλθον γὰρ διχάσαι ἄνθρωπον κατὰ τοῦ πατρὸς αὐτοῦ	διότι υἱὸς ἀτιμάζει πατέρα,	διαμερισθήσονται πατὴρ ἐπὶ υἱῷ καὶ υἱὸς ἐπὶ πατρί, μήτηρ ἐπὶ
καὶ θυγατέρα κατὰ τῆς μητρὸς αὐτῆς	θυγάτηρ ἐπαναστήσεται ἐπὶ τὴν μητέρα αὐτῆς,	τὴν θυγατέρα καὶ θυγάτηρ ἐπὶ τὴν μητέρα,
καὶ *νύμφην* κατὰ τῆς πενθερᾶς αὐτῆς,	*νύμφη* ἐπὶ τὴν πενθερὰν αὐτῆς,	πενθερὰ ἐπὶ τὴν *νύμφην* αὐτῆς καὶ *νύμφη* ἐπὶ τὴν πεν-
καὶ ἐχθροὶ τοῦ ἀνθρώπου οἱ οἰκιακοὶ αὐτοῦ.	ἐχθροὶ ἀνδρὸς πάντες οἱ ἄνδρες οἱ ἐν τῷ οἴκῳ αὐτοῦ.	θεράν.

---

382 Vgl. die Forschungsüberblicke bei *Blatz: Schneemelcher (Hg.), Apokryphen I* (⁶1990), 96; *Rebell, Apokryphen (1992), 40f; Hartenstein / Petersen: KFB (1998)*, 768f.

383 So *Blatz: Schneemelcher (Hg.), Apokryphen I* (⁶1990), 96.

384 Der Text weist zwischen den verschiedenen LXX-Rezensionen keine für unsere Fragestellung relevanten Varianten auf.

385 Zur LXX-Benutzung in Q vgl. *Schulz, Q (1972)*, 27-28 (mit älterer Literatur).

Gemeinsam ist den drei Fassungen die Reihenfolge der Aufzählung der Konfliktparteien: Sohn[386] - Vater; Tochter - Mutter; Schwiegertochter - Schwiegermutter. Die Mt-Fassung steht dem Micha-Text insofern näher, als genau
wie bei diesem jeweils zuerst ein Angehöriger bzw. eine Angehörige der jungen Generation und als zweites das zugehörige Pendant der älteren Generation
genannt wird und ein Satz mehr aus Mi 7,6 übernommen ist als bei Lk. Demgegenüber wird in der lk Fassung der Konflikt wechselseitig formuliert, so
daß vor jedes der LXX-Paare ein in umgekehrter Reihenfolge genanntes Konfliktpaar tritt. Die Entzweiung wird als Entzweiung der älteren Generation von
der jüngeren und erst dann als Entzweiung der jüngeren von der älteren beschrieben.

Doch auch Mt 10,35 zitiert nicht wörtlich den Text - bzw. eine der Text-
formen der LXX, sondern ist gerade in den wörtlichen Formulierungen
recht weit von diesem entfernt.[387] Dagegen findet sich in Lk 12,53 - im Unterschied zum mt κατά - nicht nur die Präposition ἐπι der LXX-Vorlage wieder[388], die allerdings vom jeweiligen Verb abhängig ist, sondern auch die Entzweiung ist wie bei Micha dergestalt beschrieben, daß als Subjekte die Konfliktparteien selber genannt werden, während in der Formulierung des Mt als
Subjekt der in der ersten Person sprechende Jesus genannt ist: ἦλθον γὰρ
διχάσαι ...

Für die Rekonstruktion des Q-Textes sind nun zwei Aspekte zu berücksichtigen. Der erste betrifft die Art und Weise der LXX-Wiedergabe bei Mt.
Mi 7,6 wird bereits Mt 10,21 aufgenommen, und der Text wird nicht verein-
heitlicht.[389] Diese Beobachtung sowie die Tatsache, daß sich Mt 10,35-36 eher

---

386   Mt 10,35 nennt hier nicht den Sohn, sondern den »Menschen«; im Parallelismus
      zu den nachfolgenden Paaren von Tochter und Mutter bzw. Schwiegertochter und
      Schwiegermutter wird jedoch deutlich, daß dieser »Mensch« in androzentrischer
      Sicht- und Sprechweise als männlicher Mensch verstanden ist.

387   Hingegen sind die Verben διαμερίζειν (Lk 12,53) und διχάζειν (Mt 10,35) Syn-
      onyme, die weder das ἀτιμάζειν noch das ἐπανίστασθαι aus Mi 7,6 wiedergeben.
      Das deutet darauf hin, daß auch die Q-Vorlage eher von einer Entzweiung sprach
      als von Verachtung oder Erhebung. Und da das διχάζειν ein ntl. Hapaxlegomenon
      ist, das διαμερίζειν dagegen sieben lk Belege (5 Lk-Ev, 2 Apg) außer der Klei-
      derverteilung bei der Kreuzigung, die in allen vier Evv mit diesem Verb ausge-
      drückt wird (par Ps 22[21],19), findet, und zudem Lk 12,51-53 mit Hilfe der drei-
      maligen Verwendung von διαμερισμός und διαμερίζειν gestaltet ist, könnte das
      διχάζειν in der Q-Vorlage gestanden haben. Mit gleichem Ergebnis *Schulz, Q*
      (1972), 259; *Sato, Q (1988), 295*. Anders *Polag, Fragmenta (1979), 64*, der nur das
      δια- dem Lk zuschreibt und μερισθήσονται für Q postuliert.

388   Den Wechsel von ἐπι mit Dativ beim ersten Konfliktpaar zu ἐπι mit Akkusativ
      bei den folgenden beiden Paaren wird von *Plummer, Lk (⁴1901), 335* »possibly« als
      Intensivierung des Konflikts erklärt. Zustimmend *Bovon, Lk II (1996), 356 A. 63*. Der
      Grund dürfte jedoch eher, wie *Plummer* selbst erwägt, im Wortlaut der LXX zu
      suchen sein.

389   Darauf weist *Luz, Mt II (1990), 134* hin.

lose an den LXX-Text anlehnt[390], lassen es eher als unwahrscheinlich erscheinen, daß Mt den Wortlaut verändert hat, um das Zitat an die LXX anzugleichen. Das bedeutet, daß sowohl in der einfachen Aufzählung der Konfliktparteien, als auch im Blick auf das verlängerte Micha-Zitat der Mt-Fassung gegenüber Lk der Vorzug zu geben ist.[391]

Der zweite Aspekt ist, daß Lk 1,17 - unter Rückgriff auf Mal 3,24 - als Verheißung über Johannes gesagt wird, dieser werde die Herzen der Väter wieder ihren Kindern zuwenden, also die ältere Generation zur jüngeren »bekehren«.[392] Hier ist die wechselseitige Formulierung des Maleachi-Textes nicht übernommen, sondern nur die Umkehr der Väter zu den Kindern. Dies könnte ein feines Indiz dafür sein, daß auch Lk 12,53 die Entzweiung der älteren Generation von der jüngeren der Hand des Lk zuzuschreiben ist[393]; denn der »gemeinsame Nenner« dieser beiden Stellen ist die positive Berücksichtigung der älteren Generation, wobei diese im Fall von Lk 1,17 als (nur) ein Teil einer wechselseitig formulierten Vorlage übernommen wurde und im Fall von 12,53 in eine nicht wechselseitig formulierende Vorlage ergänzend eingetragen wurde. Zumindest aber unterstützt die analoge Beobachtung zu Lk 1,17 die Annahme, daß die reziproke Formulierung der Feindschaft in 12,53 noch nicht in Q - verstanden als gemeinsame Vorlage für Q^{Mt} und Q^{Lk} - stand. Zwar ist es durchaus möglich, daß die reziproke Formulierung bereits in der Vorlage des Lk (Q^{Lk}) hinzukam[394]; doch spricht das Faktum, daß sich der Vergleichstext (Lk 1,17) in der lk Kindheitsgeschichte befindet, eher für die Hand des Lk als für Q^{Lk}. Hier ist jedoch über bloße Vermutungen nicht hinauszukommen.

Insgesamt bleiben große Unsicherheiten in der Rekonstruktion der Q-Vorlage dieses Logions, die nicht so leicht beiseite geräumt werden können. Auf jeden Fall ist *Luz* zuzustimmen, wenn er zum Ergebnis kommt: »Am wahrscheinlichsten ist, daß das Logion den Evangelisten in Q^{Mt} bzw. Q^{Lk} verschieden überliefert war.«[395] Jedoch ist nicht einmal über die Gestalt von Q^{Lk} und entsprechende lk redaktionelle Eingriffe Sicherheit zu gewinnen.

---

390 Vgl. *Schulz, Q (1972)*, 259.
391 Hierbei besteht im Blick auf die einfache Aufzählung der Konfliktparteien nahezu ein Konsens in der Literatur. Im Blick auf das verlängerte Micha-Zitat hingegen gehen die Meinungen auseinander. Dafür, daß das lange Zitat schon in Q stand, votieren *Schulz, Q (1972)*, 259 (»Sicherheit aber ist nicht mehr zu gewinnen«); *Kosch, Tora (1989)*, 344. Auch in der Rekonstruktion von *Sato, Q (1988)*, 295 findet sich der Satz. Für eine Zufügung des Mt halten den Satz *Polag, Fragmenta (1979)*, 64-65; *Gnilka, Mt I (1986)*, 393; *Bovon, Lk II (1996)*, 347.
392 Darauf weist *Bovon, Lk II (1996)*, 347 A. 13 hin.
393 Zu diesem Ergebnis kommt *Schulz, Q (1972)*, 259. Vgl. auch *Jeremias, Sprache (1980)*, 224.
394 So *Bovon, Lk II (1996)*, 347.
395 *Luz, Mt II (1990)*, 134.

Trotz aller bleibenden Unsicherheiten wird sich über die Funktion des Wortes in Q jedoch zumindest soviel sagen lassen, daß mit Hilfe des Micha-Zitates die eigene Gegenwart als Endzeit interpretiert wird.[396] Im ursprünglichen Kontext von Mi 7 war das Wort noch Teil einer Klage über die Mißstände und den allgemeinen Verfall in Juda gewesen.[397] Es war also Bild für negativ konnotierte Auflösungserscheinungen einer bestehenden gesellschaftlichen Ordnung. In Verbindung mit der im unmittelbaren Kontext stehenden Interpretation Mi 7,4b, »die die beklagenswerten Nöte als Erfüllung prophetischer Drohung ansieht (4bα), vor allem aber deren Folgen chaotisch nennt«[398], konnte das Bild vom Zerbrechen der Familien in der Apokalyptik zum Topos für die Charakterisierung der Endzeit[399] und umgekehrt die Vorstellung von der Aufhebung der Entzweiung zum Bild für die verheißene Heilszeit[400] werden. In diesem Kontext ist die Aufnahme des Wortes in Q zu sehen: Die Bedrängnisse und Konflikte der eigenen Zeit, die sich an der Person Jesu entzündet hatten, werden als *durch Jesus* herbeigeführt und damit als Zeichen der Endzeit gedeutet.

Auch wenn es schwierig ist, den genauen Anteil der lk Redaktion - auch im Unterschied zu Q[Lk] - im einzelnen zu bestimmen, läßt sich doch aus den beobachteten Indizien eine gegenüber Q veränderte Funktion des Wortes bei Lk ablesen. Symptomatisch für diese veränderte Funktion ist die Einfügung des ἀπὸ τοῦ νῦν in 12,52, die mit einiger Wahrscheinlichkeit auf Lk zurückzuführen ist. Dies macht aus dem Wort in Q, das mit Hilfe des Micha-Zitates die eigene Gegenwart als Endzeit interpretiert hatte[401], ein Wort, das die Konflikte der Gegenwart beschreibt. In eine solche Beschreibung der Gegenwart, ja, des Alltags, paßt auch das Wort διαμερισμός besser als das apokalyptisch gefärbte ›Schwert‹[402], und auch das Verweilen bei der Situation im Haus

---

396   Vgl. dazu *Hoffmann, Studien (1972), 41.63.72-73; Schulz, Q (1972), 260; Schottroff: SSc II (1994), 513.*

397   Vgl. *Wolff, Micha (1982), 182-185; Smith, Micah (1984), 54f; Janssen, Elisabet (1998), 35.* Das Wort dürfte allerdings kaum von Micha selbst stammen, sondern ist, wie vergleichbare Texte zeigen, eher in frühnachexilische Zeit zu datieren, vgl. *Wolff ebd. 177.*

398   *Wolff, Micha (1982), 176.* Hingegen dürfte die Bestimmung von Mi 7,4b selbst als Drohwort, wie dies bei *Weiser, Micha (⁸1985), 286f* geschehen ist, kaum zutreffen.

399   Vgl. Sach 13,3; äthHen 99,5; 100,2; Jub 23,19; 4 Esr 6,24 (Freunde gegen Freunde); Sota IX,15; bSanh 97a; Mk 13,12 par. Auf die Verbreitung des Topos in der apokalyptischen Literatur wird häufig verwiesen, vgl. *Schmid, Lk (⁴1960), 226; Hoffmann, Studien (1972), 72; Schulz, Q (1972), 260 mit A. 578; Schneider, Lk (1977), 292; Schmithals, Lk (1980), 149; Gnilka, Mt I (1986), 395; Luz, Mt II (1990), 138; Ernst, Lk (⁶1993), 307f; Bovon, Lk II (1996), 355 mit A. 56; Janssen, Elisabet (1998), 34-36.* Eine Kommentierung einiger der o. g. Stellen bietet *Grelot: Bib 67 (1986), 367-377.*

400   Vgl. z. B. Mal 3,24; Lk 1,17.

401   Vgl. dazu *Hoffmann, Studien (1972), 41.63.72-73; Schulz, Q (1972), 260; Schottroff: SSc II (1994), 513.*

402   Die bisweilen herangezogene Erklärung für diese Veränderung durch Lk als Furcht

durch die vor das Micha-Zitat gestellte Beschreibung (12,52) macht in diesem Zusammenhang Sinn. So sind bei Lk die gegenwärtigen und alltäglichen Konflikte im Haus stärker als in der Vorlage herausgearbeitet, und diese Konflikte sind mit »realistischerem« Vokabular beschrieben als in der Vorlage, in der die Spaltungen stärker in einen apokalyptischen Kontext gestellt waren. Schließlich ist in diesen Konflikten nochmals der Anteil der älteren Generation betont, wobei es, wie der Vergleich mit Lk 1,17 gezeigt hat, wahrscheinlich weniger um eine reziproke Formulierung der Konflikte, als um die Herausarbeitung der Rolle der älteren Generation geht.

Im folgenden soll dem Wort nochmals genauer in seiner lk Anwendung nachgegangen werden:

(b) Die Konflikte des Alltags. Das Logion bei Lk

12,51 setzt mit einer provozierenden Frage ein, die im folgenden sogleich negativ beantwortet wird. Diese negative Antwort wird dann in 12,52-53 in zwei Schritten begründet (γὰρ V. 52) und ausgefaltet: Nachdem in V. 52 zunächst die gespaltene Situation in einem Haus allgemein beschrieben worden war, werden in V. 53 die Konfliktparteien konkret benannt.

Die Entzweiung wird dabei durchweg als Entzweiung zwischen den Generationen beschrieben. Die Paare sind einander nach den geschlechtsspezifischen Zuordnungsverhältnissen des patriarchalen Hauses gegenübergestellt.[403] Das Ungleichgewicht, daß nur ein männliches, dagegen aber zwei weibliche Paare genannt werden, hat seine Ursache in den vorausgesetzten patrilinearen Verhältnissen, nach denen eine junge Frau sich als Schwiegertochter in einem Haus befindet, also das eigene Elternhaus verlassen und ins Haus des Ehemannes gezogen ist.[404] Eine Gegenüberstellung von Schwiegersohn und Schwiegervater macht in diesem Kontext, weil in *einem* Haus nicht existent, keinen Sinn. Damit sind mit Hilfe dieser drei Paare alle möglichen Spaltungen zwischen den in einem Haus befindlichen Generationen (mit Ausnahme der kleinen Kinder) beschrieben. Es geht also um eine Entzweiung, wie sie grundsätzlicher in einem solchen Haus nicht vorstellbar ist.

Dabei ist bemerkenswert, daß die Spaltung nicht nur als Aufkündigung eines - vorauszusetzenden - geforderten Gehorsams der jüngeren gegenüber der älteren Generation beschrieben, sondern wechselseitig formuliert wird, und dies - mit einiger Wahrscheinlichkeit - über die Vorlage hinaus. Es wird sogar die Entzweiung der älteren Generation von der jüngeren jeweils als erstes genannt. Wenn nun aber in Q die Spaltung - wie oben wahrscheinlich ge-

---

vor »eine[r] zelotische[n] Interpretation der Botschaft seines Meisters« (*Bovon, Lk II [1996], 354*) dürfte dieser insgesamt veränderten Funktion des Wortes bei Lk zu wenig Rechnung tragen.

403   Zu diesen Paaren vgl. auch *Seim, Message (1994), 38 mit A. 41; Bovon, Lk II (1996), 356.*

404   Vgl. *Schottroff: EvTh 51 (1991), 333; Schottroff: SSc II (1994), 512.*

macht wurde - als Entzweiung der jüngeren Generation von der älteren ausgedrückt war, muß dieses Wort als Durchbrechen der patriarchalen Familienstrukturen verstanden werden; denn solche Strukturen sind primär in der älteren Generation verkörpert, werden auch von dieser aufrechterhalten, während
die jüngere im allgemeinen in sie hineinwächst. Bricht die junge Generation
daraus aus, ist die durch diese Strukturen hergestellte Ordnung samt ihrem
Wertesystem und auch samt der Sicherheit, die sie geboten hatte, in Frage gestellt.[405] Angesichts der Botschaft und des Anspruchs Jesu verlieren also die
Familienstrukturen, die die gesellschaftliche Ordnung garantieren, ihre Gültig-
keit. Und mehr: »Botschaft und Anspruch Jesu ›zerstören‹ patriarchale Familienbande.«[406] An ihre Stelle tritt etwas Neues, die »Nachfolgegemeinschaft
von Gleichgestellten«[407]. Dies ist jedoch an dieser Stelle nicht formuliert, sondern es geht allein um das schmerzhafte und auch bedrohliche Zerbrechen,
das allerdings als Notwendigkeit[408] und Gottes Willen entsprechend empfun-
den wird[409].

Wenn nun in der lk Fassung die Spaltung wechselseitig formuliert ist,
bedeutet dies zunächst, daß alle Mitglieder des Hauses als eigenverantwortliche, entscheidungsfähige Subjekte genannt und angesprochen sind. Die Entscheidung an der Person Jesu geht alle gleichermaßen an. Die Spaltung kann
von jedem Mitglied des Hauses ausgehen. In diesem Sinne ist die bisherige
Sicherheit des Hauses noch grundsätzlicher in Frage gestellt als in Q, insofern
die Träger der Ordnung selber diese Ordnung in Frage stellen.

Diese Entzweiung um Jesu willen betreffen nun nicht nur alte und junge
Mitglieder der Familien, sondern auch Männer und Frauen. Im Unterschied
zu den bislang besprochenen Nachfolgetexten werden Frauen hier als in die
Konflikte Involvierte sichtbar. Jedoch ist es nicht Lk selbst, der hier die
Frauen einführt, sondern diese waren bereits in der Vorlage bzw. in Mi 7,6
genannt. Die redaktionelle Absicht des Lk ist dagegen eher in der Herausarbeitung der Rolle der älteren Generation in diesen Konflikten zu sehen. Die
»inkludierende Sprache« des Lk bezieht sich hier also auf die ältere Generation, weniger auf die Frauen. Daraus kann - mit aller Vorsicht und im Be-
wußtsein der Gefahr einer unsachgemäßen Psychologisierung - geschlossen
werden, daß Lk bei Aspekten und Themen, an denen sein Interesse spürbar

---

405   *Gnilka, Mt I (1986), 395* fragt sich, ob durch die Art und Weise der Darstellung des
      Konflikts und durch die Bezeichnung ἄνθρωπος eine bestimmte Perspektive aus-
      gedrückt sei: »Daß sich die Bekenner zum Christentum vornehmlich in der jünge-
      ren Generation finden und sie ihre Hausgenossen als Feinde erfahren?«
406   *Schüssler Fiorenza, Gedächtnis (1988), 196.* In diesem Sinne auch *Schottroff: EvTh
      51 (1991), 338-339; Schottroff: SSc II (1994), 513.*
407   Zu diesem Begriff vgl. vor allem *Schüssler Fiorenza, Gedächtnis (1988).*
408   ᾽Ηλθον mit Infinitiv muß final verstanden werden, vgl. *Luz, Mt II (1990), 138 mit A.
      42.*
409   Vgl. *Luz, Mt II (1990), 138* (in Bezug auf das Wort bei Mt); *Schottroff: SSc II
      (1994), 513* (in Bezug auf Q).

wird, wie hier bei den Alten, durchaus »inklusiv« formulieren kann, daß er bei anderen hingegen, wie dies bei den Nachfolgetexten deutlich geworden ist, eine ganze Wirklichkeit ausblendet.

Dennoch wird an dieser Stelle deutlich: Frauen müssen sich wie Männer dem Anruf des Evangeliums stellen, und Frauen können sich wie Männer für oder gegen Jesus entscheiden.[410] Im Unterschied zu den bislang besprochenen Nachfolgetexten wird der Konflikt hier jedoch als Konflikt innerhalb des Hauses dargestellt. In Lk 9,57-62; 14,26; 18,28-30 waren (junge) Männer im Blick, die sich vor die Entscheidung gestellt sahen, die Familie zu verlassen, oder die diesen Schritt bereits vollzogen hatten. Hier aber geht es nicht primär um das Verlassen des Hauses, sondern um Konflikte und Spaltungen innerhalb des Hauses. In *dieser* Entscheidungssituation kommen Frauen wie Männer in den Blick.

Auch wenn - und vielleicht gerade: auch weil - es hier um Konflikte innerhalb des Hauses geht, ist Lk 12,51-53 geeignet, die androzentrischen Darstellungsweisen der übrigen Nachfolgetexte aufzubrechen und Frauen in den dort geschilderten Entscheidungsprozessen sichtbar zu machen. Denn der Text macht deutlich, daß vorbehaltlose Nachfolge nicht nur die Sache einer elitären (männlichen) Minderheit ist; er macht auch deutlich, daß neben denen, für die sich in der Exegese mittlerweile der Begriff »Wanderradikale« durchgesetzt hat, nicht einfach die patriarchalen Familienstrukturen weiter funktionieren.[411] Er zeigt, daß die Veränderungen, die durch Jesus und seine Botschaft bewirkt werden, grundsätzlicher sind und sich durch alle gesellschaftlichen Strukturen ziehen.

Dieser Aspekt wird besonders in einer weiteren Erzählung deutlich, nämlich Lk 10,38-42, der Marta-Maria-Erzählung. Sie soll im folgenden näher betrachtet werden:

3.5 Jüngerinnen im Haus
Die Marta-Maria-Erzählung (Lk 10,38-42)

Die Maria-Marta-Perikope ist für diese Untersuchung vor allem unter drei Aspekten von Bedeutung. Zum ersten ist von ihr aufgrund ihrer - genau herauszuarbeitenden - Bezüge zum literarischen Kontext ein Beitrag zur Frage der inklusiven Lektüre androzentrischer Texte des Lk-Evs zu erwarten. Zum

---

410 Daß hier keine Konflikte zwischen Eheleuten (aus der Perspektive von Frauen) in den Blick kommen, liegt m. E. an der Micha-Vorlage und nicht, wie *Seim, Message (1994), 38* vermutet, daran, daß für den Text keine Frauen denkbar sind, die auch Ehen verlassen könnten.

411 Zu dieser Kritik am Modell von Wanderradikalismus und Liebespatriarchalismus vgl. *Schüssler Fiorenza, Gedächtnis (1988), 189-202, bes. 195-196; Schottroff: EvTh 51 (1991), 339; Schottroff: SSc II (1994), 514-515; Schottroff, Schwestern (1994), 15-27; Schottroff: Exegese (1995), 199-201.*

zweiten charakterisiert sie eine Frau, Maria, in einer Weise, die in der exegetischen Literatur zu (mindestens) zwei unterschiedlichen Positionen der Interpretation geführt hat: Ist diese Frau als Jüngerin Jesu gezeichnet - oder als eine
Frau, die sich in aller Unterordnung belehren läßt, wie dies 1 Tim 2,11f fordert? Vor diesem Hintergrund ist demnach von der Perikope ein Beitrag zur
Frage der Jüngerinnen Jesu zu erwarten. Der dritte Aspekt schließlich wurde
zum Schluß des vorangegangenen Abschnitts schon angedeutet: Die Perikope
ist im Haus situiert; es wird nun darum gehen, die Bezüge und Analogien
zwischen dem in der Maria-Marta-Erzählung skizzierten Konflikt und dem
eben besprochenen von 12,51-53 deutlich zu machen und die anhand von
12,51-53 aufgeworfene Fragestellung zu vertiefen.

(a) Der literarische Zusammenhang 9,51-10,42

Für das Verständnis dieser Perikope ist es, wie sich zeigen wird, von besonderer Bedeutung, ihre Stellung im Kontext präzise zu erfassen und die thematischen Bezüge genau herauszuarbeiten. Als dieser zu berücksichtigende literarische Zusammenhang muß Lk 9,51-10,42 angesehen werden. Dies bedarf
einer Begründung:

Der große erzählerische Einschnitt 9,51, der für die Gesamtgliederung
des Evangeliums von Bedeutung ist, markiert, wie oben bereits gezeigt wurde, den Beginn des Reiseberichts, d. h. den Beginn des Weges Jesu nach Jerusalem. Erste Episode auf diesem Weg nach Jerusalem ist die Nicht-Aufnahme Jesu und seiner BegleiterInnen in einem samaritanischen Dorf
(9,52-56). Hier begegnet zum ersten Mal in diesem Zusammenhang das
Stichwort δέχεσθαι (9,53), das im folgenden zweimal in der Aussendungsrede (10,8.10) und schließlich in 10,38, dort in Form des Kompositums
ὑποδέχεσθαι, wiederaufgenommen wird. Damit wird bereits in 9,53, also
unmittelbar zu Beginn unseres Zusammenhangs, das Thema des Aufneh-
mens und Nicht-Aufnehmens Jesu und seiner BotInnen angeschnitten, das
bis 10,42 auf verschiedene Weise durchgeführt wird.

9,56 beschließt diesen kurzen Abschnitt mit der Notiz, daß ›sie‹ in ein anderes Dorf gingen. Die folgenden Perikopen aber spielen alle noch unterwegs,
wie die verwendeten Orts- und Zeitangaben zeigen.[412] Erst 10,38 wird die
Ankunft in einem Dorf (εἰσῆλθεν εἰς κώμην τινά) und die Aufnahme in
einem Haus (ὑπεδέξατο αὐτόν) erzählt. So führt sozusagen ein literarischer
Weg von der Nicht-Aufnahme im samaritanischen Dorf zur Aufnahme durch
Marta; die beiden Perikopen sind durch den thematischen Bogen des Unter-

---

412 9,57 πορευομένων αὐτῶν ἐν τῇ ὁδῷ; 10,1 Aussendung der (Zweiund)siebzig μετὰ
δὲ ταῦτα ... εἰς πᾶσαν πόλιν καὶ τόπον οὗ ἤμελλεν αὐτὸς ἔρχεσθαι; 10,17 Rückkehr der (Zweiund)siebzig ohne weitere Orts- oder Zeitangabe angeschlossen;
10,21 Ἐν αὐτῇ τῇ ὥρᾳ, keine Ortsangabe.

wegsseins verbunden. Oder, anders ausgedrückt, in 9,56 wird ein Spannungs-
bogen aufgebaut, der erst in 10,38 aufgelöst wird.

In der Perikope, die 9,57 mit der Wegnotiz eingeleitet wird, erfährt das
Thema des Unterwegsseins Jesu in 9,58 - ὁ δὲ υἱὸς τοῦ ἀνθρώπου οὐκ ἔχει
ποῦ τὴν κεφαλὴν κλίνῃ - eine Vertiefung und Neuakzentuierung. Denn während nach 9,53.56 die Ortlosigkeit Jesu als Folge der Zurückweisung in dem
samaritanischen Dorf erschien, wird nun deutlich, daß sie zur Lebensweise
Jesu und derer, die ihm nachfolgen wollen, wesentlich dazugehört. So wird
das Motiv der Orts-Suche gleichzeitig gebrochen; denn solche »Orte« werden
in 9,57-62 von Grund auf in Frage gestellt.[413]

10,1 ist mit der Zeitangabe μετὰ δὲ ταῦτα eng auf das Vorhergehende
bezogen. Jesus sendet (Zweiund)siebzig[414] BotInnen in alle die Städte und
Orte aus, in die er selbst gehen will. Anläßlich dieser Aussendung folgen in
einer Redekomposition zunächst eine Bitte um Aussendung in Form einer
Metapher (10,2), ein Sendungswort in Form eines Vergleichs (10,3), sodann
Anweisungen zur Ausrüstung der BotInnen (10,4), zum Verhalten in einem
Haus (10,5-7) sowie zum Verhalten in einer Stadt (10,8-12). Die Rede wird
durch Weherufe (10,13-15) und einen Aufruf zum Hören (10,16) abgeschlossen.[415] Sehr eng fügt sich der Dialog anläßlich der Rückkehr der (Zwei-
und)siebzig an (10,17-20), lediglich markiert durch einen Subjektswechsel hin
zu den (Zweiund)siebzig sowie deren Ortsveränderung.[416]

In dieser Rede wird deutlich, daß die BotInnen, die ohne jegliche Ausstat-
tung umherziehen (10,4), Häuser brauchen, in denen sie Aufnahme finden
und mit dem Lebensnotwendigen versorgt werden. Ein solcher Hausherr, der
seine Tür den WanderpredigerInnen öffnet und ihnen zu essen und zu trinken
gibt, wird 10,6 mit dem positiven Begriff υἱὸς εἰρήνης bezeichnet. Im Blick
auf die Marta-Maria-Perikope ist es mir an dieser Stelle wichtig festzuhalten,
daß in der Aussendungsrede die Existenz von gastfreundlichen Häusern vorausgesetzt wird, daß ihre Gastfreundschaft als notwendig angesehen und positiv konnotiert ist - wiewohl in *dieser* Rede die Perspektive der WanderpredigerInnen (noch) nicht verlassen wird.

10,21 grenzt sich davon durch eine neue Zeitangabe ab, die jedoch das
folgende gleichzeitig eng an das vorhergehende anbindet: ἐν αὐτῇ τῇ ὥρᾳ. Es

---

413 S. o. 3.1.
414 Die (vermutlich unentscheidbare) textkritische Diskussion der Zahl der Ausge-
     sandten ist für meine Untersuchung irrelevant. Vgl. dazu *Metzger: NTS 5 (1958-
     1959), 299-306; Jellicoe: NTS 6 (1959-1960), 319-321; Metzger, Text (1966), 248-
     250; Metzger, Commentary (1971), 151*, mit einem Plädoyer für die Zahl 72 von
     Kurt Aland S. *151*.
415 Zur Gliederung der Aussendungsrede vgl. - mit kleineren Abweichungen - *Hoff-
     mann, Studien (1972), 287f; Schulz, Q (1972), 404; Venetz: Diak. 11 (1980), 149; Fan-
     der: JBTh 7 (1992), 170; Bovon, Lk II (1996), 45*.
416 *Bovon, Lk II (1996), 45* faßt deshalb mit Recht Lk 10,1-20 zu einer Einheit zusam-
     men.

schließt sich zunächst ein Gebet Jesu (10,21-22) und sodann, abgesetzt durch eine Redeeinleitung, die Seligpreisung der JüngerInnen durch Jesus an (10,23-24). Wiederum ohne neue szenische Einbettung folgt ab 10,25 ein Dialog mit einem Gesetzeslehrer über das ewige Leben, in dessen Verlauf Jesus das Gleichnis vom barmherzigen Samariter erzählt (10,25-37). Zwar werden in diesem Abschnitt nicht die in der Aussendungsrede angeschnittenen Themen weitergeführt; doch weist er vor allem über die Seligpreisung der Sehenden und Hörenden (10,23-24) sowie über das Tun des barmherzigen Samariters Bezüge zur Marta-Maria-Perikope auf. Dies wird aber noch genauer zu zeigen sein.

10,38 greift mit der Wegnotiz ἐν δὲ τῷ πορεύεσθαι αὐτοὺς die in 9,51.56.57 aufgebaute Situation des Unterwegsseins auf und führt den dort begonnenen Weg zu Ende, indem nun die Ankunft in einem Dorf und die Aufnahme in einem Haus erzählt wird.[417] Die Bezüge zwischen dem Beginn des Reiseberichts und 10,38 werden in folgender Gegenüberstellung deutlich[418]:

9,51-55	9,56.57	Lk 10,38
51 ... τοῦ πορεύεσθαι εἰς Ἰερουσαλήμ ...	56 καὶ ἐπορεύθησαν εἰς ἑτέραν κώμην.	Ἐν δὲ τῷ πορεύεσθαι αὐτοὺς αὐτὸς
52 καὶ πορευθέντες εἰσῆλθον εἰς κώμην Σαμαριτῶν ...	57 Καὶ πορευομένων αὐτῶν ἐν τῇ ὁδῷ ...	εἰσῆλθεν εἰς κώμην τινά ·
53 οὐκ ἐδέξαντο αὐτόν ...		γυνὴ δέ τις ὀνόματι Μάρθα ὑπεδέξατο αὐτόν.

Daneben führt 10,38-42 das Thema der Aufnahme der BotInnen des Evangeliums weiter, indem es, nun nicht mehr in der Perspektive der BotInnen, son-

---

417 Die variante Lesart ἐγένετο δὲ ἐν zu Beginn der Perikope, die von A C D W Θ Ψ 0190 f[1.13] 𝔐 latt sy[p.h] bezeugt wird, hebt den Gliederungseinschnitt in 10,38 stärker hervor. In dieser Lesart ist es nicht so ohne weiteres möglich, 10,38-42 zum vorangehenden Kontext zu ziehen. Doch spricht schon die äußere Bezeugung gegen diese Lesart und für den von Nestle-Aland[27] wiedergegebenen Text (𝔓[45.75] ℵ B L Ξ 33. 579. 892. 1241. 2542). Für diese Lesart spricht außerdem, daß es die *lectio brevior* ist sowie, daß es gegenüber den häufigen lk Perikopeneröffnungen mit ἐγένετο δὲ ἐν τῷ, insbesondere in unmittelbarer Nähe zu 11,1, als *lectio difficilior* gelten muß. Vgl. die ausführlichen Darlegungen bei *Brutschek, Maria-Marta-Erzählung (1986)*, 13-14; *Fornari-Carbonell, Escucha (1995)*, 24-25. Gegenüber *Brutschek* muß allerdings korrigierend angemerkt werden, daß die Wendung ἐν τῷ mit Infinitiv eben gerade keine häufige Perikopeneinleitung bei Lk ist; Perikopeneröffnend steht sie nur Lk 8,40; 11,37; Apg 2,1; 9,3 (Abschnitt-eröffnend).

418 Gelegentlich wurde in der Literatur auf den Kontrast zwischen dem ungastlichen samaritanischen Dorf und der gastfreundlichen Marta verwiesen, vgl. z. B. *Demel: BN 57 (1991)*, 74; *Ernst, Lk ([6]1993)*, 266; *Melzer-Keller, Jesus (1997)*, 232.

dern in der Perspektive der Hausherrin, die Mühen dieser Aufnahme und Versorgung sichtbar macht (10,40), die in der Redeweise der Aussendungsrede selbst noch unsichtbar geblieben waren. Und schließlich erfährt das Thema des Hörens aus 10,23-24 eine Vertiefung.

Demgegenüber bildet 11,1 wiederum einen größeren erzählerischen Einschnitt: Das Gliederungssignal καὶ ἐγένετο ἐν τῷ mit folgendem Infinitiv, die neue Ortsangabe sowie die Veränderung der Konstellation der HandlungsträgerInnen müssen als »situationsverändernde Einleitung«[419] gewertet werden. Das Motiv des Unterwegsseins und des Weges Jesu nach Jerusalem spielt von nun an auf der Ebene des Erzählgerüsts keine Rolle mehr bis zu 13,22, einem für die Makrogliederung des Reiseberichts bedeutsamen Einschnitt. Somit eröffnet 11,1 einen neuen Abschnitt, der zwar nicht ohne inhaltliche Verbindungen zu 9,51-10,42 ist, doch mit dem Thema Gebet eindeutig neue Akzente setzt.

Damit bildet 10,38-42 den Abschluß eines Abschnittes, der mit dem Anfang des Reiseberichts 9,51 begonnen hatte und der somit durch das Motiv der Ablehnung bzw. Aufnahme Jesu gerahmt wird.[420] Diese Situierung der Maria-Marta-Erzählung ist für ihre Interpretation von Bedeutung; denn zum ersten wird die Perikope damit dem Thema ›Nachfolge‹ bzw. ›Jüngerschaft‹ zugeordnet, das in diesem Abschnitt, wie gezeigt, verschiedene Variationen erfahren hatte. Zum zweiten ist das Tun der Marta von der Aussendungsrede her als notwendig qualifiziert und positiv konnotiert. Zum dritten muß auch das Hören der Maria und ihr »guter Teil« in diesem Zusammenhang und insbesondere im Gegenüber zur unmittelbar vorangehenden Perikope mit der Ausgangsfrage nach dem (ewigen) Leben interpretiert werden.[421]

---

419 Vgl. *Sellin: NT 20 (1978), 107 u. ö.* Vgl. auch *Brutschek, Maria-Marta-Erzählung (1986), 31.*

420 Meist wird die Perikope nur im Verhältnis zu ihrem unmittelbaren Kontext 10,25-37 und/oder 11,1-13 betrachtet, vgl. den forschungsgeschichtlichen Überblick bei *Brutschek, Maria-Marta-Erzählung (1986), 50-51.* Demgegenüber situiert *Brutschek, ebd.* 52-60 die Erzählung zunächst im Kontext von 9,51-10,42 und sodann (*ebd. 60-64*) im Kontext des gesamten Reiseberichts. Auch *Diefenbach, Komposition (1993), 94* faßt 9,51(52)-10,42 als literarischen Zusammenhang auf, der den ersten Unterteil des ersten Hauptteils des Reiseberichts (9,51-13,21) bilde. Doch wirkt sich weder der literarische Zusammenhang auf seine Interpretation der Maria-Marta-Perikope aus, noch bezieht er diese in seine Näherbestimmung des Themas dieses Abschnitts ein. Folgerichtig bezeichnet er *ebd. 111* die Perikope als »Einzelbegebenheit«. Thematische Verbindungslinien zur Aussendung der Zweiundsiebzig sehen *D'Angelo: JBL 109 (1990), 455; Reinhartz: Levine (Ed.), Women (1991), 169; Corley, Women (1993), 134.142. Ernst, Lk (⁶1993), 265* betrachtet 10,38-42 als den Beginn eines bis zu 13,21 reichenden neuen Abschnitts des Reiseberichts.

421 Vgl. *Brutschek, Maria-Marta-Erzählung (1986), 53-54; Venetz: Orientierung 54 (1990), 187-188; Diefenbach, Komposition (1993), 112.*

(b) Beobachtungen zur Literarkritik

Die Perikope ist nur bei Lk überliefert.[422] Meist wird davon ausgegangen, daß Lk eine traditionelle Erzählung aufgenommen, redaktionell überarbeitet und in seinen eigenen literarischen Zusammenhang eingefügt hat. Dafür spricht zunächst eine kleine in V. 38 zu beobachtende Spannung, nämlich der Wechsel von einem pluralischen zu einem singularischen Subjekt. Während eine größere Gruppe als wandernd vorgestellt wird, geht nur Jesus (αὐτός) allein in das Dorf hinein. Das könnte auf eine redaktionelle Fuge deuten, die darauf hinweist, daß eine traditionelle Erzählung, die von Jesus und den beiden Frauen gehandelt hat, in den lk Rahmen des gemeinsamen Weges nach Jerusalem eingebaut wurde.[423]

Des weiteren deuten verschiedene lk Stileigentümlichkeiten vor allem in den VV. 38-39 auf lk Überarbeitung: So begegnet die Konstruktion ἐν τῷ, gefolgt von einem Infinitiv, in den Evangelien mit großem Abstand am häufigsten bei Lk, davon einige Male[424] abweichend von der Mk-Vorlage.[425] Das Verb πορεύεσθαι muß als lk Vorzugsvokabel gelten[426], und auch die Konstruktion γυνὴ δέ τις verrät lk Stil[427]. V. 39 erregen insbesondere die Verwendung des Demonstrativpronomens ὅδε sowie die Formulierung καλουμένη den Verdacht lk Überarbeitung.[428] Insgesamt scheint sich die lk Redaktion vor allem in der Einordnung in den Weg nach Jerusalem, in der Heraushebung des Hörens auf das Wort des κύριος sowie in der Verstärkung des Kontrastes der beiden Verhaltensweisen bemerkbar zu machen.[429]

In der folgenden Untersuchung aber wird der Schwerpunkt auf der Interpretation der Perikope im Kontext des lk Zusammenhanges 9,51-10,42 liegen, so daß es nicht nötig ist, die vorlk Erzählung im Detail zu rekonstruie-

---

422 Zu Berührungspunkten mit den johanneischen Maria-Marta-Traditionen vgl. *Dauer, Johannes (1984), 126-206; Brutschek, Maria-Marta-Erzählung (1986), 147-150*, beide mit ausführlichen weiteren Literaturangaben.

423 Dieser Wechsel zwischen Plural und Singular ist allerdings auch in 9,52-56 zu beobachten. Die Beobachtungen von *Schweizer, Lk (1982), 124* hingegen würden die Annahme einer redaktionellen Fuge zu Beginn der Perikope unterstützen: er hält den gesamten V. 38 für lk und stellt demgegenüber V. 39-42 eine Reihe unlk Wendungen fest, ohne diese jedoch im einzelnen zu benennen.

424 Z. B. Lk 3,21; 5,12; 8,40.42; 9,18.29.33.34.36; 18,35; 24,4.

425 Auch *Jeremias, Sprache (1980), 193; Brutschek, Maria-Marta-Erzählung (1986), 66-68; Bovon, Lk II (1996), 102; Melzer-Keller, Jesus (1997), 231* sehen diese Wendung als lk an.

426 Vgl. *Jeremias, Sprache (1980), 193; Brutschek, Maria-Marta-Erzählung (1986), 67; Bovon, Lk II (1996), 102; Melzer-Keller, Jesus (1997), 231.*

427 Vgl. *Jeremias, Sprache (1980), 193; Brutschek, Maria-Marta-Erzählung (1986), 70-71; Bovon, Lk II (1996), 102; Melzer-Keller, Jesus (1997), 231.*

428 Vgl. *Jeremias, Sprache (1980), 193; Brutschek, Maria-Marta-Erzählung (1986), 74.75. Bovon, Lk II (1996), 102* hält hier das »hören« und das »Wort« für lk, *Wiefel, Lk (1987), 213* den κύριος und das ἤκουεν τὸν λόγον αὐτοῦ.

429 Die beiden letzten Punkte hält *Brutschek, Maria-Marta-Erzählung (1986), 144* nach gründlicher Analyse fest.

ren.[430] Daher mögen diese kurzen Hinweise genügen.

(c) Gliederung

Aufgrund der Kürze, Einheitlichkeit und Geschlossenheit des Textes ist keine ausgeprägte Abschnittsgliederung zu erwarten: So gibt es keine unterschiedlichen Szenen, die sich durch Veränderungen des Ortes und der Zeit voneinander abgrenzten; die pronominalen Rückbezüge brechen nur an einer Stelle, zwischen V. 39 und V. 40, ab; des weiteren lassen sich keine durchgehenden sprachlichen Signale beobachten, die auf eine regelmäßige Untergliederung auf der Ebene der Textoberfläche hindeuteten.

Eine erste Unterteilung des Textes läßt sich durch die Unterscheidung in Erzähl- (10,38-40a) und Redeteil (10,40b-42) vornehmen, wobei letzterer durch die beiden Redeeinleitungen nochmals in zwei Teile gegliedert werden kann: Rede der Marta (10,40b-g) und Rede Jesu (10,41-42).[431] Diese Unterscheidung macht den Aufbau der Perikope insofern deutlich, als sie zeigt, daß im Erzählteil eine Situation geschaffen wird, die zum Gegenstand eines kurzen Redewechsels wird. Die Aufteilung zeigt auch, daß die Perikope durch ein Jesuswort beendet wird, das der Episode ein entsprechendes Achtergewicht verleiht.[432]

Einen Schritt weiter führen aber die folgenden Beobachtungen: Zum ersten stehen zwar alle Verben des Erzählteils in den Erzähltempora Aorist und Imperfekt, doch ist der Wechsel vom Aorist zum Imperfekt zwischen V. 38 und V. 39 auffällig.[433] Zum zweiten gehen mit diesem Tempuswechsel unterschiedliche Oppositionen einher, mit denen der Text arbeitet: In V. 38 wird eine Opposition zwischen dem Wandern und Einkehren Jesu auf der einen und dem gastlichen Aufnehmen der Marta auf der anderen Seite aufgebaut. Ab V. 39 wird die Konstellation für eine neue Opposition geschaffen: Die zwischen Maria mit ihrer Verhaltensweise des Hörens auf der einen und Marta mit ihrer Verhaltensweise des vielen Dienens auf der anderen Seite. Diese

---

430 Vgl. dazu sehr ausführlich *Jeremias, Sprache (1980), 193-195*; *Brutschek, Maria-Marta-Erzählung (1986), 65-95.134-145*. Dagegen geht *Corley, Women (1993), 133-134* von einer vollständig lk Konstruktion der Perikope aus. Dies deutet auch *Schmithals, Lk (1980), 129* an. Skepsis gegenüber der Rekonstruierbarkeit des vorlk Textes meldet *Melzer-Keller, Jesus (1997), 230* an.

431 Das ist der Ausgangspunkt für *Brutscheks* Untersuchung, den sie jedoch im Anschluß modifiziert, vgl. *Brutschek, Maria-Marta-Erzählung (1986), 31-40*. Auch *Fornari-Carbonell, Escucha (1995), 43-48* geht von der Grundunterscheidung zwischen von »mundo narrado« und »mundo commentado« aus, jedoch nicht im Blick auf eine Gliederung des Textes.

432 Entsprechend wurde die Gattung der Perikope als biographisches Apophthegma bestimmt, vgl. *Bultmann, Geschichte ([10]1995 [1931]), 33.58-73*; *Schneider: NTS 29 (1983), 325* mit ausführlichen Literaturangaben *332 A. 1*.

433 Vgl. *Brutschek, Maria-Marta-Erzählung (1986), 33*: »Die gleichen Tempora bewirken Parallelisierung und somit engere Zusammengehörigkeit der entsprechenden Verse.«

Oppositionen werden zum einen über verschiedene Subjekte hergestellt: Standen sich in V. 38 Jesus (αὐτὸς) und Marta als Subjekte gegenüber, so sind es 10,39-40 Maria und Marta. Maria regiert als Subjekt den gesamten V. 39, Marta den gesamten V. 40, wenn man sie als logisches Subjekt auch der wörtlichen Rede versteht. Zum anderen funktionieren die Oppositionen über die Verben: dem Wandern und Einkehren Jesu steht das Aufnehmen Martas gegenüber, dem Sitzen und Hören Marias das Zerrissenwerden vom vielen Dienst bei Marta. Das zeigt gleichzeitig, daß die beiden Oppositionen nicht gleich funktionieren: Die erste ist als korrelativ zu verstehen[434]; auch ist sie in sich »abgeschlossen«, verlangt also nicht nach einer Lösung. Im Unterschied dazu entwickelt sich aus der zweiten Opposition ein Konflikt, der nach einer Lösung verlangt. Mit diesem Konflikt hat die dritte Opposition zu tun: 10,41 stehen sich der κύριος als Subjekt und Marta, ausgedrückt in der pronominalen Ergänzung αὐτῇ, gegenüber. In seiner Rede wird die Opposition zwischen Marta und Maria wieder aufgegriffen, so daß die Rede wie eine Spiegelung dieser narrativ aufgebauten Opposition ist.

Abschließend sei notiert, daß Jesus im einleitenden V. 38 nur pronominal genannt wird und ab V. 39 stets den Titel κύριος trägt. Dies setzt die VV. 39-42 vom einleitenden V. 38 ab.

Diese Beobachtungen weisen auf Gliederungseinschnitte zwischen V. 38 und V. 39 sowie zwischen V. 40 und V. 41. So kann der Text folgendermaßen gegliedert werden[435]:

10,38	Ausgangssituation: Kommen und Aufnahme Jesu
10,39-40	Die Haltungen Marias und Martas (gegenüber d. κύριος)
10,41-42	Entscheidendes Wort des κύριος

In dieser Gliederung ist die Zuordnung der Rede der Marta in V. 40 zu diskutieren. Syntaktisch gehört der Vers sicher zusammen und ist von daher zu V. 39 zu ziehen. Allerdings verläßt die Rede, die sich direkt an den κύριος richtet, die zuvor aufgebaute Opposition zwischen Maria und Marta und bereitet schon die abschließende Opposition zwischen dem κύριος und Marta vor, die zum einen durch die pronominale Nennung der Marta V. 41 und zum zweiten durch die direkte Anrede des κύριος an dieselbe entsteht. So kommt dieser Rede vielleicht eher eine Scharnierfunktion zwischen dem zweiten und dem dritten Teil der Perikope zu.[436]

---

434   Vgl. *Brutschek, Maria-Marta-Erzählung (1986), 38.*

435   Diese Gliederung entspricht der von *Brutschek, Maria-Marta-Erzählung (1986), 40-45* aufgrund detaillierter syntaktischer und struktureller Analysen *(ebd. 32-40)* dargelegten.

436   *Bovon, Lk II (1996), 102* setzt entsprechend den Einschnitt zwischen 10,40a und 40b an, so daß bei ihm die Gliederung folgendermaßen aussieht: 1. V. 38: Empfang des eingeladenen Jesus - 2. VV 39-40a: die Haltungen Marias und Martas - 3.

(d) Das Tun der Marta und seine Beurteilung

Marta erscheint in dieser Perikope als unabhängige Frau, die weder durch einen Ehemann, noch durch andere Familienangehörige näher bestimmt wird. Im Gegenteil: Ihre Schwester Maria wird *ihr* zugeordnet. Marta wird als Hausherrin[437] gezeichnet, die eigenständig Gäste, ja, sogar einen männlichen Gast aufnehmen kann und dies auch tut. Ihr Tun, daß sie Jesus gastlich aufnimmt, ist von 10,5-7 her positiv konnotiert und als wünschenswert und notwendig vorbereitet. In diesem gastlichen Aufnehmen ist Marta sprachlich noch auf Jesus bezogen: das Verb ὑπεδέξατο ist mit der Ergänzung αὐτόν versehen. Dies ist anders in 10,40. Im Unterschied zu ihrem eigenen Tun in 10,38, aber auch im Unterschied zum Tun der Maria in 10,39 ist die πολλή διακονία weder auf Jesus noch auf eine andere Person gerichtet.

Marta erscheint als sehr aktiv, im Unterschied zu ihrer sitzenden Schwester ist sie in Bewegung, sie stellt sich hin, nimmt also auch räumlich eine andere Stellung gegenüber Jesus ein als ihre Schwester. Im Unterschied zu ihrer stummen Schwester redet sie, und das, was sie sagt, erhält einigen Raum und einiges Gewicht dadurch, daß es als wörtliche Rede wiedergegeben wird.

VV. 40b-42: der Vorwurf Martas und die Antwort Jesu. *Klein, Barmherzigkeit (1987), 112* setzt ebenfalls diese Zäsur, unterteilt aber die Perikope insgesamt in vier Abschnitte: 1. Ortsangabe (38a) - 2. Einführung der beiden Personen (38b.39a) - 3. Schilderung des Verhaltens beider Personen (39b.40a) - 4. Gespräch Jesu mit Martha im Hinblick auf Maria.

437 Der bei Nestle-Aland[27] wiedergegebene Text setzt dies implizit durch die Verwendung des Verbs ὑποδέχεσθαι voraus. Deutlicher sind die Lesarten von 𝔓[3vid] ℵ C L Ξ 33. 579 *pc*: + εἰς τὴν οἰκίαν (+ αὐτῆς ℵ[1] C[2]), sowie von A D W Θ Ψ 0190 *f*[1.13] 𝔐 lat sy; Bas: + εἰς τὸν οἶκον αὐτῆς. Sie zeichnen Marta stärker als Hausherrin und lassen die Verbindung zu 10,5-7 klarer hervortreten. Die äußere Bezeugung ist für alle drei Hauptlesarten gut, wobei die erste Lesart mit den beiden ägyptischen Papyri die ältesten Zeugen für sich verbuchen kann, die zweite Lesart Zeugen aus der alexandrinischen Gruppe und die dritte Lesart eine große Breite der Zeugen. Für die erste Lesart spricht, daß sie die lectio brevior ist. Sodann muß bedacht werden, daß das Verb ὑποδέξεσθαι in den übrigen ntl. Stellen (Lk 19,6; Apg 17,7; Jak 2,25) nie mit einer Präpositionalergänzung oder -angabe begegnet. Allerdings verbindet Lk 16,4 das Verb δέχεσθαι mit der Ergänzung εἰς τοὺς οἴκους αὐτῶν. An unserer Stelle muß die Konstruktion mit dem Präpositionalobjekt nicht unbedingt die lectio difficilior sein, so *Brutschek, Maria-Marta-Erzählung (1986), 18.* Sie kann auch als Kontextbezug oder Verdeutlichung der Situation interpretiert werden. Auf der anderen Seite könnte eine Streichung der Ergänzung der Tendenz entsprungen sein, Frauen nicht so direkt als Hausbesitzerinnen zu kennzeichnen oder ihnen gar die Leitung eines Hauses zuzugestehen, vgl. *Corley, Women (1993), 134 A.142.* Insgesamt scheint mir aber dennoch die kurze Lesart die vermutlich ursprüngliche zu sein, vgl. *Seim, Message (1994), 98.* Sie wäre dann ein genaues - positives - Gegenüber zu 9,53: οὐκ ἐδέξαντο αὐτόν. Für die Lesart εἰς τὸν οἶκον αὐτῆς votieren *Brutschek, Maria-Marta-Erzählung (1986), 16-19; Fornari-Carbonell, Escucha (1995), 27-28.* Für eine der längeren Lesarten plädieren auch *Corley, Women (1993), 134 A 142* und *Bovon, Lk II (1996), 104 A. 16; 105 A. 18,* aus dessen Übersetzung »in ihrem Haus« nicht hervorgeht, welche der Varianten er meint.

Marta ist damit eine der wenigen Frauen im Lk-Ev, deren Reden ein solcher Stellenwert eingeräumt wird.[438]

Eine nähere Betrachtung verdient nun das, was Marta tut. Dies wird 10,40 als διακονία, genauer πολλὴ διακονία, bezeichnet. Aus der Anlage der Erzählung ist diese διακονία als die Arbeit zu verstehen, die zur Versorgung eines Gastes nötig ist.[439] Marta erscheint selbst als diejenige, die diese Arbeit ausführt. Dies deutet entweder den Rahmen eines kleinen und armen Haushaltes an, in dem es keine SklavInnen gibt, die diese Dienste tun. Oder es geschieht hier, wie dies auch schon in anderen Kontexten beobachtet wurde[440], eine symbolische Enteignung der Arbeit: Die Arbeit erscheint, obwohl von SklavInnen ausgeführt, als Arbeit der Hausherrin; die SklavInnen selbst bleiben dabei unsichtbar.

Diese inhaltliche Bestimmung der διακονία als Versorgungsarbeit ist je doch nicht unwidersprochen geblieben. Ausgehend von der Beobachtung, daß nirgends im Text gesagt wird, daß Marta in der Küche sei und das Essen zubereite, hat vor allem *Elisabeth Schüssler Fiorenza* die διακονία der Marta in Analogie zu Apg 6,1-7 als urchristliches Leitungsamt interpretiert.[441] Der Text sei in der historischen Situation der frühchristlichen Missionsbewegung zu situieren[442], der Begriff διακονία entsprechend diesem Kontext zu verstehen. Hier beziehe sich die διακονία »zwar auf den Tischdienst beim Gemein-

---

438 Wörtlich wiedergegebene Frauenreden finden sich noch in Lk 1,34.36 (Maria); 1,42-45 (Elisabet); 1,46-55 (Maria); 1,60 (Elisabet); 2,48 (Maria); 11,27 (Frau aus der Menge); 15,9 (Frau im Gleichnis von der verlorenen Drachme); 18,3 (Witwe im Gleichnis von der hartnäckigen Witwe); 22,54 (Sklavin im Hof des Hohenpriesters).
     Statistische Auflistungen von »literarischer Aufmerksamkeit«, die männlichen und weiblichen Erzählfiguren in den synoptischen Evv entgegengebracht wird - darunter auch die jeweils zugestandenen Redeteile - bietet *Dewey: BTB 27 (1997)*, 53-60.

439 Häufig wurde die διακονία der Marta als Erfüllung ihrer Pflichten als Gastgeberin interpretiert, vgl. *Laland: StTh 13 (1959), 73; Schmid, Lk (⁴1960), 196; Schmithals, Lk (1980), 129; Wiefel, Lk (1987), 213; Bovon, Lk II (1996), 106-107*. Oder das »Dienen« wurde nicht übersetzt, aber implizit als Versorgung des Gastes inhaltlich gefüllt, vgl. *Schneider, Lk (1977), 253; Schweizer, Lk (1982), 122*. Die Geschäftigkeit dieser Versorgung unterstrichen *Schmid, Lk (1960), 196; Ernst, Lk (⁶1993), 267*. Demgegenüber betonte *Schottroff: Traditionen 2 (1980), 121-124; Dies.: Schäfer / Strohm (Hgg.), Diakonie (1990), 227; Dies., Schwestern (1994), 301* stärker die Arbeit und speziell die Frauenarbeit, die hier sichtbar wird.

440 Zur Unsichtbarmachung und symbolischen Enteignung von Frauen- und SklavInnenarbeit vgl. vor allem *Schottroff: Schäfer / Strohm (Hgg.), Diakonie (1990), 227; Schottroff: EvTh 51 (1991), 335 u. ö.; Schottroff, Schwestern (1994), 129-130*.

441 Vgl. *Schüssler Fiorenza: Religion and Intellectual Life 3;2 (1986), 30-35; (= Dies: Kassel (Hg.), Theologie (1988), 36-44)*. Ihre Interpretation wurde (z. T. mit Differenzierungen) rezipiert von *D'Angelo: JBL 109 (1990), 454-455; Schaberg: Commentary (1992), 288-289; Corley, Women (1993), 136-144*.

442 So schon *Laland: StTh 13 (1959), 70-85; Csányi: StMon 2 (1960), 6; Tetlow, Women (1980), 104*.

demahl in der Hauskirche, aber der Begriff schließt auch die Verkündigung mit ein.«[443] Dies scheine in Apg 6-8 trotz entgegenlaufender lk Redaktionsinteressen immer noch durch. Wie nun in Apg 6 die Zwölf darauf bestünden, das Wort gegenüber dem Tischdienst nicht zu vernachlässigen, so beklage sich Marta darüber, daß Maria ihr das Dienen überlasse, um das Wort zu hören.[444] In Apg 6 würde die διακονία des Wortes von der διακονία des Tisches getrennt und letztere der ersten untergeordnet. Dies sei vergleichbar mit dem theologischen Interesse der Pastoralbriefe (vgl. 1 Tim 5,17 mit 3,8ff). Ebenso werde Lk 10,38-42 das Dienen der Marta dem einen Notwendigen, dem Hören der Maria, nachgestellt. Jedoch enthalte dieses Hören der Maria nur das passive und untergeordnete Zuhören und keinen Verkündigungsdienst. Dies wiederum entspreche dem Bild, das Lk in der Apg über die Rolle der Frauen zeichne: Zwar hörten nach der dortigen Darstellung Männer wie Frauen das Wort und würden zu JüngerInnen.»Doch erzählt uns die Apostelgeschichte keine einzige Geschichte von Frauen, die das Wort verkündigen oder Vorsteherinnen von Gemeinden sind, Leitungsfunktionen, die Frauen nach den paulinischen Briefen ausgeübt haben.«[445] Während die Pastoralbriefe über Vorschriften gegen Frauen arbeiteten, bewirke Lk das gleiche über die Verformung unseres Geschichtsbildes, in dem keine predigenden und missionierenden Frauen vorkämen.[446] Die Funktion der Frauen, die er erwähnen *müsse*, weil sie seinen LeserInnen bekannt waren (wie Maria und Marta), versuche er herunterzuspielen. Ein Gegenbeispiel dazu seien die Traditionen über Maria und Marta in Joh 11-12. So kommt *Schüssler Fiorenza* zu folgendem Schluß:»Lukas 10,38-42 spielt zwei der führenden apostolischen Frauen gegeneinander aus und beruft sich auf ein Offenbarungswort des Auferstandenen, um Autorität und Leitungsfunktion von Frauen zu beschränken. Die rhetorischen Interessen des Textes bestehen wohl darin, Leiterinnen von Hauskirchen zum Schweigen zu bringen, die wohl gegen die Einschränkung ihrer Autorität protestiert haben und sich dafür auf Martha beriefen. Während die Geschichte Martha diskreditiert, stellt sie ihnen das Schweigen und sich unter-

---

443 *Schüssler Fiorenza:* Kassel (Hg.), *Theologie (1988), 36-37.* Vgl. auch *Seim, Message (1994), 111.*

444 *Schüssler Fiorenza:* Kassel (Hg.), *Theologie (1988), 37* macht dabei auf einige wörtliche Übereinstimmungen zwischen den beiden Texten aufmerksam. Vgl. dazu auch schon z. B. *Brutschek, Maria-Marta-Erzählung (1986), 212 A. 386* und ausführlich dann *Fornari-Carbonell, Escucha (1995), 194-195.*

445 *Schüssler Fiorenza:* Kassel (Hg.), *Theologie (1988), 38.* In dieser Beurteilung folgen ihr *D'Angelo: JBL 109 (1990), 455-456; Schaberg: Commentary (1992), 288; Corley, Women (1993), 140-141.*

446 Ähnlich *Schaberg: Commentary (1992), 288:* Lk zeige keinen Vorschriften machenden Jesus, sondern erreiche sein Ziel dadurch, daß er bewährte Frauen darin zeige, wie sie sich selbst eine passive Rolle suchten, die der *Herr* den »besseren Teil« nenne.

ordnende Verhalten von Maria als gutes Beispiel vor Augen.«[447]

Gegen diese Interpretation der διακονία der Marta durch *Schüssler Fiorenza* müssen nun folgende Punkte festgehalten werden:

Zum ersten ist die Verwendung und inhaltliche Füllung des Wortes διακονία im Lk-Ev von derjenigen in der Apg zu unterscheiden. Das Lk-Ev kennt nur diesen einen Beleg. Zu seinem adäquaten Verständnis sind die von der Erzählung und ihrem Kontext vorausgesetzte Situation, die Ergänzung des Wortes durch πολλή sowie die Parallelisierung mit διακονεῖν (10,40) heranzuziehen. Demgegenüber finden sich acht Belege des Nomens in der Apg. Zur besseren Übersicht sollen diese im folgenden unter Berücksichtigung des jeweiligen Subjekts der διακονία sowie der im Text gegebenen Näherbestimmung aufgelistet werden:

	Subjekt	Näherbestimmung
Apg 1,17	Judas (mit den Zwölfen)	ἔλαχεν τὸν κλῆρον τῆς διακονίας ταύτης
Apg 1,25	der auszuwählende »Nachfolger« des Judas	λαβεῖν τὸν τόπον τῆς διακονίας ταύτης καὶ ἀποστολῆς
Apg 6,1	?	ὅτι παρεθεωροῦντο ἐν τῇ διακονίᾳ τῇ καθημερινῇ αἱ χῆραι αὐτῶν
Apg 6,4	die Zwölf	ἡμεῖς δὲ τῇ προσευχῇ καὶ τῇ διακονίᾳ τοῦ λόγου προσκαρτερήσομεν
Apg 11,29	die μαθηταί	καθὼς εὐπορεῖτό τις ὥρισαν ἕκαστος αὐτῶν εἰς διακονίαν πέμψαι τοῖς κατοικοῦσιν ἐν τῇ Ἰουδαίᾳ ἀδελφοῖς
Apg 12,25	Barnabas und Saulus	πληρώσαντες τὴν διακονίαν
Apg 20,24	Paulus	ὡς τελειῶσαι τὸν δρόμον μου καὶ τὴν διακονίαν ἣν ἔλαβον παρὰ τοῦ κυρίου Ἰησοῦ, διαμαρτύρασθαι τὸ εὐαγγέλιον τῆς χάριτος τοῦ θεοῦ
Apg 21,19	Paulus	ὧν ἐποίησεν ὁ θεὸς ἐν τοῖς ἔθνεσιν διὰ τῆς διακονίας αὐτοῦ

An drei Stellen ist die διακονία nicht in einer speziellen Weise charakterisiert: Apg 6,1, das einige Interpretationsprobleme aufgibt[448], Apg 11,29, das einen

---

447　*Schüssler Fiorenza: Kassel (Hg.), Theologie (1988), 40.* Ähnlich *D'Angelo: JBL 109 (1990), 455; Corley, Women (1993), 141.*

448　Meist wurde die tägliche διακονία der Witwen als (Armen)fürsorge gedeutet, vgl.

Beitrag zur materiellen Versorgung der ChristInnen von Judäa bezeichnet, sowie Apg 12,25, das einen speziellen Auftrag meint, der in 11,30 formuliert worden war und die Überbringung jener nach 11,29 gesammelten Gaben nach Jerusalem beinhaltet. An allen anderen Stellen ist die διακονία stets mit qualifizierenden Näherbestimmungen versehen, die entweder direkt genannt oder dem näheren Kontext zu entnehmen sind: In den beiden Belegen aus Apg 1 geht es um die Auffüllung des freigewordenen Platzes im Zwölferkreis. Apg 1,25 nennt die διακονία in Parallelisierung zu ἀποστολή, inhaltlich gefüllt wird dies in 1,22: Wer in den Kreis der Zwölf nachrückt, soll μάρτυρα τῆς ἀναστάσεως αὐτοῦ σὺν ἡμῖν γενέσθαι. Apg 6,4 bestimmt die διακονία als διακονία τοῦ λόγου, nennt dies in Parallele zum Gebet und stellt diesem Dienst das διακονεῖν τραπέζαις (6,2) gegenüber. Apg 20,24 und 21,19 fassen mit dem Wort die Arbeit des Paulus für die Ausbreitung des Evangeliums zusammen, und 20,24 füllt dies ähnlich wie 1,22 als διαμαρτύρασθαι τὸ εὐαγγέλιον τῆς χάριτος τοῦ θεοῦ. In diesem Zusammenhang ist vielleicht auch nochmals Apg 12,25 zu nennen, das einen bestimmten Auftrag des Barnabas und Saulus meint, der »erfüllt« wurde. Subjekt aller dieser Stellen - wiederum mit Ausnahme von 6,1 und 11,29 - sind entweder die Zwölf, jemand aus dem Zwölferkreis, oder Paulus (bzw. Barnabas und Saulus 12,25). An drei Stellen wird gesagt, daß dieser Dienst ein empfangener sei (Apg 1,17.25; 20,24). Die διακονία ist damit in der Tat als qualifizierter Dienst im Sinne eines »Amtes« zu interpretieren und kann noch genauer als Verkündigungsdienst bestimmt werden. Ausübende dieses »Amtes« sind nach der Darstellung der Apg stets führende Männer der Urkirche.[449]

---

z. B. *Strobel: ZNW 63 (1972), 272-273*; *Hengel: ZThK 72 (1975), 155.181f* (tägliche Versorgung); *Tetlow, Ministry (1980), 69-70*; *Klauck: RdQ 11 (1982), 71.76-78*; *Schille, Apg (1983), 168*; *Pesch, Apg (1986), 227*; *Collins, Diakonia (1990), 230-231*; *Schille: Schäfer / Strohm (Hgg.), Diakonie (1990), 255f*; *Spencer: CBQ 56 (1994), 728 et passim* (A. 44 in Auseinandersetzung mit *Schüssler Fiorenza*); *Zmijewski, Apg (1994), 284*; *Melzer-Keller, Jesus (1997), 310*. In der feministischen Diskussion hingegen wird die Stelle dahingehend gelesen, daß die hellenistischen Witwen aus der Leitung der eucharistischen Tischgemeinschaften verdrängt oder generell von der Teilnahme an denselben ausgeschlossen werden sollten, vgl. *Schüssler Fiorenza, Gedächtnis (1988), 212*; *Seim, Message (1994), 73*. *Schottroff, Schwestern (1994), 305* sieht den Konflikt darin, »daß Männer aus der Gruppe der HebräerInnen sich geweigert haben, Frauen (eben diese Witwen) zu bedienen ... Sie sind dabei nicht Almosenempfängerinnen, sondern Teilhaberinnen an der Macht in der Gemeinde.« *Seim, Message (1994), 111-112* sieht in der Stelle einen Hinweis auf die de-facto-Beschränkung von Leitungsämtern auf Männer. *Martin: SSc II (1994), 781.797* macht in ihrer womanistischen Analyse darauf aufmerksam, daß die Witwen an der Lösung der Probleme, die sie betreffen, nicht beteiligt werden; so diene diese Geschichte »as a reminder of the need to face squarely social disruptions and to act constructively in the interest of effecting justice and mutuality in the negotiation of emancipatory struggles in communities of believers.« (797)

449 Darauf, daß in der Apg Leitungsfunktionen nahezu ausschließlich von Männern

Diese Bedeutung darf nun aber nicht mechanisch auf Lk 10,40 übertragen werden. Dem stehen auf der einen Seite gerade die Näherbestimmungen in den jeweiligen Kontexten der Apg entgegen, auf der anderen Seite aber auch die von der Erzählung Lk 10,38-42 vorausgesetzte Situation der Aufnahme eines Gastes, die Parallelisierung mit διακονεῖν[450], aber vor allem die Ergänzung durch πολλή. In dieser Konstellation kann die διακονία der Marta kein »Amt« in Analogie zur Apg bedeuten. Das kann aber noch weiter vertieft werden:

Der zweite Punkt, der *Schüssler Fiorenza* entgegenzuhalten ist, ist die Art und Weise, wie die διακονία der Marta beschrieben ist. Das ntl. Hapaxlegomenon περισπᾶσθαι meint »völlig von etwas in Anspruch genommen sein« und von daher auch »stark überlastet sein«.[451] Entsprechend beklagt sich Marta darüber, daß sie mit ihrer Arbeit alleingelassen ist.[452] Und schließlich wird die διακονία der Marta von Jesus in 10,41 unter Verwendung der Verben μεριμνᾶν und θορυβάζεσθαι beurteilt. Beide Ausdrücke aber versehen das Tun der Marta mit dem Etikett: »So soll es nicht sein.« Μεριμνᾶν ist eine Haltung, die in der Jesusrede 12,22-32 verworfen wird, ja, die in einer Weise dargestellt wird, daß sie der Arbeit für die βασιλεία im Wege steht. Dabei wird 12,31 dem Sorgen etwas anderes, nämlich die Suche nach der βασιλεία, die absoluten Vorrang vor allem anderen hat, gegenübergestellt. Ganz ähnlich wird in 10,42 dem Sorgen der Marta etwas anderes, das »Eine Notwendige«, entgegengesetzt. Auch 12,11 setzt der Sorge der JüngerInnen etwas anderes entgegen: das Vertrauen auf den Geist.

Das alles paßt nicht zu einem Leitungsamt, schon gar nicht zu einem Verkündigungsamt, aus dem Marta verdrängt werden soll und um das sie kämpft. Denn Marta wird zwar als Hausherrin und Gastgeberin gezeichnet, verkündet aber nicht die βασιλεία, sondern leidet offensichtlich unter ihrem »Dienst«. Sie will nicht ihren »Dienst« gegen das Wegnehmen verteidigen, sondern ihn auf mehrere Hände verteilen. Fatal ist - vor allem im Blick auf die

---

ausgeübt werden, haben bereits mehrere AutorInnen hingewiesen, vgl. *Jervell: MS Gyllenberg (1983), 84-93; Schüssler Fiorenza: Kassel (Hg.), Theologie (1988), 38; Schüssler Fiorenza, Gedächtnis (1988), 214f; D'Angelo: JBL 109 (1990), 455f; Schaberg: Commentary (1992), 289; Corley, Women (1993), 140-141; Martin: SSc II (1994), 776.780-781.797; Seim, Message (1994), 112 u. ö.* Anders noch *Parvey: Radford Ruether (Ed.), Religion (1974), 142-146; Witherington, Churches (1988), 143-157,* der allerdings auch einen Unterschied in der Darstellung von Frauen zwischen dem Lk-Ev und der Apg konstatiert, und insgesamt differenzierter *Richter Reimer, Frauen (1992).*

450 Zur Bedeutung dieses Verbs allgemein und den verschiedenen Kontexten des Lk-Evs vgl. o. S. 58-65.
451 Vgl. *Bauer, Wörterbuch (1988), 1311.*
452 Auf diesen Aspekt weist *Venetz: Orientierung 50 (1990), 187* hin: Werde in die διακονία der Marta der eucharistische Tischdienst, der Wortdienst oder der apostolische Dienst hineingelesen, setze man voraus, daß Lk diesen Dienst stark abwerte; denn Marta beklage sich ja über diesen Dienst.

Wirkungsgeschichte -, daß dies nur als Konflikt zwischen den beiden Frauen dargestellt ist und daß eine grundsätzlichere Umverteilung der Versorgungsarbeit nicht in den Blick kommt.[453]

Drittens ist auf Inkonsistenzen in der Argumentation *Schüssler Fiorenzas* hinzuweisen: Sie interpretiert Apg 6,1-7 als Trennung des Tischdienstes vom Wortdienst und als Unterordnung des ersten unter den zweiten. Gleichzeitig weist sie darauf hin, daß in den folgenden Kapiteln der Apg Mitglieder des Siebenerkreises dennoch als Verkündigende erschienen, daß der Tischdienst also auch Verkündigung einschließe. Daraus schließt sie auf ein Leitungsamt der Marta, das ebenfalls die Leitung der eucharistischen Tischgemeinschaft *und* Verkündigung umfaßte. Diesen Verkündigungsaspekt schließt sie aber - m. E. ohne Grund - aus dem Hören der Maria aus, bei dem es sich ja, wie noch zu zeigen sein wird, um ein qualifiziertes Hören handelt.

Schließlich ist zu bemerken, daß nicht Martas διακονία selbst Gegenstand der Kritik ist, sondern das Sorgen.[454]

Insgesamt ergibt sich ein zwiespältiges Bild der Marta: Ihr zunächst positiv konnotiertes Tun »kippt« in ein kritisch beurteiltes. Die aktive, starke[455], unabhängige Frau wird ab V. 40 als unter ihrer Arbeit leidend dargestellt, und als solche bekommt sie ein anderes Verhalten vor Augen gestellt. Die Frage bleibt nun, ob dies in disqualifizierender, zurückweisender oder auch unterdrückerischer Absicht geschieht, oder ob in diesem anderen Verhalten nicht gerade die befreiende Dimension entdeckt werden kann. Dazu ist es nötig, das Verhalten der Maria genauer zu untersuchen und zu klären, welches Licht von daher auf das Tun der Marta fällt.

(e) Das Tun der Maria und seine Beurteilung

Maria erscheint gegenüber Marta als die zweite. Sie wird als Schwester Martas eingeführt, d. h. über ihre Schwester näher bestimmt. Was sie tut, liest sich wie eine Beschreibung von Gegensätzen zu dem, was über Marta gesagt wird: Sie ist nicht aktiv, sondern setzt sich an einen Ort, und sie stellt sich auch nicht aufrecht hin, sondern hat ihren Platz zu Füßen Jesu. Schließlich spricht sie nicht, sondern hört den Worten Jesu zu. Allerdings ist dabei zu beachten, daß sie selbst als Subjekt der Verben fungiert, daß es also nicht in einer Weise formuliert ist, daß beispielsweise Jesus redete.[456] Dieser Beschreibung des Verhaltens der Maria kann aber eine weitere Dimension abgewonnen werden:

Das Sitzen zu Füßen Jesu meint nicht einfach eine untergeordnete Position oder gar eine Haltung der Demut. Sondern es ist die Haltung, die im AT

---

453 Vgl. *Schottroff: Traditionen 2 (1980), 123; Dies., Schwestern (1994), 301.*

454 Vgl. *Melzer-Keller, Jesus (1997), 238.*

455 Vgl. auch ihren Namen, der »Herrin« bedeutet.

456 Vgl. *Lepschy, Maria (1994), 9.*

die JüngerInnen eines Propheten[457] oder im Judentum SchülerInnen von Rabbinen[458] einnehmen. Apg 22,3 stellt die Ausbildung des Paulus ebenso mit
Hilfe dieses Motivs dar, wie es im Hintergrund von Lk 2,46 und 8,35 steht.
Indem Maria auf diese Weise gezeichnet wird, wird sie in der Weise einer
(Rabbinen)Schülerin dargestellt.[459] Dabei thematisiert der Text auf keine Weise, daß dies (an sich) ungewöhnlich oder gar anstößig sein könnte. So besteht
erst recht für die Auslegung kein Anlaß, die Darstellung Marias als Kontrast
oder Gegensatz zum Judentum oder gar als Überwindung frauenfeindlicher
Aspekte des Judentums zu interpretieren, wie dies bis in jüngste Zeit noch geschehen ist.[460] Wiederholt ist dagegen in der Literatur auf rabbinische Belege
verwiesen worden, die entweder ausdrücklich dazu auffordern, die Tochter die
Tora zu lehren[461] oder zumindest das Torastudium für die Töchter nicht ausschließen[462].

Das zweite Element der Charakterisierung Marias, das Hören auf das
Wort des κύριος, hat eine große Bedeutung im Lk-Ev[463]: Schon relativ am
Anfang der öffentlichen Wirksamkeit Jesu, Lk 5,1, ist es so, daß eine Volksmenge bei Jesus zusammenkommt, um das Wort (Gottes) zu hören. Am
Schluß der Feldrede wird das Hören des Wortes (Jesu) mit dem Tun verbunden, und das ganze wird durch das Doppelgleichnis vom Haus auf dem Fel-
sen bzw. auf dem Sand illustriert (6,46-49). Die Deutung des Sämannsgleich-
nisses (8,11-15) reflektiert die verschiedenen Arten des Hörens auf das Wort,
wobei als letzte und vorbildliche Reaktion auf das gehörte Wort das Bewahren
des Wortes und Fruchtbringen genannt werden (8,15). Am Ende des Ab-

---

457 Vgl. 2 Kön 4,38; 6,1 für JüngerInnen Elischas.
458 Dies ist Abot I,4 vorausgesetzt; vgl. auch bBM 84b. Bill II 763-765 bietet weitere
     Belege zur Erläuterung von Apg 22,3.
459 Dies ist in der Literatur schon seit längerem bemerkt worden, vgl. z. B. *Plummer,
     Lk* (⁴*1901*), *291; Laland: StTh 13 (1959), 73; Klostermann, Lk* (²*1929*), *122; Rengstorf,
     Lk* (¹⁴*1969*), *142; Augsten, Stellung (1970), 18; Magass: LingBibl 27/28 (1973), 2-5;
     Ellis, Lk* (²*1974*), *162; Parvey: Radford Ruether (Ed.), Religion (1974), 141; Schott-
     roff: Traditionen 2 (1980), 121-124; Schweizer, Lk (1982), 124; Witherington, Mini-
     stry (1984), 101; Via: SLJT 29 (1985), 39; Brutschek, Maria-Marta-Erzählung (1986),
     124-126; Wiefel, Lk (1987), 213; Venetz: Orientierung 54 (1990), 187; Demel: BN 57
     (1991), 75-76; Alexander: Brooke (Ed.), Women (1992), 168-169; Ernst, Lk* (⁶*1993*),
     *267; Lepschy, Maria (1994), 11; Fornari-Carbonell, Escucha (1995), 93-94; Bovon,
     Lk II (1996), 105; Melzer-Keller, Jesus (1997), 232.*
460 Besonders *Demel: BN 57 (1991), 75-77.* Vgl. aber auch *Witherington, Ministry
     (1984), 100-101; Lepschy, Maria (1994), 10-11.*
461 Sota III,4 (als die Lehrmeinung von Ben Asai, die anschließend von einer gegen-
     teiligen Aussage von R. Eliezer kontrastiert wird). Vgl. *Meiselman, Woman (1978),
     34-42 (in apologetischer Absicht); Schottroff: Traditionen 2 (1980), 122 mit A. 95;
     Brooten: ThQ 161 (1981), 283f; Reinhartz: Levine (Ed.), Women (1991), 165-166.183.*
462 bQid 29b, zur Einordnung vgl. *Brooten: ThQ 161 (1981), 283.* Vgl. auch *Philos* Be-
     schreibung der gesetzesstudierenden Therapeutinnen (VitCont 2.28.32).
463 Vgl. dazu ausführlich *Brutschek, Maria-Marta-Erzählung (1986), 119-124; Fornari-
     Carbonell, Escucha (1995), 95-96.*

schnitts, der 8,1 beginnt und bis 8,21 reicht, wird die Familie Jesu über das Hören und Tun des Wortes definiert (8,21). Und 11,28 stellt einer Seligpreisung der leiblichen Mutter Jesu eine Seligpreisung derer gegenüber, die das Wort hören und befolgen. Auf dem Hintergrund dieser Bewertung des Hörens auf das Wort muß nun auch das Hören der Maria interpretiert werden. Es ist deutlich, daß es sich um ein qualifiziertes Hören handelt, und der Blick auf die eben besprochenen Stellen zeigt ebenfalls, daß dieses Hören nicht grundsätzlich vom Tun getrennt werden darf. Das bedeutet, daß Maria hier nicht passiv dargestellt wird; ihr Hören schließt ein Tun nicht aus. Sie wird als Schülerin eines Lehrers gezeichnet, die das tut, was an anderen Stellen des Evangeliums gefordert wird, die auch das tut, was die neue Familie Jesu auszeichnet bzw. von ihr verlangt wird.[464] Dies ist es, was 10,42 als das »Eine Notwendige«[465] oder eben der »gute Teil«[466] bezeichnet wird.

---

464 In der Literatur wurde Maria schon wiederholt als ideale o. ä. Jüngerin bezeichnet, vgl. *Schneider, Lk (1977), 252:* »vorbildliche Jüngerin«; *Venetz: Orientierung 54 (1990), 187:* Maria tue das, was ein idealer Jünger bzw. eine ideale Jüngerin tue. *Schnackenburg, Person (1993), 231:* »Typus des wahren Jüngers Jesu«; *Fornari-Carbonell, Escucha (1995), 96:* »Y ella es descrita en términos de discípulo ejemplar.«

465 In 10,41-42 bestehen erhebliche textliche Unsicherheiten. Sie betreffen sowohl die beiden Verben am Ende von V. 41, die das Tun der Marta beschreiben, als auch den Beginn von V. 42 und hier vor allem die Frage, ob es »eines« ist oder »weniges«, das nottut. Sehr ausführliche Diskussionen der Varianten finden sich bei *Augsten, Stellung (1970), 15-21.113f.139f; Brutschek, Maria-Marta-Erzählung (1986), 5-12; Fornari-Carbonell, Escucha (1995), 31-36.* Den von ihnen vorgebrachten Argumenten kann kaum etwas hinzugefügt werden. Darum sei die Sachlage nur kurz zusammengefaßt: Für die von Nestle-Aland[27] gebotene Lesart sprechen das Alter und die Unabhängigkeit ihrer Bezeugung ($\mathfrak{P}^{45}$; $\mathfrak{P}^{75}$; sah) und ihre weite Verbreitung. Sodann ist sie gegenüber der ebenfalls sehr gut bezeugten Lesart ... ὀλίγων δέ ἐστιν χρεία ἢ ἑνός ($\mathfrak{P}^3$ ℵ B C² L f^1 33 *pc* sy^hmg bo; Bas) die kürzere und schwierigere, und sie »entspricht dem ganzen Tenor der Erzählung« (*Brutschek 11*). Das Verb τυρβάζειν schließlich kann als Ersatz des seltenen θορυβάζεσθαι und deshalb als Erleichterung angesehen werden. Außer den beiden genannten Autorinnen votieren für die von Nestle-Aland[27] gebotene Lesart *Schmid, Lk (⁴1960), 196; Baker: CBQ 27 (1965), 127-137; Metzger, Commentary (1971), 153-154; Schneider, Lk (1977), 252-253; Dupont: Études II (1985 [1979]), 1049-1054; Schottroff: Traditionen 2 (1980), 123 mit A. 97; Schweizer, Lk (1982), 124; Witherington, Ministry (1984), 102f* (nicht ganz entschieden); *Schüssler Fiorenza: Kassel (Hg.), Theologie (1988), 28; Petzke, Sondergut (1990), 113; Demel: BN 57 (1991), 76; Ernst, Lk (⁶1993), 267; Bovon, Lk II (1996), 110-111.* Für die Lesart ὀλίγων δέ ἐστιν χρεία, die über lange Zeit eine breite Wirkungsgeschichte entfaltet hat, votierten *Augsten: NTS 14 (1968), 581-583; Dies., Stellung (1970), 20f* und noch *Klein, Barmherzigkeit (1987), 114,* für den längeren Mischtext ὀλίγων δέ ἐστιν χρεία ἢ ἑνός *Csányi: StMon 2 (1960), 6; Wiefel, Lk (1987), 212-213* (nicht ganz entschieden); *Corley, Women (1993), 138-140.*

466 Zur inhaltlichen Füllung von μερίς in der LXX vgl. *Magass: LingBibl 27/28 (1973), 5,* der eine Bedeutungsbreite von der Unterhaltsregelung an Hand der Opfer bis zur Sinnstütze für das geistliche Leben herausarbeitet; *Schottroff: Traditionen 2 (1980), 123; Brutschek, Maria-Marta-Erzählung (1986), 128-130.*

Angesichts dieser Konnotationen, die die beiden Aspekte der Charakterisierung Marias im lk Doppelwerk selbst haben, wird deutlich, daß die Interpretation *Corleys* zu kurz greift: Für sie ist die Szenerie nach dem Vorbild
griechischer Gastmahlszenen gestaltet. Frauen haben hier - sofern sie keine
Hetären sind - im Höchstfall einen Platz zu Füßen ihres Ehemannes, und sie
sind, wenn überhaupt, schweigende Teilnehmerinnen am Mahl.[467] Maria
übernehme die Rolle der schweigsam zu Füßen ihres Ehemannes sitzenden
Ehefrau, die Szene sei völlig in der Privatheit eines Hauses angesiedelt, und
der Text preise die traditionelle, private Rolle einer hellenistischen Frau.[468] M.
E. scheitert diese Interpretation schon daran, daß Lk wohl kaum zu unterstel-
len ist, er gestalte das Verhältnis von Maria zu Jesus als das einer Ehefrau zu
ihrem Ehemann. Im Gegenteil: Maria wird als unabhängige, unverheiratete
Frau eingeführt; eine solche hatte gewiß bei einem Mahl nicht ihren *traditio-*
nellen Platz zu Füßen des Rabbi gefunden. So ist an der oben herausgearbeiteten Deutung des Hörens und zu-Füßen-Sitzens Marias festzuhalten. Maria
übernimmt gerade *nicht* eine traditionelle, angepaßte Rolle, sondern ihr wird
der Raum zu etwas anderem eröffnet.

Dieser Aspekt wird noch deutlicher, wenn wir einen weiteren Text zur
Interpretation heranziehen: Lk 11,27-28. Hier preist eine Frau aus der Menge
die Mutter Jesu selig, und zwar tut sie das, indem sie Maria über ihre mütterlichen Funktionen definiert: Μακαρία ἡ κοιλία ἡ βαστάσασά σε καὶ μαστοὶ
οὓς ἐθήλασας. Einer solchen Reduzierung einer Mutter auf diese mütterlichen
Funktionen wird 11,28 eine Seligpreisung derer gegenübergestellt, die das
Wort Gottes hören und es befolgen. Damit wird die Beschränkung von Frau-
en auf die traditionelle Frauenrolle aufgebrochen, und etwas anderes, Neues
wird in den Mittelpunkt gestellt.[469] Liest man 10,38-42 im Lichte dieser beiden Seligpreisungen, wird die befreiende Dimension der Maria-Marta-Perikope deutlich. Es kann in ihr nicht darum gehen, daß das Verhalten der Marta
abgewertet wird[470], oder daß zwei Frauen oder zwei Lebensweisen von
Frauen gegeneinander ausgespielt werden. Sondern es geht um etwas anderes,

---

467 Vgl. ihre extensive Durchsicht der griechischen Literatur: *Corley, Women (1993),*
     24-79.

468 Vgl. *Corley, Women (1993), 137-138.* Gegen vergleichbare Interpretationen wand-
     ten sich bereits *Plummer, Lk (⁴1901), 291; Klostermann, Lk (²1929), 122; Withering-*
     ton, Ministry (1984), 101.

469 Vgl. *Schottroff: Traditionen 2 (1980), 122-123; Schüssler Fiorenza, Gedächtnis*
     (1988), 196; Venetz: Orientierung 54 (1990), 187 oder auch schon *Augsten, Stellung*
     (1970), 48.

470 Der »gute Teil«, den Maria nach den Worten Jesu in V. 42 gewählt hat, ist ent-
     sprechend nicht komparativisch oder superlativisch, sondern absolut zu verstehen,
     vgl. *Schmid, Lk (⁴1960), 196; Schottroff: Traditionen 2 (1980), 123 mit A. 98; Bovon,*
     L'œuvre (1987), 151-153 (allgemein zu καλός); *Brutschek, Maria-Marta-Erzählung*
     (1986), 128-130 (A. 696 mit einer Liste der Exegeten, die für den Komparativ plä-
     dieren); *Fornari-Carbonell, Escucha (1995), 103-107; Bovon, Lk II (1996), 108 mit A.*
     40; Melzer-Keller, Jesus (1997), 238.

grundlegend Neues, das auf ähnlich aufrüttelnde Weise vom Herkömmlichen abgehoben und in den Mittelpunkt gestellt wird wie in 11,27-28 - oder auch 9,57-62.

Wieder aber bleibt eine Irritation, die vergleichbar ist mit der anläßlich der Beschreibung der Jüngerinnen in 8,2-3 festgestellten: Ebenso wie dort das Tun der Frauen weder durch einen eindeutigen Terminus als »nachfolgen« oder die Frauen als »Jüngerinnen« bezeichnet worden war, so wird auch hier Maria nicht als »Jüngerin« bezeichnet. Jedoch wird, das muß ebenso festgehalten werden, ihr Tun als ἀγαθὴ μερίς qualifiziert, und dieser ist im Zusammenhang der unmittelbar vorausgehenden Perikope im Horizont der Frage nach dem (ewigen) Leben zu interpretieren.

(f) Ertrag

Verschiedene Aspekte müssen nun berücksichtigt werden, um den Ertrag der vorangegangenen Untersuchungen für diese Arbeit aufzuzeigen:

Indem der υἱὸς εἰρήνης aus 10,6 in Gestalt einer Frau, nämlich Martas, realisiert wird, bietet 10,38-42 einen Schlüssel dazu, die androzentrische Sprechweise der Aussendungsrede aufzubrechen und sie inklusiv zu verstehen. Auch daß Maria in 10,39 diejenige ist, die hört, weist einerseits zurück auf die Seligpreisung der Sehenden und Hörenden (10,23-24) und bietet andererseits auch hier einen Schlüssel, die in 10,23 angesprochenen μαθηταί zumindest nicht männlich-ausschließend zu lesen.

Kann letzteres die Verbindungen - vielleicht sogar die fließenden Übergänge? - zwischen den JüngerInnen, die mit Jesus unterwegs sind, und denen, die »in den Häusern« Jesu Wort hören, anklingen lassen, so macht die Perikope noch weitere Entsprechungen zwischen diesen beiden Gruppen deutlich. Wie der Vergleich mit 11,27-28 gezeigt hat, geht es (auch) darum, daß die Reduktion auf traditionelle Rollen und Rollenerwartungen aufgebrochen und Raum für anderes und Neues eröffnet wird. Wie nun in 12,31 dem Sorgen das »Eine andere«, die Suche nach dem Reich Gottes, gegenübergestellt wird, und wie auch in 9,57-62 den verschiedenen Fraglosigkeiten des Alltags das »Eine andere« entgegengesetzt wird, so wird 10,38-42 deutlich, daß das »Eine Notwendige« auch Auswirkungen auf die traditionellen Strukturen und Rollen des Hauses hat. Diese können angesichts des Anrufes der βασιλεία nicht mehr fraglos weiter funktionieren wie vorher, sondern auch hier müssen sich Veränderungen ergeben, muß Raum für Neues entstehen. Indem der Text ausgerechnet Frauen als Protagonistinnen wählt, macht er sozusagen zwei Schritte auf einmal: Er zeigt die Konsequenzen der Botschaft Jesu auch innerhalb der »Häuser« auf, und er zeigt, daß die grundlegende Verschiebung der Prioritäten alle betrifft, eben auch die Frauen. Ähnlich wie 12,51-53 zeigt der Text Frauen in Konflikte, die aus dem Evangelium entstehen, involviert, er zeigt Frauen, die vor die Frage des »Einen Notwendigen« gestellt sind.

Daß der Text ausgerechnet Frauen als Protagonistinnen wählt, hatte wirkungsgeschichtlich allerdings eher fatale Folgen für Frauen. Indem der Text ausschließlich als Frauen-Text gelesen wurde, wurden die in ihm angesprochenen Konflikte auch nur auf Frauen bezogen und die Frage einer grundsätzlicheren Umverteilung der Versorgungsarbeit erst gar nicht in den Blick genommen. Verschiedene Lebensformen von Frauen wurden gegeneinander gestellt oder gegeneinander ausgespielt, oder der Konflikt wurde *in* die einzelne Frau verlagert, die nun beide Seiten, Marta und Maria, in sich vereinen sollte.[471] Vielfach wurde der Text auf einen »Tadel an Marthas hausfraulicher Geschäftigkeit«[472] reduziert, die zwar gut gemeint sei, aber das wesentliche verkenne. Der Text diente dazu, Frauenarbeit abzuwerten und mit dieser Arbeit auch die Frauen selber. Die Lesart ὀλίγων δέ ἐστιν χρεία trug das ihrige dazu bei, den Frauen die Botschaft zu vermitteln, die Geschäftigkeit beim Empfang von Gästen in Maßen zu halten - aber dabei sehr wohl in der traditionellen Hausfrauenrolle zu verbleiben. Die befreiende Stoßrichtung des Textes - gerade für Frauen - wurde dagegen über weite Strecken vernachlässigt.

Zwar ist der Text zweifellos *auch* ein Frauen-Text. Doch ist die Frage noch einmal zu stellen, an wen der Text gerichtet ist und über wen er denn nun spricht. Denn wie der Text einen Schlüssel dazu bietet, die androzentrischen Texte von 9,51 an inklusiv zu verstehen, so müssen doch umgekehrt auch diese Texte Handhabe bieten, den Maria-Marta-Text inklusiv zu lesen. Das Aufbrechen von traditionellen Rollen angesichts des »Einen Notwendigen« gilt dann nicht nur für Frauen, sondern auch für Männer.[473] Direkt übertragbar ist es für alle, Männer wie Frauen, die auf das »Dienen« reduziert werden. Für diejenigen, die an der Macht partizipieren, wiederum Männer und Frauen, wird die Frage nach dem Aufbrechen traditioneller Rollen nochmals anders zu stellen sein. Vielleicht sind hier Bilder von Priestern und Leviten eher angebracht, wie dies unmittelbar zuvor die Geschichte vom barmherzigen Samaritaner deutlich macht, und die nun, im Zusammenhang mit der Maria-Marta-Perikope, wiederum inklusiv zu verstehen sind. Denn »das ist es, was die beiden Erzählungen miteinander verbindet: Das Aufbrechen bzw. Nicht-Aufbrechen des Rollenverhaltens bzw. die Absurdität der Erwartungs-

---

471 Zur Auslegungsgeschichte dieses Textes vgl. ausführlich *Csanyi: StMon 2 (1960),
    5-78; Lepschy, Maria (1994), 5-9; Bovon, Lk II (1996),* 112-115. Zu den problemati-
    schen Implikationen der verschiedenen (traditionellen) Deutungsweisen für Frauen
    vgl. v. a. *Schüssler Fiorenza: Kassel (Hg.), Theologie (1988),* 29-34; *Moltmann-
    Wendel, Mensch* ([7]1991), 23-64; *Alexander: Brooke (Ed.), Women (1992),* 167-177.
    Zum frauenunterdrückenden Potential der Dienst-Kategorie vgl. *Schüssler Fioren-
    za: Concilium 24 (1988),* 306-313.
472 *Schmid, Lk* ([4]1960), 196; vgl. auch *Kremer, Lk (1988),* 123.
473 Die einseitige Lektüre des Textes als Frauentext problematisieren auch *Venetz:
    Orientierung 54 (1990),* 188; *Reinhartz: Levine (Ed.), Women (1991),* 170; *Alexan-
    der: Brooke (Ed.), Women (1992),* 179-180.186.

haltungen und Rollenfixierungen angesichts des «einen Notwendigen». Dieses «eine Notwendige» ist das eine Mal der Halbtote, dem Hilfe zuteil werden soll ..., das andere Mal Jesus und sein Wort, bzw. das Reich Gottes.«[474] An diesem »Einen Notwendigen« aber entscheidet sich die Frage des (ewigen) Lebens.

So zeichnet also Lk eine Frau als Schülerin und Jüngerin Jesu. Er situiert diese aber *in* einem Haus; sie gehört damit nicht zur Gruppe der wandernden, verkündigenden CharismatikerInnen. Das bedeutet aber nicht, daß Lk Frauen auf traditionelle Rollen im Haus festlegen will. Sondern er macht deutlich: Die Regeln des patriarchalen Hauses mit ihren Rollenerwartungen und Rollenfixierungen funktionieren nicht mehr wie vorher. Auch im Haus gibt es andere, neue Prioritäten. Sie zu ergreifen sind alle herausgefordert.

4 INTERPRETATIONSRAHMEN III: LUKANISCHE VORSTELLUNGEN VON EINEM GERECHTEN UMGANG MIT DEM BESITZ

»Kaum ein zweites Thema beherrscht das lukanische Doppelwerk in dem Maße wie die Frage, was der Christ mit seinem Besitz anfangen soll.« Mit diesem Satz faßt *Hans-Josef Klauck*[475] zusammen, was seit geraumer Zeit gewiß als ein Gemeinplatz der Exegese bezeichnet werden kann[476]: Im Lk-Ev spielt das Thema des Besitzes und die Frage des rechten Umgangs damit eine bedeutende Rolle.

Einige Aspekte dieses Themas sind im Rahmen dieser Untersuchung bereits angeklungen: Die beiden Berufungsgeschichten in Lk 5 enden mit der Notiz, daß die Nachfolgewilligen alles verließen (ἀφέντες πάντα 5,11 bzw. καταλιπὼν πάντα 5,28) und Jesus folgten (ἀκολουθεῖν 5,11.28). Korrespondierend dazu wird in 14,33 negativ formuliert, daß, wer nicht Abschied nimmt von seinem Besitz (ὃς οὐκ ἀποτάσσεται πᾶσιν τοῖς ἑαυτοῦ ὑπάρχουσιν), nicht JüngerIn sein kann (οὐ δύναται εἶναί μου μαθητής). Der Zusammenhang von Nachfolge und Besitzverzicht wird auch 18,22f in

---

474 *Venetz: Orientierung 54 (1990), 188.* Diese Verbindungslinie zwischen den beiden Perikopen ist überzeugender als die meist vorgenommene, die das Handeln der Marta mit dem Tun des Samariters vergleicht und so 10,38-42 als Relativierung der Samaritaner-Episode liest. Sie ist auch überzeugender als die oft bemühte Überbietung der Nächstenliebe durch die Gottesliebe.

475 *Klauck: Gemeinde (1989), 160.*

476 Vgl. nur die forschungsgeschichtlichen Überblicke bei *Bovon, Luc (1978), 410-415; Horn, Glaube (1983), 24-32; Radl, Lukas-Evangelium (1988), 121-125; Donahue: FS Harrelson (1989), 129-144* oder *Klauck: Gemeinde (1989), 181-187.*

der Forderung an den reichen Vorsteher deutlich, seinen gesamten Besitz (πάντα ὅσα ἔχεις) zu verkaufen, den Erlös den Armen zu geben und nachzufolgen. An allen drei Stellen ist eine grundlegende Änderung der bisherigen Lebensform im Blick, und es wird die Aufgabe des *gesamten* Besitzes (πάντα) betont[477], wobei diese Aufgabe in offenen Formulierungen als Abschiednehmen (ἀποτάσσεσθαι) oder Verlassen (ἀφιέναι, καταλείπειν) ausgedrückt oder konkret als Forderung formuliert ist, den Besitz zu verkaufen und den Erlös zu verteilen. An allen drei Stellen ist die Übernahme dieser radikalen Lebensform mit einem Ruf Jesu in die Nachfolge verbunden, die Lebensform also als die der JüngerInnen gekennzeichnet.

Daneben aber begegnet das Thema des Umgangs mit dem Besitz in vielfältigen Variationen und Formen an den unterschiedlichsten Orten des Werkes. Hier ist sicher zuerst an die explizite Thematisierung der Frage in verschiedenen Stücken des Sondergutes wie den Gleichnissen der Kapitel 12 und 16 oder der Zachäus-Erzählung Lk 19,1-10 zu denken, aber auch an die verschiedenen impliziten und expliziten Drohworte gegen die Reichen (Lk 1,52-53; 6,24-25; 14,12-14; 18,25) sowie an verschiedene kleine Hinweise, die zum großen Teil aus Vergleichen mit der jeweiligen Vorlage gewonnen werden können.[478] Im Blick auf die Q-Rezeption durch Lk ist allerdings zu beachten, daß einige der Stellen, die verbreitet als spezifisch lukanische Akzentsetzungen zum Thema angesehen wurden, möglicherweise Q^{Lk} zuzuschreiben sind.[479]

In dieser Untersuchung kann nicht die gesamte Fragestellung - zu der bereits eine große Anzahl spezieller Studien erschienen ist[480] - in ihrer ganzen Komplexität aufgerollt werden. Sondern es soll versucht werden, anhand von zwei Fallstudien Schlaglichter auf die Frage des rechten Umgangs mit dem

---

477 Dieses πάντα findet sich weder in der Parallele zu Lk 5,11: Mk 1,20 (wobei die Frage der Abhängigkeit hier differenzierter zu stellen ist, vgl. o. S. 40 A. 59), noch in Mk 2,14 par Lk 5,28, noch in Mk 10,21 par Lk 18,22, und Lk 14,33 ist als redaktionelle Bildung anzusehen. Das deutet auf eine lk Betonung dieses umfassenden Verlassens hin.

478 Vgl. den Survey von *Klauck: Gemeinde (1989), 160-169* durch das Lk-Ev und die Apg, bei dem er eine Fülle von Fingerzeigen zum Thema aufspürt.

479 Vgl. *Kosch: FZPhTh 36 (1989), 416-420*.

480 Seit den 60er-Jahren vgl. z. B. - neben den einschlägigen Exkursen in den Kommentaren und den in A. 476 erwähnten Forschungsüberblicken - *Degenhardt, Lukas (1965); Dupont: Ders. et al. (Eds.), Pauvreté (1971), 37-63; Légasse: Dupont et al. (Eds.), Pauvreté (1971), 65-91; Johnson, Function (1977); Karris: Talbert (Ed.), Perspectives (1978), 112-125; Schottroff / Stegemann, Jesus (³1990 [1978]), 89-153; Nickelsburg: NTS 25 (1979), 324-344; Seccombe, Possessions (1982); Horn, Glaube (1983); Ernst, Lukas (1985), 74-104; Klein, Barmherzigkeit (1987), 84-102; Smith, Hostility (1987); Esler, Community (1987), 164-200.250-255; Kahl, Armenevangelium (1987); Beydon, Danger (1989); Klauck: Gemeinde (1989), 160-194; Petzke, Sondergut (1990), 248-253; Neyrey (Ed.), World (1991) passim; Pittner, Studien (1991), 76-79; Gérard: EThL 71 (1995), 71-106 (Literatur!); Malipurathu: BiBh 21 (1995), 167-177; Sampathkumar: BiBh 22 (1996), 175-189; Krüger, Gott (1997)*.

Besitz zu werfen. Als eine dieser Fallstudien bietet sich die Komposition Lk 12,13-34 an. Von diesem Text ist vor allem aus zwei Gründen ein Beitrag für die Fragestellung dieser Arbeit zu erwarten: Zum ersten, weil an zwei Stellen die Bedeutung des Besitzes und der Umgang mit ihm reflektiert wird (τὰ ὑπάρχοντα 12,15.33), und zum zweiten, weil hier Stücke unterschiedlicher Herkunft, die ursprünglich jeweils unterschiedliche AdressatInnenkreise mit unterschiedlichen Lebensformen vor Augen hatten, zu einer Einheit zusammenkomponiert und dadurch in einen spannungsvollen Dialog miteinander gebracht sind. Eine zweite Studie beschäftigt sich mit der kleinen Perikope über die Witwe Lk 21,1-4, die deshalb von besonderem Interesse ist, weil hier eine arme Frau in den Mittelpunkt gestellt ist, die dadurch, daß sie - wie diejenigen, die in der Rede über das Sorgen 12,22-34 angesprochen sind - *alles* von Gott erwartet, einen Schritt tut, sich aus der Versklavung durch die Armut zu befreien. Ausgehend von diesen beiden Fallstudien sollen dann Linien auf das gesamte Werk ausgezogen und schließlich die Beschreibung der galiläischen Frauen in Lk 8,2-3 mit den erarbeiteten (lk) Vorstellungen über einen gerechten Umgang mit dem Besitz ins Gespräch gebracht werden.

4.1 Der Kontext von Lk 12

Nach der längeren Redekomposition Lk 11,37-54, die während eines Gastmahles situiert ist, bildet 12,1 insofern einen erzählerischen Einschnitt, als der Rahmen des Gastmahles nach 11,53f verlassen worden war und 12,1 eine neue Situation aufgebaut wird: Das Zusammenströmen sehr großer Menschenmengen, die den lehrenden Jesus umdrängen. Die folgenden Worte Jesu über die Heuchelei (12,1-3), das furchtlose Bekennen (12,4-9) und die Sünde wider den Heiligen Geist (12,10-12) richten sich jedoch nicht an diese Volksmenge, sondern »zuerst« (πρῶτον) an die JüngerInnen (μαθηταί).

Dieses Gegenüber von Jesus und seinen JüngerInnen wird in 12,13 aufgebrochen, indem sich nun jemand (τις) aus der Menge an Jesus wendet und ihn um Unterstützung in einem Erbstreit bittet. Das folgende ist so komponiert, daß es sich nun wie eine dreifache Antwort Jesu, jeweils eingeführt durch eine eigene Redeeinleitung, liest: 12,14 ist eine direkte Antwort an den Frager aus der Menge, 12,15 ist eine an dieser Situation festgemachte sprichwortartige Sentenz über den Stellenwert des Besitzes, und 12,16-21 schließlich erläutert das Thema anhand eines Gleichnisses.

Davon grenzt sich 12,22 durch eine erneute Redeeinleitung ab, mittels derer auch ein Wechsel der Angesprochenen bewerkstelligt wird: Nun sind wieder die JüngerInnen im Blick, wiewohl die in 12,1 erstellte Szenerie des von einer Volksmenge umdrängten Jesus immer noch vorauszusetzen sein dürfte. Themen der sich nun anschließenden langen Jesusrede, die lediglich in 12,41 durch eine Frage des Petrus unterbrochen wird, sind zunächst das Sorgen

(12,22-34), sodann die Wachsamkeit (12,35-48) und schließlich die Konflikte, die sich an der Person Jesu entzünden (12,49-53).[481] Erst in 12,54 wechseln wieder die AdressatInnen: Angesprochen ist nun wieder die Volksmenge (οἱ ὄχλοι).

Dieser kurze Durchgang hat gezeigt, daß der Abschnitt 12,13-21 von dem ihm umgebenden Kontext in einer Weise abgegrenzt ist, die es gerechtfertigt erscheinen läßt, ihn - zunächst - für sich zu untersuchen und ihn erst dann im größeren Rahmen von 12,13-34 zu interpretieren.

4.2 Von Habgier, einem reichen Kornbauern und dem Sinn des Lebens (Lk 12,13-21)

Der Abschnitt 12,13-21 läßt sich, wie eben bereits erwähnt, in mehrere Teile untergliedern, die jeweils durch ein redaktionelles[482] εἶπεν δέ (12,13.15.16) eingeleitet werden[483]:

12,13-14	Bitte aus der Menge um Hilfe bei der Erbteilung und Zurückweisung der Schlichterrolle durch Jesus
12,15	Warnung vor Habgier
12,16-20	Gleichnis vom törichten Reichen
12,21	Schlußfolgerung aus dem Gleichnis (οὕτως)

Diese Gliederung zeigt, daß verschiedene Gattungen aneinandergehängt sind: Auf ein Apophthegma (12,13-14) folgt eine grundsätzliche Sentenz Jesu (12,15), daran schließt sich ein Gleichnis bzw. eine Beispielerzählung[484] an (12,16-20), das bzw. die wiederum von einer Anwendung (12,21) abgeschlossen wird. Das Apophthegma und das Gleichnis werden auch im Thomasevangelium überliefert, jedoch stehen sie dort nicht nebeneinander (EvThom 72 und 63). Dies alles deutet auf einen zunächst getrennten Überlieferungszusammenhang der einzelnen Stücke, die erst sekundär zusammengestellt wurden.

---

481 Vgl. schon die Situierung von 12,51-53 im Kontext (o. S. 115) sowie den folgenden Abschnitt zu 12,22-34 (u. S. 151-156).

482 Vgl. *Degenhardt, Lukas (1965), 69 mit A. 1, 73; Jeremias, Sprache (1980), 33.215; Heininger, Metaphorik (1991), 108*, die darauf hinweisen, daß sich εἶπεν δέ am Satzbeginn außer Joh 12,6 ausschließlich im lk Doppelwerk findet. Auch nach *Bovon, Lk II (1996), 272* ist in diesem εἶπεν δέ ein gestalterisches Mittel des Lk zu sehen. Als Indiz für die redaktionelle Tätigkeit des Lk muß aber auch die zweimalige Kombination mit der Präposition πρός gelten (12,15.16).

483 εἶπεν δέ steht in dieser Perikope allerdings auch in nicht-gliedernder Funktion (hinsichtlich der Gesamtperikope): 12,20. Gliedernd wirkt es dann wieder in 12,22, dem Beginn der folgenden Perikope.

484 *Seng: NT 20 (1978), 138-141.*

Zu fragen ist allerdings noch, ob diese Zusammenstellung bereits vorlk geschah oder durch den Evangelisten selbst erfolgte. Literarkritische Untersuchungen haben das Apophthegma und das Gleichnis als in der Substanz vorlukanisch aufgewiesen.[485] Dagegen sind in 12,15 einige lk Charakteristika zu beobachten: Das Verb φυλάσσειν begegnet im lk Doppelwerk ungleich häufiger als in den anderen Evangelien[486], Lk ergänzt öfters ein verallgemeinerndes πᾶς[487], ἐν τῷ mit folgendem Infinitiv muß als Kennzeichen lk Sprache gelten[488], ebenso τὰ ὑπάρχοντα mit folgendem Dativ[489]. 12,21 erweist sich durch die Interpretation des Gleichnisses, durch die dessen Aussagerichtung gleichzeitig verschoben wird, ebenfalls als sekundär.[490] Das macht eine lk Abfassung dieser beiden Verse wahrscheinlich.[491] So spricht einiges dafür, daß die Komposition von 12,13-21 in der nun vorliegenden Form erst durch Lk gebildet wurde.[492]

---

485 Für die Situationsangabe des Apophthegmas wird lk Bildung zumindest erwogen, 12,13b-14 dagegen als Tradition des Sondergutes angesehen, vgl. *Degenhardt, Lukas (1965), 69-73; Seng: NT 20 (1978), 136-137; Horn, Glaube (1983), 58-59; Schneider: NTS 29 (1983), 325; Klein, Barmherzigkeit (1987), 84; Heininger, Metaphorik (1991), 108; Bovon, Lk II (1996), 273f.* Gegen eine vorlk Herkunft von 12,13f votiert *Schmithals, Lk (1980), 144.* Unentschieden bleibt *Sellin: NT 20 (1978), 124.* Im Blick auf das Gleichnis hat *Heininger, Metaphorik (1991), 110-113* als kleinste Einheit eine kurze vorlk Geschichte herausgeschält, die im wesentlichen aus den VV 16-17a.19b-20 besteht. Sie sei durch Lk vor allem durch das Selbstgespräch V. 17b-19a erweitert worden. Eine Darstellung der früheren redaktionsgeschichtlichen Forschungen bietet *Horn, Glaube (1983), 62-63.*

486 Vgl. das Vorkommen 1/1/6/3/8. *Sellin: NT 20 (1978), 124 A. 76* gibt irrtümlich zwei Mk-Belege an. Hingegen weist *Bovon, Lk II (1996), 279-280* auf die mediale Konstruktion sowie die Verbindung mit der Präposition ἀπο hin, so daß er hier gerade *nichts* Lukanisches sieht.

487 Z. B. Lk 5,11.28; 18,22, vgl. *Jeremias, Sprache (1980), 30f; Horn, Glaube (1983), 60; Schmidt, Hostility (1987), 145; Heininger, Metaphorik (1991), 108.*

488 Vgl. *Sellin: NT 20 (1978), 124 A. 76; Jeremias, Sprache (1980), 28-29,* der diese Konstruktion neunmal über die Mk-Vorlage hinaus feststellt.

489 *Sellin: NT 20 (1978), 124 A. 76; Jeremias, Sprache (1980), 215 u. ö.*

490 12,21 wird in der Literatur meist für sekundär angesehen. Unterschiedlich ist jedoch das Urteil bezüglich einer Zuweisung. Für eine lk Abfassung votieren *Horn, Glaube (1983), 64; Heininger, Metaphorik (1991), 108. Beydon, Danger (1989), 42* hält den Vers für lk redigiert. *Bovon, Lk II (1996), 288* hält nur den zweiten Teil des Verses für lk. Gegen die lk Abfassung plädieren *Seng: NT 20 (1978), 137* sowie *Klein, Barmherzigkeit (1987), 85-87,* der den Vers dem lk Sondergut zuordnet.

491 So auch *Horn, Glaube (1983), 59-61; Schmidt, Hostility (1987), 145.147; Heininger, Metaphorik (1991), 108.* Dagegen hält *Degenhardt, Lukas (1965), 73-74* die Sentenz 12,15b für vorlk., ebenso *Seng: NT 20 (1978), 136.*

492 So *Pesch: Bib 41 (1960), 35f; Horn, Glaube (1983), 58f; Fitzmyer, Lk (1985), 968. 971; Heininger, Metaphorik (1991), 107-110.* An eine Zusammenstellung bereits auf der Ebene von Q[Lk] denken *Sato, Q (1988), 56f; Kosch: FZPhTh 36 (1989), 418.* Ebenfalls für eine bereits vorlk Zusammenstellung der Stoffe, die von Lk nur leicht bearbeitet wurden, plädiert *Bovon, Lk II (1996), 274.* Positionen, die für die Herkunft der Stoffe aus einem von Mt ausgelassenen Teil von Q argumentiert hatten (z. B. *Schürmann: BZ 3 [1959], 86 A. 18*), müssen inzwischen als widerlegt gel-

In dieser Komposition kommen 12,15.21 entscheidende interpretatorische Funktionen zu[493]:

Das (lk) Jesuswort in 12,15 ist formal gesehen zweigeteilt in die eigentliche Warnung vor Habgier (ὁρᾶτε καὶ φυλάσσεσθε ...) und eine Begründung (ὅτι ...). Durch dieses Wort wird das Anliegen des Mannes aus der Menge, sein Bruder möge mit ihm - wie es als Möglichkeit vom Gesetz her durchaus vorgesehen war - das Erbe aufteilen[494], als Habgier interpretiert. So wird - gleichsam von hinten her - die schroffe Ablehnung des Ansinnens durch Jesus in 12,14 motiviert. Gleichzeitig setzt 12,15 die Vorzeichen für das folgende Gleichnis, indem es mit allgemeinen Begriffen, die jedoch nicht wörtlich mit dem Gleichnis übereinstimmen, das Thema dieses Gleichnisses absteckt und schon interpretierende Stichworte, vor allem durch den Bezug auf das Leben (ζωή), liefert. So fällt dem Gleichnis eine erläuternde Funktion für die allgemeine Aussage 12,15 zu.

12,21 legt das Gleichnis noch einmal im Sinne von 12,15 aus, indem es zwei verschiedene, sich gegenseitig ausschließende Arten des Reichtums einander gegenüberstellt: das Schätzesammeln nur für sich selbst (θησαυρίζων ἑαυτῷ), und das Reichsein vor Gott (εἰς θεὸν πλουτῶν). Dabei entspricht das Schätzesammeln nur für sich selbst der πλεονεξία aus 12,15. Wie das Reichsein vor Gott gefüllt werden könnte, wird an dieser Stelle noch nicht gesagt. Jedoch stellt die Verwendung des Verbs θησαυρίζειν - vorausweisend - eine sprachliche Verbindung zu 12,33 her. Hier wird der Schatz (θησαυρός) im Himmel mit dem Verkaufen der Güter (ὑπάρχοντα) und dem Almosengeben in Zusammenhang gebracht.[495]

12,21 ist aber nicht nur in die Komposition der Gesamtperikope eingebunden, sondern auch in die konzentrische Struktur des Gleichnisses selbst: Dem reichen Menschen des Anfangs (ἀνθρώπου τινὸς πλουσίου) wird am Schluß das Reichsein vor Gott (εἰς θεὸν πλουτῶν) gegenübergestellt, so daß über diese kontrastierende Wiederaufnahme eine Klammer um das Gleichnis gebildet wird.

16   ἀνθρώπου τινὸς πλουσίου εὐφόρησεν ἡ χώρα.

21   οὕτως ὁ θησαυρίζων ἑαυτῷ καὶ μὴ εἰς θεὸν πλουτῶν.

Dabei werden die Begriffe, die zu Beginn noch offen sind, durch die Geschichte des Gleichnisses gefüllt. Zugleich können die Begriffe in V. 21 nur

---

ten, vgl. *Fitzmyer, Lk (1985), 968.* Unentschieden *Degenhardt, Lukas (1965), 68.*

493   Besonders V. 15 wurde in der Literatur des öfteren als thematischer Schlüssel zur gesamten Perikope gesehen, vgl. *Johnson, Function (1977), 153; Horn, Glaube (1983), 59-61; Heininger, Metaphorik (1991), 109-110.*

494   Zum vorausgesetzten rechtlichen Hintergrund vgl. *Degenhardt, Lukas (1965), 69-73; Bovon, Lk II (1996), 275-279.*

495   Zum Ganzen vgl. *Heininger, Metaphorik (1991), 109-110.*

aufgrund der Geschichte als Umkehrungen des V. 16 verstanden werden. Eine zweite Umkehrung ist zwischen den Aktivitäten des Mannes V. 17-18 und der Frage Gottes in V. 20 (ἃ δὲ ἡτοίμασας, τίνι ἔσται;) zu beobachten, die all die Aktivitäten des Mannes ins Nichts zerfallen läßt.

Eine dritte Umkehrung schließlich besteht zwischen der Rede des Mannes zu seiner Seele V. 19, die auf viele Jahre hinaus (εἰς ἔτη πολλά) die Güter genießen soll, und der Ankündigung Gottes in V. 20, noch in dieser Nacht (ταύτῃ τῇ νυκτὶ) solle seine Seele von ihm zurückverlangt werden. Schematisch kann diese Struktur folgendermaßen veranschaulicht werden:

16 Reiche Ernte eines reichen Mannes
   17-18 Aktivitäten des Mannes, die Ernte (d.h. Schätze) zu sammeln
      19 Seele soll lange Jahre die Güter (d.h. Schätze) genießen
      20a Noch heute Nacht soll deine Seele von dir gefordert werden!
   20b Frage Gottes: Was bleibt von dem Bereiteten (d.h. den Schätzen)?
21 Schätze sammeln für sich selbst und reich sein vor Gott

Diese ganze Geschichte wird in der lk Komposition in einen grundsätzlichen Zusammenhang mit dem Leben (V. 15 ἡ ζωή) gestellt. Zwar erzählt das Gleichnis die Geschichte eines einzelnen Menschen, und diese wird in Verbindung mit *seinem* Leben (ἡ ζωὴ αὐτοῦ) gebracht. Doch sind in dem Verlauf ökonomische Zusammenhänge vorausgesetzt, die diesen individuellen Rahmen verlassen und die Geschichte in den strukturellen Rahmen der Marktwirtschaft stellen. Um die Tragweite des Tuns des Mannes beurteilen zu können, müssen an dieser Stelle diese ökonomischen Zusammenhänge bedacht werden[496]:

Der Reichtum des Mannes, der vorausgesetzt wird, und die zusätzliche gute Ernte, die einen Neubau der Scheunen und Vorratshäuser notwendig macht, sowie die Perspektive auf viele Jahre Ertrag zeigen, daß es um mehr als die persönliche Vorsorge eines einzelnen geht. Es handelt sich nicht um Vorräte, die ein einzelner selbst aufbrauchen kann. Sondern es geht um ein Horten von Grundnahrungsmitteln, die dadurch dem Markt vorenthalten werden, so daß die Preise künstlich in die Höhe getrieben werden. Die Gewinnspanne wird erst recht erhöht, wenn das Getreide später, etwa nach einer Mißernte, bei ansonsten knappem Angebot verkauft werden kann.[497] Zwar ist ein

---

496 Zum Folgenden vgl. *Schottroff / Stegemann, Jesus (³1990), 125-126; Segbers: Füssel / Segbers (Hgg.), Gerechtigkeit (1995), 105-114.* Diese ökonomische Dimension des Gleichnisses wird abgelehnt von *Heininger, Metaphorik (1991),* 117 mit A. 32. Die Grundthese von *Schmidt, Hostility (1987),* 136 u. ö., daß die lk (und synoptische) Ablehnung des Reichtums unabhängig von ökonomischen Bedingungen und von jeglichem Interesse an den Armen entstanden sei, schließt eine ökonomische Dimension des Gleichnisses ebenfalls aus. Meist wird das Gleichnis auf die individuelle Lebensausrichtung bezogen, bes. ausführlich *Seng: NT 20 (1978), 142-155,* der u. a. den weisheitlichen Hintergrund der Motive herausarbeitet.

497 Beispiele für ein solches Vorgehen in der Antike sowie für die bereits in der Anti-

solches Verhalten innerhalb des marktwirtschaftlichen Systems ökonomisch
vernünftig. Doch ist gleichzeitig deutlich, daß nicht die gesamte Bevölkerung
von dieser Ökonomie profitieren kann, sondern daß es eine Kehrseite gibt:
Überhöhte Preise für Grundnahrungsmittel treffen vor allem die Armen, die
dadurch in die Verschuldung und Verelendung getrieben werden. Der Talmud
hat, um dies zu verhindern, eine Reihe von Maßnahmen getroffen, die die
Mechanismen des freien Marktes für *Grundnahrungsmittel* einschränkten.[498]

Werden diese ökonomischen Zusammenhänge mitgelesen, dann kommt
die gesellschaftliche Kehrseite des Verhaltens des Reichen in den Blick und
damit die VerliererInnen dieser gnadenlosen Marktwirtschaft. Damit fällt auch
ein anderes Licht auf V. 15. Ἐν τῷ περισσεύειν kann auf ἡ ζωὴ αὐτοῦ
ἐστιν bezogen werden. Dann ist ἐκ τῶν ὑπαρχόντων αὐτῷ wie eine Apposi-
tion oder eine zweite Ergänzung dazu zu verstehen.[499] Es kann aber auch als
Ergänzung zu τινὶ verstanden werden. Dann müßte ungefähr wie folgt übersetzt werden: »Für jemanden, der im Überfluß lebt, kommt sein Leben nicht
aus seinen Gütern.«[500] Für die Armen, so wäre hier zu ergänzen, stellt sich die
Frage nochmals anders. Im Blick sind aber diejenigen, die Güter ihr Eigen
nennen.

Das Tun des Mannes behält zwar auch in einer Lektüre, die die ökonomische Dimension berücksichtigt, seine individuelle Seite: Das Gleichnis illustriert eindrücklich, auf welch trügerischen Grund derjenige baut, der sich und
sein Leben nur auf seinen Besitz stützt. Auf einen Besitz, der nur für sich
selbst gesammelt wurde. Auf einen Besitz auch, der in der Zukunft das eigene
Leben sichern soll. Vor der letzten Anfrage des Lebens muß all diese trügeri-
sche Sicherheit zerbrechen.

Doch dieses Tun des Mannes ist in den Horizont der Verantwortung für
das Leben der Gemeinschaft, für das Leben aller, gestellt. Es wird als ökono-
misches Handeln verstanden, das als solches die Augen vor seinen Auswirkungen nicht verschließen darf. Damit kommt die Dimension der Gerechtigkeit ins Spiel, die auch ein umfassenderes Verständnis des »reich seins vor
Gott« V. 21 ermöglicht. Dieses wird ja in einen Gegensatz zum Horten der
Schätze gestellt. Das »reich sein vor Gott« hat demnach etwas mit Gerechtigkeit zu tun, die Armen und die Schwächsten der Gesellschaft kommen in den
Blick, »Gott« selbst hat etwas mit dem Leben dieser Schwächsten zu tun. Das

---

ke darüber geführte wirtschaftsethische Diskussion bei *Schottroff / Stegemann, Jesus* (³1990), 126 mit A. 33 sowie ausführlich *Segbers: Füssel / Segbers (Hgg.), Gerechtigkeit (1995), 105-112.

498   Vgl. *bBB 90b; Segbers: Füssel / Segbers (Hgg.), Gerechtigkeit (1995), 110-111.*

499   Dieses Verständnis liegt der Einheitsübersetzung und der Lutherübersetzung zugrunde. Vgl. auch *Horn, Glaube (1983), 60*: »»... denn jemand hat sein Leben nicht
durch den Überfluß aus seinem Besitz‹.«

500   Oder wie *Bovon, Lk II (1996), 272*: »Denn für einen, der im Überfluß lebt, hängt
das Leben nicht von seinen Gütern ab.«

Leben, von dem in V. 15 die Rede ist, dieses Leben gibt es nur, wenn alle leben können.

4.3 Von der irdischen Sorge und dem Schatz im Himmel (Lk 12,22-34)

Der Abschnitt über das Sorgen (12,22-34) steht, wie bereits erwähnt, zu Beginn einer längeren Redekomposition, in der außerdem die Wachsamkeit (12,35-48) sowie die Konflikte, die sich an der Person Jesu entzünden (12,49-53), thematisiert werden. Er ist von diesen beiden anderen Themenkomplexen allerdings so sehr inhaltlich abgesetzt, daß er hier für sich untersucht werden kann.

Dieser erste Teil der Jesusrede hat - nach der Redeeinleitung und der metasprachlichen Wendung διὰ τοῦτο λέγω ὑμῖν - folgenden Aufbau[501]: Auf die Mahnung, sich nicht um Nahrung und Kleidung zu sorgen (V. 22) und eine erste Begründung (V. 23) folgen die beiden Beispiele von den Raben (V. 24) und den Lilien (V. 27-28), zwischen die zwei rhetorische Fragen (V. 25-26), die das Thema des Sorgens wieder explizit aufgreifen, eingeschoben sind. V. 29 setzt erneut mit einer Mahnung ein, die die anfängliche Aufforderung, sich nicht zu sorgen, variiert und wiederum mit einer zweiten Begründung (V. 30) versehen ist. V. 31 stellt all den negativen Anweisungen eine positive gegenüber: πλὴν ζητεῖτε τὴν βασιλείαν αὐτοῦ. Dieser folgt eine dritte negative Anweisung (V. 32), die jedoch gleichzeitig als Begründung für V. 31 funktioniert. All dies stellt die Grundlage für die in V. 33a folgende Forderung dar, den Besitz zu verkaufen und Almosen zu geben, die anschließend weiter ausgeführt (V. 33b) und begründet (V. 34) wird.

Der gesamte Abschnitt 12,22-34 ist auch bei Mt 6,19-21.25-34 überliefert und stammt in seiner Substanz nach nahezu unbestrittenem Forschungskonsens aus Q. Jedoch differiert die Reihenfolge der Sprüche bei Mt und Lk, so daß damit die wahrscheinliche Reihenfolge in Q zur Diskussion steht: Bei Mt gehen die Sprüche vom Schätzesammeln (Mt 6,19-21) der Rede über das Sorgen (Mt 6,25-34) voraus, wobei sich zwischen beiden in Mt 6,22-23.24 die beiden Logien vom Licht und von den zwei Herren befinden. Bei Lk dagegen schließt sich der Spruch vom Schätzesammeln (Lk 12,33-34) an die Rede über das Sorgen (Lk 12,22-31[32]) an.

Des öfteren wurde für die lk Reihenfolge als die ursprüngliche plädiert.[502]

---

501 Vgl. das Strukturschema des Q-Textes bei *Zeller, Mahnsprüche (1977), 83*, das von *Bovon, Lk II (1996), 296* auf den lk Text angepaßt wurde. Ähnlich auch der von *Luz, Mt I (³1992), 364* herausgearbeitete Aufbau des mt Textes.

502 Vgl. *Schweizer, Mt (1973), 102; Schneider, Lk (1977), 284; Zeller, Mahnsprüche (1977), 83 A. 213* (erwägend); *Sellin: NT 20 (1978), 128; Sato, Q (1988),19.41; Dillon: CBQ 53 (1991), 609; Luz, Mt I (³1992), 365; Bovon, Lk II (1996), 296-297.300,* der mit dem Zitat der Stelle bei Justinus, Apol I 15,10-17 unabhängig von Lk, jedoch in der Lk entsprechenden Reihenfolge argumentiert.

Dafür spricht zum ersten, daß sich bei Mt ein Vorziehen des Spruches vom Schätzesammeln gut erklären läßt; denn dort geht in 6,1-18 ein Abschnitt voran, der jeweils dem Lohn bei Menschen den Lohn bei Gott gegenüberstellt, so daß sich die Gegenüberstellung von den Schätzen auf der Erde und denen im Himmel (6,19-21) ausgezeichnet anschloß.[503] Für die lk Reihenfolge spricht außerdem, daß diese auf der Ebene von Q sehr gut als Stichwortanknüpfung an das μὴ μεριμνήσητε (12, 11) zu erklären ist[504]; demnach hätte sich in Q das μὴ μεριμνᾶτε V. 22 unmittelbar an V. 11f angeschlossen, und auch die vielen Wiederaufnahmen des Verbs μεριμνᾶν bis V. 32 würden gut in diese Stichwortreihung passen. Zwar wurde die Verbindung zwischen jenen beiden Logien (V. 11.22) mittels des traditionellen διὰ τοῦτο (Lk 12,22 par Mt 6,25) als problematisch angesehen.[505] Doch läßt sich darin im Gegenteil eine stimmige Weiterführung der Zusage des Beistands des Heiligen Geistes (12,11f) erkennen.[506] Drittens spricht die sich gut fügende innere Logik zwischen Lk 12,22-32 und Lk 12,33-34 für die Ursprünglichkeit der lk Reihenfolge. Berücksichtigt man viertens, daß Lk gewöhnlich die Q-Akoluthie beibehält, dürfte auch an dieser Stelle die lk Reihenfolge vorzuziehen sein.

In der Rede über das Sorgen weichen die beiden Referenten inhaltlich nur unwesentlich voneinander ab, so daß die Rekonstruktion des Q-Textes keine für unsere Fragestellung relevanten Probleme bereitet[507]. Als die wichtigsten redaktionellen Eingriffe des Lk dürften sicher die Einleitung εἶπεν δὲ πρὸς τοὺς μαθητὰς [αὐτοῦ] (22aα)[508], in V. 23.24.28 die Veränderung der Frage- zur Aussageform[509], in V. 24 die Wendung οἷς οὐκ ἔστιν[510] sowie in V. 26 der Beginn sowie das verallgemeinernde τὰ λοιπά[511] festzuhalten sein.

Dagegen scheint Lk in dem für diese Untersuchung besonders wichtigen Spruch vom Schätzesammeln (Lk 12,33f) in größerem Maße redaktionell ein-

---

503   Vgl. *Schweizer, Mt (1973), 101.*

504   Vgl. *Schweizer, Mt (1973), 101; Schneider, Lk (1977), 284; Zeller, Mahnsprüche (1977), 83 A. 213; Sellin: NT 20 (1978), 128; Sato, Q (1988), 41.*

505   Vgl. *Hoffmann: FS Pesch (1988), 132..*

506   Vgl. *Bovon, Lk II (1996), 296f.*

507   Vgl. die nahezu identischen Rekonstruktionsvorschläge bei *Zeller, Mahnsprüche (1977), 82; Merklein, Gottesherrschaft (1978), 174f; Polag, Fragmenta (1979), 60-63; Steinhauser, Doppelbildworte (1981), 222f* und *Hoffmann: FS Pesch (1988), 154f.* Dagegen ist *Luz, Mt I (³1990), 364* bezüglich der Rekonstruktion eines Q-Textes skeptischer und geht von der Existenz verschiedener Q-Rezensionen aus.

508   Vgl. *Steinhauser, Doppelbildworte (1981), 215.226; Hoffmann: FS Pesch (1988), 133; Luz, Mt I (³1990), 364.*

509   Vgl. *Schulz, Q (1972), 150.151; Steinhauser, Doppelbildworte (1981), 216.218.219; Horn, Glaube (1983), 66; Hoffmann: FS Pesch (1988), 134; Luz, Mt I (³1990), 364; Dillon: CBQ 53 (1991), 611.*

510   Vgl. *Luz, Mt I (³1990), 364.*

511   Vgl. *Schulz, Q (1972), 150; Steinhauser, Doppelbildworte (1981), 218f; Horn, Glaube (1983), 66 A. 35; Gnilka, Mt I (1986), 246; Hoffmann: FS Pesch (1988), 139 mit A. 43; Luz, Mt I (³1990), 364.*

gegriffen zu haben. Denn dieser weist erhebliche Unterschiede zu seiner Parallele Mt 6,19-20 auf: Während in Mt 6,19-20 das Thema des Schätzesammelns auf formvollendete Weise in einem antithetischen Parallelismus durchgeführt ist, bietet Lk 12,33 einen synthetischen Parallelismus, der in zwei Imperativen zunächst dazu auffordert, den Besitz zu verkaufen und Almosen zu geben, und in seinem zweiten Glied zum Sammeln wahrer Schätze aufruft. Vergleichbar ist die Begründung, die in weisheitlicher Redeweise[512] sowohl bei Mt, als auch bei Lk auf die beiden Imperative folgt (Mt 6,21 par Lk 12,34). Zur Klärung der Frage, welcher der beiden Referenten in den Parallelismen den Q-Text treuer bewahrt hat, ist zunächst zu berücksichtigen, daß in Lk 12,33 eine Reihe von Lukanismen zu beobachten sind: die Verben πω- λεῖν[513] und ἐγγίζειν[514], aber auch die Nomina ἐλεημοσύνη[515], das den Großteil seiner Belege in der Apg hat (3/0/2/0/8), sowie βαλλάντιον[516], das ausschließlich im Lk-Ev (red.) begegnet. So ist überzeugend dargelegt worden, daß für die Rekonstruktion des Q-Textes auf jeden Fall von Mt 6,19-20 auszugehen ist.[517] Demgegenüber scheint Lk 12,33a vollständig, wenn auch in Anlehnung an ähnliche Formulierungen[518], von Lk formuliert zu sein, während 12,33b lediglich stark lk überarbeitet ist.[519] Lk 12,34 wiederum weicht von der Parallele Mt 6,21 nur insofern ab, als es beim Possessivpronomen den Plural ὑμῶν, Mt hingegen den Singular σου bietet. Da der mt Singular als sekundäre Numerusangleichung an das folgende Logion erklärt werden kann und auch EvThom 76 den Plural bietet, dürfte der lk Plural als ursprünglicher anzusehen sein.[520]

Für den Zusammenhang dieser Arbeit ist die detaillierte Rekonstruktion des Q-Textes nicht notwendig.[521] Denn schon aufgrund des eben geleisteten

---

512 Vgl. *Schulz, Q (1972), 143; Horn, Glaube (1983), 67; Gnilka, Mt I (1986), 237.*

513 *Schulz, Q (1972), 142; Bovon, Lk II (1996), 300 A. 22.*

514 *Jeremias, Sprache (1980), 218; Horn, Glaube (1983), 67.*

515 Lk 11,41; Apg 3,2; 9,36; 10,2; 24,17, vgl. *Schulz, Q (1972), 142; Bovon, Lk II (1996), 300 A. 22.*

516 *Schulz, Q (1972), 142; Horn, Glaube (1983), 67; Bovon, Lk II (1996), 300 A. 25.*

517 Vgl. *Schulz, Q (1972), 142-143; Zeller, Mahnsprüche (1977), 77-78; Polag, Fragmenta (1979), 62-63; Horn, Glaube (1983), 67; Luz, Mt I (³1992), 356.*

518 *Horn, Glaube (1983), 67* erwägt für die Formulierung von 12,33a eine »freie[r] Anlehnung an Mk 10,21«. *Bovon, Lk II (1996), 300 A. 24* denkt eher an Lk 18,22; 16,9; 14,33.

519 So die nahezu einhellige Forschungsmeinung, vgl. z. B. *Schulz, Q (1972), 142; Schneider, Lk (1977), 286-287; Polag, Fragmenta (1979), 63; Gnilka, Mt I (1986), 238; Bovon, Lk II (1996), 300.*

520 Vgl. *Schulz, Q (1972), 143; Polag, Fragmenta (1979), 62-63; Gnilka, Mt (1986), 238* (fragend); *Bovon, Lk II (1996), 301 A. 26.* Allerdings muß dabei berücksichtigt werden, daß Mt dadurch eine ursprüngliche Numerusübereinstimmung zu 6,19.20 (Q) zerstört hätte. *Luz, Mt I (³1992), 356* hält den Singular für den ursprünglichen Q-Text.

521 Für Lk 12,22-32 (Q) vgl. die (bereits erwähnten) Rekonstruktionen bei *Zeller, Mahnsprüche (1977), 82; Merklein, Gottesherrschaft (1978), 174f; Polag, Fragmen-*

kurzen Überblicks lassen sich einige Linien der lk Redaktion nachvollziehen. Als solche - für unsere Fragestellung relevante - sind vor allem die Adressierung der Rede an die JüngerInnen und die Einbettung in einen Kontext, der die Rede über das Sorgen als einen Kontrast zum zuvor erzählten Gleichnis vom reichen Kornbauern erscheinen läßt, zu nennen.[522] Diesem Verhalten des Kornbauers, das in 12,21 als »Schätze sammeln für sich selbst« charakterisiert wird, wird in der lk formulierten Aufforderung 12,33f, die eigenen Güter zu verkaufen, Almosen zu geben und sich (dadurch) einen unvergänglichen Schatz zu schaffen, eine konkrete Alternative gegenübergestellt. Doch nicht nur durch diese Inklusion wird der Bezug zum vorausgehenden Abschnitt 12,13-21 geschaffen, sondern es lassen sich weitere Bezüge beobachten, die im folgenden nochmals genauer betrachtet werden sollen:

Das διὰ τοῦτο (12,22) schließt im lk Kontext nicht mehr an das μὴ μεριμνήσητε κτλ. in 12,11f an, sondern führt nun den Abschnitt 12,13-21 und damit auch das Gleichnis vom törichten Reichen fort. Damit wird das μεριμνᾶν mit dem unmittelbar zuvor erzählten Verhalten des Reichen in einen Zusammenhang gebracht.[523] Außerdem machen einige wörtliche Wiederaufnahmen die Verbindung zwischen beiden Abschnitten deutlich und lassen sie trotz der veränderten AdressatInnenschaft wie die zwei Seiten ein und derselben Medaille erscheinen, ja, können nun gegenseitig als Interpretationsschlüssel dienen[524]:

1. Hatte V. 19 der Getreidespekulant zu seiner ψυχή gesagt, sie solle sich ausruhen, essen (φάγε), trinken (πίε) und es sich wohl sein lassen, so fordert V. 22 auf: μὴ μεριμνᾶτε τῇ ψυχῇ τί φάγητε, und V. 23 fährt fort: γὰρ ψυχὴ πλεῖόν ἐστιν τῆς τροφῆς. V. 29 schließlich wiederholt: μὴ ζητεῖτε τί φάγητε καὶ τί πίητε.

2. Im Beispiel von den Raben (V. 24) wird betont, daß diese weder Keller noch Scheune (ἀποθήκη) besäßen. Der Reiche aber hatte V. 18 geplant, seine alten Scheunen (ἀποθήκαι) niederzureißen und neue zu bauen. Da in V. 24 Gott als derjenige gezeigt wird, der für die Raben sorgt, erscheint das Vorhaben des Reichen als ein Verkennen und Mißachten Gottes als fürsorgenden Schöpfer.[525]

---

   ta (1979), 60-63; Steinhauser, Doppelbildworte (1981), 122f; Hoffmann: FS Pesch (1988), 154f, die nur unerheblich voneinander abweichen. Für Mt 6,19-21 (Q) vgl. die Erörterungen bei *Schulz, Q (1972), 142-143; Zeller, Mahnsprüche (1977), 77-78* sowie die Rekonstruktion bei *Polag, Fragmenta (1977), 62-63.*

522   Allerdings ist nach *Kosch: FZPhTh 36 (1989), 418* damit zu rechnen, daß diese Kombination bereits vorlk, in Q^Lk erfolgte.

523   Vgl. *Horn, Glaube (1983), 66.*

524   Dabei lassen diese Entsprechungen nicht auf eine ursprüngliche Überlieferung auch von Lk 12,13-21 in Q schließen, sondern sind als redaktionelle Bezugnahmen anzusehen, vgl. *Hoffmann: FS Pesch (1988), 132.* Vgl. aber wieder *Sato, Q (1988), 56f; Kosch: FZPhTh 36 (1989), 418* mit dem Hinweis auf Q^Lk.

525   Vgl. *Horn, Glaube (1983), 66.*

3. V. 25 fragt, wer denn mit all seiner Sorge seinem Leben auch nur eine einzige Spanne hinzufügen könne. Der Bauer aber war nach all seinem Planen mit der Tatsache konfrontiert worden, daß er noch *in dieser Nacht* sterben werde (V. 20).

4. Schließlich wird, wie bereits erwähnt, dem »Schätze sammeln nur für sich selbst« (V. 21: ὁ θησαυρίζων ἑαυτῷ) in V. 33 und 34 der (wahre) Schatz in den Himmeln gegenübergestellt (V. 33: θησαυρὸν ... ἐν τοῖς οὐρανοῖς), und, da in V. 33 das Schaffen dieses wahren Schatzes in einem synthetischen Parallelismus mit dem Verkaufen der Habe genannt wird, dem Tun des Reichen eine konkrete Lebensalternative entgegengesetzt.

Durch diese Kontextbezüge erscheinen das Tun des Reichen, aber auch die Erbstreitigkeiten des Fragers aus der Menge (12,13-21) als eine Haltung des Sorgens, die nun nicht mehr sein soll. Umgekehrt erhält das Sorgen die Konnotationen von Habgier und Ungerechtigkeit, die als Auswirkung des marktkonformen Verhaltens des Reichen deutlich gemacht wurde.[526] Dem wird nun ein anderer Lebensentwurf gegenübergestellt. Direkt angesprochen sind jetzt die μαθηταί, denen in einer Jesusrede eine Lebenshaltung des Nicht-Sorgens anempfohlen wird. Diese erhält aber in diesem Kontext konkrete ökonomische Implikationen. Das wird auch dadurch deutlich, daß diese Haltung des Nicht-Sorgens positiv als Suche nach der βασιλεία bestimmt wird (V. 31). Wenn nun, wie oben gezeigt, aufgrund des Kontexts das Sorgen mit den Konnotationen der Habgier und vor allem der Ungerechtigkeit versehen ist, so macht diese Näherbestimmung deutlich, daß der Gegenbegriff zu diesem System der Ungerechtigkeit eben die βασιλεία ist: Wo die Suche nach der βασιλεία ins Zentrum gestellt wird, ist das Ende dieser Ungerechtigkeit gekommen. Die Suche nach der βασιλεία meint damit eine Praxis der Gerechtigkeit.[527]

Darüberhinaus - oder vielleicht sogar: folgerichtig - wird anschließend eine umfassende Zusage gegeben: Dann wird euch dieses, d. h. all das, was zuvor nicht Gegenstand der Sorge sein sollte und was sich als die Grundbedürfnisse der Menschen zusammenfassen läßt, dazugegeben. Daß alle leben können, daß Gerechtigkeit herrscht, das erscheint als Charakteristikum der Gottesherrschaft. Aus dieser großen Zusage, die V. 32 noch erweitert wird, kann dann das weitere folgen: Verkauft euren Besitz und gebt Almosen (V. 33). Diese radikale Aufforderung ergibt sich folgerichtig aus der großen Linie der Perikope. Umgekehrt können der hier geforderte Besitzverzicht und das Almosengeben in ihren Auswirkungen als Grundlage dafür verstanden wer-

---

526 Vgl. *Segbers: Füssel / Segbers (Hgg.), Gerechtigkeit (1995), 112.* Auch nach *Sato, Q (1988), 57* bildet der reiche Kornbauer ein Gegenbild zu Lk 12,22-34.

527 Damit entspricht die Stoßrichtung des Textes im gegebenen Kontext dem, was *Luz, Mt I (³1990), 370* für Mt 6,33 aufgrund des Nebeneinanders von βασιλεία und δικαιοσύνη für den mt Text herausarbeitet.

den, daß alle leben können. Sie können als Teil der oben angedeuteten Ökonomie der Gerechtigkeit[528] verstanden werden. Es ist eine Praxis der Gerechtigkeit, die der Gottesherrschaft entspricht und in der diese Gottesherrschaft gleichzeitig erfahrbar wird.

Vor diesem Hintergrund erscheint die inhaltliche Füllung von 12,21, das Reichsein vor Gott, von 12,33 her als Almosengeben in einem herkömmlichen Sinn als zu wenig. Dies bedeutete eine Verkürzung der Fragestellung auf eine äußerliche Ethik, die bestehende ungerechte Strukturen nicht antastet. Dagegen ist eine grundsätzlichere Lebenshaltung und ein grundsätzlicherer Einsatz im Blick. So läßt sich 12,33, das Almosengeben, von 12,13-21 her grundsätzlicher verstehen als eine Lebenshaltung, die ihre Sicherheit nicht aus dem Besitz zieht, sondern umgekehrt diesen Besitz einsetzt für das Leben aller.[529] Die Alternative für den Reichen ist nicht ein partielles Almosengeben, sondern seine Güter so einsetzen und zur Verfügung stellen, daß alle leben können.

4.4 Männer und Frauen, WanderprophetInnen und Seßhafte

In einer abschließenden Betrachtung soll nochmals das Augenmerk darauf gerichtet werden, wer in dieser Komposition angesprochen ist. 12,22 nennt die μαθηταί als AdressatInnen der Redekomposition. Daß dies eine inklusiv zu verstehende Größe ist, haben bislang bereits einige Hinweise im Lk-Ev gezeigt und werden auch die Untersuchungen zu 24,6 noch zeigen. Die Rede über das Sorgen enthält nun ein feines Indiz, das dieses Verständnis der μαθηταί unterstützt: Die Beispiele, die das Leben ohne Sorgen illustrieren sollen, also die beiden Gleichnisse von den Raben und den Lilien, sind mit ihrer Aufnahme der beiden Arbeiten des Säens und Erntens auf der einen und des Spinnens und Webens auf der anderen Seite aus einem männlichen und einem weiblichen Arbeitsbereich gegriffen.[530]

Eine zweite Eigenart bringt die Komposition in die Nähe unseres Ausgangstextes 8,1-3. Hier wie dort überlagern sich die Vorstellungen von zwei verschiedenen Lebensbereichen, und hier wie dort geschieht diese Überlagerung durch die redaktionelle Arbeit des Lukas. Die Rede über das Sorgen hat bei Q diejenigen vor Augen, die als WanderprophetInnen für die Verbreitung des Evangeliums arbeiten und dabei im buchstäblichen Sinne alles von Gott

---

528 *Segbers: Füssel / Segbers (Hgg.), Gerechtigkeit (1995), 108.113 u. ö.*

529 »Alle«, das meint auf der einen Seite natürlich die Armen, die davon profitieren, daß jemand seinen Besitz auch für sie zur Verfügung stellt. Es meint aber auch die Gebenden selbst, wie die wechselseitige Interpretation von Gleichnis, Rede über das Sorgen und Aufforderung zum Almosengeben zeigt.

530 Vgl. *Venetz: Orientierung 54 (1990), 187; Schottroff: EvTh 51 (1991), 335.* In den anderen erwähnten (s. o. S. 106 A. 341) Auflistungen der »Paargeschichten« kommt dieses Beispiel merkwürdigerweise nicht vor.

erwarten. Im lk Kontext kommen mit der Frage des Menschen aus der Menge, dem Gleichnis vom törichten Reichen und der Anweisung 12,33, den Besitz zu verkaufen und Almosen zu geben, diejenigen in den Blick, die im Besitz ihrer Habe geblieben sind. Die Überlegungen zum Sorgen werden damit auch auf deren Lebensbereich übertragbar und erhalten auch für sie eine ganz konkrete Bedeutung. Die Lebensweise, die hier aber vor Augen geführt wird, nämlich die eigenen Mittel so einzusetzen, daß alle leben können, ist mit dem zu vergleichen, was die galiläischen Frauen aus 8,3 tun: Sie setzten das, was sie hatten, so ein, daß die Gemeinschaft leben konnte.

4.5 ... alles, was sie hatte. Die Witwe (Lk 21,1-4)

Ein Text, der nicht in erster Linie die Frage nach dem Umgang mit dem Besitz stellt, sondern diejenige nach dem Umgang mit der *Armut*, und der dadurch die Frage noch einmal von einer anderen Seite aus beleuchtet, ist das Beispiel der Witwe Lk 21,1-4.

Vorausgesetzt ist die in 19,47f und 20,1 eingeführte Situation des täglich im Tempel lehrenden Jesus. Im folgenden wechseln mehrmals die GesprächspartnerInnen Jesu, so daß dadurch eine Reihe von kleinen thematisch abgegrenzten Szenen entsteht, in deren Folge auch das Apophthegma[531] 21,1-4 einzureihen ist. Ebenfalls nur über eine Modifizierung der AdressatInnen sowie über die Nennung des neuen Themas grenzt sich in 21,5 die sich anschließende Endzeitrede ab, bis schließlich 21,37f in einem Summarium die Situation des täglichen Lehrens im Tempel, nun verbunden mit dem nächtlichen Wechsel zum Ölberg, wiederaufgegriffen wird, bevor 22,1 mit dem Hinweis auf das Paschafest und der Wiederaufnahme des Tötungsbeschlusses der Hohenpriester und Schriftgelehrten (vgl. ebenfalls schon 19,47f) endgültig den Beginn der Passionsgeschichte markiert.

Wie bei Mk ist die kleine Szene der opfernden Witwe eingerahmt von einem Wort gegen die Schriftgelehrten einerseits (Mk 12,38-40 par Lk 20,45-47) und der Endzeitrede andererseits (Mk 13 par Lk 21,5-36), und wie bei Mk besteht auch die Stichwortverbindung zur vorausgehenden Perikope über das Wort χήρα noch. Insgesamt ist jedoch die Verbindung zur vorausgehenden Szene enger gestaltet als bei Mk: Während Mk 12,38 die AdressatInnen des Wortes gegen die Schriftgelehrten nicht explizit nennt und 12,41 nochmals einen Ortswechsel vollzieht, werden Lk 20,45 bereits die AdressatInnen des Wortes gegen die Schriftgelehrten genannt, an das sich 21,1 ohne AdressatInnen- und Ortswechsel unmittelbar anschließt. Das Partizip ἀναβλέψας unterstreicht die Verbindung zur vorangegangenen Szenerie

---

531 Vgl. *Bultmann, Geschichte* ([10]1995 [1931]), 32f.58f; *Schneider, Lk (1977), 412; Wiefel, Lk (1987), 346; Kremer, Lk (1988),* 200.

und richtet, quasi über den Blick Jesu, die Augen der LeserInnen auf ein neues Geschehen.[532]

Aufgrund dieser engen Verbindung zur vorhergehenden Perikope kann Lk gegenüber Mk die erzählerische Einleitung straffen: Sowohl ein eigener Ortswechsel hin zur Schatzkammer (Mk 12,41), als auch das Zusammenrufen der μαθηταί (Mk 12,43) kann entfallen, da bei Lk die vorausgesetzte Szenerie bereits in 19,47f und 20,1 eingeführt und die AdressatInnen schon in 20,45 genannt worden waren. Eine anders gelagerte Kontrastierung derer, die ihre Gaben in den Kasten werfen, ergibt sich durch eine weitere Straffung des Lk: Wird in Mk 12,41 zunächst das ganze Volk (ὁ ὄχλος) genannt, das seine Gaben bringt, und unter diesem nochmals viele Reiche (πολλοὶ πλούσιοι) eigens hervorgehoben, so zeigt die lk Perspektive nur die Reichen auf der einen und die arme Witwe auf der anderen Seite. Die Gegenüberstellung zwischen reich und arm ist dadurch direkter und kontrastierender.[533] Andererseits entfällt bei Lk die mk Gegenüberstellung zwischen den *vielen* (πολλοί) Reichen und der *einen* (μία) Witwe, ein Erzählzug, der bei Mk neben der inhaltlichen Gegenüberstellung der Reichen und der Armen auch eine quantifizierende Gegenüberstellung zwischen den vielen und der einen erbracht hatte; damit scheint bei Lk weniger dieser Aspekt der Quantität betont, sondern wiederum der inhaltliche Gegensatz zwischen arm und reich unterstrichen. Hinsichtlich dessen, was gegeben wird, liegt bei Mk der Gegensatz zwischen dem vielen (πολλά), das die Reichen in den Kasten warfen, und den zwei Lepta[534] der Witwe, deren Wert noch eigens als (ein) Quadrans erklärt wird; dies wird zum Schluß - wiederum als Gegenbegriff zu dem *Vielen*, das die Reichen geben, als *alles* (πάντα) bezeichnet. Demgegenüber stehen sich bei Lk die Gaben (τὰ δῶρα) der Reichen, die nicht mit einem bestimmten Wert in Verbindung gebracht werden, und die zwei Lepta der armen Witwe, die ebenfalls nicht weiter erklärt werden, gegenüber; so werden direkter und schneller als bei Mk die beiden verschiedenen Haltungen des Gebens: ἐκ τοῦ περισσεύοντος αὐτοῖς - ἐκ τοῦ ὑστερήματος αὐτῆς, sowie die Art und Weise des Einsatzes: πάντα τὸν βίον ὃν εἶχεν thematisiert.[535] Die übrigen Veränderungen in der lk Fassung können als erzählerische Straffungen und stilistische Glättungen gewertet werden.[536]

Aufgrund der engeren Anbindung an die vorangehende Szene ist dem-

---

532 Die gegenüber Mk verstärkte Verbindung zwischen den beiden Perikopen betonen auch *Schmid, Lk* (⁴*1960*), *301; Schneider, Lk (1977), 412; Marshall, Lk (1978), 751; Schweizer, Lk (1982), 206; Kremer, Lk (1988), 199; Ernst, Lk* (³*1993*), *420; Malipurathu: BiBh 21 (1995), 178; Melzer-Keller, Jesus (1997), 307.*

533 Vgl. *Schmid, Lk* (⁴*1960*), *301; Wiefel, Lk (1987), 346; Malipurathu: BiBh 21 (1995), 179.*

534 Nach *Schneider, Lk (1977), 413* ist dabei an *eine* Münze zu denken.

535 Vgl. *Schweizer, Lk (1982), 206.*

536 Eine genaue Auflistung der Unterschiede zwischen beiden Fassungen bietet z. B. *Degenhardt, Lukas (1965), 95 A. 37.*

nach als Publikum wie in 20,25 »das ganze Volk« vorauszusetzen, wobei die μαθηταί nochmals besonders angesprochen sind. Durch die literarische Verbindung der beiden Szenen ergeben sich außerdem interessante inhaltliche Wechselwirkungen: Auf der einen Seite stehen die Schriftgelehrten, denen eine heuchlerische Frömmigkeit vorgeworfen wird, aus der heraus sie sich nicht scheuen, Arme und Rechtlose - und als sinnenfälligstes Beispiel: die Witwen[537] - auszubeuten und auf deren Kosten zu leben.[538] Dadurch, daß sie als diejenigen erscheinen, die Gewinn aus der Situation der macht- und mittellosen Witwen ziehen, erhält auch das, was die unmittelbar danach in 21,1 genannten Reichen in den Kasten werfen, die Konnotation eines durch Ungerechtigkeit erwirtschafteten Reichtums[539], und auch das Geben selbst gerät in den Verdacht einer zur Schau gestellten Frömmigkeit. Auf der anderen Seite wird der Blick auf eine jener macht- und mittellosen Witwen gelenkt: Diese gibt nun ohne Vorbehalte alles - πάντα τὸν βίον ὃν εἶχεν. So ergibt sich eine ganz ähnliche Gegenüberstellung und wechselseitige Interpretation wie in der Komposition 12,13-34.

Damit arbeitet der Text sowohl mit Kontrasten und Wiederaufnahmen zwischen den beiden Szenen, als auch mit Kontrasten innerhalb derselben: Den Reichen mit ihren Gaben (V. 1) steht die arme Witwe mit ihren zwei Lepta (V. 2) gegenüber.[540] Über die Witwe wird V. 3 gesagt, sie habe mehr als alle (πλεῖον πάντων) gegeben. V. 4 wird ihr Geben aus dem Mangel heraus dem Geben der Reichen aus ihrem Überfluß entgegengesetzt, und dieses Geben bleibt eine Gabe, während das Geben der Witwe umfassend ist: πάντα τὸν βίον ὃν εἶχεν.

Dieses πάντα τὸν βίον ὃν εἶχεν bedarf noch einer genaueren Analyse. Das Wort βίος steht zwar schon in der Vorlage Mk 12,44. Alle weiteren Be-

---

537 Zur Situation der Witwen vgl. z. B. *W. Schottroff: Crüsemann / Schottroff (Hgg.), Schuld (1992)*, 54-89.
538 Nach *Derrett: NT 14 (1972), 1-9* ist als rechtlicher Hintergrund die Institution des *epitropos* vorauszusetzen, der zur Verwaltung der Güter unmündiger oder rechtsunfähiger Waisen und Witwen eingesetzt wurde. Diese standen im Ruf, sich an den Gütern der ihnen Anvertrauten zu bereichern. Um vertrauenswürdig zu erscheinen, mußten also diejenigen, die solche Vormundschaften übernehmen wollten, den Eindruck von Rechtschaffenheit und Frömmigkeit erwecken und daher u. a. öffentlich sichtbar lange Gebete verrichten.
539 Vgl. *Schneider, Lk (1977), 414; Spencer: CBQ 56 (1994), 726f.* Vgl. auch *Green, Theology (1995)*, 92, der zu seiner Interpretation (»... that we should read Jesus' remarks about the widow in the temple as an indictment against a system that has resulted in the victimization of this woman who, in giving everything, has lost even the roof over her head«) jedoch nicht über die inhaltliche Verbindung mit 20,45-47 kommt.
540 Nicht angemessen ist es m. E. hingegen, hierin einen Gegensatz zwischen *Männern* auf der einen und einer *Frau* auf der anderen Seite zu sehen, wie dies *Seim, Message (1994)*, 90 tut. Nach den Gesetzmäßigkeiten androzentrischer Sprache sind οἱ πλούσιοι inklusiv zu verstehen.

lege im Textbereich der Evangelien und der Apg finden sich aber im Lk-Ev: In Lk 8,14 werden, anders als in der Mk-Vorlage, als einer der Faktoren, die die gerade aufgegangene Saat gleich wieder ersticken, die ἡδοναὶ τοῦ βίου genannt. In 8,43 wird, ebenfalls in Veränderung der Mk-Vorlage und vorbehaltlich einer textkritischen Entscheidung, das, was die blutflüssige Frau für die Ärzte aufgewendet hatte, als ὅλον τὸν βίον bezeichnet. Im Gleichnis 15,11-32 heißt ὁ βίος das Vermögen, das der jüngere Sohn nach V. 12 zugesprochen erhält und nach V. 30 durchgebracht hat. Außer in 8,14, wo das Wort jedoch eine spezielle Näherbestimmung erfährt, meint ὁ βίος demnach das, was jemand zum Leben zur Verfügung hat, den Lebensunterhalt, und speziell das Vermögen.[541] Was die Frau nach 21,4 einsetzt, wird πάντα τὸν βίον genannt. Dieses πάντα läßt die Nachfolgetexte anklingen: Die Berufenen verlassen nach 5,11.28 alles (πάντα), von Nachfolgewilligen wird verlangt, daß sie von ihrer gesamten (πάντα) Habe Abschied nehmen (14,33) bzw. alles (πάντα) verkaufen und den Erlös den Armen geben (18,22). Was die Frau demnach gibt, ist ebenso umfassend zu verstehen wie das, was die Nachfolgenden tun oder tun sollen. Es ist ein rückhaltloses Geben, »ohne Rücksicht auf die Sicherung der eigenen Existenz«[542], die ja als Mangel (ὑστέρημα) gekennzeichnet wird, ein Geben, das am nächsten der in 12,22-34 geforderten Haltung des Nicht-Sorgens entspricht[543].

Gegenüber dieser positiven Sicht der Witwe, über die in nahezu allen Kommentierungen Übereinstimmung besteht - wenn auch die genaue Bedeutung ihres Tuns unterschiedlich bewertet wird[544] -, hat vor allem *Wright*[545] in eine völlig andere Richtung argumentiert: Im unmittelbaren Kontext würden direkt zuvor diejenigen verurteilt, die auf Kosten der Witwen lebten (Mk 12,28-40 par Lk 20,46-47). So sei das Verhalten der Witwe kein kontrastierendes Gegenbeispiel, sondern eher ein Beispiel dafür, wie ein »Haus« einer Witwe »verschlungen« werde, also ein beklagenswertes Beispiel. Jesus verurteile ein Wertesystem, das diese arme Frau dazu bringe, so viel zu geben.[546] Daß der Text keinesfalls als Lob des vorbildlichen Verhaltens der Witwe ver-

---

541   Vgl. auch *Bauer, Wörterbuch (1988)*, 283. *Schottroff: Geld (1991)*, 39f bespricht Weihegedichte aus der Anthologia Graeca, in denen βίος ebenfalls den Lebensunterhalt, und zwar gerade von armen Menschen, bezeichnet.

542   *Schneider, Lk (1977)*, 413. Vgl. auch *Degenhardt, Lukas (1965)*, 96f; *Wiefel, Lk (1987)*, 346; *Ernst, Lk (⁶1993)*, 420; *Malipurathu: BiBh 21 (1995)*, 182f.

543   Vgl. *Degenhardt, Lukas (1965)*, 97; *Seim, Message (1994)*, 95. Auch *Schottroff: Geld (1991)*, 42 zieht die Parallele zu Mt 6,25-34 par, distanziert sich in ihrer Interpretation jedoch (u. a.) von *Degenhardt*.

544   Vgl. die kurze Zusammenstellung der Forschungspositionen bei *Wright: CBQ 44 (1982)*, 257-259 oder auch die Schlaglichter auf die Interpretationsgeschichte bei *Malbon: CBQ 53 (1991)*, 589-595 und *Schottroff: Geld (1991)*, 38f.42f.

545   *Wright: CBQ 44 (1982)*, 256-265. Er wurde rezipiert von *Fitzmyer, Lk (1985)*, 1320f; *Sugirtharajah: ET 103 (1991-1992)*, 42f; *Spencer: CBQ 56 (1994)*, 727f; *Ringe, Luke (1995)*, 250.

546   Vgl. *Wright: CBQ 44 (1982)*, 262.

standen werden dürfe, sondern als Klage, zeige auch das unmittelbar anschließend ausgesprochene Gericht über den Tempel (Mk 13,1-2 par Lk 21,5-6): »It ist hard to see how anyone at that point could feel happy about the widow. Her contribution was totally misguided, thanks to the encouragement of official religion, but the final irony of it all was that it was also a waste.«[547]

Zwar ist *Wright* insofern zuzustimmen, daß der Kontext einer Perikope zu ihrer Interpretation herangezogen werden muß.[548] Doch muß zunächst berücksichtigt werden, daß sich die vorangehende Kritik (20,45-47) nicht gegen die Tempelautoritäten, sondern gegen Schriftgelehrte richtet. Es sind also zwei verschiedene Instanzen im Blick. Zudem kann an seiner Argumentation nicht überzeugen, daß das Jesuswort Lk 21,3 als Klage aufgefaßt werden müsse. Weder die Bekräftigung ἀληθῶς λέγω ὑμῖν, noch die Kontrastierung gegenüber den Reichen, noch die Bemerkung, daß die Frau mehr als alle gegeben habe, machen in dieser Interpretation als Klage Sinn. Die Art und Weise der Gegenüberstellung zeigt, daß die Frau als positives Beispiel verstanden werden soll. Problematisch an der Interpretation von *Wright* ist außerdem, daß er die Witwe allein über die Kategorie »Opfer« definiert und entsprechend wahrnimmt, eine Sicht, die im Anschluß an ihn jüngst *Spencer* in seiner Untersuchung aller Witwen-Passagen im lk Doppelwerk perfektioniert hat.[549] Entsprechend können andere Charaktere entweder als UnterdrückerInnen oder HelferInnen der Witwen in Erscheinung treten und bewertet werden[550], so daß, diese Sicht auf die Spitze getrieben, Witwen nur noch als »Kriterien« für die Beurteilung anderer Charaktere dienen. Daß diese Wahrnehmungsweise der lk Darstellung nicht angemessen ist, zeigen schon das Auftreten der Witwe Hanna in Lk 2,36-38 zu Beginn der Geschichte Jesu[551] oder die hartnäckige Witwe in Lk 18,1-8, die ja gerade ihr Schicksal in die eigenen Hände nimmt[552]. Aber auch *Spencers* Interpretation der übrigen Witwen-Geschichten wäre nochmals zu hinterfragen und zu zeigen, inwiefern die Frauen demgegenüber als Subjekte ihres Handelns wahrgenommen werden können[553] -

---

547 *Wright: CBQ 44 (1982), 263.*
548 Vgl. auch *Malbon: CBQ 53 (1991), 595.* In Auseinandersetzung mit *Wright* arbeitet sie jedoch sechs weitere mögliche »narrative contexts« heraus - eine nach ihrer eigenen Ansicht durchaus erweiterbare Sammlung (*ebd. 602* -, die ebenso zur Interpretation herangezogen werden müßten (vgl. *ebd. 595-601*) und die zu entsprechenden »multiple readings« (*ebd. 602-604*) führen. Ablehnend gegenüber dem Schluß von *Wright* auch *Malipurathu: BiBh 21 (1995), 180f.*
549 Vgl. *Spencer: CBQ 56 (1994), 732:* »Widows in Acts 6 and elsewhere in Luke-Acts are consistently characterized as destitute, dependent women, vulnerable to neglect and abuse, and alienated from basic economic, practical, social, and emotional support systems.«
550 Vgl. *Spencer: CBQ 56 (1994), 732.*
551 Freilich wird sie anders beurteilt von *Spencer: CBQ 56 (1994), 723.*
552 Anders wiederum *Spencer: CBQ 56 (1994), 726.*
553 Zu Apg 6,1-7 vgl. schon die Darstellung der kontroversen Diskussion um deren Interpretation o. S. 135-136 A. 449. Eine Lektüre biblischer Texte, die versucht, ge-

ohne daß dadurch die Tatsache der Rechlosigkeit und Armut von Witwen vom Tisch gewischt wird.

Wird die Witwe dementsprechend als eigenständig handelnde Frau und Subjekt ihres Tuns wahrgenommen, wird sie in einem zweifachen Kontrast sichtbar[554]: Einmal im Kontrast zu den in 20,47 verurteilten Schriftgelehrten, die sich auf Kosten von Frauen wie ihr bereichern. Gegenüber deren zur Schau gestellten Frömmigkeit erscheint ihr Tun als wahre und echte Frömmigkeit, gegenüber deren Ausbeutungspraxis kommt sie nicht als Opfer, sondern als Subjekt ihres eigenen Handelns in den Blick. Zum zweiten steht die Frau in Kontrast zu den Reichen, deren Gaben durch den Kontext in den Verdacht eines unrechtmäßig erworbenen Reichtums geraten sind. Gegenüber deren Gaben, die den Geruch der Ungerechtigkeit tragen, erscheinen ihre zwei Lepta als »echt«, und gegenüber deren partiellem Einsatz erscheint das, was die Frau gibt, als umfassend. Sie gibt ihr Überlebensgeld.[555] Damit ist sie ein erzähltes Beispiel für diejenigen, die nach 12,22-32 vollständig und umfassend auf die Fürsorge Gottes vertrauen - und gleichzeitig alle Hilfe von Gott erwarten.

Dennoch: Das Tun der Frau wird nicht in einen expliziten[556] Zusammenhang zur Nachfolgethematik gebracht, und ihre Gabe ist nicht eine Gabe der Solidarität mit anderen Armen, sondern ist für den Kult bestimmt.[557] Das stellt einen entscheidenden Unterschied zu den Nachfolgetexten dar. Doch ist

---

rade unterdrückte Frauen als Subjekte ihres Befreiungskampfes in den Blick treten zu lassen, ist z. B. in den verschiedenen Arbeiten von *Regene Lamb*, aber auch anderer Befreiungstheologinnnen, zu finden, vgl. u. a. *Lamb: FS Schottroff (1994), 71-75; Dies.: BiKi 50 (1995), 230-234.*

554   Vgl. ähnlich *Seim, Message (1994),* 246.

555   Vgl. dazu *Schottroff: Geld (1991),* 40-43. Im folgenden sei ihr äußerst anregender Interpretationsvorschlag dargestellt: Sie versteht die Witwe - zu Recht - als bettelarme Frau. Was diese zu ihrer Verfügung hat, würde ihr gerade für eine Portion Gerste reichen *(40).* Indem sie dieses ganze Überlebensgeld in den Opferkasten des Tempels legt, dessen Erlös für Brandopfer bestimmt waren, wirft sie damit quasi ihre Armut hinein. Sie bekundet dadurch den Skandal, den ihre Armut vor Gott darstellt. Gleichzeitig stellt sie sich unter den Schutz Gottes und erwartet alle Hilfe von ihm - und damit von denen, die sich zu diesem Gott bekennen. Indem Jesus seine JüngerInnen auf diese arme Witwe aufmerksam macht, spricht er sie auf ihre Solidarität mit der Frau an. »Die Jesusbewegung hat die Befreiung der Armen vom Hunger nicht nur verkündet, sondern auch praktisch gelebt. Jesu prophetisches Wort wäre leer, wenn es nicht in dem Zusammenhang mit der solidarischen Lebenspraxis der Jesusbewegung und der Gemeinde stünde.« *(43)* Was nicht zu *Schottroffs* Deutung paßt, ist, daß im Jesuswort eben doch noch die verschiedenen Arten des Gebens verglichen werden und das, was die Witwe gibt, als »mehr als alle« qualifiziert wird.

556   Vgl. aber *Schottroff: Geld (1991),* 43: »Jesu prophetische Deutung des Handelns der Frau an die Adresse der JüngerInnen ist implizit Aufforderung zur Nachfolge an die Adresse der armen Witwe.«

557   Anders *Malipurathu: BiBh 21 (1995),* 182f, für den die Frau gerade *für die Bedürfnisse der anderen* gibt.

es ein Text, der eine arme Frau als Subjekt ihrer Frömmigkeit und ihres Tuns vorstellt, ihren Beitrag als größer als den aller anderen würdigt und sich damit (auch) gegen jedes elitäre Verständnis von Frömmigkeit und Religiosität wendet. Auf die Lektüre der bereits besprochenen Nachfolgetexte hat er insofern Auswirkungen, als er zeigt, daß als diejenigen, die alles für das Reich Gottes einsetzen, nicht nur die Vermögenden in den Blick kommen, sondern alle, Arme und Reiche[558], Männer und Frauen. Dies hat wiederum Auswirkungen auf die Subjektwerdung aller Mitglieder einer »Nachfolgegemeinschaft von Gleichgestellten«.

4.6 Eine Ökonomie der Gerechtigkeit. Perspektiven

Bei der Lektüre der Komposition Lk 12,13-34 war zunächst die gesellschaftliche Kehrseite des Verhaltens des Reichen in den Blick gekommen, so daß das Tun dieses Mannes in den Horizont der Verantwortung und der Gerechtigkeit gestellt werden konnte. In einem spannungsvollen Dialog mit der Rede über das Sorgen wird einerseits das μεριμνᾶν mit dem unmittelbar zuvor erzählten Verhalten des Reichen in einen Zusammenhang gebracht, so daß es konkrete ökonomische Implikationen erhält. Diese lassen andererseits die am Schluß der Rede geforderte Suche nach der βασιλεία als eine Praxis der Gerechtigkeit erscheinen. Das im Anschluß verlangte Verkaufen des Besitzes und Almosengeben erscheint gleichzeitig als inhaltliche Füllung dieser Praxis der Gerechtigkeit und - als Gegenbild zum marktkonformen Verhalten des Reichen - als Grundlage dafür, daß alle leben können.

Im weiteren Verlauf des Buches macht Lk 16,19-31 nochmals auf andere Weise die »vernichtende Macht des Reichtums«[559] deutlich. Wieder ist es so, daß das luxuriöse Leben eines Reichen nicht als Privatsache betrachtet wird, sondern in einen Zusammenhang mit dem Sterben eines Armen vor der Tür des Reichen gebracht wird. Gegenüber Lk 12,16-21 geht das Gleichnis aber insofern einen Schritt weiter, als hier der Reiche nicht mitten aus dem Leben gerissen wird und dadurch sein ungerechtes Tun an ein Ende kommt, sondern der Reiche am Ende seines Lebens vor die *endgültigen* Konsequenzen seines Tun gestellt wird und also »die Frage nach dem ewigen Geschick, also nach dem Heil oder dem Unheil, der vergeuderischen Reichen«[560] beantwortet wird, und zwar folgendermaßen: »Der egoistische Gebrauch der Güter, die

---

558 Ich bin mir bewußt, daß sich eine solche Interpretation als sehr zweischneidig erweisen kann, wenn sie *gegen* die Armen als *Forderung* eingesetzt wird, was, von Wohlsituierten und Privilegierten ausgesprochen, der blanke Zynismus wäre. Auf die Kontextbedingtheit verschiedener Lektüren verweist auch *Malbon: CBQ 53 (1991), 602-604.*

559 So die Überschrift für Lk 16,19-31 bei *Krüger, Gott (1997), 31.*

560 *Krüger, Gott (1997), 32.*

Vergeudung, das Übersehen der Armen sind Todsünden, die auf Erden die Notleidenden vernichten und in Ewigkeit die Reichen.«[561] Daß Reichtum tatsächlich etwas mit Ungerechtigkeit zu tun hat, wird in der lk Interpretation des Gleichnisses vom ungerechten Verwalter deutlich, die dem eben erwähnten Gleichnis fast unmittelbar vorangeht. Das ursprüngliche Gleichnis Lk 16,1-8a[562], das einen Mann zeigt, der sich in einer bedrängten Lage befindet, die kritische Situation jedoch klug erfaßt und das Unheil durch geistesgegenwärtiges Handeln abwenden kann, ist aufgrund seiner Anstößigkeit[563] im Laufe seiner Rezeptionsgeschichte mehrfach erweitert und uminterpretiert worden und ist in der nun vorliegenden lk Komposition in einen Interpretationszusammenhang gestellt, der deutlich andere Akzente als das ursprüngliche, wahrscheinlich jesuanische, Gleichnis setzt.[564] Stand im ursprünglichen Gleichnis, das eben das kluge Handeln eines in Bedrängnis Befindlichen lobte (vgl. V. 8a) und den Reichtum überhaupt nicht problematisierte, das Vermögen *an sich* nicht zur Debatte[565], so wird dieser Reichtum,

---

561 *Krüger, Gott (1997), 42.*

562 Die genaue Abgrenzung des ursprünglichen Gleichnisses ist umstritten, vgl. die Darstellung der forschungsgeschichtlichen Positionen bei *Fitzmyer: TS 25 (1964), 27; Horn, Glaube (1983), 72; Fitzmyer, Lk (1985), 1096f; Heininger, Metaphorik (1991), 167f.* Dafür, daß in Lk 16,1-8a das ursprüngliche (wohl jesuanische) Gleichnis zu sehen ist, plädieren *Fitzmyer: TS 25 (1964), 27; Schneider, Lk (1977), 331f; Dupont: Études II (1985), 556; Fitzmyer, Lk (1985), 1094-1102; Schramm / Löwenstein, Helden (1986), 16; Heininger, Metaphorik (1991), 167-170.176* (ohne V. 3-4); *Venetz, Gleichnisse (1991), 144f; Ernst, Lk (⁶1993), 346f; Hoeren: NTS 41 (1995), 620. Degenhardt, Lukas (1965), 114-120* zählt den gesamten V. 8 zum ursprünglichen Gleichnis; *Horn, Glaube (1983), 72f* versucht eine weitgehend *lk* Bildung von 16,1-8 nachzuweisen.

563 Vgl. *Schramm / Löwenstein, Helden (1986), 15-22; Venetz, Gleichnisse (1991), 140-144.*

564 Jeweils unterschiedliche Stoßrichtungen sind in den kommentierenden Erweiterungen 16,8b.9.10-12.13 zu beobachten, wobei die *genaue* Entstehungsgeschichte der Komposition unterschiedlich beurteilt wird, vgl. *Schramm / Löwenstein, Helden (1986), 16-22; Heininger, Metaphorik (1991), 170f; Venetz, Gleichnisse (1991), 141-144; Ernst, Lk (⁶1993), 346f.350.* Weitgehend lk Bildung nimmt wiederum *Horn, Glaube (1983), 73-80* an.

565 Anders freilich *Derrett: NTS 7 (1960-1961), 198-219,* nach dessen Interpretation der erlassene Teil der Schulden dem Anteil der Zinsen am Verliehenen entspricht, wobei solche Zinsforderungen nach Ex 22,25; Lev 36-37; Dtn 23,19-20 verboten sind. Der Verwalter erlasse also gerade den Teil der Schulden, der durch die verbotenen Zinsforderungen entstanden war. Obwohl er aus Eigennutz handle, korrigiere er ein ungerechtes Wirtschaftssystem und verzichte auf seinen Anteil am Gewinn aus diesem System. So mache er den Schaden wieder gut. *Derrett* fand (in Teilaspekten) Zustimmung u. a. bei *Fitzmyer: TS 25 (1964), 34-36; Degenhardt, Lukas (1965), 116; Fitzmyer., Lk (1985), 1097f; Pauly: Füssel / Segbers (Hgg.), Gerechtigkeit (1995), 187-202; Krüger, Gott (1997), 21-23.* Kritisch jedoch z. B. schon *Lunt: ET 77 (1966), 132; Marshall, Lk (1978), 615; Horn, Glaube (1983), 309 A. 23; Heininger, Metaphorik (1991), 172,* der zu Recht auf das abschließende Lob des »Verwalters der Ungerechtigkeit« verweist, sowie darauf, daß es sich um Schuldner des Herrn und nicht um Schuldner des Verwalters handle; *Hoeren: NTS 41*

nun Mammon genannt, schon in den interpretierenden Erweiterungen V. 9.11 als »ungerecht« bezeichnet. V. 13, der, wie die mt Parallele (Mt 6,24) schließen läßt, aus Q stammt[566], dürfte durch die Hand des Lk an diese Stelle geraten sein und schließt die Komposition nun wie ein genereller (lk) Kommentar ab. Hier gerät der Mammon nun vollends in einen Gegensatz zu Gott, indem Gott und der Mammon einander als zwei Herren gegenübergestellt werden, denen man nicht gleichzeitig dienen könne. »Dem Mammon dienen« schließt es aus, »Gott zu dienen«.

Ein vergleichbarer Gegensatz, nämlich der zwischen dem Festhalten am eigenen Reichtum und der Nachfolge Jesu, wird in Lk 18,18-27 deutlich. Wie Lk 16,19-31 ist auch diese Episode in den Horizont der Frage nach dem ewigen Leben gestellt (18,18). Der reiche Vorsteher, nun im Unterschied zu den Reichen aus Lk 12 und Lk 16 direkt mit der Forderung konfrontiert, seinen Besitz zu verkaufen, den Erlös den Armen zu geben und nachzufolgen, zeigt mit seiner Traurigkeit (18,23) an, daß er nicht in der Lage ist, sich so umfassend auf die Nachfolge einzulassen. Seine Charakterisierung an dieser Stelle, die als Grund für seine Traurigkeit angegeben wird: ἦν γὰρ πλούσιος σφόδρα, zeigt sein bleibendes Verhaftet-Sein am Reichtum, was ihn an der Nachfolge, und, in der Logik der Perikope, auch am ewigen Leben (V. 18) und der βασιλεία τοῦ θεοῦ (V. 24f)[567] hindert.[568] Diesem Reichen wird im Anschluß das realisierte Beispiel von Nachfolge durch die Zwölf, als deren Repräsentant Petrus das Wort ergreift, gegenübergestellt (18,28-30). Genausogut könnten an dieser Stelle auch die in 8,2-3 genannten Frauen erwähnt werden, die nach der Darstellung jenes Summariums all das ebenso praktiziert haben wie die Zwölf.

Demgegenüber erzählt die Zachäus-Geschichte (Lk 19,1-10) vom tatsächlichen Ausstieg aus der Ökonomie der Ungerechtigkeit. Der reiche Oberzöllner Zachäus ändert, nachdem er Jesus begegnet ist und ihn beherbert hatte, sein Leben von Grund auf. Er, der seinen Reichtum einem System von Unterdrückung und Ausbeutung, also einer ungerechten Herrschaftsordnung, verdankt, will die Hälfte seines Besitzes an die Armen geben[569] und denjenigen, die er betrogen hat, vierfach zurückgeben. Das ist mehr als ein einfaches

---

(1995), 621, der die Verwendung von ungeeigneten Quellen kritisiert und, »daß Wucherzinsen in der Perikope keine Erwähnung finden.« Er kommt in seiner Interpretation, die auf die jüdischen Rechtsakte von »Schemitta« und »Prosbul« rekurriert, zum Schluß, der Verwalter setze sich durch seinen Schulderlaß »bewußt in Widerspruch zu einer neuen Wirtschaftsordnung, die durch die Idee der Rentabilität, des Fortschritts und des Profits gekennzeichnet ist.«

566 Vgl. *Degenhardt, Lukas (1965), 127; Horn, Glaube (1983), 80; Fitzmyer, Lk (1985), 1106; Heininger, Metaphorik (1991), 171; Ernst, Lk (⁶1993), 350.*

567 Vgl. *Wolter: NTS 41 (1995), 554f.*

568 Vgl. insgesamt *Krüger, Gott (1997), 58f.*

569 *Schottroff / Stegemann, Jesus (³1990), 138-140* verweisen hierfür auf die Nähe zu Lk 3,10-14.

Spendengeben. Es bedeutet eine ökonomische Umkehr[570], etwas völlig
Neues, das über den z. B. von Ex 22,4.7 geforderten doppelten Schadenser-
satz für gestohlene Güter hinausgeht. Zachäus leistet in einem Umfang Scha-
densersatz, der ihn in die Nähe des Diebes aus Ex 21,37 bringt, der nämlich
fünffach Ersatz leisten soll. Auch die römische Gesetzgebung verlangte im
Fall von erwiesenem Diebstahl vierfache Entschädigung.[571] Damit geht es
Zachäus »nicht nur um Wohltätigkeit, sondern auch um Gerechtigkeit, Scha-
denersatz und Sühne.«[572] Dadurch aber widerfährt nicht nur den Geschädigten
und Ausgebeuteten, sondern auch Zachäus selbst Heil (vgl. 19,9f). Zachäus
ist somit ein Beispiel dafür, daß Reiche nur aufgrund von Gottes Eingreifen
gerettet werden können (18,27).[573] So erzählt Lk 19,1-10 vom Ausstieg aus
einer Ökonomie der Ungerechtigkeit und läßt etwas von einem gerechten
Umgang mit dem Besitz aufscheinen, der es möglich macht, daß alle leben
können. Alle, das meint zunächst die Armen und diejenigen, die Opfer von
überhöhten Abgabeforderungen geworden sind (V. 8). Es meint aber auch
den Umkehrenden und Gebenden selbst, wie das Wort Jesu V. 9f zeigt. Aus
einem Gebrauch der Güter zum Unheil wird ein Gebrauch der Güter zum
Heil - für alle.[574]

In diesen Zusammenhang ist auch das einzuordnen, was die Jüngerinnen
Jesu nach 8,3c tun: Sie setzen das, was sie haben, so ein, daß die Gemeinschaft leben kann. Explizit wird dies über die vielen Frauen aus 8,3c gesagt.
Doch könnte auch Johanna als Frau eines Verwalters des Herodes so verstanden werden, daß sie aus diesen ungerechten Strukturen ausgestiegen ist und
nun in der Nachfolgegemeinschaft eine radikale und auch ökonomische Umkehr vollzogen hat, indem sie nun das, was sie hat, so einsetzt, daß alle leben
können. Werden allerdings, so muß einschränkend hinzugefügt werden, in
8,2-3 zwei Frauengruppen gelesen, dann ist dieser Bezug nicht so direkt herzustellen; denn Johanna gehört zu den Frauen, die namentlich als diejenigen
genannt werden, die von verschiedenen Krankheiten geheilt worden waren.
Dennoch: Zumindest die »vielen Frauen« aus 8,3c werden in ihrem Umgang
mit ihrem Besitz so gezeichnet, daß sie ihn zum Leben und zum Heil einsetzen. Das kann analog zu den Ausführungen im Zusammenhang von 12,13-
34 als Praxis der Gerechtigkeit qualifiziert werden, so daß in dem Tun der
Frauen etwas von einer - in der gemeinsamen Praxis bereits realisierten -
Dimension der βασιλεία aufscheint.

---

570   Vgl. *Krüger, Gott (1997), 74.*
571   Vgl. *Schottroff / Stegemann, Jesus (³1990), 137; Krüger, Gott (1997), 76.*
572   *Krüger, Gott (1997), 76.*
573   Vgl. *Schottroff / Stegemann, Jesus (³1990), 136-140.* Zu den christologischen Impli-
        kationen dieser Darstellung vgl. *Krüger, Gott (1997), 79f.*
574   Vgl. *Krüger, Gott (1997), passim.*

5 ZUSAMMENFASSUNG

Im ersten Kapitel dieses ersten Hauptteils (A 1) hatte sich gezeigt, daß das uneindeutige, ja, widersprüchliche Konzept bezüglich der Charakterisierung der galiläischen Frauen aus Lk 8,1-3 einen dreifachen Interpretationsrahmen nötig macht. Anknüpfend an die Zusammenfassung unter 1.7 können an dieser Stelle, nach dem Durchgang durch jene drei Interpretationsrahmen, folgende Punkte festgehalten werden:

1. Mit Hilfe des literarischen Zusammenhangs Lk 8,1-21, ein Abschnitt, zu dem das Summarium 8,1-3 den Auftakt bildet, kann das Tun der in diesem Summarium Genannten - und daher auch das Tun der beiden Frauengruppen - mit Hilfe des Themas »das Wort Gottes hören und tun« interpretiert und qualifiziert werden.

2. In den drei Paradigmen Lk 9,57-62, in der Redekomposition 14,25-35 sowie in der gescheiterten Berufung des reichen Vorstehers mit der sich anschließenden Diskussion 18,18-30 werden - auf unterschiedliche Weise und in unterschiedlichen Gattungen - die Bedingungen der Jesusnachfolge formuliert. Dabei wird eine völlig androzentrische Welt geschaffen. Als diejenigen, die als Nachfolgende und μαθηταί in Frage kommen, sind keine Frauen im Blick. 14,25-35 und 18,28-30 gehen dabei insofern über 9,57-62 hinaus, als die verwendeten Formulierungen Frauen nicht nur »nicht im Blick« haben, sondern als Adressatinnen ausschließen. Das heißt einerseits, daß das, was im Summarium 8,2-3 über die galiläischen Frauen erzählt wird, im weiteren Verlauf des Werkes nicht genügend Kraft entfaltet, um nachfolgende Frauen als Realität in die Diskussion *über* Nachfolge mit einzubeziehen. Andererseits kann das Summarium über die galiläischen Jüngerinnen für die *Lektüre* einen Schlüssel dazu liefern, in 9,57-62 das Nachfolgethema auf Männer *und* Frauen hin transparent zu machen. Hinsichtlich der anderen beiden Texte (14,25-35 und 18,18-30) kann das Summarium Handhabe bieten, die hier zum Ausdruck kommende frauen-ausschließende Konzeption zu kritisieren und zu falsifizieren.

Neben 8,2-3 stiften zwei weitere Texte dazu an, die androzentrische Wirklichkeitskonstruktion der Nachfolgetexte aufzubrechen. Nach dem Bild, das Lk 12,51-53 entwirft, sind Frauen wie Männer in Konflikte, die sich am Evangelium entzünden, involviert, so daß Frauen wie Männer angesichts des Evangeliums in die Entscheidung gestellt sind. Lk 10,38-42 erzählt von zwei Frauen, die mit der Frage des »einen Notwendigen« konfrontiert sind. Entscheidend ist dabei jedoch, daß beide Texte den Konflikt *innerhalb des Hauses* sichtbar machen. Das zeigt einerseits, daß Frauen durchaus wahrgenommen werden, allerdings (nur?) innerhalb des Hauses. Andererseits aber macht die Darstellung der Konflikte deutlich, daß Frauen nicht auf traditionelle Rollen im Haus festgelegt werden, sondern daß angesichts des Anrufes der

βασιλεία bzw. eben des »einen Notwendigen« die »Spielregeln« des patriarchalen Hauses außer Kraft gesetzt sind. Es wird sichtbar, daß für Männer
und Frauen neue Prioritäten gesetzt und neue Räume eröffnet werden.

3. Der kurze Einblick in einige Besitz-Texte hat gezeigt, daß das Tun der
Frauen aus 8,3c (αἵτινες διηκόνουν αὐτοῖς ἐκ τῶν ὑπαρχόντων αὐταῖς)
im Rahmen dessen interpretiert werden kann, was Lukas unter einem gerechten Umgang mit dem Besitz versteht. Zwar sind auch hier die Bezüge nicht
direkt und eindeutig hergestellt. Von den Frauen wird weder explizit gesagt,
daß sie *alles* verlassen, wie dies über die Erstberufenen 5,11.28 erzählt wird,
noch, daß sie ihren Besitz hinter sich lassen, wie dies 14,33 als Bedingung für
Jüngerschaft gefordert wird. Sie verkaufen weder ihren Besitz und geben den
Erlös den Armen, wie dies als Abschluß der Rede über das Sorgen von den
Zuhörenden (12,33) oder in 18,22 vom reichen Vorsteher gefordert wird,
noch geben sie die Hälfte ihres Besitzes den Armen, wie dies Zachäus nach
19,8 tut. Dennoch entspricht die Art und Weise, wie sie das, was sie haben,
bedingungslos für das Leben der Gemeinschaft einsetzen, dem Gebrauch des
Besitzes zum Heil, wie dies in den betrachteten Besitz-Texten zum Ausdruck
kam. Damit aber passen die Frauen nicht mehr in das Bild der WanderprophetInnen, die auf die Fürsorge anderer angewiesen sind. Das Bild von
Frauen, die das, was sie haben, noch zu ihrer Verfügung haben, überlagert das
Bild von Frauen, die sich wie die Zwölf mit Jesus - unter Aufgabe ihres gesamten bisherigen Kontextes - buchstäblich auf den Weg gemacht haben.

Diese diffuse, uneindeutige Charakterisierung der Frauen mag nun einer
der Gründe sein, warum die Nachfolgetexte 9,57-62, besonders aber 14,25-35
und 18,18-30 mit ihrer androzentrischen Wirklichkeitskonstruktion so einfach
die in 8,2-3 erzählte Frauengeschichte mißachten können. Das widersprüchliche Bild, das dort gezeichnet wurde, hat keine Auswirkungen auf eine Konzeption von Nachfolge entfalten können, die auch Frauen einschließen würde,
ist also offen für eine Interpretation und Lektüre, die diese Nachfolgerinnen
ausblenden kann. Andere Quellen zeigen zusätzlich, daß nicht nur erzählte,
sondern auch historische Frauenwirklichkeit ausgeblendet wird. Dieses Ausblenden aber hat Folgen: Aufgrund ihrer Formulierung in Form von Bedingungen liefern die Texte Vorgaben für LeserInnen, Wirklichkeit wiederum
nur in dieser Frauen ausschließenden Weise wahrzunehmen. Gleichzeitig
wird, und das wäre der nächste Schritt, eine Basis dafür geschaffen, daß ge-
lebte Wirklichkeit an diese (androzentrischen) Vorgaben angeglichen wird.
Um diese Mechanismen zu durchbrechen, ist also eine Lektüre zu fordern,
die, ausgehend von den Indizien, die der Text selbst gibt, Frauen wie Männer
sichtbar macht, und, wo der Text Lücken läßt, diese auf eine Weise zu füllen,
die Frauen und Männer einschließt.

HAUPTTEIL B:
DIE FRAUEN IN DEN PASSIONS- UND OSTERERZÄHLUNGEN

Nach der kurzen Notiz über die galiläischen Frauen Lk 8,2-3 werden diese Frauen erst wieder im Zusammenhang der Passions- und Ostererzählungen erwähnt. Durch diese Erwähnung am Schluß des Buches wird quasi im Rückblick der Weg sichtbar, den diese Frauen mit Jesus zurückgelegt haben, ein Weg, der von Galiläa nach Jerusalem führt, der aber auf der Erzählober-fläche des Lk-Evs zwischen diesen beiden Erwähnungen keine Rolle gespielt hatte. Gleichsam vom Schluß des Buches her erfährt damit zwar das im Zu-sammenhang der Untersuchungen zu 8,2-3 aufgestellte Postulat, daß von nun an die galiläischen Frauen als ständige Begleiterinnen Jesu stets dazugedacht werden müssen, eine Bestätigung; doch verlangt die »Erzähllücke« zwischen den beiden Erwähnungen auch nach einer Erklärung und einer Bewertung.

Im folgenden zweiten Teil dieser Arbeit sollen daher die Erwähnungen der galiläischen Frauen im Kontext der Erzählungen von Leiden, Tod und Auferstehung Jesu untersucht werden. Dabei ist vor dem Hintergrund des er-sten Teils der Arbeit einerseits zu fragen, ob und wie die in 8,2-3 aufgebauten Motive weitergeführt, Vorgaben eingelöst, angedeutete Aspekte realisiert wer-den. Besonders wird dabei das Augenmerk auf die Fragen um Nachfolge und Jüngerinnenschaft zu richten sein. Andererseits ist nach der erzählerischen Funktion der Frauen in den Passions- und Ostererzählungen selber zu fragen und danach, wie das hier Aufgebaute wiederum im zweiten Teil des lk Dop-pelwerkes, der Apg, weitergeführt und eingelöst wird.

Daß es im Rahmen einer so angelegten Untersuchung nicht darum gehen kann, die theologischen und literarischen Besonderheiten der lk Passions- und Auferstehungserzählungen vollständig zu erörtern, braucht nicht eigens be-gründet zu werden. Dazu kann außerdem auf eine Reihe bedeutender Beiträge verwiesen werden.[1] Wo hingegen die Frage der Darstellung der Frauen an die

---

1   Vgl. neben den Kommentaren z.B. *Schürmann, Paschamahlbericht (1953); Schu-bert: FS Bultmann (1954), 165-186; Schürmann, Einsetzungsbericht (1955), Ders., Abschiedsrede (1957); Lohse, Auferstehung (1961); Seidensticker, Auferstehung*

Fragen der Gesamtkonzeption der lk Deutung des Leidens, des Sterbens und
der Auferstehung Jesu rührt, wird dies selbstverständlich Eingang in die Untersuchung finden.

Im Vordergrund der Untersuchung müssen aufgrund meiner Fragestellung die galiläischen Frauen stehen. Um aber dem Charakter der lk Passions-
und Ostererzählungen als durchdachter und überlegt komponierter Literatur
gerecht zu werden, dürfen nicht nur die Erwähnungen selber analysiert werden, sondern es muß immer wieder ein Blick auf die Gesamtkomposition geworfen und beispielsweise auch gefragt werden, an welchen Stellen und zu
welchen Themen diese Frauen *nicht* erwähnt werden. Schließlich wird es sich
als hilfreich erweisen, auch Funktion und Darstellung der anderen erwähnten
Frauen näher zu betrachten.

Zur Frage einer besonderen lk Passionsquelle

Um das spezifische Profil des lk Textes präzise erfassen zu können, wird wiederum als einer der methodischen Schritte ein diachrones Vorgehen von Nöten sein. Dazu muß jedoch vorgängig die Frage der Abhängigkeit der lk Pas-
sions- und Ostererzählungen von der mk Version bzw. die Frage einer besonderen lk Passionsquelle geklärt werden.[2]

Ausgangspunkt für die Annahme einer besonderen Quelle für den lk
Passionsbericht sind - vereinfachend und zusammenfassend gesprochen - die
Beobachtungen, daß in den lk Passions- und Ostererzählungen der Anteil von
Sondergut überdurchschnittlich hoch ist, daß andererseits im Markusstoff der
Grad der Übereinstimmung mit der Mk-Vorlage überdurchschnittlich gering
ist[3], und daß schließlich - gegen Mk - eine Reihe von Übereinstimmungen mit
der johanneischen Darstellung bestehen.[4] Besonders im angelsächsischen

---

(²1968), 92-106; Schneider, Verleugnung (1969), 169-210; Blinzler: BiKi 24 (1969), 1-
4; Stöger: BiKi 1 (1969), 4-8; Taylor, Narrative (1972); Schneider, Passion (1973),
bes. 164-169; Kremer, Osterevangelien (1977), 96-159; Büchele, Tod (1978); Dillon,
Eye-Witness (1978); Dömer, Heil (1978), 70-93; Untergaßmair, Kreuzweg (1980),
bes. 172-199; Ritt: QD 95 (1983), 125-126; Perkins, Resurrection (1984/85); Karris,
Luke (1985); Neyrey, Passion (1985); Soards, Passion (1987); Green, Death (1988);
Senior, Passion (1989); Sylva (Ed.), Death (1990); Korn, Geschichte (1993), 129-172;
Reinbold, Bericht (1993), 49-72; Bösen, Tag (1994), 42-44; Brown, Death (1994), 30-
33.64-75; Green, Theology (1995), 64-68; Gubler, Stein (1996), 36-44; Prete, Passione (1996/97). Vgl. auch die immense Bibliographie bei Brown, Death (1994),
102-104.

2   Zur damit zusammenhängenden Frage einer (zusammenhängenden) lk Sonder-
     quelle bzw. der Proto-Lukas-Hypothese vgl. die oben in der Einleitung (S. 6 A. 10)
     angegebene Literatur.

3   Eine Liste über den bei Lk nicht wiedergegebenen Mk-Stoff sowie eine Übersicht
     über Perikopenumstellungen gegenüber Mk findet sich z. B. bei Fitzmyer, Lk
     (1985), 1365f; Ernst, Lk (⁶1993), 494.

4   Vgl. Jeremias, Abendmahlsworte (⁴1967), 143 A. 4; Reinbold, Bericht (1993), 50;
     Brown, Death (1994), 86-93.

Raum hat diese Hypothese bis in jüngste Zeit BefürworterInnen gefunden.[5]

Auf der anderen Seite ist aber folgendes festzuhalten: Wie im gesamten Evangelium muß auch für die Passions- und Ostererzählungen angenommen werden, daß Lk mit dem Mk-Ev natürlich auch auf eine mk Darstellung der Passions- und Osterereignisse zurückgreifen konnte. Die Zahl der angenommenen Vorlagen für die lk Passionsdarstellung ist jedoch nicht ohne guten Grund zu erhöhen. Zwar beruhen die oben genannten Beobachtungen, die zur Annahme einer zusammenhängenden lk Passionsquelle geführt haben, auf umfangreichen Untersuchungen und treffen zu einem guten Teil durchaus zu. Doch sind sie zu differenzieren:

So weist *Wolfgang Reinbold* nach[6], daß der Grad der wörtlichen Übereinstimmung mit Mk im Vergleich zum restlichen Evangelium nicht um 20% geringer ist, wie dies häufig angegeben wird, sondern lediglich 5-10%. Zweitens kann bei einem Teil des häufig dem Sondergut zugewiesenen nichtmk Stoffes lk Komposition nachgewiesen werden.[7] Von den verbleibenden Sondergut-Stellen (22,19b-20; 27.28-30.31-32a; 23,27-31*) wurden drei nachweislich selbständig tradiert (22,19b-20; 27.28-30), und eine ist selbständig tradierbar (22,31-32a), so daß sich der Schluß ergibt: »Sie alle bedürfen des Kontextes der erzählenden Passionstradition nicht.«[8] Drittens lassen sich die Übereinstimmungen zwischen der lk und der joh Passionsdarstellung gut »als sekundäre Weiterentwicklungen der jeweiligen Quellen (Mk; PB[Joh]) interpretieren«[9], ohne daß eine literarische Abhängigkeit angenommen werden muß. Schließlich erweist sich die These, daß der johanneische Passionsbericht eine besondere Nähe zum lukanischen aufweise, als unhaltbar.[10]

Insgesamt ergibt sich daraus, daß sich das Postulat einer eigenständigen Sonderquelle für die lk Passionstraditionen als unnötig zur Erklärung der beobachteten Phänomene erweist. Stattdessen genügt es vollauf, die mk Passionsdarstellung als Grundlage der lk Passionsgeschichte anzunehmen, der Lk

---

5   Vgl. besonders *Taylor, Narrative (1972); Winter: Eckert (Hg.), Antijudaismus (1967)*, 95-104; *Winter, Trial (1974)*, wiewohl der Akzent von *Winters* Ausführungen sicher nicht auf diesem Aspekt liegt; *Green, Death (1988)*, 24-104.324-330. Zur Begründung der These im deutschsprachigen Raum vgl. *Jeremias, Abendmahlsworte (⁴1967)*, bes. 91-95 et passim; *Schürmann, Paschamahlbericht (1953)* bzgl. Lk 22,15-18; *Ders., Einsetzungsbericht (1955)* bzgl. Lk 22,19-20; *Ders., Abschiedsrede (1957)* bzgl. Lk 22,21-38; *Rehkopf, Sonderquelle (1959)*; *Schürmann: Untersuchungen (1968)*, 159-227. Vgl. auch die Auflistung der VertreterInnen dieser Position bei *Fitzmyer, Lk (1985)*, 1365 oder *Brown, Death (1994)*, 66 A. 70.

6   *Reinbold, Bericht (1993)*, 52-54.

7   Zum Einzelnachweis vgl. *Reinbold, Bericht (1993)*, 54-64.

8   *Reinbold, Bericht (1993)*, 65.

9   *Reinbold, Bericht (1993)*, 69. Auch *Brown, Death (1994)*, 91 kommt nach seiner Analyse der Übereinstimmungen zwischen Lk und Joh zum Ergebnis, daß diese nicht auf direkter literarischer Abhängigkeit beruhen, sondern auf Ähnlichkeiten der benutzten Traditionen zurückzuführen sind.

10   Vgl. *Reinbold, Bericht (1993)*, 70-71.

zu weiten Teilen folgt. Dieses Gerüst füllt Lk durch Traditionen aus seinem Sondergut auf und ersetzt nur an zwei Stellen[11] Mk-Stoff durch Sondergut. Zur Erklärung der übrigen Abweichungen bedarf es nichts über die Annahme redaktioneller Gestaltung und Komposition durch die Hand des Lk hinaus.[12] Für diese Untersuchung bedeutet dies, daß es sinnvoll ist, zur Erfassung der lk Eigenheiten als einen methodischen Schritt den synoptischen Vergleich anzuwenden.

Der literarische Zusammenhang 22,1-24,53

Nach dem öffentlichen Wirken und Reden Jesu in Jerusalem (19,28-21,38)[13], das in 21,37-38 nochmals in einem Summarium verdichtet und zusammengefaßt worden war, beginnen mit 22,1 die Erzählungen über das Leiden, den Tod und die Auferstehung Jesu. Sie werden eingeleitet mit einer Zeitangabe, die mit der Erwähnung des Paschafestes auf die sich anschließende Abfolge der Ereignisse, die auf dieses Paschafest bezogen sind, verweist.[14] Diese Zeitangabe wird im folgenden in zwei Schritten präzisiert und zugespitzt, indem 22,7 der *Tag* des Paschafestes und 22,14 schließlich die *Stunde* erwähnt werden. Die weiteren Ereignisse schließen sich dann ohne weitere Zeitangaben an, bis erst in 22,66 der nächste Tag, der die Verhandlungen, die Verurteilung und die Kreuzigung bringen sollte, und endlich in 23,44 die Stunden des Todeskampfes Jesu genannt werden. All dies wird ab 23,54 auf den sich anschließenden Sabbat bezogen, indem nun deutlich gemacht wird, daß der Tag des Todes Jesu der Rüsttag vor dem Sabbat war, dieser Sabbat nun die Ruhepause der Frauen erzwingt (23,56) und alle weiteren Ereignisse nach diesem Sabbat, am ersten Tag der Woche (24,1), stattfinden.

Weiteres Gliederungsmittel in 22,1-2 ist ein Subjektswechsel hin zu den Hohenpriestern und Schriftgelehrten (22,2), verbunden mit einem Perspektivenwechsel: Es ist *deren* Perspektive, die eingenommen wird, wenn die Suche nach einer Möglichkeit, Jesus zu beseitigen und die damit verbundenen

---

11 Lk 22,19b-20.31-32a.
12 Zu diesem Ergebnis kommt *Reinbold, Bericht (1993), 71-72* nach einer gründlichen Aufarbeitung der exegetischen Diskussion dieses Problems (*ebd. 49-72*). Auch die parallel zu *Reinbold* entstandene extensive Untersuchung von *Brown, Death (1994)* kommt zu einem vergleichbaren Resultat, wobei *Brown* stärker den Stellenwert der mündlichen Traditionen, auf die Lk zurückgreifen konnte, hervorhebt (vgl. z. B. *ebd. 92*). Da für meine Untersuchung die Frage einer besonderen lk Passionsquelle insgesamt aber nur einen eher unbedeutenden Nebenaspekt darstellt, soll es genügen, daß ich mich an diesen beiden Untersuchungen als den neuesten und gründlichsten orientiere. Eine Auflistung derer, die außerdem gegen die Annahme einer lk Sonderquelle votieren, bietet *Brown, Death (1994), 67 A. 72*. Vgl. daneben noch *Ernst, Lk (⁶1993), 494*, der allerdings stark die lk Akzentsetzungen und Eigentümlichkeiten hervorhebt, ebenso im übrigen auch *Fitzmyer, Lk (1985), 1365-1368*.
13 Nach *Sellin: NT 20 (1978), 105* gehört allerdings 19,28 noch zum Reisebericht.
14 Nach *Ernst, Lk (⁶1993), 439* hat diese Terminangabe heilsgeschichtliche Bedeutung. »Jesu Tod soll als das Pascha des Neuen Bundes verstanden werden.«

Befürchtungen im Blick auf das Volk, das Jesus nach 21,38 freundlich gesonnen ist, geschildert werden. Dieser Tötungsbeschluß der jüdischen Führungselite weist nun wie die Zeitangabe auf den bevorstehenden gewaltsamen Tod Jesu voraus.

Diese Ereignisse kommen aber erst durch das 22,3 geschilderte Eingreifen des Satans, das den Verrat des Judas bewirkt, in Gang.[15] Dieses Eingreifen »von außen« ist es auch, das unsere Stelle von 19,47-48, wo bereits eine ähnliche Konstellation aufgezeigt worden war, unterscheidet:

Lk 19,47-48	Lk 21,37-22,3
47 Καὶ ἦν διδάσκων τὸ καθ' ἡμέραν ἐν τῷ ἱερῷ.	37 Ἦν δὲ τὰς ἡμέρας ἐν τῷ ἱερῷ διδάσκων, τὰς δὲ νύκτας ἐξερχόμενος ηὐλίζετο εἰς τὸ ὄρος τὸ καλούμενον Ἐλαιῶν· 38 καὶ πᾶς ὁ λαὸς ὤρθριζεν πρὸς αὐτὸν ἐν τῷ ἱερῷ ἀκούειν αὐτοῦ. 22,1 Ἤγγιζεν δὲ ἡ ἑορτὴ τῶν ἀζύμων ἡ λεγομένη πάσχα.
οἱ δὲ ἀρχιερεῖς καὶ οἱ γραμματεῖς ἐζήτουν αὐτὸν ἀπολέσαι καὶ οἱ πρῶτοι τοῦ λαοῦ, 48 καὶ οὐχ εὕρισκον τὸ τί ποιήσωσιν, ὁ λαὸς γὰρ ἅπας ἐξεκρέματο αὐτοῦ ἀκούων.	2 καὶ ἐζήτουν οἱ ἀρχιερεῖς καὶ οἱ γραμματεῖς τὸ πῶς ἀνέλωσιν αὐτόν, ἐφοβοῦντο γὰρ τὸν λαόν.

Die Pattsituation - hier die Hohenpriester und Schriftgelehrten, die Jesus beseitigen wollen - dort Jesus, den die zuhörende Volksmenge vor deren Zugriff entzieht - kann nur durch diesen zusätzlichen Impuls von außen, den Lk 22,3-6 erzählt, aufgebrochen werden. Lk hat diesen Impuls stärker als seine Mk-Vorlage als Eingreifen von außen stilisiert, indem er Judas das Werkzeug des Satans sein läßt. Er stellt den Judasverrat auch direkt hinter den Tötungsbeschluß[16], während bei Mk zunächst die Salbungsperikope folgt, die Lk an dieser Stelle ausläßt[17]. Werden bei Mk durch diese Perikopenfolge zwei unterschiedliche Haltungen gegenüber Jesus deutlich, hebt Lk stärker auf die Logik und Erklärung der Ereignisfolge ab.

Mit dem Eingreifen des Satans geht ein Schauplatzwechsel einher, der allerdings nicht explizit ausgesprochen und auch nicht in einen direkten Zusam-

---

15 Nach *Giblin, Destruction (1985), 93 A. 2* wird die lk Passion auf diese Weise als »cosmic conflict engaging supra-human powers« beschrieben.

16 *Ernst, Lk (⁶1993), 439* nennt dies eine »Einheitsfront des Bösen«.

17 Zur Diskussion und Wertung dieser Auslassung s. u. S. 174-177.

menhang damit gebracht wird. Schauplatz des öffentlichen Wirkens Jesu in
Jerusalem war der Tempel gewesen. Dies wird eindrücklich eingeleitet durch
die schrittweise Annäherung Jesu an die Stadt und den Tempel ab 19,28: Befindet sich Jesus 19,28-29 auf dem Weg nach Jerusalem noch bei Betfage
und Betanien auf dem Ölberg, beginnt sich der Weg 19,37 bereits (zur Stadt
hin) zu neigen. Das Wehklagen über Jerusalem findet nach 19,41 im Ange-
sicht der Stadt statt. 19,45 schließlich begibt sich Jesus in den Tempel selbst,
der nach dem Summarium 19,47 sein täglicher Aufenthalts- und Lehrort
wird. Das folgende Reden und Lehren wird denn auch 20,1 an einem der Tage ἐν τῷ ἱερῷ lokalisiert. Danach gibt es keine anderen Ortsangaben mehr,
die Perikope von der armen Witwe 21,1-4 setzt diesen Ort implizit voraus,
und das Summarium 21,37-38 wiederholt und bestätigt ihn noch einmal. Ab
22,1 kommen dann andere Orte in den Blick.

Aufgrund aller dieser Kriterien, ist es gerechtfertigt, 22,1 als gliedernden
Neueinsatz anzusehen, der - zusammen mit den unmittelbar sich anschließenden VV - bereits wesentliche Motive nennt, die die folgenden Ereignisse der
Passion Jesu bestimmen: Das Paschafest, den Tötungsplan, den Unsicher-
heitsfaktor Volk, das (Wieder)auftreten Satans, den Verrat.[18]

1 AUSLASSUNGEN UND NICHTERWÄHNUNGEN:
ABWERTUNGS- UND VERDRÄNGUNGSSTRATEGIEN?

1.1 Die Auslassung der Salbungsperikope

Da, wie gezeigt, vorausgesetzt werden kann, daß Lk eine dem Mk-Ev vergleichbare Vorlage zu seiner Verfügung hatte, die auch die Salbungsperikope

---

[18]   22,1 wird von den meisten ExegetInnen als Gliederungseinschnitt im Lk-Ev ange-
       sehen, vgl. z.B. *Meynet, L'Évangile (1988), Vol 1, 199.202, Vol. 2, 211; Wiefel, Lk
       (1987), 356; Kremer, Lk (1988), 209; Reinbold, Bericht (1993), 49; Schnelle, Einlei-
       tung (1994), 290. Ernst, Lk (⁶1993), 396* läßt mit 19,28 den dritten Teil seiner Evan-
       geliengliederung beginnen; er unterteilt diesen dritten Teil jedoch nochmals in
       zwei Bereiche, gemäß den beiden thematischen Einheiten, die er in seiner Über-
       schrift »Das Wirken Jesu in Jerusalem - Passion und Auferstehung« angibt. Den
       Einschnitt zwischen diesen beiden Teilen setzt er ebenfalls in 22,1 an. Vgl. so
       schon *Schmid, Lk (⁴1960), 292.315; Schneider, Lk (1977), 384.434; Schweizer, Lk
       (1982), 197.219.* Einen alternativen Gliederungsentwurf legt *Diefenbach, Komposi-
       tion (1993)* vor. Er zieht das öffentliche Wirken Jesu in Jerusalem zum zweiten
       Teil und läßt den dritten Teil des Evangeliums, den er »Die letzten Tage Jesu in
       Jerusalem« nennt, mit 20,1 beginnen. Diesen dritten Teil untergliedert er wieder-
       um dreimal, wobei er ebenfalls in 22,1 einen Einschnitt sieht und damit den zwei-
       ten Unterteil (22,1-23,56) beginnen läßt. Dagegen läßt *Brown, Death (1994)* seinen
       Kommentar der Passionserzählungen mit Lk 22,39 anfangen.

Mk 14,3-9 enthalten hat, kann das Fehlen dieser Perikope zu Beginn der lk Passionserzählungen als »Auslassung« und mithin als bewußter gestalterischer Akt des Lk bezeichnet werden. Daher kann nun gefragt werden, was der Grund dieser Auslassung sein könnte und was durch sie bewirkt wird.

Eine gängige Erklärung ist die der Dublettenvermeidung[19], ein literarisches Prinzip, das sich bekanntlich auch an verschiedenen anderen Stellen im Lk-Ev beobachten läßt.[20] Hier setzt diese Erklärung voraus, daß Lk nicht nur die mk Salbungsgeschichte, sondern noch eine weitere Erzählung - wohl aus seinem Sondergut - vor sich hatte, die in Lk 7,36-50 verarbeitet worden ist.[21] Auch wenn dies zutrifft, greift die Erklärung zu kurz; denn auch dann ist zu fragen, warum Lk der salbenden Sünderin vor der salbenden Frau aus Mk 14 den Vorzug gegeben hat, was die Auslassung bewirkt und wie sie im Kontext der Passion zu werten ist.

Ein Grund, der Salbungsgeschichte Lk 7,36-50 den Vorzug zu geben, mag dabei durchaus in der lk Armentheologie zu sehen sein, die mit der Behandlung des Problems in Mk 14,3-9 kollidiere.[22] Für unseren Zusammenhang wichtiger ist die wiederholt vorgetragene Argumentation, die exponierte Stellung zu Beginn der Passion sowie der christologische und ekklesiologische Gehalt dieser Frauengeschichte seien der Grund gewesen, warum die Er-

---

19   Z. B. *Schürmann: Untersuchungen (1968), 280f.286; Schneider, Verleugnung (1969), 158; Ernst, Lk (⁶1993), 439.* Wenngleich sie das Wort »Dublettenvermeidung« nicht verwenden, sehen die meisten ExegetInnen den Grund für die Auslassung der Salbungsperikope während der Passion in der Existenz jener zweiten Salbungsgeschichte, die Eingang in Lk 7,36-50 gefunden hat, vgl. *Schneider, Lk (1977), 176; Schweizer, Lk (1982), 91; Bovon, Lk I (1989), 387-388; Petzke, Sondergut (1990), 100; Kainz, Salbungsgeschichte (1991), 168.235.*

20   Vgl. dazu *Schürmann: Untersuchungen (1968), 279-289.*

21   Die traditionsgeschichtlichen Beziehungen zwischen Lk 7,36-50 und den anderen Salbungsgeschichten (Mk 14,3-9 par Mt 26,6-13; Joh 12,1-8) sind komplex und können hier nicht vollständig aufgearbeitet werden. In Kürze: Zwischen Lk 7,36-50 und den anderen Salbungsgeschichten bestehen zwar Übereinstimmungen im groben Ablauf der Geschichte, doch sehr große Unterschiede in der konkreten Ausgestaltung. Dies weist auf zwei (oder drei) unterschiedliche und voneinander unabhängige Geschichten, die jedoch auf eine einzige »evangelische Erinnerung« zurückgehen könnten, vgl. *Elliot: ET 85 (1973-74), 105; Bovon, Lk I (1989), 387-389; Kainz, Salbungsgeschichte (1991), 251.256; Ernst, Lk (⁶1993), 196-197.* Literarkritisch auszuwertende Spannungen innerhalb von Lk 7,36-50 deuten auf ein literarisches Wachsen des Textes, vgl. *Hofius: ZNW 81 (1990), 171-177* oder auch *März: SNTU A 6/7 (1981/82), 105f. Jeremias, Sprache (1980), 167-174* arbeitet lk Stileigentümlichkeiten vor allem für 7,37-39 sowie vollständig lk Bildung von 7,48-50 heraus und kommt insgesamt zum Ergebnis, daß Lk eine ihm vorliegende Erzählung nur zurückhaltend stilistisch überarbeitet, sie jedoch mit einem neuen Schluß (7,48-50) versehen habe. Den Stand der älteren Forschung dokumentieren ausführlich *Delobel: EThL 42 (1966), 415-475; März: SNTU A 6/7 (1981/82), 99-106.*

22   Vgl. *Horn, Glaube (1983), 118-119; Esler, Community (1987), 166; Klauck: Gemeinde (1989), 161; Kainz, Salbungsgeschichte (1991), 167f.235; Wagener, Ordnung (1994), 193-194.*

zählung bei der lk Überarbeitung der Passionserzählungen wegfallen mußte und durch jene völlig anders konzipierte Salbungsgeschichte an anderer Stelle ersetzt wurde.[23] Das primäre Interesse des Lk sei die Rehabilitierung der Jünger. Die Erzählung von der prophetischen Frau hingegen entferne und entwerte er bewußt. Insgesamt zeige dies: »Die Salbungsgeschichte muß wohl sehr provozierend gewesen sein, wenn sie es wert ist, daß man(n) sich soviel Mühe mit ihrer Entwertung machte.«[24]

Problematisch an dieser Erklärung ist nicht nur, daß alle Unterschiede zwischen beiden Erzählungen der verändernden Hand des Lk selbst zugeschrieben werden und nicht bedacht wird, daß es auch eine zweite Vorlage der Erzählung gegeben haben könnte.[25] Viel problematischer ist es, daß eine Frauengeschichte gegen die andere ausgespielt wird, daß das Vorkommen einer Prostituierten in einer Erzählung sogleich als Entwertung durch einen Angriff auf der sexuellen Ebene interpretiert und damit die herrschende gesellschaftliche Entwertung der Huren mitvollzogen wird. Wenn Lk 7,36-50 von der Barmherzigkeit Gottes gegenüber einer Hure erzählt, ohne zu moralisieren und ohne eine »Umkehr« oder »Reue« der Hure als Voraussetzung oder Folge der Vergebung zu thematisieren, dann muß *diese* Geschichte erst einmal wahrgenommen werden in ihrem Versuch, Prostituierten Gerechtigkeit widerfahren zu lassen.[26]

Dennoch bleibt die Tatsache bestehen, daß bei Lk die Erzählung über eine Frau wegfällt, die am Vorabend der Passion in einer prophetischen Zeichenhandlung die Tragweite der bevorstehenden Ereignisse aufzeigt, indem sie Jesus zum Messias salbt und ihn als *leidenden* Messias kenntlich macht, und deren Tat durch Jesus selbst als von nun an verkündigenswert bezeichnet wird (Mk 14,9).[27] Damit nehmen bei Lk die Passionsereignisse ihren Lauf, ohne im voraus jene Verdichtung und Deutung in der Tat dieser Frau zu erfahren, wie dies bei Mk der Fall ist. Allerdings werden die Untersuchungen zu den klagenden Frauen von Jerusalem (Lk 23,27-31) zeigen, daß das, was die Frauen dort gegenüber Jesus zum Ausdruck bringen, wiederum in die Nähe dessen gerückt werden kann, was die salbende Frau nach Mk an Jesus vollbringt, so daß Lk - mit aller Vorsicht gesprochen - diesen Aspekt der Pas-

---

23 *Elliot: ET 85 (1973-1974), 105f; Fander, Stellung (²1990), 133.* Vgl. auch *Fander: Handbuch (³1989), 309-310; Moltmann-Wendel, Mensch (1991), 145; Schaberg: Commentary (1992), 285-286; Wagener, Ordnung (1994), 194-196.*
24 *Fander, Stellung (²1990), 134.*
25 Eine Ausnahme ist *Wagener, Ordnung (1994), 191-196,* die die traditionsgeschichtliche Problematik sehr differenziert handhabt.
26 Vgl. *Schottroff: Befreiungserfahrungen (1990), 310-323* sowie *Dies.: FS W. Schottroff (1996), 99-107.*
27 Vgl. *Elliot: ET 85 (1973/74), 105-107; Schüssler Fiorenza, Gedächtnis (1988), 203-204; Bovon, Lk I (1989), 388; Fander: Handbuch (³1989), 309; Dies., Stellung (²1990), 118-134; D'Angelo: JBL 109 (1990), 452; Schaberg: Commentary (1992), 286; Seim, Message (1994), 93; Wagener, Ordnung (1994), 193-194.*

sionsgeschichte vielleicht mit Hilfe der klagenden Frauen ausdrückt. Dies jedoch viel versteckter, und ohne eine prophetische Frau in auch nur vergleichbarer Weise in den Mittelpunkt der erzählerischen Aufmerksamkeit zu stellen
wie in Mk 14,3-9.[28] Auf der anderen Seite fügt Lk mit der Salbungsgeschichte 7,36-50 seinem Werk eine Erzählung ein, die - wie immer das zu werten
sein mag - eine Frau sehr stark dem Bereich des Körperlichen zuordnet und
auch deutliche erotische Konnotationen entstehen läßt.[29]

Bei Lk kommt nun also der Verrat des Judas direkt nach dem Tötungsbeschluß der Hohenpriester und Schriftgelehrten zu stehen. Das Eingreifen
des Satans und der Verrat des Judas wirken so wie eine Antwort auf das Di-
lemma jener Gruppe, Jesus beseitigen zu wollen, gleichzeitig jedoch die Gegenwart des Volkes zu fürchten. Die so erreichte Gegenüberstellung hat einen
völlig anderen Charakter als die Kontrastierung, die die Tat des Judas bei Mk
erfährt, indem sie unmittelbar im Anschluß an das solidarisch-stärkende Handeln der Frau an Jesus erzählt wird. Bei Lk dient sie der Auslösung und Be-
schleunigung der folgenden Ereignisse, die zielgerichteter als bei Mk ihren
Lauf nehmen - ohne das retardierende Element der Salbungsgeschichte und
ohne jene Irritation und Herausforderung zu Beginn der Passion.

1.2 Frauen beim letzten Abendmahl?

Wenn nach 8,2-3 einerseits postuliert werden muß, daß die galiläischen Jüngerinnen als ständige Begleiterinnen Jesu zu verstehen sind, und dieses Postulat andererseits von 23,49 her eine Bestätigung erfährt, indem ab dieser Stelle
diese Frauen wieder ins Geschehen eingeführt werden, dann wäre die Abend-
mahlserzählung ein Ort, diese Konzeption konkret einzufordern: Indem überprüft wird, inwieweit der lk Text Handhabe bietet, die galiläischen Jüngerinnen auch an diesem Ort mitzulesen und sie bei diesem zentralen Geschehen
mitzudenken.

In der Tat hat sich bereits seit Jahrzehnten eine Diskussion über die Präsenz der Frauen beim Abendmahl entsponnen.[30] Nachdem *Joachim Jeremias*
schon 1949 seinem Erstaunen über die Abwesenheit der Frauen in den

---

28 Vgl. *D'Angelo: JBL 109 (1990), 452*, die feststellt, daß im Lk-Ev nur in Kap 1-2
prophetische Frauen aufträten, ohne jedoch die Bezeichnung »Prophetin« zu erhalten. (Die Prophetin Hanna spielt in *D'Angelos* Betrachtung keine Rolle, S. B.).
Nach der Nazaret-Perikope Lk 4 dienten Frauen im Höchstfall noch dazu, einen
Beitrag zum Bild von Jesus als Propheten zu leisten. Frauen, die prophetisch
(11,27) oder überhaupt (10,38-42) sprächen, würden von Jesus korrigiert.
29 Vgl. *Bovon, Lk I (1989), 396; Wagener, Ordnung (1994), 192.194-195; Melzer-Keller, Jesus (1997), 221.*
30 Nach der Darstellung der Apostolischen Kirchenordnung 26f beispielsweise waren
Maria und Marta anwesend.

Abendmahlserzählungen Ausdruck verliehen hatte[31], wandte er sich in der dritten Auflage dagegen, aus der Nichterwähnung der Frauen darauf zu schließen, daß die an anderen Stellen erwähnten Frauen ausgeschlossen waren[32] und behält diese Skepsis gegenüber der historischen Zuverlässigkeit des von den Synoptikern gezeichneten Bildes auch in der vierten Auflage bei[33]. Auf der anderen Seite ist für *Eduard Schweizer* das Fehlen der Frauen beim mk Abendmahlsbericht eines der Argumente, die gegen die Interpretation des Mahles als Paschamahl sprechen.[34]

In meiner Untersuchung soll es selbstverständlich nicht um das historische Faktum der An- oder Abwesenheit von Frauen bei Jesu Abschiedsmahl gehen, sondern um das von Lk gezeichnete Bild. Dieses bietet auf der sprachlichen Oberfläche zunächst keinen Anhaltspunkt dafür, Frauen unter denen, die am Mahl teilnehmen, mitzuverstehen: 22,8 sind es Petrus und Johannes, die - in Konkretisierung der mk Angabe δύο τῶν μαθητῶν αὐτοῦ - ausgeschickt werden, das Paschamahl zu bereiten.[35] Den am Mahl beteiligten Personenkreis bezeichnet 22,11 als μαθηταί; doch nach 22,14 sind es die ἀπόστολοι, die sich mit Jesus zu Tische legen. Im weiteren wird diese Gruppe nur noch pronominal wiederaufgenommen, bis in 22,39 wiederum die μαθηταί als diejenigen genannt werden, die sich mit Jesus zum Ölberg begeben hätten, und auch 22,45 bezeichnet die dort Anwesenden als μαθηταί. Die parallele Verwendung von ἀπόστολοι und μαθηταί scheint nun nicht nur in androzentrischer Redeweise Frauen unsichtbar zu machen, sondern es sogar zu verbieten, Frauen hier mitzuverstehen.

---

31 *Jeremias, Abendmahlsworte* (²1949), 22. Er erklärt die Betonung des kleinen Kreises aus den Paschavorschriften, nach denen mindestens zehn Personen anwesend sein sollen (vgl. z. B. bPes 64b).

32 *Jeremias, Abendmahlsworte* (³1960), 40-41.

33 *Jeremias, Abendmahlsworte* (⁴1967), 40-41.

34 *Schweizer, Mk (1968), 170.* Vgl. auch Pes VIII,1.

35 Zu beachten ist hier - v. a. im Blick auf die Diskussion des διακονεῖν der Frauen in 8,2-3 -, daß weder 22,8.9.12 noch 22,13 einfach voraussetzen, daß die Frauen diese Arbeit tun. Dies kann nun aber mehrerlei bedeuten: 1. Das ἑτοιμάζειν meint nicht die konkrete Arbeit, sondern die Sorge dafür, daß alles für das Mahl bereit gemacht *wird*; dann hätten wir einen weiteren Beleg für eine Redeweise vor uns, bei der diejenigen unsichtbar bleiben, die die Arbeit tatsächlich verrichten. 2. Es wird ein Bild von einer Gemeinschaft gezeichnet, in der die Versorgungsarbeit egalitär verteilt ist. 3. Das Bereiten des Paschamahles ist eine traditionelle Männerarbeit.
Das Verb bezeichnet im Lk-Ev in einem Teil der Belege sicher die eigenhändige, auch körperliche Arbeit (12,47; 17,8; 23,56; 24,1). 9,52 steht es für das Quartierbereiten für Jesus durch die BotInnen. 12,20 meint es die Vorsorgearbeiten des reichen Kornbauers, die er sicher nicht alle selbst ausgeführt hat. 1,17.76; 3,4 bezeichnet es das Bereiten des Weges für den Herrn, und 2,31 ist Gott selbst das Subjekt. Dieser Befund ermöglicht kein eindeutiges Urteil über die oben aufgezeigten Möglichkeiten.

Trotz dieses Befundes hat vor allem *Quentin Quesnell* versucht zu zeigen, daß die Gruppe, die als beim Abendmahl präsent vorausgesetzt wird, umfassender ist als der Zwölferkreis und auch Frauen einschließt.[36] Bevor jedoch seine Argumente geprüft werden, soll zunächst, um die Diskussion zu entflechten, die lk Verwendung des Apostel-Begriffs untersucht werden.

(a) Wer sind die ἀπόστολοι im Lukasevangelium?

Von den sechs Belegen des Apostelbegriffs im Lk-Ev sind zwei bereits in der mk Vorlage zu finden[37], einer könnte aus Q stammen[38], und drei sind als lk Bildungen anzusehen. Von diesen letzten dreien ersetzt der Begriff einmal ein mk μαθηταί (Lk 17,5 diff Mk 9,28), einmal ein mk δώδεκα (Lk 22,14 diff Mk 14,17), und einmal ist er ohne Mk-Vorlage (Lk 24,10).

Mit Ausnahme von 11,49, das von den Gesandten der Weisheit spricht, bezeichnen alle anderen Belege Menschen im unmittelbaren Umkreis Jesu. Wie sich diese ἀπόστολοι zur Gruppe der μαθηταί und zur Gruppe der δώδεκα verhalten, ist Lk 6,13 in einem Satz zusammengefaßt:

καὶ ὅτε ἐγένετο ἡμέρα,
προσεφώνησεν τοὺς μαθητὰς αὐτοῦ,
καὶ ἐκλεξάμενος ἀπ᾽ αὐτῶν δώδεκα,
οὓς καὶ ἀποστόλους ὠνόμασεν.

Nach dem hier entworfenen Bild gab es also eine offensichtlich größere Gruppe von μαθηταί, aus denen Jesus eine kleinere Gruppe von δώδεκα auswählte, die er wiederum mit dem Namen ἀπόστολοι versah. Verschiedenes wird hier deutlich: Zum ersten, und das mag banal klingen, handelt es sich bei der ausgewählten Gruppe um eine Gruppe von *Männern*; dies ist der unmittelbar folgenden Namensliste 6,14-16 zu entnehmen. Zum zweiten werden die

---

36 *Quesnell: Cassidy / Scharper (Eds.), Issues (1983), 59-79.* Seiner Argumentation folgten *Ryan: BTB 15 (1985), 58; Via: SLJT 29 (1985), 42f; Via: King (Ed.), Women (1987), 46-48; Karris, Lk (1990), 697.715; Rigato: FS Rasco (1993 [1991]), 102; Karris: CBQ 56 (1994), 10-13.17f,* der allerdings die Entscheidung offen läßt. Vgl. auch *Haacker: NT 30 (1988), 26; Zettner, Amt (1991), 95-100,* die an eine größere Gruppe von Anwesenden denken, jedoch die Frauenfrage nicht reflektieren. Ablehnend *Schaberg: Commentary (1992), 289; Corley, Women (1993), 111-115; Seim, Message (1994), 83.* Das Buch von *Fisher / Wood (Eds.), A Place at the Table (1993),* das ebenfalls diese Frage reflektieren dürfte, war mir nicht zugänglich.

37 Lk 9,10 par Mk 6,30. Lk 6,13 par Mk 3,14, wobei bei der Mk-Stelle erhebliche textliche Unsicherheiten bestehen: Für den bei Nestle-Aland[27] in Klammern gebotenen Relativsatz οὓς καὶ ἀποστόλους ὠνόμασεν sprechen die äußere Bezeugung sowie die Tatsache, daß Mt 10,2, wenn auch nicht in wörtlicher Übereinstimmung, so doch die Apostel erwähnt. Andererseits könnte der Relativsatz eine sekundäre Angleichung an Lk 6,13 sein.

38 Lk 11,49 par Mt 23,34, das an dieser Stelle σοφοὺς καὶ γραμματεῖς nennt. Nach *Polag, Fragmenta (1979), 56-57* stand in der Q-Vorlage ἀποστόλους.

Zwölf hier nicht völlig neu berufen, sondern gehören bereits - im Unterschied zur Darstellung in Mk 3,13 - zu einer schon bestehenden Gruppe von μαθη-ταί, so daß vorausgesetzt werden kann, daß sie schon länger, ja, von Anfang an (vgl. Apg 1,21-22) zur Bewegung gehörten.[39] Zum dritten sind es - auch dies ist längst zu einem Allgemeinplatz geworden - die *Zwölf*, die mit dem Titel Apostel versehen werden. Viertens wird die Benennung der Zwölf als Apostel auf Jesus selbst zurückgeführt, und zwar in der gleichen Formulierung, wie im folgenden Vers die Verleihung des Beinamens Petrus an Simon ausgedrückt wird.[40]

Die enge Verbindung der Zwölf mit dem Aposteltitel zeigt sich auch bei der im Verlauf des Evangeliums nächsten Erwähnung, der Aussendung und Rückkehr dieser Gruppe: Werden in 9,1 die *Zwölf* ausgesandt, zu verkündigen und zu heilen, sind es nach 9,10 die *Apostel*, die zurückkehren und von ihren Taten berichten.[41]

Auf Lk 6,13 sowie der eben aufgezeigten wechselnden Benennung, vor allem aber auf der Konzeption der Apostelgeschichte basiert der weitgehend unhinterfragte Forschungskonsens, daß im lk Entwurf die Apostel mit dem Zwölferkreis gleichgesetzt werden.[42] Zu Beginn der Apostelgeschichte nämlich wird eine fest umrissene Gruppe von zwölf Aposteln etabliert und ihre herausgehobene Stellung in der Jerusalemer ›Urgemeinde‹ begründet. Ein erster Schritt dahin ist die Erwähnung der Apostel bereits im Prooemium der Apg: In Rückbezug auf Lk 6,13 werden hier die Apostel als diejenigen bezeichnet, die Jesus erwählt hatte: οὓς ἐξελέξατο (Apg 1,2). Nachdem Lk 22,3.47 betont hatte, daß Judas zu den *Zwölfen* gehört hatte, ist seit Lk 24,9.33 mit der Benennung der Gruppe als οἱ ἕνδεκα klar, daß diese Gruppe nach

---

39   Auf diesen Aspekt machen besonders *Klein, Apostel (1961), 203-204; Schneider: Lukas (1985 [1970]), 68; Schmithals, Lk (1980),* 77 aufmerksam.

40   Nach *Haacker: NT 30 (1988),* 25 soll damit in beiden Fällen betont werden, daß der kirchliche Sprachgebrauch auf Jesus selbst zurückgeht.

41   Beide Benennungen finden sich so allerdings schon in der Vorlage Mk 6,7.30.

42   Vgl. z. B. *von Campenhausen: StTh 1 (1947), 101.104.115-119; Lohse: ThZ 9 (1953), 273f; Klein, Apostel (1961), 203 passim; Roloff, Apostolat (1965),* 169; *Löning: Schreiner (Hg.), Gestalt (1969), 222f; Schürmann, Lk I (1969), 314f; Burchard, Zeuge (1970), 135 passim; Schneider: Lukas (1985 [1970]), 61 passim; Jervell, Luke (1972), 75-112; George: Delorme et al. (Eds.), Ministère (1974), 233f; Lohfink, Sammlung (1975),* 64; *Schneider, Lk (1977), 146-148; Dömer, Heil (1978),* 129; *Roloff: TRE 3 (1978),* 442; *Schweizer, Lk (1982),* 75; *Fitzmyer, Lk (1985),* 1384; *Radl, Lukas-Evangelium (1988),* 97; *Bovon, Lk I (1989),* 282; *Zettner, Amt (1991) passim; Ernst, Lk (⁶1993),* 162; *Roloff, Kirche (1993),* 213; *Nelson, Leadership (1994),* 44; *Lohmeyer, Apostelbegriff (1995),* 409. Dabei gehen die Meinungen darüber auseinander, ob die Idee des Zwölferapostolates lukanischen (*Klein*) oder vorlukanischen Ursprungs ist (z. B. *Schürmann, Schneider, Roloff, Dömer*). In unterschiedlicher Weise wird auch betont, daß Lk die Zahl der Apostel auf die Zwölf beschränkt habe (*Schneider, Burchard, Dömer, Schweizer, Bovon*), oder daß lediglich eine starke Konzentration auf den Zwölferapostolat festzustellen ist (*Lohmeyer*). Vgl. auch den Forschungsbericht bei *Bovon, Luc (²1988),* 379-386.

dem Ausscheiden des Judas defektiv ist. Die Konsequenz wird Apg 1,15-26 in der Nachwahl des Matthias gezogen, durch die der Zwölferkreis wiederhergestellt wird. Im Zuge dieser Nachwahl werden auch die Kriterien für das Apostelsein genannt (Apg 1,21-22): Die ununterbrochene Präsenz seit den Anfängen, d. h. von der Johannestaufe bis zur Himmelfahrt. Hier ist von diesem Apostelsein als von einer besonderen διακονία die Rede (Apg 1,17.25), die nach 1,22 inhaltlich gefüllt wird als μάρτυρα τῆς ἀναστάσεως αὐτοῦ σὺν ἡμῖν γενέσθαι. Und Apg 1,26 stellt abschließend über den gewählten Matthias fest: συγκατεψηφίσθη μετὰ τῶν ἔνδεκα ἀποστόλων. Von da an ist die Gruppe der Apostel in der Apg in ihrer Zusammensetzung, ihrer Bedeutung und ihren Aufgaben fest umrissen, auch wenn festgehalten werden muß, daß dieser feststehende Apostelkreis ab 12,2 mit der Ermordung des Jakobus wiederum unvollständig ist[43], auch zahlenmäßig nicht wiederhergestellt wird, und nach Apg 16 überhaupt aus dem erzählerischen Blickfeld verschwindet[44]. Erst relativ spät im Verlauf der Apg, nachdem sich der erzählerische Focus bereits auf Paulus gerichtet hat, finden sich denn auch die einzigen Ausnahmen von der Gleichsetzung der Apostel mit der Zwölfergruppe: Apg 14,4.14 wird der Aposteltitel für Paulus und Barnabas verwendet.[45]

Setzt man diese Konzeption der Identifizierung des Apostel- mit dem Zwölferkreis auch für das Lk-Ev voraus, dann lassen sich fast alle Erwähnungen der Apostel im Lk-Ev in diesem Sinne deuten. Jedoch sprechen einige Indizien dafür, daß das Konzept im Evangelium noch nicht so festgelegt ist[46]:

---

43   Vgl. *Dömer, Heil (1978), 130.*
44   Vgl. *Jervell, Luke (1972), 77; Roloff: TRE 3 (1978), 443.*
45   Dieser irritierenden Tatsache hat man auf verschiedene Weise Rechnung zu tragen versucht. Einen Überblick über die Forschungspositionen bietet *Haacker: NT 30 (1988), 9-12. Schneider: Lukas (1985 [1970]), 72-73* bezieht die Erwähnung der Apostel in Apg 14,4 auf die Zwölf und zieht in V. 14 die D-Lesart ohne den Aposteltitel als schwierigere vor; demnach habe Lk den Aposteltitel überhaupt nicht für Paulus verwendet, sondern ihn nur mit dem Zeugen-Titel bedacht. *Conzelmann, Apg (²1972), 87; Löning: Schreiner (Hg.), Gestalt (1969), 223 A. 35; Roloff: TRE 3 (1978), 443; Schweizer, Lk (1982), 75* erklären die Verwendung des Aposteltitels für Paulus aus einem vorlk Sprachgebrauch. *Roloff, Kirche (1993), 214* hält fest, daß Paulus für Lk kein Apostel sein könne und daß er ihn vom Apostelkreis ausschließe. Allerdings könne Paulus durch sein Wirken faktisch einen Ausgleich für seine zurückgesetzte Stellung schaffen. Zur lk Konzeption des Paulus als Zeugen vgl. grundlegend *Burchard, Zeuge (1970), 173-174; Roloff: TRE 3 (1978), 443.*
46   Dem entspricht auch der quantitative Befund der Belege: Sieben Belegen der *Zwölf* im Lk-Ev steht nur ein einziger in der Apg (6,2) gegenüber. Umgekehrt begegnet der Apostelbegriff nur sechsmal im Lk-Ev, in der Apg hingegen 29mal (inkl. 14,4.14). Das könnte ein Indiz dafür sein, daß für Lk der Zwölferkreis tendenziell in die Zeit Jesu, die Apostel hingegen in die Zeit der Kirche gehören. Dabei ist Lk durchaus eigenständig in der Verwendung des Zwölfer-Begriffs: Von den zehn mk Belegen der Zwölf übernimmt er nur fünf (Lk 6,13 par Mk 3,14; Lk 9,1 par Mk 6,7; Lk 18,31 par Mk 10,32; Lk 22,3.47 par Mk 14,10.43). An einer Stelle ersetzt er das mk δώδεκα durch ἀπόστολοι (Lk 22,14 diff Mk 14,17), einmal durch

Den beiden bislang genannten Stellen 6,13 und 9,1.10 läßt sich zwar ohne Zweifel entnehmen, daß die Zwölf den Namen ›Apostel‹ tragen bzw. ›Apostel‹ sind. Die beiden Stellen sagen aber nicht, daß der Kreis der Apostel auf diese Zwölf eingeschränkt wird.

Die im Verlauf des Evangeliums nächste Erwähnung von Aposteln, Lk 11,49, geht denn auch von einem offeneren Apostelbegriff aus: Die Weisheit bezeichnet hier ihre Gesandten als Apostel und Propheten. Zu beachten ist bei dieser Stelle zwar, daß im Unterschied zu den anderen lk Belegen der Apostel-Begriff ohne Artikel verwendet wird, also nicht auf eine bestimmte, bereits eingeführte Gruppe verwiesen wird. Auch ist mit großer Wahrscheinlichkeit mit der Übernahme von traditionellem Sprachgebrauch (Q) zu rechnen. Dies könnte Lk 11,49 als »Sonderfall« ausgrenzen, der nicht in die Reihe der anderen Apostel-Belege gestellt werden kann. Doch ist auf der anderen Seite festzuhalten, daß auch Lk 9,1.10 die mk Formulierungen übernimmt (vgl. Mk 6,7.30), also ebenso »traditionellen« Sprachgebrauch wiedergibt und zunächst nicht als spezfisch lk Konzeption verbucht werden kann. Überdies sind zwischen 11,49 und 9,1.10 Analogien in der inhaltlichen Füllung und Funktionsbestimmung des Wortes festzustellen: An beiden Stellen werden die Apostel mit dem Verb ἀποστέλλειν in Verbindung gebracht, d. h. das Wort ›Apostel‹ wird von der Grundbedeutung als ›Gesandte‹ interpretiert und die Funktion der Apostel entsprechend inhaltlich gefüllt. Das zeigt: Es sind auch Apostel vorstellbar, die nicht einfach mit den Zwölfen identisch sind.[47]

Der nächste Beleg für ἀπόστολος, 17,5, ersetzt ein mk μαθηταί. Im lk Zusammenhang ist interessant, daß Jesus sich 17,1 (diff Mk) an die μαθηταί wendet, 17,5 jedoch die ἀπόστολοι antworten. Das zeigt nun, daß es nicht nur wie in 9,1.10 eine wechselnde Benennung zwischen den *Zwölfen* und den Aposteln gibt, sondern auch eine zwischen den *JüngerInnen* und den Aposteln. Das macht zumindest begriffliche Unschärfen deutlich, entfernt aber darüber hinaus den Apostelbegriff weiter vom Zwölferkreis und läßt sogar den Schluß zu, »[d]aß dabei οἱ ἀπόστολοι die Jünger meint«[48].

Einen ähnlichen Fall stellt Lk 22,14 dar. Die bereits aufgezeigte[49] wechselnde Bezeichnung des beim Mahl anwesenden Personenkreises als μαθηταί (22,11.39.45) und ἀπόστολοι (22,14) kann demnach analog zu 17,1.5 inter-

---

μαθηταί (Lk 8,9 diff Mk 4,10), einmal durch eine pronominale Wiederaufnahme der zuvor genannten μαθηταί (Lk 9,46 diff Mk 9,35). Zwei Stellen sind völlig umgearbeitet: Mk 11,11 hat keine Entsprechung bei Lk, und - in unserem Zusammenhang besonders interessant - beim Abendmahl werden die Zwölf bei der Voraussage des Verrates nicht mehr erwähnt (Lk 22,21 diff Mk 14,20). Umgekehrt gehen Lk 8,1; 9,12 auf das Konto des Lk.

47   Vgl. *Haacker: NT 30 (1988)*, 25: »[F]ür die Leser des dritten Evangeliums ist mit dieser Stelle [Lk 11,49, S. B.] ... die Anbindung der Vokabel ἀπόστολος an den Zwölferkreis gelockert«.

48   *Haacker: NT 30 (1988)*, 26.

49   S. o. S. 178.

pretiert werden: Der Apostelbegriff steht hier für die Gruppe der μαθηταί und meint nicht den Zwölferkreis.[50] Diese Interpretation wird unterstützt durch die folgenden Beobachtungen zum nächsten (und letzten) Beleg, Lk 24,10. Der vorhergehende Vers (24,9) nennt als AdressatInnen der Osterbotschaft die - nach dem Ausscheiden des Judas unvollständige - Elfergruppe »und alle übrigen«. Wie in einer Doppelung wiederholt 24,10: ἔλεγον πρὸς τοὺς ἀποστόλους ταῦτα. Nur unter der Voraussetzung, daß in der lk Konzeption die Apostel mit dem Zwölferkreis zu identifizieren sind, ist es möglich, die Apostelbezeichnung in 24,10 ausschließlich auf die zuvor erwähnten Elf zu beziehen. Ohne diese Voraussetzung und nur am sprachlichen Befund orientiert muß jedoch die Apostelbezeichnung auf die gesamte zuvor genannte Gruppe, nämlich die Elf *und alle übrigen*, oder aber auf einen von diesen nochmals zu unterscheidenden Kreis bezogen werden.[51] Auch dies wäre damit ein Indiz dafür, daß nach der Vorstellung des Lk-Evs, im Unterschied zur Konzeption der Apg, der Apostelkreis noch nicht auf den Zwölferkreis festgelegt oder gar beschränkt ist, sondern durchaus eine größere Gruppe von JüngerInnen bezeichnen kann.

Dieser Schluß kann nun noch durch weitere Beobachtungen zu Unschärfen sowohl in den lk Apostel- und Zwölfer-Konzeptionen, als auch in der Benennung der Gruppierungen vertieft werden:

Die wahlweise Benennung als ›Zwölf‹ oder ›Apostel‹ war schon anhand der Aussendung und Rückkehr derselben Lk 9,1.10 deutlich geworden. Diese Zwölf werden nun zwar als besondere Gruppe in der Umgebung Jesu erwähnt (8,1), und sie werden, ausgestattet mit δύναμις und ἐξουσία, ausgesandt, das Evangelium zu verkünden und Kranke zu heilen (9,1-6). Doch ist dies nicht exklusiv. Denn daneben gibt es auch eine Aussendung von weiteren (Zweiund)siebzig, wobei wie in 9,2 das Verb ἀποστέλλειν verwendet wird. Auch die (Zweiund)siebzig sind mit ἐξουσία und δύναμις ausgestattet (10,19), und die an sie gerichtete Aussendungsrede weist in zentralen Elementen Übereinstimmungen mit der Aussendungsrede an die Zwölf auf.[52] Auch sind die Zwölf oder auch die Apostel zwar Adressaten bestimmter Jesuslogien und -reden (18,31-34; 17,5-10), doch ist im Vergleich mit Logien, die an die μαθηταί gerichtet sind, kein Unterschied in der Konzeption auszu-

---

50 Auf diesem Hintergrund ist auch der diachrone Befund eindeutiger interpretierbar: Lk 22,11.39 behalten jeweils ein mk μαθηταί bei; Lk 22,14 hingegen ersetzt ein mk δώδεκα durch ἀπόστολοι. Daraus könnte nun zwar der Schluß gezogen werden, daß Lk die ἀπόστολοι als Synonym für den Zwölferkreis verstanden hat und deshalb dieses Wort verwendete. Auf dem Hintergrund der Betrachtungen zu 17,1.5 ist aber genausogut der umgekehrte Schluß möglich, daß nämlich Lk bei seiner Darstellung des Mahles bewußt vom Zwölferkreis wegkommen wollte und deshalb die mk Zwölf durch die Apostel ersetzte.

51 So auch *Ellis*, nach *Quesnell: Cassidy / Scharper (Eds.), Issues (1983), 76 A. 42.; Haacker: NT 30 (1988), 12.*

52 Vgl. 9,3 mit 10,4; 9,4 mit 10,5-9; 9,5 mit 10,10-11.

machen, in dem Sinne, daß etwa bestimmte Themen nur an die Zwölf, andere wiederum ausschließlich an die größere Gruppe der μαθηταί gerichtet wären.[53] Hier scheint es, als gehe Lk zwar von den Zwölfen bzw. Aposteln als besonderer Gruppe aus, doch als verstehe er sie als Gruppe *innerhalb* der größeren Gruppe der μαθηταί.

Daß terminologisch nicht immer eine scharfe Abgrenzung durchgehalten ist, möge folgendes Beispiel veranschaulichen: In der Brotvermehrungserzählung (Lk 9,12-17) werden zunächst die *Zwölf* genannt.[54] Sie sind es, die Jesus dazu bringen wollen, die Leute wegzuschicken (9,12). Im weiteren Verlauf jedoch wendet sich Jesus an die μαθηταί, die dafür sorgen sollen, daß die Leute sich in Gruppen lagern (9,14). Die μαθηταί sind es in 9,16 auch, die das Brot und die Fische an die Leute austeilen. Das *kann*, muß aber nicht zwangsläufig bedeuten, daß Lk die Zwölf bisweilen auch als μαθηταί bezeichnet.[55]

Daß die Benennungen Unschärfen aufweisen und daher nicht gepreßt werden sollten, zeigt die Fortsetzung der Brotvermehrungsperikope: Schließt man aus den wechselnden Benennungen innerhalb der Erzählung 9,12-17, daß die μαθηταί mit den Zwölfen gleichzusetzen sind, und führt man diese Interpretation fort, dann sind es auch in 9,18 - obwohl μαθηταί genannt - nur die Zwölf, die mit Jesus die Einsamkeit teilen und im folgenden die Adressaten der ersten Leidensankündigung (9,21-22) sind. Diese Interpretation würde dadurch unterstützt, daß 9,20 sich Petrus, also ein Mitglied des Zwölferkreises, aus dieser μαθηταί-Gruppe heraustritt und sein Bekenntnis spricht, und daß in 9,23 die Adressatenangabe auf einen größeren Kreis erweitert wird (ἔλεγεν δὲ πρὸς πάντας). Andererseits ist Petrus als Mitglied des Zwölferkreises auch gut als Teil einer größeren JüngerInnengruppe verstehbar, und auch die Erweiterung des Adressatenkreises 9,23 macht in diesem Kontext Sinn. Außerdem spricht, wie die weitere Untersuchung zeigen wird, der Rückbezug in Lk 24,6-7 gegen die Beschränkung des Adressatenkreises in 9,21-22 auf die Zwölf.

Am Ende dieses Surveys ist nun bezüglich der Apostel-Konzeption des Lk-Evs folgendes festzuhalten: Sicher ist, daß die Zwölf ›Apostel‹ sind. Sicher ist jedoch auch, daß die Gleichsetzung der Zwölf mit den Aposteln im Lk-Ev noch nicht in der Weise ausgestaltet ist, wie wir das zu Beginn der Apg gesehen haben. Immerhin zeigt ein Beleg wie Lk 11,49, daß im Lk-Ev auch Apostel vorstellbar sind, die nicht einfach mit den Zwölfen identisch sind, und die wechselnden Benennungen in 17,1.5; 22,11.14 und 24,9.10 ma-

---

53 Vgl. 17,5 mit 11,1; 18,31-34 mit 9,43-45.
54 Mk 6,35 hat hier μαθηταί; die terminologische Vermischung könnte also auf das Konto des Lk gehen.
55 Lk 9,54 werden auch Jakobus und Johannes, also zwei Mitglieder des Zwölferkreises, als μαθηταί bezeichnet.

chen deutlich, daß sich hinter der Bezeichnung ›Apostel‹ eine größere Gruppe von μαθηταί verbergen kann.

Auch die weiteren aufgewiesenen terminologischen Unschärfen haben gezeigt, daß die Benennungen nicht gepreßt werden dürfen. Demnach ist es zwar möglich, an manchen Stellen den μαθηταί-Begriff als Synonym für die Zwölfergruppe zu interpretieren. Die Beobachtungen zu 9,12-22 haben jedoch deutlich gemacht, daß ein Beharren auf der Gleichsetzung in interpretatorische Sackgassen führt.

Im Blick auf die bevorstehende Klärung des Teilnehmerkreises am lk Abendmahl muß daher mit der Möglichkeit gerechnet werden, daß der in 22,14 genannte Apostelkreis eine JüngerInnengruppe meint, die größer ist als die Zwölf.[56] Wenn also in 22,7-46 die Benennungen zwischen μαθηταί und ἀπόστολοι wechseln, ist es begründbar, diese wechselnden Bezeichnungen als Fortführung des Bildes von Jesus zu lesen, der von einer größeren Gruppe von μαθηταί umgeben ist, die auch an der wichtigen Station des letzten Mahles präsent sind.

(b) Frauen beim lk Abendmahl?

Quesnells These, der Kreis der beim lk Abendmahl Anwesenden sei auf eine Gruppe auszuweiten, die größer ist als die Zwölf, und daß in dieser Gruppe auch die galiläischen Frauen mitzudenken seien, wird nun zweifellos mit der Beurteilung des lk Apostelbegriffs stehen und fallen.[57]

Quesnell selbst zögert, den lk Apostelbegriff auf eine größere Gruppe als die Zwölf auszuweiten.[58] Daher argumentiert er zunächst mit Hinweis auf die 22,11.39 erwähnten μαθηταί, daß die Zwölf schlicht als prominente Gruppe innerhalb der JüngerInnen erwähnt würden. Dies bedeute nicht, daß die Zwölf mit Jesus allein waren, wie ähnliche Aufzählungen Lk 8,1-3 oder Apg 1,13 zeigten. In einem weiteren Schritt versucht er über eine textkritische Argumentation, die die Lesart eines Teiles der syrischen Überlieferung (sy^s) favorisiert, als ursprüngliche Lesart an dieser Stelle die Wendung μαθηταί αὐτοῦ anstelle von ἀπόστολοι plausibel zu machen. Doch ist m. E. die Bezeugung dieser Variante zu schwach, um sie als ursprüngliche Lesart anzunehmen.[59]

---

56 Einen Versuch, die Beschränkung des lk Terminus Apostel auf die Zwölf aufzuheben, hat 1974 *Earle Ellis* in einem mir unzugänglichen Papier für die Columbia University unternommen. Vgl. die Darstellung seiner Argumente bei *Quesnell: Cassidy / Scharper (Eds.), Issues (1983)*, 76 A. 42. Ihm folgt *Via: SLJT 29 (1985)*, 43. Einen detaillierten Nachweis dafür, daß der Apostelbegriff im Lk-Ev noch nicht konsequent auf die Zwölf festgelegt ist, führt *Haacker: NT 30 (1988)*, 12.24-27. Seiner generellen Ausweitung des Apostelbegriffs auch in der Apg kann ich allerdings nicht zustimmen.

57 Unter Hinweis auf diesen festgelegten lk Apostelbegriff lehnt z. B. *Seim, Message (1994), 83* Quesnells These ab.

58 Vgl. *Quesnell: Cassidy / Scharper (Eds.), Issues (1983)*, 66.

59 Auch *Corley, Women (1993), 115* nennt *Quesnells* Versuch, diese Lesart zu etab-

Quesnell führt aber zur Untermauerung seiner These noch weitere Argumente ins Feld:

1. Lk baue im Laufe seines Evs eine immer größer werdende Gruppe von JüngerInnen um Jesus auf. Nach der Wahl der Zwölf 6,12-16 mache Lk deutlich, daß es außer den Zwölfen weitere Personen und Gruppen gab, die Jesus nachfolgten, wie dies besonders 8,1-3 oder 10,1-16 sowie Apg 1,21 zeigten. Beim Einzug Jesu in Jerusalem sei bereits von einer großen Menge von JüngerInnen die Rede (19,37), und diese große Gruppe sei auch in den Passions- und Ostererzählungen präsent (23,49; 24,9; 24,13.33). Dieses Bild werde auch in der Apg weitergezeichnet (Apg 1,13-15; 2,1). In diese Linie müsse auch das Abendmahl eingeordnet werden.[60]

Diese Beobachtungen sind zweifellos richtig. Jedoch sind sie insofern zu differenzieren, als Lk dieses Anwachsen der JüngerInnengruppe keineswegs eindimensional und geradlinig zeichnet. So kann er beispielsweise, nachdem er in 8,2-3 bereits die Frauen neben die Zwölf gestellt hatte, in 9,1-6 dennoch die *Zwölf* aussenden, und auch nach der Aussendung der Zweiundsiebzig (10,1-16) behalten die Zwölf ihre besondere Stellung, indem sich Lk durchaus noch auf sie bezieht (z.B. 18,31). Lk zeichnet ein differenziertes Bild der NachfolgerInnen Jesu; innerhalb dieser Gruppe bleiben die Zwölf eine zentrale Bezugsgröße.[61]

2. Jesus halte sich nach Lk 19,47 und 21,37 tagsüber im Tempel und nachts auf dem Ölberg auf. Dabei setze er voraus, daß die JüngerInnen stets an seiner Seite seien; denn wenn er inmitten des Volkes zu ihnen spreche, müsse er sie nicht eigens zusammenrufen, sie müßten auch nicht eigens die Szene betreten (vgl. 20,45). Nachts gingen die JüngerInnen mit ihm in ein Quartier auf dem Ölberg, wie 22,39 zeige. Das κατάλυμα nun, das Jesus nach Lk 22,11-12 für das Paschamahl suche, meine nicht einfach nur ein Speisezimmer, sondern einen großen Raum (ἀνάγαιον μέγα 22,12), der mit Matten und Liegen ausgestattet sei und eine dauerhafte Bleibe ermögliche, wie dies dann in Apg 1,13 vorausgesetzt werde (vgl. auch schon Lk 24,9.33.36). Nach Apg 1,15 müsse dieser Raum Platz für 120 Personen geboten haben. Das in Apg 2,2 verwendete Verb καθῆσθαι bedeute, wenn es im Zusammenhang mit »Haus« gebraucht werde, wohnen. Lk zeichne vor wie nach Ostern das Bild einer großen Gemeinschaft, die zusammen lebte, betete und handelte.[62]

Quesnell selbst hat bereits einschränkend bemerkt, daß Lk 22,11-12 und Apg 1,13 verschiedene Wörter für das »Obergemach« verwendet werden und daß auch das in Apg 2,2 erwähnte οἶκος nicht identisch mit der οἰκία Lk

---

lieren, »tenuous at best«.

60   *Quesnell: Cassidy / Scharper (Eds.), Issues (1983), 59-61.*

61   Zu dieser Sicht der Zwölf innerhalb der Gruppe der JüngerInnen vgl. *Lohfink, Sammlung (1975), 66-67; Karris: CBQ 56 (1994), 12.*

62   *Quesnell: Cassidy / Scharper (Eds.), Issues (1983), 61-63.*

22,11 sein müsse. Es sei also nicht sicher nachzuweisen, daß Lk sich alle diese Ereignisse als an einem und demselben Ort stattfindend vorstellte.[63] Diesem Einwand ist zuzustimmen. Außerdem ist der stilisierende und idealisierende Charakter der lk Schilderung der Jerusalemer »Urgemeinde« zu berücksichtigen, deren Einzelzüge sicher nicht bis ins letzte gepreßt werden dürfen.

3. Beim Abendmahl selbst weise der Inhalt der Abschiedsreden Jesu auf einen größeren AdressatInnenkreis als gerade nur die Zwölf. Nichts spreche für einen speziellen Abschied von den Zwölfen, besonders, nachdem Lk jenes Bild der großen Gefolgschaft gezeichnet habe. Gerade der Streit um die Rangordnung und Jesu Antwortrede (22,24-30) setzten einen größeren HörerInnenkreis als die Zwölf voraus, ebenso das Wort an Simon, seine »Brüder« zu stärken (22,31-32). Letzteres meine alle NachfolgerInnen, nicht nur die Elf. Und schließlich beziehe sich das Logion 22,35 nicht auf die Aussendung der Zwölf (9,1-6) zurück, sondern auf die Aussendung der Zweiundsiebzig (10,1-16).[64]

Jedoch beruhen *Quesnells* Überlegungen zum AdressatInnenkreis der Abschiedsrede weitgehend auf Ermessensentscheidungen. Die Logien sind ebensogut im Kreise der Zwölf vorstellbar, ja, die Ausführungen zum Dienen (22,24-27) machen gerade im Kreis der Zwölf als den potentiell Prominenten innerhalb der Gemeinschaft Sinn.[65] Hinsichtlich des Rückbezugs auf die Aussendung der Zweiundsiebzig diene die folgende Übersicht zur Verdeutlichung:

Lk 9,3	Lk 10,4	Lk 22,35
Μηδὲν αἴρετε εἰς τὴν ὁδόν, μήτε ῥάβδον μήτε πήραν μήτε ἄρτον μήτε ἀργύριον, μήτε [ἀνὰ] δύο χιτῶνας ἔχειν.	μὴ βαστάζετε βαλλάντιον, μὴ πήραν, μὴ ὑποδήματα, καὶ μηδένα κατὰ τὴν ὁδὸν ἀσπάσησθε.	Ὅτε ἀπέστειλα ὑμᾶς ἄτερ βαλλαντίου καὶ πήρας καὶ ὑποδημάτων, μή τινος ὑστερήσατε;

In der Tat sind die wörtlichen Übereinstimmungen zwischen 22,35 und 10,4 größer als die zwischen 22,35 und 9,3. Doch ist auch auf die Ähnlichkeiten zu verweisen, die zwischen diesen letztgenannten Stellen bestehen: Wörtlich begegnet ἡ πήρα an beiden Stellen, thematisch hängen der Geldbeutel aus 22,35

---

63 *Quesnell: Cassidy / Scharper (Eds.), Issues (1983), 63.*

64 *Quesnell: Cassidy / Scharper (Eds.), Issues (1983), 63-65.* Indizien für einen größeren AdressatInnenkreis der lk Abschiedsrede arbeitet auch *Zettner, Amt (1991), 96-100* heraus.

65 Nach *Nelson, Leadership (1994), 46* sollen die Apostel im lk Doppelwerk als paradigmatische Führer porträtiert werden, an denen sich zukünftige Kirchenführer orientieren sollen. Es würden Richtlinien aufgestellt, wie Autorität in der Kirche zu verstehen und auszuüben sei. Vgl. auch *Roloff: TRE 3 (1978), 442.*

und das Geld 9,3 sowie die Schuhe 22,35 und die beiden Gewänder 9,3 zusammen. Es ließe sich hier auch an eine nicht ganz exakte Wiederaufnahme denken, die nicht unbedingt als eine von Lk intendierte Erweiterung des beim Abendmahl gegenwärtigen Kreises interpretiert werden muß.[66]

Als erstes Zwischenergebnis kann *Quesnell* nach seiner Beweisführung festhalten:»Luke did think of the group at the Supper as larger than the Twelve.«[67] Sein nächster Schritt besteht nun darin, zu zeigen, daß die lk Sicht die galiläischen Frauen in diese größere Gruppe einschließt:

4. Basis der Argumentation sind vor allem Apg 9,1-2, das unter den Terminus μαθηταί explizit Männer und Frauen subsumiere, aber auch Lk 24,6 mit der Aufforderung an die Frauen, sich an die Worte Jesu zu erinnern, Worte, die nach 9,22.44 an die μαθηταί gerichtet waren. Daneben weist er aber auch auf das Lk 19,37 erwähnte πλῆθος τῶν μαθητῶν hin, das sich 23,55 jedoch als die galiläischen Frauen entpuppte. Lk 8,1-3 berichte von Frauen, die mit Jesus umherzogen, und 24,13 benenne diese Frauen als »zwei von uns«, was analog zu den Emmaus*jüngern* als *Jüngerinnen* zu interpretieren sei. Damit sei klar: Im Lk-Ev gehörten Frauen zu den μαθηταί, und diese sind an den entscheidenden Geschehnissen - und daher auch beim Abendmahl - anwesend.[68]

Zwar ist seiner Interpretation dieser Stellen insofern zuzustimmen, als sie tatsächlich den Schlüssel dazu bieten, den lk μαθηταί-Begriff inklusiv zu verstehen.[69] Doch schließt *Quesnell* die Frauen allzu glatt in alle Ereignisse, die dem Abendmahl folgen, und vor allem in die zu Beginn der Apg berichteten Ereignisse ein und bietet auch keine Erklärung für die Gebrochenheit des inklusiven μαθηταί-Konzepts, die durch Stellen wie 14,26 und 18,29b entsteht.[70]

5. Weitere Argumente, die Frauen als beim Abendmahl anwesend zu zeigen, sind: Die »Lokalisierung« der Frauen in Jerusalem, besonders mit Hilfe des Verbs ὑποστρέφειν; der familiäre Charakter des Paschamahles, der unbedingt Frauen und Kinder als Teilnehmende voraussetze; das Dienen, das Thema des Rangstreits in 22,26-27 sei und das *positiv* im Lk-Ev nur von Frauen ausgesagt werde; Jesu Wort zu denen, die mit ihm *ausgeharrt* hätten (22,28), und unter denen nach 8,2-3 auch die Frauen zu verstehen seien.[71]

Abgesehen von der Problematik, daß *Quesnell* hier in die Nähe des »Frauen-und-Kinder-Klischees« gerät und außerdem von der literarischen auf

---

66   So *Corley, Women (1993), 115.* Nach *Lohmeyer, Apostelbegriff (1995), 404* muß aus dieser Art und Weise der Wiederaufnahme geschlossen werden, »daß Lk zwischen den Aussendungstraditionen nicht streng unterscheidet.«
67   *Quesnell: Cassidy / Scharper (Eds.), Issues (1983), 67.*
68   *Quesnell: Cassidy / Scharper (Eds.), Issues (1983), 67-69.*
69   Genauer s. u. 247f sowie die Zusammenfassungen zu den Hauptteilen A und B.
70   Vgl. o. S. 95-115.
71   *Quesnell: Cassidy / Scharper (Eds.), Issues (1983), 69-71.*

die historische Ebene wechselt, ist ihm insgesamt in vielen seiner Beobachtungen zuzustimmen. Zwei weitere Argumente ließen sich hinzufügen: Lk 22,21 erwähnt im Unterschied zu Mk 14,20 bei der Bezeichnung des Verräters den Zwölferkreis nicht, sondern formuliert allgemeiner ἡ χεὶρ τοῦ παρα-διδόντος με μετ᾽ ἐμοῦ ἐπὶ τῆς τραπέζης. Und Lk 22,30 spricht zwar vom Richten über die *zwölf* Stämme Israels, doch erwähnt der Text - im Unterschied zu Mt 19,28 - nicht die zwölf Throne, auf denen die Richtenden sitzen würden, stellt also keine explizite Verbindung zum Zwölferkreis her.[72]

Obwohl viele der von *Quesnell* beigebrachten Indizien *allein* nicht die Last des Beweises zu tragen vermögen, ergeben sie doch in ihrer Gesamtheit ein beachtliches Mosaik von Argumenten. Vor allem an zwei Punkten sind jedoch Vorbehalte gegen seine Argumentation anzumelden:

Zum ersten bleibt m. E. der kritischste Punkt, der gegen die von ihm postulierte Anwesenheit einer größeren Gruppe von JüngerInnen beim lk Abendmahl sprechen könnte, die Erwähnung der Apostel in 22,14. Hier reichen die von *Quesnell* gebotenen Argumente nicht aus, die Anwesenheit einer größeren Gruppe von JüngerInnen plausibel zu machen. Die obigen Untersuchungen zur Apostel-Konzeption im Lk-Ev haben jedoch gezeigt, daß der Apostel-Begriff im Evangelium noch nicht in der Weise auf die Zwölf festgelegt ist wie in der Apg und daß die Erwähnungen der Apostel im Evangelium daher nicht mit der »Brille« der Apg gelesen werden dürfen. Die Ergebnisse dieser Untersuchung stützen also *Quesnells* Schlußfolgerung bezüglich eines größeren Kreises von Anwesenden. Jedoch zeigt die Gegenüberstellung der Apostel und der galiläischen Frauen in Lk 24,10, daß hierbei offensichtlich an zwei verschiedene Gruppen gedacht ist.

Zum zweiten sprechen gegen *Quesnells* vorbehaltlos inklusive Lektüre des lk μαθηταί-Begriffs nach wie vor die Frauen ausschließenden Stellen Lk 14,26 und 18,29b. Zwar lassen sich im Lk-Ev, wie ich dies in dieser Untersuchung gezeigt habe und noch zeigen werde, verschiedene Hinweise für ein inklusives μαθηταί-Verständnis finden; doch ist an entscheidenden Stellen immer wieder eine androzentrische Sicht zu konstatieren, in der Frauen eben nicht »selbstverständlich« eingeschlossen sind.

Im Ergebnis ist damit *Quesnell* insofern zuzustimmen, als begründet werden kann, daß in der lk Vorstellung ein Kreis, der größer ist als die Zwölf, beim Abendmahl anwesend ist. Im Blick auf die Anwesenheit von Frauen bleiben die eben geäußerten Vorbehalte gegenüber der androzentrischen lk Darstellungsweise bestehen. Jedoch ist aufgrund des Weges, den die galiläischen Frauen nach der lk Darstellung von Galiläa nach Jerusalem zurücklegen, und aufgrund der Hinweise auf ein inklusives Verständnis von μαθηταί

---

72 Das wertet auch *Zettner, Amt (1991), 98* als Indiz für einen größeren AdressatInnenkreis der Abschiedsrede.

zu *fordern*, daß auch die galiläischen Frauen bei diesem Mahl als anwesend
zu denken sind.

(c) Die veränderte Apostel-Konzeption in der Apostelgeschichte und die Folgen

Die Diskussion um die Präsenz der Frauen beim lk Abendmahl haben gezeigt, daß der Apostel-Begriff im Lk-Ev nicht von der Apostelgeschichte her
verstanden und inhaltlich gefüllt werden darf. Denn zwischen den beiden
Werken ist eine Veränderung des Apostelbegriffs festzustellen: Im Evangelium wird die Apostel-Vorstellung noch stark von der Grundbedeutung des
Wortes, basierend auf dem Verb ἀποστέλλειν oder auch dem hebräischen
שלח, genauer der frühjüdischen Institution des שליח bestimmt.[73] Es ist noch
keine konsequente Beschränkung des Apostelkreises auf die Zwölfzahl nachzuweisen: Zwar sind die Zwölf ohne Zweifel ›Apostel‹; doch können
darüberhinaus die Apostel eher als »Teilmenge« der μαθηταί bezeichnet
werden.[74]

Demgegenüber verändern sich Bedeutung und Funktion der Apostel in
der Apg. Der Apostelkreis wird zu Beginn der Apg als Zwölferkreis konstituiert bzw. restituiert.[75] Als dieser festgelegte Kreis haben die Apostel vor allem
die Funktion, in der Zeit des Übergangs die Kontinuität von der Zeit Jesu zur
Zeit der Kirche zu garantieren.[76] Schon die Erwähnung der Apostel in Apg

---

73   Vgl. die שליח-Hypothese v. a. bei *Rengstorf: ThWNT I (1933), 397-448*, die in der
      Folge verschiedentlich weiterentwickelt und modifiziert wurde, vgl. *Lohmeyer,
      Apostelbegriff (1995), 58-78*. Vgl. auch ihre kritische Auseinandersetzung damit S.
      78-108.123-125, ihren kritischen Forschungsbericht S. *18-122* sowie ihre eigene
      Herleitung des Apostelbegriffs im Zusammenhang der Verben ἀποστέλλειν und
      πέμπειν S. *131-159*.
74   Vgl. *Haacker: NT 30 (1988), 26-27*.
75   Nach *Haacker: NT 30 (1988), 27* geschieht hier eine Substitution der Zwölf durch
      die Apostel.
76   Den Aspekt der Kontinuität betonen (in unterschiedlichen Akzentuierungen und
      meist unterschiedslos für das Lk-Ev und die Apg) auch: *Klein, Apostel (1961), 203-
      210; Löning: Schreiner (Hg.), Gestalt (1969), 222-223; Dömer, Heil (1978), 133;
      Schmithals, Lk (1980), 76; Venetz, Kirche (1992), 219-220.229-230; Ernst, Lk
      (⁶1993), 161-162; Roloff, Kirche (1993), 215; Nelson, Leadership (1994), 45.* Demge-
      genüber sieht *Lohfink, Sammlung (1975), 71* den Aspekt der Kontinuität in Apg
      1,15 im größeren Kreis der 120 »Brüder« verdichtet. Daß die Funktion der Apostel
      als Garanten der Kontinuität auf eine Übergangszeit beschränkt ist, zeigt auch der
      Befund, daß die Apostel nach Apg 16 nicht mehr erwähnt werden. Unter diesem
      Aspekt muß die Apostelbezeichnung für Paulus und Barnabas in Apg 14,4.14 nicht
      als Versehen oder Ausnahme abgetan werden, sondern als Ausdruck dessen, daß
      es nach dieser Übergangszeit wieder möglich ist, zu einem anderen Apostel-Ver-
      ständnis, nämlich dem ursprünglichen zurückzukehren und Apostel wieder als Ge-
      sandte zu verstehen. Möglicherweise ist auch die Tatsache, daß Apg 15,2.4.6.22-
      23; 16,4, also *nach* Apg 14,4.14, den Aposteln stets die πρεσβύτεροι an die Seite
      gestellt werden, Ausdruck des nun wieder veränderten Apostelbegriffs: Die Apo-
      stel in Jerusalem sind im Unterschied zu den Aposteln Paulus und Barnabas ein

1,2 und der Rückbezug auf ihre Erwählung stellt eine Brücke zwischen den beiden Werken und den in ihnen erzählten Zeitabschnitten her. Diese Linie wird verstärkt, indem die Apostel als Adressaten der Belehrungen, Anweisungen und Verheißungen des Auferstandenen (Apg 1,2-8) und Zeugen seiner Himmelfahrt (Apg 1,9-11) gezeichnet werden. Der Aspekt der Kontinuität, und zwar der Kontinuität von den Anfängen an, ist es auch, der die Kriterien für das Apostelsein nach Apg 1,21-22 hauptsächlich bestimmt.[77]

In dieser Konzeption von Kontinuität aber spielt die *auch* erzählte Kontinuität über den Weg der galiläischen Frauen keine Rolle.[78] Denn aus dem Rückblick der Apg werden zwar die Stellen, an denen die Apostel im Evangelium begegnen, entsprechend inhaltlich gefüllt: Ihre Auswahl (6,13) und Aussendung (9,1.10), ihre Gegenwart beim Abendmahl (22,14) und der Empfang der Auferstehungsbotschaft der Frauen (24,10) werden zu wichtigen Stationen der Präsenz, die die Apostel für ihre Funktion als Garanten der Kontinuität prädestinieren. Doch aus dem Rückblick der Apg wird die Optik bereits an diesen Stationen des ersten Buches auf die Zwölf eingeschränkt. Die galiläischen Frauen (und andere zum Apostelkreis gehörende Männer) verschwinden aus dem Blickfeld.

Ähnliches ließe sich von der Zeugenfunktion der Apostel sagen, die sich aus dem Aspekt der Kontinuität, verbunden mit der Erwählung durch den Auferstandenen, ergibt[79]: Durch ihre Präsenz an allen entscheidenden Stationen des Lebens, Sterbens und der Auferstehung Jesu und darüber hinaus - ohne Unterbrechung - von den Belehrungen des Auferstandenen und dem Geistempfang an Pfingsten an stellen die Apostel nicht nur die Verbindung zwischen der Geschichte Jesu und der Zeit der Kirche her, sondern werden zu Zeugen all dieser Geschehnisse und besonders der Auferstehung (vgl. Apg 1,22).[80] Auch in dieser Zeugenkonzeption spielt die Präsenz der Frauen an all

---

dem Ältestenrat vergleichbares Gremium.

77 Dabei ist jedoch festzuhalten, daß es außer den Zwölfen (Elfen) noch weitere Personen zu geben scheint, die diese Kriterien erfüllen, wie die Aufstellung von *zwei* Kandidaten für die Apostelwahl zeigt. Der zusammen mit Matthias aufgestellte Joseph (Barsabbas) Justus erhält aber nach seiner Nichtwahl im Unterschied zu Matthias nicht den Namen Apostel.

78 Wenn nun *Klein, Apostel (1961), 203-204; Schneider: Lukas (1985 [1970]), 68; Schmithals, Lk (1980), 77* darauf hinweisen, daß Lk 6,13 im Unterschied zu Mk 3,13f die Auswahl der Zwölf aus einem schon bestehenden Jüngerkreis betont, um zu zeigen, daß sie schon *von Anfang an* dabei waren, ließe sich gleiches auch von den galiläischen Frauen sagen: Zwar werden sie erst 8,2-3 ins Geschehen eingeführt, doch in einer Weise, die Lücken im bislang Erzählten sichtbar macht und daher im Grunde ebenfalls deutlich macht, daß die Frauen schon länger, vielleicht ebenso *von Anfang an* dabei waren.

79 Zur lk Zeugenkonzeption vgl. u. S. 274-279.

80 Zu dieser lk Konzeption vgl. *Schneider: Lukas (1985 [1970]), 61-85; Schneider, Lk (1977), 147; Roloff: TRE 3 (1978), 442; Schmithals, Lk (1980), 76-77; Schweizer, Lk (1982), 75.*

diesen Ereignissen - einschließlich der Erwählungsszene Lk 24,36-49[81] - keine Rolle, wie die Beschränkung des Apostelkreises auf Männer in Apg 1,21 zeigt.

Die Veränderung der Apostelkonzeption in der Apg mit ihrer Konzentration auf den Zwölferkreis hat also Folgen für den Blick auf die Frauen im Lk-Ev. Die androzentrische Darstellungsweise des Lukas macht es ohne Probleme möglich, die Zwölfer-Konzeption bereits in die Apostel-Stellen des Lk-Evs hinein- und dadurch die Frauen hinauszulesen. Wie der nahezu unhinterfragte Forschungskonsens über die Identifizierung des Apostel- mit dem Zwölferkreis zeigt, wurde dieses androzentrische Deutungsmuster bereitwillig übernommen, ohne die Frage nach Alternativen überhaupt zu stellen. Die wirkungsgeschichtlich fatalen Folgen für Frauen, die Amtsfrage eingeschlossen, brauchen nicht eigens erläutert zu werden.

2 KOLLABORATION UND WIDERSTAND: »ANDERE« FRAUEN IN DEN PASSIONSERZÄHLUNGEN

Während die lk Darstellung des letzten Mahles es zuläßt, die galiläischen Frauen als anwesend mitzudenken, bleiben diese Frauen im folgenden jedoch bis zu ihrer Wiedereinführung ins Geschehen unmittelbar im Anschluß an die Kreuzigungsszene in 23,49 völlig unsichtbar. Dazwischen aber ist an zwei Stellen von anderen Frauen die Rede, die in das Geschehen involviert sind: Eine Sklavin, die im Hof des Hohenpriesters Petrus herausfordert (22,56), und Frauen, die, am Weg stehend, klagend das Geschehen kommentieren (23,26). Diese beiden Texte sollen im folgenden Eingang in die Untersuchung finden, obwohl in ihnen der Weg der galiläischen Frauen nicht weiterverfolgt werden kann; doch ist zu erwarten, daß die beiden Texte einen Beitrag zur Frage der Wahrnehmung und Darstellung von Frauenwirklichkeit im Lk-Ev leisten.

2.1 Eine Sklavin im Hof des Hohenpriesters (Lk 22,54-65)

Die uns interessierende Sklavin findet in der Verleugnungsperikope Erwähnung. Diese Perikope ist mit den vorausgehenden Szenen des Gebetes am Ölberg (22,39-46) und der Gefangennahme Jesu (22,47-53) durch die pronominale Weiterführung eines Teiles der Handlungträger, nämlich der gefangennehmenden Schar und Jesu, verbunden. Gliedernd und abgrenzend wirken die

---

81   Diese ist für *Burchard, Zeuge (1970), 130-133* konstitutiv für die Erwählung der Apostel. Zur Frauen einschließenden Lektüre dieser Stelle s. u. S. 267-269.

Ortsveränderung zum Haus des Hohenpriesters sowie die durch die Partikel δέ unterstrichene namentliche Nennung des Petrus. Der auf diese Weise betont eingeführte Petrus bleibt Hauptperson der sich anschließenden Szene bis 22,62. Daran fügt sich eng 22,63-65 an, lediglich markiert durch die Veränderung der Konstellation der Handlungsträger, bevor in 22,66 mittels einer Zeitangabe, einer Ortsveränderung und einer erneuten Veränderung der Konstellation der Handlungsträger ein größerer Gliederungseinschnitt gestaltet ist. 22,54 ist der Auftakt einer Reihe von Szeneneröffnungen, die mit dem Verb ἄγειν oder einem Kompositum dieses Verbs, verbunden mit einer pronominalen Nennung Jesu als direktem Objekt gestaltet sind und die den gesamten Prozeß Jesu bis hin zu seiner Wegführung nach Golgota untergliedern.[82]

Diese Hinweise lassen es gerechtfertigt erscheinen, 22,54-65 als Texteinheit zu untersuchen.[83]

(a) Synoptischer Vergleich[84]

Während nach Mk 14,53 noch in der Nacht die Hohenpriester, Ältesten und Schriftgelehrten beim Hohenpriester zusammenkommen, erzählt Lk dies erst für den folgenden Tag (22,66). Bei Lk bleibt der Blick erzählerisch geschickt auf die Szenerie im Hof des Hohenpriesters konzentriert[85], wohin zunächst Jesus gebracht wird, während Petrus von weitem folgt[86] und sich sodann ans Feuer begibt, um sich unter die dort Versammlten zu mischen (μέσος αὐτῶν). Gekonnt wird so ein erzählerisch produktiver Widerspruch aufgebaut: mag es (selbstverständlich auf der Ebene der Erzählung) die Absicht des Petrus gewesen sein, sich möglichst unauffällig unter die Anwesenden zu mi-

---

82 22,54 Συλλαβόντες δὲ αὐτὸν ἤγαγον καὶ εἰσήγαγον ...; 22,66 καὶ ἀπήγαγον αὐτὸν ...; 23,1 ἤγαγον αὐτόν ...; 23,26 Καὶ ὡς ἀπήγαγον αὐτόν .... Vgl. auch *Giblin, Destruction (1985), 93*.

83 Neuere Bibliographien zur Verleugnungsperikope bieten *Nolland, Lk (1993), 1090-1092* sowie *Brown, Death (1994), 564-565*.

84 Die Frage der literarischen Abhängigkeit von Mk 14,53-54.65.66-72 ist im Rahmen der übergreifenden Frage einer speziellen vorlk Passionsquelle zu behandeln. S. dazu o. S. 170-172. Speziell für die Verleugnungsperikope votierten für die Abhängigkeit von Mk *Schmid, Lk (⁴1960), 338; Linnemann: Studien (1970 [1966]), 97-100; Schneider, Verleugnung (1969), 73-96.138 u. ö.*, der in Bezug auf 22,54-71 als ganzem jedoch von einer nicht-mk Quelle als Hauptvorlage ausgeht; *Schmithals, Lk (1980), 216; Soards, Passion (1987), 67.87.89.118*. Hingegen gehen *Klein: ZThK 58 (1961), 290f et passim; Walter: ThV VIII (1977), 51 mit A. 25a* von einer besonderen vorlk Passionsquelle aus; nicht-mk Vorlagen erwägen auch *Wiefel, Lk (1987), 382-383; Ernst, Lk (⁶1993), 467-469; Nolland, Lk (1993), 1092f*.

85 Auch *Ernst, Lk (⁶1993), 467* spricht von einer »größeren lokalen ... und szenischen Geschlossenheit« als bei Mk. Ähnlich *Wiefel, Lk (1987), 382*.

86 Während das Imperfekt ἠκολούθει von *Schneider, Passion (1973), 81 A. 18* als *Versuch* der Nachfolge interpretiert wird, sieht *Schneider, Lk (1977), 465* Petrus hier bereits als »die Nachfolge Jesu weitervollziehend«. Auch für *Gewalt: LingBibl (1978), 131* signalisiert der Terminus ἀκολουθεῖν, daß Petrus sich wie ein Christ verhalte. Skeptischer ist z. B. *Fitzmyer, Lk (1985), 1464*.

schen[87], so gerät er doch - quasi mit dem Schein des Feuers, das zudem ἐν μέσῳ τῆς αὐλῆς entzündet worden war - ins »Rampenlicht« der erzählerischen Aufmerksamkeit, wie sich im folgenden zeigen wird.

Wie bei Mk erregt Petrus auch bei Lk das Interesse der Anwesenden, und wie bei Mk ist auch bei Lk die Dreigliederung der folgenden Szene beibehalten, wenn auch mit einigen kleineren Veränderungen und Straffungen[88]:

Während sich in der mk Version die Sklavin zunächst an Petrus wendet, um ihn als einen der Gefolgsleute Jesu zu identifizieren, bei einem zweiten Mal das Wort an Umstehende richtet, um Petrus wiederum als Anhänger Jesu zu bezeichnen, und bei einem dritten Mal die Umstehenden das Wort an Petrus richten, sind es in der lk Version drei verschiedene Personen, die ihr Wort an Petrus richten und ihn als Anhänger Jesu bezeichnen: zuerst die Sklavin, sodann ein ἕτερος, und schließlich ein ἄλλος.[89]

Wie bei Mk wendet sich auch bei Lk als erstes eine Sklavin an Petrus. Doch während sie Mk 14,66 mittels der Formulierung μία τῶν παιδισκῶν τοῦ ἀρχιερέως als zum Haus des Hohenpriesters gehörig qualifiziert wird, wird sie bei Lk lediglich als παιδίσκη τις bezeichnet und nicht explizit auf den Hohenpriester bezogen. Zum Vergleich sei ein Blick auf die Szenerie der Gefangennahme geworfen: 22,50 wird der Knecht, dem das Ohr abgeschlagen wird, in einer Mk 14,47 vergleichbaren Formulierung - lediglich die Wortreihenfolge ist umgestellt - als τοῦ ἀρχιερέως τὸν δοῦλον betitelt, also wie bei Mk auf den Hohenpriester bezogen.

Darüberhinaus wird die Sklavin in der mk Version als eigenständige Erzählfigur und Gegenüber des Petrus eingeführt[90], indem zunächst ihr Auftreten (ἔρχεται) und dann erst ihr Hinschauen und Sprechen erzählt werden. Ihr Handeln wird mit Hilfe von vier Verben (ἔρχεται - ἰδοῦσα - ἐμβλέψασα - λέγει) beschrieben. Dies ist bei Lk auf drei Verben reduziert: ἰδοῦσα -

---

87   Anders *Schneider, Lk (1977), 465*. Er interpretiert das Verhalten das Petrus als mutig; ähnlich *Schmithals, Lk (1977), 217*: »tapfer«; *Prete, Passione I (1996), 125*: »coraggio«. Dagegen handelt Petrus nach *Ernst, Lk ([6]1993), 468* »leichtfertig«.

88   Nach *Ernst, Lk ([6]1993), 468* stehen die Straffungen »im Dienste einer dramaturgischen Steigerung.« Dagegen sieht *Gewalt: LingBibl 43 (1978), 118* in der lk Version die bei Mk aufgebaute Spannung verloren.

89   *Schneider, Verleugnung (1969), 82-83* sieht hierin eine Steigerung: Nach der ersten, eher ungefährlichen Herausforderung durch die Magd, die zudem nur in der dritten Person über Petrus redet, folge eine zweite, durch einen Mann, der Petrus nun in einer du-Anrede direkt konfrontiere, und schließlich eine dritte, durch einen weiteren Mann, der Petrus zudem als Galiläer identifiziere. Ähnlich schon *Linnemann: ZThK 63 (1966), 29*. Nach *Schneider, Lk (1977), 466* ist der zweite Herausforderer bereits ein *bewaffneter* Mann. Nach *Schweizer, Lk (1982), 231* ist die Veränderung im Zeugenrecht begründet (Dtn 19,15). Da das Zeugnis einer Frau wenig galt, brauchte es noch zwei »richtige« Zeugen. Ähnlich *Kremer, Lk (1988), 221*.

90   *Gewalt: LingBibl 43 (1978), 128* spricht in seiner Formkritik von der »Einführung einer zweiten, für die Handlung wichtigen Person«. Vgl. auch *Dannemann, Rahmen (1994), 240-243*.

ἀτενίσασα - εἶπεν. Die Magd wird nicht so deutlich als Erzählfigur eingeführt. Sie tritt nicht auf, sondern befindet sich schon unter den Anwesenden.[91]

Das Hinsehen der Magd ist nicht wie bei Mk mit dem Verb ἐμβλέπειν
ausgedrückt, sondern Lk 22,56 verwendet ἀτενίζειν, ein Verb, das mit Ausnahme zweier pln Belege (2 Kor 3,7.13) ausschließlich im lk Doppelwerk begegnet.[92] Ein Bedeutungsunterschied ist allerdings kaum festzumachen.

Ein weiterer Unterschied zur Mk-Vorlage besteht darin, daß die Sklavin
nicht Petrus direkt anredet (Mk 14,67 καὶ σὺ ... ἦσθα), sondern in der dritten
Person über Petrus spricht, obwohl sie ihn von der Konstellation und auch
von der Antwort des Petrus her dennoch anzusprechen scheint (Lk 22,56 καὶ
οὗτος ... ἦν). Ähnlich ist es auch bei der dritten Person, die Petrus anspricht
(vgl. Mk 14,70 mit Lk 23,59), d.h. dies scheint nicht die Darstellung einer
frauenspezifischen Art zu sein, das direkte Gespräch zu vermeiden.[93]

Die Magd spricht bei Lk auch nicht wie bei Mk 14,67 den Namen Jesu
aus, sondern nennt Jesus nur pronominal (Lk 22,56 σὺν αὐτῷ).

Während bei Mk die erste Antwort des Petrus generell die Aussage der
Frau zurückweist (οὔτε οἶδα οὔτε ἐπίσταμαι σὺ τί λέγεις), wird Lk 22,57
direkt die Bekanntschaft des Petrus mit Jesus verleugnet: Οὐκ οἶδα αὐτόν.[94]
In der zweiten Antwort des Petrus wird das mk ἠρνεῖτο durch das »neutralere« ἔφη ersetzt; doch zugleich wird die Antwort über Mk hinaus in eine direkte Rede gekleidet. Die dritte Antwort, bei Mk die massivste und eindeutigste
Verleugnung, ist bei Lk deutlich abgeschwächt: statt des mk ἀναθεματίζειν
καὶ ὀμνύναι steht ein einfaches εἶπεν, und der Inhalt der Antwort selbst, in
der Petrus nach Mk explizit seine Bekanntschaft mit Jesus leugnet (οὐκ οἶδα
τὸν ἄνθρωπον τοῦτον ὃν λέγετε 14,71), ist bei Lk sehr allgemein gehalten:
οὐκ οἶδα ὃ λέγεις.

Lk Eigentümlichkeit[95] ist die Anrede der drei Personen durch Petrus:
Wird die Frau in 22,57 mit dem Vokativ γύναι angeredet, so die beiden Männer in 22,58.60 jeweils mit ἄνθρωπε.

Das Ausweichen des Petrus in die Vorhalle nach der ersten Anrede durch
die Magd (Mk 14,68) hat keine Entsprechung bei Lk.[96] Stattdessen schiebt Lk

---

91 Vgl. *Gewalt: LingBibl 43 (1978), 131.*
92 Auch *Schneider, Verleugnung (1969), 79* stellt die lk Vorliebe für das Verb fest,
    wohingegen ἐμβλέπειν mk Stil entspreche. Ähnlich *Soards, Passion (1987), 90,* der
    - trotz der von ihm konsultierten *Linnemann: ZThK 63 (1966), 28,* die eine präzise
    Aufstellung bietet - jedoch die beiden pln. Belege des Verbs ἀτενίζειν übersieht.
93 *Dalman, Jesus (1922), 182* beobachtet eine offensichtlich ähnliche Wiedergabe von
    »du« durch Rede in der dritten Person fürs *Galiläische. Schneider, Verleugnung
    (1969), 88* erklärt das Nebeneinander von zweiter und dritter Person als bei allen
    Synoptikern zu beobachtende Tendenz zur Abwechslung.
94 Nach *Kremer, Lk (1988), 221* wird durch diese Antwort des Petrus die Frau bela-
    stet und im Unterschied zu Mk und Mt einer Lüge beschuldigt.
95 Vgl. *Schneider, Verleugnung (1969), 82.85.*
96 Nach *Linnemann: ZThK 63 (1966), 28* hat der Ortswechsel bei Mk die Funktion,

zwischen die erste und die zweite Verleugnung die Zeitangabe μετὰ βραχὺ (22,58).

Während sich nach Mk das ganze Gespräch innerhalb kurzer Zeit abspielt (vgl. Mk 14,70 καὶ μετὰ μικρὸν), liegt nach Lk 22,59 eine Stunde zwischen der zweiten und der dritten Gesprächsrunde.[97]

Während sich Petrus nach Mk 14,72 beim Hahnenschrei selbst an die Worte Jesu erinnert, ist es nach Lk 22,61 ein Blick Jesu selbst, der Petrus zur Besinnung bringt. Und schließlich ist die bereuende Reaktion des Petrus gegenüber Mk verstärkt (vgl. auch Mt 26,75 par Lk 22,62 mit Mk 14,72).[98]

Insgesamt ist Petrus in der lk Version dadurch, daß er nicht an einen anderen Ort ausweicht und zweimal auch nicht direkt, sondern in der 3. Person angesprochen wird, weniger hart mit seinen Gegenübern konfrontiert. Er steht auch drei Einzelpersonen gegenüber, während bei Mk die Magd durch ihre zweite Äußerung eine Öffentlichkeit herstellt, die sich dann im dritten Gesprächsgang als Gruppe (Mk 14,70 οἱ παρεστῶτες) selber an Petrus wendet, ihn also recht stark bedrängt. Entsprechend muß Petrus bei Lk auch nicht wie bei Mk 14,71 fluchen und schwören, um seine Distanz von Jesus zu beteuern, sondern es genügt in einfaches εἶπεν (Lk 22,60)[99], wie auch schon in Lk 22,58 das mk ἠρνεῖτο durch das »neutralere« ἔφη ersetzt wurde. Auch in seiner Antwort selbst ist Petrus, wie oben deutlich wurde, bei Lk weniger direkt und massiv.

Die Sklavin, der unser besonderes Interesse gilt, erscheint bei Lk weniger aktiv und weniger hartnäckig als ihre mk Schwester, die sich zweimal an Pe-

---

die abermalige Feststellung durch die gleiche Person zu motivieren. Da Lk das erste und zweite Erkennen verschiedenen Personen zuweisen, benötige er den Ortswechsel nicht. Nach *Schweizer, Lk (1982), 231* liegt der Grund für den fehlenden Ortswechsel hingegen darin, daß es sich nur um das »Geschwätz einer Magd« handelte, »das ihn [= Petrus, S. B.] doch nicht hindern sollte, Jesu Geschick von nahem zu verfolgen.«

97 Nach *Linnemann: ZThK 63 (1966), 30* fällt diese Zeitangabe »aus dem Stil volkstümlicher Erzählung heraus und erweckt den Anschein einer genauen Berichterstattung.« *Schneider, Verleugnung (1969), 86* überlegt, ob Lk einfach die Nachtzeit bis zum morgendlichen Verhör ausfüllen möchte. Nach *Wiefel, Lk (1987), 383* will Lk ausdrücken: »Die Verleugnung war keine kurze Episode.«

98 *Schneider, Verleugnung (1969), 138* interpretiert die red. Eingriffe des Lk als Bemühen, »die Person des Apostels Petrus in ein günstigeres Licht zu stellen.« Lk 22,62 sei allerdings sekundär von Mt 26,75 her eingefügt worden (*95-96.139*). *Schneider, Passion (1973), 80-82* bestimmt die lk Absicht dahingehend, Petrus schonen und Verständnis für seine Handlungsweise wecken zu wollen; ähnlich *Schneider, Lk (1977), 465; Schmithals, Lk (1980), 217*. Gegen die sekundäre Einfügung von Lk 22,62 spricht sich *Wiefel, Lk (1987), 382* aus.

99 Nach *Schmid, Lk (⁴1960), 338* ist dies eine der Art des Lk entsprechende Milderung. Ebenso *Schneider, Verleugnung (1969), 89; Wiefel, Lk (1987), 382*. Sehr ausführlich arbeitet *Linnemann: ZThK 63 (1966), 29-31* die abschwächenden Eingriffe des Lk heraus. Auch nach *Fitzmyer, Lk (1985), 1465* liegen die lk Veränderung in dessen hoher Wertschätzung für Petrus begründet.

trus wendet bzw. sich über ihn äußert, ihn mit dem Namen Jesu direkt konfrontiert und Petrus sogar in den Vorhof folgt.[100] Sie ist bei Lk nur *eine* von drei Personen, die Petrus ansprechen, und das Gespräch ist bei Lk stärker als erzählerischer Dreischritt stilisiert (vgl. Lk 9,57-62). Bei Mk hingegen werden auf die zweimalige Intervention der Sklavin hin die Umstehenden auf Petrus aufmerksam und bringen ihn zu seiner dritten und heftigsten Verleugnung.

(b) Frauen, Verstrickung ins »System« und Mittäterschaft

Es war nicht Lk, der die Magd an dieser Stelle ins Geschehen einführte. Sondern diese Frau war ihm von der Tradition vorgegeben, und Lk hat ihre Rolle lediglich leicht modifiziert. Dennoch ist zu fragen, welche erzählerische Funktion diese Frau an dieser Stelle hat.

Zunächst sabotiert sie durch ihr Aufmerksamwerden die Absicht des Petrus, sich unauffällig unter die Menge im Hof des Hohenpriesters zu mischen. Mit der Aufmerksamkeit der Umstehenden lenkt sie auch den Blick der LeserInnen auf Petrus.

Zu fragen ist, ob dadurch, daß Petrus mit den Äußerungen dieser Frau, einer Magd, konfrontiert wird, sein Versagen noch verstärkt wird, etwa in dem Sinne, daß er als nicht einmal in der Lage gezeigt wird, gegenüber einer »ungefährlichen« Frau aufrecht zu bleiben. Doch zeigt andererseits gerade die Reaktion des Petrus, daß diese Frau so ungefährlich nicht ist. Petrus scheint eine Identifizierung durch diese Frau nicht mehr und nicht weniger zu fürchten als eine Identifizierung durch die dabeistehenden Männer. Zwar muß dies nicht unbedingt bedeuten, daß damit vorausgesetzt ist, daß diese Frau als Zeugin gegen ihn auftreten und ihn gar in einem Prozeß als Anhänger Jesu bezichtigen könnte. Die kurzen, unwirschen Antworten des Petrus - die gegenüber Mk noch verkürzt sind - erwecken eher den Eindruck, als wolle Petrus die Fragenden möglichst schnell abwimmeln, um möglichst wenig Aufmerksamkeit zu erregen. Die »Gefährlichkeit« dieser Frau scheint also eher darin zu bestehen, die Aufmerksamkeit der Umstehenden auf Petrus zu lenken. Hätte sie geschwiegen, hätte Petrus unbehelligt unter den anderen am Feuer sitzen können.

---

100 Nach *Gewalt: LingBibl 43 (1978), 117* ist in der mk Version »die Magd die eigentlich handelnde, das Geschehen auf den Höhepunkt zutreibende Person«. (Ebenso *Dannemann, Rahmen (1994), 242*). Sie spreche Petrus mit ihrer Äußerung auf seine Jüngerschaft an. Dennoch scheint mir die Interpretation bei *Schüssler Fiorenza, Gedächtnis (1988), 391* einen Schritt zu weit zu gehen, wenn die Magd Mk 14 als eine der starken Frauenfiguren in der Mk-Passion dargestellt wird, da sie ja durch ihre Frage Petrus herausfordere, gemäß seinem Versprechen, Jesus nicht zu verraten, nun auch zu handeln. Dabei entlarve sie ihn als Betrüger und stelle ihn bloß. Differenzierender *Dannemann, Rahmen (1994), 250f*, die herausarbeitet, daß die Redeweise der Sklavin gegenüber Petrus eine Herausforderung, eine Konfrontation und einen Angriff bedeute sowie ein Bekenntnis fordere.

Dennoch bleibt das Auftreten dieser Sklavin bemerkenswert. Sie tritt als Individuum auf, nicht in einer Gruppe, wie z.B. die Männer, die Jesus verspotten (22,63-65). Wie die Äußerungen der beiden männlichen Herausforderer ist auch das, was sie sagt, als wörtliche Rede wiedergegeben. Ihre Haltung gegenüber der Jesusbewegung ist zwar nicht eindeutig beschrieben.[101] Doch ist die Konstellation der Erzählung so, daß sie zur Gegenseite Jesu gehört; denn würde sie nicht zur Gegenseite gehören, müßte Petrus seine Nähe zu Jesus ihr gegenüber nicht verleugnen. Sie ist damit die einzige Frau, die auf der Gegenseite Jesu erwähnt wird. Speziell während der Gefangennahme und des Prozesses ist Jesus ja mit einer explizit männlichen Gegnerschaft konfrontiert: Hohenpriester (22,2), Schriftgelehrte[102] (22,2), Männer ($\check{\alpha}\nu\delta\rho\epsilon\varsigma$), die Jesus gefangenhielten (22,63), Pilatus, Herodes, Soldaten ...[103] Lk zeigt nun andeutungsweise eine Frau, die dadurch, daß sie Sklavin des Hohenpriesters ist, ins System der Ungerechtigkeit verstrickt ist und auf die Gegnerseite Jesu gerät. Dadurch gewinnt sie, die machtlose Sklavin, die eigentlich zu den Unterdrückten gehört, plötzlich Macht über Petrus und kann ihn in die Enge treiben. Paradox ist, daß dadurch eine mögliche Solidarität zwischen Menschen, die sich beide am unteren Rand des gesellschaftlichen Spektrums befinden und beide unter den Auswirkungen des Systems zu leiden haben, verhindert wird. Der Graben verläuft so nicht mehr zwischen realen MachthaberInnen und den Machtlosen, sondern innerhalb der Gruppe der Machtlosen.[104] Ist diese Frau als Sklavin - und damit aus sozialen Gründen - dem Hause des Hohenpriesters zugehörig und steht dadurch auf der Seite der Herrschenden, so zeigt Lk in der Apg Frauen aus den führenden Schichten, die ebenfalls ins »System« verstrickt sind: Die vornehmen gottesfürchtigen Frauen in Antiochia in Pisidien Apg 13,50, die maßgeblich an der Verfolgung von Paulus und Barnabas beteiligt waren[105], Drusilla, die Gemahlin des Statthalters Felix Apg 24,24 und schließlich Berenike, die Gemahlin des Königs Agrippa Apg 25[106].

(c) Sozialgeschichtliche Überlegungen

Obgleich παιδίσκη eigentlich *Mädchen* bedeutet, meint es in der atl., frühjüdischen und ntl. Literatur stets Dienerin, Magd, Sklavin.[107] Zwar ist es keine

---

101 Das unterstreicht *Dannemann, Rahmen (1994), 250f* nachdrücklich.
102 Es wäre zu prüfen, ob in dieser Gruppe eventuell Frauen mitzudenken sind.
103 Mt 27,19 erwähnt immerhin die Frau des Pilatus.
104 Etwas anders bestimmen *Dannemann, Rahmen (1996), 253-254* und *Eltrop, Kinder (1996), 148* die Position der Frau in diesem Machtgefüge. Sie nehmen an, daß sie dadurch, daß sie Petrus nicht anzeigte, selbst in Gefahr geriet.
105 Zu dieser Frauengruppe vgl. *Richter Reimer, Frauen (1992), 249-250;* der Aspekt der Verstrickung ins System wird hier jedoch nicht thematisiert.
106 Zu Drusilla und Berenike vgl. *Richter Reimer, Frauen (1992), 257*, jedoch wieder ohne den Aspekt der Mittäterschaft.
107 Im Unterschied zu ἡ παῖς Lk 8,51.54. Vgl. *Bauer, Wörterbuch (1988), 1223-1224.*

Seltenheit, daß solche Sklavinnen, wie es das Wort παιδίσκη nahelegt, auch tatsächlich im Kindesalter waren. Kindersklaverei war ein verbreitetes Phänomen.[108] Doch legt die Anrede γύναι durch Petrus nahe, daß hier kein Kind, sondern eine Frau vorausgesetzt ist.[109] Diese Sklavin oder Dienerin[110] des Hohenpriesters, die durch diese kleine Episode innerhalb der Perikope kurz sichtbar wird, übt eine Tätigkeit aus, die ihr auch nachts keine freie Zeit ermöglicht und die sie offenbar zwar nicht direkt *in* das Haus, so doch an den Bereich des Hauses im weiteren Sinne bindet. Joh 18,17 bezeichnet diese Sklavin genauer als Türhüterin: παιδίσκη ἡ θυρωρός. Vergleichbar ist sicher auch Rhode Apg 12,13.[111]

Sie befindet sich unter den Männern im Hof. Petrus, dem Mann, gegenüber senkt sie ihren Blick - wie dies u. a. dem griechischen Frauenideal entsprach - nicht, sondern schaut ihn sich im Gegenteil genau an und mehr: sie spricht sogar von sich aus mit ihm. Ihre wörtliche Rede ist einer der eher seltenen Fälle im Lk-Ev, in denen das Reden einer Frau auch als wörtliche Rede wiedergegeben wird.[112]

Es wird das Bild einer Sklavin sichtbar, die soweit am politischen und gesellschaftlichen Geschehen der Stadt Anteil nahm, daß sie Petrus wieder identifizieren konnte. Daß sie als dazu in der Lage gezeichnet wird, weist wiederum auf die vorausgesetzte Präsenz von Frauen in den Jesus begegnenden Volksmengen.

(d) Überlegungen zu einer feministischen Lektüre der Verleugnungsperikope

In den meisten der konsultierten Kommentare und Auslegungen bleibt der Blick der ExegetInnen allein auf die Person des Petrus konzentriert, während die anderen Erzählfiguren im Höchstfall mit einer Nebenbemerkung bedacht werden.[113] Das ist dem Skopus des Textes durchaus angemessen, dessen er-

---

108 Vgl. das Material und die Literaturhinweise bei *Eltrop, Kinder (1996), 148-151.*
109 Vgl. *Eltrop, Kinder (1996), 150.*
110 Nach *Eltrop, Kinder (1996), 148 A. 436* war der Status von Sklavinnen und zu entlohnenden Dienerinnen im jüdischen Kontext vergleichbar, so daß es zu rechtfertigen ist, den Unterschied zwischen einer Sklavin und einer Dienerin zu vernachlässigen. Vgl. aber auch die sozialgeschichtlichen Untersuchungen bei *Dannemann, Rahmen (1994), 228-237.* Sie betont immer wieder die Bezeichnung »Sklavin«, die eine unfreie Frau meine, gegenüber einer freien »Magd«.
111 Diese tritt allerdings als Mitglied der christlichen Gemeinde in Erscheinung, nicht in ihrer Funktion als Türhüterin, vgl. *Richter Reimer, Frauen (1992), 247-248.* Nach *Eltrop, Kinder (1996), 150* muß eine Türwächterin auch entscheiden, wer einzulassen ist und wer nicht. Demgegenüber betont *Dannemann, Rahmen (1994), 240 u. ö.,* daß die Funktion der Sklavin bei Mt, Mk und Lk gerade *nicht* genau bestimmt werde.
112 Vgl. die Aufstellung o. S. 132 A. 438.
113 Z. B. kommt die Magd in der Auslegung von *Schmithals, Lk (1980), 216-217* überhaupt nicht vor. Vgl. die Kritik der traditionellen und auch der feministischen Konzentration auf die Erzählfigur des Petrus (bzgl. des mk Textes) bei *Dannemann,*

zählerische Hauptfigur zweifellos Petrus darstellt, während die Nebenfiguren allein die Funktion haben, den Blick immer wieder auf diese Hauptfigur zu lenken.

Auch eine feministische Lektüre des Textes muß von diesem Sachverhalt ausgehen. Sie kann aber darüber hinausgehen, indem sie das Augenmerk auf die weithin vernachlässigten Nebenfiguren lenkt und diese sichtbar macht. An die Figur der Sklavin können sich sozialgeschichtliche Überlegungen zur Arbeit und Lebenssituation von Frauen und besonders von Sklavinnen anschließen. Auf erzählanalytischer Ebene kann das Zu- und Gegeneinander der Figuren beleuchtet werden. In feministisch-befreiungstheologischer Lektüre können darin Machtverhältnisse aufgedeckt werden, die eine mögliche Solidarität der kleinen Leute verhindern. Dies kann alltägliche, unfreiwillige Verstrickungen ins System der Ungerechtigkeit entlarven und einen Ansatzpunkt für eine mögliche Aktualisierung des Textes bieten.

Aber auch die Figur des Petrus selbst wird in feministischer Lektüre neu beleuchtet werden. Nicht in dem Sinne, sein Versagen gegen die solidarische Treue der Frauen während der Passion, des Todes und des Begräbnisses Jesu auszuspielen und ein entsprechend negatives Petrusbild zu zeichnen. Sondern ihn zu verstehen als einen Menschen, der versucht, Jesus so weit wie möglich treu zu bleiben, darin aber zunächst scheitert. Die Machtspiele, die sich im Hof des Hohenpriesters zwischen den SklavInnen und Petrus abspielen, spiegeln im Kleinen den großen Machtkampf zwischen Jesus und der jüdischen Führungselite bzw. dem römischen Machthaber, ein Machtkampf, in dem Jesus nach der lk Darstellung zwar souverän bleibt, der für ihn aber dennoch tödlich endet.

Petrus wird gezeigt als einer, der an seiner eigenen Furcht, aber auch an der mangelnden Solidarität der Machtlosen scheitert. Dennoch ist mit diesem Scheitern sein Weg nicht zu Ende. Lk-Ev und Apg zeigen ihn bekanntlich weiterhin als zentrale Figur innerhalb der Gruppe der Christusgläubigen. So könnte sein gebrochener Weg ein Ansatzpunkt für ein Bild von »fehlbaren« Führungsleuten sein, die mit ihren Schattenseiten und Brüchen auf dem Weg sind, wie ja auch die Entwicklung des Petrus nach den Osterereignissen nicht abgeschlossen war, wie z. B. sein Lernprozeß im Blick auf den Hauptmann Kornelius (Apg 10) zeigt.

Vor allem in diesen Überlegungen ist auch der Beitrag dieser Perikope zur Fragestellung dieser Untersuchung zu sehen. Während die galiläischen Frauen während der Verhaftung und des Prozesses Jesu unsichtbar bleiben, bleibt der Weg des Petrus während dieser Zeit weiterhin ein Stück sichtbar. Doch er bleibt sichtbar als ein gebrochener Weg, als Scheitern. Dennoch ist im Blick auf die *Auslegung* festzustellen, daß die Bereitschaft, diesen Weg des

---

Rahmen (1994), 222-227.

Petrus, anknüpfend an das verwendete Verb ἀκολουθεῖν (22,54), als *Nachfolge* zu bezeichnen, ungleich größer ist[114] als beim Weg der galiläischen Frauen.

2.2 Die klagenden Frauen am Weg (Lk 23,26-32)

(a) Zwischen Prozeß und Kreuzigung. Der Kontext

Nach der Verleugnungs- und Verspottungsszene stellt 22,66 einen größeren Gliederungseinschnitt dar. Nachdem die Ereignisse seit dem Abendmahl allesamt am Abend und die Nacht hindurch gespielt hatten und der Hahnenschrei nach der Verleugnung des Petrus den herannahenden Morgen angekündigt hatte, steht in 22,66 eine Zeitangabe, die nun endgültig den Beginn des neuen Tages markiert. Mit dieser Zeitangabe geht eine Ortsveränderung zum Synedrion einher, gestaltet wiederum mit dem Verb ἀπάγειν, verbunden mit der pronominalen Nennung Jesu als direktem Objekt. Auch die den Prozeß führenden Autoritäten finden hier eine nominale Nennung, die sich von der Aufzählung 22,52 unterscheidet und daher hier vergleichend aufgeführt sei:

22,52 ἀρχιερεῖς καὶ στρατηγοὺς τοῦ ἱεροῦ καὶ πρεσβυτέρους
22,66 τὸ πρεσβυτέριον τοῦ λαοῦ, ἀρχιερεῖς τε καὶ γραμματεῖς

Der Prozeß Jesu ist im folgenden in verschiedene Szenen untergliedert, die jeweils durch den Wechsel des Ortes, verbunden mit dem Wechsel des hauptsächlichen Prozeßgegenübers Jesu voneinander abgegrenzt sind[115]: Nachdem die erste Szene im Synedrion vor dem Ältestenrat, den Hohenpriestern und Schriftgelehrten stattgefunden hatte (22,66-71), spielt eine zweite Szene bei Pilatus und vor Pilatus (23,1-5), eine dritte bei Herodes (23,6-12), bis die vierte schließlich wieder zu Pilatus zurückkehrt (23,13-25, Ortsveränderung bereits 23,11). Die zweite bis vierte Prozeßszene sind zusätzlich dadurch ausgezeichnet, daß sie sämtlich auf Pilatus bezogen sind: Wird er in 23,1 namentlich eingeführt, so werden die beiden folgenden Szenen durch die betonende Formulierung Πιλᾶτος δὲ, jeweils gefolgt von einer Partizipialkonstruktion, die mit einem finiten Verb weitergeführt wird (23,6.13), eingeleitet. In diesen drei Pilatus-Szenen begegnet auch nur einmal, zu Beginn, das Verb ἄγειν, während die folgenden beiden Ortsveränderungen zu Herodes und wieder zurück mit dem Verb ἀναπέμπειν (23,6.11[.15]) gestaltet sind. Subjekt sind nicht wie bei den ἄγειν-Stellen eine Gruppe nur pronominal genannter, aber nicht näher bestimmter »sie«, die aufgrund der Konstellation aber zur Seite

---

114 Vgl. die in A. 86 zusammengestellten Positionen.
115 Vgl. *Büchele, Tod (1978), 26*, für den allerdings mit 23,1 ein »ganz *neuer Abschnitt* im Passionsgeschehen« beginnt. Die Verbindung zu 22,66-71 diskutiert er nicht. Eine vierte Prozeßszene würde wahrscheinlich seine Dreiergliederung von Lk 23 zu sehr stören (vgl. *25*).

der jüdischen Autoritäten gerechnet werden müssen, sondern Pilatus und Herodes. Die jüdischen Autoritäten werden dabei noch dreimal - einmal pro Szene - nominal genannt:

23,4   πρὸς τοὺς ἀρχιερεῖς καὶ τοὺς ὄχλους
23,10   οἱ ἀρχιερεῖς καὶ οἱ γραμματεῖς
23,13   τοὺς ἀρχιερεῖς καὶ τοὺς ἄρχοντας καὶ τὸν λαὸν

Während sich vor Pilatus jeweils die Hohenpriester mit einer größeren Volksmenge befinden, sind bei der Szene vor Herodes nur die Hohenpriester und Schriftgelehrten anwesend.

Nach der vierten Prozeßszene stellt 23,26 einen Einschnitt dar, der wiederum durch eine Ortsveränderung (ἀπήγαγον αὐτόν) sowie den Wechsel eines Teils der beteiligten Personen markiert ist[116]: Während die Gruppe derer, die Jesu Tod betreiben, pronominal weitergeführt wird und daher grammatikalisch auf die in 23,13 genannten jüdischen Autoritäten und das Volk zu beziehen ist[117], wird neu Simon von Kyrene genannt.

23,26 stellt auch insofern einen Einschnitt dar, als nun der Prozeß beendet ist und der Weg zum Kreuz beginnt. Dieser Weg wird mittels einiger Verben der Bewegung angedeutet[118]: V. 26 ἀπήγαγον αὐτόν; φέρειν ὄπισθεν τοῦ Ἰησοῦ, V. 27 ἠκολούθει δὲ αὐτῷ, V. 32 ἤγοντο δὲ. So entsteht das Bild eines Zuges, der mit jedem der genannten Bewegungsverben vergrößert wird: 23,26 wird Simon von Kyrene zwangsweise diesem Zug eingegliedert, 23,27 kommen eine Volksmenge und im besonderen eine Gruppe von Frauen hinzu, und 23,32 werden die beiden Übeltäter genannt, denen das gleiche Schicksal wie Jesus bevorsteht.

Da 23,33 dieser Weg zu Ende ist und der Ort der Kreuzigung genannt wird, ist es gerechtfertigt, 23,26-32 als Texteinheit zu analysieren.

(b) Drei Szenen. Die Gliederung

Obwohl die Szenerie eines einzigen großen Hinrichtungszuges entworfen wird, sind die drei neu eingeführten Personen(gruppen) jeweils allein auf Jesus bezogen: Simon wird gezwungen, das Kreuz ὄπισθεν τοῦ Ἰησοῦ zu tragen. Die 23,27 auftretenden Volksmenge folgt nicht etwa »ihnen«, sondern nur *Jesus* (αὐτῷ), und die beiden Übeltäter gehen nicht hinter dem Zug her, sondern sollen *mit ihm* (σὺν αὐτῷ) umgebracht werden. So entsteht trotz der

---

116 Vgl. *Büchele, Tod (1978)*, 42.
117 Damit benennt Lk die römischen Soldaten nicht explizit und läßt es so in der Schwebe, wer Jesus gekreuzigt hat - bzw. suggeriert eine Verbindung zu den jüdischen Autoritäten und dem Volk. Daß die römischen Soldaten die Ausführenden der Kreuzigung sind, wird erst V. 36f deutlich. *Nolland, Lk (1993), 1136* erklärt dies allerdings lediglich als »grammatical carelessnes«.
118 So auch *Büchele, Tod (1978), 45*.

großen Bewegung der Eindruck dreier in sich abgeschlossener Bilder, in denen jeweils Jesus neben einer Person bzw. im Gegenüber zu einer Gruppe gezeigt wird[119]:

23,26	Jesus und Simon von Kyrene
23,27-31	Jesus und die Volksmenge mit den Frauen
23,32	Jesus und die beiden Übeltäter

Die mittlere, große Szene, die Jesus im Gegenüber zu einer großen Volksmenge und speziell im Gegenüber zu einer Gruppe klagender Frauen zeigt, wird von zwei kleinen Szenen gerahmt: 22,26 wird das Kreuz einem zufällig vorbeikommenden Kyrenäer mit Namen Simon aufgeladen, damit er es hinter Jesus her trage. 22,32 wird der Blick auf zwei κακοῦργοι gelenkt, die mit Jesus abgeführt werden und die das gleiche Schicksal wie Jesus erwartet. Beiden Szenen ist gemeinsam, daß sich die Personen, die Jesus gegenübergestellt werden, in keiner Weise aktiv zu Jesus verhalten. Sondern Simon, der, von seinem Acker kommend eher zufällig in das Geschehen gerät, wird gezwungen, etwas für Jesus zu tun, nämlich, ihm das Kreuz zu tragen. Und die beiden anderen Verurteilten erleiden ebenso zufällig das gleiche Geschick wie Jesus. Dennoch wurde und wird in der Literatur Simon von Kyrene häufig als idealer Jünger interpretiert, der, wie in 9,23 oder 14,27 gefordert, das Kreuz ὄπισθεν τοῦ Ἰησοῦ trüge.[120] In der Tat ist der mk Wortlaut bei Lk dahingehend verändert, daß das ἀγγαρεύειν Mk 15,21 zu einem ἐπιλαμβάνεσθαι in Lk 23,26 abgemildert ist und auch das Zufällige der Anwesenheit des Simon durch das Fehlen des παράγοντα bei Lk weniger stark zum Ausdruck kommt. Und schließlich wurde die Umformulierung des Kreuztragens selber als bewußte Angleichung an die Nachfolgesprüche Lk 9,23 oder 14,27 interpretiert.

Jedoch kann dies aus folgenden Gründen nicht überzeugen: Erstens bleibt auch bei Lk der Zwangscharakter bestehen, auch wenn er gegenüber Mk etwas abgemildert ist; doch drückt auch das Verb ἐπιλαμβάνεσθαι einen Zwang aus, und Simon nimmt bei Lk das Kreuz - das im übrigen auch nicht *seines* ist - ebenfalls nicht selbst auf, sondern es wird ihm aufgeladen.[121] Da-

---

119 Diese Dreiergliederung schlagen auch *Büchele, Tod (1978), 67; Giblin, Destruction (1985), 94; Brown, Death (1994), 905; Prete, Passione II (1997), 37* vor.

120 Vgl. *Schneider, Passion (1973), 116; Schneider, Lk (1977), 481; Büchele, Tod (1978), 43-44.67.97-99; Schmithals, Lk (1980), 224; Untergaßmair, Kreuzweg (1980), 177 u.ö.; Schweizer, Lk (1982), 237; Fitzmyer, Lk (1985), 1497; Giblin, Destruction (1985), 94f; Karris, Luke (1985), 92; Brown, Death (1994), 918; Prete, Passione II (1997), 41.* Eine Auflistung von weiteren Autoren, die diese Position vertreten, findet sich bei *Soards: Bib 68 (1987), 227 A. 28*, der selbst skeptisch bleibt, ebenso wie *Nolland, Lk (1993), 1136.*

121 Damit ist *Untergaßmair, Kreuzweg (1980), 177* zu widersprechen, der Simon als denjenigen (positiv) dargestellt sieht, der auf der Stelle bereit sei, zu handeln. Da-

neben muß berücksichtigt werden, daß ἐπιλαμβάνεσθαι ein lk Vorzugswort darstellt. Zum zweiten ist auch bei Lk Simon nur zufällig in das Geschehen verwickelt, wie die auch bei Lk beibehaltene Notiz, daß er gerade vom Feld kam, zeigt. Und schließlich macht eine direkte Gegenüberstellung mit den Nachfolgesprüchen deutlich, daß auch erhebliche Unterschiede bestehen und 23,26 keine direkte wörtliche Wiederaufnahme eines dieser Nachfolgesprüche ist:

Lk 9,23	Lk 14,27	Lk 23,26
Εἴ τις θέλει ὀπίσω μου ἔρχεσθαι, ἀρνησάσθω ἑαυτὸν καὶ ἀράτω τὸν σταυρὸν αὐτοῦ καθ᾽ ἡμέραν καὶ ἀκολουθείτω μοι.	ὅστις οὐ βαστάζει τὸν σταυρὸν ἑαυτοῦ καὶ ἔρχεται ὀπίσω μου, οὐ δύναται εἶναί μου μαθητής.	ἐπιλαβόμενοι Σίμωνά τινα Κυρηναῖον ἐρχόμενον ἀπ᾽ ἀγροῦ ἐπέθηκαν αὐτῷ τὸν σταυρὸν φέρειν ὄπισθεν τοῦ Ἰησοῦ.

Sollte 23,26 tatsächlich die Absicht gehabt haben, Simon als Idealtypus oder als ersten derer zu zeichnen, die Jesu Aufforderungen aus 9,23 oder 14,27 verwirklichen, so wäre diese Charakterisierung mit größter Zurückhaltung geschehen.[122] Insgesamt wird dadurch die Deutung Simons als Prototyp des Jesusnachfolgers jedoch fraglich.

Die zweite rahmende Szene greift mit dem Verb ἄγειν das ἀπήγαγον αὐτόν aus 23,26 auf, so daß auch mittels dieser beiden Verben eine Inklusion gebildet wird. Sie lenkt nach dem Gerichtswort Jesu die Aufmerksamkeit zurück auf den Kreuzweg, indem sie mit der Erwähnung der beiden κακοῦργοι und ihres Loses wieder das Todesschicksal Jesu in Erinnerung ruft.

Dazwischen kommt die Szene der klagenden Frauen zu stehen. Während weder der zum Kreuztragen genötigte Simon noch die beiden κακοῦργοι auf Jesus und sein Todesschicksal reagieren, verhalten sie sich durch ihre Klage aktiv gegenüber dem, was geschieht und auch gegenüber Jesus selbst, und während Simon und die beiden Verurteilten zufällig und unfreiwillig in das Geschehen verwickelt werden, sind sie - so muß vorausgesetzt werden - um Jesu willen bei dem Hinrichtungszug anwesend.

Dieser Szene, in der Jesus den klagenden Frauen gegenübersteht (23,27-31), soll im folgenden unsere Aufmerksamkeit gelten. Der Text läßt sich zunächst in zwei Teile untergliedern:

---

zu stehe das Volk und insbesondere die Frauen in einem Kontrast; diese liefen nur nach und seien lediglich zu Mitleid fähig, hätten aber nicht die Kraft, für Jesus zu handeln. Sie verkörperten die oberflächliche Haltung, gegen die Jesus zeit seines Lebens opponiert habe.

122 Vgl. *Soards: Bib 68 (1987)*, 227: »Perhaps the most that can be said about Simon ... is ... that in v. 26 Simon is described with language that is capable of reminding the reader of the implications for others of what happened to Jesus.«

| 23,27 | Auftreten der Volksmenge und der klagenden Frauen |
| 23,28-31 | Antwort Jesu an die Frauen |

Diese Antwort Jesu ist wiederum aus mehreren Teilen zusammengesetzt[123]:

23,28	Zurückweisung und Korrektur der Klage der Frauen
23,29	Erste Begründung (ὅτι): Es werden Tage kommen, an denen unfruchtbare und kinderlose Frauen seliggepriesen werden
23,30	Vertiefung dieser Begründung (τότε): Dann wird man sich den Tod wünschen
23,31	Weitere Begründung (ὅτι): Spruch vom grünen und vom dürren Holz - Verbindung des Schicksals Jesu mit dem Schicksal der Stadt[124]

Im folgenden soll zuerst der erste Teil (V. 27) - und hier speziell die Klage der Frauen - genauer analysiert und mit Hilfe von literarischen und historischen Parallelen näher beleuchtet werden. Danach soll diese Klage zur Antwort Jesu in Beziehung gesetzt werden.

(c) Die Klage. Annäherungsversuche

Eine große Menge Volks und eine große Menge von Frauen folgen Jesus. Der Genitiv γυναικῶν ist wie der Genitiv τοῦ λαοῦ von πολὺ πλῆθος abhängig, d.h. πολὺ πλῆθος bezieht sich sowohl auf das Volk, als auch auf die Frauen.[125] Jedoch wird nicht über das gesamte Volk, sondern allein von den Frauen gesagt, daß sie um Jesus klagen und trauern. Dies zeigen das Relativpronomen αἵ, die pronominale Wiederaufnahme in 23,28 αὐτὰς und die Anrede durch Jesus als *Töchter Jerusalems*. Androzentrische Sprache, die hier vorauszusetzen ist, schließt es aus, eine gemischte Volksmenge als *Töchter Jerusalems* anzureden.

Auch wenn eine Gruppe von klagenden Frauen aus der Volksmenge herausgehoben ist, ist es dennoch nicht gerechtfertigt, einen »scharfen Gegensatz« zwischen dem Volk und den Frauen zu konstruieren[126] oder gar die

---

123 23,26-32 stellt wahrscheinlich eine lk Komposition dar, die in 23,26.32 auf der mk Vorlage, in 23,30 auf der LXX und in 23,29.31 evtl. auf vorlk Traditionen beruht, vgl. *Soards: Bib 68 (1987), 226-241; Nolland, Lk (1993), 1135; Brown, Death (1994), 929-931* (ausführliche Diskussion der Forschung).

124 Ausführliche Diskussion der Forschungspositionen zu diesem rätselhaften Spruch bei *Brown, Death (1994), 925-927.*

125 Die abweichende Lesart γυναῖκες, die in D und einigen wenigen anderen Mss belegt ist, zeigt, daß die Vorstellung einer großen Menge von Frauen abgeschwächt werden mußte.

126 So *Büchele, Tod (1978), 43.* Dagegen argumentiert zu Recht *Untergaßmair, Kreuzweg (1980), 15-16* unter Hinweis auf die Genitivkonstruktion und die Verwendung von πολὺ πλῆθος bei Lk sowie die Kombination mit anderen Nomina. Vgl. auch

Frauen nochmals *negativ* gegenüber dem Volk abzugrenzen als diejenigen,
die bis zum Schluß unverständig sind und Gottes Boten abweisen[127]. Sondern
an dieser Stelle ist nur soviel festzuhalten, daß eine große Gruppe von Frauen
von der großen Volksmenge unterschieden und gesondert erwähnt wird.[128]

Das, was die Frauen tun, wird in einem Relativsatz ausgedrückt, dessen
Prädikate im Imperfekt konstruiert sind (ἐκόπτοντο καὶ ἐθρήνουν), so daß
hier länger andauernde Aktivitäten der Frauen im Blick sind. Abgesehen davon, daß die Frauen - ausgenommen vielleicht die sich nach dem Tode Jesu
an die Brust schlagende Volksmenge 23,48 - die einzigen sind, die angesichts
des furchtbaren Geschehens eine menschlich ›angemessene‹ emotionale Reaktion zum Ausdruck bringen[129], kann dieses Trauern und Klagen der Frauen
noch genauer gefaßt werden:

Eine Klage um einen Todgeweihten und eine vorweggenommene Totenklage

Das Verb κόπτειν bedeutet im Medium zunächst *sich vor Trauer an die
Brust schlagen* und von daher auch absolut *heftig trauern* und wird so zu
einem festen Bestandteil und Ausdruck der Totenklage.[130] Im NT begegnet es
in diesem Sinne in Mt 11,17, dem Gleichnis von den lustlosen Kindern, die
sich auf die Klagelieder der anderen nicht an die Brust schlagen. Des weiteren
im apk Zusammenhang Mt 24,30, das wie unsere Stelle Sach 12,10.12 aufnimmt. Auch in Offb 1,7 wird auf ähnliche Weise auf Sach 12,10 Bezug genommen. Außerdem begegnet das Verb in Offb 18,9. Hier geht es um die
Trauer der Könige der Erde über den Untergang Babylons.

Bei Lk begegnet das Verb neben unserer Stelle nur noch im Zusammenhang mit der Auferweckung der Tochter des Jairus (8,52). Dort ist es - wie
übrigens auch an unserer Stelle, vgl. V. 28 - mit dem Verb κλαίειν kombiniert. Beides meint dort die Klage um das tote Kind.

Das Verb θρηνεῖν bedeutet transitiv *jemanden beklagen, beweinen* und
begegnet in dieser Form im NT nur an dieser Stelle. Intransitiv wird es Mt

---

Giblin, Destruction (1985), 97-98; Brown, Death (1994), 919.

127 So *Neyrey: NTS 29 (1983), 75.* Er argumentiert, daß Jerusalem im lk Passionsbericht eher negativ, das Volk hingegen eher positiv gezeichnet werde. So ist es für
ihn wichtig zu betonen, daß hier das Volk von den Frauen unterschieden wird;
denn das *Volk* komme ja später zur Reue (23,48; Apg 2,41-42; 5,12-14); in den
Töchtern Jerusalems sei das Jerusalem/Israel angesprochen, das weiterhin Gottes
Boten zurückweise. Dies weist *Nolland, Lk (1993), 1136* mit Recht zurück.

128 Vgl. *Soards: Bib 68 (1987), 228.*

129 Vgl. *Dalman, Jesus (1922), 174:* »Menschliches Mitleid mit schwerem Geschick
zeigten die jerusalemischen Frauen«. So auch *Zahn, Lk (⁴1920), 696; Lagrange, Lk
(⁴1927), 585.* Auch *Schnackenburg, Person (1993), 229* hebt »die Fähigkeit der
Frauen, Unrecht und Leid mitzuempfinden«, hervor und hält sie im Vergleich mit
Simon von Kyrene sogar für »diejenigen, die das Geschehen stärker erfassen«.
Ähnlich *Giblin, Destruction (1985), 98; Bösen, Tag (1994), 264; Brown, Death
(1994), 919; Prete, Passione II (1997), 42.*

130 Vgl. *Stählin: ThWNT III (1938), 829-860.*

11,17 par Lk 7,32, im Gleichnis der lustlosen Kinder, verwendet und des weiteren in Joh 16,20. Im Gleichnis der lustlosen Kinder ist sicher die Totenklage im Blick, ebenso bei der Verwendung des Nomens θρῆνος in Mt 2,18. Hingegen meint das Wort Jesu in Joh 16,20 eher ein allgemeiner gefaßtes Wehklagen.

Unter Berücksichtigung des Befundes der Verwendung der beiden Verben in der LXX sowie im Profangriechischen[131] bleibt festzuhalten, daß es stets um den Ausdruck tiefster Trauer geht, bis hin zu ihrer intensivsten Form, der Trauer und der Klage um eine/n Tote/n. Für letzteres ist besonders das Verb κόπτεσθαι oder auch das Nomen κοπετός als geprägte Wendung anzusehen. Aber auch das Verb θρηνεῖν ist im Kontext der Totenklage anzusiedeln, obgleich es - im Unterschied zum Nomen θρῆνος - auch für Klagen verwendet wird, das nicht ausdrücklich einem Toten gilt.[132] Doch die Kombination der beiden Verben dürfte für unsere Stelle die Deutung als Totenklage bestätigen.[133]

Beide Verben sind nach diesen Stellen nicht auf frauenspezifische Tätigkeiten beschränkt.[134] Die spielenden Kinder nehmen offenbar ein Tun der Erwachsenen auf, wobei der Formulierung nicht zu entnehmen ist, ob sie klagende Männer oder klagende Frauen nachahmen. Bei den apk gefärbten Stellen sind es *alle Völker/Stämme der Erde* (Mt 24,30; Offb 1,7) und *die Könige* (Offb 18,9), die sich trauernd an die Brust schlagen, bei der Auferweckung der Tochter des Jairus (Lk 8,52) *alle*, und in der Abschiedsrede Joh 16,20 sind schließlich die *JüngerInnen* als Trauernde im Blick.[135] Auch in der LXX sind diese beiden Verben nicht auf Frauen beschränkt: Gen 23,2 ist es Abraham, der Sara betrauert (κόψασθαι), Gen 50,10 ist es ebenfalls eine eher männlich umschriebene Gruppe, zumindest aber eine Gruppe, die aus Männern und Frauen besteht, die um Jakob Totenklage hält. Ebenso ist in verschiedenen Belegen in den Prophetenbüchern das ganze Volk aufgerufen, zu klagen und zu trauern; als ein Beispiel von vielen vgl. Jer 4,8 (κόπτεσθε καὶ ἀλαλάξατε).

Dieser Befund ist festzuhalten; denn die spezifische Totenklage wurde in der Antike eher von Frauen oder Frauengruppen ausgeübt, und zwar sowohl

---

131 Vgl. *Stählin: ThWNT III (1938)*, 149-142;832-843.
132 Vgl. *Stählin: ThWNT III (1938)*, 148-155, hier bes. *149*.
133 Die Deutung der Klage der Frauen als Totenklage ist in der Literatur weit verbreitet, vgl. bereits *Dalman, Jesus (1922)*, 174; *Käser: ZNW 54 (1963)*, 242-243; *Schneider, Lk (1977)*, 481; *Untergaßmair, Kreuzweg (1980)*, 17; *Wiefel, Lk (1987)*, 395; *Kremer, Lk (1988)*, 229; *Brown, Death (1994)*, 920. Dagegen betont *Blinzler, Prozeß (1960)*, 298, daß es sich »nicht um die eigentliche Totenklage, die von Angehörigen und bezahlten Klageweibern beim Grabgeleite und bei Verschließung des Sarges und des Grabes vorgenommen wurde«, handelt.
134 Vgl. schon *Jahnow, Leichenlied (1923)*, 57-59.
135 Substantivisch wird die Totenklage z. B. in Apg 8,2 ausgedrückt (κοπετός); auch hier sind es Männer, ἄνδρες, die die Totenklage halten.

im Alten Orient, als auch in der griechisch-römischen Welt, als auch in Israel bis hin zum Judentum.[136] Daneben ist aber nicht selten von der Trauer und der Klage gemischter oder speziell männlicher Gruppen oder männlicher Einzelpersonen die Rede, und zwar wiederum in allen der genannten Bereiche.[137] Wenn also Lk hier nur die Frauen klagen und trauern läßt, kann dies seinen Grund nicht darin haben, daß generell nur Frauen als auf diese Weise klagend vorstellbar waren, daß also diese Frauen hier (nur) in der Rolle von »Klageweibern« auftreten würden.[138] Vom kulturellen Umfeld und Vorstellungshorizont her wäre es möglich gewesen, das gesamte Volk diese Klage anstimmen zu lassen, und in Lk 23,48 sind es auch alle Zusehenden, also wohl Männer und Frauen, die sich angesichts des Todes Jesu an die Brust schlagen; an dieser Stelle ist dies allerdings mittels des Verbs τύπτειν ausgedrückt, so daß es hier heißt: τύπτοντες τὰ στήθη ὑπέστρεφον.[139] So dürfte in der ausschließlichen Klage der Frauen - denn im unmittelbaren Kontext ist von der Volksmenge die Rede - eine Akzentsetzung zu vermuten sein. Denn daß *nur* die Frauen klagen, obgleich das ganze Volk anwesend ist, ist nicht vom Vorstellungshorizont erzwungen.

Die Klage der Frauen ist nun nach alldem ein Ausdruck tiefster Trauer. Besonders durch die Verwendung des Verbs κόπτεσθαι sowie durch die Kombination der beiden Verben κόπτεσθαι und θρηνεῖν rückt diese Klage in die Nähe der Totenklage. Dann stimmen die Frauen hier »in einer eigentümlichen Prolepse«[140] eine Totenklage auf Jesus an. Doch auch wenn die Klage der Frauen keine direkte Totenklage, sondern ein Wehklagen um einen Todgeweihten ist, ist sie dennoch ein Akt öffentlicher Trauer um Jesus. Dies ist nicht selbstverständlich und bedarf einer eingehenderen Untersuchung:

Die Klage der Frauen und das Trauerverbot für Hingerichtete

Nach Lk 23,13-25 hatte sich die aufgewiegelte Stimmung des Volkes gegen Jesus entladen. Nicht nur die Führer des Volkes, sondern auch dieses selbst hatte die Kreuzigung Jesu gefordert (vgl. die Erwähnung des Volkes in 23,13). Schon auf diesem Hintergrund muß die völlig veränderte Rolle des

---

136 Vgl. *Jahnow, Leichenlied (1923)*, 59; *Stählin: ThWNT III (1938)*, 833-834 für den Alten Orient und Griechenland, *836-837* für Israel, *841-842* für das Judentum; vgl. auch *149-150*: θρῆνος im griechisch-römischen Kulturkreis, sowie *150-152*: θρῆνος im vorderasiatischen Kulturkreis. Vgl. auch die feministische Analyse von *Bird: FS Gottwald (1991)*, 106.

137 Auch dazu vgl. *Jahnow, Leichenlied (1923)*, 57-59 sowie die Belege bei *Stählin: ThWNT III (1938)*, 834.837.842.

138 Gegenteilig *Untergaßmair, Kreuzweg (1980)*, 16; *Ringe, Lk (1995)*, 276.

139 Dieser Sachverhalt ist bei *Stählin: ThWNT III (1938)*, 844-845 verschleiert. Da er dieses öffentliche Trauern um Jesus als einen mutigen Akt des Protestes und des Bekennens ansieht, scheint ihm daran zu liegen, das gesamte Volk und nicht nur die Frauen als mutige Bekenner Jesu aufzubauen.

140 *Stählin: ThWNT III (1938)*, 844. Vgl. auch in einer ähnlichen Formulierung *ebd. 153*.

Volkes und besonders der Frauen ab 23,27 auffallen. Die Frauen, die dem Hinrichtungszug nicht nur folgen, sondern den zum Tode Verurteilten auch noch laut und öffentlich beklagen, stehen in einem offensichtlichen Gegensatz zur Volksmenge, die vor kurzem noch Jesu Tod gefordert hatte.

Aber nicht nur vor dem Hintergrund des literarischen Kontextes im Lk-Ev selbst, sondern auch vor dem historischen Hintergrund ist es bemerkenswert, daß diese Notiz über die Klage der Frauen Eingang in die lk Darstellung gefunden hat. Verschiedene literarische Zeugnisse belegen, daß es in keinem antiken Herrschaftssystem opportun war, sich mit den Opfern der von dieser Herrschaft ausgeübten Gewalt in irgendeiner Weise zu solidarisieren. Denn Hinrichtungen - und Kreuzigungen im Speziellen - bedeuteten nicht nur, daß dem Leben des Verurteilten - häufig auf grausamste Weise - ein Ende gesetzt wurde, sondern umfaßten eine Reihe von Maßnahmen über dessen Tod hinaus, die zur öffentlichen Abschreckung dienten, aber vor allem für Angehörige und Freunde schmach- und leidvolle Konsequenzen nach sich zogen. Als solche Maßnahmen sind vor allem die Verhinderung von Trauerbekundungen für die Hingerichteten und die Verweigerung ihrer Bestattung zu nennen. Nach römischem Recht, das sowohl für die Zeit Jesu, als auch für die Zeit der Entstehung des Lk-Evs vorauszusetzen ist, mußten die Leichen von Gekreuzigten hängenbleiben, bis sie verwest oder von Tieren aufgefressen waren[141]. Strafverschärfend scheint - zumindest in gewissen Fällen[142] - auch ein Verbot von Trauerbekundungen verhängt worden zu sein, das - auch - dazu diente, SympathisantInnen und Angehörige der Hingerichteten auszumachen und auch diese zu verfolgen. Dazu seien einige Beispiele aufgeführt:

Tacitus berichtet im Zusammenhang von Massenhinrichtungen unter Tiberius: »Und den Verwandten und Freunden wurde nicht gestattet heranzutreten, sie zu beweinen, nicht einmal, sie länger zu betrachten, vielmehr mußten Wächter, die ringsum aufgestellt waren und den Ausdruck der Trauer jedes einzelnen lauernd verfolgten, bei den verwesten Leichen bleiben ...« (Ann 6,19) Zuvor hatte Tacitus bereits die Gefährdung von Frauen, die Hingerichtete betrauerten, beschrieben: »Nicht einmal die Frauen blieben von den Prozessen unangefochten. Weil man sie hochverräterischer Absichten nicht beschuldigen konnte, klagte man sie wegen ihrer Tränen an; so brachte man die

---

141 Petronius, Satyricon 111.6 erwähnt im Laufe einer Erzählung über eine unmäßig über ihren verstorbenen Mann trauernde Witwe einen Soldaten, »der die Kreuze bewachte, damit niemand eine Leiche zur Beisetzung abnehme«. Als eine der Leichen dennoch abgenommen und bestattet wird, wird deutlich, daß der Soldat selbst dafür haften soll *(112)*. Vgl. auch *Mommsen, Strafrecht (1899), 989; Blinzler, Prozeß (⁴1969), 385.394; Bösen, Tag (1994), 326 mit A. 1-3.*

142 Von einem (generellen) römischen Verbot der Totenklage für Hingerichtete gehen *Mommsen, Strafrecht (1899), 989f* (Quellenbelege!); *Schmid, Lk (⁴1960), 346; Blinzler, Prozeß (⁴1969), 403-404.415* aus. Hingegen ist es nach *Wiefel, Lk (1987), 395* schwierig auszumachen, ob eine öffentliche Totenklage für (durch römischen Spruch) zum Tode Verurteilte verboten war, und auch *Brown, Death (1994), 920* zweifelt, ob ein solches Verbot, sollte es je existiert haben, auch in jedem kleineren Fall in den Provinzen angewendet worden sei.

greise Vitia um, des Fufius Geminus Mutter, weil sie den Tod ihres Sohnes beweint habe.« (Ann 6,10)

Sueton notiert ebenfalls als Beispiel für die Grausamkeiten des Tiberius: »Es war untersagt, daß die Angehörigen um ihre zum Tod verurteilten Verwandten trauerten.« (Tib 61)

Können diese Beispiele noch als Einzelfälle gewertet werden, die die besondere Grausamkeit des Tiberius dokumentieren sollen[143], so wird doch bei *Flavius Josephus* und *Philo von Alexandrien* immer wieder deutlich, daß die Trauer über Hingerichtete und deren Bestattung ein heikler, ja gefährlicher Akt war, der eine grausame Bestrafung durch die Machthaber nach sich ziehen konnte und deshalb aus Angst häufig unterlassen wurde.

Flavius Josephus schreibt über das Wüten der Zeloten gegen die Einwohnerschaft von Jerusalem: »Die bei Tag Verhafteten wurden bei Tag hingerichtet, ihre Leichen schaffte man weg und warf sie auf die Straße, um für andere Gefangene Raum zu gewinnen. So sehr war das Volk vom Schrecken gelähmt, daß niemand es wagte, einen ihm nahestehenden Toten öffentlich zu beweinen oder zu begraben; nur hinter verschlossenen Türen vergoß man für sie heimlich Tränen, und wenn man sie beseufzte, sah man sich vorher um, ob keiner der Gegner es höre. Denn wer trauerte, erlitt sogleich das gleiche Schicksal wie der Betrauerte selbst.« (Bell IV 5,3 § 330-332)

Wie die Zeloten, so verfolgte nach *Flavius Josephus* auch Herodes die Sympathisanten der von ihm Hingerichteten: »Unterdessen scharten sich einige aufrührerisch gesinnte Juden zusammen und beklagten unter großem Geschrei den Tod des Matthias und seiner Genossen, die Herodes hatte hinrichten lassen und denen man bis dahin ... aus Furcht vor Herodes die Ehre einer feierlichen Beisetzung noch nicht erwiesen hatte.« (Ant XVII 9,1 § 206)

Beziehen sich die beiden eben zitierten Beispiele auf nichtrömische Machthaber, so zeigt eine weitere Bemerkung des *Josephus*, daß auch unter den römischen Statthaltern diejenigen, denen nur eine Verbindung zu einem Gekreuzigten nachgewiesen werden konnte, in Gefahr standen, ihr Leben zu verlieren. Über Massenkreuzigungen unter Felix berichtet er: »Die Zahl der von ihm gekreuzigten Räuber und der Einwohner, denen eine Verbindung mit diesen nachgewiesen werden konnte, und die er darum bestrafte, stieg ins Ungeheure.« (Bell II 13,2 § 253)

Philo von Alexandrien schließlich weiß über die Verbrechen des Flaccus an alexandrinischen Jüdinnen und Juden zu berichten: »Freunde und Verwandte der wirklich gequälten, nur weil sie Mitleid mit dem Unglück ihrer Angehörigen hatten, wurden abgeführt, gegeißelt, aufs Rad geflochten - und nach allen Martern, die ihre Körper ertragen konnten, war die letzte und endgültige Strafe das Kreuz.« (Flacc 72) Umgekehrt berichtet er von einem *Gnadenakt*, anläßlich eines Festes - hier des Kaisergeburtstags -, Hingerichtete vom Kreuz zu nehmen und sie ihren Angehörigen zur Bestattung zu übergeben. »Denn auch die Toten sollten vom Geburtstag des Kaisers einen Vorteil haben und zugleich die Heiligkeit des Festes gewahrt werden.« (Flacc 83)

Wie auch immer die Frage eines regelrechten, generell geltenden gesetzlichen Trauerverbots zu beurteilen ist, so zeigen doch diese Beispiele, daß es in keinem der genannten Herrschaftsbereiche *opportun* war, sich mit den hingerichteten Opfern des Regimes zu solidarisieren, sei es, indem man auch nur um sie trauerte, sei es, indem man versuchte, ihnen ein ordentliches Begräbnis zukommen zu lassen. SympathisantInnen und Angehörige liefen Gefahr, das

---

143   Weitere Belege vgl. jedoch *Mommsen, Strafrecht (1899), 989f.*

selbe Schicksal zu erleiden wie die von ihnen Betrauerten. Diese Situation findet ihren Widerhall noch in der Mischna, wenn es Sanh VI,8 vom Verhalten der Verwandten beim Einsammeln der Gebeine von Hingerichteten heißt: »Und sie hielten keine Trauer, sondern [verhielten sich wie] Leidtragende, denn Leidtragen gibt es nur im Herzen.«

Nach alledem hat sich gezeigt, daß der Text in der Klage der Frauen nicht nur das verbreitete Motiv aufnimmt, daß eine Menschenmenge einem Hinrichtungszug folgt[144], und daß er in dieser Klage auch nicht »nur« eine spontane emotionale Regung der Frauen ausdrückt. Sondern es sei an dieser Stelle zumindest als Frage formuliert, ob der Text diese öffentliche Klage nicht in die Nähe einer Solidarisierung mit dem zum Tode Verurteilten rückt oder gar als Protest gegen Jesu Verurteilung verstanden haben will.[145]

Die Klage der Frauen und der jüdische und frühchristliche Frauenwiderstand

Daß solche Akte von Frauenprotesten durchaus im Bereich des Vorstellbaren lagen, soll ein weiterer Schritt deutlich machen. Es gilt nun einen weiteren Traditionsstrang zu beleuchten, nämlich den des kollektiven Frauenwiderstandes, für den sich einige Beispiele in der antiken Literatur finden lassen[146]:

So berichtet *Flavius Josephus* davon, daß in Damaskus ein Anschlag gegen die Juden der Stadt vor den Ehefrauen der maßgeblichen Männer ver-

---

144 Vgl. z. B. Lucian, De morte Peregrini 34.

145 Als Protest gegen die Verurteilung Jesu bzw. als gefährliche Solidarisierung interpretieren auch *Stählin: ThWNT III (1938)*, 846 u.ö.; *Schmid, Lk (⁴1960)*, 346; *Schneider, Lk (1977)*, 481; *Petzke, Sondergut (1990)*, 189. Gegen eine Interpretation als Protest, zumindest auf der Ebene des Lk, votieren *Fitzmyer, Lk (1985)*, 1497; *Wiefel, Lk (1987)*, 395. Hingegen entbehrt die Behauptung von *Käser: ZNW 54 (1963)*, 241, daß nach jüdischen Zeugnissen »das Absingen von Klageliedern bei der Hinführung von Verbrechern obrigkeitlich angeordnet« war, jeglicher Grundlage. Der von ihm herangezogene *Dalman, Jesus (1922)*, 174 diskutiert zwar zwei rabbinische Belege zur Trauer von Familienangehörigen eines Hingerichteten, erwähnt aber mit keinem Wort die von *Käser* postulierte obrigkeitliche Verordnung. Die zweite von *Käser* herangeführte Stelle bei *Dalman, S. 193*, sowie *Jeremias, Golgotha (1926)*, 4f sind überhaupt nicht zum Thema. *Untergaßmair, Kreuzweg (1980)*, 20 übernimmt anscheinend ohne Prüfung der Belege *Käsers* Behauptung. In eine ähnliche Richtung scheint *Schmithals, Lk (1980)*, 224 zu tendieren, wenn er - allerdings ohne Anführung von Belegen - behauptet: »Es war im Judentum üblich, daß der zur Hinrichtung geführte Delinquent von bestellten Klageweibern begleitet wurde.«

146 Ein Beispiel von kollektivem Widerstand einer (wohl gemischten) Volksmenge gegen ein vom Senat verhängtes Massentodesurteil berichtet Tacitus, Ann 14,42-45. Wie eine Totenklage (einer ebenfalls wohl gemischten Volksmenge) für Gekreuzigte zu einer Protestkundgebung gegen Rom werden kann, zeigt Jos., Bell II 15,2 § 315-317; vgl. auch Ant XVII 9,1 § 206. Zum kollektiven *Frauen*widerstand gegen verschiedene Gesetze wie die lex Oppia vgl. *Pomeroy, Frauenleben (1985)*, 269-273 u.ö.; *Schottroff, Schwestern (1994)*, 105-107; *Jensen, Thekla (1995)*, 86-88; *Mayer-Schärtel, Frauenbild (1995)*, 78.

heimlicht werden mußte, weil diese ebenfalls der jüdischen Religion anhingen und sich der Ermordung der Juden offensichtlich widersetzt hätten.[147] Bleibt dieser Frauenwiderstand nur im Bereich des Potentiellen, so berichtet *Josephus* doch auch von regelrechten Frauendemonstrationen: Mütter von jüdischen Männern, die von Herodes ermordet worden waren, verlangten gemeinsam die Bestrafung des Verantwortlichen: »Diese baten jeden Tag von neuem im Tempel den König und das Volk, Herodes für das, was er getan hatte, vor Gericht im Synhedrion zu bringen.«[148] In einem Trauerzug demonstrierten die Witwen der unter Gessius Florus bei Ausschreitungen in Jerusalem ermordeten Männer. Während das Volk vor die Stadt zieht, um Agrippa II. zu begrüßen, heißt es über die Frauen: »Die Witwen der Ermordeten eilten wehklagend vor dem Zuge her, und unter dem Eindruck ihres Jammergeschreis begann auch das Volk in Klagerufe auszubrechen und so baten sie Agrippa flehentlich um Hilfe.«[149]

Die christlichen Theklaakten[150] erzählen im Zusammenhang von Theklas Verurteilung in Antiochien, daß antiochenische Frauen laut schreiend gegen das Urteil protestiert hätten (27.28). Auch im Verlauf des Tierkampfes fahren die Frauen mit ihrem schreienden Protest und ihrem Klagegeschrei fort (32-34). Als sich Thekla selbst getauft hat, werfen die Frauen Narde, Zimt, Amomum und Grünes in die Arena, um Thekla symbolisch zu salben und ihren gemarterten Körper zu pflegen (35). Nach Theklas Freigabe loben die Frauen Gott, immer noch laut schreiend, und kommen schließlich selber zum Glauben (38-39).[151]

Wenn dieses Beispiel hier angeführt wird, soll damit keineswegs der legendarische Charakter der Theklaakten geleugnet und deren Historizität *tel quel* behauptet werden.[152] Dennoch zeigen auch die Theklaakten, daß solche Akte von Frauenwiderstand *vorstellbar* waren und auf eine lebendige Tradi-

---

147   Bell II 20,2 § 559-561.
148   Ant XI 9,4 § 168, Üb. nach *Mayer-Schärtel, Frauenbild (1995)*, 77, die in Überarbeitung der *Clementz*-Übersetzungen zum Teil eigene Übersetzungen angefertigt hat (vgl. ihre Angaben S. 7).
149   Bell II 16,2 § 339, vgl. auch *Mayer-Schärtel, Frauenbild (1995)*, 77-78.
150   Übersetzung vgl. *Schneemelcher (Hg.), Apokryphen II ([5]1989), 216-224*. Vgl. auch *Jensen, Thekla (1995), 17-39* sowie *Bremmer, Acts (1996)*.
151   Unter dem Aspekt des Frauenwiderstandes wird diese Stelle ausführlich besprochen bei *Albrecht, Makrina (1986), 275-277; Schottroff: FS Hannelore Erhart (1992), 137-142; Dies., Schwestern (1994), 159-164; McGinn: SSc II (1994), 817-818; Jensen, Thekla (1995), 86-91; Schottroff: Schlangenbrut 50 (1995), 5-8.* Keine Erwähnung findet die Frauensolidarität hingegen in der Zusammenfassung der Theklaakten bei *Schneemelcher (Hg.), Apokryphen II ([5]1989), 200-202*.
152   Die Frage eventueller historischer Elemente in den Theklaakten wird andiskutiert, aber nicht geklärt bei *Jensen, Töchter (1992), 175-180. Dies., Thekla (1995), 76* vermutet als historischen Kern hinter den Theklaakten einen »Bericht von einem realen Martyrium …, der in der christlichen Gemeinde überliefert wurde.« Ähnlich *Dies.: KFB (1998), 746.*

tion von Frauenwiderstand zurückschließen lassen[153] - wie im übrigen noch weitere Beispiele von Frauenprotesten im Zusammenhang frühchristlicher Martyriumsberichte zeigen[154].

Auf diesem Hintergrund ist zu fragen, ob die Frauen aus Lk 23,27, die laut und öffentlich um Jesus klagen, nicht in der Tradition Rizpas stehen (2 Sam 21,10), die es sich nicht nehmen ließ, bei ihren ermordeten Söhnen Totenwache zu halten und dadurch Widerstand gegen begangenes Unrecht leistete. Und ob Lk 23,27 damit - auch wenn er sich von den angeführten Beispielen unterscheidet - als ein weiterer Beleg für eine weithin vernachlässigte Dimension von Frauengeschichte, nämlich der des kollektiven Frauenwiderstands gegen staatlich oder obrigkeitlich verordnetes und begangenes Unrecht, verstanden werden kann.

Die Klage der Frauen und der »Schriftbeweis« Sach 12,10-14

Helfen die eben besprochenen historischen Quellen, eventuelle politische Implikationen der Aussage, eine große Menge Frauen hätten öffentlich um den todgeweihten Jesus geklagt, herauszuarbeiten, so kann nun noch eine ersttestamentliche Vergleichsstelle herangezogen werden, um theologische Konnotationen dieser Aussage zu beleuchten. Als eine solche Vergleichsstelle, die die Funktion eines »Schriftbeweises«[155] hat, wird in der Literatur Sach 12,10-14 erwogen.[156]

Diese Stelle ist Teil einer YHWH-Rede[157] die sich, unter Aufnahme von Motiven der Zionsideologie vom Ansturm der Völker gegen Jerusalem und seiner Errettung durch YHWH im Heiligen Krieg[158] als Heilswort an Jerusalem richtet und dessen Rettung verspricht und gleichzeitig als Drohwort gegen die Nachbarvölker deren Unheil ankündigt. V. 9 leitet zur Beschreibung der Zeit nach der äußeren Bedrohung über (V. 10-14), in der bei den Davididen und den JerusalemerInnen ein durch den Geist (V. 10) verliehener Sinneswandel eintreten wird. Dieser Sinneswandel bewirkt, daß jene, wohl in Erwartung seiner Vergebung, auf YHWH blicken und um einen von ihnen selbst Ermordeten klagen werden. Wer sich hinter diesem »Durchbohrten« verbergen könnte, geht aus dem Text nicht hervor und hat in der Auslegungsgeschichte zu zahlreichen Identifizierungsversuchen geführt, die, ähnlich wie

---

153 Vgl. das Urteil bei *McGinn: SSc II (1994)*, 802.
154 Vgl. *Jensen, Thekla (1995)*, 86.
155 So. z. B. *Ernst, Lk (⁶1993)*, 482.
156 So schon *Holtzmann, Synoptiker (³1901)*, 418; *Fitzmyer, Lk (1985)*, 1497 (erwägend); *Wiefel, Lk (1987)*, 395 (erwägend); *Nolland, Lk (1993)*, 1137 (erwägend).
157 Nach *Graf Reventlow, Sacharja (1993)*, 115 ist die Grundschicht des Textes als Ich-Rede YHWHs gehalten, während spätere Zusätze von YHWH in der 3. Person sprechen. 12,10-14 gehört nach *Rewentlow* zur Grundschicht.
158 Vgl. *Graf Reventlow, Sacharja (1993)*, 118.

beim leidenden Gottesknecht, letztlich kaum zu verifizieren sind.[159] Das folgende ist bis V. 14 der detaillierten Beschreibung der Klage des ganzen Landes um diesen Durchbohrten gewidmet, wobei die Klagenden nach einzelnen Sippen aufgelistet werden, in denen wiederum Männer und Frauen getrennt klagen. 13,1 bringt mit dem Bild der aufsprudelnden Quelle das Thema der Reinigung der Davididen und JerusalemerInnen von Schuld und Unreinheit ins Spiel.

Daß Sach 12,10-14 im Hintergrund von Lk 23,27 stehen soll, ist nicht unwidersprochen geblieben.[160] In der Tat gibt es nicht allzu viele wörtliche Wiederaufnahmen. Außerdem scheint die Rede von einem Durchbohrten an dieser Stelle, da Jesus sich erst auf dem Weg zur Kreuzigung befindet, zur Interpretation der Situation wenig geeignet.[161] Doch gibt es auch gewichtige Anhaltspunkte für die Aufnahme der Sacharja-Stelle. Als solche kann neben der Situierung in Jerusalem gerade die Rede von einem von den JerusalemerInnen Ermordeten gelten, der ja in Sach 12,10 in eine besondere Beziehung zu YHWH gesetzt wird. Sodann muß die Totenklage, ausgedrückt mit dem Verb κόπτειν, genannt werden, und schließlich die Tatsache, daß bei dieser Totenklage in Sach 12,12-14 wiederholt das getrennte Klagen der Frauen betont wird[162], wenn auch zugestanden werden muß, daß hier letztlich das gesamte Volk und nicht nur die Gruppe der Frauen trauert.

Wenn nun tatsächlich eine Anspielung an die genannte Sacharja-Stelle beabsichtigt ist, dann würde Lk, vielleicht angeregt durch das Wort vom Durchbohrten, das er jedoch nicht wörtlich aufnimmt, das Bild des über die eigene Untat trauernden Jerusalems aufgreifen und die Rede von den jeweils besonders trauernden Frauen so umsetzen, daß bei ihm *nur* noch die Frauen klagen und trauern. Der bei Sach 12,10 vorausgesetzte geistbewirkte Gesinnungswandel aller JerusalemerInnen findet bei Lk nur bei den Frauen statt, während das übrige Volk dem Geschehen zunächst noch tatenlos zuschaut.

Daß es bei dieser Klage um einen Ermordeten geht, unterstützt die oben vorgeschlagene Deutung der Klage der Frauen als Totenklage, ebenso der Vergleich der Klage mit der Klage um einen Geliebten oder um den Erstgeborenen, also mit einer Trauer, wie es sie stärker kaum geben kann. Diese

---

159   *Graf Reventlow, Sacharja (1993), 117* hält den Durchbohrten für eine eschatologische Figur und lehnt deshalb die in die Diskussion gebrachten historischen Persönlichkeiten wie Jesaja oder den Makkabäer Simon aus methodischen Gründen ab. Jüdische Traditionen denken an einen leidenden Messias (s. u. A. 164).

160   Vgl. z. B. schon *Lagrange, Lk (⁴1927), 585.*

161   So *Brown, Death (1994), 919 A. 18*: Jesus sei ja noch kein Schade geschehen, und Sach 12,10 mache erst *nach* der Kreuzigung Sinn, so wie es auch bei Joh 19,37 erst nach dem Tod Jesu zitiert werde (vgl. auch Offb 1,7; beide nehmen Sach 12,10 nach α' und θ' auf).

162   Darauf weist *Wiefel, Lk (1987), 395* hin.

Trauer der unmittelbar Betroffenen, weil nächsten Angehörigen, unterscheidet sich substantiell von der Trauer distanzierter professioneller Klageleute.[163]

Damit wären die Frauen als diejenigen gezeichnet, die das Geschehen durchschauen. Wenn vorausgesetzt werden kann, daß der Durchbohrte schon in der zeitgenössischen jüdischen Auslegung eine Messias-Gestalt ist[164], würde die Klage der Frauen die Verbindung vom leidenden Jesus zum leidenden Messias schaffen. Zumindest aber ist in Sach 12,10-14 eine besondere Nähe des Durchbohrten zu YHWH vorausgesetzt, die nun in der Klage der Frauen zum Ausdruck gebracht wird.

Die klagenden Frauen und die salbende Frau von Betanien (Mk 14,3-9)

Die Frauen machen mit ihrer Klage unüberseh- und unüberhörbar, daß Jesus der Tod unmittelbar bevorsteht.[165] Aber nicht nur das. Mit den Implikationen, die mit der Aufnahme von Sach 12,10-14 gegeben sind, wird - auf literarischer Ebene - über die Klage der Frauen eine christologische Aussage gemacht.

Schon der erste Aspekt, daß in der Klage der Frauen der bevorstehende Tod Jesu proklamiert wird, rückt das Tun der Frauen in die Nähe dessen, was die namenlose Frau aus Mk 14,3-9 mit ihrer Salbung an Jesus deutlich macht. Noch viel tiefer aber verbinden die christologischen Implikationen das, was die Frauen hier an Jesus tun, mit der Tat dieser Frau, die Jesus unmittelbar vor seinem Leiden salbt.[166] Damit findet sich auch in der lk Passionserzählung ein Text, in dem in einem Tun von Frauen Jesu Todesschicksal und die Bedeutung seines Todes blitzlichtartig aufscheint.[167]

Alle diese Aspekte sind bei Lk jedoch, das muß zugestanden werden, nur sehr andeutungshaft realisiert. Und ein weiterer Punkt muß berücksichtigt

---

163 Deshalb interpretiert *Schmithals, Lk (1980), 224* die Klage der Frauen auch nicht als die professionelle Klage von bezahlten Klageweibern, sondern als echte Trauer der Frauen.

164 Nach *Graf Reventlow, Sacharja (1993), 117* ist dies in der spätantiken und mittelalterlichen jüdischen Auslegung der Fall, z. B. bei Abraham Ibn Esra (1089-1164).

165 Vgl. *Untergaßmair, Kreuzweg (1980), 165.*

166 Auch *Stählin: ThWNT III (1938), 153* nennt die Salbung in Bethanien eine »prophetische Parallele«. Zu den christologischen Implikationen von Mk 14,3-9 vgl. v. a. *Fander, Stellung (²1990), 122-133.*

167 Nicht angebracht hingegen scheint mir die Deutung von *Stählin: ThWNT III (1938), 845,* der auf die in Israel und im Judentum - und sicher nicht nur dort geübte Sitte hinweist, verstorbene führende Persönlichkeiten wie Rabbiner oder gar Könige durch eine Volkstrauer zu ehren. Eine solche Volkstrauer sieht er hier gegeben. Nach seiner Meinung ehren die Frauen mit ihrer Klage Jesus als eine solche herausragende Persönlichkeit. In dieser Szene kehre sich das um, was Pilatus und die jüdischen Autoritäten mit ihrem Todesurteil gegen Jesus intendierten, nämlich seinen Tod als Verbrecher, der das Scheitern seines Lebens und seines Lebenswerkes bedeute. M. E. ist in der Szene dadurch, daß ausschließlich Frauen als Klagende erwähnt werden, gerade keine *Volks*trauer gegeben.

werden: Während die salbende Frau aus Mk 14,3-9 durch Jesus Bestätigung erfährt, wird die Klage der Frauen in Lk 23,28-31 zurückgewiesen:

(d) »Weint nicht um mich«. Die Antwort Jesu

In drei Schritten korrigiert Jesus das Klagen der Frauen: Der Zurückweisung der Klage um seine eigene Person folgt der Aufruf, über das eigene Geschick und das der Kinder zu klagen. Die erste Begründung (23,29) stellt mit der Formulierung ἔρχονται ἡμέραι den eschatologischen Zusammenhang des Wortes her und beschreibt mit Hilfe von Bildern von unfruchtbaren und kinderlosen Frauen die Schrecken jener Tage. Diese Begründung wird 23,30 vertieft mit Hilfe eines Schriftwortes (Hos 10,8), das deutlich macht: in jenen Tagen wird man sich den Tod wünschen, um dem Unheil zu entgehen.[168] Eine weitere Begründung (23,31) verbindet in dem Spruch vom grünen und vom dürren Holz das Schicksal der Stadt mit dem Schicksal Jesu.[169]

Diese Korrektur wird jedoch nicht, auch dies ist festzuhalten, wie dies z. B. in Lk 9,18 gegenüber den μαθηταί oder in 9,55 gegenüber Jakobus und Johannes der Fall ist, mit Hilfe des Verbs ἐπιτιμᾶν ausgedrückt, sondern mit Hilfe eines einfachen εἶπεν Jesu, verbunden mit dem Partizip στραφείς.[170] Auch richtet sich das Gerichtswort nicht gegen die Frauen selbst, sondern thematisiert das Schicksal der Stadt, in das die Frauen mit ihren Kindern jedoch mit hineingezogen werden. So werden mit Hilfe der Antwort Jesu weniger die Frauen zurechtgewiesen, als vielmehr ihre Klage in einen größeren Zusammenhang gestellt.

Als dieser Zusammenhang können auf literarischer Ebene zunächst die Reihe von Klagen über und Gerichtsansagen gegen Jerusalem im Lk-Ev (13,34f; 19,41-44; 21,20-24) angesehen werden: Wie Jesus bei seinem Einzug nach Jerusalem eine Klage über die Stadt angestimmt und ihr das kommende Gericht angekündigt hatte (19,41-44), so ist auf seinem letzten Weg hinaus aus Jerusalem sein letztes Wort eine Gerichtsansage gegen die Stadt. Mit diesem bevorstehenden Schicksal der Stadt Jerusalem, das in Verbindung mit 21,20-24 als Zerstörung durch Krieg zu interpretieren ist, sind die Frauen

---

168 Vgl. *Schneider, Lk (1977)*, 481. Nach *Schmithals, Lk (1980)*, 224 und *Kremer, Lk (1988)*, 229 geht es um den Wunsch nach einem raschen Tod.

169 Vgl. dazu die Ausführungen von *Giblin, Destruction (1985)*, 100-104; *Untergaßmair: SNTU 16 (1991)*, 55-87; *Brown, Death (1994)*, 925-927.

170 Zur Bedeutung und Verwendung von στραφείς im Lk-Ev vgl. *Untergaßmair, Kreuzweg (1980)*, 18 sowie *Neyrey: NTS 29 (1983)*, 76-77. Letzterer versteht das Umwenden Jesu als geprägten Ausdruck für einen Gerichtsakt. Dagegen argumentiert *Giblin, Destruction (1985)*, 99 mit A. 24 zu Recht, daß das στραφείς als einfaches Sich-umwenden auf der erzählerischen Ebene zu verstehen sei. Entsprechend sei die Antwort Jesu auch nicht als harte Zurückweisung der Gefühlsäußerungen der Frauen zu verstehen. Jedoch weist *Soards: Bib 68 (1987)*, 231 auf, daß das Subjekt des στρέφειν im Lk-Ev stets Jesus, in der Apg häufig Gott selber sei und daß es deshalb jeweils einen Akt von besonderer Wichtigkeit markiere.

schon über die Anrede θυγατέρες 'Ιερουσαλήμ aufs engste verbunden.[171] Die paradoxe Seligpreisung der Unfruchtbaren und Kinderlosen (23,29) lenkt, analog zum Weheruf über die Schwangeren und Stillenden 21,23, den Blick auf die Nöte von Frauen und Kindern während des Krieges, macht diese Nöte als besondere Nöte sichtbar und ruft ins Gedächtnis zurück, was in der allgemeinen Kriegslogik als »selbstverständlich« und unumgänglich hingenommen wird: Daß Frauen und Kinder die ersten Opfer des Krieges sind.[172] Dies umso mehr, als die in der Antwort Jesu angedeuteten Ereignisse für LeserInnen des Lk-Evs bereits der Vergangenheit angehören. Aus der Verbindung der Klage der Frauen und der Antwort Jesu wird deutlich: Das gewaltsame Schicksal eines unschuldig zum Tode Verurteilten hat etwas zu tun mit dem gewaltsamen Schicksal einer Stadt und eines ganzen Volkes.

(e) Eine Deutung Jesu und eine Deutung des Todes Jesu. Ergebnis

Auf verschiedenen Wegen habe ich nun versucht, mich dem Motiv der Jesus beweinenden Frauen zu nähern. Verschiedenes ist dabei deutlich geworden:

Obwohl auch eine gemischte Gruppe als Trauernde vorstellbar gewesen wäre, hebt Lk aus der großen Menge des Volkes eine (ebenfalls große) Gruppe von *Frauen* hervor, die Jesus in einer Weise beklagen und beweinen, die in die Nähe einer Totenklage gerückt werden kann. Während Lk die jüdischen Autoritäten und in 23,13-25 auch das Volk als diejenigen darstellt, die den Tod Jesu betreiben, und Pilatus als einen zeichnet, der Jesu Tod nicht verhindern kann, sind die Frauen damit die einzige Gruppe in der Passionserzählung, die Jesu Todesschicksal beklagen und damit - für die LeserInnen - eine Art Kommentar zum furchtbaren Geschehen abgeben.

Als historischer Hintergrund ist eine rechtliche Situation anzusehen, nach der es zumindest nicht opportun, vielleicht aber auch generell verboten war, sich in öffentlichen Trauerkundgebungen mit aus politischen Gründen Hingerichteten zu solidarisieren.

Daß kollektive Proteste gegen staatlich begangenes Unrecht und besonders Proteste von Frauen im Bereich des Möglichen lagen, zeigen Beispiele aus der antiken Literatur bis hin zu den frühchristlichen ApostelInnenakten.

Als theologischer Hintergrund dürfte Sach 12,10-14 mitschwingen, das in der lk Aufnahme so uminterpretiert ist, daß der durch den Propheten ange-

---

171 Vgl. *Brown, Death (1994), 921.*
172 Vgl. z.B. Jos, Bell III 7,31 § 304: Versklavung von Frauen und Kindern; IV 1,10 § 82: kleine Kinder werden zerschmettert; IV 9,10 § 560: Vergewaltigung; VI 5,2 § 283-284: Frauen, Kinder und σύμμικτος ὄχλος werden verbrannt. Vgl. auch die Legende von Maria, der Tochter Eleazars, die während der Belagerungszeit ihren Sohn tötet »zu einer Speise für mich, für die Aufrührer zu einem Rachegeist, zu einer Kunde für die Lebenden, die allein noch fehlt, wenn man all das Unglück der Juden recht schildern wollte.« (Bell VI 3,4 § 207). Zu Kriegsgreueln in bibl. Zeit vgl. *W. Schottroff: NBL (1994), 555f; Schottroff, Schwestern (1994), 243-249.*

kündigte Gesinnungswandel ganz Jerusalems nur als Gesinnungswandel der Frauen realisiert ist. Diese bringen mit ihrer Klage um den »Durchbohrten« dessen Gerechtigkeit, vielleicht sogar dessen Messianität zum Ausdruck.

Damit sind die klagenden Frauen aus Lk 23,27 mit der Frau aus Mk 14,3-9 zu vergleichen, die Jesus unmittelbar vor seiner Passion salbt, wobei zu berücksichtigen ist, daß die Frau bei Mk durch Jesus verteidigt und bestätigt wird, die klagenden Frauen bei Lk hingegen von Jesus zurückgewiesen werden.

In der Klage der Frauen scheint schlaglichtartig die Bedeutung Jesu und seines Todes auf. Jesus bringt in seiner Antwort sein eigenes Schicksal mit dem Schicksal der Frauen und der ganzen Stadt in einen Zusammenhang und interpretiert damit die kommenden Ereignisse - die für die lk LeserInnen ja schon der Vergangenheit angehören. Dadurch bildet die Episode - auch - ein Element in dem Bild, das im Lk-Ev von Jesus als Prophet gezeichnet wird.[173]

3 BEDROHTE KONTINUITÄT: DIE GALILÄISCHEN FRAUEN BEIM KREUZ, BEIM BEGRÄBNIS UND BEIM LEEREN GRAB

3.1 Die Frauen beim Kreuz (Lk 23,47-49)

Lk 23,49 werden die galiläischen Frauen wieder explizit ins Geschehen eingeführt. Sie gehören zur dritten Gruppe derer, die auf den Tod Jesu am Kreuz in irgendeiner Weise reagieren: 23,47 wird in Übereinstimmung mit Mk zunächst der römische Hauptmann genannt, der den Tod Jesu kommentiert. Dabei ist lediglich seine Bezeichnung bei Lk - vergleichbar mit dem ἑκατοντάρχος Mt 27,54 - nicht mehr wie bei Mk κεντυρίων, sondern ἑκατοντάρχης. In für Lk charakteristischer Weise preist er Gott ob des Gesehenen[174] und nennt Jesus nicht wie der mk Hauptmann Gottes Sohn, sondern einen Gerechten[175]. Als zweite Gruppe werden 23,48 die zusammengeströmten

---

173 Vgl. *Stählin: ThWNT III (1938)*, 153. Zum Prophetenmotiv vgl. auch *Büchele, Tod (1978)*, 88-92 u. ö. Er sieht Jesus in der lk Passion als »leidenden Gerechten« und »leidenden Propheten« dargestellt (94). *Nebe, Prophetische Züge (1989)*, 192.198 hebt den Zusammenhang unserer Episode mit prophetischer Rede Jesu hervor.

174 Vgl. *Büchele, Tod (1978)*, 54. *Untergaßmair, Kreuzweg (1980)*, 91 bringt die Reaktion des δοξάζειν mit (lk) Reaktionen nach anderen »wunderbaren Erlebnissen« in Verbindung; in diesem Sinne auch *Marshall, Lk (1978)*, 876; *Karris: JBL 105 (1986)*, 66.

175 Dies kann zum einen sicher als Erklärung der Unschuld Jesu interpretiert werden (vgl. *Rengstorf, Lk [¹⁴1969]*, 275; *Schneider, Passion [1973]*, 132; *Büchele, Tod [1978]*, 54; *Marshall, Lk [1978]*, 876; *Untergaßmair, Kreuzweg [1980]*, 92; *Fitz-*

Volksmengen genannt, die sich angesichts des Geschehens an die Brust schlagen und dann zurückkehren, ein Erzählzug, der sich nicht bei Mk findet. Als dritte Gruppe schließlich werden - anders als bei Mk - die in der Ferne dabeistehenden unmittelbaren Bekannten Jesu genannt, und hier finden - nun in Übereinstimmung mit Mk 15,40-41 - auch die Frauen Erwähnung. Ähnlich wie 23,27 wird also zunächst eine größere gemischte Gruppe genannt - dort πολὺ πλῆθος τοῦ λαοῦ, hier πάντες οἱ γνωστοὶ αὐτῷ -, von der direkt anschließend eine Gruppe von Frauen unterschieden wird, die im folgenden - in 23,27 durch einen Relativsatz, in 23,49 durch eine Partizipialkonstruktion - noch näher charakterisiert werden.

Die 23,49 genannten Bekannten, vor allem aber die galiläischen Frauen sind nun durch verschiedene literarische Bezüge sowohl mit dem unmittelbaren wie auch dem weiteren Kontext des Lk-Evs verflochten. Im unmittelbaren Kontext von 23,47-49 werden durch die Nennung der drei Gruppen drei kleine Szenen geschaffen, die drei unterschiedliche Art und Weisen der Wahrnehmung des Geschehens und der Reaktion auf den Kreuzestod Jesu portraitieren, vergleichbar vielleicht mit den drei kleinen Szenen unterschiedlicher »Begleitung« auf dem Weg nach Gotgota (23,26.27-31.32).[176] Alle drei Gruppen »sehen« in irgendeiner Weise, was geschieht: Das Sehen des Hauptmanns wird mit Hilfe des Partizips des Verbs ἰδεῖν ausgedrückt, das der Volksmenge mittels des partizipial konstruierten Verbs θεωρεῖν, wobei das, was sie sehen, als θεωρία bezeichnet wird, und das Sehen der Frauen schließlich findet im Verb ὁρᾶν seinen Ausdruck. Zu beachten sind dabei die semantischen

---

myer, Lk [1985], 1515.1520; Kremer, Lk [1988], 233; Brown, Death [1994], 1163f). Es weckt aber auch Konnotationen zu 14,13.14, dem Leben und Auferstehen des Gerechten (vgl. Untergaßmair, Kreuzweg [1980], 92). Gegen die bloße Übersetzung als »unschuldig« argumentiert Karris: JBL 105 (1986), 65-74. Er schlägt stattdessen die Übersetzung »righteous« vor und ordnet die Stelle in das lk Thema der Gerechtigkeit ein: Jesus würde von Lk als leidender Gerechter gezeichnet, dem, da er Gott vertraue, von Gott Gerechtigkeit widerfahre (Vgl. noch Karris, Luke [1985], 110: »means both ›innocent‹ and ›righteous‹ in 23:47«). Gegen die Interpretation als eigentlich christologisches Bekenntnis (vgl. andeutend Büchele, Tod [1978], 54) wendet sich Schneider, Passion (1973), 132. Nach Nolland, Lk (1993), 1159 zeigt die Szene: »Jesus, and not the religious leaders, stands in the right relationship to God.« Nach Brown, Death (1994), 1164-1167 muß der Hauptmann an dieser Stelle des lk Doppelwerkes noch kein christologisches Bekenntnis sprechen, weil noch die ganze Apg zur Verfügung stehe, um die Verbreitung des Glaubens bei den »Heiden« zu dokumentieren. Das Wort δίκαιος wähle Lk, 1. weil er den Begriff, wie v. a. Weish 2-3 zeige, als Äquivalent zum mk »Sohn Gottes« verstehen konnte, 2. weil δίκαιος ein früher christologischer Titel sei und 3. weil die Stelle ein Glied in der Kette des römischen Vorgehens gegen Jesus sei, das nun endgültig die Unschuld Jesu zeige; es sei auch eine von mehreren »Bekehrungen« verschiedener Personen während der Passionsereignisse, und schließlich sei es das erste Beispiel des in 2,28-32 angekündigten Heils für die Völker.

176   Auf diese Entsprechung weist auch Brown, Death (1994), 1160 hin. Vgl. auch Luter: TrinJ 16 (1995), 181 mit der Betonung einer »inverted structure«.

Nuancen der Verben: Ist das ntl. Hapaxlegomenon θεωρία als »(öffentliches) Schauspiel« zu übersetzen[177], so trägt auch das zugehörige Verb θεωρεῖν entsprechende Konnotationen des Zuschauens oder Betrachtens. Demgegenüber »sehen« der Hauptmann und die Frauen auf »qualifiziertere« Weise.[178] Das Motiv des Sehens wird in Bezug auf die Frauen im weiteren Verlauf der Erzählung fortgeführt, indem es die Frauen sind, die 23,55 das Grab sehen (ἐθεάσαντο τὸ μνημεῖον), in das Jesus gelegt wurde, und indem die beiden Emmausjünger in 24,23 auf das Sehen der Frauen am *leeren* Grab Bezug nehmen (ὀπτασίαν ... ἑωρακέναι).

Die drei Reaktionen auf das Gesehene werden in drei sehr unterschiedlichen Weisen geschildert: Spricht der zuerst genannte Hauptmann ein Bekenntnis (23,47), so zeigen die Volksmengen durch ihr an-die-Brust-schlagen eine emotionale und bereuende Reaktion[179], verschwinden aber durch ihre Heimkehr (ὑπέστρεφον) von der Bildfläche der erzählerischen Aufmerksamkeit. Wie das Volk in 23,27 - dort allerdings als λαός bezeichnet - unter dem Klagen der Frauen Jesus zur Hinrichtungsstätte gefolgt und dort dabeistehend zugeschaut hatte (εἱστήκει ... θεωρῶν 23,35), so kehren die Volksmengen nun zurück. Gegenüber dieser Bewegung weg vom Schauplatz des Geschehens bildet das εἱστήκεισαν der dritten Gruppe einen Kontrast, der zusätzlich durch die Partikel δέ unterstrichen wird. So bekommt ihr Stehenbleiben den Charakter eines Bleibens, *um* zu sehen, um *Zeugen* zu sein, wobei dieses Sehen nur von den Frauen ausgesagt wird, wie das feminine Partizip ὁρῶσαι zeigt.

---

177 Vgl. *Bauer, Wörterbuch (1988), 738* oder auch *Michaelis: ThWNT V (1954), 345.*
178 Ein Blick in die Konkordanz bestätigt die inhaltlichen Unterschiede vor allem zwischen den Verben θεωρεῖν und ὁρᾶν. Den qualitativen Unterschied zwischen den verschiedenen Verben des Sehens in Lk 23,47-49 betonen auch *Schneider, Passion (1973), 136; Fitzmyer, Lk (1985), 1521; Demel: BN 57 (1991), 84* (erwägend); *Melzer-Keller, Jesus (1997), 263.* Nach *Büchele, Tod (1978), 54* gehört ὁρᾶν »zum qualifizierten Zeugenvokabular des NT«. Dennoch sieht er auch das Volk aufgrund der Verwendung des Verbs θεωρεῖν als Zeugen qualifiziert. Hingegen hat nach *Untergaßmair, Kreuzweg (1980), 105; Brown, Death (1994), 1169* die Verwendung verschiedener Verben des Sehens rein stilistische Gründe (Abwechslung).
179 Vgl. Lk 18,13. Die Reaktion des Volkes wird in der Literatur meist als Reue (*Schneider, Passion [1973], 133; Schneider, Lk [1977], 487; Büchele, Tod [1978], 55; Schmithals, Lk [1980], 228; Karris, Luke [1985], 111f; Brown, Death [1994], 1168; Prete, Passione II [1997], 126*), Erschütterung (*Schmid, Lk [⁴1960], 351; Schweizer, Lk [1982], 241*) oder auch Trauer und Klage (*Büchele, Tod [1978], 55; Marshall, Lk [1978], 877* [grief]; *Schmithals, Lk [1980], 228; ; Nolland, Lk [1993], 1159; Prete, Passione II [1997], 126; Untergaßmair, Kreuzweg [1980], 94-96*, der hier das Pendant zur Totenklage in 23,27 sieht; so auch *Brown, Death [1994], 1168*) bis zur Buße (*Rengstorf, Lk [¹⁴1969], 275*) und Umkehr (*Büchele, Tod [1978], 55*, abgelehnt von *Schweizer, Lk [1982], 241*) gedeutet. *Fitzmyer, Lk (1985), 1520* erwägt sowohl »guilt and contrition«, also auch »mourning«. Vgl. auch den interpretierenden Einschub einiger Mss, der das Volk einen Weheruf über die eigene Schuld anstimmen läßt und, wohl unter Aufnahme von 23,28-31, eine Verbindung zur Zerstörung Jerusalems herstellt.

Einen Bezug zum weiteren Kontext des Lk-Evs stellt der explizite Rückbezug auf 8,2-3 dar, indem nämlich die Frauen als diejenigen bezeichnet werden, die Jesus von Galiläa an gefolgt waren.[180] Dadurch wird, wie bereits ausgeführt[181], quasi im Rückblick der Weg sichtbar, den diese Frauen mit Jesus
von Galiläa nach Jerusalem zurückgelegt haben, ein Weg, den die Erzählober-
fläche des Werkes nicht explizit gezeigt hatte. Umgekehrt bestätigt sich - auch
dies wurde bereits gesagt - das im Rahmen der Diskussion zu 8,2-3 aufgestellte Postulat, daß die Frauen nach 8,2-3 als ständige Begleiterinnen Jesu
stets mitzulesen sind.

Die Art und Weise der (Wieder)einführung der Frauen in 23,49 unterscheidet sich nun stark von Mk 15,40-41, und die Erwähnung der Bekannten
Jesu neben den Frauen hat überhaupt kein Vorbild in der Vorlage. Um die Interpretation dieses Befundes hat sich, vor allem in der feministischen Literatur
der letzten Jahre, eine heftige Diskussion entfacht, so daß im folgenden zunächst die beiden Versionen des Mk und des Lk miteinander verglichen werden sollen.

(a) Synoptischer Vergleich

Die γνωστοί

Im Unterschied zu Mk 15,40 - und auch zu Mt 27,55 - sind nach Lk neben
den Frauen *alle seine Bekannten* bei der Kreuzigung zugegen, und zwar in
Übereinstimmung mit Mk ἀπὸ μακρόθεν.[182] Diese Gruppe der γνωστοί begegnet als auf Jesus hingeordnete Gruppe nur an dieser Stelle des Lk-Evangeliums[183], es ist also eine neu eingeführte Gruppe, die bislang keine Rolle gespielt hat und auch - im Gegensatz zu den mit ihnen gemeinsam genannten
Frauen - im weiteren Verlauf des Evangeliums und der Apostelgeschichte unter diesem Namen keine Rolle mehr spielt. So ist zu fragen, ob diese γνωστοί
eine neue »Kategorie« einer auf Jesus hingeordneten Gruppe, die neben die
Volksscharen, die Zwölf, die Apostel, die μαθηταί ... tritt, zu verstehen sind,
ob es eine zusammenfassende Benennung der Jesus freundlich Gesinnten

---

180 Die variante Lesart von 𝔓[75] B 1241 *pc*, die einen Artikel vor γυναίκες ergänzen,
betont diesen Rückbezug noch und verstärkt ihn, indem die Frauen genau bezeichnet und als bereits bekannt und genannt vorausgesetzt werden. Doch muß im
Vergleich zur großen Mehrheit der Zeugen die äußere Bezeugung für diese Lesart
als zu schwach angesehen werden.

181 S. o. S. 169. Vgl. auch die Zusammenfassungen zu den Hauptteilen A und B.

182 Zur Begründung, warum Angehörige und FreundInnen eines Gekreuzigten der Hinrichtung nur von weitem zusehen konnten, vgl. die Ausführungen zum römischen
Trauerverbot o. S. 208-211 sowie *Schottroff: EvTh 42 (1982)*, 5-7 zu Mk 15,40-41.

183 Es wird noch Lk 2,44 für die Bekannten der Eltern Jesu verwendet, wird dort jedoch, wie dies entsprechend der Zuordnung zu den *Eltern* Jesu auch zu erwarten
ist, nicht mit dem Personalpronomen αὐτῷ auf Jesus bezogen.

darstellt, oder welche Gruppe sich sonst hinter dieser Bezeichnung verbergen könnte.

Als Erklärung für den Ausdruck an dieser Stelle sind häufig Ps 38(37),12 oder 88(87),9 herangezogen worden[184], so daß damit die Redeweise in Lk 23,49 ein Glied in der Kette ersttestamentlicher Anspielungen und Aufnahmen in der lk Passionsgeschichte darstellte, in diesem Fall aus dem Motivkreis der passio iusti-Traditionen, die die »Schriftgemäßheit« des Todes Jesu dokumentieren. Ein direkter Vergleich mit den beiden Psalmstellen zeigt aber auch die Probleme dieser Erklärung:

Lk 23,49	Ps 38(37),12	Ps 88(87),9
εἱστήκεισαν δὲ	οἱ φίλοι μου καὶ οἱ	ἐμάκρυνας τοὺς
πάντες οἱ γνωστοὶ	πλησίον μου ἐξ	γνωστους μου ἀπ
αὐτῷ ἀπὸ μακρόθεν	ἐναντίας μου ἤγγισαν	ἐμοῦ ἔθεντό με
καὶ γυναῖκες ...	καὶ ἔστησαν καὶ οἱ	βδέλυγμα ἑαυτοῖς
	ἔγγιστά μου ἀπὸ	παρεδόθην καὶ οὐκ
	μακρόθεν ἔστησαν.	ἐξεπορευόμην.

Lk 23,49 nimmt keine der beiden Psalmstellen wörtlich auf. Ps 38(37),12 verwendet zwar den Ausdruck ἀπὸ μακρόθεν, spricht jedoch nicht von γνωστοί, sondern von φίλοι und πλησίον sowie ἔγγιστα. Von γνωστοί spricht lediglich Ps 88(87),9, benutzt aber, um das Verhältnis zu diesen zu beschreiben, das Verb μακρύνειν. Lk 23,49 ist damit weniger eine wörtliche Aufnahme eines *bestimmten* Psalmzitats, als vielmehr die Aufnahme eines Motivs der Klagepsalmen, nämlich dem der Ferne von Bekannten und Freunden[185]. Dies verweist aber auf eine weitere Schwierigkeit: Es zeigt sich, daß in den Klagepsalmen als *ein* Aspekt der beklagten Leiden auch die Ferne und die Entfremdung der Nächsten und Freunde beklagt wird. Die Art und Weise der Verwendung des Motivs in Lk 23,49 stimmt damit jedoch nicht überein; denn hier soll durch das Motiv ja zweifellos der Aspekt des solidarischen Dabeibleibens betont und nicht die Ferne der Bekannten beklagt werden.[186] Jedoch zeigt andererseits ein Blick auf andere lk Schriftzitate oder -aufnahmen, daß es

---

184 Vgl. *Schmid, Lk* (⁴1960), 351; *Hengel: FS Michel (1963)*, 244 A 4; *Rengstorf, Lk* (¹⁴1969), 275; *Augsten, Stellung (1970)*, 24; *Büchele, Tod (1978)*, 56; *Untergaßmair, Kreuzweg (1980)*, 101 A. 470; *Witherington, Ministry (1984)*, 120; *Fitzmyer, Lk (1985)*, 1521 (»may ... be«); *Kremer, Lk (1988)*, 233; *Schüngel-Straumann: Bader (Hg.), Maria Magdalena (1990)*, 15; *Melzer-Keller, Jesus (1997)*, 262.

185 Vgl. z. B. noch Ps 31(30),12; 88(87),19.

186 Entsprechend sind für *Schneider, Passion (1973)*, *136* diese unterschiedlichen Wertungen des Abseitsstehens der Freunde und Bekannten der Grund, für Lk 23,49 eine Abhängigkeit von diesen Psalmstellen zurückzuweisen. Zweifel am Einfluß der Psalmstellen äußern auch *Schweizer, Lk (1983)*, 241; *Karris, Luke (1985)*, 112f; *Brown, Death (1994)*, 1171.

neben wörtlichen Aufnahmen von Schriftbelegen[187] und Zitatenkombinationen[188] durchaus auch freiere Anspielungen gibt[189], so daß auch Lk 23,49 als eine solche freie Aufnahme angesehen werden kann.

Doch auch wenn die Einführung der γνωστοί durch die Aufnahme eines Themas aus den Klagepsalmen motiviert ist, muß gefragt werden, welche interpretatorischen Konsequenzen dies nach sich zieht. Vor allem in der feministischen Diskussion ist wiederholt argumentiert worden, Lk relativiere mit seiner Einführung der γνωστοί die Bedeutung der Frauen, wie sie Mk 15,40-41 zeige.[190] Durch die Einführung der - von den Autorinnen offensichtlich ausschließlich männlich verstandenen - γνωστοί vertusche Lk die negative Rolle der (männlichen) Jünger während der Passion Jesu, in der Mk sie gezeigt habe.[191] Insbesondere sei bei Lk nicht mehr von einer Jüngerflucht die Rede, sondern die Jünger würden hier als solidarische Gruppe neben die Frauen gestellt, die Bedeutung der Frauen mithin geschmälert, die Frauen zu Mitläuferinnen degradiert.[192] Diese Stelle dient damit als ein Mosaikstein im Bild eines die Rolle der Frauen abwertenden Lk.

Nun ist es tatsächlich so, daß durch die Einführung der γνωστοί eine weitere Gruppe neben die Frauen gestellt wird. Zur Interpretation sind aber verschiedene Aspekte zu berücksichtigen:

Der erste und grundsätzlichste ist das Phänomen androzentrischer Sprache. Auch eine grammatikalisch maskulin konstruierte Personengruppe kann, ja, muß bis zum Erweis des Gegenteils als gemischte, aus Männern *und* Frauen bestehende Gruppe verstanden werden.[193] Es ist durchaus möglich, den Text so zu verstehen, daß neben eine größere gemischte Gruppe von Bekannten Jesu eine Gruppe von Frauen gestellt wird, die noch eine besondere Bedeutung haben: Es sind die Frauen, die aus Galiläa mit-nachgefolgt sind

---

187 Vgl. etwa das Zitat von Ps 22(21),19 in Lk 23,34 (das sich so allerdings schon Mk 15,24 findet) oder von Ps 31(30),6 in Lk 23,46 (allerdings ist hier die Anrede an den Vater ergänzt).
188 Vgl. etwa Lk 4,18.
189 Vgl. etwa die Aufnahme von Sach 12,10-14 in Lk 23,27, von Ps 22(21),8-9 in Lk 23,35 oder von Ps 69(68),22 in Lk 23,36.
190 Vgl. *Fander: Handbuch* (³1989), 310; *Schüngel-Straumann: Bader (Hg.), Maria Magdalena (1990)*, 15; *Moltmann-Wendel, Mensch (1991)*, 144f; *Schaberg: Commentary (1992)*, 290; *Setzer: JBL 116 (1997)*, 265.
191 So auch *Schmithals, Lk (1980)*, 228.
192 Vgl. *Schüngel-Straumann: Bader (Hg.), Maria Magdalena (1990)*, 15 mit ihrer Interpretation des συνακολουθοῦσαι als gegenüber dem ἀκολουθεῖν abgeschwächtes Kompositum.
193 In der Literatur werden die γνωστοί fast durchweg als männliche Gruppe verstanden, vgl. explizit *Hengel: FS Michel (1963)*, 244 A. 4; *Augsten, Stellung (1970)*, 24f; *Tetlow, Women (1980)*, 105; *Witherington, Ministry (1984)*, 120; *Fitzmyer, Lk (1985)*, 1520; *Fander: Handbuch* (³1989), 310; *Schüngel-Straumann: Bader (Hg.), Maria Magdalena (1990)*, 15; *Corley, Women (1993)*, 114; *Brown, Death (1994)*, 1171; *Prete, Passione II (1997)*, 129.

(συνακολουθοῦσαι). Die feminine Partizipialform zeigt, daß dies nur von den Frauen, aber nicht von den γνωστοί ausgesagt wird.[194]

Zum zweiten ist daran zu erinnern, daß hier mit großer Wahrscheinlichkeit ein Motiv aus den Klagepsalmen aufgenommen wird, so daß die Stelle den Charakter eines Schriftbeweises erhält. Damit muß der Grund der Einführung der γνωστοί nicht in der Abwertung der Frauen gesucht werden, sondern in der Etablierung eines Schriftbeweises. Zudem *ersetzt* Lk nicht einfach die mk Frauen am Kreuz durch die γνωστοί. Wenn die Einführung dieser Gruppe tatsächlich durch die Aufnahme eines Themas aus den passio iusti-Traditionen motiviert ist, dann wäre Lk näher an den Klagepsalmen gewesen, wenn er nicht die Frauen neben die γνωστοί gestellt hätte.

Zum dritten ist zu fragen, wer sich hinter den γνωστοί verbirgt. Wären die Zwölf, die Apostel oder die μαθηταί intendiert, ist kaum zu erklären, warum Lk diese nicht explizit nennt[195], zumal Apg 1,21-22 auf den Aspekt der Kontinuität als Kriterium für das Apostelsein so großen Wert legt. Und wäre eine dieser Gruppen gemeint, hätten sie in der gleichen Weise näher bestimmt werden können wie es nun nur über die Frauen gesagt wird; denn sowohl für die Zwölf, als auch für die Apostel und die μαθηταί hätte die Nachfolge von Galiläa an ausgesagt werden können.[196] So aber ist auffällig, daß dieser Bezug zu Galiläa - und damit die Kontinuität - nur über die Frauen hergestellt wird, und daß auch das Sehen nur über die Frauen ausgesagt wird. Die Frauen haben also unabhängig von den γνωστοί eine eigenständige Funktion, die diese offensichtlich nicht erfüllen können, nämlich die Kontinuität zur Zeit in Galiläa herzustellen und Augenzeuginnen[197] des Geschehens zu sein.

---

194   Das halten auch *Demel: BN 57 (1991), 83; Seim, Message (1994), 148* fest.

195   Vgl. *Brown, Death (1994), 1172.*

196   Wenn damit nicht einmal gesagt ist, daß die γνωστοί mit den NachfolgerInnen aus Galiläa zu identifizieren sind, wirft das auch ein interessantes Licht auf die von Lk nicht erzählte Jünger(Innen)flucht. Auch wenn er damit die Rolle der Jünger beschönigt, geht er doch nicht so weit, sie hier auch explizit unter das Kreuz zu stellen.
      In der Literatur gehen die Meinungen darüber auseinander, wer sich hinter den γνωστοί verbirgt: Bekannte und Verwandte Jesu (*Bultmann: ThWNT I (1933), 719; Rengstorf, Lk (¹⁴1969), 276; Witherington, Ministry (1984), 120*), (nicht näher bezeichnete) Bekannte (*Büchele, Tod (1978), 55f; Untergaßmair, Kreuzweg (1980), 102*), »alle engen Begleiter Jesu«, d. h. »vornehmlich die Zwölf Apostel« (*Schmithals, Lk (1980), 228*), die Elf und vielleicht noch andere Jünger (*Tetlow, Women (1980), 105*), die Jünger bzw. Apostel (*Schneider, Passion (1973), 136*), (u. a.) Jünger (*Augsten, Stellung (1970), 24f* (»in erster Linie«); *Marshall, Lk (1978), 877* (and friends); *Wiefel, Lk (1987), 400; Kremer, Lk (1988), 233f; Demel: BN 57 (1991), 83*), Jünger neben den Zwölfen, z. B. die (Zweiund)siebzig (*Brown, Death (1994), 1172f*), »male dining companions« (*Corley, Women (1993), 114*. Hingegen sprechen nach *Schmid, Lk (⁴1960), 351* die Psalmzitate dagegen, hier die Jünger als anwesend zu denken.

197   Zwar wird diese Bezeichnung (bzw. meist in der maskulinen Form) für die Frauen auch von *Conzelmann, Mitte (⁵1964), 40.82; Hengel: FS Michel (1963), 244 A. 5 pas-*

Eine letzte Beobachtung sei hinzugefügt. Die mk Formulierung lautet: Ἦσαν δὲ <u>καὶ</u> γυναῖκες ... Das zeigt, daß auch im mk Text neben den Frauen noch andere als anwesend gedacht sind, auch wenn diese nicht explizit genannt sind. So ist zu fragen, ob die lk γνωστοί nicht (auch) das mk καὶ erklären und inhaltlich füllen.

Die nicht genannten Namen der Frauen

Ein weiterer Unterschied zu Mk 15,40 - und übrigens auch zu Mt 27,55 - ist, daß im lk Text die Namen der Frauen nicht genannt werden. Mk nennt in einer nicht ganz klaren Formulierung einige der Frauen namentlich: ἐν αἷς καὶ Μαρία ἡ Μαγδαληνὴ καὶ Μαρία ἡ Ἰακώβου τοῦ μικροῦ καὶ Ἰωσῆτος μήτηρ καὶ Σαλώμη. Nach gängiger Interpretation handelt es sich hier um drei Frauen, von denen zwei den Namen Maria, die dritte den Namen Salome trägt. Jedoch gibt die nähere Identifizierung der zweiten Maria Anlaß zur Frage, ob sich hinter der Formulierung Μαρία ἡ Ἰακώβου τοῦ μικροῦ καὶ Ἰωσῆτος μήτηρ nicht zwei Frauen verbergen, nämlich Maria, die Frau, Mutter oder Tochter des kleinen Jakobus, und eine anonyme Frau, vielleicht ebenfalls mit Namen Maria, die Mutter des Joses.[198] Dafür spricht zum ersten, daß Mk in 16,1 die zweite Frau einer Dreierliste, die ansonsten die gleichen Namen umfaßt wie 15,40, als Μαρία ἡ Ἰακώβου näher identifiziert, also nur auf den ersten der beiden in 15,40 genannten Namen bezieht. Als zweites kann ein formales Argument angeführt werden: »daß die ersten beiden Marien jeweils durch einen nachgestellten, mit Artikel (ἡ) eingeführten Zusatz, die beiden anderen Frauen durch vorangestellten Genitiv (Ἰωσῆτος μήτηρ) bzw. gar nicht (Σαλώμη) identifiziert sind.«[199] Dies spricht für »eine Paarung der Personenangaben«[200]. Zum dritten könnte einfach die erneute Wiederholung umgangen worden sein.[201] Schließlich ist auf die Lesart des Vaticanus hinzuweisen, der durch seine Einführung des Artikels die Namensliste als Liste von vier Frauen interpretiert.[202] So scheint manches für die Interpretation als eine Liste von vier Frauen zu sprechen. Auf jeden Fall aber wird durch die Formu-

---

sim; *Büchele, Tod (1978), 56; Kremer, Osterevangelien (1977), 97; Schneider, Lk (1977), 488; Wiefel, Lk (1987), 400; Kremer, Lk (1988), 234; Maccini, Testimony (1996), 78* verwendet; doch bezeichnen einige der Autoren auch die γνωστοί bzw. interpretierend die Apostel als Augenzeugen (z. B. *Schneider, Passion (1973), 136; Büchele*).

198 Die logischen Übersetzungsmöglichkeiten für diese Frau(en) listet *Theißen, Lokalkolorit (1989), 188-189* auf. Er macht darauf aufmerksam, daß die Kenntnis der betreffenden Person(en) nötig sei, um die Namensgebung an dieser Stelle zu verstehen. Er tendiert eher zur Interpretation als *eine* Frau namens Maria, die *Mutter* des kleinen Jakobus und die Mutter des Joses, ohne jedoch gegen die Interpretation als zwei Frauen zu argumentieren.

199 *Pesch, Mk II (1977), 506-507.*

200 *Pesch, Mk II (1977), 507.*

201 Vgl. *Pesch, Mk II (1977), 507.*

202 Darauf hat *Schottroff: EvTh 42 (1982), 8 A. 16* aufmerksam gemacht.

lierung ἐν αἷς καὶ Μαρία ... deutlich, daß diese namentlich genannten Frauen als Teil einer größeren Frauengruppe zu verstehen sind.

Im lk Text wird keine der Frauen aus der Gruppe der erwähnten γυναῖκες mit ihrem Namen identifiziert. Auch diese Beobachtung wurde bisweilen in die Kette der Argumente für die lk Tendenz, Frauen abzuwerten und aus entscheidenen Positionen zu verdrängen, eingereiht.[203] Es scheint leicht einsichtig: Wer keinen Namen trägt, wird nicht so leicht erinnert, und wenn immer nur die Namen der Zwölf genannt werden, geraten die Frauen schnell aus dem Gedächtnis. Ohne Namen verlieren die Frauen ihre Individualität, sie sind viel weniger als Personen greifbar und werden zu einer anonymen Gruppe.

Dieser Überlegung ist grundsätzlich zuzustimmen. Jedoch ist zu differenzieren: Lk beläßt die Frauen nicht einfach ohne jede nähere Bezeichnung, sondern identifiziert sie über die Partizipialkonstruktion αἱ συνακολουθοῦσαι αὐτῷ ἀπὸ τῆς Γαλιλαίας eindeutig als die Jüngerinnen, von denen er in 8,2-3 gesprochen hatte. Deshalb genügt im Lk-Ev - im Gegensatz zum Mk-Ev, in dem ja vor 15,40-41 nirgends explizit von nachfolgenden Frauen die Rede gewesen war - dieser kurze Rückverweis auf 8,2-3, um die Frauen eindeutig zu identifizieren.[204] Dort aber waren die Frauen mit ihrem Namen und ihrer Funktion genannt worden. Im übrigen wird auch keiner der γνωστοί namentlich genannt, ja, diese werden nicht einmal insoweit identifiziert, daß es klar wird, ob bei dieser Gruppe die Zwölf, die Apostel oder sonst eine bereits bekannte Gruppe von NachfolgerInnen mitverstanden werden soll.

Die Nachfolge von Galiläa an

Unterschiedlich ist auch die Nachfolge der Frauen in Galiläa bzw. von Galiläa an ausgedrückt. Strenggenommen besagt die mk Formulierung αἳ ὅτε ἦν ἐν τῇ Γαλιλαίᾳ ἠκολούθουν αὐτῷ καὶ διηκόνουν αὐτῷ (15,41) nur, daß die zuvor namentlich genannten Frauen Jesus, als er *in Galiläa* war, nachgefolgt waren und ihm (dort) gedient hatten, und zwar einerseits dauerhaft, wie die Verben im Imperfekt deutlich machen, aber andererseits auf die Zeit in Galiläa beschränkt. Im folgenden werden weitere Frauen erwähnt: καὶ ἄλλαι πολλαὶ αἱ συναναβᾶσαι αὐτῷ εἰς Ἱεροσόλυμα. Nur von diesen wird ausgesagt, daß sie auch mit Jesus nach Jerusalem heraufgekommen waren. Aus dieser Ausdrucksweise allerdings zwei verschiedene Frauengruppen mit un-

---

203 Vgl. *Tetlow, Women (1980), 105; Schüngel-Straumann: Bader (Hg.), Maria Magdalena (1990), 15.20; Schaberg: Commentary (1992), 290.*

204 Vgl. *Schmid, Lk (⁴1960), 351; Rengstorf, Lk (¹⁴1969), 275; Augsten, Stellung (1970), 25; Schneider, Passion (1973), 136; Schneider, Lk (1977), 488; Marshall, Lk (1978), 877; Schmithals, Lk (1980), 228; Untergaßmair, Kreuzweg (1980), 104; Witherington, Ministry (1984), 120; Fitzmyer, Lk (1985), 1515; Kirchschläger: FS Knoch (1991), 281f; Brown, Death (1994), 1169; Karris: CBQ 56 (1994), 13; Melzer-Keller, Jesus (1997), 262.264.*

terschiedlichem Status, der in zwei verschiedenen »Graden« von Anhänger-
schaft begründet wäre, abzuleiten[205], dürfte m. E. dem Duktus des mk Textes
nicht angemessen sein[206]; denn immerhin befinden sich die namentlich genannten Frauen nun in Jerusalem, sind also ebenfalls von Galiläa hergekom-
men, und die *vielen anderen* sollten ebenfalls einen Grund gehabt haben, mit
Jesus nach Jerusalem zu ziehen, ein Grund, der auch bei diesen Frauen - auch
wenn es über sie nicht direkt gesagt wird - als Nachfolge präzisiert werden
muß, war doch das Hinaufgehen Jesu und seiner JüngerInnen nach Jerusalem
Mk 10,32.33 als ἀναβαίνειν bezeichnet worden.[207]

Demgegenüber drückt Lk 23,49 die Nachfolge der Frauen von Galiläa
her direkter aus: γυναῖκες αἱ συνακολουθοῦσαι αὐτῷ ἀπὸ τῆς Γαλιλαίας.
Im Vergleich zu Mk ist der kontinuierliche Weg der Frauen, und zwar aller
Frauen, die nun Zeuginnen des Geschehens in Jerusalem sind, von den Anfängen in Galiläa an stärker betont. Ob dieser Weg der Frauen, den Lk nicht
mit Hilfe des terminus technicus ἀκολουθεῖν, sondern mittels des Kompositums συνακολουθεῖν zusammenfaßt, allerdings als Nachfolge im eigentlichen
Sinne zu interpretieren ist, ist in der Literatur bestritten worden.[208] In der Tat
kann das Kompositum an den beiden anderen ntl. Belegen, Mk 5,37 und Mk
14,51, als einfaches Hinterhergehen interpretiert werden, und das Phänomen
der JüngerInnen-Nachfolge wird auch im Lk-Ev in der überwiegenden Mehrzahl der Fälle mit Hilfe des Simplex ἀκολουθεῖν ausgedrückt.[209] Hier ist allerdings insofern zu differenzieren, als es einige Belege gibt, bei denen es nicht
eindeutig zu entscheiden ist, ob es sich um Nachfolge im engeren Sinne oder
um ein einfaches Hinterhergehen handelt[210], sowie eindeutige Belege, in denen das Verb nur als einfaches Nachgehen zu verstehen ist[211]. Damit kann der
Terminus ἀκολουθεῖν im Lk-Ev nicht mehr - wie dies bei Mk noch eher der
Fall war - als *ausschließlicher* terminus technicus für die JüngerInnen-Nach-

---

205 So z. B. *Augsten, Stellung (1970), 25; Schneider, Passion (1973), 134; Pesch, Mk II
     (1977), 508.*
206 Dies wird auch von *Schottroff: EvTh 42 (1982), 13 A. 31* zurückgewiesen. Auch
     Brown, Death (1994), 1153 dokumentiert die verschiedenen Ausdrucksweisen für
     die Frauen(gruppen), legt diese aber ebenfalls nicht als einander ausschließend
     aus und setzt z. B. voraus, daß Mk das ἀκολουθεῖν und διακονεῖν auch über die
     zweite Frauengruppe ausgesagt haben wollte.
207 *Schüssler Fiorenza, Gedächtnis (1988), 390* argumentiert aufgrund der Verwendung
     des Kompositums συναναβαίνειν in Apg 13,31, daß die Frauen hier als »apostoli-
     sche Zeuginnen« gekennzeichnet würden.
208 Vgl. *Schüngel-Straumann: Bader (Hg.), Maria Magdalena (1990), 15,* die aus der
     Vorsilbe συν- ableitet, daß hier die Frauen zu Mitläuferinnen würden und nur noch
     in zweiter Linie erwähnenswert seien, oder *Setzer: JBL 116 (1997), 264,* die das
     Kompositum für »more ambiguous« als das Simplex hält.
209 Vgl. Lk 5,11.27.28; 9,23.49.57.59.61; 18,22.28.43.
210 Lk 7,9; 22,39.
211 Lk 9,11; 22,10.54; 23,27.

folge im engeren Sinne in Anspruch genommen werden.[212] Dies wird unterstützt durch die Beobachtung, daß es im Lk-Ev neben dem Verb ἀκολουθεῖν
noch weitere Ausdrücke gibt, die das Phänomen der Nachfolge umschrei-
ben.[213] Das Kompositum συνακολουθεῖν schließlich kann »in der profanen
Gräzität die übertragenen Bedeutungen des Verstehens und Gehorchens gewinnen«[214] und wird in außerneutestamentlichen Kontexten durchaus im Sinne des JüngerIn-Seins verwendet, wie Belege bei Tatian und Philostrat zeigen.[215] Unter Berücksichtigung dieser Aspekte ist das συνακολουθεῖν der
Frauen in Lk 23,49 mit großer Wahrscheinlichkeit als Nachfolge im engeren
Sinne zu interpretieren.[216] Die Verwendung des Kompositums an dieser
Stelle ist vielleicht als Kombination der beiden von Mk verwendeten Verben
συναναβαίνειν und ἀκολουθεῖν zu erklären[217], eine Kombination, durch die
die Verbindung der Frauen zu Jesus und der Zeit in Galiläa stärker hervorgehoben wird, als dies mit dem Verb ἀκολουθεῖν allein möglich gewesen wäre.

Während in Mk 15,41 die Nachfolgenotiz mit dem Hinweis auf das Dienen der Frauen verbunden ist (καὶ διηκόνουν αὐτῷ), spricht Lk nur von der
Nachfolge der Frauen. Dies ist wieder mit dem Hinweis auf 8,2-3 zu erklären,
wo Lk bereits vom διακονεῖν der Frauen berichtet hatte. Zudem kann zwar
bei Mk das διακονεῖν durchaus als Konkretisierung der Nachfolge aufgefaßt
werden[218], doch ist demgegenüber an dieser Stelle auf den differenzierten Gebrauch des διακονεῖν bei Lk hinzuweisen[219].

---

212 Vgl. *Untergaßmair, Kreuzweg (1980), 15; Demel: BN 57 (1991), 84.*
213 Z. B. ἔρχεσθαι ὀπίσω (μου) Lk 9,23; ἔρχεσθαι πρός με 14,26 [diff Mt 10,38];
     εἶναί μου μαθητής 14,26.27.33. Vgl. auch das εἶναι σὺν αὐτῷ (s. o. S. 38-41), das
     eine enge Zugehörigkeit zu Jesus ausdrückt. Auch das Kreuztragen des Simon
     ὄπισθεν τοῦ Ἰησοῦ wird des öfteren als Inbegriff der Nachfolge gedeutet; dem
     kann ich allerdings nicht zustimmen (s. o. S. 193 A. 86 und S. 201).
214 *Kittel: ThWNT I (1933), 216.* Er verweist auf Plato, Leges I 629 u. ö.
215 Nach *Bauer, Wörterbuch (⁶1988), 1564* bedeutet das Wort »jdm. nachgehen, jdn.
     begleiten«; er verweist auf das Diatessaronfragment 0212 aus Dura Z. 2 (Text s.
     Aland, Synopsis 493; vgl. aber auch die Hinweise zum Text und seiner Rekonstruk-
     tion bei *Metzger, Commentary [1971], 284 A. 18* mit weiterer Literatur): hier habe
     es die Nebenbedeutung des Jüngerseins, ebf. Philostrat, Vita Apoll. 8,19 p. 335,32.
     Im Diatessaronfragment geht es aber genau um die seit Galiläa nachfolgenden
     Frauen; damit kann auch für das Verb in Lk 23,49 die Konnotation des Jüngerin-
     seins gefordert werden.
216 Für die Interpretation als Nachfolge plädieren auch *Brown, Apostasy (1969), 56 A.
     204* sowie *88; Tetlow, Women (1980), 105 mit A. 30; Witherington, Ministry (1984),
     122; Ryan: BTB 15 (1985), 57; Demel: BN 57 (1991), 84f; Luter: TrinJ 16 (1995), 180;
     Kirchschläger: Ruckstuhl, Jesus (1996), 132f.*
217 So auch *Nolland, Lk (1993), 1160; Brown, Death (1994), 1169 A. 74.*
218 Vgl. etwa *Fander, Stellung (²1990), 32-34*, die von Mk 10,43.45 her διακονεῖν als
     Präzisierung von ἀκολουθεῖν auffaßt und so - mit *Schenke, Wundererzählungen
     (1974), 111f* - auch die Frauen in Mk 1,29; 15,41 als Vorbilder wahrer Nachfolge
     interpretiert (vgl. schon o. S. 59 A. 181).
219 Vgl. die Ausführungen zu Lk 8,3 o. S. 58-65.

(b) Ertrag

In einer dritten Gruppe von Menschen, die Lk 23,47-49 auf das Kreuzesgeschehen reagieren, werden V. 49 neben den γνωστοί Jesus auch Frauen genannt. Kontrastierend zu der Volksmenge, die nach V. 48 den Schauplatz des Geschehens verläßt, werden die Bekannten und die Frauen als diejenigen gezeichnet, die stehenbleiben (εἱστήκεισαν).[220] Während die γνωστοί nicht näher identifiziert werden und, da sie im Lk-Ev weder vorher noch nachher als auf Jesus bezogene Gruppe begegnen, eine eindeutige Interpretation offengelassen wird, werden die Frauen durch einen Rückbezug auf 8,2-3 als die Frauen identifiziert, die Jesus von Galiläa aus nachgefolgt waren. Implizit werden dadurch bei LeserInnen die in 8,2-3 genannten Namen der Frauen ins Gedächtnis gerufen. Obwohl die lk Version die mk Vorlage erheblich kürzt, wird gegenüber dieser die Verbindung der Frauen zu Galiläa hervorgehoben und verstärkt, indem nicht nur Nachfolge der Frauen *in Galiläa* (ἐν τῇ Γαλιλαίᾳ Mk 15,41) erzählt wird, sondern die Nachfolge *von Galiläa an* (ἀπὸ τῆς Γαλιλαίας). Durch diesen Weg der Nachfolge, der hier sichtbar wird, sowie durch das Partizip συνακολουθοῦσαι werden einerseits die Frauen als Nachfolgerinnen und Jüngerinnen qualifiziert. Andererseits entsteht ein Faden der Kontinuität, der es nahelegt, auch in den dazwischenliegenden Kapiteln in einer inklusiven Lektüre die Frauen als Jüngerinnen ›mitzulesen‹. Diese Kontinuität zu den Anfängen in Galiläa wird an dieser Stelle nicht über die γνωστοί oder gar die Zwölf hergestellt, sondern über die Frauen.

Doch nicht nur der Weg von Galiläa her wird allein über die Frauen ausgesagt, sondern auch ein zweiter Punkt: Nur über die Frauen ist zu lesen, daß sie die Geschehnisse *gesehen* hätten. Dies ist der femininen Partizipialform ὁρῶσαι zu entnehmen. So ist 23,49 als Auftakt einer Reihe von Erwähnungen der Frauen zu lesen, die diese Frauen als Augenzeuginnen der Geschehnisse um den Tod, das Begräbnis und die Auferstehung Jesu zeigen.

3.2 Die Frauen beim Begräbnis (Lk 23,50-56)

Nach den drei Reaktionen auf das Kreuzesgeschehen 23,47-49 wird in 23,50 mit dem sprachlichen Signal καὶ ἰδοὺ die Aufmerksamkeit auf etwas Neues gelenkt. Es wird eine bislang noch nicht erwähnte Figur eingeführt: Josef, der im folgenden über eine Reihe von Angaben ungleich ausführlicher als bei Mk beschrieben und identifiziert wird (vgl. Mk 15,43 mit Lk 23,50-51).[221] Seine Handlungen, der Gang zu Pilatus, die Bitte um den Leichnam Jesu, das Holen, Einhüllen und Beisetzen des Leichnams, bestimmen die Perikope bis zur

---

220 Γυναῖκες fungiert neben οἱ γνωστοί als Subjekt zum Verb εἱστήκεισαν.
221 Zum lk Bild des Josef von Arimathäa vgl. ausführlich *Büchele, Tod (1978), 59f; Schreiber: ZNW 72 (1981), 161-165; Brown, Death (1994), 1227-1229.*

Zäsur in V. 54. Diese Zäsur wird durch die Zeitangabe καὶ ἡμέρα ἦν παρασκευῆς καὶ σάββατον ἐπέφωσκεν bewirkt und bildet ein Scharnier zwischen den in 23,50-53 erzählten Aktivitäten Josefs und den ab V. 55 erzählten Aktivitäten der Frauen. Durch die Positionierung der Zeitangabe an dieser Scharnierstelle wird einerseits signalisiert, daß Josefs Aktivitäten entsprechend dem jüdischen Gesetz, Gekreuzigte vor Sonnenuntergang zu bestatten, vonstatten gingen, und daß er auch das Gebot, am Sabbat Ruhe zu halten, erfüllte.[222] Andererseits steht die Zeitangabe in Bezug zu den im folgenden erzählten Handlungen der Frauen (s. u.).

Die Zeitangabe ist gleichzeitig ein Glied in der Kette von weiteren Zeitangaben, die die erzählten Ereignisse von der Kreuzigung an strukturieren: 23,44 waren die sechste und neunte Stunde dieses Tages[223] erwähnt worden, hier nun wird das Ende des Rüsttages und der Beginn des Sabbats genannt, V. 56 greift das Sabbatmotiv wieder auf und führt es weiter, indem dieser Sabbat bzw. die vom Gesetz vorgeschriebene Sabbatruhe die eintägige Ruhepause der Frauen begründet. Auch die Zeitangabe zu Beginn der Grabesperikope 24,1 ist auf diesen Sabbat bezogen: τῇ δὲ μιᾷ τῶν σαββάτων ὄρθρου βαθέως. Alle weiteren Ereignisse bis zum Schluß des Buches spielen an diesem Tag: Die beiden Emmausjünger sind an ebendiesem Tage unterwegs (24,13 ἐν αὐτῇ τῇ ἡμέρᾳ) und kehren, als sie Jesus erkannt haben, in derselben Stunde (24,33 αὐτῇ τῇ ὥρᾳ) nach Jerusalem zurück. An die Rückkehr der beiden schließen sich zeitlich unmittelbar (24,36 ταῦτα δὲ αὐτῶν λαλούντων) die Erscheinung des Auferstandenen und alle weiteren Ereignisse des Buches an.

Durch diese lückenlose zeitliche Abfolge besonders ab V. 54 sowie durch den Subjektswechsel hin zu den Frauen in V. 55, die anschließend die hauptsächlichen Handlungsträgerinnen bis 24,11 (12) sind und bis 24,10 auch nur pronominal wiederaufgenommen und weitergeführt werden, wird die Begräbnis-Perikope eng mit der Erzählung vom leeren Grab verbunden.[224] Der erzählerische Einschnitt zwischen den beiden Perikopen tritt hinter die Hervorhebung der Kontinuität fast völlig zurück.

Dennoch soll, um die Diskussion zu entflechten, zunächst die Begräbnisszene für sich untersucht, und, da sich die Darstellung der Frauen stark von

---

222 Vgl. *Brown, Death (1994)*, 1227.1256.
223 Der Beginn dieses Tages wiederum war 22,66 in der Zeitangabe καὶ ὡς ἐγένετο ἡμέρα signalisiert worden. Der sich anschließende Prozeß Jesu aber wird nicht über weitere Zeitangaben, sondern durch Ortsveränderungen, verbunden mit dem Verb ἄγειν oder Komposita mit Jesus als Objekt, strukturiert, s. o. S. 193 m. A. 82.
224 Das ist in der Literatur schon des öfteren festgestellt worden, vgl. z. B. *Hengel: FS Michel (1963)*, 245 A. 2; *Dillon, Eye-Witnesses (1978)*, 13; *Perkins, Resurrection (1984)*, 152; *Seim, Message (1994)*, 149; *Dies.: SSc II (1994)*, 748; *Löning, Geschichtswerk I (1997)*, 26-35; *Melzer-Keller, Jesus (1997)*, 266.

der mk Vorlage unterscheidet, mit einem synoptischen Vergleich begonnen werden.

(a) Synoptischer Vergleich

Der Weg der Frauen und die Kontinuität

Deutlicher als bei Mk wird in der lk Version der Weg der Frauen herausgearbeitet, und zwar mit verschiedenen Mitteln:

Das erste sind die bereits erwähnten Zeitangaben, die stärker als bei Mk aufeinander bezogen und als chronologischer Faden durchgezogen sind und gleichzeitig die Handlungen der Frauen motivieren. Die Zeitangabe V. 54 erscheint gegenüber Mk 15,42, wo sie gleich zu Beginn der Begräbnisperikope steht, »verspätet«, ist aber gerade dadurch enger auf das Tun der Frauen bezogen und begründet deren Handeln: *Weil* sich nun der Tag neigt und bereits der Sabbat aufleuchtet, müssen die Frauen zunächst das Grab noch einmal verlassen, um nach Hause zu gehen, Salben zu bereiten, Sabbatruhe zu halten (23,56) und dann so früh wie möglich nach dem Sabbat (24,1) zum Grab zu gehen.[225]

Ein zweiter Aspekt läßt sich anhand der Verwendung des Partizips κατακολουθήσασαι V. 55 beobachten: Während Mk 15,47 nur feststellt, daß zwei (namentlich genannte) Frauen *sahen* (ἐθεώρουν), wo der Leichnam Jesu hingelegt wurde, stellt Lk durch die Verwendung des Partizips κατακολουθήσασαι heraus, daß die Frauen einen Weg zurücklegen. Nachdem in Lk 23,49 erzählt worden war, daß die Frauen der Kreuzigung von ferne zugesehen hatten und in 23,50-54 von Josephs Gang zu Pilatus und der Grablegung Jesu berichtet worden war, »holt« dieses κατακολουθήσασαι die Frauen dort am Kreuz »ab« und läßt sie den Weg zum Grab mitgehen. Damit erhält das κατακολουθεῖν seine inhaltliche Füllung von V. 49-54 her[226], so daß die Frauen dadurch ohne Unterbrechung zugegen sind und zu Zeuginnen des gesamten Geschehens werden.

Anders als bei Mk verläßt drittens die erzählerische Aufmerksamkeit die Frauen auch nicht nach der Feststellung, daß sie den Ort der Grablegung gesehen haben (Mk 15,47), sondern berichtet von der Rückkehr der Frauen (ὑποστρέψασαι Lk 23,56). So wird auch hier wieder der Weg der Frauen sichtbar und nachvollziehbar, auch wenn der Ort, wohin die Frauen zurück-

---

225 Vgl. *Kremer, Lk (1988), 235; Brown, Death (1994), 1256; Seim, Message (1994), 149.*

226 Das Verb κατακολουθεῖν wird ansonsten nur noch Apg 16,17 gebraucht und beinhaltet dort ein einfaches Nachlaufen. Dies läßt es fraglich erscheinen, ob durch die Verwendung dieses Verbs in Lk 23,55 der Aspekt der Nachfolge (ἀκολουθεῖν) anklingen soll, wie dies *Kremer, Lk (1988), 235* oder *Kirchschläger: FS Knoch (1991), 280* (»das intensivierende und in den Evangelien singuläre Verb κατακολουθέω«); *Kirchschläger: Ruckstuhl, Jesus (1996), 132f* nahelegen. *Nolland, Lk (1993), 1166* erwägt, ob die Intensivform κατακολουθεῖν verwendet wird, weil dies nun das allerletzte Stück des Weges ist, auf dem die Frauen Jesus folgen.

kehren, nicht genau bezeichnet wird. Da die Frauen an diesem Ort die Salben bereiten, ist wohl, da es sich um auswärtige Frauen handelt, ein dauerhaftes Quartier in oder nahe bei der Stadt gemeint.[227]

Auch nach der Rückkehr werden die Frauen - viertens - nicht aus den Augen gelassen, sondern die Zeit bis zum Ostermorgen wird - ausschließlich - über die Aktivitäten der Frauen, nämlich das Bereiten der Salben und die Sabbatruhe, gefüllt.

So wird bei Lk stärker als bei Mk eine Kontinuität herausgearbeitet: Über den engen Bezug der Zeitangaben vom Tag der Kreuzigung und des Begräbnisses bis zum ersten Tag der Woche, sodann über den Weg der Frauen, der ohne Unterbrechung gezeigt wird und dem die LeserInnen folgen können, und schließlich über die Darstellung der Ereignisse als lückenlose Folge. Wieder aber ist es so, daß die Kontinuität über die Frauen hergestellt wird, es ist *ihr* Weg, der nachgezeichnet wird, und es sind *ihre* Handlungen, die als lückenlose Folge geschildert werden.[228] Die 23,49 erwähnten γνωστοί spielen dabei keine Rolle mehr.

Die Identifizierung der Frauen

Wie schon in 23,49 werden auch hier die Namen der Frauen nicht genannt, im Unterschied zur Mk-Vorlage, die zwei Frauen, nämlich Maria von Magdala und Maria, die des Joses (Mk 15,47) namentlich aufführt. Wieder stellt sich die Frage, ob dies als Verschweigen der Namen und damit als bewußte Anonymisierung der Frauen interpretiert werden muß und somit als Argument für frauenabwertende Tendenzen des Lk herangezogen werden kann.[229] Denn wenn die Frauen bei Mk hinsichtlich ihrer Zeuginnenfunktion namentlich genannt werden, so daß sie quasi mit ihrem Namen für die Richtigkeit des Erzählten einstehen, dann fällt dieser Aspekt bei Lk in der Tat weg.

Jedoch ist auch an dieser Stelle wieder darauf hinzuweisen, daß Lk die Frauen nicht völlig ohne Identifizierung läßt, sondern sie - über Mk hinaus - als die Frauen bezeichnet, die mit Jesus von Galiläa heraufgekommen waren:

---

227 Es ließe sich spekulieren, ob ein mit dem Apg 1,13 genannten ὑπερῷον vergleichbares Quartier vorausgesetzt ist oder ob Lk eher an den Ort denkt, an den sich Jesus während seiner öffentlichen Wirksamkeit in Jerusalem nach Lk 21,37 des Nachts zurückgezogen hat. Da dieser Ort hier jedoch schlicht nicht genannt ist, sind solche Spekulationen müßig und fügen nichts zur Beobachtung, daß der Weg der Frauen lückenlos nachverfolgt wird, hinzu. *Schneider, Passion (1973), 143* bezieht die Angabe allgemein auf die Stadt, *Brown, Death (1994), 1257* auf ein Quartier in der Stadt.

228 Auch *Dillon, Eye-Witnesses (1978), 8-9* hebt die Folge der Aktivitäten der Frauen hervor. Vgl. auch *Wiefel, Lk (1987), 401*: »Nicht minder bedeutsam ist die Nennung der (galiläischen) Jüngerinnen, durch die die Begräbnisszene mit dem Kreuzigungsbericht (V. 49) und der Grabauffindung am Ostermorgen (24,10) verbunden wird.«

229 Vgl. die in A. 203 genannten Autorinnen.

αἵτινες ἦσαν συνεληλυθυῖαι ἐκ τῆς Γαλιλαίας αὐτῷ. Indem außerdem diese Frauen mit dem bestimmten Artikel bezeichnet werden (αἱ γυναῖκες[230]),
wird zusätzlich deutlich gemacht, daß es sich um die 23,49 genannten Frauen
handelt.[231] So wird auch an dieser Stelle, nun über die »Station« von 23,49,
auf 8,2-3 zurückverwiesen, wo bereits Namen und Funktion der Frauen genannt worden waren. Von 8,2-3 her, das ja neben den drei namentlich genannten Frauen zusätzlich von einer größeren Gruppe von Jüngerinnen ausgeht, ist es auch konsequent, die Zahl der Frauen in 23,55 nicht auf die zwei
bei Mk genannten einzuschränken. So öffnet die Formulierung bei Lk die
Gruppe der Frauen auf eine größere, zahlenmäßig nicht festgelegte Gruppe
von Frauen, die dem Begräbniszug gefolgt sind.

Daß nun 23,49.55 zweimal in so kurzem Abstand auf die Nachfolge der
Frauen von Galiläa an verwiesen wird, obwohl dies von der erzählerischen
Abfolge her das zweite Mal durchaus hätte vermieden werden können, zeigt,
daß gerade dieser Aspekt betont werden soll.[232]

Eine weitere Beobachtung sei hinzugefügt: Sowohl in 8,2-3, wie auch an
den beiden Wiederaufnahmen dieser Stelle wird die Verbindung der Frauen
zu Jesus unterstrichen[233]:

8,1-2   καὶ οἱ δώδεκα <u>σὺν αὐτῷ</u>, καὶ γυναῖκές τινες ...

23,49   γυναῖκες αἱ <u>συν</u>ακολουθοῦσαι <u>αὐτῷ</u> ἀπὸ τῆς Γαλιλαίας

23,55   αἱ γυναῖκες, αἵτινες ἦσαν <u>συν</u>εληλυθυῖαι ἐκ τῆς
         Γαλιλαίας <u>αὐτῷ</u>[234]

---

230 Wohl als Ausgleich mit Mk 15,47 ist die Lesart von D it zu verstehen, die statt
     des Artikels die Zahl δύο liest. Darüberhinaus manifestiert sich darin aber die Ten-
     denz von D, die Rolle von Frauen zu beschränken (vgl. o. S. 33 A. 33), indem ihre
     Zahl hier auf zwei reduziert wird, während die ursprüngliche Lesart (und auch die
     von ℵ, A, C, W, 063, 𝔐 bezeugte Lesart, die den Artikel vor γυναῖκες wegläßt)
     die Zahl der Frauen offen läßt. Daß mehr als zwei vorgestellt sind, bestätigt sich
     in 24,10: Bis dahin werden die Frauen pronominal weitergeführt. 24,10 aber nennt
     drei Frauen beim Namen und fügt eine nicht näher bestimmte Zahl von weiteren
     Frauen (αἱ λοιπαὶ σὺν αὐταῖς) hinzu. An dieser Stelle gleicht D den durch seine
     Lesart von V. 55 entstandenen Widerspruch nicht aus.
231 Vgl. *Schneider, Lk (1977)*, 489.
232 Nach *Dillon, Eye-Witnesses (1978)*, 24; *Perkins, Resurrection (1984)*, 154f; *Seim,
     Message (1994), 148-149* entspricht die dreifache Nennung Galiläas im Kontext
     der Passion (23,49.55; 24,6) der dreifachen Leidensankündigung in Galiläa. Hier-
     bei ist jedoch darauf hinzuweisen, daß die dritte Leidensankündigung (18,31-34)
     nicht mehr in Galiläa, sondern während der ›Reise‹ und laut dem unmittelbar fol-
     genden V. 35 in der Nähe von Jericho spielt. Der Versuch von *Rigato: O'Collins /
     Marconi (Eds.), Luke (1993), 96f*, eine Lokalisierung der Szene in Galiläa nachzu-
     weisen, ist nicht überzeugend. Wenn sich also Lk hier - über Mk hinaus - auf Gali-
     läa zurückbezieht, dann nicht um der Symmetrie mit den Leidensankündigungen
     willen, sondern um die Frauen mit Galiläa in Verbindung zu bringen und ihre
     Nachfolge von Galiläa an zu zeigen.
233 Zur syntaktischen Analyse von 8,1-2 s. o. S. 35-37.
234 An dieser Stelle lassen D 063 und wenige andere Mss das Personalpronomen αὐτῷ

Die Aufstellung zeigt, daß in der lk Version der Bezug der Frauen zu Jesus und ihr Weg von Galiläa nach Jerusalem gegenüber der Namensnennung der Frauen in den Vordergrund rückt. Das läßt zwar einerseits, auch wenn die Namen in 8,2-3 genannt werden, die Frauen als historisch greifbare Personen in Erscheinung treten. Andererseits aber wird deutlich, daß die Frauen in einer bestimmten Funktion genannt werden: Über ihren gemeinsamen Weg mit Jesus wird die Verbindung zu Galiläa hergestellt und damit stärker als bei Mk die Kontinuität betont. Überdies wird unterstrichen, daß es gerade diese Frauen sind, die nun auch Zeuginnen aller Geschehnisse in Jerusalem werden. Dieser Zeuginnenaspekt wird durch einen weiteren Erzählzug vertieft:

Was die Frauen sehen ...

In Übereinstimmung mit Mk 15,47 (ἐθεώρουν) erwähnt Lk das Sehen oder auch Beobachten der Frauen. Doch wie schon Lk 23,49 nicht das mk θεωρεῖν übernommen, sondern stattdessen das Verb ὁρᾶν verwendet hatte, so ersetzt auch Lk 23,55 das mk θεωρεῖν durch ein anderes Verb des Sehens, nämlich θεᾶσθαι. Dieses Verb hat sechs Belege im lk Doppelwerk und umschreibt beispielsweise Apg 1,11 das, was die bei der Himmelfahrt Anwesenden gesehen haben, und Apg 22,9 das Sehen des Lichtes beim Damaskuserlebnis des Paulus.[235] Daß Lk zweimal das mk θεωρεῖν vermeidet, bestätigt die oben geäußerte Vermutung, daß nicht ein äußerliches Zuschauen und Betrachten konnotiert werden soll, wie dies auch beim Betrachten eines Schauspiels gesagt werden könnte, sondern ein »qualifizierteres« Sehen.[236]

Unterschiedlich wird auch das beschrieben, *was* die Frauen sehen. Während es bei Mk nur kurz heißt, die Frauen hätten gesehen, wohin der Leichnam gelegt wurde (ποῦ τέθειται), wird Lk ausführlicher: ἐθεάσαντο τὸ μνημεῖον καὶ ὡς ἐτέθη τὸ σῶμα αὐτοῦ. Es wird genauer gesagt, was die Frauen gesehen haben, nämlich das Grab selbst[237] sowie die Art und Weise der Bestattung[238]. Unter Berücksichtigung der anderen bislang herausgearbei-

---

weg und lassen dadurch den Bezug zur Person Jesu, der das Heraufkommen der Frauen von Galiläa als Nachfolge kennzeichnet, verschwinden. Aufgrund der schwachen äußeren Bezeugung ist auch diese Lesart des D-Textes nicht als ursprüngliche anzusehen, sondern als weiterer Versuch zu werten (vgl. schon A. 230), die Bedeutung der Frauen herunterzuspielen.

235   Die anderen drei Belege sind Lk 5,27; 7,24; Apg 21,27 und meinen jeweils ein nicht weiter qualifiziertes Sehen. Vgl. auch das bei *Bauer, Wörterbuch (1988)*, 717-718 angegebene weite Bedeutungsspektrum.

236   S. o. S. 219f.

237   Nach *Schweizer, Lk (1982)*, 242 soll diese Notiz unterstreichen, daß die Frauen am Ostermorgen nicht zu einem anderen Grab gegangen sind.

238   Daß das ὡς auf die *Art und Weise* der Bestattung zu beziehen sei, legt *Kremer, Osterevangelien (1977), 97* nahe. Denn die im Anschluß erzählte Zubereitung der Salben nehme auf dieses ὡς Bezug: die Frauen hatten die Absicht, die *fehlende* Salbung nachzuholen. Ähnlich *Schneider, Lk (1977)*, 490: das ὡς weise auf die »(unzureichende) Einhüllung des Leichnams in Leinwand«; ebenso *Fitzmyer, Lk*

teten Erzählzüge muß auch die detaillierte Schilderung dessen, was die Frauen gesehen haben, als Mosaikstein im Bild der Frauen als Zeuginnen des gesamten Geschehens gewertet werden.

... und was die Frauen tun

Im Anschluß an die Lk 23,56 berichtete Rückkehr der Frauen wird ihr weiteres Tun in zwei weiteren Punkten dokumentiert. Der erste ist das Bereiten der Salben. Mk 16,1 erzählt demgegenüber lediglich zu Beginn der Osterperikope, die Frauen hätten am frühen Morgen Spezereien gekauft. Die bei Mk zu Beginn der Osterperikope genannte Salbungsabsicht der Frauen fehlt hingegen bei Lk sowohl an dieser Stelle, als auch beim Gang der Frauen zum Grab.[239] Stärker als bei Mk tritt damit bei Lk das eigenhändige Tun der Frauen vor der Sabbatruhe in den Blick.[240] Erzählerisch wird in der Darstellungsweise des Lk eine stärkere Konzentration auf die Frauen erreicht.

Dieses Bereiten der Salben entspricht den Erfordernissen eines regulären Begräbnisses. Nach jüdischer Sitte wurden einem oder einer Toten zunächst die Augen geschlossen. Sodann wurde die Leiche gewaschen, gesalbt, und, seit römischer Zeit, meist unter Beifügung weiterer Spezereien, in Leintücher gehüllt. Auf einer Bahre wurde sie dann, unter Einhaltung verschiedener weiterer Trauerbräuche, zum Grab getragen.[241] Ähnlich sind die Bräuche im griechisch-römischen Bereich: Auch hier werden zunächst Augen und Mund, in den zuvor eine Münze gelegt wurde, geschlossen. Als Aufgabe der weiblichen Angehörigen galt es, die Leiche zu waschen, zu salben und zu kleiden.[242]

(1985), 1530; *Wiefel, Lk* (1987), 402; *Brown, Death* (1994), 1257; allgemeiner noch *Schneider, Passion* (1973), 142: »... den Vorgang«.

239 Nach *Kremer, Osterevangelien* (1977), 99 ist sie dort aber »hinreichend durch die Bemerkung angedeutet, daß sie die vor dem Sabbat zubereiteten wohlriechenden Salben (die Myrrhe wird im Unterschied zu 23,55 nicht erwähnt) bei sich tragen.«

240 In der Literatur wird dies verbreitet als Fortsetzung des in 8,3 erzählten Dienstes der Frauen interpretiert, vgl. *Schneider, Lk* (1977), 490; *Schweizer, Lk* (1982), 242; *Wiefel, Lk* (1987), 402; *Kremer, Lk* (1988), 236; *Brown, Death* (1994), 1257; *Seim, Message* (1994), 149; Dies: SSc II (1994), 748. *Ernst, Lk* (⁶1993), 493 spricht von einem reinen »Liebesdienst«, da das Begräbnis an sich ja bereits abgeschlossen war.

241 So übereinstimmend *Schwally, Leben* (1892), 8-9; *Fohrer: BHH I* (1962), 211f; *Schmid: RGG³ VI* (1962), 1000; *Martin-Achard: BHH II* (1964), 1068f; *Oßwald: BHH III* (1966), 2021-2023; *Koep: RAC II* (1954), 198f; *Welten: TRE 5* (1980), 736; *Brocke: TRE 5* (1980), 740; *Boesen, Tag* (1994), 332; *Brown, Death* (1994), 1261, wobei diese, von allgemeinen Hinweisen auf Angehörige und Bestattungsvereine abgesehen, nichts darüber vermerken, wer genau, Männer oder Frauen, diese Aufgaben gewöhnlich übernahmen. Von einer spezifisch weiblichen Tätigkeit der Totensalbung gehen *Schüngel-Straumann: Bader* (Hg.), *Maria Magdalena* (1990), 16 und *Seim, Message* (1994), 149 aus. Allgemeiner *Winter, Frau* (1983), 50f; *Bird: Jobling et al.* (Eds.), *Bible* (1991), 102-108; *Stolz, Einführung* (1996), 129f, die eine generelle Nähe von Frauen zum rituellen Umgang mit dem Tod und mit Toten konstatieren.

242 Vgl. *Stommel: RAC II* (1954), 202f. Zu den römischen Riten vgl. auch *Toynbee,*

Das Tun der Frauen Lk 23,56 muß damit in den Rahmen der üblichen Toten-
fürsorge eingeordnet werden, die eben aufgrund der Hinrichtung Jesu nicht in
den geordneten Bahnen hatte verlaufen können. Wenn die Frauen Spezereien
und Salben bereiten, um sie zum Grab zu bringen, kann damit ein vollständi-
ges oder teilweises Beträufeln des Leichnams intendiert sein[243] oder auch ein
allgemeineres Niederlegen oder Verstreuen dieser Gaben im Grab[244].

Der zweite Punkt ist die von Lk erwähnte Sabbatruhe der Frauen, von der
die mk Version nicht explizit spricht. Die Sabbatruhe wird von den Frauen, so
der lk Text, κατὰ τὴν ἐντολήν eingehalten, so daß die Frauen - wie zuvor
auch Josef von Arimathäa - als gesetzestreue Jüdinnen gezeichnet werden.[245]

In der Darstellungsweise des Lk wird die Zeit vom Begräbnis bis zum
Ostermorgen mit Hilfe des Tuns der Frauen, aber auch in der Perspektive der
Frauen überbrückt.

(b) Ertrag

Wieder ist es der Weg von Galiläa her, der in der lk Fassung gegenüber Mk
stärker herausgearbeitet wird. Dieser Weg der Frauen wird in der Begräbnisperikope fortgesetzt, indem die Frauen hier den Weg vom Kreuz bis zum
Grab mitgehen und damit auch bei all den damit verbundenen Ereignissen als
präsent gezeigt werden. Auch nachdem die Frauen das Begräbnis gesehen
haben, wird ihr Weg weiterverfolgt, bis sie sich 24,1 erneut auf den Weg zum
Grab machen. Während die γνωστοί nur punktuell im Rahmen der Kreuzigungsszene erwähnt werden und Josef von Arimathäa zwar eine wichtige, jedoch ebenfalls eine *begrenzte* Rolle in Bezug auf das Begräbnis spielt, wird
die Kontinuität über die Frauen hergestellt.

Auch der zweite, ebenfalls im Rahmen von 23,49 bereits beobachtete
Aspekt, der des *Sehens* der Frauen, wird an dieser Stelle weiter ausgeführt, so
daß das Bild der Frauen als Zeuginnen des gesamten Geschehens an dieser
Stelle weiter verstärkt wird.

Death (1971), 43f, jedoch ohne geschlechtsspezifische Differenzierung.

243   Vgl. *Schottroff: EvTh 42 (1982), 15f*.

244   Vgl. die verschiedenen Möglichkeiten, die *Brown, Death (1994), 1261-1265* im
      Blick auf Joh 19,39-40 diskutiert.

245   Vgl. *Schneider, Lk (1977), 490; Schmithals, Lk (1980), 229; Schreiber: ZNW 72
      (1981), 164-165; Schweizer, Lk (1982), 242; Wiefel, Lk (1987), 402; Kremer, Lk
      (1988), 236; Johnson: Interpretation 6 (1992), 60; Nolland, Lk (1993), 1166f; Seim,
      Message (1994), 149.*
      Dieser Aspekt der Charakterisierung der Frauen fällt wieder im D-Text weg, wenn
      hier die Näherbestimmung κατὰ τὴν ἐντολήν fehlt. Auch dies kann als Versuch
      gewertet werden, die Bedeutung der Frauen zu schmälern.

3.3 Die Frauen am leeren Grab (Lk 24,1-12)

Wie bereits gezeigt ist die Erzählung über die Frauen am leeren Grab eng an die unmittelbar vorausgehende Begräbnisperikope angeschlossen. Dies wird durch verschiedene Mittel erreicht: Die Zeitangabe 24,1 (τῇ δὲ μιᾷ τῶν σαββάτων) bezieht sich auf die beiden vorhergehenden Zeitangaben 23,54.56 zurück. Sodann wird in 24,1 die Reihe der Aktivitäten der Frauen fortgesetzt. Dabei ist die Verbindung so eng, daß die Frauen in 24,1 nur pronominal wieder aufgenommen werden und nicht, wie das zu Beginn einer eigenen und überdies so gewichtigen Perikope zu erwarten wäre, nominal genannt werden. So wird deutlich, daß es sich stets um die gleichen Frauen handelt, daß es eine Kontinuität von Galiläa (8,2-3) nach Jerusalem, zu den Ereignissen der Passion (23,49.55-56) und zum Ostergeschehen (24,1-12) gibt. In diesen Zusammenhang ist auch die Tatsache zu stellen, daß die Frauen zu Beginn der Osterperikope nicht mit ihren Namen genannt werden.

Die Erzählung über die Frauen am leeren Grab ist gleichzeitig der Beginn der Erzählungen über die Ereignisse des Ostertages, die, auch dies wurde bereits bemerkt, bis zum Schluß des Buches zeitlich eng aufeinander bezogen sind und alle an einem einzigen Tag spielen.

Auch diese Erzählung weist große Unterschiede gegenüber ihrer mk Vorlage auf, so daß auch hier mit einem synoptischen Vergleich begonnen werden soll.[246]

(a) Synoptischer Vergleich

Die Namen der Frauen

Auch zu Beginn der Osterperikope stellt sich das Problem, daß Lk, wie schon in 23,49 und 23,55-56, die Namen der Frauen nicht nennt. Dies im Unter-

---

246 Die Frage der Abhängigkeit von einer Mk-Vorlage ist auch für diese Perikope im Rahmen der Überlegungen zu einer lk Sonderquelle für die Passionserzählungen zu beantworten (s. o. S. 170-172). Speziell für Lk 24,1-11(12) votierten *für* eine (ausschließliche) Abhängigkeit von Mk 16,1-8 *Grass, Ostergeschehen* (⁴1970), 32-35; *Schneider, Passion* (1973), 151 (erwägt Einflüsse mündlicher Nebentraditionen, ähnlich *Schneider, Lk* [1977], 492); *Neirynck: FS Vergote* (1975/76), 427-441; *Kremer, Osterevangelien* (1977), 97.107-109; *Dillon, Eye-Witnesses* (1978), 68 passim; *Schmithals, Lk* (1980), 230; *Ritt: QD 95* (1983), 125; *Fitzmyer, Lk* (1985), 1541f; *Wiefel, Lk* (1987), 404; *Schüngel-Straumann: Bader* (Hg.), *Maria Magdalena* (1990), 20; *Ernst, Lk* (⁶1993), 497; *Korn, Geschichte* (1993), 138 (hält den Einfluß von weiteren Traditionen für denkbar, aber kaum nachweisbar). Hingegen wurde eine von Mk verschiedene Vorlage postuliert von *Rengstorf, Lk* (¹⁴1969), 278 (Mk + Sonderquelle); *Augsten, Stellung* (1970), 26; *Taylor, Narrative* (1972), 103-108; *Perkins, Resurrection* (1984), 181. *Schweizer, Lk* (1982), 243 vermutet vormarkinische Traditionen, die in die lk Erzählung Eingang gefunden hätten. *Bode, Easter Morning* (1970), 70 geht von weiteren Traditionen neben Mk aus. Nicht ganz entschieden ist *Marshall, Lk* (1978), 882.

schied zu Mk 16,1, der an dieser Stelle bereits zum dritten Mal im Verlauf der
Passions- und Ostererzählungen eine Liste der anwesenden Frauen bietet:

Mk	Lk
	8,2 ... Μαρία ἡ καλουμένη Μαγδαληνή, ἀφ᾽ ἧς δαιμόνια ἑπτὰ ἐξεληλύθει, 3 καὶ Ἰωάννα γυνὴ Χουζᾶ ἐπιτρόπου Ἡρῴδου καὶ Σουσάννα καὶ ἕτεραι πολλαί
15,40 ... ἐν αἷς καὶ Μαρία ἡ Μαγδαληνὴ καὶ Μαρία ἡ Ἰακώβου τοῦ μικροῦ καὶ Ἰωσῆτος μήτηρ καὶ Σαλώμη, 41 αἳ ὅτε ἦν ἐν τῇ Γαλιλαίᾳ ἠκολούθουν αὐτῷ καὶ διηκόνουν αὐτῷ, καὶ ἄλλαι πολλαί	23,49 καὶ γυναῖκες αἱ συνακολουθοῦσαι αὐτῷ ἀπὸ τῆς Γαλιλαίας
15,47 ἡ δὲ Μαρία ἡ Μαγδαληνὴ καὶ Μαρία ἡ Ἰωσῆτος	23,55 αἱ γυναῖκες αἵτινες ἦσαν συνεληλυθυῖαι ἐκ τῆς Γαλιλαίας αὐτῷ
16,1 Μαρία ἡ Μαγδαληνὴ καὶ Μαρία ἡ [τοῦ] Ἰακώβου καὶ Σαλώμη	(24,1 pronominale Wiederaufnahme)
	24,10 ἦσαν δὲ ἡ Μαγδαληνὴ Μαρία καὶ Ἰωάννα καὶ Μαρία ἡ Ἰακώβου καὶ αἱ λοιπαὶ σὺν αὐταῖς

Diese Übersicht macht nun verschiedenes deutlich: Zum ersten ist die nur
pronominale Nennung der Frauen zu Beginn der Ostergeschichte mit der engen erzählerischen Verbindung zur Begräbnisperikope zu erklären. Zum
zweiten wird der in 8,2-3 begonnene und 23,49.55-56 wiederaufgenommene
Faden von Frauenpräsenz weitergesponnen, der die Kontinuität von Galiläa
bis zum Ostermorgen herstellt. Dieser Aspekt ist gegenüber Mk verstärkt.

Zum dritten aber zeigt die Aufstellung, daß auch in der lk Fassung die
Namen der Frauen erwähnt werden, wenn auch an späterer Stelle[247]: In 24,10,
also in dem Moment, in dem die Frauen die Osterbotschaft überbringen, werden ihre Namen genannt. Dies bedeutet nicht ein Verdrängen der Frauen an
einen späteren, unbedeutenden Ort, sondern im Gegenteil: Die Namen werden
in der lk Fassung an inhaltlich gewichtiger Stelle genannt. Dies wird in der
formkritischen Analyse noch genauer zu zeigen sein. Gegenüber der Mk-Vorlage bedeutet dies insofern eine Akzentverschiebung, als nun die Frauen quasi

---

247 Ein ganz ähnliches Verfahren bei der Namensnennung ist übrigens auch in der
     Emmausperikope zu beobachten: Zu Beginn der Perikope werden die beiden Pro-
     tagonisten nur pronominal aufgenommen und als δύο ἐξ αὐτῶν bezeichnet
     (24,13). Erst 24,18, anläßlich seiner Antwort an Jesus, wird der Name eines der
     beiden Männer genannt - während der andere weiterhin anonym bleibt. Vergleich-
     bar ist auch Apg 1,1-14: Erst *nach* der Himmelfahrt (1,9-11) und der Rückkehr
     nach Jerusalem (1,12) werden die als anwesend vorausgesetzten Zeugen, in die-
     sem Fall die Elf, beim Namen genannt (1,13).

mit ihrem Namen für die *Auferstehungsbotschaft* einstehen, die sie den Elfen und den übrigen (24,9) und nochmals: den Aposteln (24,10) bringen.[248]

An dieser Stelle zeigt sich nun eindeutig, wie im Rahmen der Überlegungen zu 23,55 bereits vermutet, daß die im lk Text vorgestellte Frauengruppe mehr als nur die zwei (Mk 15,47) bzw. drei (Mk 16,1) von Mk namentlich genannten Frauen umfaßt, wenn es Lk 24,10 heißt: ἦσαν δὲ ἡ Μαγδαληνὴ Μαρία καὶ Ἰωάννα καὶ Μαρία ἡ Ἰακώβου <u>καὶ αἱ λοιπαὶ</u> σὺν αὐταῖς. Neben den drei namentlich genannten Frauen gibt es demnach noch eine zahlenmäßig nicht genauer beschriebene Frauengruppe, die als die ganze Zeit anwesend zu denken ist. Das ἔλεγον bezieht sich auf alle diese Frauen, nicht nur auf αἱ λοιπαί.[249]

Ein vierter Aspekt ergibt sich aus der Aufstellung: Im Verlauf des Lk-Evs werden die galiläischen Frauen an der ersten und an der letzten Stelle, an denen sie (auch explizit) eine erzählerische Rolle spielen, namentlich genannt, d. h. in Galiläa (8,2-3) und in Jerusalem, in dem Moment, als sie die Auferstehungsbotschaft verkünden (24,10). Danach spielen die Frauen keine aktive erzählerische Rolle mehr, sondern es wird nur noch *über* sie gesprochen (24,22-24). Zwischen diesen beiden namentlichen Nennungen erscheinen sie als die Frauen, die von Galiläa an nachgefolgt waren.

Als fünfter Punkt schließlich muß die Verschiedenheit der Namen genannt werden. Dabei bestehen Unterschiede sowohl zwischen verschiedenen Frauenlisten, die *innerhalb* eines Evangeliums geboten werden, als auch zwischen den bei Mk und bei Lk genannten Frauen.

---

248 Vgl. *Schmid, Lk (⁴1960), 354; Hengel: FS Michel (1963), 245; Augsten, Stellung (1970), 29; Witherington, Churches (1988), 131; Johnson: Interpretation 6 (1992), 61; Seim, Message (1994), 156.* Daß mit der Dreizahl der Namen die Erfüllung der Forderung nach zwei oder drei Zeugen für die Rechtskräftigkeit einer Sache (Dtn 19,15) intendiert ist (so *Seim*), ist möglich, im Text jedoch nicht explizit ausgeführt.

249 Diese sprachlich mißverständliche Formulierung hat in einigen Textzeugen zu erleichternden Lesarten geführt: In einigen Mss (A, D, W, Γ, 1010, 1241, *al*, sy^(s.c)) ist der Satzbeginn ἦσαν δὲ weggelassen sowie die Trennung zwischen beiden Sätzen aufgehoben, so daß das ἔλεγον zum alleinigen finiten Verb des Satzes wird und damit auf alle aufgeführten Frauen bezogen werden muß. Ein anderer Teil der Zeugen (א^(korr), K, Θ, Ψ, 063 u. a.) fügt vor ἔλεγον das Relativpronomen αἱ ein, die Minuskel 157 ein καί.
In der Literatur wurde die Schwierigkeit dieser beiden Sätze zum Teil als Zeichen für redaktionelle Tätigkeit angesehen, vgl. z. B. *Wanke, Emmauserzählung (1973), 75f.* In der Tat ist die Doppelung ἀπήγγειλαν (24,9) und ἔλεγον (24,10) auffällig und könnte nach einer redaktionellen Einfügung der Namensliste als eine Wiederaufnahme nach dem Kuhl'schen Prinzip (vgl. *Kuhl: ZAW 64 [1952], 1-11*) angesehen werden. Doch verliert eine solche Überlegung, wenn man nicht von einer lk Sondervorlage ausgeht, ihren Sinn.

Schon bei Mk stimmen die Frauenlisten untereinander nicht überein:

Mk 15,40-41	Mk 15,47	Mk 16,1
Maria von Magdala	Maria von Magdala	Maria von Magdala
Maria, die des Jakobus des Kleinen		Maria des Jakobus
(Maria,) die Mutter des Joses	Maria des Joses	
Salome		Salome
viele andere		

Sind die an der ersten Stelle Mk 15,40-41 genannten Frauen tatsächlich als vier und nicht nur als drei Frauen zu interpretieren, wie dies oben vermutet worden war[250], dann werden von diesen in den folgenden Listen jeweils nur ein Teil wiederaufgenommen: 15,47 zwei und 16,1 drei dieser Frauen. Sind jedoch die zweite und die dritte Maria aus 15,40-41 identisch, dann wäre diese Maria neben der stets zuerst genannten Maria von Magdala die zweite Frau, die in allen drei Listen begegnet. Dann wären auch die erste und dritte Namensliste als identisch anzusehen; lediglich die »vielen« Frauen aus 15,41 wären in 16,1 nicht mehr aufgenommen.

Demgegenüber bietet sich bei Lk folgendes Bild:

Lk 8,2-3	Lk 23,49	Lk 23,55	Lk 24,10
Maria von Magdala	...	...	Maria von Magdala
Johanna, die Frau des Chuzas			Johanna
Susanna			Maria des Jakobus
viele andere			die übrigen mit ihnen

Wie bei Mk wird auch bei Lk in beiden Frauenlisten Maria von Magdala, wenn auch in veränderter Namensform[251], an erster Stelle genannt.[252] Als zweite Frau erscheint in beiden Listen Johanna, die sich in keiner der mk Listen findet. Bei ihrer zweiten Nennung muß diese Frau nicht mehr wie beim ersten Mal identifiziert werden. Die in der ersten Liste als dritte genannte Susanna fehlt in der zweiten Liste und ist dort durch Maria des Jakobus ersetzt, die Mk 16,1 erwähnt ist. Es scheint, als habe Lk die Frauen aus seiner eigenen Tradition um eine Frau aus der Mk-Vorlage ergänzt, so daß er einerseits innerhalb seines eigenen Werkes die Kontinuität zwischen Galiläa und Jerusa-l

---

250 S. o. S. 225f.
251 8,2 Μαρία ἡ καλουμένη Μαγδαληνή; 24,10 ἡ Μαγδαληνὴ Μαρία.
252 Zur herausragenden Stellung der Maria von Magdala, die nur mit der des Petrus verglichen werden kann, vgl. schon oben zu 8,2-3. Die Bedeutung der Reihenfolge der Namensnennungen diskutiert ausführlich *Hengel: FS Michel (1963), 248-251*. Kritik an seiner Behauptung einer Rangordnung unter verschiedenen konkurrierenden Frauen(gruppen) übte *Schottroff: EvTh 42 (1982), 9f.*

em auch anhand der Namen festmachen kann und andererseits die mk Tradition aufgenommen hat.[253]

Im Unterschied zu Mk greift Lk zum Schluß auch die Vorstellung von »vielen« Frauen wieder auf. Während Mk die Zahl der Frauen beim Begräbnis und am leeren Grab, nicht jedoch bei der Kreuzigung, auf zwei bzw. drei namentlich Genannte genau festlegt, stellt sich Lk offenbar in allen Fällen eine größere Gruppe von Frauen vor.

Der Weg zum Grab

Generell läßt sich zunächst feststellen, daß der Anfang der lk Erzählung (Lk 24,1-2) gegenüber ihrer Mk-Vorlage gestrafft ist - um dann beim leeren Grab selbst sowie vor allem bei der Rede der beiden Männer, bei der Verkündigung der Frauen sowie bei der Reaktion der Elf bzw. der Apostel und Petri ausführlicher zu werden:

Lk 24,1 faßt die beiden mk Zeitangaben λίαν πρωῒ ... ἀνατείλαντος τοῦ ἡλίου (Mk 16,2) zu ὄρθρου βαθέως zusammen. Dadurch wird zum einen eine Straffung erzielt[254], zum anderen aber auch die Spannung, die zwischen den beiden mk Angaben besteht[255], ausgeglichen.

Auf dem Weg der Frauen zum Grab fehlt das Gespräch, in dem sie ihrer Sorge um das Wegwälzen des Steines Ausdruck verleihen (Mk 16,3).[256] Dies bedeutet zunächst einmal, daß damit eine wörtliche Äußerung aus dem Munde weiblicher Erzählfiguren wegfällt, ähnlich wie dies auch Lk 8,44 (diff Mk 5,28) festzustellen ist. Jedoch ist es so, daß bereits in der lk Begräbnisperikope (23,50-54) der Erzählzug aus Mk 15,46, daß ein Stein vor das Grab gewälzt wurde, fehlt[257], ein Detail, das Mt 27,60 durchaus übernommen hat. Erst bei der Ankunft der Frauen am Grab ist in der lk Erzählung vom Stein die Rede: Die Frauen finden ihn weggewälzt, wenn auch die mk Angabe, daß der Stein sehr groß war (Mk 16,4), fehlt.[258] Das Vorfinden des weggewälzten Steines ist ein Erzählzug, der nach dem vorhergehenden Schweigen über den Stein ohnehin eher erstaunlich ist.[259] Wenn Lk nun den Ausdruck der Sorge

253 Vgl. *Hengel: FS Michel (1963), 245; Wiefel, Lk (1987), 406.*

254 *Dillon, Eye-Witnesses (1978), 14* erklärt die veränderte lk Zeitangabe aus der lk Tendenz, die doppelte Formulierung bei Mk zu vermeiden.

255 Vgl. auch die ausgleichende Lesart von D (u. a.) zu Mk 16,2: ἀνατέλλοντος.

256 *Schüngel-Straumann: Bader (Hg.), Maria Magdalena (1990), 20* vermutet, daß dies in der Spätzeit des Lk nicht mehr so wichtig war. Auch nach *Seim, Message (1994), 150* stellt die Sorge um den Stein und das Wegrollen desselben nichts von Bedeutung dar. Vgl. aber die Lesart von D u. a., die bezüglich der Sorge um den Stein in Lk 24,1 einen Ausgleich mit der mk Version schafft.

257 Nach *Kremer, Osterevangelien (1977), 99* setzt Lk voraus, »daß den Lesern das Vorhandensein eines solchen Grabsteins bekannt ist.«

258 Nach *Schneider, Passion (1973), 151* sieht Lk in diesem Vorgang nicht das Wunder, das Mk hierin bezeugt sah. Nach *Wiefel, Lk (1987), 405* ist der weggewälzte Stein ein erster Hinweis auf das Ostergeschehen, der aber unverstanden bleibt.

259 *Neirynck: FS Vergote (1975/76), 433; Dillon, Eye-Witnesses (1978), 7* benutzen die

der Frauen um das Wegwälzen des Steines streicht, glättet er damit einen unlogischen oder zumindest befremdlichen Zug der mk Erzählung: Daß nämlich die Frauen, die ja gesehen haben mußten, daß dieser große Stein vors Grab gewälzt worden war (Mk 15,46), - und für die überhaupt ein mit einem Rollstein verschlossenes Grab nichts Ungewöhnliches sein mußte - sich erst wieder auf dem Weg zum Grab an diesen Stein erinnern und sich erst dann überlegen, wie er denn zu entfernen sei. Mit diesen Widersprüchlichkeiten in der mk Darstellung glättet Lk gleichzeitig einen unrühmlichen Zug in der mk Darstellung der Frauen.

Im Vergleich mit der eben festgestellten Straffung und Glättung der mk Vorlage muß ein kleiner - über Mk hinausgehender - Erzählzug umso mehr auffallen: Lk erwähnt zwar nicht die Salbungsabsicht der Frauen; doch bezieht er sich in 24,1 explizit auf das in 23,56 beschriebene Tun der Frauen, nämlich Salben zuzubereiten, zurück, indem er formuliert: φέρουσαι ἃ ἡτοίμασαν ἀρώματα. So schafft Lk - wieder über das Tun der Frauen - die enge Verbindung zwischen der Begräbnisperikope und der Erzählung vom leeren Grab.

Was die Frauen finden ...

Anders als Mk stellt Lk 23,2-3 in einem Wortspiel einander gegenüber, was die Frauen finden und was nicht: εὗρον δέ - οὐχ εὗρον.[260] Explizit erwähnt ist der Leichnam Jesu, τὸ σῶμα τοῦ κυρίου Ἰησοῦ, der nicht gefunden wird.[261] Während die Frauen in Mk 16,5 das Grab betreten und dort sogleich den Jüngling sehen, wird der Blick bei Lk über das Wortspiel des Findens und Nicht-Findens noch einmal auf das leere Grab gelenkt. Damit wird Leserinnen oder Hörern die Möglichkeit gegeben, noch einen Augenblick bei diesem leeren Grab zu verweilen, bevor die Erzählung mit dem folgenden καὶ ἐγένετο ... καὶ ἰδοὺ (24,4) voranschreitet.

Diese folgenden Schritte sind bei Lk anders gestaltet als bei Mk: Während die Frauen in Mk 16,5 das Grab betreten, den Jüngling im weißen Gewand sitzen sehen und (über diese Erscheinung) erschrecken, betreten die Frauen in Lk 24,3 das Grab, finden dort den Leichnam ihres Herrn nicht, sind *darüber* ratlos, und erst dann stehen die beiden Männer vor ihnen. Auf diese

---

Erwähnung des Steines an dieser Stelle als eines der Hauptargumente für eine Abhängigkeit von Mk.

260 *Ritt: QD 95 (1983), 125* weist zur Erklärung auf eventuelle Gattungsmotive von Erzählungen über die Suche und Nichtauffindbarkeit von entrückten oder auferweckten Personen (z. B. 2 Kön 2,16-18), will deren Einflüsse aber nicht überbetont wissen.

261 *Kremer, Osterevangelien (1977), 100* hebt hervor, daß Lk vom »Leichnam« Jesu spreche und nicht vom Gekreuzigten; dies sei für hellenistische Leser konkreter und leichter verständlich. Der Hoheitstitel »Herr« lasse auf gläubige Leser schließen.

Erscheinung folgt dann auch bei Lk das gattungsgemäße Erschrecken der Frauen, wenn auch in gegenüber Mk 16,5 veränderter Wortwahl und um das Element, daß sich die Frauen verneigen[262], erweitert.

Auch die Art der Erscheinung ist gegenüber Mk verändert: sehen die Frauen bei Mk einen einzelnen Jüngling (νεανίσκον) zur Rechten sitzen, so stehen bei Lk den Frauen zwei Männer (ἄνδρες δύο) gegenüber, deren Beschreibung von der mk Darstellung geringfügig abweicht (vgl. Lk 24,4 ἐν ἐσθῆτι ἀστραπτούσῃ gegenüber Mk 16,5 περιβεβλημένον στολὴν λευκήν), die beiden Männer jedoch wie bei Mk als göttliche Boten oder Engel kennzeichnet[263]. Zur Erklärung dieser Verdoppelung ist nun vermutlich weniger auf vorlukanische mündliche oder schriftliche Traditionen zu verweisen[264], als vielmehr auf Dtn 19,15 oder auch 17,6 und das jüdische Zeugnisrecht, das zwei oder drei (männliche) Zeugen für den Erweis der Glaubwürdigkeit einer Sache verlangt.[265] Dafür spricht auch, daß es sich nun um Männer, ἄνδρες, und nicht mehr um einen Jüngling, νεανίσκος, handelt.[266] Dieses Motiv der Zweizahl wird entsprechend dann Apg 1,10 bei der Himmelfahrt Jesu wiederaufgenommen, indem auch dort zwei Männer - dazu in ähnlicher Bekleidung wie Lk 24,5 - erscheinen und das Geschehen deuten.[267] Ob die Zweizahl jedoch eingeführt wurde, um eine Verbindung zur Verklärungsszene herzustellen[268], ist m. E. eher fraglich; denn in der Wiederaufnahme der Szene in 24,23 wird lediglich von »Engeln« gesprochen[269]. Dennoch mag es durchaus Verbindungslinien zwischen den beiden Perikopen geben, zumal in der Verklärungsszene gerade in der lk Formulierung abweichend von Mk von »zwei Männern« die Rede ist und zudem auf die Vollendung in Jerusalem vorausgewiesen wird.

---

262 *Ritt: QD 95 (1983), 125* bezieht dies zu Unrecht auf die beiden Engel. *Kremer, Osterevangelien (1977), 101* weist zwar darauf hin, daß es sich hierbei um eine gattungstypische und angemessene Reaktion auf eine Theo- oder Angelophanie handelt, vermutet aber dennoch, daß es wahrscheinlich Beschämung sei, die die Frauen bewege, obwohl alle atl. Belege, die er anführt, nach seinen eigenen Worten eher auf Ehrfurcht deuten. Auch *Kremer, Lk (1988), 237* erwägt die Erklärung als Beschämung.

263 Vgl. *Schneider, Passion (1973), 151f.* Vgl. auch die Wiederaufnahme der Szene in Lk 24,23, wo die beiden Gestalten als ἄγγελοι bezeichnet werden.

264 So *Lohfink, Himmelfahrt (1971), 198*, der allerdings zu Recht darauf hinweist, daß bei Lk mit Ausnahme der beiden Grabes- und Himmelfahrtsengel die Engel stets allein aufträten.

265 Auf diese Erklärung greifen *Schubert: FS Bultmann (1954), 167; Seidensticker, Auferstehung (1968), 93; Kremer, Osterevangelien (1977), 101; Gubler, Stein (1996), 36* zurück.

266 Vgl. *Kremer, Osterevangelien (1977), 101.*

267 Auf die Entsprechung zu Apg 1,10 ist ebenfalls schon häufig verwiesen worden, vgl. u. a. *Lohfink, Himmelfahrt (1971), 198; Dillon, Eye-Witnesses (1978), 21-26; Johnson: Interpretation 6 (1992), 59; Ernst, Lk (⁶1993), 499.*

268 So *Dillon, Eye-Witnesses (1978), 21-26; Johnson: Interpretation 6 (1992), 59.*

269 Vgl. *Kremer, Osterevangelien (1977), 101.*

Die Rede der beiden Männer

Die bedeutsamsten Veränderungen gegenüber der Mk-Vorlage aber sind in
der Rede der beiden Männer selbst zu vermerken:

Die Rede wird nicht wie bei Mk mit dem gattungsgemäß zu erwartenden
μὴ ἐκθαμβεῖσθε eröffnet, sondern mit einer Frage an die Frauen: Τί ζητεῖτε
τὸν ζῶντα μετὰ τῶν νεκρῶν. Diese Frage wurde in der Literatur häufig als
Vorwurf interpretiert[270], der auch die ganze Unangemessenheit des Unterneh-
mens der Frauen zum Ausdruck bringe. In der Tat erinnert diese Frage an die
Frage der beiden Männer auf dem Ölberg nach der Himmelfahrt (Apg 1,11)
oder auch an die Frage Jesu an seine Eltern, warum sie ihn denn suchten (Lk
2,49). Beide Male wird suggeriert, daß jemand die Bedeutung eines Ereignis-
ses nicht richtig verstanden hat.[271] Jedoch muß auch darauf hingewiesen werden, daß die Frauen hier nicht explizit als ungläubig oder auch unverständig
bezeichnet werden, wie dies in den vorwurfsvollen Fragen des Auferstandenen an die Emmausjünger (Lk 24,25) der Fall ist[272] oder in der jüdischen
Sentenz gegen die Totenbefragung, auf die in der Literatur gelegentlich verwiesen wird[273]. So bringt die Frage zwar mit einem Schlag zum Ausdruck,
daß die Frauen Jesus suchen, wo sie ihn gar nicht finden *können*.[274] Doch ist
der Vorwurf nicht so massiv formuliert wie jener an die beiden Emmausjünger, die nach der Botschaft der Frauen, auf die sie ja selbst hinweisen, das
Geschehen hätten begreifen müssen; sondern er ist im Ton vielleicht eher vergleichbar mit der Frage des Auferstandenen an die Versammelten in Lk
24,38: τί τεταραγμένοι ἐστὲ καὶ διὰ τί διαλογισμοὶ ἀναβαίνουσιν ἐν τῇ
καρδίᾳ ὑμῶν. In der Frage von Lk 24,5 wird den Frauen unterstellt, daß sie es
nach allem, was sie mit Jesus erlebt hatten, hätten besser wissen können. Dies
verdeutlicht auch im folgenden die Aufforderung an die Frauen, sich an die
Worte Jesu zu erinnern (24,6).

Bei der Auferstehungsbotschaft selbst ist die Reihenfolge der beiden Sätze gegenüber Mk 16,6 vertauscht, so daß die Botschaft stärker den Charakter

---

270   Vgl. *Dillon, Eye-Witnesses (1978), 28; Ernst, Lk ([6]1993), 499; Korn, Geschichte
      (1993), 135; Gubler, Stein (1996), 37.*

271   Vgl. *Johnson: Interpretation 6 (1992), 60.*

272   Darauf macht *Seim, Message (1994), 154* aufmerksam und sieht deshalb keine ne-
      gativen Untertöne in der Frage 24,5b; es sei ein leichter Tadel, weil die Frauen
      Jesus suchten, wo er nicht zu finden sein könne; die Betonung liege aber auf der
      Auferstehungsbotschaft. Ebenso *Dies.: SSc II (1994), 749f.*

273   Vgl. *Kremer, Osterevangelien (1977), 101*: »So sagten auch Mose und Aaron zum
      Pharao: Du Narr, pflegt man einen Toten unter den Lebenden zu suchen, etwa
      auch die Lebenden unter den Toten?« (= *ExR 5,8*). Dies wurde aufgegriffen von
      Schweizer, Lk (1982) 243; Wiefel, Lk (1987), 405; Gubler, Stein (1996), 37. Auch
      Schmithals, Lk (1980), 231 verweist auf eine volkstümliche Redewendung, identifi-
      ziert diese jedoch nicht näher.

274   *Ritt: QD 95 (1983), 125* weist auf den Bezug zwischen dem »nicht finden« und dem
      »was sucht ihr ...« hin.

einer Antwort auf die zuvor gestellte Frage erhält und weniger den einer zentralen Proklamation.[275] Der Hinweis auf den Ort, an dem der Leichnam Jesu gelegen hatte, fehlt bei Lk ganz. Indem sofort anschließend auf die Worte Jesu in Galiläa verwiesen wird, wird der Blick vom leeren Grab weggelenkt. Damit ist die Auferstehungsbotschaft bei Lk nicht mehr mit dem Hinweis auf den Ort, an dem Jesus nun nicht mehr ist, verbunden, sondern mit der im folgenden formulierten Erinnerung an das, was Jesus selbst in Galiläa gesagt hatte.[276] So kann vermutet werden, daß dadurch dem leeren Grab etwas von dem Beweischarakter für die Auferstehung Jesu, der der mk Formulierung eventuell noch zu entnehmen war, genommen wird.[277]

Eine für die Fragestellung dieser Untersuchung äußerst bedeutsame Veränderung gegenüber Mk aber ist in dieser Aufforderung an die Frauen, sich zu erinnern, zu sehen. Nach Mk 16,7 werden die Frauen beauftragt, zu den Jüngern (μαθηταί) und insbesondere Petrus zu gehen und diesen die Botschaft zu überbringen, Jesus werde ihnen nach Galiläa vorangehen, wo sie ihn sehen würden, wie er es ihnen (= den Jüngern) gesagt hatte. Bei Lk fehlt zunächst der Auftrag an die Frauen, die Botschaft weiterzusagen. Stattdessen werden die Frauen aufgefordert, sich an die Worte, die Jesus in Galiläa zu ihnen gesprochen hatte, zu erinnern. Mit Hilfe dieser Worte wird im folgenden das Kreuzes- und Auferstehungsgeschehen interpretiert. Zur Beantwortung der Frage, wie diese Veränderungen zu werten sind, müssen mehrere Aspekte berücksichtigt werden:

1. Daß in der lk Rede der Männer nicht von Erscheinungen des Auferstandenen in Galiläa die Rede ist, ist zunächst im Rahmen der an Jerusalem orientierten Gesamtkonzeption des Lk-Evangeliums und der Apg zu sehen.[278] Dies bedeutet jedoch nicht, daß mit der Ankündigung der Erscheinungen in Galiläa auch die Frauen entfallen, »die in diesen Erscheinungen mit-angesprochen und mit-gemeint sind«[279]. Denn zum einen sind die Frauen bei den Er-

---

275 Vgl. *Kremer, Osterevangelien (1977)*, 102; *Dillon, Eye-Witnesses (1978)*, 28. Die Botschaft 24,6a gehört in die Reihe der sog. »Western non-interpolations«; sie wird aber schon aufgrund des handschriftlichen Befundes - mit der Mehrheit der ExegetInnen - als ursprünglich anzusehen sein. Vgl. ausführlicher u. S. 252-256.
276 Vgl. *Schneider, Passion (1973)*, 152; *Schneider, Lk (1977)*, 493.
277 So *Schubert: FS Bultmann (1954)*, 167f; *Seidensticker, Auferstehung (1968)*, 95; *Dillon, Eye-Witnesses (1978)*, 28.
278 Darauf wird in der Literatur zu Recht verwiesen, vgl. *Schmid, Lk (⁴1960)*, 353; *Bode, Easter Morning (1970)*, 62f; *Schneider, Passion (1973)*, 152; *Schneider, Lk (1977)*, 491; *Dillon, Eye-Witnesses (1978)*, 32; *Schmithals, Lk (1980)*, 231; *Ritt, Frauen 126*; *Wiefel, Lk (1987)*, 404-405; *Kremer, Lk (1988)*, 238; *Schüngel-Straumann: Bader (Hg.), Maria Magdalena (1990)*, 21; *Johnson: Interpretation 6 (1992)*, 60; *Ernst, Lk (⁶1993)*, 499. Dagegen sieht *Seidensticker, Auferstehung (1968)*, 96 den Grund nicht (nur) in diesem literarischen Interesse, sondern darin, daß für Lk auch die Erscheinungen für den Osterglauben nicht mehr notwendig seien. Dann ist allerdings zu fragen, weshalb Lk doch noch von zwei Erscheinungen berichtet.
279 *Schüngel-Straumann: Bader (Hg.), Maria Magdalena (1990)*, 21.

scheinungen in Galiläa nach Mk 16,7 gerade *nicht* mitgemeint. Sie sind Überbringerinnen einer Botschaft, die nur an die μαθηταί und an Petrus geht. Das
ὑμᾶς in 16,7 schließt die Frauen nicht *ein*, sondern explizit *aus*; denn das ὅτι
ist als ὅτι recitativum[280] zu interpretieren, das folgende mithin als wörtliche
Rede, die die Jünger und Petrus anspricht, nicht aber die Frauen.[281] Darüber
hinaus verbietet es die mk Gegenüberstellung der Frauen am Grab zu den erwähnten μαθηταί sogar, diese galiläischen Frauen zu den μαθηταί zu zählen.
Bei Lk ist diese Gegenüberstellung verändert: In 24,9 stehen den Frauen die
Elf und die übrigen, in 24,10 die Apostel gegenüber.[282] Der μαθηταί-Begriff
bleibt also offen für ein inklusives Verständnis, und mehr: Dieses inklusive
Verständnis erhält durch die Aufhebung der mk Gegenüberstellung galiläi-
sche Frauen - μαθηταί ein weiteres Argument.

2. Auch wenn in der lk Version die Frauen keinen Verkündigungsauftrag
erhalten, gehen sie doch hin und berichten den anderen von ihren Erfahrungen
(24,9-10). Damit handeln die Frauen eigenständig und ohne daß es einer Be-
auftragung bedürfte.[283] Gleichzeitig sind die galiläischen Frauen nach der lk
Darstellung die ersten und direktesten Empfängerinnen der Frohbotschaft[284]
und in einer Weise selbst angesprochen und in das Geschehen involviert, daß
der Akzent vom Verkündigungsauftrag zu diesem Aspekt verlagert ist. Damit
muß das Wegfallen des Verkündigungsauftrags weder eine Entwertung der
Frauen bedeuten[285], noch, daß damit die wichtige Rolle der Frauen als Verkündigerinnen beschnitten würde, noch, daß damit nur noch Männer Empfänger der Frohbotschaft sind[286].

3. Mit der Aufforderung an die Frauen[287], sich an die Worte Jesu in Galiläa zu erinnern, klingen die beiden Leidens- und Auferstehungsankündigungen Jesu in Galiläa an (Lk 9,22.44). Dagegen spielt die dritte Leidensankündi-

---

280 Vgl. *Blass / Debrunner / Rehkopf, Grammatik (1990), § 470,1.*

281 Gegenteilig *Schottroff: EvTh 42 (1982), 19f; Fander, Stellung (²1990), 174; Schün-
     gel-Straumann: Bader (Hg.), Maria Magdalena (1990), 18.21.*

282 Davon sind zwar die Elf eine Gruppe, die nur aus Männern besteht; doch die Apo-
     stel (s. dazu o. S. 179-185) und die λοιποί aus 24,9 sind durchaus als gemischte
     Gruppe verstehbar, wie z.B. Apg 1,14 zeigt oder auch Lk 24,22, wo einer der Em-
     mausjünger die Frauen als γυναῖκές τινες ἐξ ἡμῶν bezeichnet. Damit ist die Be-
     hauptung von *Schüngel-Straumann: Bader (Hg.), Maria Magdalena (1990), 21* abzu-
     lehnen, bei Lk seien nur noch Männer die Empfänger der Frohbotschaft. Dies trifft
     bei Mk zu. Bei Lk sind die Frauen selbst angesprochen und bringen die Botschaft
     noch dazu einer gemischten Gruppe.

283 *Witherington, Churches (1988), 131* sieht darin den Erweis, daß die Frauen wahre
     Jüngerinnen sind, nicht nur Botinnen. Ähnlich *Seim: SSc II (1994), 749.*

284 *Seim, Message (1994), 151; Dies.: SSc II (1994), 749* findet darin die Rolle der Frau-
     en als Jüngerinnen bestätigt.

285 So *Fander: Handbuch (³1989), 310.*

286 So *Schüngel-Straumann: Bader (Hg.), Maria Magdalena (1990), 21.*

287 Die Interpretation von *Kremer, Lk (1988), 237,* die Frauen würden aufgefordert
     »wie Schüler«, ist m. E. dem Ton des Textes nicht angemessen.

gung (Lk 18,31-33) nicht mehr in Galiläa, sondern bereits auf der ›Reise‹ nach Jerusalem, und ist deshalb hier nicht heranzuziehen.[288] Für die theologische Konzeption des Lk ist dabei bedeutsam, daß auf diese Weise die Osterereignisse mit der Geschichte Jesu verklammert werden.[289] Im Blick auf die Frauen muß aber noch mehr gesagt werden: Für die ersten beiden Leidens- und Auferstehungsankündigungen ist wichtig festzuhalten, daß sie an die μαθηταί gerichtet sind (9,18.43b) - im Unterschied zur dritten, nach-galiläischen Ankündigung, die an die Zwölf gerichtet ist (18,31). Wenn nun 24,6 formuliert: ὡς ἐλάλησεν ὑμῖν ἔτι ὢν ἐν τῇ Γαλιλαίᾳ, ist das weder »merkwürdig«, noch ist das *euch* »unpassend«[290]. Sondern umgekehrt muß von 24,6 her der μαθηταί-Begriff in 9,22.43b inklusiv verstanden werden, so daß die Frauen als Adressatinnen der Ankündigungen des Leidens und der Auferstehung in Galiläa mitzudenken sind.[291] Damit werden die Frauen von 24,6 her in einer Situation sichtbar gemacht, in der sie normalerweise für abwesend gehalten werden.[292] Gilt dies für die Leidens- und Auferstehungsankündigungen, so muß dies auch für die übrige Verkündigung Jesu postuliert werden, die nicht explizit an die Zwölf oder eine andere die Frauen ausschließende Gruppe gerichtet ist.[293] So werden in ähnlicher Weise wie in 8,2-3 die galiläischen Frauen quasi »von hinten her« in Situationen hineingelesen, in denen nicht explizit von ihnen die Rede gewesen war: Wie in 8,2-3 Heilungen an Frauen vorausgesetzt werden, die zuvor nicht eigens erzählt worden waren, sondern höchstens in Summarien wie 4,40-41 mitgedacht werden können, so werden auch in 24,6 Frauen in Situationen sichtbar gemacht, in denen sie

---

288 Der Versuch von *Rigato: O'Collins / Marconi (Eds.), Luke (1993), 96f*, eine Lokalisierung der Szene in Galiläa nachzuweisen, ist nicht überzeugend. Dieser Unterschied in der Lokalisierung der Leidensankündigungen wird von einigen AutorInnen, die auf den Rückbezug zu diesen verweisen, übersehen, vgl. z. B. *Schneider, Lk (1977), 491; Schmithals, Lk (1980), 231; Ernst, Lk (⁶1993), 499*. Anders formuliert - m. E. mit Bedacht - Lk 24,44, wo Jesus gegenüber der *gesamten* Gruppe an seine Worte erinnert, die er zu ihnen gesagt hatte ἔτι ὢν σὺν ὑμῖν, also nicht nur auf Galiläa, sondern auf seinen ganzen Weg mit den JüngerInnen Bezug nimmt. In diesem Fall sind alle drei Leidensankündigungen heranzuziehen.

289 Vgl. *Ernst, Lk (⁶1993), 499; Korn, Geschichte (1993), 152 mit A. 102*. Nach *Schubert: FS Bultmann (1954), 178 et passim* zeigt sich hier überdies die lk »proof-from-prophecy-theology«.

290 So *Schweizer, Lk (1982), 243*.

291 Gegen *Kremer, Ostervangelien (1977), 102; Dillon, Eye-Witnesses (1978), 38; Schweizer, Lk (1982), 243; Kremer, Lk (1988), 237f; Ernst, Lk (⁶1993), 499*, die die Frauen als Adressatinnen der Leidensankündigungen explizit ausschließen.

292 Vgl. *Quesnell: Cassidy / Scharper (Eds.), Issues (1983), 67f; Ryan: BTB 15 (1985), 58; Witherington, Churches (1988), 130; Karris: CBQ 56 (1994), 15; Seim, Message (1994), 151*, jedoch mit der rätselhaften Stellenangabe 17,22ff. Auch *Wiefel, Lk (1987), 406* hält die Frauen, »die zu den nachfolgenden Jüngerinnen gehören«, für »Ohrenzeugen« der Leidensansagen in Galiläa.

293 Dies bietet auch einen Interpretationsschlüssel für die Haltung Marias in 10,38-42. Vgl. auch 8,15.21; 11,28. Zur Verbindung mit diesen Stellen vgl. *Seim, Message (1994), 154*.

nicht explizit erwähnt worden waren. Grammatikalisch maskulin konstruierte Begriffe wie μαθηταί aus 9,22.43 oder die Kranken aus 4,40-41 - in der Art und Weise androzentrischer Sprache verwendet - werden auf diese Weise transparent auf Männer und Frauen hin. Und schließlich erfährt die Überlegung zu 8,2-3, daß die Jüngerinnen von nun an stets dazugedacht werden müssen, von 24,6 her eine weitere Bestätigung.

Während die Frauen bei Mk also nur Botinnen an die Elf und an Petrus sein sollen, und *diese* sich an die Worte Jesu erinnern sollen, treten die Frauen bei Lk, wo sie *selber* aufgefordert werden, sich an die Worte Jesu zu erinnern, als mündige Hörerinnen des Wortes in den Blick.[294] Der Aspekt der Erinnerung macht nun auch deutlich, warum Lk zuvor in 23,49.55 so sehr betont hatte, daß es sich um die Frauen handelt, die mit Jesus von Galiläa gekommen waren. Nur diese Frauen sind in der Lage, sich zu erinnern.

Die Reaktion der Frauen

Während die mk Perikope mit Flucht, Furcht und Schweigen der Frauen endet (Mk 16,8), ist von alledem bei Lk keine Rede. Nach dem Empfang der Auferstehungsbotschaft *erinnern* sich die Frauen (ἐμνήσθησαν), sie *kehren* vom Grab *zurück* (ὑποστρέψασαι statt mk ἔφυγον), und sie *verkünden*[295] alles, was sie erlebt hatten (ἀπήγγειλαν ταῦτα πάντα statt mk οὐδενὶ οὐδὲν εἶπαν), und zwar tun sie dies, ohne daß sie dazu beauftragt werden mußten[296]. Diese Verkündigung wird gleich zweimal erzählt: in 24,9 verkünden die Frauen die Botschaft *den Elfen und den übrigen*, in 24,10, nach ihrer namentlichen Nennung, *den Aposteln*. Auffällig ist hier der Wechsel des Erzähltempus ins Imperfekt: ἔλεγον. Darin könnte ein wiederholtes Erzählen der Frauen vorausgesetzt sein[297] oder allgemeiner ein länger andauernder Verkündigungsprozeß.

Befremdlich angesichts dieser Motive bleibt dennoch, daß nicht explizit von einem Oster*glauben* der Frauen die Rede ist.[298] Dieser wird erst 24,34 von den Elf und denen, die mit ihnen versammelt sind, formuliert, und zwar

---

294 Vgl. *Seim, Message (1994), 150-151.* Gegenteilig *Schüngel-Straumann: Bader (Hg.), Maria Magdalena (1990), 21.*

295 ἀπαγγέλλειν wird Apg 26,20 für die Verkündigungstätigkeit des Paulus verwendet. Ansonsten steht es im lk Doppelwerk eher im allgemeineren Sinn von »erzählen«, »etwas berichten«, nicht als *terminus technicus* für Verkündigung im engeren Sinne.

296 *Schweizer, Lk (1982), 243* spricht dennoch davon, daß die Frauen ihren »Auftrag« erfüllt hätten.

297 So *Marshall, Lk (1978), 888; Seim, Message (1994), 156.*

298 Daß die *Erinnerung* der Frauen keinen Oster*glauben* bedeute, betonen mehrere AutorInnen, vgl. *Schneider, Passion (1973), 152; Schneider, Lk (1977), 494; Dillon, Eye-Witnesses (1978), 51; Kremer, Lk (1988), 238; Schaberg: Commentary (1992), 291;* etwas abgeschwächt *Wiefel, Lk (1987), 406.* Gegenteilig *van Cangh: RTL 24 (1993), 316; Karris: CBQ 56 (1994), 15f.*

nicht aufgrund des Berichtes der Frauen, sondern aufgrund einer Erscheinung vor Simon.[299] Wieder ist es damit so, daß die Frauen zwar mit verschiedenen inhaltlich höchst gefüllten und qualifizierten Motiven ausgestattet werden, daß ihnen aber ein Begriff, der diese Motive auf eindeutige Weise interpretieren würde - in diesem Falle ein Begriff wie πίστις - vorenthalten wird. Mit diesem »Etikett« wird allerdings, das muß ebenfalls bemerkt werden, bis zum Ende des Buches niemand, auch die Elf nicht, ausgestattet.

Insgesamt kann daher festgehalten werden, daß die galiläischen Frauen auch an dieser Stelle die Garantinnen der Kontinuität sind. Über die Erinnerung der Frauen ist das Leben des irdischen Jesus mit dem Auferstehungsgeschehen verklammert. Über den Weg der Frauen werden die Stationen Kreuz, Begräbnis und leeres Grab miteinander verbunden. Über die Perspektive der Frauen werden diese Geschehnisse für LeserInnen nachvollziehbar und nacherlebbar. Über das Verkünden der Frauen wird die Brücke vom leeren Grab zu den versammelten JüngerInnen geschlagen. Wo bei Mk alles in einem großen Fragezeichen endet, ja, kein Ansatz für ein Weitergehen der Botschaft zu finden ist, da bilden bei Lk die Frauen das Scharnier zwischen dem Ende, das das Kreuz bedeutet hat, und dem neuen Anfang in Jerusalem. Und hier, an dieser herausgehobenen Stelle, werden die Namen der Frauen genannt.

Nach 24,11 stoßen die Frauen jedoch bei ihren AdressatInnen auf Unglauben und Abqualifizierung. λῆρος ist ein ntl. Hapaxlegomenon und bedeutet »Geschwätz«, »Posse«, »dummes Zeug«[300], trägt in unserem Kontext also durchaus negative Konnotationen. Hier stellt sich aber die Frage, ob der lk Text damit die Frauen diffamieren will[301] oder aber die ersten AdressatInnen, die Elf eingeschlossen, in einem kritischen Licht zeigt. Dabei mag es sein, daß der Text in der Ablehnung der Botschaft durch die übrigen Versammelten ein gängiges Vorurteil gegenüber der Geschwätzigkeit oder auch Unglaubwürdigkeit von Frauen aufgreift[302] und die Versammelten quasi in diese Kerbe schlagen läßt. Das heißt aber nicht, daß der Text selbst dieses Vorurteil propagiert. Im Gegenteil: In der Emmausperikope tadelt der Auferstandene selbst den Unglauben der beiden Emmausjünger und mit ihnen die Unverständigkeit all derer, die der Botschaft der Frauen keinen Glauben geschenkt hatten, und er tut dies mit unmißverständlichen Worten: Ὦ ἀνόητοι καὶ βραδεῖς τῇ καρδίᾳ (24,25). Damit ergreift der Auferstandene indirekt Partei für die Frauen und

---

299 Vgl. *Schüngel-Straumann: Bader (Hg.), Maria Magdalena (1990), 21.*

300 *Bauer, Wörterbuch (1988), 960.*

301 So *Seidensticker, Auferstehung (1968), 92-93* (Lukas »entwertet ... die Mittlerschaft der drei in der Kirche so berühmten Frauen.«); *Schüssler Fiorenza: Traditionen 2 (1980), 71; Fander: Handbuch (³1989), 310; Schüngel-Straumann: Bader (Hg.), Maria Magdalena (1990), 21; Melzer-Keller, Jesus (1997), 270f.* Gegen eine Disqualifizierung der Frauen sprechen sich *Schneider, Passion (1973), 153; Schneider, Lk (1977), 494; Schmithals, Lk (1980), 232; Ritt: QD 95 (1983), 132* aus.

302 So *Witherington, Churches (1988), 132; Nolland, Lk (1993), 1191; Seim, Message (1994), 156; Dies.: SSc II (1994), 751.*

ihre Botschaft und stellt die Reaktion der EmpfängerInnen der Botschaft als Unverständnis dar. Das zeigt, daß im Duktus des lk Textes die Frauen »im Recht« sind und die ablehnende Haltung der anderen als zu tadelnder Unglaube hingestellt wird.[303]

Dies wird auch durch zwei Beispiele aus der Apg bestätigt: Nach Apg 12,13-16 stößt Rhode, die den Versammelten berichtet, daß der aus dem Gefängnis befreite Petrus vor der Tür stehe, auf Unglauben (12,15 μαίνῃ). Dies bedeutet nicht, daß der Text sie als Person oder als Frau disqualifiziert, sondern signalisiert, daß ihre Botschaft »unglaublich« ist.[304] Und auch Paulus stößt nach Apg 26,24 mit einer Rede vor Festus bei diesem auf bares Unverständnis (μαίνῃ). Da LeserInnen durch die gesamte Erzählung in die Lage versetzt worden sind, die Rede des Paulus - und auch diejenigen der Rhode und der Frauen aus Lk 24,1-11 - als »wahr« zu beurteilen, sind es nicht die ÜberbringerInnen der Botschaft, die durch den Text falsifiziert werden, sondern diejenigen, die der Botschaft keinen Glauben schenken.

Ein weiterer Aspekt kommt hinzu. Was in 24,11 als leeres Geschwätz bezeichnet wird, sind τὰ ῥήματα ταῦτα. Ein Blick auf die Distribution des Wortes ῥῆμα in den Evangelien zeigt, daß hier 19 Belege im Lk-Ev 5 Belegen bei Mt, 2 bei Mk und 12 bei Joh gegenüberstehen. Innerhalb des Lk-Evs liegt zunächst ein starker und eigener Akzent auf den Kindheitsgeschichten. τὸ ῥῆμα meint hier einerseits Gottes Wort (so auch noch 3,2), das Wort über das Kind (auch über Johannes), und so das Offenbarungswort, das auch durch Engel und andere qualifizierte Personen gesprochen werden kann. Andererseits bezeichnet es, analog zum ersttestamentlichen הדברים האלה, das ganze Geschehen um das Kind bzw. die beiden Kinder. Ein anderer Gebrauch liegt im übrigen Evangelium vor. ῥῆμα meint hier das Wort bzw. die Worte Jesu (so schon in 2,50): nach 5,5 macht sich Petrus »auf dein Wort hin« nochmals ans Fischen. 7,1 sind πάντα τὰ ῥήματα αὐτοῦ die Zusammenfassung bzw. Substitution der vorangegangenen Feldrede. 9,45 (par Mk) und 18,34 (diff Mk) verstehen die JüngerInnen jeweils nach einer Leidensankündigung »dieses Wort« (τὸ ῥῆμα τοῦτο) nicht, wodurch eine interessante Verbindung zu 24,8.11 entsteht. Nach 20,26 (diff Mk) konnten die Gegner Jesu ihn nicht »bei seinem Wort« fassen. 22,61 (par Mk) erinnert sich Petrus nach seiner dreimaligen Verleugnung an »das Wort des Herrn« (τοῦ ῥήματος τοῦ

---

303 Vgl. *Augsten, Stellung (1970), 29; Fitzmyer, Lk (1985), 1547; van Cangh: RTL 24 (1993), 314.316; Seim, Message (1994), 157,* deren Position jedoch insofern zu differenzieren ist, als die AdressatInnen der Botschaft der Frauen als gemischtgeschlechtliche Gruppe angesehen werden müssen, daß der Text also nicht eine große (ungläubige) Männergruppe einer (gläubigen) Frauengruppe gegenüberstellt. Apologetisches Bemühen ist hinter der Position von *Kremer, Lk (1988), 238,* zu vermuten, nach dessen Meinung der Erzählzug zeigt, »daß die Apostel alles andere als leichtgläubig waren.« Gegen diese Interpretation, die bereits vor *Kremer* vorgetragen wurde, wendet sich im übrigen schon *Augsten, Stellung (1970), 29.*

304 Vgl. *Maccini, Testimony (1996), 79.*

κυρίου). Die letzten beiden Belege finden sich in den schon erwähnten Stellen aus der Osterperikope (24,8.11): 24,8 erinnern sich die Frauen an die Worte Jesu (τῶν ῥημάτων αὐτοῦ), und 24,11 ist der zur Diskussion stehende Beleg. Insgesamt hat sich gezeigt, daß τὸ ῥῆμα im Lk-Ev in einem qualifizierten Sinn verwendet wird.[305] Dadurch verschärft sich der Kontrast zwischen den Frauen und der übrigen Gruppe nochmals: Während sich die Frauen τῶν ῥημάτων αὐτοῦ erinnern, bezeichnen die Elf und die übrigen bzw. die Apostel τὰ ῥήματα ταῦτα als leeres Geschwätz. Hierbei ist allerdings insofern zu differenzieren, als es nicht »seine« Worte sind, die als λῆρος bezeichnet werden, sondern »diese« Worte, so daß dies grammatikalisch auf die Worte der Frauen zu beziehen ist. Doch konnotiert der ansonsten zu beobachtende qualifizierte Gebrauch des Wortes im Lk-Ev, daß hier mehr abgelehnt wird als »nur« die Worte der Frauen. Verstärkt wird die Ablehnung durch den Gebrauch des Verbs ἀπιστεῖν, das einerseits noch in Lk 24,42 über die AdressatInnen der Erscheinung des Auferstandenen ausgesagt wird - die allerdings »vor Freude« nicht glaubten -, und andererseits Apg 28,24 den Erfolg der paulinischen Mission in Rom unter den Jüdinnen und Juden auf einen Nenner bringt: Die einen glaubten, die anderen nicht. An unserer Stelle ist das Imperfekt ἠπίστουν auffällig, das eine Entsprechung zum ἔλεγον der Frauen in V. 10 bildet. Der Kontrast, der bereits über die Ablehnung »dieser Worte« gegenüber der Erinnerung der Frauen »an seine Worte« aufgebaut worden war, wird also an dieser Stelle nochmals verstärkt, indem dem ἐμνήσθησαν und ἀπήγγειλαν der Frauen das ἀπιστεῖν der übrigen gegenübergestellt wird, und indem dem dauerhaften ἔλεγον das dauerhafte ἠπίστουν entspricht.

Dennoch deutet sich in dieser Bemerkung vom leeren Geschwätz etwas an, das sich im weiteren Verlauf im Gang des Petrus zum Grab und den Ostererscheinungen fortsetzt. Die Kette der Kontinuität, die bislang über die Frauen hergestellt worden war, reißt an dieser Stelle ab. Noch ist es in der Schwebe, ob die Botschaft der Frauen bei den anderen etwas bewirkt, ob etwas weitergeht. Mit dem im folgenden erzählten Gang des Petrus zum Grab wird dieser auf den gleichen Kenntnisstand wie die Frauen gebracht, und *daran* kann und wird im weiteren Verlauf angeknüpft werden, während die Frauen ihre herausragende Rolle verlieren. So ist im lk Text etwas angelegt, das zumindest eine *Interpretation* möglich macht, nach der nicht die Frauen, sondern die Zwölf und vor allem Petrus die Garanten der Osterbotschaft sind.[306]

---

305 Insofern wäre daher *Bovon, L'œuvre (1987), 151*: »Luc se réserve rhèma pour la tradition hébraïque, pour la Parole de Dieu et pour le discours humain inspiré.« zu präzisieren.

306 Vgl. *Ritt: QD 95 (1983), 132*: »Diese Bemerkung [vom leeren Geschwätz, S. B.] gehört zu den massivsten redaktionellen Stilmitteln, um zu zeigen: Die Garanten der Osterbotschaft sind die ›Apostel‹ (Lk 24,10.11), identisch mit den Zwölf, jene Jüngergemeinde, die so zum Kern des wahren Israels und zur Präformation der künftigen Kirche wird.«

Das besondere Problem Lk 24,12

Eine besondere Bedeutung für die Beurteilung der Rolle der Frauen in der Osterperikope hat Lk 24,12, der Gang des Petrus zum Grab. Dieser Vers, der wie schon 24,9-10 ohne Mk-Vorlage ist, fehlt bei verschiedenen Zeugen des sogenannten »westlichen« Texts, u. a. in D sowie der Mehrheit der altlateinischen Zeugen.[307] Dagegen ist der Vers beim prominenten $\mathfrak{P}^{75}$ vom Anfang des 3. Jahrhunderts[308] und - wenn auch mit einigen kleineren Abweichungen - bei der Mehrheit der übrigen Textzeugen, darunter hervorragende Handschriften, die außerdem voneinander unabhängigen Textgruppen zuzuordnen sind, bezeugt[309]. Dieser textliche Befund spricht nun mit Vehemenz für die Ursprünglichkeit des Verses.[310]

Dennoch ist die Authentizität dieses Verses bis in jüngste Zeit Gegenstand heftiger Diskussionen.[311] Denn der Vers weist Berührungspunkte und sogar wörtliche Übereinstimmungen mit Joh 20,3-10 auf[312], so daß man ihn für eine - sehr frühe - Interpolation auf der Grundlage dieser Passage aus dem Joh-Ev gehalten hat. Demnach wäre der kürzere »westliche« Text trotz seiner ungleich schwächeren äußeren Bezeugung aufgrund innerer Kriterien als die wahrscheinlich ursprüngliche Lesart anzusehen[313] und zusammen mit Lk

---

307　Nach *Dauer: FS Neirynck (1992), 1699; Dauer: EThL 70 (1994), 198* fehlt der Vers auch bei Marcion, dem Diatessaron und bei Eusebius. Hingegen ist nach *Neirynck: EThL 70 (1994), 322* (mit Hinweis auf eigene ältere Studien) davon auszugehen, daß diese drei Zeugen den Vers kannten.

308　Vgl. *Aland: Studien (1967), 162f; Aland, Text (1989), 97.110-111 u.ö.*

309　Fast die Gesamtheit der griechischen Mss, u.a. ℵ A B K L W X Δ Θ Π Ψ 063, 079, 0124; an Übersetzungen neben der Vetus Syra, der koptischen u. a. auch vier alte Zeugen der Vetus Latina. Genaue Auflistung bei *Aland: Studien (1967), 157; Wanke, Emmauserzählung (1973), 76; Dauer: FS Neirynck (1992), 1698-1699; Dauer: EThL 70 (1994), 297-298.* Letzterer wurde bezüglich Marcion, Diatessaron und Eusebius korrigiert von *Neirynck: EThL 70 (1994), 322* (unter Hinweis auf eigene frühere Studien).

310　Vgl. exemplarisch und zusammenfassend *Radl, Lukas-Evangelium (1988), 15:* »Das textkritische Problem von V.12 scheint bereinigt zu sein.« Vgl. auch die Auflistung der ExegetInnen, die zu diesem Urteil kommen, bei *Dauer: FS Neirynck (1992), 1698 A. 13.*

311　Vgl. noch jüngst z. B. *Bartsch, Codex Bezae (1984), 5.204 A. 4; Dauer: FS Neirynck (1992), 1697-1716; Ders.: EThL 70 (1994), 294-318; Ehrman: Parker / Amphoux (Eds.), Codex Bezae (1996), 105f* sowie die Entgegnung auf *Dauer* von *Neirynck: EThL 70 (1994), 319-340.*

312　Darauf wird in der Literatur verbreitet verwiesen, vgl. z. B. *Schneider, Passion (1973), 151; Kremer, Osterevangelien (1977), 105; Dillon, Eye-Witnesses (1978), 59 u. ö.; Schweizer, Lk (1982), 243; Wiefel, Lk (1987), 404; Kremer, Lk (1988), 238; Witherington, Women (1988), 132; Ernst, Lk (⁶1993), 501.*

313　So *Dauer: FS Neirynck (1992), 1697-1716* mit einer Auflistung der VertreterInnen dieser Position *1713-1714.* Vgl. auch *Dauer: EThL 70 (1994), 294-318* mit Literaturergänzungen *294 A. 2.*

24,6a.12.36b.40.51b.52a u. a. in die Reihe sogenannter »Western non-inter-polations«[314] einzuordnen.

Zur Prüfung dieser inneren Kriterien ist zunächst die Stellung des Verses im Kontext zu betrachten: Lk 24,12 steht recht vereinzelt im unmittelbaren Kontext. Die Petrus-Episode wird weder vorbereitet noch im folgenden wei-tergeführt, ja, die pronominalen Rückbezüge laufen von 12,13 unter Um-gehung von V. 12 direkt zu V. 11 und von dort zu V. 10 zurück. Auf der Ebene der Literarkritik deutet dies in der Tat auf literarkritisch auszuwertende Brüche, könnte also als Argument für eine Interpolation von V. 12 durch eine spätere Hand herangezogen werden. Auf der Ebene der Textkritik jedoch stellt der Vers aufgrund seiner Stellung im Kontext die lectio difficilior dar, so daß der kürzere Text als harmonisierende Streichung erklärt werden kann. Ähnlich steht es mit den Bezügen des Verses zum weiteren Kontext: Die nicht zu übersehenden Spannungen zu Lk 24,24.34 sowie zum 23,53 geschilderten Begräbnis deuten auf der Ebene der Literarkritik auf literarkritisch auszuwer-tende Brüche[315], auf der Ebene der Textkritik jedoch kann die kürzere Lesart wiederum als harmonisierende Streichung erklärt werden.[316]

Auch die Bezüge zu Joh 20,3-10 sind nicht ohne Probleme. Zwar gibt es in der Tat eine Reihe von - auch wörtlichen - Übereinstimmungen wie der Weg des Petrus zum Grab ($\mu\nu\eta\mu\epsilon\hat{\iota}o\nu$), die Verwendung des Aorists ἔδραμεν (Lk 24,12) bzw. προέδραμεν (Joh 20,4), die frappierende Überein-stimmung der Wendung παρακύψας βλέπει (Lk 24,12 und Joh 20,5) mit dem lk Hapax παρακύπτειν sowie dem für Lk untypischen historischen Prä-sens, und schließlich die Bezeichnung ὀθόνια für die Leinenbinden im Grab, die in der lk Begräbnisperikope nicht erwähnt worden waren. Nach Lk 23,53 war Jesus - in Übereinstimmung mit Mk 15,46 - in ein Leintuch (σινδών) ge-hüllt worden.[317] Doch zum ersten können diese Übereinstimmungen durch die Überlegung relativiert werden, daß sie sich auf ein Vokabular beschrän-

---

314 Diese Bezeichnung wurde von *Westcott* und *Hort, The New Testament in the Original Greek (1881)* eingeführt. Vgl. die zustimmende Darstellung bei *Metzger, Text (1966), 135f; Ehrman: Parker / Amphoux (Eds.), Codex Bezae (1996), 105f.* Korri-gierend dazu *Aland: Studien (1967), 155-172; Fitzmyer, Lk (1985), 130f.1542.1575f.* Zu den »Western non-interpolations« werden im Lk-Ev außerdem Lk 5,39; 10,41f; 12,19.21.39; 22,19-20.43-44.62; 24,3 gerechnet.

315 Anders *Wanke, Emmauserzählung 79-82; Schneider, Lk (1977), 498; Kremer, Oster-evangelien (1977), 112-113; Craig: Denaux (Ed.), John (1992), 615,* die argu-mentieren, daß 24,12 von 24,24 (*Wanke, Schneider, Craig*) bzw. 24,34 (*Kremer, Craig*) vorausgesetzt werde. Auch *Neirynck: EThL 48 (1972), 550-552; Ders.: De Jonge (Ed.), Évangile (1977), 98-104* arbeitet verschiedene Kontextbezüge von 24,12 heraus.

316 Zu dieser Argumentation und ihren VertreterInnen sowie weiteren Indizien für eine harmonisierende Streichung des Verses im »westlichen« Text vgl. *Dauer: FS Neirynck (1992), 1699-1700.*

317 Diese Übereinstimmungen gewinnen noch an Gewicht, wenn man bedenkt, daß in D das Joh-Ev *vor* dem Lk-Ev steht.

ken, das in diesem Begräbniskontext kaum zu vermeiden ist, und daß durch
diesen außergewöhnlichen Kontext auch manches Hapax zu erklären sein
dürfte.[318] Zum zweiten ist aber auch auf die bedeutenden Unterschiede zwischen der joh und der lk Darstellung zu verweisen, die zeigen, daß Lk 24,12
nicht einfach als Zusammenfassung von Joh 20,3-10 angesehen werden
kann: Bei Lk ist nur von Petrus, nicht aber von einem zweiten Jünger die Rede[319], und das, obwohl dadurch eine Spannung zu 24,24 entsteht.[320] Die Reaktion des Petrus ist nach Joh 20,6 nur als »sehen« (θεωρεῖ), die des zweiten
Jüngers als »sehen und glauben« (εἶδεν καὶ ἐπίστευσεν Joh 20,8), beschrieben, bevor beide »weggehen« (ἀπῆλθον Joh 20,10). Demgegenüber ist
die Reaktion des Petrus nach Lk 24,12 »weggehen« und »staunen« (ἀπῆλθεν
... θαυμάζων). Schließlich liegen den beiden Darstellungen unterschiedliche
Intentionen zugrunde, die es nicht wahrscheinlich machen, daß Lk 24,12 aus
Joh 20,3-10 gebildet wurde.[321]

Da ein Indiz für die Authentizität von Lk 24,12 auch mögliche lk Stileigentümlichkeiten sein können, die nicht nur (per modum exclusionis) gegen
eine Interpolation sprechen, sondern *positiv* auf lk Redaktionstätigkeit verweisen würden, ist als nächster Schritt die Sprache von Lk 24,12 zu prüfen. Zwar
trifft es zu, daß sowohl das Verb παρακύπτειν, als auch das Nomen ὀθόνιον
an keiner anderen Stelle des lk Doppelwerks begegnen und daher, wie eben
gezeigt, aus Joh 20,3-10 zu erklären sein könnten. Doch ist andererseits auf
das Vorkommen verwandter Wörter an anderen Stellen im Lk-Ev und der
Apg zu verweisen.[322] Dies relativiert das Gewicht des Arguments der »unlu-
kanischen Sprache« sowie die Herleitung aus Joh 20,3-10 als einzig mögliche
Erklärung.[323] Ähnlich liegt der Fall des für Lk in der Tat untypischen historischen Präsens in βλέπει[324]. Hier läßt es sich nachweisen, daß weder das Faktum des historischen Präsens auch in redaktionellen Passagen[325], noch die

---

318　Vgl. *Muddiman: EThL 48 (1972), 544.*
319　Vgl. *Wiefel, Lk (1987), 404; Korn, Geschichte (1993), 139.*
320　Vgl. *Muddiman: EThL 48 (1972), 544.* Diese Beobachtung spricht auch gegen den
　　　Versuch von *Dauer: EThL 70 (1994), 301f,* das Fehlen des Lieblingsjüngers in Lk
　　　24,12 durch das joh Interesse an dieser Figur einerseits und das völlige Fehlen
　　　derselben im Lk-Ev andererseits zu erklären, das, den Interpolator davon abgehal-
　　　ten habe, diese Gestalt in Lk 24,12 einzuführen. Der Interpolator hätte den Lieb-
　　　lingsjünger leicht durch eine andere Figur oder auch nur eine andere Benennung
　　　derselben ersetzen können.
321　Vgl. *Aland: Studien (1967), 168.*
322　*Neirynck: FS Vergote (1975/76), 440* verweist auf das Vorkommen der Verben
　　　συγκύπτειν und ἀνακύπτειν Lk 13,11; 21,28 sowie auf die Verwendung von ὀθόνη
　　　Apg 10,11; 11,15.
323　Vgl. dazu auch *Neirynck: EThL 70 (1994), 328-330.*
324　Vgl. dazu *Muddiman: EThL 48 (1972), 544; Jeremias, Sprache (1980), 313; Fitz-
　　　myer, Lk (1985), 1541f.1547f; Dauer: EThL 70 (1994), 300.308f.*
325　*Neirynck: EThL 70 (1994), 327* führt hierfür - unter Verweis auf weitere Literatur -
　　　Lk 7,40; 11,37.45; 17,37 an.

Kombination mit dem Partizip Aorist[326] einzig im Lk-Ev sind. Umgekehrt aber müssen das Partizip ἀναστάς, das transitive θαυμάζειν sowie das substantivierte Part. Perf. τὸ γεγονός als lk Eigentümlichkeiten gelten, die zusätzlich dadurch, daß sie in den nicht mit Joh übereinstimmenden Passagen begegnen[327], auf lk Redaktionstätigkeit deuten. Einschränkend ist an dieser Stelle zwar darauf hinzuweisen, daß der pleonastische Gebrauch des Partizips ἀναστάς lk Eigentümlichkeit ist, doch in umgekehrter Wortreihenfolge als dies Lk 24,12 der Fall ist.[328] Doch zeigt der vergleichbare Gebrauch des Partizips ἀποκριθείς, daß solche Wortreihenfolgen bei Lk von der Struktur der Erzählung abhängen und nicht immer mechanisch durchgehalten sind.[329] So muß die unübliche Wortreihenfolge auch in 24,12 nicht gegen lk Redaktionstätigkeit sprechen. Ob diese Indizien lk Spracheigentümlichkeiten allerdings ausreichen, den Vers als völlig freie lk Bildung anzusehen[330], ist m. E. fraglich.[331]

Zusätzliche Argumente, die für die Ursprünglichkeit von Lk 24,12 sprechen, sind die auch an anderen Stellen im Lk-Ev zu beobachtende besondere Bedeutung des Petrus[332] sowie die lk Konzeption der Augenzeugenschaft[333].

Abgesehen vom methodischen Postulat, daß zunächst die äußere Bezeugung zu prüfen und zu bewerten sei, bevor innere Kriterien zum Tragen kommen können[334], hat der kurze Durchgang gezeigt, daß diese zuletzt vor allem von *Dauer* ins Feld geführten inneren Kriterien die Last des Beweises nicht zu tragen vermögen. Daher ist davon auszugehen, daß Lk 24,12 ursprünglicher Bestandteil des Lk-Evs ist.[335]

---

326 Daß diese Inkongruenz »sicher un-lk« sei, steht nach *Dauer: EThL 70 (1994), 309* fest. Zur Gegenargumentation anhand von Lk 11,45; 13,8; 16,23; 17,37; Apg 19,35 vgl. *Neirynck: EThL 70 (1994), 326.*

327 Vgl. *Dauer: FS Neirynck (1992), 1700.*

328 Dies zeigt eine Durchsicht der Belege. Vgl. auch *Muddiman: EThL 48 (1972), 544f.* Weitere Einwände wurden von *Dauer: FS Neirynck (1992), 1700; Dauer: EThL 70 (1994), 298-300* geltend gemacht. Vgl. kritisch dazu *Neirynck: EThL 70 (1994), 323-325.*

329 Vgl. *Muddiman: EThL 48 (1972), 545f,* der auf die unübliche Reihenfolge Subjekt - Partizip in Lk 9,20 verweist.

330 So *Neirynck: EThL 48 (1972), 548-553; Ders.: De Jonge (Ed.), Évangile (1977), 98-104; Thyen: Denaux (Ed.), John (1992), 105; Neirynck: EThL 70 (1994), 340* mit der dort angegebenen Literatur. Beide sehen Lk 24,12 als direkte Vorlage für Joh 20,3-10 an, vgl. dazu auch *Neirynck: Denaux (Ed.), John (1992), 35-46.*

331 Zur Kritik an *Neiryncks* Position vgl. *Craig: Denaux (Ed.), John (1992), 614-619; Dauer: FS Neirynck (1992), 1703-1713; Reinbold, Bericht (1994), 35.*

332 Vgl. *Ellis, Lk (1966), 273; Dillon, Eye-Witnesses (1978), 62-65.*

333 Vgl. *Schneider, Passion (1973), 151; Marshall, Lk (1978), 889; Wiefel, Lk (1987), 404.*

334 Vgl. *Aland, Text (²1989), 284.*

335 Eine ausführliche Auflistung von ExegetInnen, die für die Ursprünglichkeit von V. 12 plädieren, bietet *Dauer: FS Neirynck (1992), 1714-1716;* Ergänzungen bei *Dauer: EThL 70 (1994), 294-295 A. 3* sowie *Neirynck: EThL 70 (1994), 321 A. 21.* Vgl. außerdem *Schneider, Passion (1973), 151; Wiefel, Lk (1987), 404; Ernst, Lk*

Damit erzählt das Lk-Ev im Unterschied zu Mk nicht nur von der Reaktion der galiläischen Frauen auf das leere Grab, sondern spinnt die Geschichte mittels der Reaktion des Petrus auf die Botschaft der Frauen fort. Sein Gang zum Grab wiederholt nicht genau den 24,3f von den Frauen entdeckten Befund, sondern drückt das Leersein des Grabes mit Hilfe der vorgefundenen Leinenbinden aus: καὶ παρακύψας βλέπει τὰ ὀθόνια μόνα. Genausowenig wie im Zusammenhang des Erinnerns, Weggehens und Verkündens der Frauen explizit von einem Oster*glauben* die Rede war, wird auch an dieser Stelle die Reaktion des Petrus nicht als Glauben bezeichnet, sondern als Staunen: θαυμάζων τὸ γεγονός. Dieses Staunen ist mit der Ratlosigkeit der Frauen Lk 24,4 oder auch mit dem Erschrecken der JüngerInnen nach dem Bericht des Kleopas (24,22) zu vergleichen. Das zeigt, daß für Lk das leere Grab nicht zum Glauben führt und nicht zum Glauben führen *kann*.[336] Es braucht die Deutung des Befundes, wie sie in 24,6-7 durch die beiden Männer geschieht - oder wie sie im weiteren Verlauf eben durch die Erscheinungen des Auferstandenen mit den erneuten Deutungen geleistet wird. Jene erste Deutung durch die beiden Männer bewirkte bei den Frauen Erinnerung, Weggehen und Verkünden, bei Petrus, der bereits die durch die Frauen vermittelte Deutung kennt, (nur) Staunen.

(b) Ertrag

Bezüglich der Frauen hat die Gegenüberstellung mit der mk Version der Ostergeschichte gezeigt, daß durch die enge erzählerische Verbindung mit der Begräbnisperikope der Faden von Frauenpräsenz weitergesponnen wird. Anders als bei Mk ist bis zuletzt eine größere Frauengruppe im Blick. Der Aspekt der Kontinuität von Galiläa an wird in der Perikope durch verschiedene Mittel verstärkt: zum ersten durch diese enge Verbindung zur vorausgehenden Begräbnisperikope mit den dort geschilderten Aktivitäten der (galiläischen) Frauen, zum zweiten durch die Aufforderung an die Frauen, sich an die Worte Jesu in Galiläa zu erinnern (24,6), und zum dritten durch die Wiederaufnahme zweier der in 8,2-3 genannten Namen, wodurch die Kontinuität auch an konkreten Personen festgemacht wird.

Während bei Mk auf Erscheinungen des Auferstandenen in Galiläa vorausgewiesen wird, mit denen die Frauen allerdings nicht explizit etwas zu tun haben würden, wird bei Lk über die Präsenz der Frauen an *vergangene* Ereignisse in Galiläa angeknüpft. Insbesondere wird über die Erinnerung der Frauen eine Verbindung zu den Leidensansagen hergestellt und auf diese Weise ein Sinn in die Geschehnisse gebracht.

(⁶1993), 501; Reinbold, Bericht (1994), 35.
336 Dies ist bereits bei Mk 16,1-8 so und kann mit *Broer: Oberlinner (Hg.), Auferstehung (1986), 53* als »Allgemeingut der Exegese« angesehen werden.

Dadurch, daß die Frauen sich erinnern, weggehen und von den Widerfahrnissen erzählen, erweisen sie sich als mündige Hörerinnen und Interpretinnen sowie als Verkündigerinnen des Wortes. In dem Augenblick, in dem sie die Botschaft verkünden, werden ihre Namen nochmals genannt, so daß sie, anders als bei Mk, mit diesen Namen für die Wahrhaftigkeit der Botschaft einstehen.

Gleichzeitig ist in diesem Moment ein »kritischer Punkt« der Erzählung erreicht: Zum ersten geht das »Wissen« der Frauen, das sie sich durch ihre ununterbrochene Präsenz seit der Kreuzigung erworben haben, an die anderen Mitglieder der Gemeinschaft, nämlich »die Elf und die übrigen« bzw. »die Apostel« (24,9f) über. Zum zweiten stößt das, was die Frauen zu erzählen haben, auf Unverständnis, so daß es erzählerisch für einen Moment in der Schwebe bleibt, ob die Botschaft der Frauen überhaupt weitergehen kann. Zum dritten bewirkt die Botschaft der Frauen den Gang des Petrus zum Grab, der dieses leer vorfindet und staunend wieder weggeht. Damit sind an dieser Stelle verschiedene Möglichkeiten angedeutet, wie die Erzählung weitergehen könnte. Es sind verschiedene Anknüpfungspunkte für folgende Ereignisse gegeben.

(c) Beobachtungen zur Erzählweise

Bevor die verschiedenen am Schluß der Perikope angelegten Möglichkeiten zur Fortführung der Erzählung weiterverfolgt werden, soll zunächst die Erzählung als solche nochmals im Blick auf die Rolle der Frauen analysiert werden. Dabei wird es sich nicht vermeiden lassen, daß einige der bereits beim synoptischen Vergleich herausgearbeiteten Erzählzüge noch einmal Erwähnung finden. Aufgrund der engen Verbindung mit der vorausgehenden Begräbnisperikope ist es sinnvoll, die Analyse mit 23,50 beginnen zu lassen.

Nach dem Kreuzesgeschehen bildet 23,50 mit Hilfe des sprachlichen Signals καὶ ἰδοὺ und dem Subjektswechsel zu Josef einen erzählerischen Neueinsatz. Die Aktivitäten Josefs, der 23,50f ausführlich vorgestellt wird, tragen die Handlung bis 23,53 weiter. Diese kommt mit der Zeitangabe 23,54, die das nahe Ende dieses Tages und der an ihm möglichen Tätigkeiten signalisiert, zu einem vorläufigen Endpunkt. Diese Zeitangabe bildet aber gleichzeitig ein Scharnier zwischen den bislang erzählten Aktivitäten Josefs und dem im folgenden erzählten Aktivitäten der Frauen, die von 23,55 Subjekte der Handlung sind. Diese Aktivitäten der Frauen sind zunächst als zeitgleich mit dem 23,52f erzählten Tun Josefs vorgestellt. Die Frauen »begleiten« also mit ihrem κατακολουθήσασαι (23,55) die verschiedenen Handlungen Josefs: den Gang zu Pilatus, die Bitte um den Leichnam, das Einhüllen in das Leinentuch und das Bestatten Jesu. Während demnach Josefs Tun mit fünf verschiedenen Verben umschrieben wird (προσελθὼν ... ᾐτήσατο, καθελὼν ἐνετύλιξεν, ἔθηκεν), finden die begleitenden Handlungen der Frau-

en zunächst in zwei Verben ihren Ausdruck: κατακολουθήσασαι ...
ἐθεάσαντο. Und während Josef durch eine Reihe von Angaben ausführlich
identifiziert, beschrieben und mit der positiven Wertung ἀγαθὸς καὶ δίκαιος
versehen worden war, wird die einzige Identifizierung der Frauen wiederum
über ein Wegmotiv erzielt, nämlich über den Weg, den die Frauen mit Jesus
von Galiläa an zurückgelegt hatten. Dies kennzeichnet zwar die Frauen als
Jüngerinnen Jesu. Doch werden die Frauen nicht explizit als solche bezeichnet. Während die Beweggründe ihres Tuns indirekt aus ihrem Weg mit Jesus
erschlossen werden müssen, können die Motive für Josefs Tun direkter aus
seiner Charakterisierung als ἀγαθὸς καὶ δίκαιος, aus seinem Nicht-Einver-
ständnis mit dem Urteil des Rates sowie daraus entnommen werden, daß über
ihn gesagt wird, er erwarte die βασιλεία τοῦ θεοῦ. Eine solche Charakterisierung der Frauen mit Hilfe religiöser Kategorien sucht man bei den Frauen
vergeblich.

Die verschiedenen Wegmotive, mit denen die Frauen bislang ausgestattet
worden waren, werden in 23,56 weitergesponnen, indem die Rückkehr der
Frauen berichtet und mit ihr das Bereiten der Salben verbunden wird: ὑποστρέψασαι ... ἡτοίμασαν. Mit der Zeitangabe in 23,56 kommt die Handlung
zu einem zweiten Ruhepunkt. Daß die Frauen an diesem Sabbat als ruhend
dargestellt werden, kennzeichnet sie als gesetzestreue Jüdinnen. Im Unterschied zu Josef aber wird diese Charakterisierung der Frauen rein erzählerisch
erzielt. Eine eindeutig wertende und direkt auf die Frauen bezogene Interpretation, vergleichbar mit dem ἀγαθὸς καὶ δίκαιος, mit dem Josef positiv ge-
würdigt worden war, fehlt wiederum.

Dennoch: Das Begräbnis Jesu wird auf diese Weise in der Art eines Di-
ptychons erzählt. Die eine Seite bilden die Aktivitäten Josefs, die mit der voll-
zogenen Bestattung Jesu zu ihrem Ende kommen. Die andere Seite stellt das
Tun der Frauen dar, das zunächst als ein begleitendes beginnt (23,55), im folgenden aber durch eigenständige Aktivitäten, die ebenfalls noch im Zeichen
dieses Begräbnisses stehen, weitergeführt werden. Über diese Aktivitäten der
Frauen und in der Perspektive der Frauen wird die erzählte Zeit bis zum
Ostermorgen gefüllt. Während aber Josef von Arimathäa seit 23,54 vollständig aus dem Blick geraten ist, liegt im Tun der Frauen der Anknüpfungspunkt
für die weitere Erzählung - was bereits wieder die Grenzen des soeben ange-
stellten Vergleichs mit einem in sich abgeschlossenen Diptychon signalisiert.

Nach dem mit 23,56 erreichten Ruhepunkt der Erzählung stellt der 24,1
erzählte Aufbruch der Frauen am frühen Morgen nach dem Sabbat den Beginn eines neuen Abschnitts dar. Dieser schließt zwar über die Weiterführung
der auf den Sabbat bezogenen Zeitangaben, über die nur pronominal wiederaufgenommenen Frauen sowie über die Weiterführung des Themas der zubereiteten Salben eng an das Vorausgehende an, eröffnet aber gleichzeitig eine
neue Erzählsequenz. Die Aktivitäten der Frauen werden mittels eines erneuten

Bewegungsverbs (ἔρχεσθαι) weitergeführt, das das Wegmotiv der Frauen aufnimmt. Ziel des Weges, das mit 24,2 erreicht wird, ist das 23,56 verlassene Grab, das sie geöffnet finden. In 24,3 wird der Weg der Frauen noch einmal mittels eines Bewegungsverbs (εἰσέρχεσθαι) fortgesetzt, der aber im Grab endet, in dem sie den Leichnam Jesu, den sie dort bestattet wußten, nicht mehr finden. Die in 24,1-2 erzählten Handlungen der Frauen lesen sich damit wie eine Spiegelung der in 23,55-56 erzählten Aktivitäten, die zwar einerseits zu deren Ausgangspunkt zurückführen, diesen aber in einer Weise verändert vorfinden, die nach einer »Lösung« durch weiteres Erzählen verlangt. Diese »gebrochene« Spiegelung läßt sich folgendermaßen darstellen:

A ἐθεάσαντο τὸ μνημεῖον
   καὶ ὡς ἐτέθη τὸ σῶμα αὐτοῦ,

B ὑποστρέψασαι δὲ
   ἡτοίμασαν ἀρώματα καὶ μύρα

C Καὶ τὸ μὲν σάββατον ἡσύχασαν κατὰ τὴν ἐντολήν.

B' τῇ δὲ μιᾷ τῶν σαββάτων ὄρθρου βαθέως ἐπὶ τὸ μνῆμα ἦλθον
    φέρουσαι ἃ ἡτοίμασαν ἀρώματα.

A' εὗρον δὲ τὸν λίθον ἀποκεκυλισμένον ἀπὸ τοῦ μνημείου,
    εἰσελθοῦσαι δὲ οὐχ εὗρον τὸ σῶμα τοῦ κυρίου Ἰησοῦ.

Dem in 23,55 erzählten Sehen des Grabes und Beobachten, wie der Leichnam Jesu hineingelegt wird (A), entspricht das 24,2 erzählte Finden des nunmehr geöffneten Grabes und das Nicht-Wiederfinden des Leichnams (A'). Wörtlich wiederaufgenommen sind die Worte μνημεῖον und σῶμα, letzteres in einer Genitivverbindung, die einmal pronominal (αὐτοῦ) und das zweite Mal nominal (τοῦ κυρίου Ἰησοῦ) realisiert ist. Eine zweite Entsprechung besteht zwischen der 23,56 erzählten Rückkehr der Frauen mit der Zubereitung der Salben (B) und dem 24,1 berichteten Weg der Frauen zurück zum Grab, auf dem sie die bereiteten Salben mit sich tragen (B'). Zwischen diesen beiden Wegen steht in 23,56 die dem Gesetz entsprechende Sabbatruhe der Frauen (C).

Die gegenüber der Ausgangssituation (A) verändert vorgefundene Situation (A') am leeren Grab verlangt nach einer Erklärung oder auch Lösung. Diese kündigt sich 24,4 durch die beiden Erzählsignale καὶ ἐγένετο und καὶ ἰδοὺ an. Mit dem letzteren geht ein Subjektswechsel einher: Es werden zwei neue Erzählfiguren, zwei Männer, eingeführt, die nun den Frauen gegenüberstehen. Diese bleiben insofern Subjekt bis 24,7, als sie das finite Verb εἶπαν (24,5) regieren, von dem die folgende Rede abhängt. Die Frauen hingegen sind das logische, jedoch nicht explizit genannte Subjekt der Genitivus absolutus-Verbindung 24,5.

In der Rede der beiden Männer, der einzigen wörtlichen Rede der Erzählung, wird das rätselhafte Geschehen gedeutet. Dies geschieht einerseits, indem der Totgeglaubte als lebend (τὸν ζῶντα) und auferstanden (ἠγέρθη) bezeichnet wird, und andererseits, indem auf eine bereits gegebene Deutung durch Jesus selbst verwiesen wird. Über die Erinnerung der Frauen wird ein Zusammenhang zwischen Galiläa und den Ereignissen in Jerusalem hergestellt. Mit der Erinnerung der Frauen wird gleichzeitig die Erinnerung der LeserInnen an bereits Gelesenes »aktiviert«, so daß diese nun mit den Frauen in die Lage versetzt werden, das Geschehen zu deuten.

Der Rückverweis auf die in Galiläa gesprochenen Worte Jesu nimmt nun nicht eine der beiden galiläischen Leidensankündigungen wörtlich auf, sondern kombiniert Elemente aus allen drei Leidensankündigungen (9,22.44; 18,32-33):

9,22	9,44	18,32-33	24,7
εἰπὼν ὅτι Δεῖ τὸν	... τοὺς λόγους	... τῷ υἱῷ τοῦ	λέγων τὸν υἱὸν τοῦ
υἱὸν τοῦ ἀνθρώπου	τούτους· ὁ γὰρ υἱὸς	ἀνθρώπου· 32	ἀνθρώπου ὅτι δεῖ
πολλὰ παθεῖν καὶ	τοῦ ἀνθρώπου	παραδοθήσεται γὰρ	παραδοθῆναι εἰς
ἀποδοκιμασθῆναι	μέλλει	τοῖς ἔθνεσιν καὶ	χεῖρας ἀνθρώπων
ἀπὸ τῶν	παραδίδοσθαι εἰς	ἐμπαιχθήσεται καὶ	ἁμαρτωλῶν καὶ
πρεσβυτέρων καὶ	χεῖρας ἀνθρώπων	ὑβρισθήσεται καὶ	σταυρωθῆναι καὶ τῇ
ἀρχιερέων καὶ		ἐμπτυσθήσεται 33	τρίτῃ ἡμέρᾳ
γραμματέων καὶ		καὶ μαστιγώσαντες	ἀναστῆναι
ἀποκτανθῆναι καὶ		ἀποκτενοῦσιν	
τῇ τρίτῃ ἡμέρᾳ		αὐτόν, καὶ τῇ ἡμέρᾳ	
ἐγερθῆναι		τῇ τρίτῃ	
		ἀναστήσεται	

Durch diese Rückverweise auf die Leidensankündigungen in Galiläa, unter die streng genommen nur 9,22.44 fallen, werden die Frauen, wie bereits erwähnt[337], in Situationen sichtbar gemacht, in denen sie nicht explizit genannt waren; denn die beiden galiläischen Leidensankündigungen sind an die μαθηταί gerichtet. Dies gibt nun einerseits einen Hinweis, den μαθηταί-Begriff inklusiv zu verstehen. Andererseits macht es den 23,49.55 erwähnten Weg der Frauen von Galiläa an greifbarer und für LeserInnen nachvollziehbar. Zum dritten wird verständlich, warum dieser Weg der Frauen von Galiläa an in 23,49.55 so sehr betont worden war.

Mit der von 24,8 an erzählten Reaktion der Frauen, die sich tatsächlich an die Worte Jesu erinnern, machen sich die Frauen die in der Rede der beiden Männer gegebene Deutung der Ereignisse zu eigen. Ihre weiteren Handlungen sind aus diesem Erinnern und Deuten der Ereignisse zu verstehen: Mit der 24,9 berichteten Rückkehr wird das Wegmotiv wiederaufgenommen und weitergeführt. Mit der Botschaft des leeren Grabes, aber auch mit der von den beiden Männern gegebenen und durch die eigene Erinnerung verifizierten

---

337　S. o. S. 247f.

Deutung kehren die Frauen zu den anderen Mitgliedern der Gemeinschaft zurück. Dadurch, daß die Rückkehr der Frauen partizipial, das Verkünden der
Botschaft jedoch mittels eines finiten Verbs ausgedrückt wird (ὑποστρέψασαι ... ἀπήγγειλαν ταῦτα πάντα), liegt der Akzent des Satzes auf
dem letzteren.[338]

Mit dem Weg der Frauen werden auch die LeserInnen wieder zu jenen
Mitgliedern der Gemeinschaft und namentlich zu den Elfen und den Aposteln
zurückgeführt, die seit der Verhaftung Jesu aus dem Blick geraten waren. Nur
über den Bericht der Frauen erhalten diese Kenntnis von den Ereignissen,
während derer sie abwesend, die Frauen hingegen anwesend waren. Die
Frauen erweisen sich als vertrauenswürdige Zeuginnen und Verkündigerinnen, indem sie den anderen alles, ταῦτα πάντα, erzählen. Diese Deutung wird
dadurch unterstützt, daß dieses Berichten der Frauen zweimal, mit je unterschiedlich benannter AdressatInnengruppe, erzählt wird.[339] An diesem Punkt
des Zusammentreffens treten drei der Frauen mit Namen und somit als konkret greifbare Personen und Zeuginnen in Erscheinung.[340]

Den Schluß der Perikope bilden die beiden verschiedenen Reaktionen auf
die Botschaft der Frauen.[341] Scheint es nach der ersten, als sei damit der Weg
der Frauen und ihrer Botschaft zu Ende, indem diese Botschaft als leeres Geschwätz (λῆρος) bezeichnet und die Reaktion der AdressatInnen als Unglaube
(ἠπίστουν αὐταῖς) beschrieben wird, so wird dieser Endpunkt durch die
zweite Reaktion, den Gang des Petrus zum Grab, aufgebrochen. Dort am
Grab kann sich Petrus zwar mit eigenen Augen[342] davon überzeugen, daß es
leer ist; doch wird an dieser Stelle kein Bezug zur Deutung des leeren Grabes
durch die beiden Männer oder die Frauen hergestellt, so daß Petrus nicht versteht oder gar glaubt, sondern nur staunend wieder weggeht. Damit endet die
Perikope offen und verlangt nach einer Klärung und erzählerischen Ausgestaltung der in den beiden letzten Verse angelegten Motive.

Im Blick auf den Weg der galiläischen Frauen erweist sich gerade der
Schluß der Perikope als Wende- und Endpunkt ihres sichtbaren Weges. Mit
dem Erreichen der »Elf und der übrigen« und der »Apostel« verlieren die

338   Vgl. *Kremer, Osterevangelien (1977), 104.*
339   Vgl. *Perkins, Resurrection (1984), 156; Seim, Message (1994), 156.*
340   Schon *Hengel: FS Michel (1963), 245* weist auf die Hervorhebung dieser Stelle im
       Text hin; dies solle das Zeugnis der Frauen bekräftigen. Vgl. bereits o. S. 238f.
341   Zur kontrastierenden Zeichnung der Frauen gegenüber den anderen Mitgliedern
       der Gruppe s. schon o. S. 249-251.
342   *Schneider, Passion (1973), 153* legt in diesem Zusammenhang Wert darauf, daß der
       Glaube der Apostel nicht auf der Kunde der Frauen beruht, sondern auf eigenem
       Sehen. Das an dieser Stelle verwendete *Praesens historicum* ist für *Kremer, Oster-
       evangelien (1977), 106* der Anlaß, mehrmals und mit Nachdruck darauf zu verwei-
       sen, daß dadurch Petrus noch eigens und ganz besonders als Zeuge des leeren
       Grabes hervorgehoben werde. Vgl. auch *Ernst, Lk (⁶1993), 501*: »Die leitende Idee
       ist die Bestätigung des leeren Grabes durch den führenden Apostel.«

Frauen ihre aktive erzählerische Rolle und geraten aus dem Blick. Ihr seit 23,49 minuziös nachverfolgter Weg verliert sich an dieser Stelle, andere »Wege« übernehmen seine Funktion, andere Erzählfiguren kommen wieder in den Blick. Es ist, als hätten die galiläischen Frauen die »Staffette« an dieser Stelle aus der Hand und an andere Gruppen weitergegeben.

3.4 Die galiläischen Frauen als Zeuginnen der Auferstehung? Ein Ausblick auf die Erscheinungstraditionen und die Apostelgeschichte

(a) Die galiläischen Frauen und die Erscheinungen des Auferstandenen

Lk 24 sind die österlichen Geschehnisse - dies wurde bereits erwähnt - zu einer Ereignisfolge eines einzigen Tages zusammenkomponiert [343] 24,13 schließt sich an die Perikope vom leeren Grab zwar mit einem gewissen erzählerischen Neueinsatz, gestaltet durch das sprachliche Signal καὶ ἰδού, neue Handlungsträger, eine Zeitangabe sowie eine Ortsveränderung, doch außerordentlich eng an: Mit der Zeitangabe ἐν αὐτῇ τῇ ἡμέρᾳ verbleibt das, was folgt, an jenem ersten Wochentag, der 24,1 genannt worden war (τῇ δὲ μιᾷ τῶν σαββάτων), die Ortsveränderung geht von Jerusalem, dem Ort der bisherigen Ereignisse, aus, und mit der Einführung der neuen Handlungsträger über die pronominale Wiederaufnahme δύο ἐξ αὐτῶν verläßt die Erzählung die Gruppe der in 24,9-11(12) Erwähnten nicht.[344] Diese Art und Weise der Einführung der neuen Handlungsträger ist auch insofern bemerkenswert, als wie im Fall der Frauen die Namen der beiden nicht gleich zu Beginn genannt werden, sondern erst im Verlauf der Erzählung, und auch hier wird nur einer der beiden namentlich genannt (24,18 Kleopas), während der andere anonym bleibt.[345]

Die Anschlüsse der weiteren Ostererzählungen sind ähnlich eng wie 24,13: Die Emmauswanderer kehren nach 24,33 αὐτῇ τῇ ὥρᾳ nach Jerusalem zurück und finden dort τοὺς ἕνδεκα καὶ τοὺς σὺν αὐτοῖς, also wieder die Gruppe aus 24,9-12, versammelt. 24,36 schließt ebenso unmittelbar an: Der Auferstandene erscheint vor dieser Gruppe ταῦτα δὲ αὐτῶν λαλούντων. Alles im weiteren Erzählte ist eine dicht aufeinander bezogene Folge von Ereignissen, in deren Verlauf der Auferstandene die Versammelten nach Beta-

---

343 Zur Frage von Tradition und Redaktion in Lk 24,13-53, die für diese Untersuchung nur von untergeordneter Bedeutung ist, bietet *Korn, Geschichte (1993), 138-140* einen knappen forschungsgeschichtlichen Überblick.

344 Ähnlich *Kremer, Osterevangelien (1977), 115; Melzer-Keller, Jesus (1997), 271f.*

345 Nach *Kremer, Osterevangelien (1977), 115; Kremer, Lk (1988), 239* ist dem Verfasser die Angabe, daß die beiden zu den in 24,9-11 genannten »Elf und den übrigen« gehört hätten, wichtiger als die Angabe der Namen. Erst aus dem Namen Kleopas 24,18 könne man entnehmen, daß die beiden nicht zu den Elf gehörten. Letzteres bemerkt auch *Schmithals, Lk (1980), 233*. Ähnlich *Schweizer, Lk (1982), 245*, der deshalb betont, daß 24,13 an 24,9 anschließt.

nien hinausführt, um von dort in den Himmel aufgenommen zu werden, und die Gruppe von dort nach Jerusalem und genauer in den Tempel zurückkehrt.[346]

Ist nun auf diese Weise die Einheit der Erzählung gewahrt, muß es möglich sein, in dieser Erzählung auch den Weg der galiläischen Frauen weiterzuverfolgen. Denn mit 24,9-11 sind sie in die Gruppe zurückgekehrt, innerhalb derer die Erzählung bis zum Schluß des Buches spielt. Dabei muß zum einen die (einzige) explizite Erwähnung der Frauen 24,22 untersucht werden. Daneben aber ist von 24,9-11 her zu fordern, daß die galiläischen Frauen als Mitglieder der Gemeinschaft, innerhalb derer die Erzählung spielt, bis zum Schluß des Buches auch konsequent mitverstanden werden müssen. Und schließlich sollen weitere Erzählzüge näher betrachtet werden, die für die Bedeutung der Frauen relevant sind. Da dieses Kapitel den Charakter eines Ausblicks hat, möge es genügen, diesen abschließenden Durchgang auf einige wenige relevante Aspekte zu beschränken und diese nicht bis ins einzelne auszuführen.

»Einige Frauen aus unserem Kreis haben uns erschreckt ...« (Lk 24,22)

Die einzige explizite Erwähnung der Frauen nach der Osterperikope findet sich in der Emmausperikope. In deren Verlauf berichten die beiden Jesusanhänger ihrem unbekannten Begleiter von den zurückliegenden Ereignissen und nehmen dabei Lk 24,22-24 auch auf das leere Grab und die Nachricht der Frauen sowie die anschließende Reaktion der Gruppe Bezug.

Bemerkenswert ist bei dieser Bezugnahme zunächst die Bezeichnung der Frauen als γυναῖκές τινες ἐξ ἡμῶν. Dies ist vergleichbar mit der Bezeichnung der Emmausjünger[347] selbst in 24,13 als δύο ἐξ αὐτῶν. Der pronominale Bezug geht von dieser Stelle bis zur Erwähnung der Apostel in 24,10 zurück, eine Gruppe, die im vorhergehenden Vers als »die Elf und alle übrigen« definiert worden war. Daß die pronominalen Bezüge in dieser Weise verlaufen und zwei, die nach der Namensnennung 24,18 ganz offensichtlich nicht

---

346 Die grundlegende Untersuchung zur Struktur von Lk 24 ist sicher immer noch *Schubert: FS Bultmann (1954), 165-186.* Einen Überblick über die Forschung nach *Schubert* sowie eine eigene Darstellung bietet wiederum *Korn, Geschichte (1993), 134-138.*

347 Es hat sich eingebürgert, die beiden Emmauswanderer als Emmaus*jünger* zu bezeichnen, obwohl sie an keiner Stelle μαθηταί genannt werden. Diese Bezeichnung ist gewiß sinnvoll und wird auch von mir beibehalten werden. Dennoch ist die Selbstverständlichkeit, mit der diese als Männer vorgestellten Emmauspilger als *Jünger* bezeichnet werden, gegenüber den viel zurückhaltenderen Bezeichnungen für die Frauen bemerkenswert. Im übrigen wird nur einer der beiden mit seinem Namen genannt, während die andere Person anonym bleibt, was in der Literatur verschiedentlich dazu geführt hat, sie als Frau zu interpretieren, vgl. *Quesnell: Cassidy / Scharper (Eds.), Issues (1983), 68; Via: King (Ed.), Women (1987), 46; Setzer: JBL 116 (1997), 265* (als Frage formuliert).

zum Elferkreis gehören, als δύο ἐξ αὐτῶν bezeichnet werden können, ist im übrigen auch ein Indiz dafür, daß der lk Apostelbegriff an dieser Stelle noch nicht auf die Elf bzw. Zwölf beschränkt ist, sondern noch einen größeren Kreis von JesusanhängerInnen umfaßt.[348] Analog zur Bezeichnung der beiden Emmausjünger zu Beginn der Perikope werden in ihrem Bericht auch diejenigen beschrieben, die nach der Botschaft der Frauen zum Grab gehen: τινες τῶν σὺν ἡμῖν (24,24).[349]

Diese analogen Benennungen zeigen die JesusanhängerInnen als »wir-Gruppe«, zu der die beiden Emmausjünger gehören, zu der auf die gleiche Weise aber auch die Frauen gehören, die zum Grab gegangen waren und es leer gefunden hatten, und zu der schließlich auch diejenigen gehören, die sich auf die Botschaft der Frauen hin aufgemacht haben, um das Grab zu sehen. Diese Bezeichnungen widerlegen jeden Versuch, einen Gegensatz zwischen einer Jüngergruppe im engeren Sinn, die nur aus Männern bestünde, und einer Frauengruppe, die nicht Jüngerinnen im eigentlichen Sinne wären, zu konstruieren.

Während der weitere Bericht der beiden Emmausjünger im großen und ganzen mit 24,1-11 übereinstimmt, weicht er in einigen Details doch in erstaunlichem Maße von dem bislang Erzählten ab: Während es im Bericht der beiden heißt, die Nachricht der Frauen habe sie erschreckt oder auch in Verwirrung gebracht (ἐξέστησαν ἡμᾶς), hatte es nach 24,11 viel rigoroser geklungen, so, als hätten die Versammelten die Botschaft der Frauen endgültig abgelehnt. Und während nach 24,12 sich allein Petrus aufmacht, um das Grab zu sehen, sind es nach dem Bericht der Emmausjünger mehrere aus der Gruppe, die zum Grab gehen. Anders als in 24,12 wird in 24,24 betont: αὐτὸν δὲ οὐκ εἶδον.[350]

Auf jeden Fall erscheinen die Frauen nach dem Bericht der beiden Emmausjünger als glaubwürdig; denn es wird betont, daß diejenigen, die hinausgingen, alles so vorfanden, wie die Frauen es erzählt hatten: εὗρον οὕτως καθὼς καὶ αἱ γυναῖκες εἶπον (24,24). Das bedeutet zum einen, daß das

---

348 Vgl. *Haacker: NT 30 (1988), 12* sowie die Diskussion der Frage o. S. 179-185.

349 Diese Analogien gingen den Tradentenkreisen einiger Mss (D et al.) wohl zu weit, wenn sie in 24,22 den Bezug der Frauen zur Gruppe der JüngerInnen, der mittels der Bezeichnung ἐξ ἡμῶν hergestellt wird, wegließen.

350 Diese offensichtlichen Spannungen haben in der Literatur - neben der Hypothese einer sekundären Interpolation von 24,12 (s. o.) - zu verschiedenen Erklärungsversuchen geführt: *Wanke, Emmauserzählung (1973), 69-83* erklärt 24,21b-24 als »schriftstellerischen Nachtrag«, der durchaus der lk Kompositionstechnik entspreche. Nach *Kremer, Osterevangelien (1977), 120-121* deuten diese beiden Punkte zusammen mit der Erwähnung des dritten Tages in 24,21 darauf hin, daß die Jünger die Hoffnung noch nicht aufgegeben hatten. Ähnlich *Kremer, Lk (1988), 240*. Nach *Schmithals, Lk (1980), 234* hatte Lk den Petrus in 24,12 einfach als Repräsentanten der Apostel genannt, »die insgesamt Jesus nicht verlassen haben, sondern ihm auf der Spur bleiben«.

Zeugnis der Frauen verstärkt wird. Auf der anderen Seite gilt aber auch hier, was bereits zum Gang des Petrus zum Grab gesagt wurde: Mit diesem Gang zum Grab wird eine zweite Gruppe neben die galiläischen Frauen gestellt, die wie diese Augenzeugen des leeren Grabes sind. Das *kann* dazu benutzt werden, die Bedeutung der Frauen zu relativieren. Ein wichtiger Unterschied zu 24,12 ist jedoch, daß es nicht eine namentlich genannte Autorität ist, die hier als weiterer Zeuge neben die Frauen gestellt wird, sondern eine anonyme Gruppe aus dem Kreis der JesusanhängerInnen, die sich noch in Jerusalem befanden. Eine solche anonyme Gruppe läßt sich schwerer als Petrus zu GarantInnen der Osterbotschaft hochstilisieren, und es wird auch kaum möglich sein, eine solche Gruppe in Konkurrenz zu den galiläischen Frauen zu sehen. Ein zweiter Unterschied besteht darin, daß weder Petrus noch die andere Gruppe eine Deutung des leeren Grabes durch Gottesboten wie in 24,4-8 erhalten. Diese scheint einmalig, und sie erging nur an die Frauen, die zuerst beim leeren Grab waren.

Wie im Fall der Frauen und des Petrus am Grab ist auch in Bezug auf die Emmausjünger noch von keinem Osterglauben die Rede. Im Gegenteil: Die beiden, die so getreulich berichtet hatten, werden vom Auferstandenen als ὦ ἀνόητοι καὶ βραδεῖς τῇ καρδίᾳ τοῦ πιστεύειν ἐπὶ πᾶσιν οἷς ἐλάλησαν οἱ προφῆται (24,25) getadelt. Darauf folgt eine Deutung des Kreuzes- und Ostergeschehens, die mit der Deutung der beiden Männer in 24,6-7 sowie mit der zweiten Deutung durch den Auferstandenen selbst in 24,44 verglichen werden kann. Doch auch diese Deutung führt noch nicht zum Erkennen des Auferstandenen, sondern erst das Brotbrechen. Daß die beiden Jesus gerade daran erkennen, erweist sie als zu einem engeren Kreis um Jesus gehörig - und kann als Indiz gewertet werden, daß der Kreis derer, die beim Abendmahl als anwesend gedacht waren, größer war als nur die Zwölf.[351]

»Der Herr ist wahrhaft auferstanden und dem Simon erschienen« (Lk 24,34)

Bei ihrer Rückkehr nach Jerusalem finden die beiden Emmausjünger dort τοὺς ἕνδεκα καὶ τοὺς σὺν αὐτοῖς (24,33) versammelt, also eine Gruppe, deren Zusammensetzung in einer Weise beschrieben wird, die mit 24,9 vergleichbar ist. Diese[352] rufen ihnen die Auferstehungsbotschaft ὄντως ἠγέρθη

---

351 Vgl. die Diskussion des Problems o. S. 179-185. Hingegen verwahren sich *Schmid, Lk* (⁴*1960*), *358*; *Schneider, Lk* (*1977*), *499*; *Schweizer, Lk* (*1982*), *247* dagegen, daß die beiden sich an das Abschiedsmahl erinnert hätten; denn daran hätten nur die Zwölf teilgenommen. In der Tat kann auch auf andere Mahlsituationen wie 9,16 verwiesen werden. Doch lassen wörtliche Anklänge zwischen 24,30 und 22,19 darauf schließen, daß (auch) ein Bezug auf das Abschiedsmahl intendiert ist, vgl. *Dillon, Eye-Witnesses* (*1978*), *106f.154f.* Vgl. insgesamt auch *Wanke, Emmauserzählung* (*1973*), *96-108*.

352 D liest λέγοντες anstelle von λέγοντας, bezieht die wörtliche Rede also auf die Emmausjünger.

ὁ κύριος (24,34) entgegen, die damit zum ersten Mal aus dem Kreis der JesusanhängerInnen selber ertönt. Die Botschaft wird aber nicht mit dem, was die Frauen am leeren Grab erlebt haben, begründet, sondern mit einer Erscheinung vor Simon (καὶ ὤφθη Σίμωνι). Damit müßte in der Vorstellung dieser Erzählung zwischen dem Grabbesuch des Simon - oder der Gruppe von JesusanhängerInnen aus 24,24 -, der nicht zum Glauben an die Auferstehung des Gekreuzigten geführt hatte, und dem Zeitpunkt der Rückkehr der Emmausjünger eine Erscheinung vor Simon stattgefunden haben, die zum Glauben der gesamten Gruppe geführt hätte. Die Erscheinung selbst wird trotz ihrer Bedeutung nicht als Begebenheit erzählt[353], ist aber, wie 1 Kor 15,5 zeigt, als Ersterscheinung in der Tradition verankert.

Nach 24,34 hat also die Erscheinung vor Simon die Gruppe dazu gebracht, nun selbst zu formulieren, was die beiden Männer am Grab bereits den Frauen gesagt (24,6 ἠγέρθη) und was die Frauen ihnen daraufhin berichtet hatten (24,9 ταῦτα πάντα).[354] Damit ist etwas Entscheidendes passiert: War von 23,49 an die Kontinuität über die galiläischen Frauen hergestellt worden, so hatte sich bereits 24,12 mit dem Gang des Petrus zum Grab angedeutet, daß diese Traditionskette nun abreißen und durch eine andere, die sich in Petrus gründet, abgelöst werden würde. War Petrus in 24,12 als Augenzeuge des leeren Grabes neben die Frauen gestellt worden, so ist er nach 24,34 derjenige, dem der Auferstandene erschienen ist, ein Ereignis, auf das sich letztlich der Osterglaube beruft. Damit ist Petrus als Garant der Osterbot-

---

353   Auch diese Ungereimtheit der Erzählung hat in der Literatur zu verschiedenen Erklärungen geführt: Nach *Schneider, Lk (1977), 500* geht die Erscheinung vor Petrus der Erscheinung vor den Emmausjüngern zwar nicht zeitlich, aber bedeutungsmäßig voran. Für *Schmithals, Lk (1980), 233* ist es klar, daß Jesus zuerst dem Petrus erschien und dann den beiden Emmausjüngern. Auch *Schweizer, Lk (1982), 247* spricht von der Ersterscheinung vor Simon. Dagegen hält *Wiefel, Lk (1987), 408-409* fest, daß in der Emmauserzählung eine Ersterscheinung erzählt werde, die allerdings in Konkurrenz zur Ersterscheinung vor Simon stehe; dies werde in 24,34 ausgeglichen. Nach *Kremer, Lk (1988), 242* gilt Simon als erster Zeuge des Auferstandenen und »besonderer Bürge für die Wahrheit der Osterbotschaft.« Nach *Korn, Geschichte (1993), 137f* will Lk »der Gefahr begegnen, daß man die Zeugenpriorität den Emmausjüngern zusprechen könnte.«

354   An dieser Stelle ist (erneut) die Frage berührt, ob der Auferstehungsglaube durch das leere Grab kommen kann oder der Begegnung mit dem Auferstandenen bedarf. Nach *Schneider, Passion (1973), 153* sind die Apostel »zuverlässige Verkündiger, ›Zeugen der Auferstehung‹ (Apg 1,21f.)«, weil sie nicht nur den irdischen Jesus, sondern auch den Auferstandenen gesehen hätten. Ähnlich *Schneider, Lk (1977), 493-494*: Das leere Grab habe eine relative Bedeutung und unterstreiche die »leibhaftige« Realität der Auferstehung, was in der hellenistischen Umwelt von Bedeutung war. »Der Osterglaube der Jünger wurde erst dadurch geweckt, daß ›der Herr dem Simon erschien‹« *(493)*. Auch *Wiefel, Lk (1987), 411* hält fest, daß nach lk Darstellung der Osterglaube nicht aus dem leeren Grab entstanden sei. Ähnlich *Schaberg: Commentary (1992), 291* mit dem Ziel, Lk die Abwertung der Frauen nachzuweisen. Vgl. auch die Diskussion der Frage bei *Seim, Message (1994), 158f.*

schaft an die Stelle der Frauen getreten, ohne daß von den Frauen überhaupt noch die Rede wäre.[355]

Im Unterschied zur mt und joh Tradition kennt Lk keine Erscheinung vor den galiläischen Frauen. Die Frauen sind nach der lk Konzeption (nur) diejenigen, die das leere Grab entdecken und dort die Auferstehungsbotschaft sozusagen »aus zweiter Hand«, nicht vom Auferstandenen selbst, empfangen. Nicht ihre Botschaft ist es, die bei den anderen Mitgliedern der Gemeinschaft die eigene Formulierung des Osterglaubens bewirkt, sondern die Erscheinung vor Petrus.

»Ihr seid Zeugen dafür« (Lk 24,48)

Nachdem die galiläischen Frauen in 24,9-11 zu den »Elf und allen übrigen« zurückgekehrt waren und 24,22 von den beiden Emmausjüngern als γυναῖκές τινες ἐξ ἡμῶν bezeichnet worden waren, müssen diese Frauen auch bei der Gruppe, zu der die Emmausjünger zurückkehren und die 24,33 als ›τοὺς ἕνδεκα καὶ τοὺς σὺν αὐτοῖς‹ bezeichnet wird, mitgedacht werden[356]; denn das Geflecht der Bezüge war zwischenzeitlich nicht unterbrochen. Da im weiteren Verlauf der Erzählung die Rückbezüge auf diese (als gemischt erwiesene) Gruppe weitergeführt werden, muß daraus geschlossen werden, daß in der Vorstellung des lk Textes die folgende Erscheinung des Auferstandenen (24,36-49) nicht nur vor einer Gruppe von Jüngern, die ausschließlich als Männer zu denken sind[357], stattfindet, erst recht nicht vor den Elfen allein[358], sondern vor allen in Jerusalem versammelten JesusanhängerInnen oder auch JüngerInnen[359], zu denen die Elf genauso gehören wie die

---

[355] Als eine der Auswirkungen dieser Konstellation ist sicher die Konkurrenz zwischen Petrus und Maria Magdalena zu betrachten, die in einigen außerkanonischen frühchristlichen Schriften zu beobachten ist. Vgl. dazu o. S. 47 A. 81 und die dort angegeben Quellen und Literaturtitel zum Thema.

[356] So auch *Karris: CBQ 56 (1994), 17.*

[357] So *Schüngel-Straumann: Bader (Hg.), Maria Magdalena (1990), 21,* die in den lk Text die joh Version der hinter verschlossenen Türen Versammelten (Joh 20,19) hineinliest und die Gruppe zudem als nur aus Männern bestehend versteht: » ... und hier sind wohl die Männer unter sich.«

[358] So z. B. *Wilckens* in seinem kommentierten Neuen Testament (⁶*1980, 305*) oder auch *Pesch, Arbeitsbuch (1980),* 99 mit seiner Überschrift über diese Perikope »Jesus erscheint den elf Jüngern«. Solche Suggestionen sind natürlich in derartigen *Text*ausgaben besonders folgenreich. Aber auch *Schmithals, Lk (1980), 235-238* schränkt die Erscheinung und Himmelfahrt auf die »Zwölf« ein (von 1 Kor 15,5 her); ebenso *Wiefel, Lk (1987), 408,* der im folgenden aber stets von »Jüngern« redet, was ebenfalls eine unzutreffende Gleichsetzung ist.

[359] Vgl. *Schubert: FS Bultmann (1954), 168 et passim:* » ... the ›eleven‹ and ›the others‹ (οἱ λοιποί)«. Ähnlich *Kremer, Osterevangelien (1977),* 136. Vgl. auch *Schneider, Lk (1977),* 501: »gesamte Jüngergemeinde«; *Kremer, Lk (1988),* 243: »allen Versammelten«. Gegen eine Einschränkung auf die Elf votiert *Nellessen, Zeugnis (1976), 107-118.* Explizit schließen *Karris: CBQ 56 (1994), 17-19* und *Melzer-Keller, Jesus (1997), 272* die Frauen in die Gruppe ein.

beiden Emmausjünger, und die galiläischen Frauen ebenso wie andere Männer und Frauen.

Konsequent inklusiv weitergelesen, ist es diese ganze Gruppe einschließlich der Galiläerinnen, die zunächst erschrickt und nicht glauben kann (24,37.41), nach 24,44-47 dann aber vom Auferstandenen die dritte nachösterliche Deutung der Passions- und Osterereignisse erhält und dabei - ähnlich wie die Frauen am leeren Grab - an die Worte Jesu, als er noch bei ihnen war, erinnert wird (24,44). Diese dritte Deutung führt nun, im Unterschied zu den vorangegangenen, auch tatsächlich zum Verstehen, wie V. 45 explizit hervorhebt: τότε διήνοιξεν αὐτῶν τὸν νοῦν τοῦ συνιέναι τὰς γραφάς.[360]

Diese ganze Gruppe wird in 24,48 als Zeugen, μάρτυρες, bezeichnet[361], und sie erhält die Verheißung des Geistes (24,49)[362]. Schließlich ist es *diese* Gruppe, die nach 24,50-53 von Jesus hinaus bis gegen Betanien geführt wird und bei seiner Himmelfahrt zugegen ist und danach nach Jerusalem und in den Tempel zurückkehrt, womit das Lukasevangelium endet.

Demnach müssen die galiläischen Frauen als bei all diesen Ereignissen anwesend gedacht werden. Nach V. 48 müssen sie als Zeuginnen (μάρτυρες)[363], nach V. 49 als Empfängerinnen der Geistverheißung gelten. Daß sie

---

360 Vgl. *Büchele, Tod (1978), 136; Korn, Geschichte (1993), 133.*

361 In der Literatur wird dies jedoch häufig auf die Zwölf bzw. das als Zwölferkreis verstandene Apostelkollegium eingeschränkt, oder diese werden als Hauptadressaten angesehen, vgl. z. B. *Schubert: FS Bultmann (1954), 177; Burchard, Zeuge (1970), 132f; Jervell, Luke (1972), 80; Schmithals, Lk (1980), 235-238; Schweizer, Lk (1982), 251; Korn, Geschichte (1993), 158 passim.* Dagegen arbeitet *Dillon, Eye-Witnesses (1978), 218* heraus, daß 24,48 der Zeugenkreis noch nicht auf die Zwölf festgelegt sei.

362 Auch hier gibt es keinen Grund, dies von Apg 1,2.5 oder Apg 2,1-13 her auf die (als Zwölferkreis verstandenen) Apostel einzuschränken oder zumindest die Apostel zu betonen, wie dies z. B. *Schneider, Lk (1977), 503; Schmithals, Lk (1980), 237; Korn, Geschichte (1993), 158* tun.

363 Gewöhnlich wird betont, daß Frauen nach dem jüdischen Gesetz nicht als zeugnisfähig galten, wie dies z. B. Josephus, Ant IV 8,15 § 219; SifDev 190 zum Ausdruck kommt. Dagegen muß jedoch darauf hingewiesen werden, daß die Mischna ausdrücklich Fälle vorsieht, in denen das Zeugnis von Frauen zu akzeptieren ist, vgl. *Meiselmann, Woman (1978), 73-80* (mit dem Ziel, feministische Kritik am Judentum zu widerlegen); *Wegner, Chattel (1988), 120-123; Ilan, Women (1995), 164-165; Maccini, Testimony (1996), 68.* In diesen Fällen ist das Zeugnis von Frauen dem von Männern gleichgestellt. Zwar sollte es weitestgehend vermieden werden, Frauen (öffentlich) als Zeuginnen auftreten zu lassen (vgl. *bKet 74b*); wo aber keine andere Möglichkeit bestand, wurde das Zeugnis von Frauen anerkannt, vgl. *Ilan, Women (1995), 165.* In religiösen und nichtöffentlichen Kontexten muß demgegenüber das Zeugnis von Frauen als weniger reglementiert und höher bewertet gelten, vgl. *Maccini, Testimony (1996), 77-97.* Wenn solche nicht-forensischen Kontexte hier vorauszusetzen sind, muß auch die Argumentation von *Hengel: FS Michel (1963), 246f.252.255; Bode, Easter Morning (1970), 67* (u. a.) relativiert werden, nach der die Ablösung der Frauen als Zeuginnen aus apologetischen Gründen notwendig wurde, weil nämlich Frauen nicht als rechtmäßige Zeugen angesehen werden.

bei all dem nicht explizit genannt werden, ist im Sinne des Textes, der die JesusanhängerInnen als *eine* Gruppe versteht, konsequent.[364] Daß dies einer Interpretation Tür und Tor geöffnet hat, bei der die Frauen von all dem ausgeschlossen wurden, ist ein eigenes Problem von androzentrischer Sprache,
Wirklichkeitswahrnehmung und -konstruktion.

Daß hingegen die Botschaft der Frauen vom leeren Grab bei all dem keine Rolle mehr spielt, muß (auch) als Ausdruck dafür gesehen werden, daß für
Lk »die traditionelle Geschichte vom leeren Grab *als solche*, falls überhaupt,
nur geringe Bedeutung hat«[365] und daß der Grund des Osterglaubens nicht die
Botschaft vom leeren Grab, sondern die Begegnung mit dem Auferstandenen
ist. So wird der Osterglaube nicht mit der Erfahrung und der Botschaft der
Frauen, sondern mit Petrus in Verbindung gebracht.[366]

(b) Die Frauen und der Neuanfang in Jerusalem. Ein Ausblick auf die Apostelgeschichte

Um dem Charakter des Lukasevangeliums und der Apostelgeschichte als
Doppelwerk wenigstens ansatzweise gerecht zu werden, soll nun der Weg der
galiläischen Frauen auch zu Beginn der Apg weiterverfolgt und gefragt werden, ob und wie die in Lk 24 angelegten Motive und Konstellationen aufgegriffen und weiterentwickelt werden. Der Schwerpunkt soll dabei auf Apg 1
liegen, zum ersten, weil sich die Darstellung hier mit den Lk 24 erzählten Ereignissen überlappt und sich daher die Sicht auf diese Ereignisse hinsichtlich
veränderter Vorstellungen und Konzeptionen gut überprüfen läßt. Zum zweiten wird bis zum Ende dieses ersten Kapitels der Kreis der Apostel konstituiert (bzw. restituiert), ein Kreis, der für den ersten Teil der Apg, bevor sich die
erzählerische Aufmerksamkeit Paulus zuwendet, von zentraler Bedeutung ist.
Damit kommt dem ersten Kapitel der Apg an der »Nahtstelle« zwischen den
beiden Teilen des Doppelwerkes eine wichtige Funktion zu, indem einerseits
mittels dieser Überlappung der Anschluß an den ersten Band hergestellt und
so die Kontinuität zwischen den beiden Teilen aufgezeigt wird[367], und ande-

---

364 Nach *Tetlow, Women (1980)*, 106 hingegen läßt es der Text bewußt in der Schwebe, ob Frauen als anwesend zu denken sind oder nicht. Sie weist auf Apg 1,14 hin,
das Handhabe biete, Frauen auch in den Erscheinungsgeschichten mitzuverstehen.
Doch erwähne Lk Frauen niemals, außer wenn es sich aufgrund der Traditionslage
nicht umgehen ließe.

365 *Schubert: Hoffmann (Hg.), Überlieferung (1988), 340 [= FS Bultmann (1954), 172]*.
Auch *Korn, Geschichte (1993), 135* spricht von dem »nur vorbereitenden Charakter« der Geschichte von der Auffindung des leeren Grabes.

366 Vgl. *Kremer, Osterevangelien (1977), 125*. Gegen die Ablösung des Zeugnisses der
Frauen durch das Zeugnis des Petrus, die an dieser Stelle ein petrinisches Primat
begründen könnte, spricht sich *Seim, Message (1994), 157f* aus.

367 Diese so erzielte Kontinuität wurde schon des öfteren betont, vgl. z. B. *Dörner,
Heil (1978), 95.137f u. ö.; Schneider, Apg (1980), 187*: Apg 1 verbinde »die ›Zeit
Jesu‹ mit der ›Zeit der Kirche‹«; *Korn, Geschichte (1993), 178-180.191 u. ö.*

rerseits durch die »Konstituierung des nachösterlichen Zeugenkreises«[368] die Ausgangssituation für den weiteren Verlauf des Werkes geschaffen wird.

Gliederung (Apg 1)

Mit Hilfe dieser beiden Aspekte des Rückblicks mittels Überlappung und der Neukonstituierung des Zeugenkreises mittels der Restituierung des Zwölferkreises läßt sich eine erste Unterteilung des Kapitels gewinnen: In Apg 1,15 weisen eine Zeitangabe sowie die Renominalisierung der HandlungsträgerInnen, die mit einem teilweisen Wechsel derselben einhergeht, auf einen erzählerischen Einschnitt, der das Kapitel in zwei Teile (1,1-14.15-26) gliedert.[369] Der erste Teil (1,1-14) ist mittels ununterbrochener pronominaler Rückbezüge, die die Apostel und den Auferstandenen als durchgehende Handlungsträger zeigen, als Einheit gestaltet. Doch auch wenn regelmäßig wiederkehrende sprachliche Signale auf der Textoberfläche wie Orts- oder Zeitangaben, Renominalisierungen oder andere Gliederungsmerkmale fehlen, gibt es doch Zäsuren, mit Hilfe derer der Text in kleinere Einheiten unterteilt werden kann. Diese Zäsuren werden vor allem durch eine Veränderung oder eine Wiederaufnahme bzw. Neuformulierung der Situation erreicht, so daß folgende Gliederung des ersten Teils plausibel erscheint[370], durch die nach dem Proömium verschiedene »Szenen« zum Ausdruck gebracht werden:

1,1-2	Rückgriff auf das Lk-Ev
1,3	Summarium als Übergang zur »Relecture« von Lk 24
1,4-5	Neuformulierung der Anweisung, in Jerusalem zu bleiben und der Verheißung des Geistes
1,6-8	Belehrungen und Verheißungen beim Mahl[371]
1,9-11	Himmelfahrt
1,12-14	Rückkehr der Himmelfahrtszeugen und Summarium zur Jerusalemer »Urgemeinde«

In dieser Gliederung haben die beiden Summarien 1,3 und 1,14 eine Scharnierfunktion, indem jeweils zusammengefaßt wird, was einerseits zuvor er-

---

368 So die Überschrift über Apg 1 bei *Zmijewski, Apg (1994), 35.*
369 Mit V. 15 wird meist eine Zäsur gesetzt, vgl. u. a. *Zettner, Amt (1991), passim; Korn, Geschichte (1993), 175.* Anders *Dömer, Heil 122-128* der die Zäsur schon mit V. 13 ansetzt und *Pesch, Apg (1986), 77; Zmijewski, Apg (1994), 72 passim,* die den zweiten Teil von Apg 1 mit V. 12 beginnen lassen.
370 Zu Apg 1,1-14 sind bereits mehrere voneinander abweichende Gliederungsversuche vorgelegt worden, vgl. den Überblick bei *Schneider, Apg (1980), 187.* Die hier vorstellte ist bis auf die unterschiedliche Zuordnung von V. 12 identisch mit der Gliederung bei *Korn, Geschichte (1993), 174* und findet sich ähnlich bei *Lohfink, Himmelfahrt (1971), 152-160; Weiser, Apg (1981), 46.*
371 Das συναλιζόμενος ist allerdings sowohl in der handschriftlichen Überlieferung, als auch in der Bedeutung unsicher, vgl. schon *Haenchen, Apg (⁵1965), 110 A. 1.*

zählt worden war, was andererseits aber auch im folgenden erst noch erzählerisch eingelöst wird, so daß auch 1,14 schon auf das folgende vorausweist.
Der für diesen Abschnitt zentrale Aspekt der Kontinuität wird so schon durch
eine derart »kontinuierliche« Erzählweise zum Ausdruck gebracht.

Eine »Relecture« der letzten Jerusalemer Ereignisse (Apg 1,1-14)

Im ersten Teil des ersten Kapitels wird also der Anschluß an den ersten Teil
des Doppelwerkes hergestellt, indem zusammenfassend und wiederaufnehm-
mend auf dieses und besonders auf den Schluß desselben (Lk 24) verwiesen
wird. Dabei zeigt es sich, daß in Apg 1,1-14 eine von Lk 24 recht verschiedene Sicht auf die letzten Jerusalemer Ereignisse zum Tragen kommt.[372] Dies
nicht nur hinsichtlich der Konzeption der vierzig Tage und der in dieser Zeit
erfolgten Erscheinungen und Unterredungen über das Reich Gottes, sondern
auch im Blick auf den beteiligten Personenkreis. Diese veränderte Konzeption
hinsichtlich des Personenkreises, der fortan - zumindest für die nächsten Kapitel - die Handlung vorzugsweise tragen wird, tritt schon im Prooemium
Apg 1,1-2.3 zutage. In einem Rückgriff auf den ersten Teil des Werkes (τὸν
... πρῶτον λόγον) finden zunächst das Wirken und Lehren Jesu (1,1) und
sodann die letzten Ereignisse in Jerusalem (1,2-3) Erwähnung. Als ein Ver-
bindungsglied zwischen dem ersten und zweiten lk Werk fungiert der Kreis
der Apostel. Diese Verbindung zum Evangelium wird zum einen in der Formulierung τοῖς ἀποστόλοις ... οὓς ἐξελέξατο (1,2) hergestellt, welche die
Auswahl der Zwölf Lk 6,13 ins Gedächtnis ruft: καὶ ἐκλεξάμενος ἀπ᾽
αὐτῶν δώδεκα, οὓς καὶ ἀποστόλους ὠνόμασεν. Zum zweiten geschieht die
Verbindung durch die Erwähnung der Erscheinungen und Belehrungen des
Auferstandenen, wodurch auf die Darstellung dieser Ereignisse in Lk 24 Bezug genommen wird.

War es im Evangelium noch möglich, den Kreis der Apostel nicht nur
auf die Zwölf zu beschränken, sondern unter dem Apostelbegriff eine größere
Gruppe von JesusanhängerInnen zu verstehen[373], so deutet sich nun bereits in
der Formulierung Apg 1,2 an, was spätestens mit der Nachwahl des Matthias
Apg 1,15-26 klar wird: In der Apg sind die Apostel mit dem Kreis der Zwölf
identisch[374], sieht man von der Ausnahme Apg 14,4.14 ab. Damit wirft aber
der Rückblick Apg 1,2-3 ein völlig verändertes Licht auf Lk 24: Es wird ein

---

372 Diese Unterschiede haben schon zu vielen, auch literarkritischen Erklärungen ge-
     führt, vgl. die ausführliche Diskussion der älteren Forschungspositionen bei *Haen-
     chen, Apg* (⁵*1965*), *113-115* und die Zusammenstellung der Argumente beider Sei-
     ten bei *Lüdemann, Christentum (1987), 33f.* M. E. genügt jedoch die veränderte er-
     zählerische Perspektive als Erklärung, vgl. *Roloff, Apg (1981), 17.*
373 Vgl. o. S. 179-185.
374 Das kann nahezu als Forschungskonsens gelten. Gegenteilig jedoch *Haacker: NT
     30 (1988), 27-38,* der auch für die Apg keine Beschränkung des Aposteltitels auf
     die Zwölf erkennen kann.

Bild von der Zeit bis zur Himmelfahrt gezeichnet, in dem (nur) die Zwölf
bzw. die verbliebenen Elf die herausragenden Offenbarungsempfänger und
Zeugen der Erscheinungen des Auferstandenen sowie seiner Himmelfahrt
waren und nicht, wie in Lk 24 aufgewiesen, die Gesamtheit der in Jerusalem
versammelten JesusanhängerInnen. Was demnach an dieser Stelle, quasi im
Rückblick, zählt, sind nicht die vielfältigen Erfahrungen der verschiedenen
Frauen und Männer, wie sie Lk 24 schildert, sondern nur noch die Stellung
der Apostel in diesen Ereignissen. Diese allein stellt die Verbindung zwischen
den beiden Werken her und stellt sicher, daß das, was mit dem ersten Teil begonnen hat, nun weitergehen kann.

Nachdem in Apg 1,3 der relativische Satzanschluß auch die Erscheinungen des Auferstandenen während vierzig Tagen und die Unterredungen über
die βασιλεία τοῦ θεοῦ als ausschließlich an die Apostel gerichtet erscheinen
ließ, beziehen 1,4-8 durch die pronominale Weiterführung derselben auch das
Mahl mit der Anweisung, nicht von Jerusalem fortzugehen (1,4) sowie der
Verheißung des Geistes (1,4-5) ausschließlich auf die Zwölf, ebenso wie im
folgenden Gespräch (1,6-8)[375] auch die erneute Verheißung des Geistes, der
sie befähigen würde, Zeugen (μάρτυρες) zu sein ἔν τε Ἰερουσαλὴμ καὶ [ἐν]
πάσῃ τῇ Ἰουδαίᾳ καὶ Σαμαρείᾳ καὶ ἕως ἐσχάτου τῆς γῆς. Auch dies stellt
eine bedeutende Veränderung gegenüber der Vorstellung von Lk 24,48 dar,
nach der *alle* Anwesenden aufgrund aller ihrer Erfahrungen mit Jesus als
Zeugen (μάρτυρες) bezeichnet worden waren.

Da die pronominalen Rückbezüge in 1,9 weitergeführt werden, ist es
auch dieselbe Gruppe, die der Autor als bei der Himmelfahrt anwesend vor
Augen hatte. Entsprechend reden die beiden *angeli interpretes*[376] die in den
Himmel starrende Gruppe in Apg 1,11 mit ἄνδρες Γαλιλαῖοι an. Zwar muß
diese Anrede für sich gesehen nicht unbedingt bedeuten, daß tatsächlich nur
eine ausschließlich aus Männern bestehende Gruppe im Blick ist. Dies macht
eine Untersuchung der Anredeformen in den Reden der Apg deutlich. Hier
zeigt sich, daß, wo es Anreden gibt, diese fast ausschließlich männlich formuliert sind (z.B. 1,16; 2,14.22; 3,12; 6,3; 7,2 ...). Diese Anreden beziehen sich
sowohl auf Gremien, die ausschließlich aus Männern bestehen (7,2), als auch

---

375 Vgl. *Bauer, Wörterbuch (1988), 1020*: »μὲν οὖν leitet fort«. Allerdings könnte die
     Wendung οἱ μὲν οὖν συνελθόντες auch als unbestimmterer Personenkreis inter-
     pretiert werden, so daß damit der Kreis der zwölf Apostel verlassen wäre, vgl.
     *Haenchen, Apg (⁵1965), 111; Lohfink, Himmelfahrt (1971), 269; Nellessen, Zeugnis
     (1976), 127.177; Dörner, Heil (1978), 115; Schneider, Apg (1980), 201.* Zwingend ist
     dies aber nicht, wie die Fortsetzung und vor allem die Namensliste 1,13 zeigt. Im
     übrigen versteht auch *Schneider* die Apostel »als eigentliche Adressaten des letz-
     ten Jesuswortes (VV 7f)«. Ähnlich *Pesch, Apg (1986), 68* und schon *Lohfink ebd.*
376 Vgl. *Haenchen, Apg (⁵1965), 117; Conzelmann, Apg (²1972), 27.* Die weißen Gewän-
     der kennzeichnen die Männer als himmlische Wesen und genauer als Engel, vgl.
     u. a. *Lohfink, Himmelfahrt (1971), 195*, der sich gegen Mutmaßungen (von *Well-
     hausen, Goulder u.a.*) wendet, hier seien Mose und Elija im Blick.

auf Gruppen, die als gemischt angesehen werden müssen, wie die »Gemeinde«[377] (1,16; 6,3) oder versammelte Volksscharen (2,14.22; 3,12). Daß diese Gruppen nicht nur aus Männern bestehen, kommt meist eher nebenbei »ans Licht«: Die Gruppe, die in 1,15 als ἀδελφοί bezeichnet und 1,16 als ἄνδρες ἀδελφοί angeredet wird, immerhin eine Schar von 120, müßte schon nach 1,14 als gemischter Kreis angesehen werden[378], in 5,1-10 ist von Sapphira, offenbar ebenfalls einem Gemeindemitglied, die Rede, und auch 5,14 spricht von denen, die neu gläubig wurden, als von πλήθη ἀνδρῶν τε καὶ γυναικῶν. Auch 9,2 erwähnt explizit Männer und Frauen als zur neuen Lehre gehörend, was nicht verhindert, daß in 9,30 wieder nur von ἀδελφοί die Rede ist. Die Beispiele ließen sich leicht fortsetzen.[379] Sie zeigen, daß in 1,11 die Anrede ἄνδρες Γαλιλαῖοι nicht unbedingt auf eine nur aus Männern bestehende Gruppe schließen läßt. Im Kontext der Rückbezüge auf 1,2 jedoch wird durch diese Anrede die Vermutung erhärtet, daß Lk nur die Elf als dort auf dem Ölberg stehend vor Augen hatte.

Dies wird durch die folgenden Sätze (1,12-14) bestätigt, nach denen die bei der Himmelfahrt Anwesenden vom Ölberg zurückkehren und sich zu dem Obergemach begeben, in dem sie sich zu versammeln pflegten.[380] Appositionell wird diese Gruppe sodann namentlich aufgeschlüsselt, und was folgt, ist eine Namensliste der Elf (1,13), die in der Zusammensetzung, nicht jedoch in der Reihenfolge der Namen, mit der Liste Lk 6,14-16 übereinstimmt. Erst im folgenden, bei der summariumsartigen Aufzählung all derer, die sich ebenfalls dort versammelten - oder zu versammeln pflegten - kommen auch noch andere, darunter auch Frauen, in den Blick: οὗτοι πάντες ἦσαν προσκαρτεροῦντες ὁμοθυμαδὸν τῇ προσευχῇ σὺν γυναιξὶν καὶ Μαριὰμ τῇ μητρὶ τοῦ Ἰησοῦ καὶ τοῖς ἀδελφοῖς αὐτοῦ (1,14). Zur »Kerngruppe« in Jerusalem gehören demnach - und der Summariumscharakter der Stelle fordert es, dies als generelle und weiterhin zutreffende Beschreibung zu betrachten - neben den Elf auch Frauen, die zwar explizit erwähnt, aber nicht namentlich genannt werden. Diese besondere Hervorhebung durch Namensnennung

---

377 Ich verwende diese Bezeichnung mit Vorbehalt, weil sie dem hier beschriebenen frühen Stadium der Jesusanhängerschaft sicher nicht gerecht wird, sondern aus der späteren Verfaßtheit der christlichen Gemeinschaften erwachsen ist.

378 So auch *Conzelmann, Apg* (⁷1972), 28. Die Anrede erklärt er als »Anlehnung an die griechische Form«. Eine gemischte Gruppe sehen hier auch *Haenchen, Apg* (⁵1965), 124; *Lohfink, Sammlung (1975), 71; Weiser, Apg (1981), 68; Pesch, Apg (1986), 87; Richter Reimer, Frauen (1992), 232; Zmijewski, Apg (1994), 82.* Jedoch sind nach *Haenchen ebd.* mit der Anrede ἄνδρες ἀδελφοί (1,16) nur die Männer, nicht die ebenfalls anwesenden Frauen angesprochen.

379 Zum Phänomen androzentrischer Sprache in der Apg vgl. *Richter Reimer, Frauen (1992), bes. 232f.258f.*

380 Nach *Haenchen, Apg* (⁵1965), 120 A. 3; *Schneider, Apg (1980), 205 A. 62; Quesnell: Cassidy / Scharper (Eds.), Issues (1983), 62; Pesch, Apg (1986), 81* zeigt die periphrastische Formulierung einen ständigen Aufenthalt an.

erfährt an dieser Stelle nur Maria, die Mutter Jesu. Dazu kommt eine weitere Gruppe: die Brüder Jesu. Wie in Lk 8,19-21 diff Mk 3,32.34[381] spricht Lk hier nur von ἀδελφοί, nicht von den ἀδελφαί. Auch die Brüder werden nicht namentlich genannt, was das Verschweigen der Namen der Frauen wieder relativiert. Diese Nennung Marias, der Mutter Jesu, und seiner Brüder ist bemerkenswert; denn sie hatten in Lk 24, ja, seit Lk 8,19-21 überhaupt keine Rolle mehr gespielt.

Auch wenn die Namen der Frauen an dieser Stelle nicht genannt werden, müssen sie als Jüngerinnen Jesu angesehen werden, unter denen sich auch die galiläischen Frauen[382] befinden. Sie sind nicht als Ehefrauen der Apostel zu betrachten, wie die Hinzufügung καὶ τέκνοις in D suggerieren will. Damit werden zum einen aus den unabhängig erwähnten Frauen die Familien der Apostel.[383] Zum anderen werden - wie dies öfter zu beobachten ist - Frauen und Kinder in einen Topf geworfen und zu Unmündigen und Unselbständigen gemacht.[384] Obwohl es sich bei den erwähnten Frauen um Jüngerinnen Jesu handeln muß, fehlt - neben den Namen - jeder Rückbezug auf ihre Nachfolge von Galiläa an sowie auf ihre Rolle, die sie während der Passions- und Osterereignisse gespielt hatten (Lk 8,2-3; Lk 23-24).[385]

Die Neukonstituierung des Zeugenkreises mittels Restituierung der Zwölf (Apg 1,15-26)

Apg 1,14 suggeriert, ein umfassendes Bild der ersten Jerusalemer »Gemeinde« zu zeichnen. Daß dieses Bild jedoch nicht vollständig ist, also nicht alle Jerusalemer JesusanhängerInnen umfaßt, zeigt schon die anschließende Nachwahl des fehlenden zwölften Apostels (1,15-26). Dort werden als Kandidaten zwei Männer genannt, von denen in 1,14 nicht die Rede war: Josef und Matthias (1,23). Schon daß es eine Gruppe gab - wie bereits erwähnt: eine Schar von 120 -, in der man sich nach Kandidaten umschauen konnte, die die in 1,21 genannten Kriterien erfüllten, also schon *vor* Ostern zur Jesusbewegung gehört hatten, zeigt, daß die Aufzählung in 1,14 nicht vollständig ist.[386]

---

381 Mk 3,32 in textkritisch unsicherer Überlieferung.
382 An diese denken auch *Haenchen, Apg (⁵1965), 122; Conzelmann, Apg (²1972), 28; Schneider, Apg (1980), 207 A. 74; Roloff, Lk (1981), 28; Weiser, Lk (1981), 58; Mußner, Apg (1984), 18; Pesch, Apg (1986), 80f; Zettner, Amt (1991), 61; Richter Reimer, Frauen (1992), 236; Korn, Geschichte (1993), 190; Zmijewski, Apg (1994), 74.76f.* Gegenteilig *Lüdemann, Christentum (1987), 33,* der die hier erwähnten Frauen für die Ehefrauen der Apostel hält.
383 Vgl. *Haenchen, Apg (⁵1965), 121 A. 2; Roloff, Apg (1981), 28; Schüssler Fiorenza, Gedächtnis (1988), 86; Richter Reimer, Frauen (1992), 236.*
384 Vgl. schon *Conzelmann, Apg (²1972), 28:* »Wenn D noch ›Kinder‹ hinzufügt, hat er die lukanische Rolle der Anwesenden als Zeugen nicht mehr verstanden.«
385 Vgl. *Richter Reimer, Frauen (1992), 236-237.*
386 Dies wird nach Ansicht von *Schmithals, Lk (1980), 234* bereits im »vollen Informiertsein« der Emmausjünger (24,19) vorbereitet. Sie erweisen sich als Augenzeugen (vgl. 1,1-4). »Damit bereitet Lukas zugleich Apg. 1,21ff vor: Nach dem

Die in 1,21-22 genannten Kriterien, die voraussetzen, daß es neben den Elfen noch weitere gab, die ἕως τῆς ἡμέρας ἧς ἀνελήμφθη ἀφ᾽ ἡμῶν (1,22) dabei waren, stehen außerdem in einem Gegensatz zur Vorstellung zu Beginn des Kapitels, die, wie gezeigt, die Erscheinungen und Unterweisungen der vierzig Tage einschließlich der Himmelfahrt nur vor den Aposteln stattgefunden haben lassen will. Man wird demnach diese Aufzählungen und Listen nicht allzusehr pressen dürfen. Sie bilden kein stimmiges System im arithmetischen Sinne.

Aus der zusammengekommenen Menge der 120 »Brüder« soll also jemand ausgewählt werden, der anstelle des Judas die διακονία (1,17) der Apostel ausübt. Aufschlußreich sind nun die Kriterien für diesen »Dienst«, wie sie in 1,21-22 formuliert sind. Demnach soll es jemand sein, der während der gesamten Zeit des Wirkens Jesu dabei war, angefangen von der Taufe des Johannes, bis zum Tag der »Hinwegnahme«. Diese Kriterien würden auch die galiläischen Jüngerinnen erfüllen, deren Weg von den galiläischen Anfängen (8,2-3)[387] bis zur Vollendung in Jerusalem nach der Darstellung des Lk-Evs nachvollzogen werden kann. Auch in die Umschreibung dieses »Dienstes«, nämlich μάρτυρα τῆς ἀναστάσεως αὐτοῦ zu werden, würden die Frauen aufgrund der besonderen Rolle, die sie während der Passions- und Osterereignisse gespielt hatten, hervorragend passen. Auch nach Lk 24,48 gehören sie zu denen, die μάρτυρες genannt werden, und zwar Zeugen des (schriftgemäßen) Geschehens des Leidens und der Auferstehung des Christus sowie der daraus folgenden Verkündigung (24,46-47). Dennoch wird Apg 1,21 der Kreis der Kandidaten für diese διακονία auf Männer eingeschränkt: ἀνδρῶν ... ἕνα τούτων. Das kann nun gewiß mit der Zeichenhaftigkeit der

---

Ausscheiden des Judas stehen Jünger außerhalb des Kreises der Zwölf Apostel bereit, die in nicht geringerem Maß Augenzeugen sind und aus deren Mitte der Kreis der Apostel ergänzt werden kann (...).« Vgl. dazu aber schon *Schubert: FS Bultmann (1954), 170,* der überlegt, ob die Konzeption der Erscheinung vor den »Elf und den übrigen« (Lk 24,33) bereits diese spätere Nachwahl des Matthias vor Augen habe, da es ja dazu auch eines Zeugen der Auferstehung bedürfe; er lehnt dies aber eher ab zugunsten einer Interpretation von Lk 24 im Sinne von 1 Kor 15,5-7, »daß es eine große Zahl von Erscheinungen vor einzelnen, kleineren, größeren und gemischten Gruppen gab.«

387 Streng genommen erfüllt das Kriterium, *von der Taufe des Johannes an* dabeigewesen zu sein, nach der Darstellung des Lk-Evs niemand. Allerdings weist *Roloff, Apg (1981), 28* (und ihm folgt *Zmijewski, Apg [1994], 77*) darauf hin, daß die Apg 1,14 erwähnte Maria eine solche Zeugin von den allerersten Anfängen an sei (vgl. Lk 2,19) und die Kriterien für das Apostolat nach Apg 1,21 erfülle. Dagegen ist einzuwenden, daß Maria zwischen Lk 8,19-21 und Apg 1,14 überhaupt nicht in Erscheinung getreten war - was allerdings auch gegen die beiden männlichen Kandidaten der Apostelwahl zu sagen wäre, die bislang *überhaupt* nicht erwähnt worden waren, vgl. wiederum *Roloff, Apg (1981), 30.34.* Dagegen denkt *Zettner, Amt (1991), 79f* an eine allgemeinere Öffentlichkeit und Augenzeugenschaft, die seit dem Beginn des Wirkens Jesu Lk 3 bestand.

Zwölf begründet werden[388], die nicht mehr verstanden würde, befände sich eine Frau in diesem Kreis. Dennoch ist die Kehrseite dieser Kriteriologie der Ausschluß der Frauen.[389]

Mit dem Zeugentitel[390] werden in der Apg neben den (falschen) Zeugen im Stephanus-Prozeß (6,13; 7,58), die eine gewisse Ausnahme darstellen, nur die Apostel, unter denen Petrus zum Teil eigens hervorgehoben wird[391], Stephanus[392] sowie Paulus[393] versehen. Lediglich in der Rede des Paulus in Antiochia erlaubt es die Formulierung τοῖς συναναβᾶσιν αὐτῷ ἀπὸ τῆς Γαλιλαίας εἰς Ἰηρουσαλήμ (13,31), den Begriff weiter zu fassen und darunter auch die galiläischen Frauen zu verstehen. Der Begriff wird außer im Sinne eines umfassenden Zeuge-seins für Jesus Christus[394] ausschließlich im Zusammenhang des Bezeugens des Leidens und der Auferweckung Jesu[395] gebraucht, wobei die Formulierung in 1,21f die Kenntnis des gesamten Weges Jesu mit einschließt. Damit gehört zum Zeuge-sein wesentlich eine persönliche Erfahrung sowohl mit dem geschichtlichen Jesus, als auch mit dem Auferstandenen[396], aber auch die Verkündigung dieser Erfahrung durch

---

388 Nach *Conzelmann, Apg (1972), 29; Lohfink, Sammlung (1975), 72.78 et passim; Schneider, Apg (1980), 229 u. ö.; Mußner, Apg (1984), 20; Pesch, Apg (1986), 95 u. ö.; Zmijewski, Apg (1994), 91* müssen sie als Repräsentanten Israels gelten, dieses Israel verstanden als eschatologisches (*Conzelmann, Pesch*), wahres (*Lohfink*) oder neues (*Schneider*) - wobei diese Konzeptionen noch einmal kritisch zu reflektieren wären, vgl. *Wolter: NTS 41 (1995), 563 A. 89.* Aufschlußreich ist der Hintergund von Jes 43,10.12; 44,8, wonach Israel als *Zeuge* (μάρτυρες) YHWH's vor den Völkern gilt. Anders *Roloff, Apostolat (1965), 196-199*, der betont, daß Lk gerade *nichts* mehr von der Verbindung der Zwölfzahl mit dem Gedanken des eschatologischen Gottesvolkes wisse. Er setzt das Interesse des Lk an der Zwölfzahl woanders an: »daran nämlich, daß sie ihm eine Handhabe gibt, das Theologumenon von einer Begrenzung des Apostolats auf den engsten Kreis um den irdischen Jesus zu begründen und vorzutragen« (*197*).

389 Zum ganzen vgl. *Richter Reimer, Frauen (1992), 237* sowie *Seim, Message (1994), 160-163.*

390 Vgl. neben dem Nomen μάρτυς auch die anderen Vokabeln vom Stamm μαρτ-, vgl. u. a. die Aufstellungen bei *Korn, Geschichte (1993), 195f* oder *Gebauer: NT 40 (1998), 56.*

391 Apg 1,8.22 (Apostel); 2,32 (Petrus und die Elf); 3,15 (Petrus und Johannes); 5,32 (Petrus und die Apostel); 10,39.41 (Petrus spricht von einer Wir-Gruppe; die Apostel sind hier nicht explizit genannt, sind aber nach der Umschreibung der Gruppe 10,41 intendiert).

392 Apg 22,20.

393 Apg 22,15; 26,16.

394 Apg 1,8 μου μάρτυρες; 22,15 μάρτυς αὐτῷ; 22,20 τοῦ μάρτυρός σου; 26,16 μάρτυρα ὧν τε εἶδές [με] ὧν τε ὀφθήσομαί σοι.

395 Apg 1,22; 2,32; 3,15; 5,32; 10,39.41; 13,31.

396 Vgl. *Nellessen, Zeugnis (1976), 277f; Dömer, Heil (1978), 135; Weiser, Apg (1981), 73f.* Hier wäre im Blick auf Paulus und Stephanus zu differenzieren, für die, wie die Belege zeigen, dementsprechend nur der allgemeinere (oder umfassendere) Zeugen-Begriff verwendet wird (μάρτυς αὐτῷ κτλ., vgl. 22,15.20; 26,16).

das Wort[397]. Die Befähigung zum Zeugnis geschieht durch den Empfang des Geistes, wie schon die Verheißung Lk 24,48f zeigt.[398] Im Verlauf des Doppelwerks begegnet der Zeugen-Begriff in diesem Sinne genau ab dem Moment, in dem es die Kontinuität vom geschichtlichen Jesus zum Auferstandenen und der Zeit der Kirche zu bezeugen gilt: am Ende des Lk-Evs (24,48).[399] Von da an durchzieht er den gesamten zweiten Teil des Werkes.[400]

An jener ersten Stelle (Lk 24,48) konnten die galiläischen Frauen unter die μάρτυρες gerechnet werden. In der Zeugen-Konzeption der Apg jedoch können sie höchstens in der Formulierung 13,31 mitverstanden werden. Wenn es zutrifft, daß nach jüdischen Vorschriften das Zeugnis von Frauen zwar im forensischen Bereich streng reglementiert war, im nichtöffentlichen Bereich jedoch einfacher möglich, wenn auch zum Teil von ablehnenden Reaktionen bedroht war, im religiösen Bereich hingegen sogar einige Wertschätzung genoß[401], können die unterschiedlichen Zeugen-Konzeptionen von Lk-Ev und Apg vielleicht durch entsprechend veränderte Kontexte des Zeugnisses erklärt werden. Hatte das Zeugnis der Frauen nach dem Lk-Ev im nichtöffentlichen Kreis der JesusanhängerInnen stattgefunden - und war dort auf skeptische Reaktionen gestoßen -, so tritt die Botschaft von der Auferstehung in der Apg aus diesem nichtöffentlichen Bereich in die Öffentlichkeit des ganzen Erdkreises (vgl. Apg 1,8).[402] Nicht in diese Erklärung paßt allerdings, daß auch Lk 24,47 von der Umkehrpredigt εἰς πάντα τὰ ἔθνη die Rede ist.

Insgesamt hat nach alledem in Apg 1 gegenüber Lk 24 eine merkliche Konzentration auf die Apostel - und dies sind nach der Apg die Elf (Zwölf) - stattgefunden. Es scheint, als müsse der Ursprung der Kirche auf diese Elf

---

397 Vgl. *Schneider, Apg (1980), 223; Weiser, Apg (1981),* 74. Dieser Aspekt der Verkündigung ist allerdings Gegenstand der Diskussion, vgl. z. B. *Burchard, Zeuge (1970), 132f.* »Zeugen sind nicht zur Verbreitung, sondern zur Erhebung der Wahrheit da.« Differenzierend jetzt *Gebauer: NT 40 (1998),* 54-72.

398 Vgl. *Weiser, Apg (1981),* 74; *Pesch, Apg (1986),* 69.

399 Vgl. *Weiser, Apg (1981),* 73. Im zweiten Beleg des Evs, Lk 11,48, ist das Wort in einem anderen Sinne gebraucht.

400 Entsprechend der zentralen Bedeutung des Zeugenbegriffs für die Interpretation des lk Doppelwerkes sind dazu bereits zahlreiche Untersuchungen vorgelegt worden, vgl. u. a. *Strathmann: ThWNT IV (1942),* 495-498; *Brox, Zeuge (1961),* 43-69; *Burchard, Zeuge (1970),* 130-135; *Schneider: Lukas (1985 [1970]),* 61-85; *Nellessen, Zeugnis (1976); Dillon, Eye-Witnesses (1978),* 215-218.279-296; *Dörner, Heil (1978),* 128-138; *Schneider, Apg (1980),* 221-232; *Weiser, Apg (1981),* 72-75; *Pesch, Apg (1986),* 92-97; *Korn, Geschichte (1993),* 193-213 (mit ausführlicher Bibliographie 193 A. 2); *Zmijewski, Apg (1994),* 92-95; *Gebauer: NT 40 (1998),* 54-72.

401 Vgl. *Maccini, Testimony (1996),* 63-97.

402 Diese Überlegung würde durch eine Beobachtung von *Nellessen, Zeugnis (1976), 176* unterstützt: Demnach könne das Verb γίνεσθαι auch »auftreten« bedeuten (Mk 1,4; Joh 1,6), und in diesem Zusammenhang sei in der LXX das Prädikatsnomen μάρτυς belegt, vgl. Ex 23,1. So bedeute die Wendung μάρτυρα ... γενέσθαι (1,22) »als Zeuge auftreten« und meine das Auftreten als Zeuge vor Gericht.

zurückgeführt werden, und als wären die vierzig Tage der Erscheinungen und Unterweisungen noch einmal so etwas wie ein Lk-Ev *in nuce*, aus dem sich dann alles weitere entwickelt. Damit sind nicht nur die galiläischen Frauen, sondern auch andere JesusanhängerInnen, die nach Lk 24 noch zur Gruppe gehörten, unsichtbar und bedeutungslos geworden, darunter so prominente wie die beiden Emmausjünger, denen Lk in seinem Evangelium noch eine der beiden Ersterscheinungen zukommen ließ und von denen Kleopas sogar namentlich genannt wird. Während in Lk 24 stets von den Elfen *und den übrigen* die Rede gewesen war (24,9.33), stehen die Apostel hier als Gruppe allein. Die Zeugenschaft, die Verheißung, alles ist auf diese Gruppe übergegangen.

Diese Konzentration auf die Apostel, verstanden als zwölf Männer, mag durch wohlüberlegte und wohlmeinende ekklesiologische und theologische Absichten des Lk zu erklären sein.[403] Die Kehrseite ist die Verdrängung der Frauen (und der Männer, die nicht zum Zwölferkreis gehören) aus dem Vorstellungshorizont für ein Bild der Anfänge in Jerusalem. Nachdem Lk selbst die galiläischen Jüngerinnen als Garantinnen der Kontinuität und als Augenzeuginnen des Lebens, Sterbens und der Auferstehung Jesu gezeichnet hatte, bedeutet dies einen Bruch. Er ist umso befremdlicher, als daneben eine breite urchristliche Tradition existierte, die von der herausragenden Bedeutung von Frauen wie Maria von Magdala, aber auch anderer Verkündigerinnen, wußte: Maria von Magdala trug in späterer Zeit den Titel *Apostola Apostolorum*[404], Paulus kennt eine Apostelin namens Junia (Röm 16,7), aus späterer Zeit sind Martyrinnen und Verkündigerinnen bekannt[405]. Von all dem aber fehlt in der Apg jede Spur. Lk führt weder die von ihm selbst sichtbar gemachte Bedeutung der galiläischen Jüngerinnen fort, noch kennt er andere Apostelinnen oder »Zeuginnen«. Anders als für die elf Männer leitet sich im weiteren Verlauf der Apg für die Frauen keine aktive Verkündigerinnen-Aufgabe aus ihrer

---

403 Die Erklärung von *Klein, Apostel (1961), 213-216; Schmithals, Lk (1980), 238 u. ö.*, nach der sich diese Konzentration .auf die Zwölf gegen Irrlehrer richtet, die nur Paulus als berufenen Apostel anerkennen, konnte sich allerdings nicht behaupten, vgl. zusammenfassend *Schneider, Apg (1980), 230f.* Vgl. aber noch *Pesch, Apg (1986), 63* mit seiner Annahme, der festgelegte lk Apostelbegriff wende sich gegen gnostisierende Gruppen, die sich auf Sonderoffenbarungen des Auferstandenen beriefen. Plausibler scheint es mir, die Zwölf (schlichter) als diejenigen anzusehen, die mit ihrer persönlichen Erfahrung des geschichtlichen Jesus und des auferstandenen Christus, dessen Zeugen sie nun sind, die Garanten der Kontinuität und der Zuverlässigkeit der Botschaft (vgl. Lk 1,1-4) sind, vgl. *Conzelmann, Mitte ([5]1964), 201 A. 2; Haenchen, Apg ([5]1965), 128f; Dömer, Heil (1978), 133f; Schneider, Apg (1980), 231; Roloff, Apg (1981), 36; Weiser, Apg (1981), 72; Korn, Geschichte (1993), 206f.212f; Zmijewski, Apg (1994), 91f; Gebauer: NT 40 (1998), 57f.* Wichtig scheint mir der Hinweis von *Mußner, Apg (1984), 20*, in der Zwölfzahl der Apostel auch die Kontinuität zum Gottesvolk Israel zu sehen.

404 So nennt sie Abaelard in seinem Brief 7 an Héloise (PL 178,246).

405 Vgl. insgesamt die umfassende Materialsammlung bei *Jensen, Töchter (1992).*

Erstzeuginnenschaft ab. Und mehr: Ihre Zeuginnenschaft wird in der Apg durch eine andere Zeugenschaft, die der (zwölf) Apostel und einzelner anderer Männer, überlagert und verdrängt.[406]

4 GEBROCHENE KONZEPTE IM LUKASEVANGELIUM UND DIE TEXTUELLE MITARBEIT DER LESERINNEN ZUSAMMENFASSUNG UND AUSBLICK

Im Anschluß an die Untersuchungen zum Summarium Lk 8,1-3 konnte postuliert werden, daß die galiläischen Frauen als Nachfolgerinnen Jesu von nun an stets dazuzudenken sind. In der Tat bleibt dies ein Postulat, bis die Frauen in Jerusalem, bei der Szene der Kreuzigung Jesu, erneut Erwähnung finden (Lk 23,49). Hier nun macht allerdings die Art und Weise der Identifizierung der Frauen quasi im Rückblick den Weg sichtbar, den sie mit Jesus von Galiläa nach Jerusalem zurückgelegt hatten (γυναῖκες αἱ συνακολουθοῦσαι αὐτῷ ἀπὸ τῆς Γαλιλαίας). Damit erfüllt sich nun zwar einerseits jenes Postulat und wird bestätigt. Es ist klar: der Text vermittelt eine Vorstellung von Frauen, die Jesus von Galiläa nach Jerusalem nachgefolgt sind. Andererseits wird aber auch deutlich, daß im Summarium zwar das Bild des Typischen, Charakteristischen und daher auch »Normalen« gezeichnet wird - und zu diesem Bild gehören nachfolgende Frauen. Doch spielt diese Frauenwirklichkeit im weiteren Verlauf der Erzählung über weite Strecken keine Rolle mehr. Denn zwischen jenen beiden Erwähnungen (8,2-3 und 23,49) schweigen die Texte über die Frauen. Sie sind weder auf der Ebene des Erzählgerüsts sichtbar, noch werden sie in die Diskussion um die Nachfolge einbezogen - im Unterschied etwa zu Petrus und den Zwölfen (Lk 18,28-30). Das heißt, Geschichte und auch Wirklichkeit werden ohne Einbezug dieser Frauen beschrieben. Es ist eine androzentrische Geschichts- und Wirklichkeitskonstruktion, die (erzählte und historische) Frauengeschichte und -wirklichkeit ausblendet.

---

406 Daran ändert auch die Tatsache nichts, daß Frauen in der Apg ja nicht völlig unsichtbar sind. »Nebenbei« erfahren wir doch noch von ihrer Präsenz und auch von ihren Aufgaben, auch schon in Jerusalem: 5,1-10; 5,14; 6,1 die Witwen; nach 8,3; 9,2 sind Männer und Frauen von Verfolgung betroffen; nach 8,12 werden Männer und Frauen getauft; 12,12ff zeigt eine Gemeinde im Haus der Maria, der Mutter des Johannes Markus, versammelt, die die erste Anlaufstelle des Petrus nach seiner Befreiung ist. Und so weiter, vgl. die von *Richer Reimer, Frauen (1992)* untersuchten Texte. Dennoch fehlen Verkündigerinnen oder andere herausragende Gestalten, wie wir sie in den zahlreichen männlichen Protagonisten und besonders Paulus finden können. Vgl. zu dieser Einschätzung insgesamt *Ryan: BTB 15 (1985), 59; Schüssler Fiorenza, Gedächtnis (1988), 86.213f; Seim, Message (1994), 158.*

Die Erzählweise macht aber auch deutlich, daß die Erzähllücke, die der Text im Blick auf die Frauen läßt, von 8,1-3 und 23,49 her zu füllen ist. Dann wäre ein prominenter Ort, die Präsenz der Frauen konkret einzufordern, das lk Abendmahl. Einzu*fordern* ist ihre Gegenwart deshalb, weil sie auch hier nicht explizit gemacht ist, sondern als Anwesende die Apostel (22,14) bzw. die μαθηταί (22,39) genannt werden. Nun konnte aber in dieser Untersuchung einerseits gezeigt werden, daß das Lk-Ev Anhaltspunkte gibt, den μαθηταί-Begriff inklusiv zu verstehen. Andererseits haben die Betrachtungen zum lk Apostelverständnis deutlich gemacht, daß dieses im Evangelium - im Unterschied zur Apg - noch so offen ist, daß, entgegen eines weitgehend unhinterfragten Forschungskonsenses, durchaus ein größerer Kreis als die Zwölf darunter verstanden werden kann. Daß in diesen größeren Kreis allerdings die galiläischen Frauen einzuschließen sind, läßt ein Erzählzug in 24,10 fraglich erscheinen, der diese Frauen als *Gegenüber* der Apostel nennt und es daher verbietet, die galiläischen Frauen unter die Apostel zu rechnen.

Kann dies auf der Seite des Autors als ein gebrochenes Konzept von Frauenpräsenz diagnostiziert werden, so erfordert es auf der Seite der LeserInnen einen Schritt der textuellen Mitarbeit, dieses gebrochene Konzept in die eine oder andere Richtung zu vervollständigen bzw. zu aktualisieren.[407] Die Leerstellen, die der Text läßt, sind also durch die aufgrund der Lektüre des gesamten Werkes erworbene Kompetenz der LeserInnen zu füllen.

Der erste Punkt, an dem die galiläischen Frauen wieder explizit erwähnt werden, ist die Szene der Kreuzigung. Hier werden sie, im Unterschied zu Mk, neben eine Gruppe von γνωστοί gestellt. Dies kann allerdings, vergleichbar mit 23,27, als Aufnahme eines Motivs der passio iusti-Traditionen gewertet und muß nicht als Relativierung der Bedeutung der Frauen verstanden werden. So wird denn weder die Verbindung zu Galiläa, noch die Verbindung zu den folgenden Ereignissen über die γνωστοί hergestellt, sondern es ist der erzählte Weg der Frauen, der an dieser Stelle die Wirkungszeit Jesu in Galiläa mit den Ereignissen in Jerusalem verbindet, und es ist dieser im folgenden weitergesponnene Weg der Frauen, der die Szene der Kreuzigung mit den folgenden Geschehnissen um Begräbnis und Auferstehung verknüpft. Dabei wird erzählerisch zum einen der *Weg*, den die Frauen zurücklegen, herausgearbeitet, der, verbunden mit einem zusammenhängenden System von Zeitangaben, die Ereignisse als lückenlose Folge aneinanderhängt. Zum anderen spielt das *Sehen* der Frauen bei alledem eine besondere Rolle, so daß die Frauen, wiewohl sie freilich niemals explizit als solche betitelt werden, als Augenzeuginnen des gesamten Geschehens erscheinen. LeserInnen werden dadurch über den Weg der Frauen durch die erzählten Ereignisse geführt und nehmen diese über die Perspektive der Frauen wahr. Dies wird besonders bei der Verbindung der Begräbnisperikope mit der Erzählung vom leeren Grab

---

407   Vgl. *Eco, Lector (1987), 81-106*, bes. das Schema *89*.

deutlich: Hier wird die Zeit vom Begräbnis zum Ostermorgen über den Weg und das Tun der Frauen und in ihrer Perspektive gefüllt.[408]

Im Verlauf der Ostererzählung 24,1-12 wird ein weiterer Aspekt dessen deutlich, daß die Verbindung der Frauen nach Galiläa zuvor so sehr betont worden war: Sie werden von den beiden Boten im leeren Grab aufgefordert, sich an die Worte Jesu, die er in Galiläa zu ihnen gesprochen hatte, zu erinnern. Es wird klar: Nur die Frauen, die tatsächlich von den Anfängen in Galiläa an dabei waren, sind auch in der Lage, sich zu erinnern, und nur sie können diese Erinnerung mit der von den Engeln gegebenen Deutung des leeren Grabes in einen Zusammenhang bringen, so daß sie dadurch fähig sind, die Botschaft den anderen Mitgliedern der Gruppe weiterzuerzählen. Über die Erinnerung der Frauen wird also wiederum ein Faden von Galiläa nach Jerusalem gesponnen, und über die Erinnerung der Frauen kann das leere Grab mit Hilfe der Leidensankündigungen gedeutet werden. Mit der Erinnerung der Frauen wird gleichzeitig die Erinnerung der LeserInnen aktiviert, so daß sie mit den Frauen einen Sinn in die Geschehnisse bringen können.

Über die Aufforderung an die Frauen, sich zu erinnern, werden die Frauen darüber hinaus in Situationen sichtbar gemacht, in denen sie nicht explizit erwähnt worden waren, nämlich den Leidensankündigungen 9,22.43-45, die an die μαθηταί gerichtet waren. Dies bildet einen weiteren Mosaikstein in der Argumentation, daß der μαθηταί-Begriff inklusiv zu verstehen ist, und auch das Postulat, daß die galiläischen Frauen in den Kapiteln zwischen dem Summarium 8,1-3 und der Notiz 23,49 stets mitgelesen werden müssen, erhält eine weitere Bestätigung.

Dieser Faden der Kontinuität, der sich auf diese Weise durch die gesamten Ereignisse von der Kreuzigung über das Begräbnis bis zur Auferstehung gezogen hatte, kommt jedoch mit dem Verkünden der Botschaft an die Elf und die übrigen bzw. die Apostel (24,9-11) an sein Ende. Zwar erreichen mit der Rückkehr der Frauen auch die LeserInnen wieder jene Gruppe, die nach der Getsemane-Szene und der Verleugnungsperikope aus dem Blickfeld geraten war. Doch schenken die AdressatInnen der Botschaft der Frauen keinen Glauben, so daß diese damit an ein Ende gekommen scheint. Einzig Petrus macht sich zum Grab auf, um die Botschaft der Frauen zu überprüfen. Damit deutet sich an, daß jener Endpunkt der Botschaft nicht über vertieftes Argumentieren oder weitere Aktivitäten der Frauen aufgebrochen wird, sondern

---

408 Diese Befunde wären in weiterführenden Studien einmal mit dem zu vergleichen, was *Kahl: BiKi 50 (1995), 222-229* im Blick auf eine Frauen- und Kinderzeit zu Beginn des Lk-Evs (Lk 1-2) herausgearbeitet hat. Auch durch die Kindheitsgeschichten zieht sich, so scheint es, als chronologischer (und teilweise auch perspektivischer) Faden eine »Frauen-Zeit«, die die Daten der großen Weltgeschichte überlagert. Auch *Kahl* fordert aufgrund ihrer Analyse, besonders 1,24-57 als einen »Schlüssel« zu benutzen, »wie die patriarchalen Texte frauen- und armengerecht transponiert werden können und müssen.« (*ebd. 229*)

über eine Unternehmung des Petrus. Gleichzeitig verläßt die erzählerische
Aufmerksamkeit die Frauen und wendet sich anderen Erzählfiguren zu. Zwar
sind die Frauen, wie gezeigt werden konnte, in der bis zum Schluß des Buches immer wieder erwähnten oder wiederaufgenommenen Gruppe der »Elf
und der übrigen« mitzuverstehen, so daß auch sie mit den anderen in 24,48 zu
den ZeugInnen zu rechnen sind. Auch erhalten sie indirekt eine Bestätigung,
indem der Auferstandene im Gespräch mit den Emmausjüngern Partei für sie
ergreift (24,25). Doch verliert sich der sichtbare Weg der Frauen an dieser
Stelle, bis sie in Apg 1,14 nochmals eine kurze Erwähnung finden, aber danach nicht wieder genannt werden. Sie haben, obwohl sie die in Apg 1,21f genannten Kriterien mit Ausnahme des Mannseins erfüllen würden, weder mit
der Apostel- noch mit der Zeugenkonzeption der Apg etwas zu tun, deren
Optik nunmehr weitgehend auf die Zwölf eingeschränkt ist. Dies ist ein Befund, der mit dem im Hauptteil A festgestellten gebrochenen Konzept zu vergleichen ist, nach dem zwar über konkrete nachfolgende Frauen *erzählt* wird,
in den Diskussionen *über* Nachfolge Frauen aber ausgeblendet oder gar ausgeschlossen sind, so daß auch hier erzählte Frauenwirklichkeit keine Auswirkungen auf weitergehende Konzepte hat.

Die Kontinuität, die über die Frauen hergestellt worden war, ist eine Kontinuität über einen gemeinsam gegangenen Weg, über Solidarität mit einem
Gefangenen und Gekreuzigten, über Erinnern und Erzählen. Es ist eine Kontinuität, die auf Erfahrungen beruht, wie auch schon die Nachfolge einiger der
in 8,2-3 genannten Frauen sich in der Erfahrung des Heil-werdens durch Jesus gründete. Die Kontinuität, die durch die Apostel verkörpert wird, ist demgegenüber - wiewohl auch sie auf dem Weg mit dem historischen Jesus und
der Begegnung mit dem Auferstandenen beruht - viel stärker eine Kontinuität
des Bezeugens, auch im rechtlichen Sinn, wie vor allem in den Zeugen-Stel-
len der Apg deutlich wird. Dies bedeutet eine folgenschwere Veränderung an
der »Nahtstelle« zwischen der »Zeit Jesu« und der »Zeit der Kirche«.

Diese Beobachtungen können nun in den Horizont einiger Aspekte eingeordnet werden, die bereits im Zusammenhang mit dem Prooemium 1,1-4 reflektiert wurden. Hier ist zum ersten die hier konstruierte fiktive Kommunikationssituation zu nennen, die als Adressaten einen Mann von Rang, Einfluß
und Bildung mit Namen Theophilus nennt. Über diesen fiktiven Adressaten
kann wiederum auf den vom Autor intendierten impliziten Leser geschlossen
werden, den er mit seinen Ausführungen im Blick hat. Gewißheit und Sicherheit für solcherart Adressaten zu schaffen, ist nun das erklärte Ziel des Werkes. Dazu legt der Autor eine διήγησις vor, den großen Wurf einer historischen Monographie, und entsprechend ordnet er die darin erzählten Ereignisse
(πράγματα) in die großen Daten und Konstellationen der Weltgeschichte ein.
Ein solches Werk, gerichtet an solcherlei Adressaten, entspricht einer Konstruktion von Geschichte und Geschichtsschreibung, wie sie bis in die Gegen-

wart gängig und vorherrschend ist. Innerhalb einer solchen Konstruktion nach Frauen, Frauengeschichte und Frauenwirklichkeit zu fragen, heißt auch von vornherein, nach einem Thema zu fragen, das in dieser Konstruktion weder intendiert noch berücksichtigt ist, und von dem auch - wiederum von der Konstruktion her gedacht - weder Bedeutung noch Relevanz erwartet wird. Gewißheit wird in einer solchen Konstruktion nicht durch den Einbezug von Frauen erzielt werden können.

Hinter einer solchen Konstruktion ist nun aber viel weniger als z. B. bei Mk oder Mt eine konkrete Gemeindesituation zu greifen. Entsprechend ist die Frage nach der Darstellung, der Funktion und der Bedeutung der galiläischen Frauen eher auf dem Hintergrund einer androzentrischen Wirklichkeitskonstruktion gehobener gesellschaftlicher Schichten zu interpretieren als auf dem Hintergrund von Frauenfeindlichkeit und konkreten Ausschlußmechanismen von Frauen aus bestimmten Gemeindepositionen. Daß der Text für solche Ausgrenzungsstrategien benutzt werden *kann* und auch benutzt *wurde*, steht außer Zweifel. Androzentrische und mittelschichtsorientierte Geschichts- und Wirklichkeitskonstruktionen sind, darauf wurde bereits in der Einleitung hingewiesen, Stützpfeiler des Patriarchates.

Damit wird erneut deutlich, daß dem Aspekt der Rezeption eines Textes und seiner Lektüre in verschiedenen Kontexten verstärkte und zugleich kritisch-reflektierende Aufmerksamkeit zukommen muß. Denn eine Lektüre hat die Geschichts- und Wirklichkeitskonstruktionen eines Textes nicht einfach billigend nachzuvollziehen. Aufbauend auf der Erkenntnis, daß Texte nicht nur Wirklichkeit widerspiegeln, sondern Wirklichkeit auch *konstituieren*, muß an dieser Stelle im Gegenteil das Postulat formuliert werden, daß in einer heutigen Lektüre - und unter heutigen, veränderten Rezeptionsbedingungen - solcherart androzentrischer Wirklichkeitskonstruktionen nicht nur zu analysieren und sichtbar zu machen, sondern in einem kritisch-reflektierenden Akt von textueller Mitarbeit durchbrochen und in eine frauen-einschließende Richtung zu vervollständigen sind.

Dies kann nicht in einer beliebigen Weise geschehen. Doch habe ich im Laufe dieser Untersuchung gezeigt, welche Hinweise der Text selbst gibt, seine Leerstellen zu füllen, indem dieser teils sichtbare und teils unsichtbare Faden des Weges, der Präsenz und der Erinnerung der Frauen durch das Werk gelegt ist. Daß aufgrund dieser Hinweise die μαθηταί-Stellen inklusiv zu übersetzen sind, dürfte mittlerweile deutlich geworden sein. Dies müßte auch in revidierte Bibelübersetzungen Eingang finden. Die frauen-ausschließenden Nachfolgekonzeptionen des Lk-Evs wie 14,26 oder 18,29f erfordern darüber hinaus aber einen weiteren Schritt: Hier müßte in Übersetzungen einerseits natürlich der Text als solcher kenntlich sein. Andererseits müßte eine Übersetzung aufgrund dessen, was das Lk-Ev selbst über den Weg der galiläischen Frauen - und daher über nachfolgende Frauen - erzählt, in einer Weise ergänzt werden, die Männer *und* Frauen als Nachfolgende sichtbar macht und auch zeigt, daß Männer *und* Frauen als Nachfolgende angesprochen sind.

Eine solche textuelle Mitarbeit bei der Aktualisierung des Textes geschieht natürlich aus einer Option heraus. Diese Option ist ebenfalls klar zu benennen. Es ist keine beliebige Option, sondern eine, die einerseits aus dem Text begründbar und andererseits aus den Erfordernissen *heutiger* Kommunikationssituationen und Rezeptionsbedingungen gewonnen ist, und das heißt nicht zuletzt aus einer Bibellektüre gemeinsam mit Frauen und Männern, die auf der Suche nach einer gerechten Rekonstruktion der christlichen Anfänge und einer befreienden Interpretation des Lukasevangeliums sind.

ANHANG

1 ABKÜRZUNGEN

Literaturabkürzungen erfolgen nach dem von Siegfried Schwertner besorgten Abkürzungsverzeichnis der Theologischen Realenzyklopädie (Berlin / New York [2]1994). Darüber hinaus werden folgende Abkürzungen verwendet:

KFB   Luise Schottroff / Marie-Theres Wacker (Hgg.), Kompendium Feministische Bibelauslegung, Gütersloh 1998.

RIL   Religion and Intellectual Life

SSc   Elisabeth Schüssler Fiorenza (Ed.), Searching the Scriptures,

         Vol I: A Feminist Introduction, New York 1993,

         Vol. II: A Feminist Commentary, New York 1994.

TrinJ   Trinity Journal

WBC   Word Biblical Commentary

WbFTh   Elisabeth Gössmann / Elisabeth Moltmann-Wendel / Herlinde Pissarek-Hudelist / Ina Praetorius / Luise Schottroff / Helen Schüngel-Straumann (Hgg.), Wörterbuch der Feministischen Theologie, Gütersloh 1991.

2 LITERATUR

Die im Text verwendeten Kurztitel sind in der Regel aus dem ersten (unflektierten) Nomen des Titels gebildet. Davon abweichende Kurztitel sind im Literaturverzeichnis durch *Kursivschrift* kenntlich gemacht. Wenn mehrere Werke eines Autors oder einer Autorin angeführt werden, sind sie in forschungsgeschichtlicher Folge genannt.

Aland, Kurt, Die Bedeutung des $\mathfrak{P}$[75] für den Text des Neuen Testaments. Ein Beitrag zur Frage der »Western non-interpolations«, in: Ders., Studien zur Überlieferung des Neuen Testaments und seines Textes (ANTT 2), Berlin 1967, 155-172.

Aland, Kurt / Aland, Barbara, Der Text des Neuen Testaments. Einführung in die wissenschaftlichen Ausgaben sowie in Theorie und Praxis der modernen Textkritik, Stuttgart [2]1989.

Albrecht, Ruth, Das Leben der heiligen Makrina auf dem Hintergrund der Thekla-Traditionen. Studien zu den Ursprüngen des weiblichen Mönchtums im 4. Jahrhundert in Kleinasien (FKDG 38), Göttingen 1986.

Aletti, Jean-Noël, L'art de raconter Jésus Christ. L'écriture narrative de l'évangile de Luc (Parole de Dieu), Paris 1989.

Alexander, Loveday, Luke's Preface in the Context of Greek Preface-Writing: NT 28 (1986), 48-74.

Alexander, Loveday, Sisters in Adversity. Retelling Martha's Story, in: George J. Brooke (Ed.), Women in the Biblical Tradition (SWR 31), New York 1992, 167-186.

Alexander, Loveday, The Preface to Luke's Gospel. Literary Convention and Social Context in Luke 1.1-4 and Acts 1.1 (MSSNTS 78), Cambridge 1993.

Archer, Léonie J., Her Price is Beyond Rubies. The Jewish Woman in Greco-Roman Palestine (JSOT.S 60), Sheffield 1990.

Arnal, William E., Gendered Couplets in Q and Legal Formulations. From Rhetoric to Social History: JBL 116 (1997), 75-94.

Assmann, Jan, Das kulturelle Gedächtnis. Schrift, Erinnerung und politische Identität in frühen Hochkulturen, München 1992.

Augsten, Monika, Lukanische Miszelle: NTS 14 (1968), 581-583.

—, Die Stellung des lukanischen Christus zur Frau und zur Ehe, Diss. Erlangen-Nürnberg 1970.

Bagatti, Bellarmino / Milik, Jósef Tadeusz, Gli Scavi del »Dominus Flevit« (Monte Oliveto, Gerusalemme), Parte I: La necropoli del periodo Romano (PSBF XIII), Jerusalem 1958.

Baker, Aelred, One Thing Necessary: CBQ 27 (1965), 127-137.

Balch, D. L., Backgrounds of I Cor VII: Sayings of the Lord in Q; Moses as an Ascetic θεῖος ἀνήρ: NTS 18 (1971/72), 351-364.

Bartsch, Hans-Werner, Codex Bezae versus Codex Sinaiticus im Lukasevangelium, Hildesheim u. a. 1984.

Batten, Alicia, More Queries for Q. Women and Christian Origins: BTB 24 (1994), 44-51.

Bauer, Walter, Griechisch-deutsches Wörterbuch zu den Schriften des Neuen Testaments und der frühchristlichen Literatur, 6., völlig neu bearbeitete Auflage, im Institut für neutestamentliche Textforschung / Münster unter besonderer Mitwirkung von Viktor Reichmann herausgegeben von Kurt Aland und Barbara Aland, Berlin / New York 1988 (zit. als Bauer, Wörterbuch [61988]).

Beauvoir, Simone de, Das andere Geschlecht. Sitte und Sexus der Frau, Reinbek b. Hamburg 1968 (frz. Erstpublikation Paris 1949).

Bergemann, Thomas, Q auf dem Prüfstand. Die Zuordnung des Mt/Lk-Stoffes zu Q am Beispiel der Bergpredigt (FRLANT 158), Göttingen 1993.

Berger, Klaus, Exegese des Neuen Testaments (UTB 658), Heidelberg 21984.

Berger, Peter L. / Luckmann, Thomas, Die gesellschaftliche Konstruktion der Wirklichkeit. Eine Theorie der Wissenssoziologie, Frankfurt a. M. 51977 (engl. Erstpublikation 1966; mehrere Nachdrucke).

Bergholz, Thomas, Der Aufbau des lukanischen Doppelwerks. Untersuchungen zum formalliterarischen Charakter von Lukas-Evangelium und Apostelgeschichte (EHS 23; 545), Frankfurt a. M. u. a. 1995.

Beydon, France, En danger de richesse. Le chrétien et les biens de ce monde selon Luc, Aubonne 1989.

Beyer, Hermann Wolfgang, Art. διακονέω, διακονία, διάκονος: ThWNT II (1935), 81-93.

Bieberstein, Klaus, Das exegetische Schilfmeer. Eine Anleitung zum Durchzug. Materialien zum exegetischen Proseminar, Freiburg Schweiz [3]1992.

Bieberstein, Sabine, Aufrechte Frauen und das Reich Gottes. Zum literarischen Zusammenhang von Lk 13,10-21, in: Dies. / Daniel Kosch (Hgg.), Auferstehung hat einen Namen. Biblische Anstöße zum Christsein heute (FS Hermann-Josef Venetz), Luzern 1998, 37-46.

Bird, Phyllis, Israelite Religion and the Faith of Israel's Daughters, in: David Jobling / Peggy L. Day / Gerald T. Sheppard (Eds.), The Bible and the Politics of Exegesis (FS Norman Gottwald), Cleveland 1991, 97-108.

Blank, Josef, Frauen in den Jesusüberlieferungen, in: Gerhard Dautzenberg u. a. (Hgg.), Die Frau im Urchristentum (QD 95), Freiburg 1983, 9-91.

Blass, Friedrich / Debrunner, Albert, Grammatik des neutestamentlichen Griechisch. Bearbeitet von Friedrich Rehkopf, Göttingen [17]1990.

Blatz, Beate, Das koptische Thomasevangelium, in: Schneemelcher, Wilhelm (Hg.), Neutestamentliche Apokryphen, Bd. I: Evangelien, Tübingen [6]1990, 93-113.

Blinzler, Josef, Die Brüder und Schwestern Jesu (SBS 21), Stuttgart 1967.

—, Der Prozeß Jesu, Regensburg [4]1969.

—, Passionsgeschehen und Passionsbericht des Lukasevangeliums: BiKi 24 (1969), 1-4.

Bode, Edward Lynn, The First Easter Morning. The Gospel Accounts of the Women's Visit to the Tomb of Jesus (AnBib 45), Rom 1970.

Bösen, Willibald, Der letzte Tag des Jesus von Nazaret. Was wirklich geschah, Freiburg / Basel / Wien 1994.

Booth, Wayne C., Die Rhetorik als Erzählkunst, 2 Bde. (UTB 384; 385), München 1974.

Bovon, François, Luc le Théologien. Vingt-cinq ans de recherches (1950-1975), Genève [2]1988 (1978).

—, Le privilège pascal de Marie-Madeleine: NTS 30 (1984), 50-62.

—, L'œuvre de Luc. Études d'exegèse et de théologie, Paris 1987.

—, Das Evangelium nach Lukas (EKK III), 1. Teilband: Lk 1,1-9,50, Zürich / Neukirchen-Vluyn 1989, 2. Teilband: Lk 9,51-14,35, Zürich / Neukirchen-Vluyn 1996.

Bremmer, Jan M., The Apocryphal Acts of Paul and Thecla (Studies of the Apocryphal Acts of the Apostles 2), Kampen 1996.

Brocke, Michael, Art. Bestattung III: TRE 5 (1980), 738-743.

Broer, Ingo, »Der Herr ist wahrhaft auferstanden« (Lk 24,34). Auferstehung Jesu und historisch-kritische Methode. Erwägungen zur Entstehung des Osterglaubens, in: Lorenz Oberlinner (Hg.), Auferstehung Jesu - Auferstehung der Christen. Deutungen des Osterglaubens (QD 105), Freiburg / Basel / Wien 1986, 39-62.

—, Einleitung in das Neue Testament, Bd. I: Die synoptischen Evangelien, die Apostelgeschichte und die johanneische Literatur (NEB Ergänzungsband 2/1 zum Neuen Testament), Würzburg 1998.

Brooten, Bernadette, Jüdinnen zur Zeit Jesu. Ein Plädoyer für Differenzierung: ThQ 161 (1981), 281-285.

Brown, Raymond E., The Death of the Messiah. From Gethsemane to the Grave. A Commentary on the Passion Narratives in the Four Gospels (The Anchor Bible Reference Library), 2 vols., New York / London et al. 1994.

— / Donfried, Karl P. / Fitzmyer, Joseph A. / Reuman, John (Eds.), Mary in the New Testament. A Collaborative Assessment by Protestant and Roman Catholic Scholars, New York / Philadelphia 1978.

Brown, Schuyler, Apostasy and Perseverance in the Theology of Luke (AnBib 36), Roma 1969.

Brutschek, Jutta, Die Maria-Marta-Erzählung. Eine redaktionskritische Untersuchung zu Lk 10,38-42 (BBB 64), Bonn 1986.

Büchele, Anton, Der Tod Jesu im Lukasevangelium. Eine redaktionsgeschichtliche Untersuchung zu Lk 23 (FTS 26), Frankfurt a.M. 1978.

Bultmann, Rudolf, Die Geschichte der synoptischen Tradition, Göttingen [10]1995 (Nachdruck der 2. Auflage 1931).

—, Art. γινώσκω κτλ.: ThWNT I (1933), 688-719.

Burchard, Christoph, Der dreizehnte Zeuge. Traditions- und kompositionsgeschichtliche Untersuchungen zu Lukas' Darstellung der Frühzeit des Paulus (FRLANT 103), Göttingen 1970.

Busse, Ulrich, Die Wunder des Propheten Jesus. Die Rezeption, Komposition und Interpretation der Wundertradition im Evangelium des Lukas (FzB 24), Stuttgart 1977.

—, Nachfolge auf dem Weg Jesu. Ursprung und Verhältnis von Nachfolge und Berufung im Neuen Testament, in: Hubert Frankemölle / Karl Kertelge (Hgg.), Vom Urchristentum zu Jesus (FS Joachim Gnilka), Freiburg / Basel / Wien 1989, 68-81.

Cadbury, Henry J., The Making of Luke-Acts, London 1958.

Camp, Claudia V., Metaphor in Feminist Biblical Interpretation. Theoretical Perspectives: Semeia 61 (1993), 3-36.

Campenhausen, Hans von, Der urchristliche Apostelbegriff: StTh 1 (1947), 96-130.

Cangh, Jean-Marie van, La femme dans l'Évangile de Luc. Comparaison des passages narratifs propres à Luc avec la situation de la femme dans le judaïsme: RTL 24 (1993), 297-324.

Castelli, Elizabeth A., Les Belles Infidèles / Fidelity or Feminism? The Meanings of Feminist Biblical Translation: JFSR 6.2 (1990), 25-39.

Nachdruck in: SSc I (1993), 189-204.

Catchpole, David R., The Quest for Q, Edinburgh 1993.

Co, Maria Anicia, The Major Summaries in Acts. Acts 2,42-47; 4,32-35; 5,12-16. Linguistic and Literary Relationship: EThL 68 (1992), 49-85.

Collins, John N., Diakonia. Re-interpreting the Ancient Sources, New York / Oxford 1990.

Conzelmann, Hans, Die Mitte der Zeit. Studien zur Theologie des Lukas (BHTh 17), Tübingen [5]1964.

—, Die Apostelgeschichte (HNT 7), Tübingen [2]1972.

Corley, Kathleen E., Private Women - Public Meals. Social Conflict in the Synoptic Tradition, Peabody, Mass. 1993.

—, Rezension zu Seim, Message (1994): JBL 115 (1996), 746-748

Craig, William L., The Disciple's Inspection of the Empty Tomb (Lk 24,12.24; Jn 20,2-10), in: Adelbert Denaux (Ed.), John and the Synoptics (BEThL 101), Leuven 1992, 614-619.

Csanyi, Daniel A., Optima Pars. Die Auslegungsgeschichte von Lk 10,38-42 bei den Kirchenvätern der ersten vier Jahrhunderte: StMon 2 (1960), 5-78.

D'Angelo, Mary Rose, Women in Luke-Acts. A Redactional View: JBL 109 (1990), 441-461.

Dalman, Gustaf, Grammatik des jüdisch-palästinischen Aramäisch nach den Idiomen des palästinischen Talmud, des Onkelostargums und der jerusalemischen Targume, Leipzig ²1905 (Nachdruck Darmstadt 1960).

—, Gustaf, Jesus - Jeschua. Die drei Sprachen Jesu. Jesus in der Synagoge, auf dem Berge, beim Passahmahl, am Kreuz, Leipzig 1922 (Nachdruck Darmstadt 1967).

Dannemann, Irene, Aus dem Rahmen fallen. Eine feministische Re-vision von Frauen im Markusevangelium, Diss. Kassel 1994.

Darr, John A., Narrator as Character. Mapping a Reader-Oriented Approach to Narration in Luke-Acts: Semeia 63 (1993), 43-60.

Dauer, Anton, Johannes und Lukas. Untersuchungen zu den johanneisch-lukanischen Parallelperikopen Joh 4,46-54 / Lk 7,1-10 - Joh 12,1-8 / Lk 7,36-50; 10,38-42 - Joh 20,19-29 / Lk 24,36-49 (FzB 50), Würzburg 1984.

—, Beobachtungen zur literarischen Arbeitstechnik des Lukas (BBB 79), Frankfurt a. M. 1990.

—, Lk 24,12 - ein Produkt lukanischer Redaktion?, in: Frans Van Segbroeck et al. (Eds.), The Four Gospels 1992 (FS Frans Neirynck), Vol. II (BEThL 100; II), Leuven 1992, 1697-1716.

—, Zur Authentizität von Lk 24,12: EThL 70 (1994), 294-318.

Davies, Stevan, Women in the Third Gospel and the New Testament Apocrypha, in: Amy-Jill Levine (Ed.), »Women Like This«. New Perspectives on Jewish Women in the Greco-Roman World (SBL Early Judaism and Its Literature 1), Atlanta 1991, 185-197.

Degenhardt, Hans-Joachim, Lukas - Evangelist der Armen. Besitz und Besitzverzicht in den lukanischen Schriften. Eine traditions- und redaktionsgeschichtliche Untersuchung, Stuttgart 1965.

Delobel, Joël, L'onction par la pécheresse. La composition littéraire de Lc., VII, 36-50: EThL 42 (1966), 415-475.

Demel, Sabine, Jesu Umgang mit Frauen nach dem Lukasevangelium: BN 57 (1991), 41-95.

Derrett, J. Duncan M., Fresh Light on St. Luke XIV. I The Parable of the Unjust Steward: NTS 7 (1960-1961), 198-219.

—, ›Eating up the Houses of Widows‹. Jesus's Comment on Lawyers?: NT 14 (1972), 1-9.

Dewey, Joanna, Women in the Synoptic Gospels: Seen but not Heard?: BTB 27 (1997), 53-60.

Dibelius, Martin, Die Formgeschichte des Evangeliums, Tübingen ⁶1971 (Nachdruck der 3. Auflage 1959).

Diefenbach, Manfred, Die Komposition des Lukasevangeliums unter Berücksichtigung antiker Rhetorikelemente (FTS 43), Frankfurt a. M. 1993.

Dillmann, Rainer, Das Lukasevangelium als Tendenzschrift. Leserlenkung und Leseintention in Lk 1,1-4: BZ 38 (1994), 86-93.

Dillon, Richard J., From Eye-Witness to Ministers of the Word. Tradition and Composition in Luke 24 (AnBib 82), Rom 1978.

—, Ravens, Lilies, and the Kingdom of God (Matthew 6:25-33 / Luke 12:22-31): CBQ 53 (1991), 605-627.

Dinkler, Erich, Jesu Wort vom Kreuztragen, in: Walther Eltester (Hg.), Neutestamentliche Studien für Rudolf Bultmann (BZNW 21), Berlin [2]1957 (1954), 110-129.

Dömer, Michael, Das Heil Gottes. Studien zur Theologie des lukanischen Doppelwerkes (BBB 51), Köln / Bonn 1978.

Donahue, John R., Two Decades of Research on the Rich and the Poor in Luke-Acts, in: Douglas A. Knight / Peter J. Paris (Eds.) Justice and the Holy (FS Walter Harrelson), Atlanta, Georgia 1989, 129-144.

Dupont, Jacques, Les pauvres et la pauvreté dans les évangiles et les actes, in: Ders. et al., (Eds.), La pauvreté evangélique, Paris 1971, 37-63.

—, De quoi est-il besoin? (Lc 10,42), in: Ders., Études sur les Évangiles Synoptiques Vol. II (BEThL 70-B), Leuven 1985, 1049-1054 (Erstpublikation 1979).

—, Dieu ou Mammon (Mt 6,26; Lc 16,13), in: Études sur les Évangiles Synoptiques Vol. II (BEThL 70-B), Leuven 1985, 551-567 (Erstpublikation 1984).

Durber, Susan, The Female Reader of the Parables of the Lost: JSNT 45 (1992), 59-78.

Eco, Umberto, Lector in fabula. Die Mitarbeit der Interpretation in erzählenden Texten, München / Wien 1987.

—, Die Grenzen der Interpretation, München / Wien 1992.

Egger, Wilhelm, Methodenlehre zum Neuen Testament. Einführung in linguistische und historisch-kritische Methoden, Freiburg / Basel / Wien [2]1990.

Ehrman, Bart D., The Text of the Gospels at the End of the Second Century, in: D. C. Parker / C.-B. Amphoux (Eds.), Codex Bezae. Studies from the Lunel Colloquium June 1994 (NTTS 22), Leiden et al. 1996, 95-122.

Eichholz, Georg, Gleichnisse der Evangelien, Neukirchen-Vluyn 1971.

Eisen, Ute E., Amtsträgerinnen im frühen Christentum. Epigraphische und literarische Studien (FKDG 61), Göttingen 1996.

Elliot, J. K., The Anointing of Jesus: ET 85 (1973/74), 105-107.

Ellis, E. Earle, The Gospel of Luke (NCBC), London [2]1974 (repr. 1987).

Eltrop, Bettina, Denn solchen gehört das Himmelreich. Kinder im Matthäusevangelium. Eine feministisch-sozialgeschichtliche Untersuchung, Stuttgart 1996.

Ennulat, Andreas, Die »Minor Agreements«. Untersuchungen zu einer offenen Frage des synoptischen Problems (WUNT 2; 62), Tübingen 1994.

Epp, Eldon Jay, The Theological Tendency of Codex Bezae Cantabrigiensis in Acts (MSSNTS 3), Cambridge 1966, 1-34.

Ernst, Josef, Lukas - ein theologisches Portrait, Düsseldorf 1985.

—, Das Evangelium nach Lukas (RNT), Regensburg [6]1993.

Esler, Philip Francis, Community and Gospel in Luke-Acts. The social and political motivations of Lukan Theology (MSSNTS 57), Cambridge 1987.

Fander, Monika, »Und ihnen kamen diese Worte vor wie leeres Geschwätz, und sie glaubten ihnen nicht« (Lk 24,11). Feministische Bibellektüre des Neuen Testaments. Eine Reflexion, in: Christine Schaumberger / Monika Maaßen (Hgg.), Handbuch feministische Theologie, Münster [3]1989 (1986), 299-311.

—, Die Stellung der Frau im Markusevangelium. Unter besonderer Berücksichtigung kultur- und religionsgeschichtlicher Hintergründe (MThA 8), Altenberge [2]1990.

—, Frauen im Urchristentum am Beispiel Palästinas: JBTh 7 (1992), 165-185.

—, Historical-Critical Methods, in: SSc I (1993), 205-224.

—, Probleme einer inklusiven Übersetzung, in: Siegfried Meurer (Hg.), Die vergessenen Schwestern. Frauengerechte Sprache in der Bibelübersetzung, Stuttgart 1993, 67-94.

Fitzmyer, Joseph A., The Story of the Dishonest Manager (Lk 16:1-13): TS 25 (1964), 23-43.

—, The Gospel according to Luke (AncB 28/28A), 2 vols., New York 1981 / 1985.

Flender, Helmut, Heil und Geschichte in der Theologie des Lukas (BEvTh 41), München 1965.

Fohrer, Georg, Art. Begräbnis: BHH I (1962), 211-212.

Fornari-Carbonell, Isabel M., La escucha del huésped (Lc 10,38-42). La hospitalidad en el horizonte de la comunicación (Institución San Jerónimo 30), Estella (Navarra) 1995.

Frankemölle, Hubert, Jahwebund und Kirche Christi. Studien zur Form- und Traditionsgeschichte des »Evangeliums« nach Matthäus (NTA NF 10), Münster 1974.

Gebauer, Roland, Mission und Zeugnis. Zum Verhältnis von missionarischer Wirksamkeit und Zeugenschaft in der Apostelgeschichte: NT 40 (1998), 54-72.

George, Augustin, L'œuvre de Luc. Actes et Évangile, in: Jean Delorme et al. (Eds.), Le ministère et les ministères selon le Nouveau Testament. Dossier exégétique et réflexion théologique (Parole de Dieu), Paris 1974, 207-241.

Gérard, Jean-Pierre, Les riches dans la communauté lucanienne: EThL 71 (1995), 71-106.

Gerstenberger, Erhard S., Art. Krankheit: NBL II (1995), 542-544.

Gewalt, Dietfried, Die Verleugnung des Petrus: LingBibl 43 (1978), 113-144.

Giblin, Charles Homer, The Destruction of Jerusalem according to Luke's Gospel. A Historical-Typological Moral (AnBib 107), Roma 1985.

Giesen, Heinz, Art. μισέω, in: EWNT II (1981), 1060-1062.

Gnilka, Joachim, Das Matthäusevangelium (HThK I), Erster Teil (1,1-13,58), Freiburg / Basel / Wien 1986.

Gössmann, Elisabeth, Maria Magdalena als Typus der Kirche, in: Dietmar Bader (Hg.), Maria Magdalena. Zu einem Bild der Frau in der christlichen Verkündigung (Schriftenreihe der Katholischen Akademie der Erzdiözese Freiburg), Freiburg / München / Zürich 1990, 51-71.

Good, Deidre, Pistis Sophia, in: SSc II (1994), 678-707.

Goulder, Michael Douglas, Luke - A New Paradigm, 2 vols. (JSNT.S 20), Sheffield 1989.

Graf Reventlow, Henning, Die Propheten Haggai, Sacharja und Maleachi (ATD 25,2), Göttingen 1993.

Grass, Hans, Ostergeschehen und Osterberichte, Göttingen [4]1970 (1956).

Green, Joel B., The Death of Jesus. Tradition and Interpretation in the Passion Narrative (WUNT 2; 33), Tübingen 1988.

—, The Theology of the Gospel of Luke (New Testament Theology), Cambridge 1995.

Grelot, Pierre, Michée 7,6 dans les évangiles et dans la littérature rabbinique: Bib 67 (1986), 363-377.

Grimm, Gunter, Rezeptionsgeschichte. Grundlegung einer Theorie. Mit Analysen und Bibliographie (UTB 691), München 1977.

Gubler, Marie-Louise, Wer wälzt uns den Stein vom Grab? Die Botschaft von Jesu Auferweckung, Mainz 1996.

Gülich, Elisabeth, Ansätze zu einer kommunikationsorientierten Erzähltextanalyse (am Beispiel mündlicher und schriftlicher Erzähltexte), in: Wolfgang Haubrichs (Hg.), Erzählforschung 1 (Zeitschrift für Literaturwissenschaft und Linguistik, Beiheft 4), Göttingen 1976, 224-256.

—   / Raible, Wolfgang, Überlegungen zu einer makrostrukturellen Textanalyse. J. Thurber, The Lover and His Lass: Elisabeth Gülich / Klaus Heger / Wolfgang Raible (Hgg), Linguistische Textanalyse. Überlegungen zur Gliederung von Texten (Papiere zur Textlinguistik 8), Hamburg 1974, 73-126.

—   / Raible, Wolfgang, Linguistische Textmodelle (UTB 130), München 1977.

Haacker, Klaus, Verwendung und Vermeidung des Apostelbegriffs im lukanischen Werk: NT 30 (1988), 9-38.

Habermas, Jürgen, Erkenntnis und Interesse, Frankfurt a. M. 1968.

Hachlili, Rachel, The Goliath Family in Jericho. Funerary Inscriptions from a First Century A. D. Jewish Monumental Tomb: BASOR 235 (1979), 31-65.

Haenchen, Ernst, Die Apostelgeschichte (KEK III), Göttingen ³1965.

Harnack, Adolf von, Über die beiden Recensionen der Geschichte der Prisca und des Aquila in Act. Apost. 18,1-27: SPAW 1900, 2-13

Nachdruck in: Ders., Studien zur Geschichte des Neuen Testaments und der Alten Kirche, Bd. I: Zur neutestamentlichen Textkritik (AKG 19) Berlin / Leipzig 1931, 48-61.

Harnisch, Wolfgang, Die Gleichniserzählungen Jesu (UTB 1343), Göttingen 1985.

Hartenstein, Judith / Petersen, Silke, Das Evangelium der Maria. Maria Magdalena als Lieblingsjüngerin und Stellvertreterin Jesu, in: KFB (1998), 757-767.

—, Das Evangelium nach Thomas. Frühchristliche Überlieferung von Jüngerinnen Jesu oder: Maria Magdalena wird männlich, in: KFB (1998), 768-777.

Heine, Susanne, Frauen der frühen Christenheit. Zur historischen Kritik einer feministischen Theologie, Göttingen ³1990 (1986).

Heininger, Bernhard, Metaphorik, Erzählstruktur und szenisch-dramatische Gestaltung in den Sondergutgleichnissen bei Lukas (NTA NF 24), Münster 1991.

Hengel, Martin, Maria Magdalena und die Frauen als Zeugen, in: Otto Betz u. a. (Hgg.), Abraham unser Vater. Juden und Christen im Gespräch über die Bibel (FS Otto Michel) (AGSU 5), Leiden 1963, 243-256.

—, Nachfolge und Charisma. Eine exegetisch-religionsgeschichtliche Studie zu Mt 8,2f und Jesu Ruf in die Nachfolge (BZNW 34), Berlin 1968.

—, Zwischen Jesus und Paulus. Die »Hellenisten«, die »Sieben« und Stephanus (Apg 6,1-15; 7,54-8,3): ZThK 72 (1975), 151-206.

Hoeren, Thomas, Das Gleichnis vom ungerechten Verwalter (Lukas 16.1-8a) - zugleich ein Beitrag zur Geschichte der Restschuldbefreiung: NTS 41 (1995), 620-629.

Hoffmann, Ernst G. / Siebenthal, Heinrich von, Griechische Grammatik zum Neuen Testament, Riehen / Schweiz ²1990.

Hoffmann, Paul, Studien zur Theologie der Logienquelle (NTA NF 8), Münster 1972.

—, Herrschaftsverzicht: Befreite und befreiende Menschlichkeit, in: Ders., Studien zur Frühgeschichte der Jesusbewegung (Stuttgarter Biblische Aufsatzbände 17), Stuttgart 1994, 139-170

Erstpublikation in: Paul Hoffmann / Volker Eid, Jesus von Nazareth und eine christliche Moral (QD 66), Freiburg / Basel / Wien ³1979 (1975), 186-214.229f.

—, Der Q-Text der Sprüche vom Sorgen Mt 6,25-33 / Lk 12,22-31, in: Ludger Schenke (Hg.), Studien zum Matthäusevangelium (FS Wilhelm Pesch) (SBS), Stuttgart 1988, 127-155.

—, »Dienst« als Herrschaft oder »Herrschaft« als Dienst?: BiKi 50 (1995), 146-152.

Hofius, Otfried, Fußwaschung als Erweis der Liebe. Sprachliche und sachliche Anmerkungen zu Lk 7,44b: ZNW 81 (1990), 171-177.

Holtzmann, H. J., Die Synoptiker (HC 1,1), Tübingen / Leipzig ³1901.

Horn, Friedrich Wilhelm, Glaube und Handeln in der Theologie des Lukas (GTA 26), Göttingen 1983.

Ilan, Tal, Notes on the Distribution of Jewish Women's Names in Palestine in the Second Temple and Mishnaic Periods: JJS 40 (1989), 186-200.

—, ›Man Born of Woman ...‹ (Job 14.1). The Phenomenon of Men Bearing Metronymes at the Time of Jesus: NT 34 (1992), 23-45.

—, Jewish Women in Greco-Roman Palestine. An Inquiry into Image and Status (TSAJ 44), Tübingen 1995.

Iser, Wolfgang, Der implizite Leser (UTB 163), München ³1979.

—, Der Akt des Lesens. Theorie ästhetischer Wirkung (UTB 636), München ³1990.

Jacobsen, Arland D., Divided Families and Christian Origins, in: Ronald A. Piper (Ed.), The Gospel behind the Gospels. Current Studies on Q (NT.S 75), Leiden 1995, 361-380.

Jahnow, Hedwig, Das hebräische Leichenlied im Rahmen der Völkerdichtung (BZAW 36), Giessen 1923.

Janssen, Claudia, Elisabet und Hanna - zwei widerständige alte Frauen in neutestamentlicher Zeit. Eine sozialgeschichtliche Untersuchung, Mainz 1998.

Janssen, Claudia / Lamb, Regene, Das Evangelium nach Lukas. Die Erniedrigten werden erhöht, in: KFB (1998), 513-526.

Jellicoe, Sidney, St. Luke and the ›Seventy(-Two)‹: NTS 6 (1959/60), 319-321.

Jensen, Anne, Maria von Magdala - Traditionen der frühen Christenheit, in: Dietmar Bader (Hg.), Maria Magdalena. Zu einem Bild der Frau in der christlichen Verkündigung (Schriftenreihe der Katholischen Akademie der Erzdiözese Freiburg), Freiburg / München / Zürich 1990, 33-50.

—, Gottes selbstbewußte Töchter. Frauenemanzipation im frühen Christentum? Freiburg / Basel / Wien 1992.

—, Thekla - die Apostolin. Ein apokrypher Text neu entdeckt (Frauen - Kultur - Geschichte 3), Freiburg / Basel / Wien 1995.

—, Die Theklageschichte. Die Apostolin zwischen Fiktion und Realität, in: KFB (1998), 742-747.

Jeremias, Joachim, Die Abendmahlsworte Jesu, Göttingen ²1949 (³1960; ⁴1967).

—, Die Gleichnisse Jesu, Göttingen ¹⁰1984 (Nachdruck der 8. Auflage 1970).

—, Die Sprache des Lukasevangeliums. Redaktion und Tradition im Nicht-Markusstoff des dritten Evangeliums (KEK Sonderband), Göttingen 1980.

Jervell, Jacob, Luke and the People of God. A New Look at Luke-Acts, Minneapolis 1972.

—, Die Töchter Abrahams. Die Frau in der Apostelgeschichte, in: Jarmo Kiilunen / Vilko Riekkinen / Heikki Räisanen (Eds.), Glaube und Gerechtigkeit (MS Rafael Gyllenberg) (Schriften der Finnischen Exegetischen Gesellschaft 38), Helsinki 1983, 77-93.

Johnson, Luke Timothy, The Literary Function of Possessions in Luke-Acts (SBL.DS 39), Missoula, Mont. 1977.

—, Luke 24:1-11. The Not-So-Empty Tomb: Interpretation 46 (1992), 57-61.

Käser, Walter, Exegetische und theologische Erwägungen zur Seligpreisung der Kinderlosen Lc 23,29b: ZNW 54 (1963), 240-254.

Kahl, Brigitte, Armenevangelium und Heidenevangelium.»Sola Scriptura« und die ökumenische Traditionsproblematik im Lichte von Väterkonflikt und Väterkonsensus bei Lukas, Berlin 1987.

—, Toward a Materialist-Feminist Reading, in: SSc I (1993), 225-240.

—, Lukas gegen Lukas lesen. Feministisch-kritische Relectura zwischen Hermeneutik des Verdachts und des Einverständnisses: BiKi 50 (1995), 222-229.

Kainz, Elisabeth, Die Salbungsgeschichte in den Evangelien. Exegetische und traditionsgeschichtliche Untersuchungen zu Mk 14,3-9; Mt 26,6-13; Joh 12,1-8; Lk 7,36-60, Diss. Graz 1991.

Kany, Roland, Der lukanische Bericht von Tod und Auferstehung Jesu aus der Sicht eines hellenistischen Romanlesers: NT 28 (1986), 75-90.

Karris, Robert J., Poor and Rich. The Lukan Sitz im Leben, in: Charles H. Talbert (Ed.), Perspectives on Luke-Acts, Edinburgh 1978, 112-125.

—, Luke: Artist and Theologian. Luke's Passion Account as Literature, New York et al. 1985.

—, Luke 23:47 and the Lucan View of Jesus' Death: JBL 105 (1986), 65-74.

—, The Gospel According to Luke (The New Jerome Biblical Commentary), Englewood Cliffs, New Jersey 1990, 675-721.

—, Women and Discipleship in Luke: CBQ 56 (1994), 1-20.

Kertelge, Karl, Die Wunder Jesu im Markusevangelium. Eine redaktionsgeschichtliche Untersuchung (StANT 23), München 1970.

King, Karen L., The Gospel of Mary Magdalene, in: SSc II (1994), 601-634.

Kirchschläger, Walter, Jesu exorzistisches Wirken aus der Sicht des Lukas. Ein Beitrag zur lukanischen Redaktion (ÖBS 3), Klosterneuburg 1981.

—, Eine Frauengruppe in der Umgebung Jesu, in: Johannes Joachim Degenhardt (Hg.), Die Freude an Gott - unsere Kraft (FS Otto Bernhard Knoch), Stuttgart 1991, 278-285.

—, Jüngerinnen als Nachfolgerinnen auf seinen Wanderungen, in: Eugen Ruckstuhl, Jesus, Freund und Anwalt der Frauen. Frauenpräsenz und Frauenabwesenheit in der Geschichte Jesu. Mit einem Beitrag von Walter Kirchschläger, Stuttgart 1996, 125-136.

Kittel, Gerhard, Art. ἀκολουθέω κτλ: ThWNT I (1933), 210-216.

Klauck, Hans-Josef, Gütergemeinschaft in der klassischen Antike, in Qumran und im Neuen Testament: RdQ 11 (1982), 47-79.

Nachdruck in: Ders., Gemeinde - Amt - Sakrament. Neutestamentliche Perspektiven, Würzburg 1989, 69-99.

—, Die Armut der Jünger in der Sicht des Lukas, in: Ders., Gemeinde - Amt - Sakrament. Neutestamentliche Perspektiven, Würzburg 1989, 160-194.

Erstpublikation in: Clar. 26 (1986), 5-47.

Klein, Günter, Die Verleugnung des Petrus. Eine traditionsgeschichtliche Untersuchung: ZThK 58 (1961), 285-328.

—, Die zwölf Apostel. Ursprung und Gestalt einer Idee (FRLANT 77), Göttingen 1961.

—, Lukas 1,1-4 als theologisches Programm, in: Georg Braumann (Hg.), Das Lukas-Evangelium. Die redaktions- und kompositionsgeschichtliche Forschung (WdF 280), 170-203 (Erstpublikation 1964).

Klein, Hans, Barmherzigkeit gegenüber den Elenden und Geächteten. Studien zur Botschaft des lukanischen Sondergutes (BThSt 10), Neukirchen-Vluyn 1987.

Klemm, Hans G., Das Wort von der Selbstbestattung der Toten. Beobachtungen zur Auslegungsgeschichte: NTS 16 (1969-70), 60-75.

Klijn, A. F. J., A Survey of the Researches into the Western Text of the Gospels and Acts Part II, 1949-69, Leiden 1969.

Kloppenborg, John S., The Formation of Q. Trajectories in Ancient Wisdom Collections (Studies in Antiquity and Christianity), Philadelphia 1987.

Klostermann, Erich, Das Lukasevangelium (HNT 5), Tübingen 1929.

Köhler, Ludwig, Die Personalien des Oktateuch (= Archäologisches Nr. 18): ZAW 40 (1922), 20-36.

Koep, L., Art. Bestattung A I: RAC II (1954), 194-200.

Kollmann, Bernd, Jesus und die Christen als Wundertäter. Studien zu Magie, Medizin und Schamanismus in Antike und Christentum (FRLANT 170), Göttingen 1996.

Korn, Manfred, Die Geschichte Jesu in veränderter Zeit. Studien zur bleibenden Bedeutung Jesu im lukanischen Doppelwerk (WUNT 2; 51), Tübingen 1993.

Kosch, Daniel, Die eschatologische Tora des Menschensohnes. Untersuchungen zur Rezeption der Stellung Jesu zur Tora in Q (NTOA 12), Freiburg Schweiz / Göttingen 1989.

—, Q: Rekonstruktion und Interpretation. Eine methodenkritische Hinführung mit einem Exkurs zur Q-Vorlage des Lk: FZPhTh 36 (1989), 409-425.

Kremer, Jacob, Die Osterevangelien. Geschichten um Geschichte, Stuttgart / Klosterneuburg 1977.

—, Lukasevangelium (NEB 3), Würzburg 1988.

Krüger, René, Gott oder Mammon. Das Lukasevangelium und die Ökonomie, Luzern 1997.

Kümmel, Werner Georg, Einleitung in das Neue Testament, Heidelberg [21]1983.

Kuhl, Curt, Die ›Wiederaufnahme‹ - ein literarkritisches Prinzip?: ZAW 64 (1952), 1-11.

Kuhn, Heinz-Wolfgang, Nachfolge nach Ostern, in: Dieter Lührmann / Georg Strecker (Hgg.), Kirche (FS Günther Bornkamm), Tübingen 1980, 105-132.

Lagrange, Marie-Joseph, Évangile selon Saint Luc (EtB), Paris [4]1927.

Laland, Erling, Die Martha-Maria-Perikope Lukas 10,38-42. Ihre kerygmatische Aktualität für das Leben der Urkirche: Studia Theologica 13 (1959), 70-85 (Erstpublikation 1952 auf Norwegisch in Norsk Teologisk Tidsskrift)

Lamb, Regene, Wenn ich meinen Rücken beugen würde! Der alltägliche Kampf gegen Herrschaftsstrukturen. Eine Auslegung von Lk 13,10-17, in: Dorothee Sölle (Hg.), Für Gerechtigkeit streiten. Theologie im Alltag einer bedrohten Welt (FS Luise Schottroff), Gütersloh 1994, 71-75.

—, Ein Licht ist angezündet. Lukas 15,8-10 aus feministisch-befreiungstheologischer Perspektive: BiKi 50 (1995), 230-234.

Légasse, Simon, L'appel du riche, in: Jacques Dupont et al. (Eds.), La pauvreté évangélique, Paris 1971, 37-63.

Leipoldt, Johannes, Jesus und die Frauen, Leipzig 1921.

—, Die Frau in der antiken Welt und im Urchristentum, Leipzig 1954.

Lepschy, Wolfgang, Maria und Martha - zwei Frauen um Jesus. Eine Unterrichtsreihe zur Auslegungsgeschichte und befreiungstheologischen Lektüre von Lk 10,38-42 (Werkmappe Religionsunterricht 2), Münster 1994.

Levine, Amy-Jill, Who's Catering the Q Affair? Feminist Observations on a Q Paraenesis: Semeia 50 (1990), 145-161.

—, Second Temple Judaism, Jesus, and Women. Yeast of Eden: Biblical Interpretation 2 (1994), 8-33.

Link, Hannelore, Rezeptionsforschung. Eine Einführung in Methoden und Probleme, Stuttgart u. a. ²1980.

Linnemann, Eta, Die Verleugnung des Petrus: ZThK 63 (1966), 1-32.

Nachdruck in: Dies., Studien (1970), 70-108.

—, Studien zur Passionsgeschichte (FRLANT 102), Göttingen 1970.

Löning, Karl, Lukas - Theologe der von Gott geführten Heilsgeschichte, in: Josef Schreiner (Hg.), Gestalt und Anspruch des Neuen Testaments, Würzburg 1969, 200-228.

—, Die Füchse, die Vögel und der Menschensohn (Mt 8,19f par Lk 9,57f), in: Hubert Frankemölle / Karl Kertelge (Hgg.), Vom Urchristentum zu Jesus (FS Joachim Gnilka), Freiburg / Basel / Wien 1989, 82-102.

—, Das Geschichtswerk des Lukas, Bd. I: Israels Hoffnung und Gottes Geheimnisse, Stuttgart / Berlin / Köln 1997.

Lohfink, Gerhard, Die Himmelfahrt Jesu. Untersuchungen zu den Himmelfahrts- und Erhöhungstexten bei Lukas (StANT 26), München 1971.

—, Die Sammlung Israels. Eine Untersuchung zur lukanischen Ekklesiologie (StANT 39), München 1975.

—, Das Gleichnis vom Sämann (Mk 4,3-9): BZ 30 (1986), 36-69.

Lohmeyer, Monika, Der Apostelbegriff im Neuen Testament. Eine Untersuchung auf dem Hintergrund der synoptischen Aussendungsreden (SBB 29), Stuttgart 1995.

Lohse, Eduard, Ursprung und Prägung des christlichen Apostolates: ThZ 9 (1953), 259-275.

—, Die Auferstehung Jesu Christi im Zeugnis des Lukasevangeliums (BSt 31), Neukirchen 1961.

Lüdemann, Gerd, Das frühe Christentum nach den Traditionen der Apostelgeschichte. Ein Kommentar, Göttingen 1987.

Lunt, Ronald G., Expounding the Parables. III The Unjust Steward (Luke 16$^{1-15}$): ET 77 (1965-1966), 132-136.

Luter, A. Boyd, Women Disciples and the Great Commission: TrinJ 16 (1995), 171-185.

Luz, Ulrich, Die wiederentdeckte Logienquelle: EvTh 33 (1973), 527-537.

—, Sermon on the Mount / Plain: Reconstruction of Q^{Mt} and Q^{Lk}: SBL.SP 22 (1983), 473-479.

—, Das Evangelium nach Matthäus (EKK I), 1. Teilband (Mt 1-7), Zürich / Neukirchen-Vluyn ³1992 [1985], 2. Teilband (Mt 8-17), Zürich / Neukirchen-Vluyn 1990, 3. Teilband, Zürich / Neukirchen-Vluyn 1997.

Maccini, Robert Gordon, Her Testimony is True. Women as Witnesses according to John (JSNT.S 125), Sheffield 1996.

Mack, Burton L., The Lost Gospel. The Book of Q & Christian Origins, San Francisco 1993.

März, Claus-Peter, Zur Traditionsgeschichte von Mk 14,3-9 und Parallelen: SNTU.A 6/7 (1981/82), 98-112.

Magass, Walter, Maria und Martha - Kirche und Haus: LingBibl 27/28 (1973), 2-5.

Maisch, Ingrid, Maria Magdalena. Zwischen Verachtung und Verehrung. Das Bild einer Frau im Spiegel der Jahrhunderte, Freiburg / Basel / Wien 1996.

Malbon, Elizabeth Struthers, The Poor Widow in Mark and Her Poor Rich Readers: CBQ 53 (1991), 589-604.

Malipurathu, Thomas, The Praxis of Poverty from the Lucan Perspective. The Example of the Poor Widow (Lk 21,1-4): BiBh 21 (1995), 167-183.

Maly, Eugene, Women and the Gospel of Luke: BTB 10 (1980), 99-104.

Marjanen, Antti, The Woman Jesus Loved. Mary Magdalene in the Nag Hammadi Library and Related Documents (Nag Hammadi and Manichaean Studies 40), Leiden 1996.

Marshall, I. Howard, The Gospel of Luke. A Commentary on the Greek Text (NIGTC), Exeter 1978.

Martin, Clarice, The Acts of the Apostles, in: SSc II (1994), 763-799.

Martin-Achard, R., Art. Leiche: BHH II (1964), 1068-1069.

Mayer, Günter, Die jüdische Frau in der hellenistisch-römischen Antike, Stuttgart / Berlin / Köln / Mainz 1987.

Mayer-Schärtel, Bärbel, Das Frauenbild des Josephus. Eine sozialgeschichtliche und kulturanthropologische Untersuchung, Stuttgart / Berlin / Köln 1995.

McGinn, Sheila E., The Acts of Thecla, in: SSc II (1994), 800-828.

Meeks, Wayne A., Urchristentum und Stadtkultur. Die soziale Welt der paulinischen Gemeinden, München / Gütersloh 1993.

Meiselman, Moshe, Jewish Woman in Jewish Law (LJLE 6), New York 1978.

Melzer-Keller, Helga, Jesus und die Frauen. Eine Verhältnisbestimmung nach den synoptischen Evangelien (Herders Biblische Studien 14), Freiburg / Basel / Wien u. a. 1997.

Menoud, P. H., The Western Text and the Theology of Acts, in: BSNTS II (1951), 19-32 (Reprint 1963).

Merklein, Helmut, Die Gottesherrschaft als Handlungsprinzip. Untersuchungen zur Ethik Jesu (FzB 34), Würzburg 1978.

Metzger, Bruce M., Seventy or Seventy-Two Disciples?: NTS 5 (1958/59), 299-306.

—, Der Text des Neuen Testaments. Eine Einführung in die neutestamentliche Textkritik, Stuttgart / Berlin / Köln / Mainz 1966.

—, A Textual Commentary on the Greek New Testament, London / New York 1971.

Meurer, Siegfried (Hg.), Die vergessenen Schwestern. Frauengerechte Sprache in der Bibelübersetzung, Stuttgart 1993.

Meynet, Roland, L'évangile selon Saint Luc. Analyse rhétorique, 2 vols., Paris 1988.

—, Avez-vous lu Saint Luc? Guide pour la rencontre (Lire la Bible), Paris 1990.

Michaelis, Wilhelm, Art. ὁράω κτλ: ThWNT V (1954), 315-381.

Michel, Andreas, Gespaltene Koordination in biblisch-hebräischen Verbalsätzen. Am Beispiel von Ex 34,27 / Ps 11,5 / Neh 10,36-37, in: Andreas Wagner (Hg.), Studien zur hebräischen Grammatik (OBO 156), Freiburg Schweiz / Göttingen 1997, 45-71.

—, Theologie aus der Peripherie. Die gespaltene Koordination im biblischen Hebräisch (BZAW 257), Berlin / New York 1997.

Michel, Otto, Art. μισέω: ThWNT IV (1942), 687-698.

Miyoshi, Michi, Der Anfang des Reiseberichts Lk 9,51-10,24. Eine redaktionsgeschichtliche Untersuchung (AnBib 60), Rom 1974.

Mödritzer, Helmut, Stigma und Charisma im Neuen Testament und seiner Umwelt. Zur Soziologie des Urchristentums (NTOA 28), Freiburg Schweiz / Göttingen 1994.

Moltmann-Wendel, Elisabeth, Ein eigener Mensch werden. Frauen um Jesus, Gütersloh [7]1991 (1980).

—, Art. Maria Magdalena II. In der Tradition: WbFTh (1991), 277-279.

Mommsen, Theodor, Römisches Strafrecht, Leipzig 1899.

Morgenthaler, Robert, Lukas und Quintilian. Rhetorik als Erzählkunst, Zürich 1993.

Muddiman, John, A Note on Reading Luke XXIV.12: EThL 48 (1972), 542-548.

Mußner, Franz, Καθεξῆς im Lukasprolog, in: E. Earle Ellis / Erich Gräßer (Hgg.), Jesus und Paulus (FS Werner Georg Kümmel), Göttingen 1975, 253-255.

—, Apostelgeschichte (NEB 5), Würzburg 1984.

Nebe, Gottfried, Prophetische Züge im Bilde Jesu bei Lukas (BWANT 127), Stuttgart u. a. 1989.

Neirynck, Frans, The Uncorrected Historic Present in Lk XXIV.12: EThL 48 (1972), 548-553.

—, Le récit du tombeau vide dans l'évangile de Luc (Lc 24,1-12): OLoP 6/7 (1975/76) (FS Jozef Vergote), 427-441.

—, John and the Synoptics, in: Marinus de Jonge (Ed.), L'Évangile de Jean. Sources, rédaction, théologie (BEThL 44), Leuven 1977, 73-106.

—, John and the Synoptics. 1975-1900, in: Adelbert Denaux (Ed.), John and the Synoptics (BEThL 101), Leuven 1992, 3-62.

—, Once More Luke 24,12: EThL 70 (1994), 319-340.

Nellessen, Ernst, Zeugnis für Jesus und das Wort. Exegetische Untersuchungen zum lukanischen Zeugnisbegriff (BBB 43), Köln 1976.

Nelson, Peter K., Leadership and Discipleship. A Study of Luke 22:24-30 (SBL.DS 138), Atlanta, Georgia 1994.

Neugebauer, Johannes, Die eschatologischen Aussagen in den johanneischen Abschiedsreden. Eine Untersuchung zu Joh 13-17 (BWANT 140), Stuttgart / Berlin / Köln 1995.

Neusel, Ayla / List, Elisabeth, Art. Feministische Forschung: WbFTh (1991), 98-102.

Neyrey, Jerome H., Jesus' Address to the Women of Jerusalem (Lc. 23.27-31) - A Prophetic Judgment Oracle: NTS 29 (1983), 74-86.

—, The Passion According to Luke. A Redaction Study of Luke's Soteriology (Theological Inquiries), New York et al. 1985.

— (Ed.), The Social World of Luke-Acts. Models for Interpretation, Peabody, Massachusetts 1991.

Nickelsburg, George W. E., Riches, the Rich, and God's Judgment in 1 Enoch 92-105 and the Gospel According to Luke: NTS 25 (1979), 324-344.

Nolland, John, Luke 1,1-24,53, 3 vols. (Word Biblical Commentary 35 A-C), Waco, Texas 1989-1993.

Olrik, Axel, Epische Gesetze der Volksdichtung: ZDA 51 (1909), 1-12.

Onuki, Takashi, Sammelbericht als Kommunikation. Studien zur Erzählkunst der Evangelien (WMANT 73), Neukirchen-Vluyn 1997.

Oßwald, E., Art. Trauer, Trauerbräuche: BHH III (1966), 2021-2023.

Parvey, Constance F., The Theology and Leadership of Women in the New Testament, in: Rosemary Radford Ruether (Ed.), Religion and Sexism. Images of Women in the Jewish and Christian Traditions, New York 1974, 117-149.

Pauly, Dieter, »Ihr könnt nicht beiden dienen, Gott und dem Mammon« (Lk 16,13). Die Wiederherstellung einer gerechten Ökonomie und die Bekehrung eines Managers, in: Bruno Füssel / Franz Segbers (Hgg.), »... so lernen die Völker des Erdkreises Gerechtigkeit«. Ein Arbeitsbuch zu Bibel und Ökonomie, Luzern / Salzburg 1995, 187-202.

Perkins, Pheme, Resurrection. New Testament Witness and Contemporary Reflection, Garden City, New York 1984.

—, The Gospel of Thomas, in: SSc II (1994), 535-560.

Pesch, Rudolf, Der reiche Fischfang Lk 5,1-11 / Jo 21,1-14. Wundergeschichte - Berufungserzählung - Erscheinungsbericht (KBANT), Düsseldorf 1969.

—, Das Markusevangelium II. Teil (HThK II,2), Freiburg / Basel / Wien 1977.

—, Die Apostelgeschichte (EKK V), 1. Teilband: Apg 1-12, Zürich / Neukirchen-Vluyn 1986.

Pesch, Wilhelm, Zur Formgeschichte und Exegese von Lk 12,32: Bib 41 (1960), 25-40.

Petzke, Gerd, Art. διαμερίζω und διαμερισμός: EWNT I (1980), 742.743.

—, Das Sondergut des Evangeliums nach Lukas (Zürcher Werkkommentare zur Bibel), Zürich 1990.

Pilch, John J., Sickness and Healing in Luke-Acts, in: Jerome H. Neyrey (Ed.), The Social World of Luke-Acts. Models for Interpretation, Peabody, MA, 1991, 181-209.

—, Understanding Healing in the Social World of Early Christianity: BTB 22 (1992), 26-33.

Piper, Ronald A., In Quest of Q. The Directions of Q Studies, in: Ders. (Ed.), The Gospel behind the Gospels. Current Studies on Q (NT.S 75), Leiden 1995, 1-18.

Pittner, Bertram, Studien zum lukanischen Sondergut. Sprachliche, theologische und formkritische Untersuchungen zu Sonderguttexten in Lk 5-19 (EThS 18), Leipzig 1991.

Plümacher, Eckhard, Lukas als griechischer Historiker: PRE.S XIV (1974), 235-264.

—, Art. διηγέομαι: EWNT 1 (²1992), 778-780.

Plummer, Alfred, A Critical and Exegetical Commentary on the Gospel According to S. Luke (ICC), New York ⁴1901 (several reprints).

Polag, Athanasius, Fragmenta Q. Textheft zur Logienquelle, Neukirchen-Vluyn 1979.

Portefaix, Lilian, Sisters Rejoice. Paul's Letter to the Philippians and Luke-Acts as Seen by First Century Philippian Women (CB.NT 20), Stockholm 1988.

Prete, Benedetto, La passione e la morte di Gesù nel racconto di Luca, Vol. I (StBi 112), Brescia 1996, Vol. II (StBi 115), Brescia 1997.

Quesnell, Quentin, »Made Themselves Eunuchs for the Kingdom of Heaven« (Mt 19,12): CBQ 30 (1968), 335-358.

—, The Women at Luke's Supper, in: Richard J. Cassidy / Philip J. Scharper (Eds.), Political Issues in Luke-Acts, New York 1983, 59-79.

Radl, Walter, Das Lukas-Evangelium (EdF 261), Darmstadt 1988.

Rahmani, Leir Y., A Catalogue of Jewish Ossuaries in the Collection of the State of Israel, Jerusalem 1994.

Ramsay, William M., The Church in the Roman Empire before A. D. 170, London 1893.

Rebell, Walter, Neutestamentliche Apokryphen und Apostolische Väter, München 1992.

Rehkopf, Friedrich, Die lukanische Sonderquelle. Ihr Umfang und Sprachgebrauch (WUNT 5), Tübingen 1959.

Reinbold, Wolfgang, Der älteste Bericht über den Tod Jesu. Literarische Analyse und historische Kritik der Passionsdarstellungen der Evangelien (BZNW 69), Berlin 1993.

Reinhartz, Adele, From Narrative to History. The Resurrection of Mary and Martha, in: Amy-Jill Levine (Ed.),»Women Like This«. New Perspectives on Jewish Women in the Greco-Roman World, Atlanta, Georgia 1991, 161-184.

Rengstorf, Karl Heinrich, Art. ἀποστέλλω κτλ.: ThWNT I (1933), 397-448.

—, Das Evangelium nach Lukas (NTD 3), Göttingen ^{14}1969.

Rese, Martin, Das Lukas-Evangelium. Ein Forschungsbericht: ANRW 25.3 (1985), 2258-2328

Ricci, Carla, Maria di Magdala e le molte altre. Donne sul cammino di Gesù (La Dracma 2), Napoli 1991.

Richter Reimer, Ivoni, Frauen in der Apostelgeschichte des Lukas. Eine feministisch-theologische Exegese, Gütersloh 1992.

—, Die Apostelgeschichte. Aufbruch und Erinnerung, in: KFB (1998), 542-556.

Richter, Wolfgang, Exegese als Literaturwissenschaft. Entwurf einer alttestamentlichen Literaturtheorie und Methodologie, Göttingen 1971.

Rigato, Maria-Luisa,»›Remember‹ ... Then They Remembered«. Luke 24,6-8, in: Gerald O'Collins / Gilberto Marconi (Eds.), Luke and Acts (tr. Matthew J. O'Connell), New York / Mahwah 1993 , 93-102 (Erstpublikation in: Luca - Atti, FS Emilio Rasco, 1991).

Ringe, Sharon H., Luke (Westminster Bible Companion), Louisville, Kentucky 1995.

Ritt, Hubert, Die Frauen und die Osterbotschaft. Synopse der Grabesgeschichten (Mk 16,1-8; Mt 27,62-28,15; Lk 24,1-12; Joh 20,1-18), in: Gerhard Dautzenberg / Helmut Merklein / Karlheinz Müller (Hgg.), Die Frau im Urchristentum (QD 95), Freiburg / Basel / Wien 1983, 117-133.

Roloff, Jürgen, Apostolat - Verkündigung - Kirche. Ursprung, Inhalt und Funktion des kirchlichen Apostelamtes nach Paulus, Lukas und den Pastoralbriefen, Gütersloh 1965.

—, Art. Apostel / Apostolat / Apostolizität I: TRE 3 (1978), 430-445.

—, Die Apostelgeschichte (NTD 5), Göttingen 1981.

—, Die Kirche im Neuen Testament (1993)

Ruf, Sieglinde, Maria aus Magdala. Eine Studie der neutestamentlichen Zeugnisse und archäologischen Befunde (BN.B 9), München 1995.

Ryan, Rosalie, The Women from Galilee and Discipleship in Luke: BTB 15 (1985), 56-59.

Sampathkumar, P. A., The Rich and the Poor in Luke-Acts: BiBh 22 (1996), 175-189.

Sato, Migaku, Q und Prophetie. Studien zur Gattungs- und Traditionsgeschichte der Quelle Q (WUNT 2; 29), Tübingen 1988.

Schaberg, Jane, Luke, in: Carol A. Newsom / Sharon H. Ringe (Eds.), The Women's Bible Commentary, London / Louisville, Kentucky 1992, 275-292.

Schaumberger, Christine, Art. Patriarchat II. Patriarchat als feministischer Begriff: WbFTh (1991), 321-323.

Schenke, Ludger, Die Wundererzählungen des Markusevangeliums (SBB), Stuttgart o. J. [1974].

Schille, Gottfried, Die Apostelgeschichte des Lukas (ThHK V), Berlin 1983.

—, Konfliktlösung durch Zuordnung. Der Tischdienst der Sieben nach Apostelgeschichte 6, in: Gerhard K. Schäfer / Theodor Strohm (Hgg.), Diakonie - biblische Grundlagen und Orientierungen. Ein Arbeitsbuch zur theologischen Verständigung über den diakonischen Auftrag (VDWI 2), Heidelberg 1990, 243-259.

Schlatter, Adolf, Das Evangelium des Lukas aus seinen Quellen erklärt, Stuttgart 1931.

Schmid, Herbert, Art. Trauerbräuche II: RGG³ VI (1962), 1000-1001.

Schmid, Josef, Matthäus und Lukas. Eine Untersuchung zum Verhältnis ihrer Evangelien (BSt 23;2-4), Freiburg i. Br. 1930.

—, Das Evangelium nach Lukas (RNT), Regensburg ⁴1960 (Nachdruck der zweiten, erweiterten Auflage 1951).

Schmid, Renate, Maria Magdalena in gnostischen Schriften (Arbeitsgemeinschaft für Religions- und Weltanschauungsfragen, Material-Edition 29), München 1990.

Schmidt, Carl, Koptisch-gnostische Schriften, Bd. I: Die Pistis Sophia. Die beiden Bücher des Jeû. Unbekanntes altgnostisches Werk, Berlin ³1959, Nachdruck 1962.

Schmidt, Thomas E., Hostility to Wealth in the Synoptic Gospels (JSNT.S 15), Sheffield 1987.

Schmithals, Walter, Das Evangelium nach Lukas (ZBK.NT 3.1), Zürich 1980.

Schnackenburg, Rudolf, Die Person Jesu Christi im Spiegel der vier Evangelien (HThK.S 4), Freiburg / Basel / Wien 1993.

Schneemelcher, Wilhelm (Hg.), Neutestamentliche Apokryphen, Bd. I: Evangelien, Tübingen ⁶1990; Bd. II: Apostolisches, Apokalypsen und Verwandtes, Tübingen ⁵1989.

Schneider, Gerhard, Verleugnung, Verspottung und Verhör Jesu nach Lukas 22,54-71. Studien zur lukanischen Darstellung der Passion (StANT 22), München 1969.

—, Die zwölf Apostel als »Zeugen«. Wesen, Ursprung und Funktion einer lk Konzeption, in: Paul-Werner Scheele / Gerhard Schneider (Hgg.), Christuszeugnis der Kirche. Theologische Studien (FS Hengsbach), Essen 1970, 39-65.
Nachdruck in: Gerhard Schneider, Lukas, Theologe der Heilsgeschichte. Aufsätze zum lukanischen Doppelwerk (BBB 59), Königstein Ts. / Bonn 1985, 61-85.

—, Die Passion Jesu nach den drei älteren Evangelien (BiH 11), München 1973.

—, Das Evangelium nach Lukas (ÖTBK 3), Gütersloh / Würzburg 1977.

—, Die Apostelgeschichte (HThK V), Erster Teil (1,1-8,40), Freiburg / Basel / Wien 1980.

—, Jesu überraschende Antworten. Beobachtungen zu den Apophthegmen des Dritten Evangeliums: NTS 29 (1983), 321-336.

—, Zur Bedeutung von καθεξῆς im lukanischen Doppelwerk, in: Ders., Lukas, Theologe der Heilsgeschichte. Aufsätze zum lukanischen Doppelwerk (BBB 59), Königstein Ts. / Bonn 1985, 31-34.

Schnelle, Udo, Einleitung in das Neue Testament (UTB 1830), Göttingen 1994.

Schottroff, Luise, Frauen in der Nachfolge Jesu in neutestamentlicher Zeit, in: Willy Schottroff / Wolfgang Stegemann (Hgg.), Traditionen der Befreiung, Bd. II, Frauen in der Bibel, München 1980, 91-133.
Nachdruck in: Dies., Befreiungserfahrungen. Studien zur Sozialgeschichte des Neuen Testaments (TB 82), München 1990, 96-133.

—, Maria Magdalena und die Frauen am Grabe Jesu: EvTh 42 (1982), 3-25

Nachdruck in: Dies., Befreiungserfahrungen. Studien zur Sozialgeschichte des Neuen Testaments (TB 82), München 1990, 134-159.

—, Das Gleichnis vom großen Gastmahl in der Logienquelle: EvTh 47 (1987), 192-211.

—, Die große Liebende und der Pharisäer Simon. Lukas 7,36-50, in: Leonore Siegele-Wenschkewitz (Hg.), Verdrängte Vergangenheit, die uns bedrängt, München 1988, 147-163.

Nachdruck in: Dies., Befreiungserfahrungen. Studien zur Sozialgeschichte des Neuen Testaments (TB 82), München 1990, 310-323.

—, Lydia. Eine neue Qualität der Macht, in: Karin Walter (Hg.), Zwischen Ohnmacht und Befreiung. Biblische Frauengestalten, Freiburg / Basel / Wien 1988, 148-154.

Nachdruck in: Dies., Befreiungserfahrungen. Studien zur Sozialgeschichte des Neuen Testaments (TB 82), München 1990, 305-309.

—, DienerInnen der Heiligen. Der Diakonat der Frauen im Neuen Testament, in: Gerhard K. Schäfer / Theodor Strohm (Hgg.), Diakonie - biblische Grundlagen und Orientierungen. Ein Arbeitsbuch zur theologischen Verständigung über den diakonischen Auftrag (VDWI 2), Heidelberg 1990, 222-242.

—, Art. Maria Magdalena I. Neues Testament: WbFTh (1991), 275-277.

—, Frauen und Geld im Neuen Testament. Feministisch-theologische Beobachtungen, in:»Geld regiert die Welt.« Reader der Projektgruppenbeiträge zur feministisch-befreiungstheologischen Sommeruniversität 1990, Kassel 1991, 27-56.

—, Wanderprophetinnen. Eine feministische Analyse der Logienquelle: EvTh 51 (1991), 332-344.

—, Frauenwiderstand im frühen Christentum, in: Frauenforschungsprojekt zur Geschichte der Theologinnen Göttingen (Hg.), Querdenken. Beiträge zur feministisch-befreiungstheologischen Diskussion (FS Hannelore Erhart), Pfaffenweiler 1992, 129-159.

—, The Sayings Source Q, in: SSc II (1994), 510-534.

—, Lydias ungeduldige Schwestern. Feministische Sozialgeschichte des frühen Christentums, Gütersloh 1994.

—, Itinerant Prophetesses. A Feminist Analysis of the Sayings Source Q, in: Ronald A. Piper (Ed.), The Gospel behind the Gospels. Current Studies on Q (NT.S 75), Leiden 1995, 347-360.

—, Auf dem Weg zu einer feministischen Rekonstruktion der Geschichte des frühen Christentums, in: Luise Schottroff / Silvia Schroer / Marie-Theres Wacker, Feministische Exegese. Forschungserträge zur Bibel aus der Perspektive von Frauen, Darmstadt 1995, 175-248.

—, Frauengeschrei. Frauenwiderstand und Frauensolidarität in den Theklaakten: Schlangenbrut 50 (1995), 5-8.

—, Über Herrschaftsverzicht und den Dienst der Versöhnung: BiKi 50 (1995), 153-158.

—, Aus deutscher und feministischer Perspektive: die »große Sünderin« (Lk 7,36-50), in: Ulrike Bail / Renate Jost (Hgg.), Gott an den Rändern. Sozialgeschichtliche Perspektiven auf die Bibel (FS Willy Schottroff), Gütersloh 1996, 99-107.

Schottroff, Luise / Stegemann, Wolfgang, Jesus von Nazareth - Hoffnung der Armen, Stuttgart ³1990.

Schottroff, Willy, Art. Kriegsgefangene (I): NBL II/9 (1994), 555-556.

Schramm, Tim / Löwenstein, Kathrin, Unmoralische Helden. Anstößige Gleichnisse Jesu, Göttingen 1986.

Schreiber, Johannes, Die Bestattung Jesu. Redaktionsgeschichtliche Beobachtungen zu Mk 15,42-47 par: ZNW 72 (1981), 141-177.

Schubert, Paul, The Structure and Significance of Luke 24, in: Walther Eltester (Hg.), Neutestamentliche Studien für Rudolph Bultmann (BZNW 21), Berlin 1954, 165-186.

Übersetzung: Struktur und Bedeutung von Lk 24, in: Paul Hoffmann (Hg.), Zur neutestamentlichen Überlieferung von der Auferstehung Jesu (WdF 522), Darmstadt 1988, 331-359.

Schüngel-Straumann, Helen, Maria von Magdala - Apostolin und erste Verkündigerin der Osterbotschaft, in: Dietmar Bader (Hg.), Maria Magdalena. Zu einem Bild der Frau in der christlichen Verkündigung (Schriftenreihe der Katholischen Akademie der Erzdiözese Freiburg), Freiburg / München / Zürich 1990, 9-32.

Schürmann, Heinz, Lk 22,19b-20 als ursprüngliche Textüberlieferung: Bib 32 (1951), 364-392. 522-541.

Nachdruck in: Ders., Traditionsgeschichtliche Untersuchungen zu den synoptischen Evangelien. Beiträge (KBANT), Düsseldorf 1968, 159-192.

—, Der Paschamahlbericht. Lk 22,(7-14.)15-18. I. Teil einer quellenkritischen Untersuchung des lukanischen Abendmahlsberichtes Lk 22,7-38 (NTA XIX/5), Münster 1953.

—, Die Dublettenvermeidungen im Lukasevangelium. Ein Beitrag zur Verdeutlichung des lukanischen Redaktionsverfahrens: ZKTh 76 (1954), 83-93.

Nachdruck in: Ders., Traditionsgeschichtliche Untersuchungen zu den synoptischen Evangelien. Beiträge (KBANT), Düsseldorf 1968, 279-289.

—, Der Einsetzungsbericht Lk 22,19-20. II. Teil einer quellenkritischen Untersuchung des lukanischen Abendmahlsberichtes Lk 22,7-38 (NTA XX/4), Münster 1955.

—, Jesu Abschiedsrede Lk 22,21-28. III. Teil einer quellenkritischen Untersuchung des lukanischen Abendmahlsberichtes Lk 22,7-38 (NTA XX/5), Münster 1957.

—, Zur Traditions- und Redaktionsgeschichte von Mt 10,23: BZ 3 (1959), 82-99.

—, Das Testament des Paulus für die Kirche. Apg 20,18-35, in: Unio Christianorum (FS Lorenz Jaeger), Paderborn 1962, 108-146.

Nachdruck in: Ders., Traditionsgeschichtliche Untersuchungen zu den synoptischen Evangelien. Beiträge (KBANT), Düsseldorf 1968, 310-340.

—, Das Lukasevangelium. Erster Teil: 1,1-9,50 (HThK III.1), Freiburg i. Br. 1969, Zweiter Teil, Erste Folge: 9,51-11,54 (HThK III 2.1), Freiburg i. Br. 1993.

Schüssler Fiorenza, Elisabeth, Der Beitrag der Frau zur urchristlichen Bewegung. Kritische Überlegungen zur Rekonstruktion urchristlicher Geschichte, in: Willy Schottroff / Wolfgang Stegemann (Hgg.), Traditionen der Befreiung. Sozialgeschichtliche Bibelauslegungen, Bd. II: Frauen in der Bibel, München / Gelnhausen u. a. 1980, 60-90.

—, A Feminist Critical Interpretation for Liberation. Martha and Mary. Lk 10:38-42, in: Religion and Intellectual Life 3,2 (1986), 21-36.

—, Biblische Grundlegung, in: Maria Kassel (Hg.), Feministische Theologie. Perspektiven zur Orientierung, Stuttgart 1988, 13-44.

—, Brot statt Steine. Die Herausforderung einer feministischen Interpretation der Bibel, Freiburg Schweiz 1988.

—, »Der Dienst an den Tischen«. Eine kritische feministisch-theologische Überlegung zum Thema Diakonie: Concilium 24 (1988), 306-313.

—, Zu ihrem Gedächtnis. Eine feministisch-theologische Rekonstruktion der christlichen Ursprünge, München / Mainz 1988.

—, Jesus. Miriam's Child - Sophia's Prophet. Critical Issues in Feminist Christology, New York 1995.

Schulz, Anselm, Nachfolgen und Nachahmen. Studien über das Verhältnis der neutestamentlichen Jüngerschaft zur urchristlichen Vorbildethik (StANT 6), München 1962.

Schulz, Siegfried, Q. Die Spruchquelle der Evangelisten, Zürich 1972.

Schwally, Friedrich, Das Leben nach dem Tode nach den Vorstellungen des Alten Israel und des Judentums einschließlich des Volksglaubens im Zeitalter Christi. Eine biblisch-theologische Untersuchung, Giessen 1892.

Schweizer, Eduard, Das Evangelium nach Markus (NTD 1), Göttingen 1967 (⁴1975).

—, Das Evangelium nach Matthäus (NTD 2), Göttingen 1973.

—, Das Evangelium nach Lukas (NTD 3), Göttingen 1982.

Seccombe, David Peter, Possessions and the Poor in Luke-Acts (SNTU.B 6), Linz 1982.

Seeley, David, Blessings and Boundaries. Interpretations of Jesus' Death in Q: Semeia 50 (1991), 131-146.

—, Jesus' Death in Q: NTS 38 (1992), 222-234.

Segbers, Franz, »Ich will größere Scheunen bauen« (Lk 12,18). Genug durch Gerechtigkeit und die Sorge um Gerechtigkeit, in: Kuno Füssel / Franz Segbers (Hgg.), »... so lernen die Völker des Erdkreises Gerechtigkeit.« Ein Arbeitsbuch zu Bibel und Ökonomie, Luzern / Salzburg 1995, 105-114.

Seidensticker, Philipp, Die Auferstehung Jesu in der Botschaft der Evangelisten. Ein traditionsgeschichtlicher Versuch zum Problem der Sicherung der Osterbotschaft in der apostolischen Zeit (SBS 26), Stuttgart ²1968.

Seim, Turid Karlsen, The Double Message. Patterns of Gender in Luke-Acts (Studies of the New Testament and Its World), Edinburgh 1994.

—, The Gospel of Luke, in: SSc II (1994), 728-762.

Sellin, Gerhard, Komposition, Quellen und Funktion des lukanischen Reiseberichts (Lk IX 51-XIX 28): NT 20 (1978), 100-135.

Seng, Egbert W., Der reiche Tor. Eine Untersuchung von Lk XII 16-21 unter besonderer Berücksichtigung form- und motivgeschichtlicher Aspekte: NT 20 (1978), 136-155.

Senior, Donald, The Passion of Jesus in the Gospel of Luke, Wilmington 1989.

Setzer, Claudia, Excellent Women. Female Witness to the Resurrection: JBL 116 (1997), 259-272.

Sevenich-Bax, Elisabeth, Israels Konfrontation mit den letzten Boten der Weisheit. Form, Funktion und Interdependenz der Weisheitselemente in der Logienquelle (MThA 21), Altenberge 1993.

Sheeley, Steven McAlister, Narrative Asides in Luke-Acts (JSNT.S 72), Sheffield 1992.

Sim, David C., The Women Followers of Jesus. The Implications of Luke 8:1-3: HeyJ 30 (1989), 51-62.

Smith, Ralph L., Micah-Malachi (WBC 32), Waco, Texas 1984.

Soards, Marion L., The Passion According to Luke. The Special Material of Luke 22 (JSNT.S 14), Sheffield 1987.

—, Tradition, Composition, and Theology in Jesus' Speech to the »Daughters of Jerusalem« (Luke 23,26-32): Bib 68 (1987), 221-244.

Spencer, F. Scott, Neglected Widows in Acts 6:1-7: CBQ 56 (1994), 715-733.

Stählin, Gustav, Art. θρηνέω, θρῆνος: ThWNT III (1938), 148-155.

—, Art. κοπετός, κόπτω κτλ.: ThWNT III (1938), 829-860.

Stegemann, Ekkehard W. / Stegemann, Wolfgang, Urchristliche Sozialgeschichte. Die Anfänge im Judentum und die Christengemeinden in der mediterranen Welt, Stuttgart / Berlin / Köln 1995.

Stegemann, Wolfgang, Wanderradikalismus im Urchristentum? Historische und theologische Auseinandersetzung mit einer interessanten These, in: Willy Schottroff / Wolfgang Stegemann (Hgg.), Der Gott der kleinen Leute. Sozialgeschichtliche Bibelauslegungen, Bd. II: Neues Testament, München / Gelnhausen 1979, 94-120.

—, Zwischen Synagoge und Obrigkeit. Zur historischen Situation der lukanischen Christen (FRLANT 152), Göttingen 1991.

Steinhauser, Michael G., Doppelbildworte in den synoptischen Evangelien. Eine form- und traditionskritische Studie (FzB 44), [Würzburg] 1981.

Stenger, Werner, Biblische Methodenlehre (Leitfaden Theologie 18), Düsseldorf 1987.

Steyer, Gottfried, Satzlehre des neutestamentlichen Griechisch (Handbuch für das Studium des neutestamentlichen Griechisch II), Gütersloh ^{2}1975.

Stöger, Alois, Eigenart und Botschaft der lukanischen Passionsgeschichte: BiKi 1 (1969), 4-8.

Stolz, Fritz, Einführung in den biblischen Monotheismus, Darmstadt 1996.

Stommel, E., Art. Bestattung A II: RAC II (1954), 200-207.

Strathmann, Hermann, Art. μάρτυς κτλ.: ThWNT IV (1942), 477-520.

Strobel, August, Armenpfleger ›um des Friedens willen‹. Zum Verständnis von Act 6,1-6: ZNW 63 (1972), 271-276.

Strube, Sonja, Rezension zu *Melzer-Keller, Jesus (1997)*: Schlangenbrut 62 (1968), 45f.

Sugirtharajah, S., The Widow's Mite Revalued: ET 103 (1991-1992), 42-43.

Swidler, Leonard, Biblical Affirmations of Women, Philadelphia 1979.

Sylva, Dennis D. (Ed.), Reimaging the Death of the Lukan Jesus (BBB 73), Frankfurt / Main 1990.

Talbert, Charles H., Reading Luke. A Literary and Theological Commentary on the Third Gospel, New York 1982.

Tannehill, Robert C., The Narrative Unity of Luke-Acts. A Literary Interpretation, Vol. I, Philadelphia PA 1986; Vol. II, Minneapolis MN 1990.

Taylor, Vincent, The Passion Narrative of St Luke. A Critical and Historical Investigation (MSSNTS 19), Cambridge 1972.

Tetlow, Elisabeth Meier, Women and Ministry in the New Testament. Called to Serve (Reprints in Religion 1), Lanham / New York / London 1980.

Theißen, Gerd, Wanderradikalismus. Literatursoziologische Aspekte der Überlieferung von Worten Jesu im Urchristentum: ZThK 70 (1973), 245-271.

—, Soziologie der Jesusbewegung. Ein Beitrag zur Entstehungsgeschichte des Urchristentums, München ^{6}1991 (1977).

—, »Wir haben alles verlassen« (Mc. X. 28). Nachfolge und soziale Entwurzelung in der jüdisch-palästinischen Gesellschaft des 1. Jahrhunderts n. Ch.: NT 19 (1977), 161-196.

—, Lokalkolorit und Zeitgeschichte in den Evangelien. Ein Beitrag zur Geschichte der synoptischen Tradition (NTOA 8), Freiburg Schweiz / Göttingen 1989.

Theißen, Gerd / Merz, Annette, Der historische Jesus. Ein Lehrbuch, Göttingen 1996.

Theobald, Michael, Die Anfänge der Kirche. Zur Struktur von Lk 5.1-6.19: NTS 30 (1984), 91-108.

—, »Jesus und seine Jünger«. Ein problematisches Gruppenbild: ThQ 173 (1993), 219-226.

Thiele, Walter, Eine Bemerkung zu Act 1,14: ZNW 53 (1962), 110-111.

Thyen, Hartwig, Johannes und die Synoptiker. Auf der Suche nach einem neuen Paradigma zur Beschreibung ihrer Beziehungen anhand von Beobachtungen an Passions- und Ostererzählungen, in: Adelbert Denaux (Ed.), John and the Synoptics (BEThL 101), Leuven 1992, 81-107.

Toynbee, J. M. C., Death and Burial in the Roman World (Aspects of Greek and Roman Life), London 1971.

Tuckett, Christopher M., The Existence of Q, in: Ronald A. Piper (Ed.), The Gospel behind the Gospels. Current Studies on Q (NT.S 75), Leiden 1995, 19-47.

Untergaßmair, Franz Georg, Kreuzweg und Kreuzigung Jesu. Ein Beitrag zur lukanischen Redaktionsgeschichte und zur Frage nach der lukanischen »Kreuzestheologie« (PaThSt 10), Paderborn 1980.

—, Der Spruch vom »grünen und dürren Holz« (Lk 23,31): SNTU 16 (1991), 55-87.

Venetz, Hermann-Josef, Bittet den Herrn der Ernte. Überlegungen zu Lk 10,2 // Mt 9,37: Diak. 11 (1980), 148-161.

—, Die Suche nach dem »einen Notwendigen«. Beobachtungen und Verdächtigungen rund um die Marta-Maria-Perikope (Lk 10,38-42): Orientierung 54 (1990), 185-189.

—, Von Klugen und Dummen, Waghalsigen und Feigen und von einem beispielhaften Gauner. *Gleichnisse* Jesu für heute, Düsseldorf 1991.

—, So fing es mit der Kirche an. Ein Blick in das Neue Testament, Zürich ⁵1992.

—, Vergessene Jüngerinnen. Frauen um Jesus, Freiburg Schweiz 1993.

Via, E. Jane, Women, the Discipleship of Service, and the Early Christian Ritual Meal in the Gospel of Luke: SLJT 29 (1985), 37-60.

—, Women in the Gospel of Luke, in: Ursula King (Ed.), Women in the World's Religions. Past and Present, New York 1987, 38-55.

Viviano, Benedict T., The Gospel According to Matthew (The New Jerome Bible Commentary), Englewood Cliffs, New Jersey 1990, 630-674.

Völkel, Martin, Exegetische Erwägungen zum Verständnis des Begriffs ΚΑΘΕΞΗΣ im lukanischen Prolog: NTS 20 (1973/1974), 289-299.

Wacker, Marie-Theres, Geschichtliche, hermeneutische und methodologische Grundlagen, in: Luise Schottroff / Silvia Schroer / Marie-Theres Wacker (Hgg.), Feministische Exegese. Forschungserträge zur Bibel aus der Perspektive von Frauen, Darmstadt 1995, 3-79.

Wagener, Ulrike, Die Ordnung des »Hauses Gottes«. Der Ort von Frauen in der Ekklesiologie und Ethik der Pastoralbriefe (WUNT 2; 65), Tübingen 1994.

Walter, Nikolaus, Die Verleugnung des Petrus, in: Joachim Rogge / Gottfried Schille (Hgg.), ThV VIII, Berlin 1977, 45-61.

Wanke, Joachim, Die Emmauserzählung. Eine redaktionsgeschichtliche Untersuchung zu Lk 24,13-35 (EThS 31), Leipzig 1973.

Weedon, Chris, Wissen und Erfahrung. Feministische Praxis und poststrukturalistische Theorie, Zürich 1990.

Wegener, Hildburg, Art. Sprache / Sprachveränderung: WbFTh (1991), 378-380.

Wegner, Judith Romney, Chattel or Person? The Status of Women in the Mishnah, New York 1988.

Weiser, Alfons, Die Apostelgeschichte (ÖTBK 5), Teil 1: Kap 1-12, Gütersloh / Würzburg 1981.

—, Die Frau im Umkreis Jesu und in den christlichen Gemeinden, in: Ders., Studien zu Christsein und Kirche (SBAB 9), Stuttgart 1990, 289-304.

Erstpublikation in: Herlinde Pissarek-Hudelist (Hg.), Die Frau in der Sicht der Anthropologie und Theologie (SKAB 129), Düsseldorf 1989, 120-137.

Weiser, Artur, Das Buch der zwölf Kleinen Propheten, Bd. I: Die Propheten Hosea, Joel, Amos, Obadja, Jona, Micha (ATD 24), Göttingen / Zürich [8]1985.

Weiss, Bernhard, Die Evangelien des Markus und Lukas (KEK 1.2), Göttingen [7]1901.

Welten, Peter, Art. Bestattung II: TRE 5 (1980), 734-738.

Wiefel, Wolfgang, Das Evangelium nach Lukas (ThHK III), Berlin 1987.

Wilhelm, Dorothee, Wer heilt hier wen? Und vor allem: wovon? Über biblische Heilungsgeschichten und andere Ärgernisse: Schlangenbrut 62 (1998), 10-12.

Winter, Paul, Zum Prozeß Jesu, in: Willehad Paul Eckert / Nathan Peter Levinson / Martin Stöhr (Hgg.), Antijudaismus im Neuen Testament? Exegetische und systematische Beiträge (ACJD 2), München 1967, 95-104.

—, On the Trial of Jesus (SJ 1), Berlin / New York [2]1974.

Winter, Urs, Frau und Göttin. Exegetische und ikonographische Studien zum weiblichen Gottesbild im Alten Israel und in dessen Umwelt (OBO 53), Freiburg Schweiz / Göttingen 1983.

Witherington, Ben III, On the Road with Mary Magdalene, Joanna, Susanna, and Other Disciples - Lk 8,1-3: ZNW 70 (1979), 243-248.

—, Women in the Ministry of Jesus. A Study of Jesus' Attitudes to Women and Their Roles as Reflected in His Earthly Life (MSSNTS 51), Cambridge 1984 (mehrere Nachdrucke).

—, The Anti-Feminist Tendencies of the »Western« Text in Acts: JBL 103 (1984), 82-84.

—, Women in the Earliest Churches (MSSNTS 59), Cambridge 1988.

Wolff, Hans Walter, Dodekapropheton, IV. Micha (BK XIV / 4), Neukirchen 1982.

Wolter, Michael, »Reich Gottes« bei Lukas: NTS 41 (1995), 541-563.

Zahn, Theodor, Das Evangelium des Lucas (KNT 3), Leipzig / Erlangen [4]1920.

Zeller, Dieter, Die weisheitlichen Mahnsprüche bei den Synoptikern (FzB 17), Würzburg 1977.

—, Kommentar zur Logienquelle (SKK.NT 21), Stuttgart 1984.

Zettner, Christoph, Amt, Gemeinde und kirchliche Einheit in der Apostelgeschichte des Lukas (EHS 23 / 423), Frankfurt / Main u. a. 1991.

Zimmermann, Heinrich, Neutestamentliche Methodenlehre. Darstellung der historisch-kritischen Methode, 7. Auflage, neubearbeitet von Klaus Kliesch, Stuttgart 1982.

Zingg, Paul, Das Wachsen der Kirche. Beiträge zur Frage der lukanischen Redaktion und Theologie (OBO 3), Freiburg Schweiz / Göttingen 1974.

Zmijewski, Josef, Die Eschatologiereden des Lukas-Evangeliums. Eine traditions- und redaktionsgeschichtliche Untersuchung zu Lk 21,5-36 und Lk 17,20-37 (BBB 40), Bonn 1972.

—, Die Apostelgeschichte (RNT), Regensburg 1994.

3 QUELLENREGISTER

Hauptstellen der exegetischen Diskussion sind fett kursiv markiert. Hochgestellte Zahlen verweisen auf Anmerkungen, wenn der betreffende Beleg nur in der Anmerkung genannt ist.

Hebräische Bibel

Gen
9,20 105[337]
23,2 207
50,10 207

Ex
21,37 166
22,4.7 166
22,25 164[565]
23,1 277[402]

Lev
36-37 164[565]

Dtn
17,6 243
19,15 239[248] 243
22,9 105[337]
23,19-20 164[565]

Jos
10,8 216

Ri
14,18 92[280]

2 Sam
21,10 213

1 Kön
19,19-21 92
21 105[337]

2 Kön
2,16-18 242[260]
4,38 138[457]

(2 Kön)
6,1 138[457]

Jes
5,1 105[337]
5,2 105
28,24 92[280]
43,10.12 276[388]
44,8 276[388]
61,1 71

Jer
4,8 207
16,1-7 91[276]

Ez
24,15-24 91[276]

Mi
7,4 120
7,6 117-118 122

Sach
12,10-14 213-215
   217 223[189]
12,10.12 206
13,3 120[399]
13,10 214

Mal
3,24 119 120[400]

Ps
22(21),8-9 223[189]
22(21),19 118
   223[187]
31(30),6 223[187]
31(30),12 222[185]
38(37),12 222
69(68),22 223[189]

(Ps)
88(87),9 222

Prov
10,4 59[179]

Hld
1,6 105[337]
8,11-12 105[337]

Koh
2,4 105[337]

Est
1,10 59[179]

Est
2,2 59[179]
6,3.5 59[179]

Neh
3,1 105[337]

2 Chr
26,9-10 105[337]
27,4 105[337]
32,5 105[337]

Neues Testament

Mt
2,18 207
4,11 59
5,13 96
5,17 116
6,1-18 152
6,19-20 153

(Mt)
6,19-21 151-152
   154[521]
6,21 153
6,22-23 151
6,24 151 165
6,25-34 151 160[543]
6,25 152
6,33 155[527]
7,9-10 94[282]
8,18 89
8,19 88[252]
8,21 90[260]
10,1-4 46[76]
10,2 179[37]
10,21 118
10,34-36 97 115
10,34 116
10,35-36 117
10,35 118
10,37-38 95
10,37 97
10,38 228[213]
11,17 206-207
11,5 71
17,18 32[23]
19,28 111 189
19,29 113
20,26-27 62
21,33 105
23,34 179[38]
24,30 206-207
25,44 60
26,6-13 175[21]
26,75 196
27,19 198[103]
27,54 218
27,55 34[36] 221 225
27,60 241

Mk
1,13 59

Bd. 12   DANIEL KOSCH, Die eschatologische Tora des Menschensohnes. Untersuchungen zur Rezeption der Stellung Jesu zur Tora in Q. 514 Seiten. 1989.

Bd. 13   JEROME MURPHY-O'CONNOR, O.P., The Ecole Biblique and the New Testament: A Century of Scholarship (1890–1990). With a Contribution by Justin Taylor, S.M. VIII + 200 Seiten. 1990.

Bd. 14   PIETER W. VAN DER HORST, Essays on the Jewish World of Early Christianity. 260 Seiten. 1990.

Bd. 15   CATHERINE HEZSER, Lohnmetaphorik und Arbeitswelt in Mt 20,1–16. Das Gleichnis von den Arbeitern im Weinberg im Rahmen rabbinischer Lohngleichnisse, 346 Seiten. 1990

Bd. 16   IRENE TAATZ, Frühjüdische Briefe. Die paulinischen Briefe im Rahmen der offiziellen religiösen Briefe des Frühjudentums. 132 Seiten. 1991.

Bd. 17   EUGEN RUCKSTUHL/PETER DSCHULNIGG, Stilkritik und Verfasserfrage im Johannesevangelium. Die johanneischen Sprachmerkmale auf dem Hintergrund des Neuen Testaments und des zeitgenössischen hellenistischen Schrifttums. 284 Seiten. 1991.

Bd. 18   PETRA VON GEMÜNDEN, Vegetationsmetaphorik im Neuen Testament und seiner Umwelt. Eine Bildfelduntersuchung. XII + 558 Seiten. 1991.

Bd. 19   MICHAEL LATTKE, Hymnus. Materialien zu einer Geschichte der antiken Hymnologie. XIV + 510 Seiten. 1991.

Bd. 20   MAJELLA FRANZMANN, The Odes of Solomon. An Analysis of the Poetical Structure and Form. XXVIII + 460 Seiten. 1991.

Bd. 21   LARRY P. HOGAN, Healing in the Second Temple Period. 356 Seiten. 1992.

Bd. 22   KUN-CHUN WONG, Interkulturelle Theologie und multikulturelle Gemeinde im Matthäusevangelium. Zum Verhältnis von Juden- und Heidenchristen im ersten Evangelium. 236 Seiten. 1992.

Bd. 23   JOHANNES THOMAS, Der jüdische Phokylides. Formgeschichtliche Zugänge zu Pseudo-Phokylides und Vergleich mit der neutestamentlichen Paränese XVIII + 538 Seiten. 1992.

Bd. 24   EBERHARD FAUST, Pax Christi et Pax Caesaris. Religionsgeschichtliche, traditionsgeschichtliche und sozialgeschichtliche Studien zum Epheserbrief. 536 Seiten. 1993.

Bd. 25   ANDREAS FELDTKELLER, Identitätssuche des syrischen Urchristentums. Mission, Inkulturation und Pluralität im ältesten Heidenchristentum. 284 Seiten. 1993.

Bd. 26 THEA VOGT, Angst und Identität im Markusevangelium. Ein textpsychologischer und sozialgeschichtlicher Beitrag. XIV + 274 Seiten. 1993.

Bd. 27 ANDREAS KESSLER/THOMAS RICKLIN/GREGOR WURST (Hrsg.), Peregrina Curiositas. Eine Reise durch den orbis antiquus. Zu Ehren von Dirk Van Damme. X + 322 Seiten. 1994.

Bd. 28 HELMUT MÖDRITZER, Stigma und Charisma im Neuen Testament und seiner Umwelt. Zur Soziologie des Urchristentums. 344 Seiten. 1994.

Bd. 29 HANS-JOSEF KLAUCK, Alte Welt und neuer Glaube. Beiträge zur Religionsgeschichte, Forschungsgeschichte und Theologie des Neuen Testaments. 320 Seiten. 1994.

Bd. 30 JARL E. FOSSUM, The Image of the invisible God. Essays on the influence of Jewish Mysticism on Early Christology. X + 190 Seiten. 1995.

Bd. 31 DAVID TROBISCH, Die Endredaktion des Neuen Testamentes. Eine Untersuchung zur Entstehung der christlichen Bibel. IV + 192 Seiten. 1996.

Bd. 32 FERDINAND ROHRHIRSCH, Wissenschaftstheorie und Qumran. Die Geltungsbegründungen von Aussagen in der Biblischen Archäologie am Beispiel von Chirbet Qumran und En Feschcha. XII + 416 Seiten. 1996.

Bd. 33 HUBERT MEISINGER, Liebesgebot und Altruismusforschung. Ein exegetischer Beitrag zum Dialog zwischen Theologie und Naturwissenschaft. XII + 328 Seiten. 1996.

Bd. 34 GERD THEISSEN / DAGMAR WINTER, Die Kriterienfrage in der Jesusforschung. Vom Differenzkriterium zum Plausibilitätskriterium. XII + 356 Seiten. 1997.

Bd. 35 CAROLINE ARNOULD, Les arcs romains de Jérusalem. 368 pages, 36 Fig., 23 Planches. 1997.

Bd. 36 LEO MILDENBERG, Vestigia Leonis. Studien zur antiken Numismatik Israels, Palästinas und der östlichen Mittelmeerwelt. – XXII + 266 Seiten, Tafelteil 144 Seiten. 1998.

Bd. 37 TAESEONG ROH, Die «familia dei» in den synoptischen Evangelien. Eine redaktions- und sozialgeschichtliche Untersuchung zu einem urchristlichen Bildfeld. ca. 272 Seiten. 1998. (in Vorbereitung)

Bd. 38 SABINE BIEBERSTEIN, Verschwiegene Jüngerinnen – vergessene Zeuginnen. Gebrochene Konzepte im Lukasevangelium. XII-324 Seiten. 1998.

UNIVERSITÄTSVERLAG FREIBURG SCHWEIZ
VANDENHOECK & RUPRECHT GÖTTINGEN

ORBIS BIBLICUS ET ORIENTALIS (eine Auswahl)

UNIVERSITÄTSVERLAG FREIBURG SCHWEIZ
VANDENHOECK & RUPRECHT GÖTTINGEN

Zum Buch:

Die Frage der Frauen im Lukasevangelium wird kontrovers diskutiert. Ist Lukas als «Evangelist der Frauen» zu betiteln, wie dies in der traditionellen Exegese seit geraumer Zeit zu vernehmen ist? Oder sind im Lukasevangelium nicht vielmehr massive Tendenzen zur Verdrängung und Abwertung von Frauen festzustellen, wie dies die feministische Forschung immer wieder herausgearbeitet hat?

Die vorliegende Dissertation bietet einen in vielerlei Hinsicht innovativen Umgang mit dieser forschungsgeschichtlichen Sackgasse:

- Erstmals werden nicht «die» Frauen als ein einziges Thema behandelt, sondern es wird zwischen verschiedenen Frauen und Frauengruppen und ihren unterschiedlichen (Erzähl-)Funktionen diffenziert.

- Im Mittelpunkt des Interesses stehen die galiläischen Frauen, deren Weg von ihrer ersten Erwähnung in Lk 8,1-3 über die Passions- und Ostererzählungen Lk 22–24 bis in die Apostelgeschichte nachgezeichnet wird.

- Dieser Weg – schillernd zwischen Sichtbarkeit und Unsichtbarkeit, auch zwischen verschiedenen und gebrochenen Charakterisierungen der Frauen – wird in den Horizont der Themen «Nachfolge und Jüngerschaft» sowie «gerechter Umgang mit Besitz» gestellt.

- Damit können auch die ausschließliche Analyse von sogenannten «Frauentexten» verlassen, eine feministische Lektüre von bedeutenden anderen Texten des Lukasevangeliums entwickelt und die lukanischen Geschichts- und Wirklichkeitskonstruktionen analysiert werden.

- Teil dieser feministischen Lektüre ist ein kreativer und gleichzeitig methodisch kontrollierter Umgang mit den Erzähllücken, die der lukanische Text bezüglich der Frauen läßt. Aus dem Text selbst lassen sich Kriterien entwickeln, wie – durch die aktualisierende Mitarbeit der Leserinnen und Leser – der Text zu «vervollständigen» ist.

ISBN 3-7278-1180-3 (Universitätsverlag)
ISBN 3-525-53938-X (Vandenhoeck & Ruprecht)

UNIVERSITÉ DE FRIBOURG EN SUISSE

INSTITUT BIBLIQUE

L'Institut Biblique de l'Université de Fribourg en Suisse offre la possibilité d'acquérir un

certificat de spécialisation
CRITIQUE TEXTUELLE ET HISTOIRE DU TEXTE ET DE L'EXÉGÈSE DE L'ANCIEN TESTAMENT

(Spezialisierungszeugnis Textkritik und Geschichte des Textes
und der Interpretation des Alten Testamentes)

en une année académique (octobre à juin). Toutes les personnes ayant obtenu une licence en théologie ou un grade académique équivalent peuvent en bénéficier.

Cette année d'études peut être organisée

☞ autour de la critique textuelle proprement dite (méthodes, histoire du texte, instruments de travail, édition critique de la Bible);

☞ autour des témoins principaux du texte biblique (texte masorétique et masore, textes bibliques de Qumran, Septante, traductions hexaplaires, Vulgate, Targoums) et leurs langues (hébreu, araméen, grec, latin, syriaque, copte), enseignées en collaboration avec les chaires de patrologie et d'histoire ancienne, ou

☞ autour de l'histoire de l'exégèse juive (en hébreu et en judéo-arabe) et chrétienne (en collaboration avec la patrologie et l'histoire de l'Eglise).

L'Institut dispose d'une bibliothèque spécialisée dans ces domaines. Les deux chercheurs consacrés à ces travaux sont Adrian Schenker et Yohanan Goldman.

Pour l'obtention du certificat, deux examens annuels, deux séminaires et un travail écrit équivalent à un article sont requis. Les personnes intéressées peuvent obtenir des informations supplémentaires auprès du responsable du programme:

Prof. Dr. Adrian Schenker
Institut Biblique
Université, Miséricorde
CH-1700 Fribourg / Suisse
Fax +41 – (0)26 – 300 9754

UNIVERSITÉ DE FRIBOURG EN SUISSE

INSTITUT BIBLIQUE

L'Institut Biblique de l'Université de Fribourg en Suisse offre la possibilité d'acquérir un

certificat de spécialisation
CRITIQUE TEXTUELLE ET HISTOIRE DU TEXTE ET DE L'EXÉGÈSE DE L'ANCIEN TESTAMENT

(Spezialisierungszeugnis Textkritik und Geschichte des Textes
und der Interpretation des Alten Testamentes)

en une année académique (octobre à juin). Toutes les personnes ayant obtenu une licence en théologie ou un grade académique équivalent peuvent en bénéficier.

Cette année d'études peut être organisée

☞ autour de la critique textuelle proprement dite (méthodes, histoire du texte, instruments de travail, édition critique de la Bible);

☞ autour des témoins principaux du texte biblique (texte masorétique et masore, textes bibliques de Qumran, Septante, traductions hexaplaires, Vulgate, Targoums) et leurs langues (hébreu, araméen, grec, latin, syriaque, copte), enseignées en collaboration avec les chaires de patrologie et d'histoire ancienne, ou

☞ autour de l'histoire de l'exégèse juive (en hébreu et en judéo-arabe) et chrétienne (en collaboration avec la patrologie et l'histoire de l'Eglise).

L'Institut dispose d'une bibliothèque spécialisée dans ces domaines. Les deux chercheurs consacrés à ces travaux sont Adrian Schenker et Yohanan Goldman.

Pour l'obtention du certificat, deux examens annuels, deux séminaires et un travail écrit équivalent à un article sont requis. Les personnes intéressées peuvent obtenir des informations supplémentaires auprès du responsable du programme:

Prof. Dr. Adrian Schenker
Institut Biblique
Université, Miséricorde
CH-1700 Fribourg / Suisse
Fax +41 – (0)26 – 300 9754